Rolf Schwendter
Theorie der Subkultur

Rolf Schwendters *Theorie der Subkultur,* 1970 geschrieben und 1973 erstmals erschienen, ließe sich als eine Kulturtheorie *from below* bezeichnen. Von den seit den sechziger Jahren allenthalben auftretenden neuen Erfahrungen mit Gegenmilieus und Subkulturen fällt ein neuer, kritischer Blick auf die herrschenden Kulturtheorien mit ihren Normalitäts- und Anpassungslehren, denen gegenüber die subkulturellen »Normen« aus unbefriedigten, ja oft illegitimen Bedürfnissen abgeleitet und in ihren frühen Konkretionen aufgezeigt werden. In einem aktuellen Nachwort geht Schwendter auf die Subkultur-Diskussion der letzten zwanzig Jahre ein.

Rolf Schwendter wurde 1939 in Wien geboren. Er studierte an der Universität Wien Rechtswissenschaft, Staatswissenschaft und Philosophie. 1959–1967 Aufbau einer informellen Gruppe zu Fragen alternativer Kultur und Politik. Daneben Tätigkeit als Dramaturg, Regisseur, Liedermacher. 1971–1974 Assistent am Institut für Politische Wissenschaften der Universität Heidelberg, seit 1975 Hochschullehrer für Devianzforschung an der Gesamthochschule Kassel. Zahlreiche Veröffentlichungen u. a.: *Modelle zur Radikaldemokratie,* 1970; *Lieder zur Kindertrommel* (Platte), 1970; »Notate zur Kritik der alternativen Ökonomie«, AG SPAK, 1975; *Zur Geschichte der Zukunft* (EVA), 1984.

Rolf Schwendter
Theorie der Subkultur

4. Auflage mit einem
neuen Nachwort

Europäische Verlagsanstalt

Die Deutsche Bibliothek – CIP-Einheitsaufnahme

Schwendter, Rolf:
Theorie der Subkultur / Rolf Schwendter. – 4. Aufl. mit einem
neuen Nachw. – Hamburg: Europäische Verlagsanstalt, 1993
  (eva-Taschenbuch; Bd. 210)
  ISBN 3-434-46210-4
NE: GT

eva-Taschenbuch Band 210

© 1993 Europäische Verlagsanstalt, Hamburg
Erstausgabe Köln, 1973 (Kiepenheuer & Witsch)
Umschlaggestaltung: MetaDesign Berlin
unter Verwendung eines Fotos von Isa Balzer
Signet: Dorothee Wallner nach Caspar Neher »Europa« (1945)
Druck und Bindung: Clausen & Bosse, Leck
Printed in Germany 1993
ISBN 3-434-46210-4

Inhalt

I THEORIE DER SUBKULTUR 9
1. Zum Brgriff »Subkultur« 9
2. Das Gespenst des »Subkulturismus« 12
3. Die Ideologie der Anpassung 19
4. Die Jugendkultur-Diskussion 29
5. Establishment und kompakte Majorität 33
6. Progressive und regressive Subkulturen 37
7. Integrations- und Desintegrationsmechanismen 59

II NORMEN DER GESAMTGESELLSCHAFT 76
1. Zum Brgriff der Norm 76
2. Ökonomische Faktizität 79
3. Unmittelbar ökonomisch abgeleitete Normen 83
4. Exkurs über das Spiel »Karriere« 92
5. Normen im institutionellen Überbau 95
6. Soziopsychisch vermittelte Normen 104
7. Kritik des technokratischen Bewußtseins 112
8. Das Wertsystem in Helmut Kreuzers »Boheme« . . . 125

III NORMEN DER SUBKULTUR 134
1. Kurzer Abriß der Subkulturen 134
2. Aktuelle Normen 144
3. Negation des Leistungsprinzips 155
4. Aufhebung des Anarchismus 158
5. Exkurs 1: Die Arbeiterbewegung als Subkultur . . . 164
6. Exkurs 2: Internationalismus und Subkultur 167
7. Nebenwidersprüche in den progressiven Subkulturen . 169
8. Auflösung der Nebenwidersprüche 182
9. Leitbilder und Gegenleitbilder 185
10. Normen als Negation und Aufhebung 191

IV ZUR SELBSTORGANISATION DER BEDÜRFNISSE IN DEN
SUBKULTUREN 196
1. Die Bedürfnisse 196
2. Nahrung 199
3. Zelt und Zement: Wohnung 203
4. Sexualität 208

5.	Erziehung	219
6.	Gesundheit	224
7.	Transport	227
8.	Konsum	227
9.	Arbeit und Muße	236
10.	Bedürfnisse in der Kunst oder: Wir wissen wenig	240
11.	Weiterhin erforderliche Arbeiten; ein Pre-Test	257

V.	INSTITUTIONEN DER SUBKULTUR	259
1.	Kritik der subkulturellen Ökonomie	259
2.	Gegenöffentlichkeit	265
3.	Gegenmilieu	270
4.	Exkurs über Technologie	279
5.	Die Dialektik zwischen Kampf und Gegenmilieu	283

VI.	STRATEGIE UND KONKRETE UTOPIE	289
1.	Bestätigungen durch die empirische Soziologie	289
2.	Konkrete Utopie	292
3.	Schlußbemerkung zur Strategie und Praxis	294
4.	Folgerungen für den Leser	308

ANMERKUNGEN 309

LITERATURVERZEICHNIS 353

NACHWORT, SIEBEN JAHRE SPÄTER 364

ANMERKUNGEN / LITERATUR ZUM NACHWORT 416

NACHWORT ZUR 4. AUFLAGE 420

I. Theorie der Subkultur

»*Kraft ihrer Stellung im Produktionsprozeß, aufgrund ihres zahlenmäßigen Gewichts und des Umfangs der Ausbeutung ist die Arbeiterklasse noch immer der geschichtliche Träger der Revolution; durch ihre Teilhabe an den stabilisierenden Bedürfnissen des Systems ist sie eine konservative, ja konterrevolutionäre Kraft geworden. Objektiv, ›an sich‹, sind die Arbeiter noch die potentielle revolutionäre Klasse; subjektiv, ›für sich‹, sind sie es nicht.*«

Herbert Marcuse[1]

1. ZUM BEGRIFF »SUBKULTUR«

Um einen bestehenden Zustand grundsätzlich zu verändern, sind neue Ideen, neue Verhaltensweisen, neue Bedürfnisse erforderlich. Andrerseits entsteht alles Neue aus dem Alten; es ist nicht möglich, tabula rasa zu machen, beim Tag Null zu beginnen. Das sind Binsenweisheiten. Soll die Lage der Menschheit verändert werden, darf kein Stein auf dem anderen bleiben: Wiederum kann beim Aufbau des neuen Gebäudes nicht auf die Verwendung alter Steine verzichtet werden.

Da seit den späten fünfziger Jahren die Hippies und Beatniks, die Gammler und die Provos, die Studenten – nunmehr nahezu schon in aller Welt – und die Schüler, die Friedensmarschierer, Protestsänger und die Intellektuellen der Untergrundzeitschriften, aber auch die Neger, die Portorikaner, die Chicanos, seit 1968 auch wieder Teile der Arbeiterklasse und der technischen Intelligenz, kurz: eine Vielzahl von Minderheiten – zweimal, in Paris und in Prag kurzfristig zur Mehrheit werdend – ihren Widerstand gegen eine angepaßte, profitsüchtige, bürokratisch erstarrte Gesellschaft artikulierte, wurde der Begriff der »Subkultur« wieder aktuell.

Als ich Ende 1967 den Aufsatz »Zur Theorie der Subkultur« und die »67 Fragen zur Subkultur der progressiven Intelligenz« für eine zu gründende Projektgruppe Subkultur des SDS München formulierte – die dann nicht zustande kam –, ging es darum, den

Begriff »Subkultur« überhaupt zu klären, ihn bekanntzumachen. Ausgehend von unbedeutenden Einzelaktionen (etwa der Subversiven Aktion, später der Kommune I), vom Gefühl, »nicht Öl, sondern Sand im Getriebe der Gesellschaft zu sein«, war, wie Marx sagen würde, die zunehmend exaktere Theorie von der Subkultur zur materiellen Gewalt geworden, die die Massen diverser Subkulturen ergriff. Herbert Marcuse hatte von den »Randschichten« gesprochen und sie durch seine Theorie von der »Großen Weigerung« zur Avantgarde der Veränderung der Gesellschaft gemacht. Ein Mißverständnis entstand schon damals dadurch, daß die Subkultur der unterprivilegierten bzw. nichtangepaßten Arbeiter dem Bewußtsein der progressiven Intelligenz entgangen war – ein Mißverständnis, das nicht nur bei orthodoxen Marxisten verheerende Folgen haben sollte. Rudi Dutschke, Gaston Salvatore und andere sprachen vom »Gegenmilieu«; Dutschke setzte im Gaus-Fernsehinterview »Gegenmilieu« und »Subkultur« synonym. Der Begriff wurde bekannt: als Begriff. Später als Floskel, als Schlagwort. Heute – Februar 1970 – besteht das Problem kaum mehr darin, darüber zu informieren, daß es so etwas wie »Subkultur« gibt. Heute ist es notwendig, den Begriff gegen mißverständliche Deutungen, willkürliche Einengungen, schimpfworthafte Verwendung zu verteidigen, ihn zur Grundlage einer gesamtgesellschaftlich vermittelten Theorie der mittleren Reichweite zu machen und daraus eine bewußte Praxis zu entwickeln, die die Erfahrungen der vielen subkulturellen Versuche mit einschließt.
Der Begriff der »Kultur« ist von einer Vielzahl von Anthropologen, Ethnologen und Soziologen (z. B. von Malinowski, Margaret Mead, Ogburn und Nimkoff) hinlänglich definiert worden. Kultur ist der Inbegriff alles nicht Biologischen in der menschlichen Gesellschaft. Oder, anders gesagt: Kultur ist die Summe aller Institutionen, Bräuche, Werkzeuge, Normen, Wertordnungssysteme, Präferenzen, Bedürfnisse usw. in einer konkreten Gesellschaft. So definierte Tyler schon 1924 Kultur als »jenes komplexe Ganze, das Wissen, Kunst, Glauben, Moral, Recht, Brauch und alle anderen Fähigkeiten, die der Mensch als ein Mitglied der Gesellschaft erworben hat, einschließt«[2]. Kultur als Resultat des Sozialisationsprozesses. (Erstes Mißverständnis: In der BRD wird Kultur allzu exklusiv als etwas, das mit Kunst und Wissenschaft zusammenhängt, verstanden. Also wird »Subkultur« von vornweg als Underground-Musik und pornographische Filme verstanden – die nun allemal am leichtesten integrierbar sind.)

Somit ist Subkultur ein Teil einer konkreten Gesellschaft, der sich in seinen Institutionen, Bräuchen, Werkzeugen, Normen, Wertordnungssystemen, Präferenzen, Bedürfnissen usw. in einem wesentlichen Ausmaß von den herrschenden Institutionen etc. der jeweiligen Gesamtgesellschaft unterscheidet.
Bolte etwa hat Subkultur als Gruppe mit vielen Gemeinsamkeiten in ihren grundsätzlichen Vorstellungen, Fertigkeiten, nicht biologisch bestimmten Verhaltensweisen und verfügbaren Geräten definiert. Eine Arbeitersubkultur analysierend, hat er z. B. ein Syndrom folgender Werte erwähnt: Männlichkeitsideal, Rauhbeinigkeit, Tapferkeit, Mut und Stärke als Prestigemittel; Moral der »direkten Aktion«; Solidarität, Nachbarschaftshilfe, Ethik der Gegenseitigkeit (im Gegensatz zur bürgerlichen Konkurrenz- und Neidethik der individuellen Verantwortlichkeit); Kneipen als Kommunikationsorte (nicht Salons, Theater oder Bälle).[3]
Hollstein, dessen Unterscheidung von Teil- und Gegenkulturen innerhalb der Subkulturen wir im übrigen unten folgen werden, zitiert eine Teilkultur-Definition der affirmativen Soziologie: »Teilkultur ist ein System von Werten und Verhalten, das innerhalb der Gesamtkultur ein Eigendasein führt.«[4] Die Subkulturen als Gegenkulturen, die progressiven Subkulturen hingegen sind solche, die sich als entschiedene Opposition zum bestehenden System ausdrücken und auch so verstanden werden wollen.[5]
Die obigen Definitionen entsprechen in etwa auch den Definitionen, die dem subkulturellen Selbstverständnis entsprechen, auch wenn zuweilen der Sachverhalt des grundsätzlichen Unterschieds der Normen aus der Arbeitssituation heraus konkretistisch ausgedrückt worden ist: »Bewegung der Verweigerung gegenüber Konsum-, Anpassungs- und Leistungszwängen unter Teilen der Jugend, deren gesellschaftliche Ursachen sehr eng mit denen der linken Studenten- und Jugendrevolte verknüpft sind« (SDS Darmstadt)[6], (wobei hinzugefügt wird: »Über den Begriff Subkultur [oder Gegenmilieu] besteht kein Konsens.«).
Subkultur ist also ein allgemeiner Begriff, der auch in der affirmativen Soziologie seit längerer Zeit verwendet wird. Wenn auch das aktuelle Forschungsinteresse die zeitgenössischen Subkulturen, die Hippies, Provos, Studenten, Rocker etc. weitgehend in den Vordergrund rückte, so fallen unter den Begriff »Subkultur« ebenso, um nur einige Beispiele zu nennen, die Urchristen, die Sklaven unter Spartakus, die Vaganten, Zigeuner, Ghettojuden und die christlichen Sekten in Mittelalter und Neuzeit, die Jakobi-

ner und frühen Freimaurer, die Bohème, die Arbeiterbewegung von 1880 bis etwa 1933 (in verschiedenen Ländern noch heute), die Kriminellen, Alkoholiker, Fürsorgezöglinge, Prostituierten, die Körperbehinderten und die farbigen Minoritäten, die deutsche Jugendbewegung und verschiedene Halbstarkenbanden. Der Begriff, zunächst ahistorisch, wie etwa auch der Begriff »Klassenkampf«, muß nach der Analyse der jeweiligen historischen Situation inhaltlich gefüllt werden – ebenso, wie er wertfrei ist und nach der Funktion der jeweiligen Subkulturen bewertet zu werden hat.
In der Praxis der letzten Jahre jedoch wurde der Begriff »Subkultur« zum Schimpfwort degradiert.

2. DAS GESPENST DES »SUBKULTURISMUS«

>»Organisation tut not.
>Der Brenner-Ansatz [1] ist gut.
>Informiert euch überregional.
>Nieder mit der Subkultur.
>Es lebe der Sozialismus.«
>Toiletteninschrift im Café Minon
>München, im Herbst 1968

Auch, daß »Subkulturismus« zum »Reformismus« führe und daher weg müsse, stand auf Münchner Wänden zu lesen. Das Wort Subkultur wurde von seinem Inhalt getrennt und einseitig mit jenen hippieähnlichen Gruppen, die nach der Frustration auf Grund der Verabschiedung der Notstandsgesetze sich ins Privatleben zurückzogen, identifiziert. Nach Bedarf wurde die Beschimpfung auf fraktionelle Gegner ausgedehnt.
So mit Meisterschaft seitens Personen, die der DKP bzw. der SED nahestehen: »Einen beredten Apologeten fand die Subkultur als Gegenkultur kürzlich in Walter Hollstein..., der die avantgardistischen Hofnarren des Kapitalismus zur revolutionären Avantgarde aufmöbelt. Zwar fand gerade in Amerika eine zunehmende Politisierung des Underground statt, sofern man dem Aufleben eines perspektivelosen, anarchistischen Linksradikalismus politisches Bewußtsein zusprechen mag.«[2] »›Underground‹ nennt sich das äußerstenfalls gegen einen Sittlichkeitsparagra-

phen verstoßende ›Anti-Milieu‹...«[3] (Wolfgang Harich, der doch lange genug selbst im Gefängnis gesessen hat, möge sich bei Schmiedel, Teufel, Wetter, Jäger und anderen doch erkundigen, welcher Art diese »Sittlichkeitsparagraphen« waren, die den genannten Vertretern des »Anti-Milieus« Gefängnis eingebracht haben. Er möge auch einmal darüber nachdenken, warum in den USA Bobby Seale, Abbie Hoffman, Jerry Rubin, Dave Dellinger und andere zu Gefängnis verurteilt wurden, und nicht Mitglieder der KPdUSA. R. S.). Oder, schlicht: »Subkultur oder so Zeug.«[4] Am vehementesten E. A. Rauter: »Die Subkulturellen verlagern die Brennweite ihrer Aufmerksamkeit auf sich: Die Sachen, welche verändert werden sollen, sind privat.« Als ob Ökonomie, Sozialisation, Medien, Organisationsformen, um nur einiges zu nennen, das progressive Subkulturen zu verändern beabsichtigen, »privat« wären. »Das ist – tiefenpsychologisch – der Sinn der Spontaneitätstheorie: die Revolution soll nicht klappen. Denn dann wäre es aus mit ›Subkultur‹.« Erstens ist es eine bahnbrechende Neuigkeit, daß Rosa Luxemburg – von der die BRD-Subkulturen die Spontaneitätstheorie, wenngleich oft fehlerhaft, übernommen haben – die Revolution nicht wollte: wahrscheinlich ist sie auch deshalb ermordet worden. Zweitens müßte aus dieser Äußerung geschlossen werden, daß es – tiefenpsychologisch natürlich – der Sinn der Bürokratisierung der Arbeiterparteien in den Metropolen (die dialektische Ursache des Rückgriffs progressiver Subkulturen auf Spontaneitätstheorien) ist, daß die Revolution klappen soll: was z. B. die KPF im Mai 1968 brillant bewiesen hat. Drittens wäre es interessant, von Rauter zu erfahren, warum es nach einer Revolution, wie immer Rauter diese definiert, mit Subkulturen »aus« wäre; die Roten Garden Chinas, die Avantgarden der Pineninsel sprechen eher für das Gegenteil. Wo allerdings nach der Revolution die bürgerlichen Normen intakt blieben, war es »aus« mit Subkulturen. Das spricht allerdings eher für die Subkulturen als für die betreffenden Revolutionen. »Auch haben die Subkulturellen nicht versäumt, die Fetischisierung der Jugend und die veterinärmedizinische Verachtung des Alters von den Ausplünderern zu übernehmen.« Das ist wahrscheinlich auch der Grund, warum die »Subkulturellen« sich an so jugendlichen Helden wie Herbert Marcuse, Ho-Tschi-Minh, Mao Tse-tung (alle über 70) orientiert haben. Und daß es zufällig keine sozialistischen Rentnerclubs gibt...
Es folgt ein Sprachspiel: »›Sub‹ heißt ›unter‹. ›Subkultur‹ ist eine

Unterabteilung der kapitalistischen Kultur. ›Unter‹ heißt nicht ›neben‹. ›Neben‹ aber ist das einzige Umstandswort des Ortes, welches zu dem Begriff ›Doppelherrschaft‹ paßt.«[5] Wohl heißt »sub« »unter«, woraus aber nicht zwangsläufig folgt, daß eine Subkultur eine »Unterabteilung« der kapitalistischen Kultur sei [6]. Gerade im Fremdwörterbuch der DDR, das für Rauters Position eine relevante Bezugsquelle sein dürfte, wird »sub« nicht nur mit »unter«, sondern auch mit »niedriger als« übersetzt [7] – somit stellt sich »Subkultur« als Kultur der beherrschten Klassen dar.
Seine Höhepunkte erreicht Rauter, wenn er die Bauarbeiter beschließen läßt, daß sie die besten Wohnungen bekämen und die »Subkulturellen« die schlechtesten (als ob nicht Kuba der einzige Staat der Welt wäre, wo Studenten vom Staat in Villen eingewiesen werden), und wenn er die kühne Klassenanalyse erstellt: »Nicht nur Abs und Kiesinger, auch die ›Subkulturellen‹ sind Parasiten von Arbeitern und Angestellten.«[8] Also: die Arbeitersubkulturen (Rocker, sozialistische Lehrlinge) sind ihre eigenen Parasiten. Die »Subkulturellen«, die sich durch Jobben, Druckerzeugnisse (es sei denn, Rauter rechnet die gesamte IG Druck und Papier zu den Parasiten) etc. reproduzieren, sind ebenfalls ihre eigenen Parasiten. Die Studenten, die Honnef-Stipendien erhalten oder von Eltern finanziert werden, die Beamte und Angestellte sind, sind natürlich ebenfalls Parasiten. Allenfalls träfe das Verdikt – neben Kapitalistenkindern – die subkulturellen Kleinhändler (die wir später einer Kritik unterziehen werden); diese sind aber, da ihre Kunden den Subkulturen angehören, bestenfalls Parasiten ihrer selbst. Parasiten überall. Die Existenz parasitärer Subkulturen (etwa Kriminelle) soll nicht bestritten werden. Aber um die geht es Rauter ja nicht, er nennt den Feind beim Namen: »Solche Beispiele zeigen, wie sehr die Antiautoritären ein Produkt dessen geblieben sind, was sie vorgeben zu bekämpfen.«[9]
H. G. Helms nennt, wie auch Helmut Kreuzer, die Gesamtheit der progressiven Subkulturen »Boheme«. Auch bei ihm findet sich das komplette Feindbild orthodoxer Marxisten: »Trotzkisten« – »Anarchisten« – »Beatniks« – »Vietniks« (die amerikanische Opposition gegen den Vietnam-Krieg wird ihre Freude daran haben) – »Provos«; durchaus im Einklang mit Buselmeier/Schehls »perspektivelosen, anarchistischen Linksradikalismus«: »Der mit trotzkistischen Unterströmungen vermischte anarchistische Strom flutet aus Amerika herüber. Dort sind die Entwicklung des ›demokratischen Selbstbewußtseins‹, die Privatisierung des Politi-

schen und die Nivellierung der sekundären Klassenmerkmale weiter fortgeschritten, dort ist der Mittelstand glatter zu seinen heutigen Funktionen aufgestiegen als in den meisten modernen Industriestaaten, und Anarchismus entspricht ... einer typischen Ideenlage von Mittelschichten. Von Amerika aus tragen Beatniks, Vietniks und andere Nutniks, die wüst durcheinander von permanenter tabula rasa und Privatkarriere im Bestehenden phantasieren, die schwarze Freibeuterflagge des Anarchismus über die westliche Hemisphäre. Nicht wenige von ihnen werden die 1963er Neuausgabe von Stirners »The Ego and his Own« in freudiger Erregung ›genossen‹ haben ... Der neue Untertitel ›The Case of the Individual Against Authority‹, mit dem Herausgeber und Verlag ›The Ego and his Own‹ nun versehen haben, ist auf die pubertär apolitische illusionäre Privatwelt der jungen Rebellen und Provos zugeschnitten.«[10] Hier wird Helms gänzlich realitätsfremd: Stirner hat keinen wie immer gearteten Einfluß auf USA-Subkulturen gehabt, und daß der Vorwortautor der deutschen Neuausgabe Stirners (die ebenfalls einflußlos blieb) ausgerechnet Helms heißt, verstärkt nicht gerade seine Glaubwürdigkeit. (Spekulation auf eine »Privatkarriere im Bestehenden«?)
Es soll nun nicht der Eindruck erweckt werden, daß die Auseinandersetzung von DKP-Sympathisanten mit dem Subkultur-Begriff sich durchweg auf dieser Ebene abspielen. Buselmeier, Schehl, Harich, Kiefer, Rauter, Helms stehen durchaus niveauvolle Diskussionsvorträge von Erika Runge, Richard Hiepe, Agnes Hüfner, Peter Schütt (der zwischen emanzipatorischen und nicht emanzipatorischen Subkulturen unterscheidet[11]) gegenüber – die allerdings nicht publiziert wurden.
Ist die Schimpfwörterhaltung von DKP-Sympathisanten bei der starken Affinität dieser Gruppen zu bürgerlichen Normen noch verständlich, wird sie bei anderen Fraktionen völlig absurd. Subkulturen schimpfen Subkulturen »Subkulturen«.
So z. B. bei Marxisten-Leninisten und Roten Garden, die sich ja von der bürgerlichen Normanpassung der DKP scharf distanzieren (»Revisionismus«): In einem Berliner Flugblatt der »Roten Garden« wurde der SDS wegen seiner undogmatischen Haltung zur Sexualität als »Subkultur« bezeichnet. Die zur ML tendierende USSG Stuttgart fordert zu ihrer Mitgliederversammlung (24. 9. 1969) auf, die »zentralen Fehler der bisherigen Politik der linken Schülergruppen« zu kritisieren, und nennt ausdrücklich unter anderem »Theorie der großen Verweigerung«, »Freiraumtheo-

rie«, »Kommune«, »individuelle Emanzipation«, »Subkultur«, »Gegenmilieu (von der falschen Voraussetzung ausgehend, daß außer »individueller Emanzipation« je etwas vom Vorgenannten von Stuttgarter Schülergruppen praktiziert worden wäre). Die peinlichste Publikation ist der – allerdings gegen die in der Tat außerordentlich fragwürdigen »Haschrebellen« gerichtete – Aufsatz »Zerschlagt die Konterrevolution schwarzer Rattenfänger«: da wimmelt es von »kleinbürgerlichen Charaktermasken«; »Verwirrung«, »Anarchismus, Syndikalismus, Hippieismus und revolutionärer Marxismus-Leninismus sollen als gleichberechtigte Elemente eines linken Ideenkonglomerats miteinander verschmelzen«[12]. Die Vernachlässigung der allerdings vom konkreten Kampf nicht zu trennenden individuellen Emanzipation, ja der subjektiven Faktoren überhaupt, führt auch die Hüter der reinen Lehre prompt zu dogmatischen Einstellungen.

So auch bei vielen Gruppen in SDS und AUSS, insbesondere in den Bundesvorständen (solange diese noch bestanden): »Zudem entwickelte sich sehr bald der Wucherungsprozeß (!) jener linken Subkultur, die einem Teil der Halbpolitisierten für die Entsagungen, die im anti-autoritären Kampf zu erbringen waren, kurzfristige und unmittelbare Scheinbefriedigungen anbietet.«[13] Subkultur/Gegenmilieu wird als Ideologie derer aufgefaßt, »die auf der grünen Gegenwiese kapitalistischen Klee fressen«[14]. In »883« heißt es: »Die Subkultur pendelt zwischen zwei Polen, insgesamt recht gut integriert von Hip- und Popkapitalismus. Zum einen die Politgammler und ›naiven Anarchisten‹, die ab und zu mal verzweifelte putschistische Gewaltaktionen starten, ... Aktionen, die im allgemeinen nirgendwo im Zusammenhang mit den arbeitenden Gruppen stehen. Zum anderen der offene Übergang ins Lager der Kapitalistenklasse, den Rainer Langhans ... erfolgreich mit der Gründung eines Popkonzerns nun gehen wird.«[15] Hier taucht wieder, wie bei Rauter, der Verdacht des »Schmarotzens vom Mehrwert« auf: so berechtigt die Kritik an Haschrebellen und Langhans ist, so wenig sind diese *die* Subkultur. Das Wiesbadener Blatt »Guerilla« meint: »Ohne inhaltliche Bestimmung aber bleibt jegliche Opposition auf einer rein technischen und aktionistischen Stufe stehen und führt entweder zu einer zynischen Anpassung ... oder gradewegs in die Subkultur«[16] – als ob nicht eine inhaltlich bestimmte Opposition ex definitione Subkultur wäre. Günter Mangold wirft dem studentischen Gegenmilieu vor, es unterstelle stillschweigend, die Studenten seien eine Klasse,

quasi eine Ersatzklasse[17]. Das sind nun die Studenten nicht, aber gerade als Teil des Proletariats bedürfen sie ebenso eines Gegenmilieus wie die Arbeiterbewegung von 1880 bis 1933.
Das Gespenst des »Subkulturismus« fixiert sich immer wieder an ähnlichen Gleichschaltungen:
1. Subkultur = Gegenkultur = unpolitische Hippies (die Drogen nehmen, Gruppensex machen oder auch scheinradikal zur Gewalt aufrufen).
2. Subkultur = Gegenkultur = »Unterabteilung der kapitalistischen Kultur« = »auf der grünen Gegenwiese vom kapitalistischen Klee fressen« = von vornherein und notwendigerweise zur Anpassung gezwungen sein.
Die Aggression gegen Abweichungen führt zur unreflektierten Übernahme bestehender Wertvorstellungen, so daß dann gilt:
3. Distanzierung von Leistungszwängen = Parasitentum; Kritik an der mechanischen Verneinung des Individuums = Individualismus usw.
»Wir sind der Meinung, daß der Begriff Subkultur heute von Dogmatikern gegen all jene Gruppen als Schimpfwort benutzt wird, die aus dem Versagen der alten Arbeiterbewegung in Europa Konsequenzen gezogen haben.«[18] Diesem 883-Leitartikel ist wenig hinzuzufügen. Immer wieder haben kritische Sozialisten in ihren Analysen inhaltliche Konsequenzen aus dem Subkultur-Begriff gefordert:
»... und versuchen, ein *Gegenmilieu* zu schaffen, in dem wir diese erotischen Tätigkeiten und Beziehungen praktizieren können.«[19] (Derselbe AUSS-BV, der es ansonsten mit der »grünen Gegenwiese« hat.)
»Jedenfalls sind die beiden Möglichkeiten die einzigen Ansatzpunkte, ein ›Gegenmilieu‹ zu schaffen, das die Menschen die Maßnahmen der Gesellschaft überstehen läßt und zugleich die notwendige Bedingung bereitstellt, mit neuen Formen von sozialen Beziehungen zu experimentieren.«[20] (Karin Schrader-Klebert)
»... das soziale Minderwertigkeitsgefühl des kleinbürgerlich orientierten Arbeiters (oder des bürgerlich orientierten Kleinbürgers), das nur durch Klassenbewußtsein, *durch Schaffung eines Freundeskreises, in dem die herrschenden Werte nicht mehr gelten*, und schließlich durch Kampf und Umsturz der entmenschenden und verkrüppelnden Klassengesellschaft endgültig zu überwinden wäre (Erich Fried).«[21]
»... daß es notwendig ist, unsere eigenen Kommunikationsmittel

herzustellen, uns eine *Gegenöffentlichkeit* selbst zu schaffen. Das wird um so mehr nötig, als Arbeitsbereiche, die Aspekte einer veränderten Gesellschaft schon praktisch vorwegnehmen, von den Liberalen endgültig bekämpft werden müssen, weil diese Arbeit zeigt, daß wir es mit einer totalen Umwälzung der Gesellschaft ernst meinen (Zentralrat der Kinderläden).«[22]
»Die Entwicklung eines nichtkapitalistischen *Gegenmilieus* ist deshalb für uns notwendiger Bestandteil des politischen Kampfes«[23] (Kommune II; damit nicht bürgerliche Tendenzen in der politischen Organisation weiter vordringen).
»... daß zusammenhängende Gedanken über die Dialektik von Massenorganisationen und Avantgarde, von betrieblichem Kampf, außerbetrieblichen politischen Auseinandersetzungen und der Rekonstruktion einer *Arbeitergegenmacht (Arbeiterkultur)* nicht vorlagen«[24] (... und bis heute nicht vorliegen. R. S.) (Rote Presse-Korrespondenz).
Am konsequentesten die Projektgruppe Subkultur des SDS Darmstadt, die vom Widerspruch zwischen bürgerlicher Existenz und politischer Arbeit, zwischen »dürrem organisatorischen Zusammenhalt der politischen Organisation« und kollektiver Basis ausgeht: »Diese Basis, für die viele Strukturvarianten denkbar sind, muß das Milieu sein, in dem die Genossen, die durch ihre politische Praxis konsequenterweise aus ihrer bürgerlichen Laufbahn herausgeraten, den permanenten Integrationszwängen der herrschenden Verhältnisse ausweichen können, in dem sie mit Reproduktionsschwierigkeiten besser fertig werden und den psychischen Rückhalt finden, der für ihre Aufgaben auch unter wachsender Repression wichtig ist. Das kann letzten Endes nur von einer radikal-praktischen Infragestellung der bürgerlichen Werteskala begleitet sein, einer Revolutionierung der Sexualsphäre, des von vielen peinlich gehüteten ›Privatbereiches‹, der Berufsperspektive.« Diese Emanzipation von herrschenden Normen sei bei den politisch unbewußten Teilen der Subkultur vielgestaltig anzutreffen, während bei den politisch bewußten Teilen die Verendung des Subkulturbegriffs eine Abwehrreaktion gegen die Verunsicherung der verinnerlichten bürgerlichen Normen darstelle.
»Nur als politische Teile einer Gegengesellschaft, die in der gegenwärtigen Phase die autoritären Organisationen des Spätkapitalismus am radikalsten in Frage stellt, sind wir in der Lage, die politisch unbewußte Subkultur zu politisieren.«
Folglich: »Eine Verengung des Begriffes *(Subkultur,* auch *Ge-*

gengesellschaft oder *Gegenmilieu*) auf Gruppen, die sich der Gesellschaft unpolitisch verweigern wollen oder solche, die eine kritisch-bewußte Verweigerung soweit verabsolutieren, daß sie den organisierten politischen Kampf gegen diese Gesellschaft ablehnen, muß scharf entgegengetreten werden.«[25]
Was wir hiermit tun.

3. DIE IDEOLOGIE DER ANPASSUNG

> »... *sie sind aus der Art geschlagen.*
> *Man schlägt sie zurück in die Art.«*
> Bertolt Brecht, in: »Furcht und Elend des Dritten Reiches«

Die affirmative Soziologie, die Soziologie der Herrschenden, kann Subkultur so gut wie ausschließlich als Abweichung verstehen, als etwas, was zurechtgebogen werden muß, als »Anomie«, »Anpassungsschwierigkeiten«, »Statusunsicherheit«, »Desintegration«. »Die gegenwärtige Soziologie ist in ihrer Methodik, Terminologie und Thematik dergestalt dem Bestehenden verhaftet, daß sie den Widerstand jugendlicher Gruppen gegen den Sozialisationsprozeß der Gesellschaft nicht zu fassen vermag und auch das, was sie mit dem System unversöhnbar will, noch gleichzuordnen versucht.«[1]

Das Verfahren hat Tradition. Der »Anomie«-Begriff von Emile Durkheim sagt bereits, daß der Bürger den bestraften Abweichenden von der Norm benötigt (ihn also schaffen müßte, gäbe es ihn nicht ohnehin), um seine eigene »rechtschaffene Moral« gegen diesen abheben zu können.[2] Robert Merton hat in »Social Theory and Social Structure« ein Schema erstellt, das sich an der Identifikation des einzelnen mit den Mitteln und Zielen der Gesellschaft orientiert:

	Mittel	Ziele
Konformisten	+	+
Kriminelle etc.	—	+
Ritualisten	+	—
Verweigerer	—	—
Revolutionäre	+	+
	—	—

Die geschätzten 30 Prozent Nicht-Konformisten sind die »Anomischen«. In unserer Terminologie würden die Kriminellen zu den regressiven Subkulturen, die Verweigerer und Revolutionäre zu den progressiven Subkulturen (s. Kapitel 6), die Konformisten zu Establishment und kompakter Majorität (s. Kapitel 5) und die Ritualisten jedenfalls zu den tendenziellen Drehpunktpersonen (s. Kapitel 7) gezählt werden.

Von den Ideologien notwendiger Herrschaft, notwendiger Schichtung und notwendiger Mobilität ausgehend, sind Status und Rolle der Individuen nach der herrschenden Soziologie nicht fixiert. (Daß in der Tat nur wenige Individuen auf Grund der Mobilität in Herrschaftspositionen gelangen können, wird von ihr verdrängt). Dies führt zu Differenzen mit dem System, zu Grenzexistenzen, zu informellen Gruppen, die von der Gesamtgesellschaft nicht legitimiert sind – diese konstituieren sodann die Subkulturen.[3] Diese sind eine Abweichung, eine »Krankheit« (Parsons)[4], etwas, das um jeden Preis im Interesse der Herrschaft verhindert werden muß.

Der Zynismus der herrschenden Soziologie ist kaum zu überbieten. Lundberg nennt die Soziologie eine »Beschäftigung mit den Techniken der Anpassung in der Kommunikation, die von menschlichen Gruppen entwickelt wurden«[5]. Mayo strebt unverhohlen die Anpassung an das Management an.[6] Parsons spricht von der »normativen Ausrichtung« des Handelns, von der entscheidenden Rolle der »Muster«, »die die wünschenswerte Richtung des Handelns in der Form von Zielen und Verhaltensmaßstäben bestimmen«; dies sei ein wichtiges Element der Kultur einer Gruppe.[7] Institutionen sind nach Parsons »Systeme oder Erwartungsmuster, die so fest in das Handeln eingegangen sind, daß sie ganz selbstverständlich als legitim betrachtet werden«[8]. Zynisch nennt Parsons Schichtung und Autorität »integrierende Institutionen«, die die Beziehungen zwischen Individuen so regeln sollen, daß der Konflikt vermieden und die positive Zusammenarbeit gefördert werden soll.[9] Die Ideologie, die Verinnerlichung von Herrschaft bei der konformistischen Majorität, nennt Parsons ungeschminkt, wenn er von der »moralistischen Wertung als Zentralkriterium für Rangordnung nach Schichtung« spricht.[10] Parsons' Interesse, daß widerspruchslos Rolle und Konvention als gültige »Muster« übernommen werden, hat Urs Jaeggi mit Recht kritisiert: »Daß es gerade darum gehen kann, den Bann des Systems zu durchbrechen, daß Schwadronieren über Begriffe wie Stabilität, Anpassung und Sozialisation nicht einfach

hinzunehmen ist und daß Zwangssituationen nicht einfach faits sociaux sind, sondern auch Zwangssituationen sein können, deren Überwindung notwendig ist: das sehen die Theoretiker der strukturell-funktionalen Analyse in der Regel nicht.«[11]
Von derselben Ehrlichkeit ist Parsons' Zunft- und Fraktionskollege Kingsley Davis, der, wie üblich, von seinen 639 Seiten ganze 15 dem sozialen Wandel widmet.[12] »Ein soziales System ist immer normativ.«[13] So weit, so gut. Normen sind von der Faktizität beeinflußt, reproduzieren diese, werden verinnerlicht. Richtig. Davis erwähnt sogar die Machtfrage, wer die Normen setzt[14], so wie er auch die ökonomische Integration normbestimmter Ziele ausdrücklich anführt.[15]
Aber wie sehen diese Normen aus? Kingsley Davis erwähnt die Norm der Freiheit, die ja in der Ideologie der »freien Welt« eine gewichtige Rolle spielt. Sein Beispiel: »In der zeitgenössischen amerikanischen Kultur wird von einem Mann in höflicher Gesellschaft erwartet, daß er sich rasiert, und er begegnet einiger Ablehnung, wenn er das nicht tut; aber ob er sich mit einer Sicherheitsklinge, einer Klinge im alten Stil oder einem elektrischen Rasierapparat rasiert, ist weithin gleichgültig. Mit anderen Worten, die Wahl zwischen verschiedenen Mustern wird manchmal (!) freigelassen.«[16] Mit anderen Worten: die Freiheit in der »freien Welt« besteht darin, *wie* man sich rasiert – und das und ähnliches auch nur »manchmal«. Freiheit wird durch Anpassung ersetzt.
Und wie entstehen die Normen? Da gibt es wohl auch nach Davis Widersprüche: Bräuche und Moral auch von unten, Gesetze von oben. »Wenn wir fragen, wie Gesetze verabschiedet wurden, die den Bräuchen und der Moral einer Gesellschaft widersprechen, ist die Antwort ›Pressure groups‹. Natürlich ist die größte Pressure group die Regierung selbst. Die Regierung wünscht, an der Macht zu bleiben und ist daher versucht, die Gesetzgebungsmaschinerie in ihrem eigenen Interesse zu gebrauchen.«[17] Die kapitalistische Soziologie reduziert ihre eigene Regierung zu einer Pressure group; die Verselbständigung ist von vornherein miteinkalkuliert. Die Anpassung wird jedenfalls durchgesetzt: sei es durch Verinnerlichung, sei es wegen der Folgen der Nichtanpassung[18]; nicht erst die linke Soziologie kennt den Unterschied zwischen verinnerlichter und offener Repression.
Der Trend in den Sozialwissenschaften, Subkulturen zu neutralisieren und wiederanzupassen, die Soziologie in Kategorien der Verwaltung dienstfertig gegenüber dem herrschenden System zu

betreiben, erstreckt sich gerade auch konkret auf die Behandlung der Subkulturen. Racine und Vassart analysieren die Provos und malen Toxikomanie, Delinquenz, Prostitution und Landstreicherei an die Wand. Masserman deutet den »Eskapismus« der Hippies. Die Ursachen für fortschrittliche Subkulturen, die Werte und Institutionen der bestehenden Gesellschaften grundsätzlich in Frage zu stellen, werden undifferenziert, zum Teil gemäß herrschendem Wunschdenken, analysiert: Lipset führt als Ursache die Ungewißheit der Studenten über ihre Zukunft an (eine affirmative Theorie, die einen von Lipset nicht analysierten richtigen Kern hat: die objektive Proletarisierung der Intellektuellen, der technischen Intelligenz), Schelsky Anpassungsschwierigkeiten beim Eintritt in die Welt der Erwachsenen (warum wohl?), Myers die lange, relativ ungestörte Adoleszenz der Jugend (was, wenn gemäß futurologischer Prognosen die Adoleszenz noch länger und noch relativ ungestörter wird?), Parsons den Aufstand gegen die Autorität der Erwachsenen und deren Erfahrung (als ob nicht die »Erfahrung« der Erwachsenen Zweiten Weltkrieg, Vietnam, Notstandsgesetze und tendenzielles 1984 hervorgebracht hätten). Masserman schlägt vor, den Protestierenden »wohlbewährte Wege zu Erfolg und Glück« zu weisen, »leadership and guidance« zu geben; als ob nicht gerade die »wohlbewährten Wege«, »Führerschaft« und »Anleitung« eher Ursachen der subkulturellen Bedürfnisse nach grundsätzlicher Veränderung der Gesellschaft wären als deren Heilmittel. »Konsequent wird Zukunft nur aus den Gegebenheiten der Herrschaft entwickelt und ... immer, wenn sie sich wider das hier und jetzt Seiende zu entfalten sucht, als Anomie und Utopie denunziert.«[19]

Die Anpassung, die Anomie als Krankheit betrachtet, wird nicht nur verlangt; sie soll sogar »selbstverständlich« sein: »Die Homogenität einer Menschengruppe findet ihren unmittelbarsten Ausdruck in der gemeinsamen Verwendung eines Systems von Selbstverständlichkeiten.«[20] Hofstätter entwirft das Spektrum einer Gesellschaft[21]:

Unumstößliche(!) Selbstverständlichkeiten	Konventionen, Sitten, Gebräuche,	Moden	individuelle Freizügigkeit	Tabuiertes Verhalten: a) kriminell b) krankhaft

Die individuelle Freizügigkeit, sofern eine solche überhaupt noch bleibt (etwa im Sinne der Davisschen Rasierfreiheit), steht also

dicht neben dem tabuierten, anomischen Verhalten, und das kann natürlich nur kriminell und krankhaft sein.
Die Soziologie behandelt also vorwiegend Probleme der Anpassung von Individuen an gegebene Strukturen; der soziale Konflikt wird individuellem Fehlverhalten zugerechnet[22]: er hat hauptsächlich störende, auflösende und dysfunktionale Konsequenzen.[23] (Auf eine zweite Anpassungsstrategie, die etwa Ross, Cooley, Simmel und als deren Schüler Coser vertreten, nämlich die Anpassung gerade durch Konflikte, werden wir später eingehen.) Wer vorherbestimmte Interessen einer vorherbestimmten moralischen Ordnung, in die die Individuen vorherbestimmterweise integriert sind, verletzt, ist »aggressiv«: das ist die Polizeiknüppelsoziologie des Talcott Parsons.[24]
So stellt sich dann Zetterberg bei Betrachtungen über angewandte Sozialforschung in der Praxis konsequenterweise die Fragen: »Wie läßt sich die Entstehung einer abweichenden Subkultur verhindern? Wie kann das neu fixiert und durchgesetzt werden, was die Übereinstimmung mit einer sozialen Norm konstituiert?«[25] – also gleichsam eine Soziologie als Hilfstruppe der Polizei gegenüber Subkulturen.
Demgegenüber stellt sich der kritischen Soziologie die Frage genau umgekehrt für die Praxis: »Wie läßt sich die Entstehung einer abweichenden Subkultur konstituieren? Wie kann das neu fixiert und durchgesetzt werden, was die Übereinstimmung mit einer sozialen Norm verhindert?« »So wie es ist, bleibt es nicht« (Brecht). (In der BRD sehr aktuell für die Frage der Rekonstruktion der Arbeiterbewegung.)
Es herrscht nämlich Einhelligkeit darüber, daß die Subkulturen in dialektischer Abhängigkeit vom gesamtgesellschaftlichen Wertsystem stehen. »Ein Mitglied verhalte sich weniger konform, wenn es die Möglichkeit zur Bildung von Subgruppen erblicke... Tatsächlich kann eine Gruppe sich in viele einander feindliche Subgruppen aufspalten, wenn sich genügend Mitglieder um gemeinsame Werte gruppieren, die denen der anderen entgegengesetzt sind.«[26] Subkulturen schützen sich unter anderem auch vor dem Anpassungszwang, den die Herrschenden gerade gegen Subkulturen anwenden.
Bolte erwähnt die »antibürgerlichen Gegenwertsbildungen«, die zusammen mit Rationalisierungen und Milieuanpassungen an der Wertentstehung beteiligt sind, seien sie bewußt oder unbewußt, organisiert oder nicht organisiert, bis hin zu kriminellen

Subkulturen (Bolte nennt sie verwirrenderweise »Kontrakulturen«; dabei teilen gerade, wie auch Merton gezeigt hat, kriminelle Subkulturen die Werte der Gesamtgesellschaft in hohem Ausmaße). Bolte betont auch die Kulturambivalenz, wie er die Dialektik zwischen Subkulturen und Gesamtgesellschaft nennt, zwischen Subkulturen/schichtspezifischen Bezugsgruppen einerseits, dem ständigen Einfluß der herrschenden Werte, durch Schule, Medien, Militär und Kirche vermittelt, andererseits. »Distanzierung und Identifizierung stehen nebeneinander, Unterklassen sind demnach ›kulturambivalent‹.«[27] (Demnach ist es die Aufgabe progressiver Subkulturen, den Einfluß der herrschenden Werte tunlichst auszuschalten.)
Oscar Lewis erwähnt unter anderem, daß die »Kultur der Armut« (die Subkultur der Farbigen und Mischlinge in USA und Lateinamerika) eine Reaktion der Armen auf ihre Grenzposition in der kapitalistischen Klassengesellschaft sei, daß eine bewußte Nichtintegration in die gesamtgesellschaftlichen Institutionen stattfinde, daß die Mitglieder dieser Subkultur bei voller Information über die Normen der Mittelklasse das Handeln nach diesen verweigern.[28]
John Rex, der Mills' Kritik an Parsons' Ideologie der Anpassung zitiert, legt den Gedanken nahe, im Sinne von Tönnies die Subkulturen als Gemeinschaft und die Gesamtgesellschaft als Gesellschaft aufzufassen. Parsons zeigt die Wahlmöglichkeiten, das Verhältnis zu anderen Individuen als Ziel zu sehen, als viele Bedürfnisse betreffend, als im eigenen Interesse handelnd, die anderen als Individuen, als das, was sie seien (Gemeinschafts-Syndrom) – oder als Mittel, spezialisiert, im Gruppeninteresse, als Rollenträger, als das, was sie leisten (Gesellschaftssyndrom). In der Tat wäre diese Auffassung ebenso undialektisch wie Parsons Struktur-Mechanismus: Wollen die Subkulturen überleben, muß eine Vermittlung stattfinden.[29]
Albert Cohen, der subkulturelle Normen und Verhaltensweisen vor allem an den Widersprüchen zwischen Collegejugend und Eckensteherjugend erforscht, betont die Schaffung eines Ersatzstatussystems seitens der Bandenkultur, und zwar als ausdrückliche und vollständige Ablehnung der Maßstäbe der Mittelklasse – allerdings noch als Art von Übergangsstadium der Verinnerlichung der Verhaltensnormen.[30] Nach seiner allgemeinen Theorie der Gruppenkultur entsteht durch das gemeinsame Handeln ein Bezugsrahmen, der Rollen schaffe; durch Bezugsgruppen entsteht

Konformität. Lösungen erfolgen auf der Grundlage einer Gruppenkultur, die ein gegenseitiges Suggestionsphänomen (nach Kurt Lewin) sei. (Der – für die Eckenstehersubkultur sicher zutreffende – Sachverhalt der Bewußtlosigkeit wird damit von Cohen überzogen: Mit steigender Information und Bewußtwerdung nimmt wohl auch die gegenseitige Suggestion ab.)
Irving C. Horovitz und Liebowitz [31], deren Eintreten für eine Konvergenz zwischen Soziologie und Politikwissenschaften auf ihrer These von der Identität sozial abweichenden Verhaltens (etwa im Sinne von Durkheims und Mertons Anomiebegriff) und politischer Opposition bei Randschichten beruht, nehmen die Entwicklung eines grundsätzlich abweichenden (und tendenziell revolutionären) Potentials unter den Subkulturen an. Auch hier unterscheidet sich die Wertordnung signifikant von der bürgerlichen: »Eine neue Menge kultureller Helden, Tanzformen, Kunstformen schließt sich zusammen, nicht nur, um eine klassische Generationsrevolte auszudrücken, sondern die unmittelbare persönliche Befreiung als Vorspiel öffentlicher radikaler Gleichheit zu einem teilweisen Ausdruck zu bringen.«[32] Als Grundlagen, als Bezugsgruppen für die abweichenden Wertvorstellungen (die auch nach diesen Autoren der wesentliche Indikator sind) werden die Guerillabewegung, der bürgerliche Ungehorsam, der Panafrikanismus genannt. Die gemeinsame Abweichung politischer Opposition und sozialer Nichtanpassung schafft einen neuen politischen Stil, mit abweichenden Strategien; während jedoch (mit ernsten Vorbehalten) das Recht auf politische Abweichung zugestanden werde (jedenfalls in den USA, und solange es den Herrschenden nicht allzu gefährlich wird. R. S.), wird das Recht auf soziale Abweichung vollständig abgelehnt. (Wie fragwürdig diese These mittlerweile geworden ist, wird sich aus der Analyse von Herman Kahn und Anthony Wiener ergeben.)
Somit wird der Sachverhalt der dialektischen Abhängigkeit von Subkultur und Gesamtgesellschaft auch von empirischen Soziologen anerkannt, nicht nur von Dialektikern wie Marcuse und Adorno: »Heute, im gedeihenden Kriegführungs- und Wohlfahrtsstaat, scheinen die menschlichen Qualitäten eines befriedeten Daseins asozial und unpatriotisch.«[33] »Sie (die Randschichten. R. S.) existieren außerhalb des demokratischen Prozesses; ihr Leben bedarf am unmittelbarsten und realsten der Abschaffung unerträglicher Verhältnisse und Institutionen. (Wer steht schon innerhalb des »demokratischen« Prozesses außer den von Davis

beschworenen »Pressure groups«, inclusive Regierung? R. S.) ... Ihre Opposition trifft das System von außen und wird deshalb nicht durch das System abgelenkt, sie ist eine elementare Kraft, die die Regeln des Spiels verletzt und es damit als ein aufgetakeltes Spiel enthüllt.«[34] Oder vor allem: »Diese Opposition ist ideologiefrei oder von tiefem Mißtrauen gegenüber aller Ideologie (auch der sozialistischen) durchdrungen; sie ist sexuelle, moralische, intellektuelle und politische Rebellion in einem ... Kurz: hier ist die ›bestimmte Negation‹ des Bestehenden.«[35]

In der Zwischenzeit haben nahezu alle progressiven Subkulturen die Strategie »von außen« durch Arbeit außen und innen modifiziert. Marcuse selbst war schon mißverstanden worden. Er hatte schon 1967 gewarnt, daß diese Opposition ohne Organisation zur Unfähigkeit verurteilt sein werde – ein Verdikt, das noch heute gilt –, daß diese Opposition Bündnispartner suchen müsse, und sich vor Isolation hüten müsse, um nicht der Verharmlosung und damit dem System selbst zu verfallen. Ähnlich war Marcuses »Große Weigerung« mißverstanden worden: sie hatte mit Timothy Learys »Turn on, tune in, drop out« nichts zu tun. »Die Weigerung muß konkret sein«; diese Position aus dem »Eindimensionalen Menschen« führte Marcuse im »Versuch über die Befreiung«[36] noch aus: »... eine Alternative bricht jetzt in das repressive Kontinuum ein ... Die Große Weigerung nimmt verschiedene Formen an.«[37] Jede abweichende Strategie von Subkulturen, insbesondere die der Arbeiterbewegung, hat eine Summe konkreter, verschiedene Formen annehmender Weigerungen beinhaltet, von der Weigerung der SPD im 19. Jahrhundert, Bismarcks Sozialgesetzgebung zu unterstützen, bis zur Weigerung der KPD, bürgerliche Illustrierte zu lesen, und statt dessen im Münzenberg-Gegenkonzern eigene Illustrierte herauszugeben. Daher nimmt sich Buselmeier/Schehls Anmerkung: »Die Vision, Freiheit in einer Art Enklave inmitten der kapitalistischen Gesellschaft schon jetzt zu antizipieren und das von Marcuse gepredigte Strategiesurrogat der ›Großen Weigerung‹ treiben ihr Unwesen besonders hartnäckig in den Katakomben des underground«[38], gelinde gesagt, etwas merkwürdig aus.

Ähnlich zeigen Dirks und Adorno die Dialektik von Subkultur und Gesamtgesellschaft auf: »Schließlich bilden sich, als spontaner, unbewußter und häufig destruktiver Protest gegen den Druck und die Kälte der Massengesellschaft, neue Formen kleiner Gruppen von unten her.«[39]

»Im Kontext der Geschichte verstehen sich die jugendlichen Rebellen als Pioniere und Agenten des sozialen Wandels.«[40] Wenn, im Sinne von Karl Marx, Menschen ihre Geschichte mit Willen und Bewußtsein machen sollen, ist die Veränderung des Bewußtseins ebenso wichtig wie die Veränderung des Seins bzw. hat ihr, um sie überhaupt einzuleiten, voranzugehen: »Vor der Revolution kommt das revolutionäre Bewußtsein, die ideelle Gegenwelt zur herrschenden Welt der etablierten Macht. Wie die Lehre vom Partisanenkrieg besagt, daß der Revolutionär im Volk sicher sein müsse, wie der Fisch im Wasser, so muß der Gedanke von der unbedingten Notwendigkeit, die bestehenden Verhältnisse zu ändern, in den Köpfen der Menschen umgehen.«[41] (Einerseits ist es wichtig, die konkrete Arbeit in der Fähigkeit zum Denken und Wahrnehmen zu beginnen[42], andrerseits reicht dazu das »You must change your mind *instead*« der Beatles nicht aus.) Die Veränderung des Bewußtseins in den progressiven Subkulturen umfaßt tendenziell den gesamten Überbau: Kunst, Medien, Institutionen, Sozialisation, Zerschlagung der Rollen- und Positionssysteme. Dialektisch hat dies der etablierte Soziologe Homans begriffen: »Eine Person, die nicht um ihren Status besorgt ist, hat vielleicht den höchsten von allen.«[43]

Somit ergibt sich aus folgenden Gründen die Notwendigkeit einer ständig zu kritisierenden und zu verbessernden Theorie der Subkultur:

1. Es gibt Teile der Gesellschaft, die von der Kultur, d. h. vom gesamten System der herrschenden Werte und Institutionen abweichen: die Subkulturen.

2. Da zu einer grundsätzlichen Veränderung der Gesellschaft nicht nur die Veränderung der ökonomischen Basis, sondern auch die Veränderung des Überbaus, insbesondere auch des Bewußtseins (also gerade des Systems der Wertordnungen und Institutionen) erforderlich ist, ist es notwendig, zu beurteilen, inwieweit welche Subkulturen Avantgarden einer solchen Veränderung sind. Dabei ist von den Widersprüchen der Subkulturen zur Gesamtgesellschaft sowie von den Widersprüchen der Subkulturen zwischen und innerhalb der einzelnen Subkulturen auszugehen.

3. Die Herrschenden, ideologisch repräsentiert durch die herrschende Soziologie, versuchen durch verinnerlichte oder offene Repression die Subkulturen an die gesamtgesellschaftliche Kultur anzupassen. Die rein schimpfworthafte undifferenzierte Verwen-

dung des »Subkultur«-Begriffs dient, sofern sie nicht auf dem Mißverständnis der Identifikation *konkreter* Subkulturen mit Subkulturen schlechthin beruht, der Reproduktion bzw. der Stabilisierung der herrschenden Kultur, d. h. der herrschenden Werte und Institutionen.

4. Progressive Subkulturen sind als Gegenmilieu, Gegenöffentlichkeit, Selbstorganisation der Bedürfnisse erforderlich, um das nichtangepaßte Überleben der Maßnahmen der ·Gesamtgesellschaft zu gewährleisten, neue Formen sozialer Beziehungen zu praktizieren, die Abhängigkeit von herrschenden Institutionen zu verringern, bürgerliche Tendenzen in der politischen Selbstorganisation zu vermeiden.

5. Subkulturen stehen in dialektischer Abhängigkeit vom gesamtgesellschaftlichen Wertsystem; sie schützen vor der vollständigen Anpassung an dieses.

Eine Theorie der Subkultur kann nur eine Theorie der mittleren Reichweite sein; sie kann weder den Anspruch erheben, eine alleingültige Gesellschaftstheorie zu sein, noch eine solche (wenn diese überhaupt möglich ist, je mehr sich die Totalität der Gesellschaft nur im Negativen bestimmen läßt) ersetzen. Eine Theorie der mittleren Reichweite, wie etwa auch eine Theorie der politischen Justiz, eine Theorie der Pressekonzentration, eine Theorie der kritischen Medizin, eine Theorie der Sozialisation, ja wahrscheinlich selbst eine Theorie der politischen Ökonomie des 20. Jahrhunderts (die es typischerweise noch nicht gibt). Allerdings übt eine solche Theorie der mittleren Reichweite gemäß dialektischem Verständnis eine andere Funktion aus als beim Funktionalisten Merton (von dem dieser Begriff stammt), der letztlich seine induktiven Bausteine zu einem System mit apologetischer Absicht zusammenbauen will. Sie ist mit den jeweiligen anderen Theorien (insbesondere der politischen Ökonomie), sie gleichzeitig unterstützend und durch sie unterstützt werdend, dialektisch vermittelt.

Aus der Theorie der mittleren Reichweite folgt auch die Praxis der mittleren Reichweite. In einer nicht revolutionären Situation ist aber jede Praxis eine Praxis der mittleren Reichweite. Wenn jetzt daraus der Schluß gezogen werden sollte, daß jede Praxis der mittleren Reichweite »reformistisch« ist, dann ist letztlich jede Praxis »reformistisch«, mit einer Ausnahme: der Revolution selbst. Aus dieser Tautologie resultiert, daß in nichtrevolutionären Zeiten jede Praxis »reformistisch« ist. Diese These führt je-

doch zumindest ebenso zu Passivität wie die Praxis hippieähnlicher Gruppen.
Während wir warten, wird die Utopie nicht besser.

4. DIE JUGENDKULTUR-DISKUSSION

Daß es sich bei den Subkulturen nicht um eine Generationsrevolte handelt, haben Horowitz und Liebowitz mit Recht betont, ebenso die Unzulässigkeit, einfach mit dem Anomiebegriff zu operieren. Allerdings ist es eine Tatsache, daß ein großer Teil der progressiven Subkulturen aus Personen unter 30 Jahren besteht – wenn auch Hollstein eine imponierende Liste von Subkultur-Angehörigen höheren Alters präsentiert: Dutschke, Ginsberg, Miles, Vinkenoog, Leary, Sanders, Kupferberg, Snyder, Watts, McClure, Krebs, Rubin, Geismar, Julien Beck, Peter Berg.[1] Zappa hat, wenngleich mit technokratischen Hintergründen, die Macht für die Jugend gefordert, die in einigen Jahren die Hälfte der USA-Einwohner ausmachen. Nach einer UNO-Studie werden 1980 eine Milliarde Menschen zwischen 12 und 25 Jahre alt sein; die Weltmeinung werde mehr und mehr die Meinung der Jugend der Welt sein.[2] Bei Testwahlen in der BRD (Nürnberg, twen) für noch nicht Wahlberechtigte schnitten die verhältnismäßig fortschrittlichen Parteien weit besser ab als bei den Bundestagswahlen (z. B. ADF 12 Prozent bei Jugendlichen; 0,6 Prozent bei den Bundestagswahlen).

Diese Sachverhalte zwingen uns, noch einmal die »Jugendkultur«-Diskussion der frühen Sechzigerjahre zu reflektieren. Die Grundthese der Jugendkultursoziologen besagt, daß Subkulturen notwendigerweise eine Übergangserscheinung zur Erwachsenenwelt seien und über kurz oder lang in die Gesellschaft integriert werden würden. Da die Industriegesellschaft Rolle und Status der Jugend undefiniert lassen, entstehen jugendliche Subkulturen. Es besteht aber kein grundsätzlicher Widerspruch zwischen diesen Subkulturen und der Gesamtgesellschaft.

René König nahm das Bestehen einer eigenjugendlichen Teilkultur an, deren Normen mit denen der Erwachsenen kollidierten, und folgerte daraus die Notwendigkeit eines konfliktgeladenen Überganges in die Erwachsenenwelt (Beispiel: Münchner Jugendrevolte 1962). Die Kinder lebten nur noch marginal in der Familie,

wohl aber vor allem in »peer groups« (Gruppen von Gleichaltrigen) in Kindergarten, Schule, Berufsausbildung, Freizeit. Damit gewönnen die Normen dieser Teilkultur an Chancen. (Der herrschenden Sozialisation, die z. B. Bolte, wie wir gesehen haben, betont, wird also gegenüber der gruppenkulturellen Sozialisation die zentrale Anpassungsbedeutung abgesprochen.)[3]
Ähnlich nahm Friedrich Tenbruck die Existenz einer Jugendlichensubkultur an, formulierte das Problem jedoch dialektischer: einerseits verfügt die Jugend über eine autarke Teilkultur, die fast alle Lebensgebiete (Umgang, Sport, Vergnügen, Mode, Moral, Literatur, Sprache, Musik – die Ökonomie mußte damals typischerweise fehlen) umfaßt. Andrerseits ist aber die Gesamtgesellschaft so »pueril«, daß die Jugendkultur dominant werden konnte: Im Wirtschaftsleben appellierten die Ziele und Mittel der Lockung fast durchweg an jugendliche Wünsche, Symbole und Realitäten. (Daß einer der penetrantesten Anpassungsmechanismen des Monopolkapitalismus, die Werbung, als Beispiel für das Durchdringen einer Subkultur angeführt wird, kennzeichnet den damaligen Stand der Dinge – und der Diskussion.) »In dem Maße, wie nun die Sozialisierung noch nicht abgeschlossen ist, wird damit der Jugend die erwachsene Kultur zur selektiven Benutzung (!) nach eigenen Zwecken überlassen. Es läßt sich aber in einem sozialen Vakuum ohne Akzentuierung von Zielen, Handlungsmustern, Erwartungen, Normen nicht existieren.«[4] Die Jugendkulturen müssen also Normen etc. ausbilden.
Gegen diese Ansätze polemisiert Ludwig von Friedeburg: Man könne von einer Jugendkultur nicht sprechen, da schon Ansätze zu einer solchen sofort integriert werden würden (Twenkleidung, Schallplatten, Fan-Clubs etc.), die Normen bezögen sich fast immer auf die Erwachsenenwelt, die informellen Gruppen fungierten also nur als Sozialisationsagenturen: »Sie haben bestimmte Funktionen: soziale Kontrolle zu gewährleisten und Verhaltensweisen einzuüben, Zusammenhalt und Schemata der Identifikation zu verheißen, kompensatorisch für die Kälte der Massengesellschaft Nestwärme zu gewähren und Affektstauungen abzureagieren.«[5] Kurz: »Der Weg jugendlicher Anpassung in der modernen Gesellschaft führt durch eine halbgeöffnete Tür zu einer ziellosen Freiheit.«[6]
Helmut Kentler versucht zu vermitteln, indem er die Mertonsche Bezugsgruppentheorie auf die Subkulturen anwendet. Die jugendliche Subkultur bezieht sich in ihren Wertvorstellungen auf

eine »Gegenelite«. Dadurch gelangt Kentler wiederum konsequent zur Dialektik Gesamtgesellschaft – Subkultur: die Subkultur als Gegen- und Untergrundgesellschaft, das »Jungsein« als Kompromißlösung zwischen aufgezwungener Gesellschaftsform und Gegengesellschaft mit vollständiger Umkehrung der bürgerlichen Gesellschaften (Kentler definiert auch Subkultur als »neue Kultur innerhalb der bestehenden und offiziell anerkannten«). Gegen Friedeburg wendet Kentler ein, daß längst noch nicht alle Subkulturen kommerzialisiert seien (Beatniks, Stiljagis, Gammler, Jazzkeller weisen »antigesellschaftliche Affekte« auf); selbst die Kommerzialisierung der »Teenager« und »Twens« seien durch tatsächliche Bedürfnisse initiiert worden, die Versuche der Jugendpflege, sich subkulturelles Image überzustülpen, seien gescheitert. In seiner damaligen Abschlußbemerkung stellte Kentler 1965 fest, die Subkulturen seien eine berechtigte Kritik der Erwachsenenkultur. Kein Wunder, daß er sich 1967 als psychologischer Berater der Berliner Polizei nicht lange halten konnte.[7]

Der Pudding hat sich, wie Brecht sagen würde, beim Essen erwiesen: gegen König und Tenbruck, da die Teenagerkultur von der Erwachsenenwelt nahtlos integriert wurde, und dialektisch genau, auch gegen Friedeburg, da sie Subkulturen hervorbrachte, die bisher nicht integriert werden konnten: Friedeburg selbst konnte als Frankfurter Professor und Polizeiverbündeter, als hessischer Kultusminister früher in das schlechte Bestehende integriert werden als die Subkulturen, denen er dies prophezeite. »Der Wunsch, die Bedeutung eigenständiger Subkulturen zu retten, ist der Vater dieses Gedankens.«[8] Mittlerweile ist Friedeburg zum Befürworter des Polizeieinsatzes gegen »die Bedeutung eigenständiger Subkulturen« geworden: nur makabre Ironiker wären imstande, die Black Panther Party, den deutschen SDS oder die Pariser Enragées, ja selbst die Hippies von Woodstock und Hyde Park als Sozialisationsagenturen der bürgerlichen Gesellschaft zu bezeichnen.

Auch Adorno bietet ähnliche Einwände gegen die progressiven Subkulturen auf:

»Die Wohnung solcher jungen Bohemiens gleicht ihrem geistigen Haushalt. An der Wand die täuschend originalgetreuen Farbendrucke nach berühmten van Goghs ..., auf dem Bücherbrett der Absud von Sozialismus und Psychoanalyse und ein wenig Sexualkunde für Hemmungslose mit Hemmungen. Dazu die »Random House«-Ausgabe von Proust ... Exklusivität zu herabgesetzten

Preisen ... ein paar laute Jazzplatten, bei denen man sich zugleich kollektiv, kühn und behaglich fühlt. Jedes Urteil ist von den Freunden approbiert, alle Argumente wissen sie immer schon vorher. Daß alle Kulturprodukte, auch die nicht konformierenden, dem Verteilungsmechanismus des großen Kapitalismus einverleibt sind..., verweigert der abweichenden Sehnsucht vorweg den Stoff... Die Intellektuellen sind schon so sehr auf das ihrer isolierten Sphäre Bestätigte festgelegt, daß sie nichts mehr begehren, als was ihnen unter der Marke ›highbrow‹ serviert wird... Das Außenseitertum der Eingeweihten ist Illusion und bloße Wartezeit... Die subjektive Vorbedingung zur Opposition, ungenormtes Urteil, stirbt ab, während ihr Gehabe als Gruppenritual weiter vollführt wird. Stalin braucht sich nur zu räuspern und sie werfen Kafka und van Gogh auf den Müllhaufen.«[9]
Auch hier hat die geschichtliche Situation die Analyse überholt. Die Exklusivität ist der Suche nach der Massenbasis gewichen; neben Proust steht Barbarella, neben Jazz die Rolling Stones. Approbierte Urteile, wie gerade auch Adorno selbst in seinen letzten Lebensjahren erleben mußte, sind rar geworden. Große Teile der Untergrundpresse, die Schülerzeitschriften, die Raubdrucke sind dem Kapitalismus schwerlich einverleibbar. Die Wartezeit-Walze wird nur mehr von illusionistischen Liberalen und masochistischen Gewerkschaftsfunktionären wiedergekäut. Das Räuspern Stalins ist, ein grotesker dialektischer Reflex auf Antiautoritarismus chaotisch überziehende Subkulturen, gerade erst wieder ausgerechnet von einer Subkultur ausgegraben worden: selbst dieses ist ein immanent diskutiertes Räuspern. Mao Tsetung müßte, dialektisch umgekehrt, 99 Müllhaufen blühen lassen.

»Fest strukturierte informelle Gruppen Gleichaltriger mit spezifischen Normensystemen und fixierten Rollenerwartungen für bestimmte Positionen finden sich augenscheinlich nur selten.«[10] Da ist der spätere Kultusminister mit Friedeburg durchgegangen: sie finden sich augenscheinlich öfter, als er annimmt – nur daß sie sich eben dadurch auszeichnen, in ihren spezifischen Normensystemen feste Strukturen, fixierte Rollenerwartungen, bestimmte Positionen der Tendenz nach aufzuheben. Mit Recht hat Hollstein festgestellt, der Dissens der Teilkulturen sei »akzidentiell«, zeitlich beschränkt, und durch gesamtgesellschaftliche Sanktionen nicht als grundsätzlich oppositionell ausgewiesen.[11] Das gilt auch heute noch sicher für Diskotheken, Teenage-Fair und Perry-Rhodan-Clubs – Jaide und Böhmer haben die angepaßte Einstellung vieler 15- bis 19jähriger nachgewiesen. Für progressive Subkulturen, für Gegenkulturen gilt das allemal nicht.

5. ESTABLISHMENT UND KOMPAKTE MAJORITÄT

In der amerikanischen Schichtungsdiskussion hat Kingsley Davis – der im Sinne von Pareto die Unausweichlichkeit hierarchischer Strukturen behauptet – ein Modell erstellt.

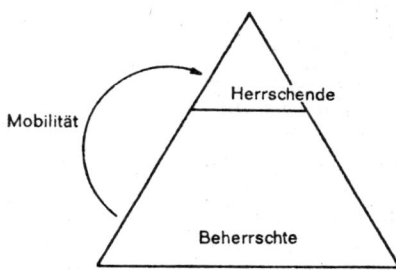

Die Mobilität beherrschter Personen in herrschenden Positionen – deren ideologischen Charakter Davis nicht anerkennt – garantiert durch Zuwachs an Einkommen und Prestige das Funktionieren des Systems.[1]

Das Oben und Unten wird nicht mehr bestritten, wie es noch einige Jahre zuvor in der Ideologie der »nivellierten Mittelstandsgesellschaft« (Schelsky) geschehen ist. Das Oben und Unten ist wieder ebenso ersichtlich wie bei Marx:

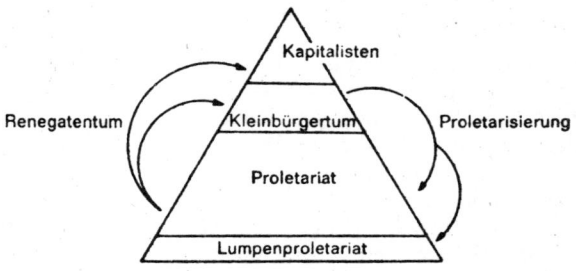

Unschwer ist das Modell Marx' auf die Sechsschichtentheorie von Warner, Renate Mayntz etc. anzuwenden:

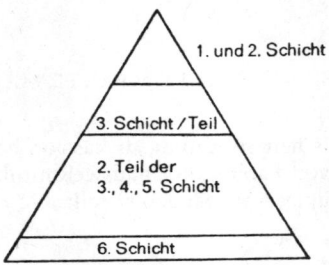

Gegen die marxistische Klassentheorie hat Renate Mayntz mit viel Verve nachzuweisen versucht (in ihrer Untersuchung über die Industriegemeinde Euskirchen), daß die Schichten ineinander übergingen, daß gleichsam ein »Continuum« zwischen ihnen bestehe. Der Gegensatz zwischen Renate Mayntz und dem Marxismus besteht nur scheinbar: durch schwankendes Verhalten, Renegatentum und Proletarisierung bestanden seit eh und je fließende Übergänge zwischen den Klassen. Die Kriterien zwischen Kapitalistenklasse und Kleinbürgertum schwanken nach Land und historischer Situation; das Schwanken des Kleinbürgertums zwischen Kapitalisten und Proletariat wurde von den Marxisten beredt dargestellt; auf das Bestehen einer »Arbeiteraristokratie« mit kleinbürgerlichen Zügen hat Lenin hingewiesen. (Infolge Platzmangels können wir auf die ideologischen Unterschiede, vor allem auf die Verschleierungsfunktion verschiedener Indikatoren bei Renate Mayntz, nicht eingehen.)

Die Bedeutung des Staatsapparats in den Metropolen ist in den letzten Jahren kontinuierlich gestiegen: die Verquickung von Staat und Wirtschaft, die Garantiefunktion des Staates für konstante Durchschnittsprofitraten in kapitalistischen Ländern, die Monopolisierung der Wirtschaftsleitung seitens des Staatsapparats und seine Verzehrung von Mehrwert infolge permanenter Abkehr von Lenins Grundsatz des Ingenieurlohns für Verwaltungstätigkeit in bürokratisch-sozialistischen Ländern (die wir nicht unkritisch im Sinne der Theorie vom integralen Etatismus gleichsetzen wollen) berechtigt dazu, abstrakt als hierarchische Spitze ein Establishment anzunehmen. Dieser Begriff ist seit

1967/68 durch kontinuierlichen Gebrauch weitgehend entwertet worden: »Wer zweimal mit derselben pennt / gehört schon zum Establishment« und ähnliches, aber auch die oft ungerechtfertigten Anschuldigungen an Teile der Lohnabhängigen, dem »Establishment« anzugehören, haben dazu beigetragen.
Unter dem Begriff »Establishment« subsumieren wir in der Folge die großen und mittleren Kapitaleigentümer, einschließlich jener Teile des Kleinbürgertums, die fest hinter diesen stehen, die politischen und apolitischen Eliten eines Landes (zwischen welchen die Grenzen fließend sind: der Schauspieler Reagan wird Gouverneur), die höheren Angestellten und Beamten im Staatsapparat, in den Konzernen, im Militärapparat, in den Medien etc., die leitenden Funktionäre der Verbände und anderen Lobbies und die verselbständigten Arbeiteraristokratien (einschließlich der verselbständigten Aristokratien der technischen Intelligenz). In der etablierten Zeitschrift »Jasmin« z. B. wird in einem Artikel über Kommunen Establishment durchaus normativ als Erscheinungsformen, Merkmale und Wirkungen der etablierten Gesellschaftsordnung (Regierung, Parlament, Parteien, politische Verbände, kapitalistische Produktionsweise) einschließlich der Vorstellungen der Gesellschaft über Berufsleben, Ausbildung, Freizeit, Familienleben und Sexualverhalten definiert.[2] Die ökonomistische Beschränkung des Establishments auf die Kapitalistenklasse verdrängt den Sachverhalt verselbständigter Überbauten und formal »arbeitnehmender« Schichten, die mit dem Kapital über verschiedenste Interessen verflochten sind. Wir bleiben beim Begriff des Establishments, bis die politische Wissenschaft einen besseren gefunden hat.
Im Widerspruch zum Establishment steht objektiv der Inbegriff aller Personen, die diesem nicht angehören. Wir nennen ihn, wiederum bis zur Findung eines besseren Begriffs, nach einem in Ibsens »Volksfeind« verwendeten Wort »kompakte Majorität«[3]. Unter diesem Begriff subsumieren wir das Proletariat (Arbeiter, Angestellte, durchschnittliche Beamte, technische Intelligenz), einschließlich des Lumpenproletariats, sowie jene Teile des Kleinbürgertums, deren Proletarisierung weit fortgeschritten ist. Ich weiß, daß dieser Begriff verschiedenen Kritiken ausgesetzt sein wird: als Intellektuellenideologie, die Kleinbürger und Lumpenproletariat allzusehr aufwertet. Dagegen ist einzuwenden: 1. das Proletariat ist quantitativ außerordentlich überlegen (für die BRD schätze ich auf Grund der Berufsstatistiken 80 Prozent Proletariat

und je 10 Prozent die beiden anderen Klassen); 2. eine große Anzahl von Kleinbürgern ist de facto nur mehr im Dienste der Großkonzerne oder als Zuliefererbetrieb, in Abhängigkeit von den Großbanken tätig, somit wird ihr kapitalistisches Bewußtsein zur reinen Ideologie; 3. infolge der starken quantitativen Abnahme des Kleinbürgertums rekrutiert sich das Lumpenproletariat mehr und mehr aus Proletariern; 4. der Begriff des Proletariats kann nicht mehr schematisch übernommen werden, als ob dieses mit dem Proletariat vor hundert Jahren identisch wäre.

Es ist uns nicht möglich, im Rahmen dieser Arbeit eine Klassenanalyse zu leisten, welche eine nicht vorhandene Theorie der politischen Ökonomie des 20. Jahrhunderts voraussetzen würde. Ich will hier nur zwei Aspekte dieser künftigen Analyse vorwegnehmen:

Definieren wir Proletariat als diejenige Klasse, die kein Eigentum an Produktionsmitteln besitzt, muß berücksichtigt werden, wie später noch genauer ausgeführt wird, daß sie sich quantitativ immer mehr von Handarbeitern auf Angestellte, Sozialisationsarbeiter und technische Intelligenz verschiebt, was Konsequenzen für Bewußtsein, Organisationsmethoden etc. nach sich zieht. Die Intellektuellen, proletarisiert, werden nicht nur subjektiv, sondern auch objektiv zur Avantgarde des Proletariats.

Definieren wir Proletariat als wertschaffende Klasse, führt die Transformation zu noch absurderen Resultaten angesichts tendenzieller Vollautomatisation. »Proletariat« könnte nur mehr im internationalen Kontext begriffen werden.

Somit nehmen wir das Modell von Kingsley Davis und funktionieren es um:

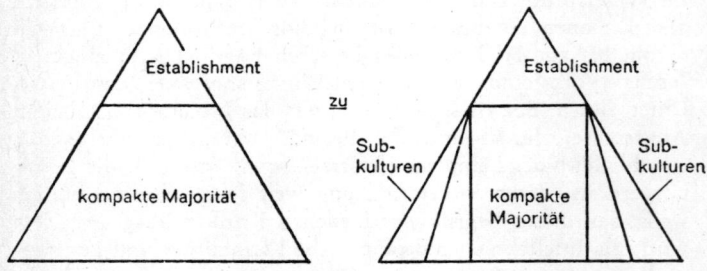

6. PROGRESSIVE UND REGRESSIVE SUBKULTUREN

Der Sachverhalt, daß Individuen im allgemeinen mehr in Kleingruppen integriert sind als in der Gesamtgesellschaft, mehr von Opinion Leaders (die eine Auswahl aus den von den Medien dargebotenen Informationen treffen) manipuliert als von den Medien und anderen Manipulationsinstrumenten der Herrschenden selbst, ist zu einem bevorzugten Forschungsgegenstand der affirmativen Soziologie geworden; mit dem Zweck, über integrierte Opinion Leaders die Individuen zur Anpassung an die Werte und Institutionen der Gesamtgesellschaft zu veranlassen. Wir denken hier an Lazarsfeld/Berelson/Gaudets Studie »Voting« bezüglich des Wahlverhaltens, an Mayos Forschungen und Roethlisberger/Dicksons »Management and the Industrial Worker« bezüglich der Aussichten, Arbeiter mittels Kleingruppen an die Normen der Betriebsleitung anzupassen, Stouffers und anderer »The American Soldier« bezüglich der Anpassung des einzelnen Soldaten an die Zwecke der Kriegführung. Janowitz hat betont, daß sich bei den deutschen Soldaten die Integration in die Kleingruppe viel entscheidender auswirkte als die nationalsozialistische Propaganda.

Diese Zielvorstellung ist unschwer zu dialektisieren: subkulturelle Opinion Leaders können eine antigesamtgesellschaftliche Gegenintegration veranlassen. Doch: kann jede Subkultur zu einer Gegenintegration führen?

Subkultur ist nicht Subkultur; auch Gegenkultur ist nicht Gegenkultur. Wie Kriterien gewinnen?

Wir unterscheiden in unserem Modell progressive und regressive Subkulturen. Die Normen, Institutionen etc. der progressiven Subkulturen dienen diesen dazu, den gegenwärtigen Stand der Gesellschaft aufzuheben, weiterzutreiben, einen grundsätzlich neuen Zustand zu erarbeiten. Die Normen, Institutionen etc. der regressiven Subkulturen dienen diesen dazu, einen vergangenen Stand der Gesellschaft, Normen, die nicht mehr, oder nicht in dieser Weise, in der gegenwärtigen Gesellschaft wirksam sind, wiederherzustellen.

Ich bin mir dessen bewußt, daß auch diese Unterscheidung vorderhand formal ist und die ironische Kritik Sergius Golowins geradezu herausfordert, eine jede von 50 Subkulturen halte sich für progressiv und die anderen 49 für regressiv.[1] Lassen sich inhaltliche Kriterien herausarbeiten?

Versuchen wir anzunehmen, was »progressiv«, »Fortschritt« bedeuten könnte. »›Fortschritt‹ ist kein neutraler Begriff, er bewegt sich auf bestimmte Ziele zu, und diese Ziele sind von den Möglichkeiten bestimmt, die menschliche Lage zu verbessern. Die fortgeschrittene Industriegesellschaft nähert sich dem Stadium, wo weiterer Fortschritt den radikalen Umsturz der herrschenden Richtung und Organisation des Fortschritts erfordern würde. Dieses Stadium wäre erreicht, wenn die materielle Produktion (einschließlich der notwendigen Dienstleistungen) dermaßen automatisiert wird, daß alle Lebensbedürfnisse befriedigt werden und sich die notwendige Arbeitszeit zu einem Bruchteil der Gesamtzeit verringert... die Technik würde dem freien Spiel der Anlagen im Kampf um die Befriedung von Natur und Gesellschaft unterworfen.«[2] Die beiden progressiven Prämissen Marcuses sind, »1. daß das menschliche Leben lebenswert ist, bzw. gemacht werden sollte, 2. daß in einer gegebenen Gesellschaft spezifische Möglichkeiten zur Verbesserung des menschlichen Lebens bestehen sowie spezifische Mittel und Wege, diese Möglichkeiten zu verwirklichen.«[3]

Humanisierung und technologische Möglichkeit neuer Normen, Institutionen etc. sind nach Marcuse die beiden Grundlagen des Fortschritts. Mit Unbehagen stellen auch Kahn und Wiener die Möglichkeit dieser Entwicklung fest: Die technologische Entwicklung, die eine Verlagerung auf den Erziehungssektor, schöpferische Tätigkeit, volle Entwicklung der Persönlichkeit und wirtschaftliches Wachstum nach sich zieht, hätte Folgen: »Die Subkultur der Jugendlichen weitet sich aus und wird künstlich verlängert. Übertriebenes (sic!) Theoretisieren, weltfremde politische Haltungen, Entfremdung von der eigenen Kultur und Ablehnung der Praxis würden um sich greifen.«[4] In diesem Zusammenhang muß ich Enzensberger das Kompliment der dialektischen Affinität zu Herman Kahn[5] zurückgeben: Die Jugendlichen, die Privilegierten, Studenten und Intellektuellen werden nach ihm zum Berufsrisiko des Plankapitalismus, da sie, die genügend Zeit hatten, kritisches Bewußtsein zu entwickeln, das System angreifen. »Die Gefahr der Ansteckung ist absehbar, und zwar ganz gleichgültig, welche Strategie eingeschlagen wird.«[6] Die zunehmende Intellektualisierung industrieller Arbeitsprozesse »führt zu einer Bildungspolitik, die einen zunehmenden Anteil der Bevölkerung unter 30 jahrelang vom Produktionsprozeß freisetzen muß«[7].

Die genannten Indikatoren führen zu einer Reihe subkultureller

Fortschrittsbegriffe: einem marxistischen, polyarchistischen, anarchistischen, evolutionistischen, technologisch-futurologischen, esoterischen, sowie aller möglichen Mischformen zwischen diesen.
Marxistisch heißt hier: auf dem Boden historischer, dialektischer und materialistischer Analysen die Theorie mit der Praxis zu verbinden versuchend (etwa die ML, die JCR, die Reste des SDS etc.).
Polyarchistisch heißt hier: die inhaltliche Selbstbestimmung der von Maßnahmen Betroffenen anstelle der Fremdbestimmung durch interessengelenkte Apparate anstrebend (etwa die Projektarbeiter des amerikanischen SDS, die Randgruppenarbeiter).
Evolutionistisch heißt hier: auf eine Übereinstimmung der Humanisierung mit der technologischen Entwicklung langfristig hinarbeitend, ohne damit unbedingt die Forderung nach einer bestimmten analytischen oder selbstorganisatorischen Praxis zu verbinden (Teilhard de Chardin, Robert Jungk, die »Theologie der Hoffnung«; subkulturell etwa linksradikale konfessionelle Gruppen).
Technologisch-futurologisch heißt hier: besondere Betonung auf konkrete technologische Möglichkeiten legend (allein spielt diese Version keine besondere Rolle, da ihre Anhänger eher der Technokratie als der Subkultur zuneigen: eine um so größere als Mischform).
Anarchistisch heißt hier: individuelle Freiheit und individuelles Bewußtsein als wesentliche Voraussetzung der Humanisierung betrachtend (etwa die Gammler, die Beatniks, mit den Abstrichen ihrer autoritären Gruppenstruktur die Rocker).
Esoterisch heißt hier: großen bis nahezu ausschließlichen Wert auf die Entwicklung eines außerordentlichen individuellen Bewußtseins legend, das mit Meditationen, Drogen, Kunst etc. zu erreichen ist (Gurdjew, Suzuki, Timothy Leary, John Lennon, Reimar Lenz; als Gruppen die Hippies, die Beat-Bands etc.).
Wir wollen hier kein strukturalistisches Schema aufstellen und deshalb einige Mischformen nur kurz erwähnen: die marxistisch-polyarchistische (Black Panther Party), die marxistisch-polyarchistisch-technologische (Marcuse, Dutschke, Krahl), die marxistisch-evolutionistische (Bloch »Wärmestrom«), die marxistisch-esoterische (Kommunen, auch in etwa Walter Hollstein mit seiner »Hippisierung des Marxismus«), die polyarchistisch-technologische (New Yorker Anarchisten, Uwe Timm, Otte Gmelin), die

polyarchistisch-esoterische (Joseph Benuys, Yippies), die anarchistisch-esoterische (Hippies), die polyarchistisch-technologisch-esoterische (Provos), die evolutionistisch-technologisch-esoterische (Creative Center Kensington, »Planet«, »Gandalfs Garden«).
Da es noch keine Empirie der progressiven Subkulturen gibt, verfügen wir über keine Faktorenanalyse, der wir genaue Ergebnisse entnehmen können. Unter den progressiven Subkulturen gibt es, können wir jedoch auf Grund unserer ideologiekritischen Vorarbeiten annehmen, zwei grundlegende Trends:
Ein rationalistisches Syndrom von Subkulturen, die großen Wert auf Analysen, Praxis zur kompakten Majorität und zu unfreiwilligen Subkulturen hin, Selbstbestimmung, konkrete Arbeit an den technologischen Möglichkeiten hin legt: insbesonders politische Subkulturen, Studenten- und Intellektuellengruppen, politisierte ethnische Minderheiten, Randgruppenarbeiter.
Ein emotionelles Syndrom von Subkulturen, die großen Wert auf individuelle Freiheit, Entwicklung des individuellen Bewußtseins, allgemeine Futurologie – bis hin zu einer kosmologischen Futurologie legen: insbesonders Gammler, Hippies, Beatniks, Provos, Bohème, esoterische Gruppen, mit den genannten Vorbehalten die Rocker.
Dies scheint uns der Hauptwiderspruch innerhalb der progressiven Subkulturen zu sein.

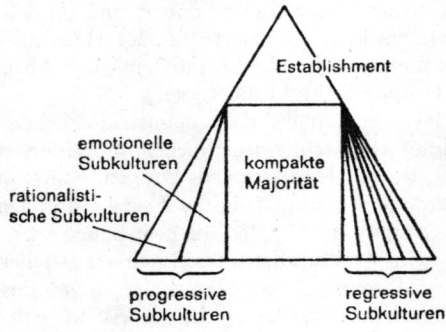

Ein Verdienst der Münchner Randgruppenarbeiter »Südfront« ist es, auf einen weiteren Widerspruch aufmerksam gemacht zu haben: den zwischen freiwilligen und unfreiwilligen Subkulturen. (Letztere etwa Heimzöglinge, Obdachlose, Kriminelle, Insassen

von Nervenanstalten, Altersheimen, Kranke.) Es ist erstaunlich, daß diese Unterscheidung nicht schon früher getroffen worden ist; nicht einmal von Erving Goffman[8], der eine der bisher umfangreichsten und systematischen Untersuchungen unfreiwilliger Subkulturen veröffentlicht hat.
Goffman analysiert »die Situation des Individuums, das von vollständiger sozialer Akzeptierung ausgeschlossen ist«[9]. »Die Gesellschaft schafft die Mittel zur Kategorisierung von Personen und den kompletten Satz von Attributen, den man für die Mitglieder jeder dieser Kategorien als gewöhnlich und natürlich empfindet. Die sozialen Einrichtungen etablieren die Personenkategorien, die man dort vermutlich antreffen wird. Die Routine sozialen Verkehrs in bestehenden Einrichtungen erlaubt es uns, mit antizipierten Anderen ohne besondere Aufmerksamkeit oder Gedanken umzugehen.«[10]
In diesem Sinne ist das »Stigma« der Inbegriff diskreditierender Eigenschaften, das den Widerspruch zwischen Normalen und Stigmatisierten konstituiert. Wenn sich Goffman auch hauptsächlich mit Integrationsmechanismen befaßt, so finden doch die Selbsthilfeclubs, städtischen Gegenmilieus, Gegenprestigesymbole (Stigmasymbole), militanten Ideologien der Stigmatisierten ausdrückliche Berücksichtigung. Wenngleich Goffman vor allem Gruppen wie Neger, Juden, Katholiken, Alte, Körperbehinderte, Alkoholiker, Süchtige, Kriminelle, Prostituierte analysiert[11], so schließt er an keiner Stelle freiwillige Subkulturen aus; an einer Stelle bezieht er sie mit der Bemerkung, daß der Revolutionär kein »›legitimes‹ Gewerbe« habe, ausdrücklich mit ein. Das Marcusesche »Substrat der Geächteten und Außenseiter: die Ausgebeuteten und die Verfolgten anderer Rassen und anderer Farben, die Arbeitslosen und die Arbeitsunfähigen«[12] findet sich vollinhaltlich wieder ein.
Goffman macht nicht den plausiblen Unterschied zwischen Stigmatisierten, die ihr Stigma auf Grund bewußter Abweichung von der Kultur der Gesamtgesellschaft auf sich genommen haben, welches sich dann verselbständigt haben mag (politische Gruppen, Hippies, Gammler etc.) und Stigmatisierten, deren Stigma vornweg von den Normen der Gesamtgesellschaft abweicht, und die eventuell erst dadurch sich ihrerseits von der Kultur der Gesamtgesellschaft distanzieren (Neger, Körperbehinderte, Kriminelle etc.). Die Gruppe »Südfront« macht diesen Unterschied.
Nach Auffassung der Gruppe »Südfront« befinden sich die un-

freiwilligen Subkulturen im »vorproletarischen« Bereich: ihre objektiven Interessen decken sich mit denen des (wie oben erwähnt, neu zu definierenden) Proletariats. Dem orthodoxen Einwand (in der BRD), es handle sich hier (bei den Heimzöglingen, Kriminellen, Nervenanstaltspatienten, Obdachlosen, wie im übrigen auch bei den Rockern) um Lumpenproletariat, kann entgegnet werden, daß diese unfreiwilligen Subkulturen keineswegs in der Mehrzahl der Fälle absinkende Kleinbürger sind (so riesig viel Kleineigentümer und Kleinbauern gibt es in der BRD nicht mehr), sondern absinkendes Proletariat. Somit stellt sich die Frage ihrer »Reproletarisierung« nicht mehr als objektive, sondern als subjektive (ihr Bewußtsein) betreffende; letzteres ist allerdings noch bei einem Großteil der bundesdeutschen Lohnabhängigen zu leisten.

Die unfreiwilligen (oder Randgruppen, wie die Gruppe »Südfront« in Anlehnung an Marcuse sie nennt) lassen sich nicht ohne weiteres in die progressiven Subkulturen einordnen. Sie weichen kulturell signifikant von der herrschenden Kultur ab, sind objektiv weithin proletarisch, aber zumeist vollständig unbewußt. Wahrscheinlich ist es nötig, sie, sofern sie in ihren abweichenden Normen humanistische Ansätze zeigen (Solidarität etc.), als prärationalistische Subkulturen zu bezeichnen, wenn sie nicht überhaupt (wie das Verhalten von Kriminellen- und Prostituiertensubkulturen im Pariser Mai 1968 gezeigt hat), den regressiven Subkulturen zugehören. So hat ja auch Merton mit Recht festgestellt, daß die Kriminellen zwar in ihren Mitteln, aber nicht in ihren Zielen von den Normen der Gesamtgesellschaft abweichen. Eventuell sind sie den Standardneutralen zuzuzählen (nächstes Kapitel).

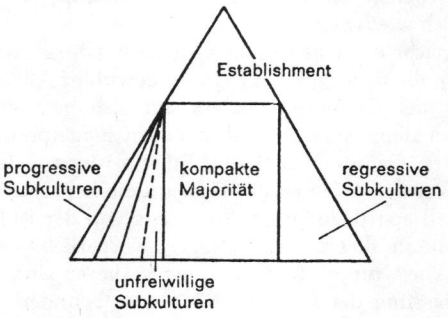

Die Gruppe »Südfront« hat betont, daß es sinnvoll sei, unfreiwillige Subkulturen als tendenziell progressiv anzusehen, und freiwillige nicht, da diese zu leicht integrierbar seien. Sie macht dabei folgende Fehler: 1. zu übersehen, daß sie selbst als sozialistische Gruppe einer freiwilligen Subkultur angehört, 2. zu übersehen, daß Hippies, Kommunarden etc. in der Regel (in der BRD) ein vorpolitisches Bewußtsein haben, Out-drops auch meist der politischen Opposition sind etc., 3. zu übersehen, daß, gerade ökonomisch betrachtet, kein Teil der Gesellschaft auch in seiner vollzogenen Integration so gefährdet ist wie die freiwilligen Subkulturen. Erstens wurde sie zumeist in luxurierende Industrien integriert, d. h. so gut wie ausschließlich in die Mode- und Freizeitindustrien, und würde voraussichtlich in der nächsten ökonomischen Krise wieder freigesetzt werden. Zweitens wurde sie in Industrien integriert, die durch staatlichen Interventionismus so wenig gesichert sind, daß sie schon bei ihrer Integration die Anwartschaft auf einen wahrscheinlichen Platz in der Reservearmee gleich mitbekommen haben; dafür sorgt auch die große Anzahl der Bewerber für die Freizeitindustrie, da diese Arbeit um einen Hauch weniger entfremdet ist als Fließband oder Schreibmaschine. Drittens sorgt die gewaltige Konzentration gerade der Freizeitindustrie (Bertelsmann, Samy, Teenage-Fair) dafür, daß die anscheinend oder wirklich Integrierten über kurz oder lang gerade in die proletarische Situation hineinkommen, der sie über freiwillige Subkulturen zu entkommen wähnten. Einzelne Renegaten à la Langhans können, wenn sie nur zäh genug mitmachen, in das Establishment kommen – der Rest der freiwilligen Subkulturen bleibt Proletariat.
Der Widerspruch zwischen freiwilligen und unfreiwilligen Subkulturen brach gerade in der Praxis der »Südfront« aus, als zahlreiche Insassen von Erziehungsheimen ausgebrochen waren. »Statt Möglichkeiten einer auf Selbstorganisation beruhenden Heimrevolte vorzubereiten, tauchten die Lehrlinge in der Stadt unter, wo sie mit dem subkulturellen Wertkodex (totale Selbstbefreiung usw.) konfrontiert wurden.«[13] Ähnliche Widersprüche brachen in der Berliner »Jugendkommunen«-Gruppe aus.
Die Sympathie auf Grund gemeinsamer Ablehnung der gesamtgesellschaftlichen Kultur, die Agitationsvorliebe freiwilliger Subkulturen für unfreiwillige ist nicht neu: Kreuzer führt allein aus der Bohème Barrès, Th. Lessing, Hugo Ball, Johannes R. Becher, Ludwig Meichsner, Norman Mailer, Sonka, Baudelaire, Mühsam,

Landauer und Rubiner an. Die Liste der »Erniedrigten« und »Beleidigten« entspricht weitgehend der Goffmans.[14] Kreuzer nennt mit Recht »diese Parteinahme für die ›Asozialen‹« »ohne gesellschaftliches Ziel« und »Projektion ihres Ideals unbürgerlichen Daseins«[15], das die unbohemisch-sozialistische Kritik ›als pseudorevolutionär‹ bezeichne.
Neu ist aber die Systematik, die gesellschaftliche Konsequenz dieser Arbeit. Randgruppenarbeiter und unfreiwillige Subkulturen sind sich ihrer Normenkollision wohl bewußt. Die Schwierigkeiten bei der Gegensozialisation werden von Möller/Neumann/Kohlhepp[16] klar ausgesprochen: mangelnde Kommunikation unter den Gruppen; mangelnde Solidarität der anderen politischen Subkulturen (»Lumpenproletariat«); fluktuierende Mitarbeit; Mangel an verbindlicher Arbeit, elitäre Haltung von Mitarbeitern; Unfähigkeit der psychisch geschädigten Heimjugendlichen zu verantwortlicher Mitarbeit; Kommunikationsschwierigkeiten zwischen Rockern und politischen Subkulturen; Druck der staatlichen Institutionen, und zwar je stärker, je mehr das Projekt zerfiel (solange Aussicht auf Erfolg bestand, waren einzelne Sozialarbeiter bereit, Fürsorgezöglinge in Kommunen einzuweisen!)[17], dadurch Mangel an Wohnraum (wodurch es kam, daß die Jugendlichen »in den studentischen Wohngemeinschaften und Kommunen herumgereicht (sic!) wurden«[18]; Mangel an Finanzen, Organisation, Arbeitsmöglichkeiten für die Jugendlichen; Hoffnung der Jugendlichen auf sofortige Lösung ihrer Probleme. Es ist zu erwarten, daß bei den nächsten Interaktionen zwischen freiwilligen und unfreiwilligen Subkulturen ähnliche Schwierigkeiten auftauchen werden; manche Schwierigkeiten sind typisch für Gegenkulturen überhaupt. Die richtige Lösung dieser Widersprüche ist noch nicht gefunden worden.
Andere unfreiwillige Subkulturen sind freiwillige geworden. Kreuzer[19] und Golowin erwähnen die Zigeuner; ihre Ablehnung des Leistungsprinzips hat nach Kreuzer die Bohème beeinflußt. Rex Hopper erwähnt die Kreolen des Kolonialen Lateinamerika, die Mestizen der 2. mexikanischen Revolution 1910.[20] Am bedeutendsten heute die Selbstorganisation der amerikanischen Neger, zuerst in SNCC und Black Muslims, heute in der Black Panther Party mit ihren Boykott-Bewegungen, schwarzen Seminaren, Aktionskomitees in Fabriken, Schulstreiks, Liberation Schools.[21]
Die emotionellen Subkulturen stehen seitens der rationalistischen Subkulturen unter gleichsam permanenten Integrationsverdacht.

Newfield, in diesem dem Liberalen Kreuzer und dem orthodoxen Marxisten Helms recht ähnlich, betont lumpenproletarische und bohèmische Einflüsse durch die Beat-Generation auf die Neue Linke, ohne die veränderte historische Situation zu reflektieren.[22] Teile des SNCC seien 1964 in städtisch-bohemische Subkulturen abgeglitten: Trinken, Autounfälle, Klauen, Drogen, Ineffektivität: eine rationalistische Subkultur wird zu einer emotionellen.[23] Den umgekehrten Prozeß schildert Margret Kosel: »Durch die politische Aktivität der Studenten der Berliner FU hat sich der Akzent des Gammlerlebens hier vom freiglücklichen aber harmlosen Pflastermaler aufs politische Engagement verschoben«[24]; ebenso bestehe in Frankfurt eine Kooperation der Provos mit dem SDS.[25] Daraus ist klar die Interdependenz rationaler und emotioneller Subkulturen zu ersehen (wir werden im 3. Teil noch konkreter darauf eingehen): Die Integration emotioneller Subkulturen ist nicht wahrscheinlicher als ihre Kooperation, wenn nicht ihre Synthese, mit rationalistischen Subkulturen.

Allerdings haben die Vertreter der notwendigen Integration emotioneller Subkulturen auf herrschender Seite einen mächtigen Verbündeten bekommen: Herman Kahn. Er prophezeit für die Zukunft: »Sansan (eine Monsterstadt von San Francisco bis Santa Barbara mit 20 Millionen Einwohner. R. S.) wird eine ungezwungene »Swimming-pool-Kultur« besitzen, sozusagen eine ›gesunde Degeneration‹ mit großen Außenseitergruppen, Beatniks, Anhängern der Neuen Linken, Hippies und Bohemiens«[26].
Die konkrete Utopie der Humanisierung regrediert zur gesunden Degeneration. Aber Kahn und Wiener gehen weiter; sie sehen – im Gegensatz etwa zu Kreuzer – durchaus die Möglichkeit, daß die Kultur emotioneller Subkulturen zur Kultur einer »nachindustriellen« Gesamtgesellschaft werden könnte:

»So könnte die auf Arbeit und Leistung ausgerichtete klassische Haltung des amerikanischen Mittelstands aus folgenden Gründen aufgegeben werden«:

1. 10 000 Dollar im Jahr könnten dann ohne Energieaufwand verdient werden.

2. Ohne Härten – außer Verzicht auf Luxusgüter – könnten leicht einige tausend Dollar im Jahr verdient werden; Hippies, Sozialarbeiter und Bürgerrechtskämpfer kämen schon heute mit 10 Dollar pro Woche aus.

3. Wohlfahrtsdienst, öffentliche Einrichtungen, Parks, Strand, Museen sind allgemein.

4. Der subjektive Nützlichkeitswert des Geldes verringert sich, die Wertschätzung der Dinge, »die man nicht kaufen kann«, steigt.
5. Wirtschaftlicher und sozialer Zwang zur Konformität läßt nach, da der Aufbau der industriellen Gesellschaft abgeschlossen ist.
6. Die puritanische Ethik wird überflüssig; die Verinnerlichung von Fleiß, Pünktlichkeit, Verzicht, Aufschub von Befriedigung ist unnötig geworden.
7. Die Abneigung gegen Beruf und Leistung wird von kultureller Seite unterstützt.
8. Stimmungsverändernde Drogen[29].

Gleichzeitig gibt es aber noch einen »oberen Mittelstand«, der weiterhin die wirtschaftliche Struktur kontrolliert und die wichtigen Funktionen in den Städten innehat[28]; es geht aus dem gesamten Buch hervor, daß der kapitalistisch-militärische Herrschaftsapparat ungebrochen weiterbesteht. Emotionelle Subkulturen und Herrschaftsapparat existieren in Ruhe nebeneinander.
Jedoch ist selbst Herman Kahn Dialektiker genug, um antiintegrative Aktionen der Subkulturen vorauszusehen: »Zu gleicher Zeit wird sich die Jugend, die ja noch ohne Verantwortung (noch? R. S.) im sozialen System lebt, mehr und mehr einer Gesellschaft entfremden, die ganz offenbar nicht imstande ist, ihren eigenen Ansprüchen nach sozialer Gerechtigkeit und bestimmten Lebenszielen zu genügen. (Ansprüche, die den führenden Männern unausführbar und utopisch vorkommen!) Ideologische Bewegungen würden sich bilden, um Rebellionen zu rechtfertigen, und die Jugend aller Klassen und Schichten der Gesellschaft würde die alten »›überholten‹ Werte bekämpfen« (»Überholten« bei Kahn-Wiener in Anführungszeichen)[29]. Und: »Viele Weiße und Mittelklasseneger werden Rassenunruhen und Zerstörungsakte gleichgültig oder sogar mit einem Gefühl von Sympathie und Zustimmung beobachten«[30]. Oscar Lewis' Kultur der Armut würde auch die Kultur des Überflusses bestimmen: »... der Hippie und der Gammler werden zu einem guten Teil die Norm für weite Kreise der Bevölkerung geworden sein. Darüber hinaus wird diese Gruppe für Ideologien empfänglich sein, die den Fall und die Auflösung der amerikanischen Lebensart begrüßen. Diese Leute versammeln sich wahrscheinlich in den größeren Städten, über die sie keine politische Kontrolle haben, wo sie aber auf Grund ihrer Zahl größere Pressure groups bilden, mit deren Hilfe sie alle gesellschaftliche Maßnahmen behindern werden.«[31]

So weit ist es also mit der unbeschränkten Integrierbarkeit der emotionellen Subkulturen auch nicht her.
Die rationalistischen Subkulturen bestehen vor allem aus politisierten Arbeitern und aus Intellektuellen, wenn wir jetzt von den ethnischen Minderheiten absehen. Das Problem intellektueller Subkulturen ist alt: den Anarchisten wurde ihr hoher Anteil an Intellektuellen vorgeworfen; das Mißtrauen der Sozialdemokraten gegen Intellektuelle war nahezu permanent (die Auseinandersetzung gegen die »Jungen« nach 1890, Bebels Aufforderung, sich Intellektuelle doppelt genau anzusehen). In der Zwischenzeit hat sich die objektive Situation der Intellektuellen verändert: diese sind in der Tat proletarisiert worden – Lohnarbeiter der Produktion, der Sozialisation, der Freizeitindustrie »... vermögenslose Glieder der Gesellschaft ..., die eine höhere Bildung ... genossen haben, keine adäquate berufliche Funktion oder in ihrer ›geistigen‹ Arbeit keine ... ausreichende Existenzgrundlage finden, ohne jedoch ... die entsprechenden Ansprüche aufzugeben und alsbald in andere Schichten überzugehen«[32]. So beschreibt noch Kreuzer das Intelligenzproletariat, mit der Anmerkung, nur ein kleiner Teil hätte sich als Teil des Proletariats begriffen. Das hat anders zu werden begonnen. Lipset definiert die Intellektuellen als diejenigen, »die Kultur ... schaffen, *verteilen* und *anwenden*«[33], durchaus im kapitalistischen Stil: Intellektuelle als Agenten der Kulturdistribution. Die geistige Leistung als Ware ist zum Gemeinplatz geworden, auch als Widerspruch.[34]
Daß die Funktion der Intellektuellen vor allem in Kritik und Utopie gelegen ist, verschafft ihm einerseits seine avantgardistische Position in den rationalistischen Subkulturen, andererseits sein profundes Abgelehntwerden seitens der Herrschenden. So wird der Intellektuelle im Großen Brockhaus (1954) definiert als »einseitiger Verstandesmensch, der ›Wirkungskraft und Wert des Unbewußten‹ vernachlässigt«. In Herders Staatslexikon (1959) hieß es: »Der Intellektuelle erzeugt mit seiner Gesellschafts- und Kulturkritik ein wachsendes Gefühl der Unsicherheit und Unzufriedenheit.« Kahn und Wiener sprechen von »den Meinungen der *entfremdeten* Intellektuellen«[35]. Diese herrschende Lehre ist selbst Kreuzer zuviel, der konzediert, die Wirkung der intellektuellen Kritik sei in realen Mißständen begründet.[36] »Intellekt und Intelligenz haben einen zwielichtigen Ruf. Sie müssen gebunden sein durch Gemütswerte und sozial wünschbare Eigenschaften,

sonst gelten sie als asozial, amoralisch, bionegativ. Die Informationspsychologie hat unlängst Intelligenz als »Stärke der Störung in der Kundgabe elementarer Prozesse« bestimmt. Der Volksmund weiß das schon lange, und die moderne Gesellschaft demonstriert täglich, daß überdurchschnittliche Intelligenz die geforderten Anpassungsleistungen stört. Seit Platos Ausfällen gegen die Sophisten, die den Tyrannen den Weg gebahnt hätten, wurde dieser Störenfried immer wieder für die politischen Sünden und Mißgeschicke der Gesellschaft verantwortlich gemacht: von Rousseau, Burke, Tocqueville, Peguy, Max Weber, tausend anderen. Der alle Werte und Bindungen zersetzende Intellekt soll schuld sein an Umstürzen, Revolutionen, Diktaturen – die Diktatoren waren übrigens derselben Meinung und handelten danach, ob ihrerseits Intellektuelle oder nicht.«[37]

Im Kursbuch 9 haben Nirumand (»Zur Kritik der progressiven Intelligenz in Deutschland«) und Michel (»Die sprachlose Intelligenz«, 3. Teil) gerade die Beschränktheit der Funktion der Intellektuellen auf Kritik kritisiert. »Gedacht haben die Intellektuellen, gehandelt die anderen . . .«[38]; »Sie haben zwar ein gewisses Privileg, Meinungen zu verbreiten, aber nicht die Macht, sie durchzusetzen«[39]. Die von ihnen geforderte »Reflexion um der Praxis willen«[40] zu leisten, wurde in der Zwischenzeit von den rationalistischen Subkulturen zu leisten begonnen.

Ohne Praxis im Zusammenhang mit der kompakten Majorität sind die progressiven Subkulturen zur Isolation verurteilt, ohne Rationalität und ohne Theorie zu einer blinden Praxis, der die Anpassung an die Normen und Institutionen der kompakten Majorität auf dem Fuß folgt, ohne Emotionen und ohne Bewußtsein zu dogmatischem Ausdörren und somit wiederum entweder zur Isolation von den Massen oder zur ungebrochenen Anpassung an ihre Normen. Die einzige Weiterentwicklungsmöglichkeit der progressiven Subkulturen liegt in der Verschmelzung von Theorie, Praxis und Bewußtsein: in ihrer möglichen Funktion als Avantgarde mit der Tendenz ihrer eigenen Aufhebung als progressive Subkulturen. So besteht die wesentliche Funktion insbesondere der rationalistischen Subkulturen darin, durch Überwindung der Arbeitsteilung und durch kritisches Denken als induzierte liebgewordene Gewohnheit der Gesamtgesellschaft sich selbst in ihren intellektuellen Positionen abzuschaffen. Eine Avantgarde, die sich nicht abzuschaffen trachtet, schafft keine neue Gesellschaft, sondern eine neue Elite. »Der rationalen Auto-

rität wohnt die Tendenz inne, sich selbst aufzulösen«, meint mit Recht Erich Fromm.
Das peinlichste historische Beispiel einer verramschten Avantgarde bietet die KP. Von Lenin subjektiv ehrlich gemeint, in der vorrevolutionären Situation Rußlands auch objektiv notwendig, froren die avantgardistischen Kader in bürokratische (den bürokratischen Normen der Gesamtgesellschaft angepaßte) Eliten ein. Eine Elite mag noch so mobil, noch so offen für alle Schichten der Bevölkerung sein, an ihrem elitären Charakter ändert sich dadurch nichts. Nicht die Mobilität, d. h. konkret die unumschränkte Zuzugsmöglichkeit seitens des Proletariats konstituiert die Avantgarde, sondern der unaufhaltsame Zug zur Selbstaufhebung.
Die durchaus nicht notwendige, aber mögliche Funktion progressiver Subkulturen als Avantgarde konstituiert einen ihrer wesentlichen Widersprüche zu den regressiven Subkulturen. Die regressiven Subkulturen können notwendigerweise nicht Avantgarde werden, sondern nur Elite – dadurch erübrigt sich auch die Erstellung einer konkreten (positiven) Utopie für regressive Subkulturen. Die negative konkrete Utopie der regressiven Subkulturen ist das Führer-Gefolgschafts-Prinzip: das Ein-Mann-Establishment des »Großen Bruders« – die gesamte Bevölkerung als kompakte Majorität. Platos Philosophenherrscher, der »Führer« der Jugendbewegung, Oswald Spenglers und Stefan Georges, der Überboß der Kriminellen und der Banden, Jehovah, Luzifer und Adolf Hitler bei Hell's Angels und Pilgrims, sie alle resultieren in dieser Utopie.
Als weitere mögliche Unterscheidungskriterien progressiver und regressiver Subkulturen sind anzuführen:
1. Progressive Subkulturen wollen das gesamtgesellschaftliche Wertordnungssystem (den »Standard«: eine Gleichgewichtsstruktur, die von einem Regelindex (einem Inbegriff der Normen) abhängig ist, welcher die herrschende Ordnung behandelt) umgestalten; regressive Subkulturen wollen im allgemeinen nur einen Austausch der Nutznießer des Standards (Leinfellner)[41].
2. Progressive Subkulturen äußern ihre Feindseligkeit direkt gegen das Establishment; regressive Subkulturen neigen – wie die kompakte Majorität – eher dazu, diese auf Ersatzobjekte zu übertragen (Coser)[42].
3. Progressive Subkulturen entstammen in höherem Ausmaß dem Proletariat (inklusive proletarische Intellektuelle und technische Intelligenz), regressive Subkulturen dem Kleinbürgertum

und Lumpenproletariat. Dies erklärt auch infolge zahlenmäßiger Verringerung des Kleinbürgertums die relative Abnahme regressiver Subkulturen.
Wir werden hier kurz folgende regressive Subkulturen abhandeln:
1. Die deutsche Jugendbewegung einschließlich Nationalbolschewismus
2. Die regressiven Teile der Bohème im 19. und frühen 20. Jahrhundert
3. Hell's Angels, Pilgrims, Charles-Mansons-Kommune.
Nicht abhandeln werden wir aus Platzmangel die kriminellen Subkulturen (Goffman, Whyte, etc.), die organisierten Subkulturen des Rechtsradikalismus (SA, Lippoldsberger Kreis, DJD, italienische Faschisten, Jeune Nation)[43], die Bandenkulturen (Teddy Boys, Blousons Noirs, wohl auch Teile der Rocker), monarchistische Subkulturen.
Ad 1: »All die Außenseiterbewegungen von der Jahrhundertwende bis zum NS-Staat bzw. bis zur Hiroshima-Situation hatten eines gemeinsam: sie waren optimistisch und aufbruchsfreudig, glaubten an einen Neubeginn und sahen sich im Kampf für eine ›neue Zeit‹, wobei hysterisch-abstruse Nebenerscheinungen in Auftreten und Sprache letzten Endes nur die chiliastische Grundstimmung unterstrichen.«[44], schreibt ein Kronzeuge der letzten Phase der deutschen Jugendbewegung und des Nationalbolschewismus, Karl O. Paetel, nachdem er über die Kritik der Hitler-Jugend auf die Beat-Generation gekommen war (deren Skepsis und Weigerung er mit der Aufbruchsstimmung der Jugendbewegung konfrontiert). Wieso endete diese Aufbruchsfreude im NS-Staat?
Der kleinbürgerliche Klassenhintergrund der Jugendbewegung ist allgemein bekannt.[45] Die gegen das »Gemeine«, »Niedrige«, »Spießbürgerliche«, gegen den »Bürger« waren, die den Jargon der Eigentümlichkeit kultivierten, die die reinigende Kraft der Flamme priesen und zugleich die Studenten nachahmten, da Student zu werden, damals noch hieß, in die herrschende Verwaltungselite aufgenommen zu werden[46] (wir denken an H. G. Helms' Dialektik von tabula rasa und Privatkarriere im Bestehenden) – sie waren Kleinbürger, die gegen den Urbanisierungsprozeß der Industrialisierung eingestellt waren, zurück zu einer Gesellschaft wollten, in der sie wieder die Führungsrolle innehätten.[47] Die Gegennormen und Gegeninstitutionen der Jugendbe-

wegung blieben rousseauisch (»Zurück zur Natur«), romantisch, zwischen Weltuntergangsstimmung (»Die Welt ein Tor zu 1000 Wüsten stumm und kalt«) und »neuem Reich«. Wo sie sich mit der Industriewelt auseinanderzusetzen begann, wurde sie entweder vom Faschismus integriert (der seinerseits bis zum Schluß den Anachronismus des Überbaus – sofern dieser nicht bewußt zu imperialistischen Zwecken einkalkuliert wurde – nicht mit den technokratisch-monopolkapitalistischen Interessen der Basis vermitteln konnte[48], oder geriet nahezu automatisch in Interaktionen mit progressiven Subkulturen (Nationalbolschewismus, Eberhard Köbel).
(Die normative Struktur der deutschen Jugendbewegung können wir entgegen der ursprünglichen Absicht aus Platzmangel nicht abhandeln.)
Ad 2: Kreuzer und Helms haben sehr genau die regressiv-elitären Teile der Bohéme analysiert: Helms jene mittelständische Bohéme, die über Stirner – Rudolf Steiner, Gesell, Traven etc. zu elitären Ideologien gelangte.
Kreuzer beschreibt jene antisozietäre Haltung etwa Borels, Mussets, Stirners, Sternheims, bei der die blanke Negation der gesellschaftlichen Normen als Anarchismus die politisch-soziale Basis für eine natürlich/schöpferische Elite abgebe. Anarcho-Individualismus schlägt um in ungehemmte Klassenherrschaft einer »schöpferischen Elite«. Im Nietzschekult wird Nietzsche gleichzeitig zum Anarchisten und zum Aristokraten; Bakunin predigt gleichzeitig Anarchismus und Geheimgesellschaften mit strengster Hierarchie und bedingungslosem Gehorsam; Liliencron Anarchismus und Sozialdarwinismus. Hamsun, Thieß, Klages, Derleth, Schuler hängen einem Übermenschkult an, ebenso Marinetti und Heym.[49] Hinterrücks schleichen sich die Normen der Gesamtgesellschaft dadurch mit ein: Staat, Gesetz und Zwang werden mit bejaht (so bei Genet, Goll, Nietzsche, Moeller van den Bruck).[50]
Die Ästhetisierung insbesondere des Krieges anstatt der Politisierung der Ästhetik (wie Walter Benjamin die Futuristen kritisiert hat) wird zu einem wesentlichen Indikator regressiver Bohéme: Kreuzer nennt in diesem Zusammenhang unter anderem Ilja Ehrenburg, Dos Passos, Hemingway, E. E. Cummings, Lichtenstein, Heym, Rudolf Leonhard, Ernst Jünger, Misia Sert, Diaghilew, Satie, Cocteau. »Der August 1914 bewies die punktuelle Labilität der Überzeugungen im Milieu der marginalen und oppositionel-

len Intelligenz, sowohl der anarchistischen Freiheitsimpulse wie der esoterisch-emanzipatorischen Stilideale ...«[51] Auch sonst internationalistische Autoren wie Bahr, Dehmel, Döblin, Halbe, Hauptmann, Holz wurden 1914 imperialistisch.[52] »Die Chance eines nationalistischen Bekenntnisses in der politischen Boheme wächst mit der Möglichkeit, die glorifizierte Nation als Ganzes nach dem Bilde der Boheme zu interpretieren, als genialen Außenseiter in der Gesellschaft bourgeoiser Völker und Staaten ...«[53] Ist auch diese Erklärung reichlich monokausal, so lassen sich doch Beispiele für sie anführen: der regressive Bohemien Moeller van den Bruck, ein Zechkumpan u. a. Mühsams, wurde von Langbehn und Chamberlain beeinflußt und beeinflußte selbst eine ganze Generation regressiver Subkulturen.
Ad 3: Auch die Normen der Hell's Angels sind ausgesprochen elitär: so spricht Frank Reynolds von »... the real god of a Leader«[54]. Auf die Frage »Warum tragt ihr Hakenkreuze?« antwortet er »Weil wir uns als überlegene Rasse fühlen«[55]. Adolf Hitler »war ein großer Mann«[56] – im übrigen: »Wir schauen nicht zu einem König auf – wir sind alle Könige.«[57] Vietnam ist ein »war trip«[58]; sie selbst gehen aber nicht hin[59], was sie nicht hindert, Anti-Vietnam-Demonstranten zusammenzuschlagen[60].
Der formale Normenkodex der beschriebenen Hell's Angels Gruppe mit dem bezeichnenden Namen »Satan's Slaves« enthält wenig Außergewöhnliches, ein einfacher Motorradsportverein: Jedes Mitglied muß ein Motorrad haben, über 21 Jahre alt sein, seine Embleme tragen, drei Wochen Probemitgliedschaft ableisten, mindestens einmal im Monat ein Rennen mitfahren. Bei Verletzung des Kodex – so wenn es vier Wochen nicht anwesend oder mit dem Beitrag 2 Dollar im Rückstand ist – wird das Mitglied ausgeschlossen, seine Embleme werden ihm abgenommen. Zwar wird vor jeder Aufnahme schriftlich abgestimmt, und bei zwei Gegenstimmen wird das Mitglied nicht aufgenommen, und der Austritt bedarf ebenso der Abstimmung wie die Aufnahme – wie bei einer Geheimgesellschaft[61]. Und zu den Emblemen zählen Totenköpfe, Hakenkreuz, die Nummer 666 (als Zeichen des apokalyptischen Tiers) und eine Art von »Blutfahne« – aus Damenbinden[62].
Jedoch der informelle Normenkodex entspricht einer elitärmanichäischen Mentalität: dem ungebrochenen Nebeneinander des »absolut Guten« neben dem »absolut Bösen«. Das letztere soll das erstere gewaltsam provozieren: auf die Apokalypse folgt das Neue Jerusalem.

Einerseits meinen die Hell's Angels »I am hate«[63], beschreiben genußvoll die Ermordung eines Matrosen[64], fordern nach bester Nazitradition »Einer für alle, alle für einen«, kämpfen seitenlang blutig mit der Polizei (»Gott muß die Struktur aller dieser Bastarde rearrangieren«[65]), träumen von Tausenden Flugzeugen, brennenden Plakaten, am Abend der Zerstörung, von schwarzen Messen, und dem großen Feuer, das die Welt zerstören wird, um den Himmel auf die Erde zu bringen. Die Elois, H. G. Wells' Elysiumbewohner, müssen die Morlaken, die Generäle der Unterwelt bekämpfen, wenn sie überleben wollen. Haß gegen die Fremdgruppe, Liebe zur Eigengruppe konstituieren starkes Gruppenbewußtsein: »Von einem Hell's Angel wird angenommen, daß er die Zeit, in der er lebt, haßt. Er mag niemanden, liebt folglich niemanden, hängt folglich nur von seinen Brüdern ab.«[66]

Denn andrerseits predigen die Hell's Angels die totale Liebe, »brotherhood-togetherness«, nehmen LSD und denken dabei an den Garten Eden, verehren Joan Baez, Jesus, van Gogh, Ginsberg, Bob Dylan, die Grateful Dead, lesen Milton und Dante. Sie loben, daß die weiblichen Hell's Angels nicht versuchen, jemanden zu beeindrucken, und machen mit ihnen Gruppensex, vorzugsweise während der Menstruation. (Wenn ein Sachverhalt geeignet ist, Reichs und Adornos Zusammenhang von sexueller Frustration und Aggressivität in Frage zu stellen, dann dieser.) Sie prophezeien Androgynität für die Zukunft. Sie sind imstande, Sätze, wie »Liebe ist das Fundament des Menschen« und »Ich werde die Erde in Zukunft kontrollieren«[67] unmittelbar hintereinander auszusprechen.

Ähnlich elitär-manichäisch sind die Pilgrims: Hell's Angels ohne Motorrad, dafür oft mit Hitlers Lieblingshunden, Schäferhunden. Ihre Trinität besteht aus Jehovah, Satan und Luzifer; Hitler ist ein hoher Heiliger in ihrer Hierarchie; sie sind für Piratensender und sexuelle Revolution, für Drogen und Krieg, für die Unterstützung aller radikalen Kräfte, die die Zerstörung vorantreiben, auf deren apokalyptischer Weltbeendigung das Neue Jerusalem aufgebaut werden kann. »Wir rufen alle extremen Menschen auf, die Konflikte zwischen links und rechts zu vergessen und sich gegen die grauen Mächte der Unterdrückung zu vereinigen.«[68] Hakenkreuz und Hammer-und-Sichel stehen gleichberechtigt nebeneinander[69]. Ihr Ziel ist ». . . sie (die graue Regierung) entweder durch offenes Chaos und Anarchie oder durch eine militante Diktatur in Übereinstimmung mit dem Willen Jehovahs zu ersetzen«[70]. Ihre Mitglieder sind zumeist schwarz gekleidet. Selbst auf Grund der Berichterstattung der BILD-Zeitung wäre es leicht, Charles Manson als Angehörigen einer regressiv-manichäischen Subkultur einzuordnen, und nicht als Hippie – wie dies wahrscheinlich in diffamierender Absicht progressiv-emotionellen Subkulturen gegenüber in den bürgerlichen Medien geschehen ist.

Charles Manson, wahrscheinlich der geistige Vater der Ermordung Sharon Tates, war mit seiner Kommune nur ein halbes Jahr (Herbst 1967 bis Frühjahr 1968) in Haight-Ashbury, also nach dem Ende der Hippie-Bewegung[71]. Die Manson-Kommune hatte sich April/Mai 1968 in der Gegen-Klinik des Dr. Smith zu Untersuchungen medizinischer und sexueller Probleme zur Verfügung gestellt. Ähnlich den Versuchen der K I praktizierte sie vollständige Gruppenehe: nicht rasch genug den Partner zu wechseln, zog die Sanktion des sexuellen Banns nach sich. Manson war absoluter Diktator der Gruppe (daß auch er Hitler verehrt haben könnte, scheint plausibel), die 1968 aus 20 Mitgliedern, davon 14 Frauen bestand: wohl eine der wenigen Kommunen mit Frauenüberschuß. Als Gruppennormen werden angegeben: Ablehnung der Bildung als Indoktrination der Mittelklasse (quasi als Beleg, wie antiintellektuelle Emotionalität zu autoritären Strukturen führen kann); repressive Ablehnung aller Sexualtabus – nach Manson würde jemand, der seine Sexualtabus los wird, auch die meisten anderen Tabus loswerden (Unwilligkeit zur Fellatio war sofortiger Ausschlußgrund für Frauen), wiederum eine Verunsicherung von Reichs Theorie; »Long talk technique« zur Lösung innerer Widersprüche; sakramentales Haschischrauchen; Kindererziehung, da Kinder noch unberührt von der Gesellschaft seien (Manson zitierte Jesus über Kinder und Himmel). »Leider war Manson paranoid.« Zur Zeit der Studie hätte Gewalt nicht zu den Gruppennormen gehört, aber die Linie zwischen Mystik und Schizophrenie sei sehr dünn gewesen. »Leider laufen viele Burschen wie Charlie herum. Sie scheinen von der Hip-Subkultur mit ihrer Freiheit und Offenheit angezogen zu werden. Glücklicherweise sind viele von ihnen nicht so überzeugend wie Charlie und enden nicht in Machtpositionen.«[72] Lieber in den Kommunen selber denken, schließt der Artikel.

Wir können das Kapitel mit einer Untersuchung der Dialektik der Interaktionen und des gegenseitigen Umschlagens progressiver und regressiver Subkulturen beschließen. Die Interaktionen bestehen, wie wir schon andeutungsweise gesehen haben: die Jugendbewegung, die Nationalbolschewisten interagierten mit anarchistischen und marxistischen Subkulturen, die regressiven Bohemiens mit progressiven, die Hell's Angels und Manson mit Hippies, die Interaktion der Pilgrims mit linksradikalen Subkulturen ist programmatisch.

Am exaktesten ist der Nachweis für die Jugendbewegung und die Nationalbolschewiken zu führen: Schüddekopf hat ein ganzes Buch darüber geschrieben, und Pross erwähnt das Phänomen häufig genug. Wir beschränken uns aus Platzmangel auf einige Beispiele: die Neigung des Schulreformers Wyneken, eine »bedingungslose *Gegenwelt* zu Schule, Elternhaus und *Nationalstaat*«[73] zu schaffen; die freideutsche Ersatzreligion aus Buddha, Zarathustra, Rudolf Steiner (der noch heute über DU, Waldorf-Schulen und Gegen-Krankenhäuser einen, wenn auch geringen, Einfluß auf deutsche und Schweizer Subkulturen ausübt), Albert Schweitzer, Kant und *Marx*, aus deren humanitär-revolutionärer Richtung Kurella und Wittfogel zur KP übergingen[74]; 1918 Sympathien des Wandervogels für die Revolution aus anarchistischen und plebiszitären Gründen[75]; die Absetzung des Führerrats der Freideutschen Jugend 1919, durch Peterich und andere, die Weltrevolution, gleiche Bildungs- und Entwicklungsmöglichkeiten für die Jugend *aller* Länder, Autonomie des Schulwesens, Räte und Schulgemeinden in den Schulen, Umgestaltung der Hochschulen zu Schulen des Volkes und ein »Menschheitsreich der Brüderlichkeit und gegenseitigen Hilfe« forderten[76]; die Zeitschrift »Junge Menschen« mit Beiträgen von Krapotkin, Arbeiterdichtern, Hesse, Toller, Landauer, Heynicke, überhaupt expressionistische, dadaistische, russische, skandinavische Einflüsse auf die Jugendbewegung 1917–1925; der Versuch Münzenbergs, die Jungenschaftsbewegung 1930 zur KPD zu holen, was an der nicht durchgeführten Liquidation des Kommunistischen Jugendverbands scheiterte[77]; die Zusammensetzung des Nerother Wandervogels im NS-Untergrund aus sozialistischer Jugend und Bündischen[78]; Eberhard Köbel.

Dieser bestimmte, so Pross, die letzten Jahre der Jugendbewegung. Er zeichnete sich durch eine Kombination von ameisenhafter Emsigkeit, doktrinärem Denken und Kreativität aus: er schrieb, zeichnete, dichtete, war vom Motorrad fasziniert wie später die Rocker und die Hell's Angels, fuhr nach Lappland, schätzte expressives Layout, Trommeln, Banjo, Balalaika, primitive Instrumente, russische Maskeraden, Kriegsspiel und Zen-

Buddhismus. Er ist öfter mit anderen subkulturellen Leitgestalten verglichen worden: so von Pross mit Brecht (sein Aufruf »Werbt neue Soldaten, verbessert euch!« erinnert an Brechts »Maßnahme«), von den Gebrüdern Kröher mit dem frühen Bob Dylan. Seine Normen hatten unzweifelhaft elitäre Züge: Ausleseprinzip, militante Ordnung, »Hochbund«, der durch alle Bünde gehen sollte (zu diesem Zweck gründete Köbel am 1. 11. 1929 die »d. j. l. ll.«, 1932 einen »Kultur-Klub zur politischen Organisation der d. j. l. ll.«), marineblaue Bluse. Andrerseits liebte er, der neue Zeltformen und neue Zeitschriftenformen zu entwickeln versucht hatte, verfeinertes Spiel, weckte das Schauspielerische (Pross nennt ihn eine »Rokokofigur unter barocken Tölpeln«), nahm die Idee der Basisgruppen vorweg (jede Schülerabteilung sollte eine Arbeiterjungenabteilung aufbauen und ausrüsten), und vertrat vehement die Meinung, daß Führertum nicht organisiert werden dürfe[79]. Am 20. 4. 1932 trat er der KPD bei, gründete die »Rotgraue Aktion«, dann »die Rote Jungenschaft.«[80] Er starb, wie Niekisch, in der DDR.

Bei den mit dem linken Flügel der Jugendbewegung verbundenen Nationalbolschewiken (den originalen »Linksfaschisten«, von denen Habermas, als er seinen dummen Terminus prägte, nichts gewußt zu haben scheint) ist der Nachweis der Interaktion noch leichter zu führen. »Der Satz Fichtes ›Der Mensch kann sich keinen Gott erzeugen; aber sich selbst als die eigentliche Negation kann er vernichten, und sodann versinkt er in Gott‹, kann von allen abstrakten Künstlern, Expressionisten und preußischen Anarchisten des Nachkriegs nachgesprochen werden...«[81] (wohl auch von den Hell's Angels und Pilgrims.) Schüddekopf weist die Normen des Linksfaschismus in einer Flut von Zitaten nach und beschreibt eine Fülle von Interaktionen: die Forderung schon unmittelbar nach dem Weltkrieg nach einer Partei, »konservativer als Heydebrand und revolutionärer als Liebknecht«[82]; Radeks Eintreten für Nationalbolschewismus schon 1919, Dehmels für Liebknecht und Graf Reventlow; den Nationalkommunismus Lettow-Vorbeckscher Offiziere[83]; die Sympathien linksnationaler Kreise für den Polen-Einmarsch der Sowjetunion[84]; Radeks Schlageterrede am 20. Juni 1923, die zur Zusammenarbeit zwischen Nationalisten und Kommunisten aufforderte: 300 Kontakte waren die Folge[85]; Kampfgemeinschaften während des Ruhrkampfs mit dem Plan einer »1. Deutschen Räteschaft Preußen«[86]; Pactels 50 000 »Kommende«; Niekischs »deutsch-russisches Kondominium« von Vlissingen bis Wladiwostok[87]; die Arbeitsgruppe zum Studium der sowjetischen Planwirtschaft 1931; der Scheringer-Kurs der KPD 1931; der Reichskongreß der KRNS mit nationalrevolutionären Gruppen, der Internationalen Arbeiter-Hilfe Münzenbergs, nicht parteimäßig gebundenen Kommunisten und anarchistischen Gruppen 1930, auf dem zwar keine Zusammenarbeit mit der KPD, aber der Eintritt in die Antifa zustande kam[88]; 1932 die Einfrontskomitees »revolutionärer Kampfausschüsse für Stadt und Land« von der Kampfgruppe Revolutionärer Nationalsozialisten bis zur KPD, SAP und Anarchisten[89]; Diskussionen Otto Strasser – Mühsam, Otto Strasser – Paetel – Münzenberg; die Übertritte Scheringers, von Salomons, Uhses, Römers, Renns zur KPD. Und viele andere.

Die nationalrevolutionäre Subkultur verlief im Sande: trotz Koordinationssitzungen, Kampfkomitees und Kampagnen konnte sich diese Subkultur nicht einigen. »Der Lenin der 2. deutschen Revolution blieb aus, die überhitzten Energien verdampften ungenutzt.«[90] Als Hitler an die Macht kam, war das Spiel gelaufen, gegen die Nationalrevolutionäre wie gegen die Sozialisten.

Die Normen der Nationalrevolutionäre waren im großen und ganzen folgendes aus Jugendbewegung, militantem Sozialismus, Alldeutschtum, Freikorpsbewegung, Feme, Kulturpolitik, Expressionsmus, agrarpolitischer Reformbewegung und philosophisch-religiösen Motiven gespeist[91]:

Regressiv-subkulturelle (»eigene«) Normen: »Bund der jungen Völker«, Reagrarisierung, Siedlungsbewegung, Ostsiedlung, ständische Gliederung, Wille zur Macht – Wille Gottes[92], Antirationalismus: Ideologie des Totalen, des Absoluten, der Aktion (»irrationale Aktivisten«), Reichsidee, Tradition der Bauernkriege (schwarze Front, schwarze Fahnen), Militanz als Selbstzweck, politische Romantik (Gemeinschaft statt Gesellschaft), deutsches Gemeinrecht statt römisches Recht, Orden der Nation von einigen tausend jungen Leuten.

Progressiv-subkulturelle (in diesem Fall KPD, Anarchisten etc.) *Normen* (die dann von der regressiven Subkultur übernommen wurden): Genossenschaftskommune – Abkehr von der Geldwirtschaft[93], Räteverfassung, Sicherheitsausschüsse aus Arbeitern, Bauern und arbeitenden Bürgern zur Aufrechterhaltung der Ordnung, Klassenkampf, gegenbürgerlich – unsentimentale Einstellung, Theorie des Berufsrevolutionärs (einschließlich Volksheer/Rote Armee, Guerillas, Partisanen), mangelndes Verhältnis

zum Privateigentum – Sozialisierung von Banken, Großindustrie und Großgrundbesitz, politisches und wirtschaftliches Bündnis mit der Sowjetunion, Selbstverwaltung, Unterstützung der Dritten Welt.
Regressive Normen, die seitens der progressiven Subkulturen übernommen wurden: Geschlossener Handelsstaat – Wirtschaftsautarkie – Außenhandelsmonopol, Organisation = Sozialismus, »antidemokratische, aristokratische, führerhafte« Einstellung[94], harte Geschmeidigkeit und Gelassenheit, technische Planwirtschaft, Wille zur Macht (Stalin), Elite-Zelle-Gedanke; autoritärer Staat.
Bedenkt man die ausgesprochen kleinbürgerliche Klassenstruktur der nationalrevolutionären Subkulturen (ein nicht untypisches Beispiel: bei den Geusen 58 Prozent Handwerker, 27 Prozent kaufmännische Angestellte, 6 Prozent Studenten, 5 Prozent Hilfsarbeiter und Artamanen, 3 Prozent Freie Berufe)[95], hat sich hier die Dialektik der Gruppendynamik verhältnismäßig progressiv ausgewirkt: »Mit zunehmender Besorgnis beobachten die Organe des Staates, die Reichswehr und die Arbeitgeberorganisationen diese politische Radikalisierung der bündischen Jugend, die doch einmal in die Führungsstellen des Staates nachrücken sollte.«[96] Aus der Jugendbewegung gingen nicht nur Blunck, Bronnen, Dwinger, Ernst Jünger und Waggerl, sondern auch Becher, Kurella, Paul A. Weber, Zech und Friedrich Wolf hervor[97]. So beeinflußten schließlich nicht nur Fichte, Nietzsche, Dostojewski, Hegel, George, Rilke, Hesse, Flex, Jünger, Spengler, Moeller van den Bruck, Carlyle, Klages, Rudolf Steiner, Sorel und Hamsun Jugendbewegung und Nationalbolschewismus, sondern auch Marx, Engels, Lenin, Stalin, Radbruch, Krapotkin, Hölz – und Brecht (Baal und Eckart sind nach Rüdiger Engerth Prototypen der deutschen Jugendbewegung; die »Hauspostille« ist voll von vagantischen Zügen).
»Wir wollen das Chaos, weil wir es bändigen werden.«[98] (»Die Kommenden« 1931) »Wir sind dabei (das Chaos der Gewalten nach neuen Ordnungen durchzustreifen. R. S.) ganz wahllos. Wir suchen es im Exotischen, im Chaotischen und im Revolutionären. Aber zugleich suchen wir die Form, die Gestalt, die Klassizität. So ist unsere seelische Lage« (Moeller van den Bruck)[99]. Dieser Aspekt gilt für alle hier besprochenen regressiven Subkulturen: diese Sätze könnten von einem regressiven Bohemien, von einem Hell's Angel oder von einem Pilgrim stammen.

Links-rechts-Verbindungen hat Kreuzer auch für die Boheme konstatiert (wobei er den Fehler macht, jeden undogmatischen Versuch als »paradox« von vornweg zu diffamieren): Baudelaires Katholizismus plus Revolte, Mailers Linkskonservatismus, katholische Kommunisten, psychoanalytischer Sozialismus (er nennt auch Otto Strasser)[100]. Horowitz weist ähnliche Interaktionen zwischen Hell's Angels und Vietniks im gemeinsamen sozialen Netzwerk Kaliforniens nach, wobei die Hell's Angels zum Teil Schutzfunktionen übernehmen[101].

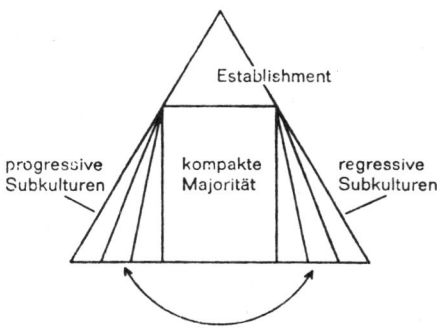

7. INTEGRATIONS- UND DESINTEGRATIONSMECHANISMEN

Nachdem wir die Dialektik zwischen Subkulturen und Gesamtgesellschaft dargestellt und die Dialektik zwischen einzelnen Subkulturen zumindest angedeutet haben, versuchen wir alle möglichen Beziehungen zwischen Subkulturen und Gesamtgesellschaft darzustellen:

Folgende Mechanismen sind nun möglich:

a) Ein Teil der kompakten Majorität steigt ins Establishment auf oder umgekehrt: keine Veränderungen der Subkulturen erfolgen.

b) Eine progressive Subkultur schlägt teils in das Establishment, teils in die kompakte Majorität um. Dieser Prozeß ist sicherlich der bisher häufigste. Er wird als Sozialisation, Integration, Anpassung bezeichnet; massenweise ist er in der Geschichte mehr-

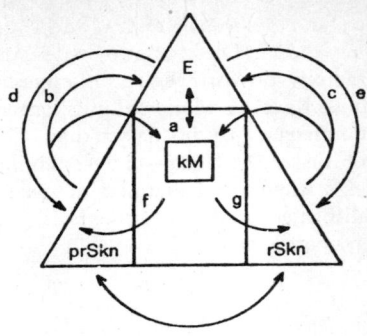

mals nachzuweisen. So schlug die deutsche Sozialdemokratie, von 1880 bis 1920 eine durchaus eigenständige progressive Subkultur mit ihrer Vielfalt an Partei, Gewerkschaft, Bildungsvereinen, Sportvereinen, Naturvereinen, Jugendgruppen etc. jedenfalls 1914 in die kompakte Majorität um (»Revisionismus«) – ein Prozeß, der 1959 im Godesberger Programm sein bisheriges Ende fand: Normen und Bezugsgruppen der Sozialdemokratie sind von denen der Gesamtbevölkerung kaum mehr unterscheidbar geworden (Empirie dazu siehe Teil II). Dasselbe gilt für die meisten KPn, die die Macht ergriffen: KPdSU und KPD/SED, einst (erstere bis etwa zum Tod Lenins, letztere in der Weimarer Republik) progressive Subkulturen, haben das einstmals bürgerliche Normensystem übernommen.

c) Eine regressive Subkultur schlägt in Establishment und kompakte Majorität um, wie verschiedene regressive Subkulturen 1933 (z. B. bündische Führer, die HJ-Führer wurden).

d) Ein Teil des Establishments schlägt in progressive Subkulturen um. Auch dies ist ein sehr häufiger Vorgang. So war ein großer Teil der russischen Revolutionäre aus der Aristokratie (Krapotkin) oder aus der bürgerlichen Oberschicht (z. B. Lenin). Brecht wurde »in den Gewohnheiten des Bedientwerdens erzogen«. Ähnliche Beispiele finden sich bei Hippies, bei Studenten (Peter Brandt, Claudia Littmann), bei der Boheme (William Burroughs). Ursprünglich konservative Personen mögen unter den Bedingungen der Emigration oder des Widerstands zur Integration in eine progressive Subkultur veranlaßt sein[1].

Hierzu gehört auch das gruppendynamische Phänomen, das Schachtner experimentell nachgewiesen hat. Die Interaktions-

häufigkeit einer gegebenen Gruppe (also auch einer Gesamtgesellschaft) neigt dazu, zum extremsten Mitglied einer Gruppe hin anzusteigen (also zu den Subkulturen). Ferner neigt in der Folge die Gruppe dazu, ihre Ansicht unmerklich langsam, aber doch in Richtung der Extremisten zu verschieben[2]. Ein gutes Beispiel hierfür ist etwa die unmerkliche Annäherung der Sexualnormen der Gesamtgesellschaft an die progressiv subkulturellen Sexualnormen – und auch, daß dieser Vorgang geeignet ist, durch diese Annäherung der Integration nach b) zu fördern. (Die inhaltliche Auseinandersetzung dazu folgt im Teil IV.)
Diese Verschiebung ergibt sich auch logisch aus der Theorie von George Homans, nach der vermehrte Interaktionen auch zu vermehrten Gefühlen führen. Auch die Spieltheorie bestätigt diese Aussagen, wenngleich rein formal, indem sie einen unverhältnismäßig hohen Anteil des Auszahlungswertes eines Spiels dem kleinsten Koalitionspartner zuschreibt. Wie Schachtner zeigt und wie die geschichtliche Wirklichkeit der Weimarer Republik erwiesen hat, kann es auch bei Vorhandensein signifikanter progressiver *und* regressiver Subkulturen zu einer Polarisierung der Gruppe bis zur Lahmlegung derselben kommen.
e) Ein Teil des Establishments schlägt in regressive Subkulturen um: etwa die Monarchisten nach 1918.
f) Ein Teil der kompakten Majorität schlägt in progressive Subkulturen um. Dies ist etwa ersichtlich bei der Politisierung der deutschen und französischen Studenten, bei der Massendesertion der russischen Soldaten 1917, bei der Ausweitung der Subkulturen von studentischen zu nichtstudentischen.
g) Analog dazu schlägt ein Teil der kompakten Majorität in regressive Subkulturen um: etwa in die SA.
Welche Instanzen vermitteln nun die beschriebenen Mechanismen, woher kommt das Potential? Hier sind einerseits die »Standardneutralen« im Sinne von Werner Leinfellner, andrerseits die »Drehpunktpersonen« bzw. »Drehpunktinstitutionen« zu nennen.
Werner Leinfellner hat einen Aufsatz »Zur Theorie der Revolutionen« geschrieben, in dem er einige Sätze Mao Tse-tungs mit Mitteln des Strukturalismus und der Spieltheorie als wahr erweist. Er definiert Revolution als grundlegende Umgestaltung eines bestehenden Zustands: eine Definition, die wir für unsere Zwecke als brauchbar anerkennen können. (Zum Vergleich: Enzensberger nach Adelung 1807: ... eine gänzliche Veränderung

in dem Laufe oder der Verbindung der Dinge«[3]; Riemeck nach Toynbee etwas inhaltlicher: »... eine ruckartige Nachholung verhinderter Entwicklung.«[4]) Ein wesentlicher Begriff zur Unterscheidung von subkulturellem und gesellschaftlichem Wertordnungssystem ist der »Standard« (Definition siehe im Vorkapitel).

Damit nun ein Standard »umkippen«, die Revolution also vollzogen werden kann, müssen 10 % der Mitglieder einer Gesellschaft »standardneutral« sein, das heißt, Personen, denen es völlig egal ist, ob sie dem Standard angehören oder nicht. (Als Beispiel nannte Leinfellner in Vorträgen immer die Gammler und die Provos.) Dazu muß zumindest 1 ‰ aktiver Revolutionäre kommen. (Die Zahlen stimmen mit den Zahlen Mao Tse-tungs überein.) Somit wird die Struktur der Gesellschaft zumindest zu 10 % amorph«, es kann nicht mehr garantiert werden, daß ein Spiel durchgeführt wird. (Auch Rex Hopper erwähnt die Zahl von 10 % für kreolische Randgruppen in revolutionen Situationen Lateinamerikas[5].)

Jede progressive Subkultur bildet das Neutralitätspotential für eine grundlegende Umgestaltung des bestehenden Zustands und auch die Ausgangsbasis der aktiven Umgestalter. Insbesondere bilden die emotionellen Subkulturen und die prärationalistischen Subkulturen das Neutralitätspotential für die Veränderungsarbeit der rationalistischen Subkulturen. Andrerseits reicht das Potential der tendenziell Standardneutralen bis tief ins Establishment bzw. in die kompakte Majorität hinein; eine Krise kann deren Standardneutralität, ja deren Aktivierung jederzeit aktuell machen[6]. Dies führt uns zur Kategorie der Drehpunktpersonen.

Drehpunktpersonen, so benannt nach dem »pivot-player«, dem Drehpunktspieler der Spieltheorie, sind jene Personen, die sowohl mit dem Establishment (bzw. der kompakten Majorität) als auch mit einer Subkultur in Interaktion stehen. Wichtig dabei ist, daß es sich nicht um reine Sozialisationsagenten des Establishments handelt, sondern daß sie die Instabilität zwischen Establishment und Subkultur in ihrer Person austragen. Jedenfalls stehen Drehpunktpersonen in einem Spannungsfeld im Sinne der kognitiven Dissonanz nach Heider und Festinger.

Das Bestreben des Establishments ist es, die kognitive Dissonanz in seine Richtung aufzulösen, das heißt die Drehpunktpersonen zu bewegen, entweder die Interaktionen zur Subkultur abzubrechen oder dortselbst als Sozialisationsagenten zu fungieren.

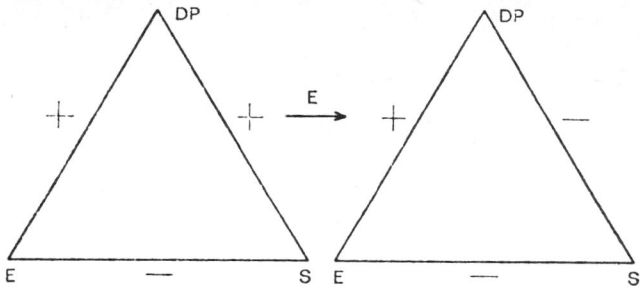

Das Bestreben der Subkulturen hingegen ist es, die kognitive Dissonanz unaufgelöst zu halten.

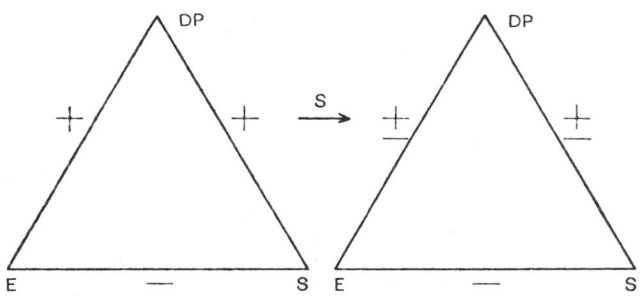

Einerseits entspricht die Instabilität (formal) als notwendige Bedingung der grundsätzlichen Umgestaltung eines bestehenden Zustands wiederum den Theorien von Leinfellner und Mao Tsetung: Anstatt allgemeiner Regeln gilt die statistische, zufällige Beeinflussung – also in diesem Falle der jeweiligen marginalen Gefühlssteigerung der Drehpunktpersonen, wiederum nach Homans, je nachdem, ob die letzte Interaktion mit dem Establishment oder mit den Subkulturen erfolgte. (Eine künstliche Verlängerung der Instabilitätsphase beugt der Verhärtung zu neuen, ebenso rigiden Standards vor.) Andrerseits kann die Drehpunktperson (inhaltlich) bei Vorliegen ihrer Instabilität materielle Überlebensvorteile für die Subkulturen erwirtschaften. (Sehr typisch ist in diesem Zusammenhang vor 1968 z. B. die Funktion der liberalen Presse, liberaler Professoren und mancher Gewerkschaften in der BRD gewesen.) Agenturen der subkulturellen In-

stabilität von Drehpunktpersonen sind z. B. die Republikanischen Clubs (jedenfalls gewesen).
Nur in Extremfällen (Widerstand gegen faschistische Regimes) wird auch die Subkultur eine Auflösung der kognitiven Dissonanz in ihrer Richtung anstreben.

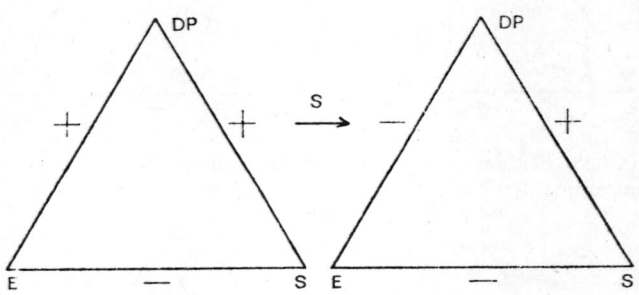

Spieltheoretisch ist die Drehpunktperson im Sinne von Robert Reichhardt[7] als Drehpunktspieler in einer unvollkommenen Koalition eines Dreipersonenspiels aufzufassen und dementsprechend sein Optimalverhalten und die Aufzahlungswerte zu berechnen. Sein Hauptvorteil ist sicherlich, daß er unter bestimmten Umständen verschiedene Signale hinsichtlich der beiden anderen Spieler verbinden kann. »Man kann sich vorstellen, daß unvollkommene Koalitionen in einem gegebenen sozialen System als unmoralisch betrachtet werden[8] oder »Wes Brot ich eß, des Lied ich sing«. Die Moral der vollkommenen Koalitionen in der bestehenden Gesamtgesellschaft ist die totale Integration.
Zu keinem Teil der Theorie der Subkultur habe ich bislang so viel Fragen bekommen wie zum Fragenkomplex der Drehpunktperson; ich will daher versuchen, diesen durch eine Fülle von Beispielen zu illustrieren.
Nach einer groben Inhaltsanalyse des Berliner Extradienstes 1967/68 ließen sich als Drehpunktpersonen in Berlin z. B. feststellen: die Professoren Flechtheim, Brückner, Gollwitzer, von Brentano, Gottschalch; die Assistenten Krippendorff, Meschkat und Agnoli; der Rechtsanwalt Mahler; die SPD-Mitglieder Häussermann, Nevermann, Kadritzke, Börnsen und Ristock; die Künstler Neuss, Süverkrüp, Degenhardt, Hachfeld und H. E. Jäger; die FDP-Mitglieder Born und Dorn; die Verleger Röhl und

Wagenbach; die Gewerkschafter Pinkall, Oetjen und Moneta; die Schriftsteller Lettau, Reisner und Zwerenz. Seitdem haben sich einige (Mahler, Agnoli) fest in die progressive Subkultur integriert, andere sich mehr und mehr an die Herrschenden angepaßt [9]. Nach Rolf Seeligers Buch »Die Außerparlamentarische Opposition« (München 1968), das einen recht guten Querschnitt über die progressiven Organisationen gibt, fallen insbesonders Flechtheim, Enzensberger, Fabian, Habermas (der sich mittlerweile vollständig angepaßt hat), Gollwitzer, Abendroth, Geissler, Walser, Niemöller, Klug, Maihöfer, Mitscherlich, Zwerenz, Benz als Drehpunktpersonen auf; nach Ryschkowsky[10] zusätzlich Brakemeier, Hofmann, Schauer. Nach den Anträgen zum 8. Gewerkschaftstag der IG Druck und Papier (2. 9. 1968) zu schließen, schienen damals die Landesverbände Bayern und Niedersachsen und der Hauptjugendausschuß am ehesten Drehpunktinstitutionen zu sein[11].
In der derzeit aktuellen Strategie der deutschen Linken fungieren geschulte Studenten, die in Betrieben arbeiten, als Drehpunktpersonen der kompakten Majorität. »Schon in wenigen Jahren besteht die deutsche Arbeiterklasse zur Hälfte aus unter 35jährigen. Deren Avantgarde ist die internationale studentische Protestbewegung...«[12]
In den USA ist als Drehpunktperson oft der Publizist Paul Krassner genannt worden[13]; für die Interaktion der Neger-Avantgarde zu prärationalistisch subkulturellen Negern Huey Newton[14]. Besonders wichtig sind die Drehpunktpersonen bei den Tupamaros: jene Personen im Apparat, die den aktiven Guerillos Informationen zukommen lassen und inhaltlich ihre Aktionen ermöglichen – ähnliches läßt sich im antifaschistischen Widerstand vorstellen.
Kreuzer bringt eine Vielzahl von Beispielen über Drehpunktpersonen der Boheme zur Gesamtgesellschaft: »Die Kreise stehen nicht nur Bohemiens offen, sondern z. B. auch Mitgliedern, die nur periodisch oder im Milieu der Boheme erscheinen – ohne ihre bürgerlichen Berufe oder sonst Bindungen aufzugeben... Mischformen existieren, eine breite Zone des fließenden Übergangs zwischen der ›Kerngesellschaft‹ und der Boheme, die zugleich ohne feste Grenzen mit anderen Randgruppen verbunden ist.«[15]
Als Beispiel nennt er etwa Jules Vallés, der sich »im Eßnapf der (Gesamt-)Gesellschaft stark« macht, indem er eine subalterne Stelle in einer Pariser Behörde annimmt – gleichzeitig schreibt er ein Bohemebuch, geht ins Café, agiert als Redner und Journalist,

kommt ins Gefängnis, nimmt an der Commune 1871 teil [16]. Ähnlich Falk in Strindbergs »Rotem Zimmer«, dem die Boheme ermöglicht, sein angepaßtes Leben zu ertragen; zunächst als Ventil, das umfunktioniert wird als Vorstadium zukünftiger Aktivität [17].

Kreuzer kennt »Halb-Boheme«, gemischte Zirkel aus Künstlern und Nichtkünstlern mit nur partiell subkulturellen Normen, Boheme-Hospitanten mit bürgerlichem Beruf und gesellschaftlichen Bindungen (Anwälte, Ärzte, Ingenieure, Kunstamateure, Talentsucher, Mäzene, politische Außenseiter (!), Pleasure seekers) – ohne daß er zwischen Drehpunktpersonen und Sozialisationsagenten (Talentsucher!) unterscheidet. Er nennt den Rechtsanwalt und Kabarettisten Kothe, den Millionär von Rosenberg, den Polizeirat (!) Hennings, den Arzt Ivan Bloch, die Buchhändler Steinicke und Sylvia Baech, Grisetten, Prostituierte, literarische Kellnerinnen.[18]

Ähnlich beurteilt für wiederum ganz andere Subkulturen Goffman die Position der Drehpunktpersonen. Er steht in der Tradition der amerikanischen Soziologie, wenn er – allerdings bei unfreiwilligen Subkulturen – den integrativen Aspekt mehr betont als den nichtintegrativen: etwa, wenn eine Person mit einem bestimmten Stigma hohe berufliche, politische oder finanzielle Positionen erreicht und dadurch eine neue Laufbahn erlangt – ihre Kategorie zu repräsentieren. Goffman unterscheidet dreierlei Drehpunktpersonen: 1. die aus ihrem Stigma einen Beruf machen und dadurch verpflichtet sind, mit Repräsentanten anderer Kategorien umzugehen (wenn wir etwa an APO-Anwälte denken), 2. Personen, die ein Stigma teilen, 3. »Weise«, wie sie Goffman nennt: Personen, die normal sind, aber deren besondere Situation sie intim vertraut und mitfühlend mit dem Leben der Stigmatisierten gemacht hat. »Weise Personen sind die Grenzpersonen, vor denen das Individuum mit einem Fehler (hier wird Goffman ideologisch, da er »Stigma« und »Fehler« entgegen seiner ursprünglichen wissenschaftlichen Absicht gleichsetzt. R. S.) weder Scham zu fühlen noch Selbstkontrolle zu üben braucht, weil es weiß, daß es trotz seines Mangels als ein gewöhnliches angesehen wird.«[19] Goffman nennt die Arbeiter an einer Einrichtung, die mit Subkulturen zu tun hat, etwa die Polizisten als einzige, die die Kriminellen akzeptieren (denken wir bei politischen Subkulturen an die Wirte, in deren Lokalen sozialdemokratische Ortsvereine ihren Sitz hatten), und die Personen, die durch

die Sozialstrukturen mit Stigmatisierten verbunden sind (Ehefrauen).
Die Drehpunktpersonen der regressiven Subkulturen sind besser in die Gesellschaft integrabel: so wollten ja die Herrschenden der Weimarer Republik Hitler als »Trommler« einsetzen. Die Bandenchefs aus Whytes Street Corner Society sind in die politischen Machenschaften ihrer Stadt gut integriert.
Die Drehpunktperson ist paradigmatisch für die Existenz der meisten Subkulturen. Wir sind alle integriert, wir zahlen alle Mieten, hat Tuli Kupferberg in Essen gesagt. Wenn auch diese Äußerung übertrieben ist (Squatters, Landstreicher, viele Gammler zahlen keine Mieten) – wahr daran ist, daß die vollständige Desintegration nicht möglich ist: und wenn, dann um den Preis einer Isolation, die eine Wirkung zur grundsätzlichen Veränderung der Gesamtgesellschaft so gut wie unmöglich macht. Um, und zwar mit allen verfügbaren Hilfswissenschaften, Dialektik, Instabilitätstheorie und Spieltheorie, als progressive Subkultur zu überleben, besteht als einzige Möglichkeit der gleichzeitige Vollzug von Integration und Nichtintegration [20]. Diesen Standpunkt unter Opportunismus-Verdacht zu stellen (Wolf Brannasky in Waldeck 1968), verrät Wunschdenken: gerade konsequente DKP-Mitglieder z. B. im DGB wären idealtypische Drehpunktpersonen – wenn man die DKP noch als progressive Subkultur betrachten könnte.
Die Gesamtgesellschaft ist darauf aus, um jeden Preis die progressiven Subkulturen in ihre Kultur zu integrieren. Die soziale Rolle wird zum erwarteten Verhalten (Dahrendorf im »Homo sociologicus« zum Ideologen dieser Auffassung, wenn er sie als *quasiobjektiven, vom Einzelnen prinzipiell unabhängigen* Komplex von Verhaltensvorschriften bezeichnet). »Dem jungen Menschen der offenen Gesellschaft (!?) *bleibt nicht viel anderes übrig*, als in verschiedenen Gruppen verschiedenste Rollen aufzunehmen. Er *arrangiert* sich... in verschiedenen Lenkungssystemen... Jugendeigene Subkulturen bleiben in der Regel am Führungssystem der Gesamtgesellschaft orientiert. Ist das einmal nicht der Fall, *so wird es Aufgabe der Sozialarbeit, das Führungssystem der offenen Gesellschaft auf diese Subkulturen zu übertragen.*«[21] – Soweit die typische Ideologie eines Pädagogen, und so sieht auch seine Handlungsanweisung für Jugendhäuser aus.
Die Integrationsmechanismen sind nach der historischen Situation variabel: Beruf und Familie sind derzeit in den Metropolen am beliebtesten. Umbach von der Münchner Polizei, der schon die

Gammlersubkultur mit der desavouierenden Bemerkung »Man darf unsere Gammler nicht anders beurteilen als seinerzeit die Jugendbewegung oder noch früher die Stürmer und Dränger. Sie stellen nur den Kontrapunkt der Jugend gegen die bürgerliche Gesellschaft dar«[22] abgefertigt hat, beruhigt sich über die deutschen studentischen Subkulturen: »Sobald die Studienzeit erfolgreich beendet ist und eine Anstellung gefunden wird, dürfte sich die vorherige Verkrampfung allmählich lösen.«[23]
Ebenso beliebt – und bei den vormaligen Arbeitersubkulturen recht erfolgreich – ist der Mechanismus, die Inhaber von Führungspositionen von der Basis abzuschneiden, indem das Establishment isolierte Kontakte mit ihnen aufnimmt. (Das berühmte »Ausmauscheln«; die amerikanische Soziologie spricht von der Vorliebe der Arbeitgeber, mit Gewerkschaftsvorsitzenden zu verhandeln.) Da die Spitzen der deutschen APO systematisch nur vorübergehend institutionalisiert waren, erwies sich die Strategie von Kiesinger und Brandt, durch Gespräche mit den »Studentenführern« die rationalistischen Subkulturen zu integrieren, als Schlag ins Wasser: es gelang ihnen – im Zusammenhang mit dessen Berufsproblematik –, Christoph Ehmann zu integrieren, nicht aber die Studentenbewegung [24].
»... daß jeder Gesetzgeber Verstöße gegen die Regeln mit soviel Risiko als möglich verbindet, weil er ja selbst dem Standard angehört.«[25] Das Establishment neigt dazu, jede nicht integrable Norm als kriminell (siehe Kapitel 2) zu denunzieren, und die Subkulturen nach Bedarf offener Gewalt zu unterwerfen (Jaeger, Springer, Neubauer, Spuler). Die Urteile im Prozeß von Chicago, wo gegen Anti-Humphrey-Demonstranten und deren Rechtsanwälte mehrjährige Gefängnisstrafen ausgesprochen wurden, zeigt, daß die amerikanischen Herrschenden die Strategie der Integration durch offene Gewalt zu bevorzugen beginnen.
Die Integrationssehnsucht der Herrschenden ist groß. Der Bürgermeister von Heidelberg meinte über Mangold und von Braunbehrens: »Ja, wenn man die integrieren könnte.« Der ehemalige Bundesvertriebenenminister Windelen überschreibt einen Artikel in den »Leipziger Neuesten Nachrichten«: »Es gilt, die junge Generation zu integrieren.«[26] Er zieht den vom CDU-Standpunkt illusionären Schluß: »Es bleibt ein Stück ernst zu nehmender Herausforderung an unsere Bereitschaft, unser System zu reformieren und die Kollektion der Freiheiten zu erweitern. Wenn die neue Unruhe Reformen in Gang setzt... und neue Wege in die Zu-

kunft gangbar macht, hat sie eine positive Rolle gespielt. Dann wird eine solche reformierte freiheitlich-demokratische Ordnung auch in der Lage sein, ihre junge Generation wieder zu integrieren.«[27]

So wurde die integrative Absicht des Essen-Festivals 1968 von Essener Funktionären unverhohlen zugegeben: »Wenn der Jugendwohlfahrtsausschuß der Durchführung der Song-Tage zugestimmt habe, dann habe er sich davon leiten lassen, daß es schwierig sei, die Jugend in die Gesellschaft zu integrieren ... Für die in der Jugendarbeit Verantwortlichen sei es wichtig, diesen Integrationsprozeß einzuleiten« (Oberstadtdirektor Rewoldt); »Unser Ausgangspunkt war, an die Underground-Jugend heranzukommen. Das Experiment hat sich aber zu Formen ausgeweitet, die über die Möglichkeiten des Jugendamtes hinausgingen. Da konnte das Jugendamt gar nicht mehr integrieren« (Schewe, CDU, Vorsitzender des Jugendwohlfahrtsausschusses)[28]. Ob sich die zitierte Underground-Jugend nicht mit James Baldwin fragt: »Will ich wirklich in ein brennendes Haus integriert werden?«[29]

Das Interesse an Integrationsmechanismen besteht bei der alten, integrierten Linken ebenso wie bei den Herrschenden der Metropolen: »Wenn wir den Katalog der von der sowjetischen Moralphilosophie gegebenen höchsten sittlichen Werte durchgehen, ist es schwierig, eine einzelne moralische Idee oder ein Syndrom moralischer Idee zu finden, der nicht der westlichen Ethik geläufig wäre.«[30] Jens Litten, der sich mittlerweile selbst in den SPD-Apparat fest integriert hat, meint: »... der Makel der Integration... wird mit einer geradezu lächerlichen Emphase gebrandmarkt, ohne Einsicht in die Dialektik von Anpassung und Widerstand scheint eine Alternative unvermeidbar: nämlich die von bruchloser Einfügung in eine als schicksalhaft empfundene Sozialordnung und deren abstrakte Negation, die gewonnen wird aus der Antizipation einer mit der alten Gesellschaft völlig unvereinbaren neuen Gesellschaft der Zukunft.«[31] Litten hat ausgesorgt: er hat sich bruchlos eingefügt, und zwar in eine Sozialordnung, die so gar nichts Schicksalhaftes an sich hat [32].

Wie schon oben erwähnt, die Integration über die Freizeitindustrie[33], mit schon 1964 10 Milliarden Dollar Teenagermarkt[34]. Mit Recht kritisieren Buselmeier/Schehl Teenage-Fair, das Image der Jugendlichkeit in der Werbung, das Musical »Hair«, die Anpassungsideologie McLuhans und ihre Einflüsse auf Scheuch, Springer, Brock, Kriwet; Charles Wilps immer sinnlicheren Kapitalismus, Lichtensteins Slogan »Pop-Art ist erschienen, ihre Umwelt zu akzeptieren«[35]. »Die Pop-Kultur der Beatgeneration (?), die genehmigte Revolte gegen antiquierte Aspekte der Kulturindustrie und gegen Moralbegriffe, die zur Unterdrückung überflüssig geworden sind, beschleunigt die gesellschaftliche Integration, weil der Zwangscharakter der Anpassung als Befreiung mißverstanden und als Konsumfreiheit angenehm empfunden wird.«[36]

Die Integration über verselbständigte empirische Ausbildung: So sagt ein Student Guetzkows: »Die Simulation hat mich wirklich auf die Erde zurückgeholt. Ich mußte mich mit der Kompliziertheit der internationalen Beziehungen auseinandersetzen. Alle Nationen wollten ihre eigenen Interessen durchsetzen, und es ist schwer, die eigenen Wünsche zu verwirklichen.«[37]

Die Integration über Beruf – Familie – Militär, die klassische Trinität der herrschenden Schlußsozialisation, besonders affektiv bejaht bei Herman Kahn und Anthony Wiener: »... daß manch ein unreifer (!) oder nur mit sich selbst beschäftigter (!) Mensch erst dann zur Reife (!) gelangt, wenn er gezwungen wird, seinen Lebensunterhalt zu verdienen. Andere wieder reifen erst durch die Notwendigkeit, einer persönlichen Herausforderung zu begegnen, etwa im Militärdienst oder durch Teilnahme an der Verantwortlichkeit für die Familie ... Das soll nicht heißen, daß sich nicht ähnlich erfolgreiche oder noch bessere äußere Herausforderung als Arbeit und Krieg finden lassen, um die Reife zu beschleunigen und den Blick für die Wirklichkeit zu schärfen. Sind wir jedoch nicht imstande, solche Herausforderungen zu finden, während die wirtschaftlichen, internationalen und sonstigen Bedrohungen immer mehr nachlassen, so wird die Geringschätzung der Arbeit und des Dienstes an der Nation wahrscheinlich einen zerstörerischen Einfluß ausüben.«[38] Auf gut deutsch: wenn es Arbeit und Krieg nicht gäbe, müßte man sie erfinden. Normen, die durch Entwicklung der Produktivkräfte dazu neigen, überflüssig zu werden, werden durch repressive Anpassung verewigt.

Aufschlußreich, wie Kahn die Normen der Schwarzen Moslems nach ihrem Gebrauchswert zwecks Integration aufschlüsselt: gesetzliche Ehe, Drogenverzicht, Achtstundentag, Sechstagewoche, Erhalten der Familie, starke Vatergestalten, saubere und konventionelle Kleidung, Würde, Selbstachtung, Sparsamkeit, kleine Unternehmer sind durchweg integrative Normen – nur eben der

Weißenhaß und das Schicken der Kinder in die Schule absolut nicht[39] [40].

Eine raffinierte Form der Integration ist der Konflikt: »... daß Konflikt und Kooperation voneinander nicht trennbare Erscheinungen sind, sondern Phasen eines einzigen Prozesses darstellen, der immer etwas von beiden aufweisen muß.«[41] Oder: »... daß offene Opposition die Gesellschaft auf bestimmte Weise auch erhält, daß in jeder freiwillig zusammenlebenden Gesellschaft ein Abwürgen des Protests und der Opposition die Minderheit durch das herrschende Element höchstwahrscheinlich zur Spaltung der Gruppe führt...«[42] Nach Simmel ist der Konflikt eine Form der Sozialisation[43]; Opposition als Alibi, innere Genugtuung, Ablenkung: die Opposition eines Elementes ist ihm vergesellschaftet[44].

Echte Konflikte seien ein Mittel, Ergebnisse zu erreichen; unechte Konflikte dienten nur der Spannungsentladung. »Abweichendes Verhalten, ..., insofern es Bemühungen darstellt, von der Kultur vorgegebene Ziele durch Mittel zu erreichen, die von der Kultur tabuiert sind, würde eine Variante des echten Konflikts sein.«[45] An Mao Tse-tungs Dialektik von Haupt- und Nebenwidersprüchen erinnert Ross' Satz: »Jede Art sozialen Konflikts stört jede andere Art Konflikt in der Gesellschaft... außer wenn die Spaltungslinien übereinstimmen, in diesen Fällen verstärken sie einander.«[46] Während eine Vielzahl von Nebenwidersprüchen einander tendenziell nivellieren (a), verstärken einander eine Vielzahl von Widersprüchen, die an gemeinsamen Hauptwidersprüchen orientiert sind (b)[47].

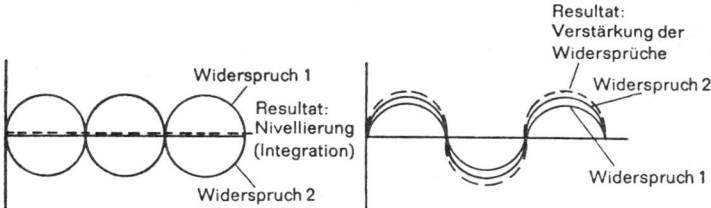

Bestehen in einer Gesellschaft viele Konflikte, die nicht an gemeinsamen Hauptwidersprüchen orientiert sind, wird die Gesellschaft durch diese Konflikte zusammengehalten. (Nach Coser die Ursache für die Integration des amerikanischen Proletariats[48].)

Zudem bestimmt der Konflikt mit einer anderen Gruppe die Gruppenstruktur und die Reaktion auf inneren Konflikt, die Gegner werden einander ähnlicher – ein weiterer Integrationsfaktor[49]. Dieser Integrationsstrategie entspricht auch Riesmans Aussage, daß diejenigen Studenten, die etwas rebellisch und extravagant waren, bessere Karrieren machen[50].

Eine ganze Anpassungsliteratur hat sich bemüht, diesem Sachverhalt der Integrationsmechanismen eine neue Qualität zu verleihen, indem ihm der Anschein des Unumkehrbaren gegeben wird. Homans, der Konformität und Sympathie mit in die Soziologie übertragenen Marktmechanismen rechtfertigt, sieht den Nonkonformisten, den Nichtangepaßten als heroische Ausnahme: »Wir möchten nur auf die offensichtliche Tatsache hinweisen, daß ein guter Nonkonformist diesen Preis bezahlt, ohne sich deshalb zu bemitleiden.«[51] Der »gute« Nonkonformist (wohl etwas Ähnliches wie der »gute« Neger, der »gute« Jude etc.) hat die Normen generell anzuerkennen, auch wenn er sich persönlich von ihrem Geltungsbereich ausnimmt und die Sanktionen für ihre Nichtbefolgung zu tragen, ohne zu murren ...

Selbst Adorno und Horkheimer, die die Unausweichlichkeit der Integration im allgemeinen betonen, wehren sich mit Recht gegen die Anpassungsliteratur: »Jüngst wird die keineswegs neue Beobachtung, daß auch das Abweichende nicht gefeit ist gegen Standardisierung, dazu mißbraucht, die polemische Anwendung des Begriffs Konformismus zu diskreditieren, als ob dadurch, daß es einen Konformismus zweiten Grades gibt, dem immerhin ein Akt von Resistenz vorausgeht, der widerstandslose erste, das Mitschwimmen mit dem Strom, die Einreihung in die stärkeren Bataillone, besser würde.«[52]

Über Desintegrationsmechanismen hat sich die herrschende Soziologie längst nicht so viel Gedanken gemacht. Wir gehen hier nicht näher darauf ein, da ja desintegrierende Institutionen und Normen den Hauptinhalt des konkreten Teils bilden werden.

An desintegrativen Mechanismen sind vor allem bekannt:

1. die Weigerung, an etablierten Normen und Institutionen teilzunehmen [53],

2. die Gründung von Gegeninstitutionen[54],

3. Konflikte, die ein Ausmaß von Grundsätzlichkeit erreichen, daß eine Integration unmöglich wird,

4. regelmäßige Interaktionen mit desintegrierten Minderheiten (wobei die Schwierigkeit entsteht, daß niveaulose Angehörige

von Subkulturen das ihnen Legitime, die subkulturelle Kritik an wirklichen oder tendenziellen Drehpunktpersonen, ihrerseits in elitär-stereotypem Gestus, überziehen).
1. und 2. allein führen zur Isolation und zur »Integration 2. Grades« (Adorno-Horkheimer) über Markt- und Machtmechanismen; 3. muß inhaltlich gefüllt werden; 4. führt allein zur doppelten Integration: einerseits durch die direkte Anpassung der Drehpunktpersonen, andrerseits über 1. und 2., die wieder zu Isolation und Integration zweiten Grades führen. Daher müssen Integration und Nichtintegration gleichzeitig vollzogen werden[55].

Die bestehenden Institutionen sind einerseits hierarchisch-autoritär, bieten aber andererseits konkrete Ansatzpunkte zum Vollzug rationaler Aufklärung, zur Gewinnung neuer Drehpunktpersonen, zur Aufhebung der Hierarchien. Die aufklärende Diskussion in Institutionen, wo sich bereits Vorpolitisierte befinden (Parteien, Gewerkschaften), ist die notwendige dialektische Ergänzung zur kontinuierlichen Vermittlung Aktion – Diskussion in informellen Situationen. Der »lange Marsch durch die Institution«, eine typische Drehpunktpersonenstrategie, ist ein Spezialfall der gleichzeitigen Integration und Desintegration. Demgemäß bieten sich zwei Fehlerquellen an: Isolation und Integration. Isolation wird vermieden durch genaue Orientierung der Strategie an gruppendynamischen Prinzipien. Integration wird vermieden durch gleichzeitige regelmäßige Interaktion mit Subkulturangehörigen, die sich nicht am »langen Marsch durch die Institutionen« beteiligen.

Verschiedene Angehörige progressiver Subkulturen in der BRD scheinen sich auf dem langen Marsch durch Hochschulgremien und Jugendorganisationen der Parteien (Juso, DJD) zu befinden. In den USA verfolgte das SNCC diese Strategie eine Zeitlang bei NAACP und Demokratischer Partei; auch das ERAP (Wohnbezirksbasisgruppen der SDS) und traditionelle Linke (Du Bois-Clubs) hatten den langen Marsch durch die Demokratische Partei antreten wollen [56].

Der lange Marsch durch eine Institution ist wohl zu unterscheiden von der Unterwanderung einer Institution. Wer eine Institution unterwandert, beabsichtigt, auf Grund von Aktivitätsrenten Schalthebel in die Hand zu bekommen, Macht zu akkumulieren. Wer durch sie den langen Marsch antritt, trachtet, möglichst viele Personen rational von der Richtigkeit seiner Gegenkultur zu überzeugen, Schalthebel und Macht tendenziell abzubauen.

Ein Modell des langen Marsches durch die Institutionen:

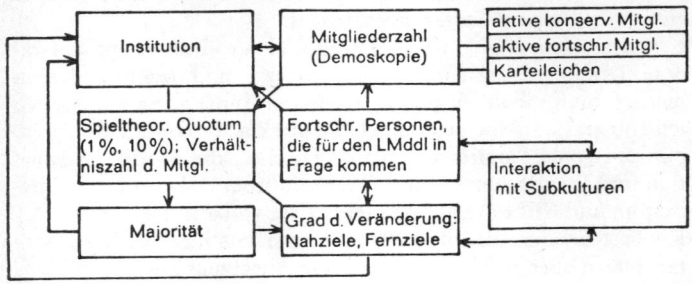

Zusatzbedingung 1: Die Willensbildung in dieser Institution muß zumindest formaldemokratisch sein.
Zusatzbedingung 2: Die Willensbildung muß weitgehend frei von Kontrollrechten übergeordneter Instanzen sein.
Der lange Marsch durch die Institutionen ist die integrative Seite der Lösung des Widerspruchs zwischen Integration und Nichtintegration. Die nichtintegrative Seite sind Selbstorganisation der Bedürfnisse, Gegeninstitutionen, Basisarbeit, Reflexion – Aktion – Reflexion, Kritik und Selbstkritik. Nur ihre entsprechende Mitberücksichtigung ist imstande, den Übergang der Drehpunktpersonen zu den Herrschenden zu verhindern, die Normen der Gesamtgesellschaft und der Subkultur zu vermitteln, mittels »reinforcement«-Effekten bewußtseinsmäßig vorliegende Prädispositionen zu verstärken. Der Bruch mit dem konservativen Kontinuum der Bedürfnisse muß der grundsätzlichen Veränderung der Gesellschaft vorangehen – ebenso wie er nur im Verlauf dieser ins Auge gefaßt werden kann[57].
Das Problem der neuen Bedürfnisse wird nicht nur hier richtig gesehen[58] (es wird zum Teil sogar empirisch bestätigt: nach DIVO möchte jeder dritte 19jährige den Wehrdienst verweigern, 50 % halten die APO für notwendig, nur 4 % wollen die CDU 2000 als Regierungspartei sehen[59]. 5000 Schüler im Jahr gehen von zu Hause fort[60]; ebenso stellt zum Problem des Überlebens selbst Kreuzer fest: »Der ungebundene Bohemien abseits der ›Kerngesellschaft‹ entgeht zwar deren sozialen Frustrationen, zieht sich aber (besonders in der Armutsboheme) andere zu, die mit zunehmendem Alter schwerer zu ertragen sind. Sowohl die Motive für die Abkehr von der Gesellschaft als auch der Druck

der Verhältnisse in der Boheme treiben die Bohemiens zu symbolischen Aggressionen ...«[61] – die Integration erfolgt über die subjektive, folgenlos-symbolische Narrenfreiheit.
Die Anpassungsstrategien ermutigen eine falsche Fragestellung: »›Soll ich es wagen, die Welt verbessern zu wollen und dabei vielleicht vernichtet zu werden, oder soll ich meine Laufbahn ruhig weiter verfolgen, ... und die Welt lassen, wie sie ist?‹ Der Denkfehler liegt schon in der Annahme, daß beim Wegfallen eigener Aktivität die Welt bleibt, wie sie ist (sich nicht etwa verschlechtert) und die ruhige Fortsetzung der eigenen Tätigkeit ... gestattet.«[62] Die Normen der Gesamtgesellschaft laufen auf ein gigantisches 1984 hinaus. Der Irrtum der Liberalen ist es zu glauben, verschont zu werden.

II. Normen der Gesamtgesellschaft

»*Kenne den Feind und dich selbst, in hundert Schlachten wirst du nicht in Gefahr sein. Wenn du nichts vom Feinde weißt, aber dich selbst kennst, sind deine Aussichten auf Gewinn und Verlust gleich!*« Sun Tzu[1]

»*Daß man sich über seine Werte klar wird, ist eine Voraussetzung für die Aufstellung von Alternativen...*«
Aus der Erklärung von Port Huron der Students for a Democratic Society 1962[2]

1. ZUM BEGRIFF DER NORM

Normen sind bewertete Vorstellungen einer Gruppe oder Gesamtgesellschaft, die auf die Mitglieder derselben einen Druck ausüben, in einer bestimmten Richtung zu handeln. Sie sind einerseits von den Funktionsnotwendigkeiten einer Gesellschaft (in jeder Gesellschaft vom Stand der Produktivkräfte, in den kapitalistischen Gesellschaften zudem von den Produktionsverhältnissen), andrerseits von den ideologisierten Rollen- und Positionskomplexen (in kapitalistischen Gesellschaften von den Produktionsverhältnissen, in bürokratisch-sozialistischen Gesellschaften vom Ausmaß der verselbständigten Überbaus) abhängig. Da keine Gesellschaft – auch die tendenziell »nachindustriellen« nicht – in absehbarer Zeit eine unermeßliche Entfaltung der Produktivkräfte zu erwarten hat, ist eine vollständig normenfreie Gesellschaft nicht denkbar[3], es geht in den weltweiten Auseinandersetzungen der Gesamtgesellschaften und Subkulturen um die emanzipatorische Qualität der Normen und Gegennormen. Nichtbefolgung von Normen hat Sanktionen zur Folge[4].

Der Einfluß der Normen ist tendenziell nivellierend: Die einzelnen Mitglieder einer Gruppe oder Gesamtgesellschaft neigen dazu, ihr Urteil nicht gegen die Gruppennorm aufrechtzuerhalten, selbst wenn sich die Gruppe eindeutig im Irrtum befindet. Je stabiler bzw. angepaßter die Gruppe ist, desto besser kann sie Normen setzen. Je unsicherer die Gruppe über die Richtigkeit ihrer

Normen ist, desto weniger Kontrolle kann sie über ihre Mitglieder ausüben.
Das normative System bedingt die Anpassung, die Faktizität, die realen Machtverhältnisse bedingen das normative System. »Einerseits verkörpert ein normatives System, was sein sollte, andrerseits eine faktische Ordnung, was ist... das Verhalten des Menschen wird bestimmt... durch kulturell erworbene Verhaltensmuster. Ein starkes Element in diesen Verhaltensmustern ist das normative – das Gefühl, daß den kulturell erworbenen Verhaltensmustern gefolgt werden soll... Die faktische Ordnung ist, was sie ist, zum Teil deshalb, weil die normative Ordnung ist, was sie ist. Im Gegensatz dazu übt die faktische Ordnung einen Einfluß auf das normative System aus, denn die Normen müssen stets von Vorgängen in der wirklichen Welt ausgehen und die tatsächliche Situation in Erwägung ziehen... sie (die Normen, R. S.) müssen... wenn sie irgendeinen Effekt haben sollen, korrekt die Verhältnisse zwischen wirklichen Vorgängen repräsentieren. Das normative System... ist Gegenstand ständiger Modifikation von Vorgängen in dieser Welt.«[5] Die Faktizität führt zur Norm hin, die Norm reproduziert die Faktizität.
Normen entspringen der Faktizität und ziehen Handeln nach sich, das in seinen Mitteln und Zielen wieder von Normen ausgeht: »Die erste Ursache der Schwierigkeiten liegt in den Zielen selbst. Sonderbar ist, daß die von Menschen erstrebten Ziele oft imaginär in einem doppelten Sinn sind: sie sind nicht nur zukünftige Zustände, die jetzt nicht existieren, sondern zukünftige Zustände, die nie in dieser Welt existieren werden.«[6] Nachdem Davis so auf bewährt etablierte Weise analyselos gegennormative Ziele vom Tisch wischt, folgert er: »Das normative System begrenzt nicht nur die verfügbaren Mittel, es vermehrt sie auch.«[7] Es folgt ein Beispiel, in dem die Entfremdung durch die Geldwirtschaft genau und affirmativ als Errungenschaft des normativen Systems beschrieben wird.
Handeln und Rollen als Ausschnitt des Handelns definieren sich durch die normativen Erwartungen der Gruppen (Gesamtgesellschafts)-Mitglieder. Die Normen werden, soweit noch der aktuelle Stand, im Verlauf des Sozialisationsprozesses verinnerlicht. »Auf diese Weise werden sie, unabhängig von äußeren Sanktionen, zu wirksamen Motivierungskräften für sein eigenes Verhalten.«[3] (Wir werden sehen, daß dieses Verfahren unmodern wird: verinnerlichte Normen sind reflexionsfähig und daher reversibel. Psy-

chotechnische und biologische Konditionierung sind für die Herrschenden sicherer.) Das Bestehende wird durch seine Verinnerlichung zu seiner eigenen Ideologie.

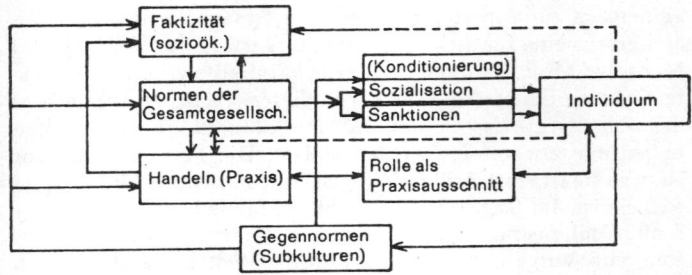

Die Dialektik des normativen Systems (siehe recht abstrakt das obige Schaubild) hat Goffman bereits ansatzweise wahrgenommen, wenngleich er sie ideologisch bewertet. Durch seine tendenzielle Allumfassendheit übersteigt das normative System sich selbst, läßt durch seine Davissche Rasierklingenfreiheit den Gedanken an Subkulturen erst aufkommen: »Während einige dieser Normen, wie z. B. Sehvermögen und Bildung, mit vollständiger Adäquanz von den meisten Personen in der Gesellschaft gemeinhin aufrechterhalten werden können, gibt es andere Normen, wie z. B. jene ... die die Form von Idealen annehmen und Standards konstituieren, hinter denen fast jeder in irgendeinem Abschnitt seines Lebens zurückbleibt. Und selbst da, wo es um weithin erreichte Normen geht, hat ihre Vielheit den Effekt, viele Personen zu disqualifizieren. Z. B. gibt es in einem gewichtigen Sinn nur *ein* vollständig ungeniertes und akzeptables männliches Wesen in Amerika: ein junger, verheirateter, weißer, städtischer, nordstaatlicher, heterosexueller protestantischer Vater mit Collegebildung, voll beschäftigt, von gutem Aussehen, normal in Gewicht und Größe und mit Erfolgen im Sport. Jeder amerikanische Mann tendiert daher, aus dieser Perspektive auf die Welt zu sehen; dies stellt *einen* Sinn dar, in dem man von einem allgemeinen Wertsystem in Amerika sprechen kann.«[9] So konnte die Anzahl der »unter der menschlichen Misere leidenden« (? R. S.) Personen gerade so groß sein, wie man sie machen wollte ... »Man kann also sagen, daß Identitätsnormen sowohl Abweichungen wie Konformität erzeugen.«[10] Personen, die eine Identitätsnorm nicht halten

können, entfremden sich vom normativen System (formal entspricht dem die Fragwürdigkeit des soziologischen Devianz-Begriffs)[11]. »Anscheinend benutzen sie nicht die vorhandene (? Ideologie der Mobilität!) Gelegenheit für das Emporkommen in den verschiedenen bewährten Startbahnen der Gesellschaft, für ›höherstehende‹ Leute zeigen sie offene Nichtachtung; sie lassen Pietät (!?) vermissen; bei ihnen versagen die Motivationsschemata der Gesellschaft.«
So entwickeln sich als dialektische Reaktion des herrschenden normativen Systems Subkulturen mit Gegennormen, die alsbald eine Gegenpraxis und Gegensozialisation entwickeln: »An die Stelle der Familie treten Freunde, Leute, die meistens ebenfalls von der Gesellschaft ausgestoßen worden sind oder die sich selbst absondern ... Sie übernehmen nunmehr die »erzieherische« Funktion des Elternhauses.«

2. ÖKONOMISCHE FAKTIZITÄT[1]

1. »Der Arbeiter muß heute wir vor 100 Jahren Arbeitskraft verkaufen; er bekommt dafür einen Lohn, den er wie vor 100 Jahren zum größten Teil verbrauchen muß, so daß er immer wieder sich gezwungen sieht, seine Arbeitskraft zu verkaufen.«[2]
2. »... mit dem Einkommen verändert sich die Rolle des Geldes: niedriges Einkommen gibt Verfügung über Verbrauchsgüter für den jetzigen Verbrauch, höheres Einkommen sichert die Verfügung für späteren Verbrauch, noch höheres Einkommen gewährt Einkommen aus dem gebildeten Kapital, sehr hohes Einkommen gibt Verfügung über Menschen, gibt Macht und Ansehen in der Gesellschaft.«[3]
3. Für kleine Ersparnisse gibt es kaum sinnvolle Anlagemöglichkeiten, was zur Flucht in den Gebrauchswert führt (Häuschen etc.: Arbeitnehmer zu 66 %, Rentner 50 %, Selbständige 8 %). Genau das arbeitet den großen Unternehmern in die Hände: die Haushalte geben ihr Geld für Dinge aus, die sie produzieren. Somit wächst die Konzentration der Vermögen bei den Unternehmern mit der Verbrauchsquote der Haushalte, und diese wächst mit dem Grad der Konzentration. Der Lohnabhängige wird dreifach benachteiligt: sein Einkommen ist niedriger; ein geringer Teil bleibt fürs Sparen; wenn er spart, ist sein Ertrag gering[4].

4. Von 1950 bis 1965 stieg das Realvermögen der Unternehmen und öffentlichen Haushalte von 60 auf 80 % auf Kosten der Arbeitnehmer und Rentner (ohne häusliche Investitionen: 91,1 %)[5].

5. 1,7 % der Haushalte besitzen 35 % des gesamten privaten Vermögens (70 % des Betriebs- und Kapitalvermögens); 1 ‰ der Haushalte (in Zahlen: 14 000) 25 % des Betriebs- und 43 % des gesamten privaten Kapitalvermögens[6]. Sie entscheiden über die produktive Verwendung des gesamten gesellschaftlichen Vermögens in der Wirtschaft, und zwar im Interesse der Vermehrung des akkumulierten Vermögens, der Stabilität, Rentabilität und Expansion der gesamten Wirtschaft, die ihnen gehört[7]. Die Konzentration entwickelt Eigendynamik.

6. Die Betriebs- und Kapitalkonzentration greift in den nicht konzentrierten Vermögensbereich hinüber: auch nicht konzentriertes Vermögen arbeitet für das konzentrierte Kapital; so wird der nicht als Dividende ausgeschüttete Anteil der Kleinaktionäre zum Verfügungseinkommen[8]. 1,2 % der Betriebe (1200) beschäftigt 40 % der in der Industrie tätigen Arbeitnehmer der BRD und produziert 40 % des Industrieumsatzes (8 %: 66 %–70 %)[9].

7. »Diejenigen (Kleinbetriebe, R. S.), die selbständig sind, finden sich in einem Interaktionssystem, das durch die Größenstrukturen schon so vorgeformt ist, daß sich die kleinen Betriebe der erdrückenden Übermacht der Konzerne gegenübersehen, gegen deren ökonomisches Gewicht weder unternehmerische Initiative noch unternehmerischer Wettbewerbe etwas vermag.«[10] Von 1954 bis 1967 stieg der Umsatz der 50 größten Industrieunternehmen von 25,4 % auf 42 %[11]. Allein die 10 größten (VW, Siemens, Hoechst, Thyssen, Bayer, VEBA, Daimler, AEG, BASF, Krupp) beschäftigen 15 % aller in der Industrie Tätigen und produzieren 17 % des Industrieumsatzes[12].

8. Die Branchenkonzentration vergrößert das Übergewicht der Großunternehmen in den Branchen: in 21 von 30 Fällen stiegen die Umsatzanteile der 10 branchengrößten Betriebe[13]. Es gibt nur noch 3 unabhängige LKW-, 5 PKW-Produzenten[14]. Seit 1967 fanden Konzentrationen in der Chemie- und Elektroindustrie statt, so durch Teilfusionen[15]. Dazu kommt diagonale Konzentration: Oetker, Reemtsma[16].

9. Die Machtstruktur gibt weder Kleinaktionären noch Kleinbetrieben eine Chance: »Unternehmerinitiative« wird zur reinen Ideologie[17]. »... die Darstellung der Tendenz zur Abschaffung

des Wettbewerbs in der BRD enthält kein Bedauern ... Mit dem Wettbewerb verschwindet die Legitimitätsgrundlage des gesellschaftlichen Systems.«[18] 1968 hatte die Bundesregierung noch getönt: »Der Wettbewerb ist und bleibt die Basis unserer Wirtschaftsordnung«; der Konflikt zwischen Faktizität und Ideologie wird gelöst, indem der »Konkrete Inhalt des Wortes Wettbewerb in Zukunft das exakte Gegenteil dessen bedeuten wird, was Wettbewerb früher bedeutete«[19]. (Ein 1984-Wahrheitsministerium: Wettbewerb ist Monopol.)

10. Diese Machtstruktur macht die Konzerne allen kleineren Unternehmen überlegen, gleichgültig, ob Konkurrenten, Lieferanten oder Abnehmer. Verringerungen der Geschäftsbeziehungen ist für die Großen folgenlos, für die Kleinen leicht das Ende ihrer Existenz[20]. Die Konzerne zwingen den Kleinunternehmen ihre eigenen Zielsetzungen und Prioritäten auf: AEG hat 30 000 Zuliefererbetriebe, Siemens 30 000, Krupp 23 000, Daimler 18 000, Bayer 17 500, BASF 10 000, Opel 7800[21]. Springer, Neckermann machen Vertriebsnetz und Firmen von sich abhängig[22]. »Die Konkursstatistik zeigt, daß in Zeiten stagnierender ... Wirtschaftsentwicklung nicht die großen Aktiengesellschaften, sondern die kleinen Einzelfirmen und nicht eingetragenen Erwerbsfirmen zuerst zusammenbrechen.«[23] Der BDI wehrt sich 1966 gegen Abwertung des »Kartell«-Begriffs[24].

11. Die Stahlkonzerne bereiten durch 4 Walzstahlkontore eine Syndikatsbildung vor[25].

12. Eine analoge Finanzkonzentration, insbesondere der 3 Großbanken, entstand durch Konzentration im Bankensektor, Beteiligung der Banken an Wirtschaftsunternehmen, Marktstellung durch Finanzierungsfunktion und Depotstimmrechte. Von 1952 bis 1966 nahm die Zahl der Banken von 13 150 auf 11 000 ab, gleichzeitig stieg das Geschäftsvolumen auf das Zehnfache. 1960 hatten 26 Banken 46 % des Geschäftsvolumens inne; allein die 6 Großbanken (0,05 %) 13,5 %, während die 90 % Genossenschaftsbanken 15 % innehatten. 91 Banken haben 3 % des Grundkapitals aller Aktiengesellschaften, in 219 Fällen mehr als 25 % (davon ein Drittel die 3 Großbanken)[26]. (Z. B.: Deutsche Bank mehr als 25% bei Daimler, Karstadt, Stollwerck, Süddeutsche Zucker, Hamburg-Amerika-Linie[27].) Als 1967 die Gewinne der Wirtschaft rückläufig waren, stiegen die der Großbanken um 12 bis 26 %: ganze Unternehmen arbeiten für die Bank und nicht für die eigene Gewinnmaximierung[28]. Bei 661 börsennotierten

Aktiengesellschaften waren 27,5 % der Aufsichtsräte Vertreter der Banken, davon mehr als 80 % nicht im Banksektor, davon mehr als 50 % bei den Großbanken[29].

13. Das Depotstimmrecht entmachtet die Kleinaktionäre und ermächtigt die Banken. 44,6 % allen auf den Hauptversammlungen repräsentierten Grundkapitals wird von den 3 Großbanken vertreten. Diese stimmen über sich selbst ab, da die Aktien ihrer Aktionäre in ihren eigenen Depots liegen[30]. Zudem werden Kleinaktionäre bei Bedarf enteignet (Feldmühle-Urteil)[31].

14. »Die Geschichte der BRD ist die beschleunigte Wiederholung der Widerlegung kapitalistischer Propaganda durch die kapitalistische Realität.«[32] Kollektive Bedürfnisse (Krankenhäuser, Schulen, Kindergärten etc.) erscheinen nicht auf dem Markt[33]. Der Anteil des Staats am Sozialprodukt wächst: die Sicherung der privatwirtschaftlich organisierten und am privaten Gewinn orientierten Gesellschaft nimmt immer mehr Mittel in Anspruch, die eigentlich für die Befriedigung der Bedürfnisse zur Verfügung stehen sollten[34]. Die Vermarktung des Wirtschaftsprozesses strukturiert Bedürfnisse/Nachfrage nach dem Muster der Eigentumsverhältnisse: der Verbraucher wird als Individuum gänzlich ohnmächtig – er hat infolge der Konzentration keine Wahl, wozu noch die Manipulation hinzutritt[35]. Ein und dasselbe Unternehmen produziert Bedürfnisse und für die Bedürfnisse. Je rationaler die Planung wird, desto irrationaler wird die Versorgung[36].

15. Die Werbungsausgaben stiegen in 5 Jahren um 1 % des Volkseinkommens; die Werbung wird vom Produkt gelöst – die Kosten der Werbefeldzüge schlagen sich in Verbraucherpreisen oder Güterqualität nieder[37]. Die kollektive Nutzung von Transportmitteln, Waschmaschinen, Küchen wird verhindert, eine irrationale Verschwendung: Es gibt 2 Dutzend Waschmaschinen mit einem halben Dutzend funktional wichtigen Unterschieden[38].

16. Wirtschaftspolitik wird zur Förderung der Unternehmenstätigkeit zur Erziehung optimaler Globalergebnisse[39]; das Ziel ist Expansion, nicht Bedürfnisbefriedigung. Investitionen richten sich nicht nach politischen Prioritäten, sondern nach Gewinnerwartungen der Unternehmen[40]. »Wer zu diesen Aggregaten, zu diesen organisierten Gruppen, in ein grundsätzlich negatives Verhältnis gerät, der kann schließlich in dieser Gesellschaft nicht mehr regieren« (Karl Schiller)[41]. In der Konzertierten Aktion stiegen die Löhne um 2,4 %, die nicht entnommenen Gewinne um 22 %[42]. »Sozial-Symmetrie gehört in die Vorstellungswelt des

Kollektivismus« (Monatsblätter für freiheitliche Wirtschaftspolitik 13/67, Nr. 4, S. 240)[43]. In der Konzertierten Aktion »findet tatsächlich ein gesellschaftlicher Integrationsprozeß statt« (Karl Schiller)[44].

17. Dabei konnte Jörg Huffschmid nicht berücksichtigen: daß derselbe Konzentrationsprozeß noch einmal auf internationaler Ebene stattfindet, mit den USA (und den Konzernen der USA) als aufkaufendem und beeinflußendem Superkonzern, mit der permanenten Verelendung der Völker in der »armen Welt« (Schuhler), die, solange sie ausgebeutet werden, ebensowenig im internationalen Maßstab Kapital akkumulieren können wie die Lohnabhängigen auf nationaler Ebene; daß sich derselbe Konzentrationsprozeß in nahezu allen Branchen wiederholt: in der Medienindustrie (Bertelsmann-Springer), in der Versorgung (Jahn-»Wienerwald«), in der Vergnügungsindustrie (Samy); die Funktion der Rüstungsindustrie in der Zusammenarbeit von Staat und Großkonzernen; die Einflüsse dieses permanenten ökonomischen Konzentrationsprozesses auf alle Gebiete des Überbaus; die Krisenpolitik, die eine nicht abfangbare Globalkrise unwahrscheinlich macht, und die umfassende Sicherung der Herrschenden durch Krisenpolitik, Einkommenspolitik, vorsätzlichen Stopp der Automatisierung, neue Herrschaftstechniken, Konsumterror[45].

3. UNMITTELBAR ÖKONOMISCH ABGELEITETE NORMEN

»Ich dressiere meine Sprache, meinen Körper, meine Bewegungen, meine Phantasie. Wozu? Ich werde ein Examen machen, ich werde den Konsum der gehobenen Mittelschicht teilen, ich werde auf der Skala des Sozialprestiges an 9. oder 10. Stelle stehen, ich werde alles in Kategorien einordnen können, ich werde nichts verändern, ich werde seit langem tot sein.«[1] Eike Hemmer

Wie der fragmentarische Abriß über politische Ökonomie muß sich auch unsere Darstellung des normativen Systems notwendigerweise mit Andeutungen begnügen: ausgeführt, ergäbe es ein eigenes Buch mit mehreren hundert Seiten. (Siehe die ausführlichen Darstellungen von Helms, Plack, Reiche etc.)

1. *Arbeit.* Nach Marx ist Arbeit die vermittelnde Tätigkeit der Aneignung der Natur. Durch Verausgabung menschlicher Arbeitskraft werden Gebrauchsgegenstände produziert: In der ar-

beitsteiligen Gesellschaft wird das Produkt menschlicher Arbeit, in dem es Gebrauchsgegenstand voneinander unabhängig betriebener Privatarbeiten ist, zur Ware. Durch den Austausch von Gebrauchsgegenständen erhält die Ware zudem einen Tauschwert. Während der Wert eines Gegenstandes nur durch die in ihm vergegenständlichte abstrakte menschliche Arbeit bestimmt wird, verselbständigt sich das Arbeitsprodukt in der kapitalistischen Produktion als Ware: sie bestimmt die Art und Weise und den Zweck menschlicher Tätigkeiten. Das Bewußtsein der Menschen wird in den Verhältnissen der materiellen Produktion subsumiert.
»Innerhalb des Privateigentums spekuliert jeder Mensch darauf, dem andern ein neues Bedürfnis zu schaffen ..., um ihn in eine neue Abhängigkeit zu zwingen und ihn zu einer neuen Weise des Genusses und damit des ökonomischen Ruins zu verleiten.«
(Marx, Ökonomisch-philosophische Manuskripte)
Diente Arbeit zunächst nur der Erhaltung des Produzierenden, so wurde durch den Übergang zur gesellschaftlichen Arbeitsteilung die herrschende Klasse infolge Einnahme des Überschusses von der Arbeitsnotwendigkeit befreit. Die Regelmäßigkeit und Verallgemeinerung der Produktion und Verbreitung der Ware bestimmten die Organisation der Gesellschaft, Gebrauchs- und Tauschwert des Produkts die gesellschaftlich notwendige Arbeit.
Auch die Arbeitskraft wird zur Ware: der Proletarier muß seine Arbeitskraft verkaufen, um sich reproduzieren zu können. Die Arbeiter unterbieten einander im Kampf um den Arbeitsplatz, jedenfalls in der hochkapitalistischen Phase. Der Arbeiter wird dem Produkt seiner Arbeit, seiner eigenen Kreativität und seiner Umwelt entfremdet. Die Faktizität der Arbeit, die nicht länger echtes Bedürfnis sein kann, aber zur Reproduktion erforderlich ist, gerinnt zur Norm angesichts ihrer möglichen weitgehenden Aufhebung aufgrund der technologischen Entwicklung zur Ideologie:
»Arbeit ist der zentrale Wert unserer Gesellschaft ..., nur wenn alle Rädchen laufen, funktioniert das Ganze.«[2] Die Rocker sind es nach Ansicht eines Berliner Fürsorgers »der menschlichen Gesellschaft schuldig, einer geregelten Arbeit nachzugehen und Steuern zu zahlen«; gehören »in ein Arbeitslager«[3] (vielleicht steht da dann am Tor »Arbeit macht frei«). Dale Carnegie spricht von der »Liebe zur Arbeit, die sie beseelt«[4].
Die Gesellschaft wird durch die Industrie geprägt, fast jeder Mensch ist unmittelbar von ihr abhängig. Die soziale Welt wird

weitgehend durch die Arbeitstätigkeit geprägt. Die Arbeitsposition bestimmt die Position des einzelnen in der kompakten Majorität, der Status eines Berufs ergibt sich aus seinem Prestige (so etwa Dahrendorf in seiner Industrie- und Betriebssoziologie). Die Berufsrolle verdrängt die Familienbindung. Die vorgebliche Zufriedenheit vieler Arbeiter ist Ausdruck doppelter Entfremdung der Situation und des Bewußtseins.

Auch die höchste Lohnskala vermag die »Unzufriedenheit des Gemüts« mit den entfremdeten Arbeitsbeziehungen nicht aufzugreifen (so etwa Mitscherlich in »Auf dem Weg zur vaterlosen Gesellschaft«[5]). Die Arbeit, obzwar als Norm verinnerlicht, ist »frustrierend an sich«. Spannungen übertragen sich auf die affektiven Beziehungen zu den Mitproletariern, ziehen Manipulationen des Managements nach sich. (Eine in ihrer Art ausgezeichnete Liste von Manipulation hinsichtlich informeller Gruppen im Betrieb, hilfreichen Chefs, Beförderung, human relations findet sich bei Berelson-Steiner, Human Behaviour, New York 1964.[6])

Die Arbeitsteilung hat den Menschen zum »abstrakten Tier« gemacht (Hegel)[7]. Lyndon Johnson proklamiert: »Der Sinn unsres Lebens soll den großartigen Produkten unserer Arbeit entsprechen«[8] – eine klassische Perversion: als ob nicht die großartigen Produkte dem Sinn des Lebens entsprechen sollten.

»Sie werden nicht geboren, sie werden produziert. Sie werden nicht erzogen, sie werden zu nützlichen Sachen geformt. Sie dürfen nicht leben, sie werden als Waren auf den Markt geworfen« (Arbeitsmarkt, Heiratsmarkt, Jahrmarkt der Eitelkeiten, Sklavenmarkt)[9]. Homans, auf gruppendynamische Demokratisierung angesprochen, antwortet, das sei ein »Problem der alternativen Verwendung menschlicher Arbeitskraft«[10].

2. *Leistung.* Nach Freud entwickeln sich aus augenblicklicher und aufgeschobener Befriedigung zwei Prinzipien, das Lustprinzip (Lust, Freude, Spiel, Fehlen der Unterdrückung) und das Realitätsprinzip (Lustenthaltung, Mühe, Arbeit, Produktivität, Sicherheit) – letzteres nach Freud kulturnotwendig[11]. Marcuse fügt dem Ansatz Freuds eine soziohistorische Komponente hinzu: a) die zusätzliche Unterdrückung: die durch die soziale Herrschaft notwendig gewordenen Beschränkungen, b) das Leistungsprinzip als vorherrschende historische Form des Realitätsprinzips. Das Leistungsprinzip ist das Realitätsprinzip, anders ausgedrückt, minus der durch die sozioökonomischen Verhältnisse erfolgten zusätzlichen Unterdrückung[12]. »Der unüberbrückbare Konflikt ist nicht

der zwischen Arbeit und Eros, sondern der zwischen entfremdeter Arbeit und Eros[13].
Ungefähr zur gleichen Zeit hat, vom affirmativen Standpunkt aus, David McClelland das Leistungsmotiv erforscht: »den nicht weiter zurückführbaren Wunsch oder das Bedürfnis, etwas zu leisten.«[14] Ihm ist, im Unterschied zu Marcuse, das Leistungsprinzip nicht verinnerlicht genug: »... könnte die Regierung ... mit Hilfe der Massenmedien ein Leitbild der Leistungsorientierung propagieren, um auf diese Weise die elterliche Erziehung zu beeinflussen.«[15] Das Leistungsmotiv ist ein verinnerlichtes Leistungsprinzip[16]. Kriterien dieses Leistungsprinzips sind: hohe Risikobereitschaft, innovierende Aktivität, persönliche Verantwortung, Gewissenhaftigkeit, Optimismus, Asketizismus, Ideologie der Mobilität etc.[17].
Die Anpassung an das Leistungsprinzip ist eine Drehscheibe der ökonomisch unmittelbar abgeleiteten Normen. Das Leistungsprinzip entspringt einerseits der entfremdeten Arbeit und reproduziert die Verdinglichung (das Zur-Ware-Werden) des Menschen[18], schafft andrerseits die Verbindung zu Gratifikation[19], zu Wettbewerb[20], zu Schichtung (Dahrendorf) und Mobilität[21], zu Prestige[22].
Daß »Leistung im Beruf wachsenderweise wichtig wurde«[23] – nämlich zur Zeit der Industrialisierung, ist nicht zu bestreiten. Nach McClellandschen Anweisungen wurde jedoch das Leistungsprinzip als Norm verinnerlicht, zum Teil mit neurotisierenden Formen, die ihrerseits normativen Charakter beanspruchten. So deckt Mitscherlich den Mechanismus zwischen Leistungsprinzip, Angst und Ersatzbefriedigung auf:
Leistungskultur – Triebverzicht – ungesättigter Triebüberschuß – Angst – Aggression ohne Libido – Mißgunst – unzufriedene Gespanntheit – Genußunfähigkeit – verstecktes Entbehrungserlebnis – übergroßer Anspruch auf Befriedigung – keine befriedigende Entspannung – Genußmittelangebot – Werbung zum Genuß – Frustrationserlebnisse der Massenexistenz – Angst – süchtiges Aufgreifen der Ersatzfreuden – kein kritisches Ich – chronischer Angstzustand. Nach Parsons kann sich die Leistungsideologie wettbewerbshindernd auswirken: in Wettbewerbsunsicherheit der Männer im Beruf, der Frauen im Kampf um den Ehemann[24]. Nach Plack führt die Dauerspannung der Leistungsnorm zu nervösen Störungen, welche Leistungsabfall bedingen; dieser führt über verdoppelte Anstrengung erst recht zu »Arbeitsüberla-

stung«.[25] Die Leistungsideologie führt auf sexuellem Gebiet zur »Amoral als bloßer Pflicht zum Tätigsein«[26], auf politischem Gebiet zu Schreibtischmördern[27]. Nach Offe ist der Ausdruck »Leistungsgesellschaft« noch viel zu neutral für Gesellschaften, in denen die individuelle Ausbildung von Leistungsfähigkeit zudem noch kollektiv unterdrückt wird[28].

». . . daß die Leistung auf dem besten Wege ist, zur einzigen, allgemein-verbindlichen Wertkategorie der ... Gesellschaft zu werden« (Kluth)[29], gilt auch für die BRD: je 48 Prozent der bundesdeutschen Bevölkerung schätzten 1964 die Sprichwörter »Sich regen bringt Segen«, »Nach getaner Arbeit ist gut ruhn« und »Morgenstund hat Gold im Mund« sehr hoch ein[30].

3. *Konkurrenz, Wettbewerb.* So anachronistisch Konkurrenz ökonomisch im Zeitalter des Monopolkapitals geworden ist (siehe Kapitel 2), so gut ist sie als Norm verinnerlicht worden. Konkurrenz und Wettbewerb entstammen Arbeit und Leistung; sie erstreben (wie schon der Sozialdarwinismus wußte) Macht: »Die amerikanischen Manager haben ein deutlich höheres Bedürfnis nach Macht ... »Junge, ... du wirst nie irgend etwas verkaufen, bis du eine einfache Sache gelernt hast: Der Mann auf der anderen Seite des Ladentisches ist der *Feind!*« ... Wahrscheinlich wird der Machttrieb durch das Konzept des Wettbewerbs maskiert, welch letzteres das weniger suspekte Leistungsideal suggeriert.«[31] Nach Parsons besteht ein Syndrom von Wettbewerb, Prestige, Disziplin, Autorität und Ausbeutung[32]; Wettbewerb führt zu Positionen und Statussymbolen (zu welchen Positionen über die Kategorie des Prestiges ebenfalls führen)[33]. Das Konkurrenzsystem widerspricht der Möglichkeit echter Bindung[34]; es führt – bis hinein in die Subkulturen – zu Autoritätsangst[35]. Die Radikalisierung der Konkurrenz führt zur radikalen Verdinglichung des Konkurrierenden: »Verwerte Dich!«[36] Kollektive soziale Konfliktpositionen werden zu individuellen Leistungs-, Konkurrenz- und Anpassungspositionen verschoben[37].

4. *Schichtung, Hierarchie, Positionen.* Schichtung bestimmt sich nach »Beruf und Verwandtschaft«[38], das heißt von der Position des einzelnen im Produktionsprozeß und von den Produktionsmitteln und der Mobilitätsideologie, die die Eltern des einzelnen aufweisen. »Wenn wir Geschlecht, Alter, Altersbeziehungen eines Kindes, Klasse, Religion, Wohngebiet, Gemeinde und Nation der Eltern wissen, wissen wir, wie sein Leben sein wird«, meint zynisch Kignslev Davis[39]. Leistung, Aktivität und Erfolg

sind die individuellen Zuordnungskriterien für Positionen in der Schichtung (Dahrendorf); die Ungleichheit ist von vorneweg gegeben[40]. Sie wird in der herrschenden Soziologie auch kollektiv als unaufhebbar dargestellt: Eliten stürben nicht aus, seien kein Schichten-, sondern ein Funktionsbegriff; die Aufgabe der Kultur sei es nur, den Menschen zu erklären, »warum die Lose unterschiedlich verteilt« werden[41]. Die Machtelite (die Spitze des Establishments, der »Schichtung«, der höchsten Positionsinhaber) umfaßt in der BRD 2000–3000 Personen[42].
Schichtung führt zu Autorität und »Sicherheit«[43]; der Kampf um Positionen zu Lieblosigkeit, diese zu weiterem Ehrgeiz[44]. »Hierarchie muß sein; das verlangt die Ordnung. Und Ordnung muß sein, weil sonst das Eigentum bedroht ist, auch und vor allem das Eigentum, welches der kleine Mann gar nicht hat. Eigentum muß sein, weil es sonst keine Hierarchie gäbe.«[45]
Auch das Oben und Unten ist gut verinnerlicht. Trotzdem einigen Apologeten des Herrschenden nicht gut genug: »Es fehlt der Sinn für Organisations- und Führungsleistungen, der Sinn für die lebenswichtige Rolle von Tatkraft und Phantasie im Management.«[46] Doch die Konzentration des Kapitals straft den »Sinn für Führungsleistungen«, diese Ideologie, Lügen.

5. *Mobilität, Ideologie der Mobilität.* Wir können getrost von der Ideologie der Mobilität sprechen: die herrschende Soziologie glaubt weitgehend selbst nicht daran – »In der Praxis ist die absolute Gleichheit der Möglichkeiten im Berufssystem ... nicht zu verwirklichen«[47]; »Sicherheit« sei nur durch zugeschriebenen Status in der Schichtung zu verwirklichen.
Die Verteidiger der Ideologie der Mobilität handeln aus zwei Motiven: ein liberaler Reformismus will Mobilität zwecks Vermeidung einer Erstarrung der Schichtung erst frisch installieren, um die Produktivität zu steigern[48] – quasi als neue Norm anstatt Disziplin, Ordnung und Sauberkeit. Das zweite Motiv dient eindeutig der Rechtfertigung der Klassengesellschaft: »Vom Zeitungsjungen zum Millionär«. Die Funktion dieser Ideologie ist, daß sich mobile Personen mehr mit den Normen der Herrschenden identifizieren.[49]

6. *Erfolg, Prestige.* »Prestige als Determinante der Bevorzugung eines Berufes ... Kann das Prestige wirtschaftlicher Berufe Anziehungskraft für Menschen mit hohem Leistungsbedürfnis haben?«[50] Die soziale Anerkennung im Sinne der Herrschenden wird abhängig von der sichtbaren Größe seines Anteils an den

Konsummöglichkeiten. Die Kehrseite des Erfolgs- und Prestigedenkens (mit »Fortschrittsbejahung« und »Weltoffenheit«) ist Konsumpassivität, apolitische Einstellung, Cultural lag und Isolation[51]. Schon die Arbeitsteilung selbst hat Prestigefolgen: »Durch die Länder hindurch (incl. UdSSR) besteht grundsätzliche Übereinstimmung darüber, welche Berufe hoch und welche nieder rangieren.«[52]
»Du sollst keine anderen Götter über Dir haben als den Erfolg«[53], und Du sollst auch Statussymbole akkumulieren. Die »andere Götter« haben, werden diffamiert: »Die im Beruf keine Erfüllung finden, wünschen sich ein sozialpolitisches Schlaraffenland«[54]; die SPD hätte eine »Konterphilosophie zu einer Erfolgsgesellschaft«[55]. Bernt Engelmann erteilt neben anderen (am berüchtigtsten Carnegie) gute Ratschläge: »So wird man morgen Millionär.« Dazu braucht man brennenden Ehrgeiz, Auswahl der Freundschaften nach dem Nützlichkeitsprinzip, ein Minimum an Skrupeln, Fleiß (Leistungsmotiv) und Ausdauer, und die richtige Branche (Grundstücksspekulation, Freizeitindustrie, neue Industriezweige, Dienstleistungsbetriebe)[56].
7. *Konsum.* »Die Industriegesellschaft (welche? R. S.) reduziert den Menschen auf Arbeit und Konsum.«[57] Konsum wird als Prestigesymbol zur Pflicht der Angepaßten[58]; die Warenwelt wird zur Belohnung der Repression durch Arbeit und Herrschaft – die Mechanisierung von Haushalten spiegelt etwa Befreiung von der Handarbeit vor, fesselt aber über die erforderlichen finanziellen Aufwendungen die Hausfrauen noch mehr an ihre Rolle[59]. Die Aufwendungen für Prestigegüter gehen ungebrochen vor sich: Autos, Fernsehapparate, Badewannen, Mixer, Kühlschrank – Kurs fallend; Waschmaschinen, Geschirrspülmaschinen, Grillgeräte – Kurs steigend[60].
Da die herrschende Wissenschaft kein Interesse hat, den Lohnabhängigen die mögliche Alternative der Aufhebung von Arbeit zu verdeutlichen, behauptet die Ideologie, »daß wir konsumieren müssen, um arbeiten zu können, gehört zu den Grundwahrheiten einer vollentwickelten industriellen Wirtschaft«[61]. So dann auch die Betroffenen: nur 14 Prozent hätten lieber mehr Freizeit, als mehr kaufen zu können[62]. Konsumverhalten, Mode, sinnlose Produktivitätssteigerung mit Profitstreben anstatt Muße[63], Reproduktion der Verdinglichung im Konsumsektor (»Wir sind zu Sklaven unserer materiellen Umwelt geworden«[64]), zur Perfektion getriebene Verschwendung, Reklame – Öffentlichkeitsarbeit,

geplanter Verschleiß als Element grundlegender Produktionskosten[65], Produktion und Konsumtion von unnützen Dingen, nicht notwendige, abstumpfende Arbeit; Arten der Entspannung, die diese Abstumpfung mildern und verlängern, freier Wettbewerb bei verordneten Preisen, freie Presse, die sich selbst zensiert, freie Auswahl zwischen gleichwertigen Märkten und nichtigem Zugehör bei grundsätzlichem Konsumzwang[66] konstituieren das Syndrom der gesamtgesellschaftlichen Konsumnormen. »Freie Auswahl zwischen einer Mannigfaltigkeit an Gütern und Dienstleistungen ist keine Freiheit, wenn die Güter und Dienstleistungen die soziale Kontrolle über ein Leben von Mühe und Angst aufrechterhalten – das heißt die Entfremdung.«[67] Dementsprechend ist die Praxis: markenfixierte Bundesbürger mit falschen Bedürfnissen[68]. Ruhe wird zur ersten Bürgerpflicht (Strauß 1966 im Bundestag), um den »sozialen Frieden«, das heißt Kontinuität der Ausbeutung und des Konsumterrors zu sichern[69].

Der strukturelle Widerspruch zwischen einer Knappheitsgesellschaft auf der Grundlage wenig entwickelter Produktivkräfte und einer Überflußgesellschaft mit voll entfalteten Produktivkräften, reproduziert durch die Nebenwidersprüche kurzfristiger ökonomischer Krisen, stürzen die kompakte Majorität in eine grundlegende Normunsicherheit. Etwas moralistisch hat Plack festgestellt: »Ihre (der Autorität, R. S.) Neigung, die gewünschten Tugenden (Konsum contra Maßhalten, R. S.) an der jeweiligen Marktlage zu orientieren, bringt sie moralisch um den Kredit, den sie wirtschaftlich brauchen.«[70]

Das normative System einer feudalen oder frühkapitalistischen Gesellschaft war in immer denselben Begriffen auszudrücken, mit geringem Wandel, der die kompakte Majorität nur selten betraf (eine genaue Normengeschichte, die sich auf die Entfaltung gerade dieser Widersprüche konzentriert, wäre noch zu schreiben). Ökonomisch motiviert, durch den Sozialisationsprozeß eingeübt und durch psychische Mechanismen gefestigt, finden wir diese Listen noch heute, vom Universitätsprofessor bis zum interviewten Lohnabhängigen, der dem Allensbacher Institut Rede und Antwort steht: Bindung an Gott und Land, Pflichtbewußtsein, Verantwortung, Ordnung, Gemeinwohl (das bekanntlich vor »Eigennutz« geht), Gehorsam, Bescheidenheit, Fleiß, Ruhe als erste Bürgerpflicht, Herrschaft weniger (neuerdings Demokratie genannt), Duldsamkeit, Treue, Unterwürfigkeit, Disziplin, Genügsamkeit, Pünktlichkeit (infolge Triebverzicht – Angst vor dem Tod – Freu-

de an Terminen[71]), Enthaltsamkeit, Arbeitsamkeit, Tüchtigkeit, Strebsamkeit, Gewissenhaftigkeit, Opfersinn, Gründlichkeit, Zuverlässigkeit, Sparsamkeit, Schweigsamkeit, Familiensinn, Schlichtheit, Anpassungsfähigkeit, Zähigkeit – nur die Gutmütigkeit ist etwas im Kurs gefallen und »geistreich« ist unter den guten Eigenschaften bei den Bundesdeutschen Vorletzter[72].
Ruhe, Ordnung, Disziplin und die Normen der Leistungsideologie sind die Bindeglieder zu den aufkommenden Normen der Technokratie: Mobilität, Karriere, Privatheit, Isolation, Power elite, Sachzwang, Anonymität, Konsumzwang, Glaube an Erfolg und Macht, Lieblosigkeit, Marktangepaßtheit[73]. Schon systemimmanent gesehen, sind einige der alten Normen, noch immer brav verinnerlicht, Cultural lag geworden, andere umfunktioniert: Gemeinwohl nur mehr als gemeinsames Konsuminteresse, Bescheidenheit nach Maßgabe der »public relations«, Schlichtheit als Mode ohne Konsumverzicht. Genügsamkeit, Enthaltsamkeit, Opfersinn können nur das Interesse der Konzerne am Konsum behindern; Sparsamkeit kann mit der Kapitalkonzentration nicht mithalten; Familiensinn regredierte infolge Zerfall der Großfamilie zu Isolation.

8. *Geld.* Konkurrenz führt zu Geld, Prestige, Verselbständigung des Geldes vom Tauschmittel zum einzigen Ausdruck der Freiheit. Die Freiheit von der Willkür der anderen wird erkauft durch völlige Übernahme ihrer Werturteile[74] – eine »administrativ festgelegte Toleranzzone, in der der einzelne sein Eigentum konsumieren darf«[75]. Homans zitiert zynisch Skinner: Geld sei ein allgemeiner Verstärker, es verstärke und belohnte viele Aktivitäten[76]. »Halte den Mammon heilig.«[77] Bolte spricht schlicht von der Überschätzung, Überbetonung des Geldes[78].

Geld ist in der Tat der »große Verstärker«, wenn jedes Ding zur Ware wird: »Wie man aus Menschen Bargeld macht«, preist Kenneth Goode[79]. Technik und Wissenschaft sind es längst geworden: »Technik und Wissenschaft sind mit Nachdruck zu fördern. Sie schaffen neue Bedürfnisse und Arbeitsmöglichkeiten. Sie senken die Gestehungskosten«, propagierten die Düsseldorfer Leitsätze der CDU/CSU; »Forschung schafft Fortschritt« ist ein Slogan der *Aktien*werbung der Bank Württembergische Finanz AG. Während 25 Prozent der Bundesbürger weniger als 600 DM Monatseinkommen haben[80], spricht die Neue Zürcher Zeitung vom Profit als »hohes Betriebsziel.«[81]

Psychoanalytisch ist die Norm des Geldes – eine ökonomisch

längst entbehrliche Vermittlung von Leistungen und Bedürfnissen[82] – eine Folge der repressiven Erziehung und Analfixierung. Die Eltern erwarten Exkremente zur festgesetzen Stunde – Geld symbolisiert Exkremente (»Geldscheißer«!). Folge: Geldfetischismus[83]. »Persönliches Geldeinkommen spielt eine sehr wichtige Rolle in unserer Gesellschaft als *Symbol* der Leistung. Ein Mann mit hohem Einkommen gewinnt Achtung – nicht wegen des Einkommens selbst, sondern wegen der Annahme, daß sein Einkommen ein Index seiner Wichtigkeit oder Fähigkeit ist.«[84] (Die Dialektik von Leistungsprinzip und Geldnorm bringt es mit sich, daß zumindest eines von beiden objektiv überflüssig ist.)

9. *Kriminalität.* Brechts Mackie Messer, der reale Al Capone sind noch immer Schulbeispiele, wie die Kriminalität die ökonomischen und sozialen Normen der Gesamtgesellschaft widerspiegelt: »Sie (die Verbrecher) halten sich für genauso gute Menschen, wie Sie oder ich uns halten«[85], sagt ausgerechnet Dale Carnegie. Sie sind es auch: im Abbild. Die Rackets reproduzieren die »legale« Welt der Eigentumsbeziehung[86], Bandenkämpfe widerspiegeln die kapitalistische Konkurrenz, Machtkämpfe erscheinen mit Messern auf den Straßen, ihre Form des Dementis ist das Abstreiten des Tatbestands[87]. Unter »soziale Deutungen des Verbrechens« erscheint ein Teil der Liste bei Schoeck wieder: Glamour, Prestige, sexuelle Repression, Prosperität, Macht, Hierarchie, Erfolg, Eigentum, Konkurrenz[88].

4. EXKURS ÜBER DAS SPIEL »KARRIERE«

Spielbrett und Spielregeln des Spiels »Karriere« von der Spielefabrik Franz Schmidt, München, mit Genehmigung der Firma Parker Brothers Incorporated, USA, sagen mehr über die Normen der Gesamtgesellschaft aus als ein Dutzend wissenschaftlicher Bücher.
»Der Sinn des Spieles ›K‹ ist vorwärtszukommen.« Vor Beginn des Spiels muß sich jeder Spieler entscheiden, was sein Ziel sein wird: Geld, Ruhm oder Glück. In dieser Zusammenstellung muß er 60 Punkte erreichen. 1000 DM sind ein Punkt.
Also z. B.
20 000,– DM + 20 Ruhm-Punkte + 20 Glück-Punkte
60 000,– DM ohne andere Punkte
– DM + 30 Ruhm-Punkte + 30 Glück-Punkte

»Mit Glück- und Ruhmpunkten kann nicht gehandelt werden«, heißt es in der Spielregel. Das ist aber auch die einzige Sicherung gegen die totale Verdinglichung von »Glück« und »Ruhm«. Schon durch die 60 Punkte, die irgendwie zusammen bekommen werden müssen, werden »Ruhm« und »Glück« durch Geld substituierbar. Das einzige menschliche Band bleibt, so Marx, die bare Zahlung. Der Tauschwert eines Ruhm- oder Glück-Punkts bleibt, vermittelt, wenngleich nicht aktualisierbar, 1000 DM.
Im Spiel gibt es eine »Universitätslaufbahn«: »Wenn Sie der erste Spieler sind, der die Universitätslaufbahn abschließt, so können Sie unter den angebotenen einen Grad aussuchen«... (das Fach wird nebensächlich, das Prestige der Graduierung wichtig). »Jeder Grad, ob ausgesucht oder der gewöhnliche, kann verwendet werden, um einem größeren Geschäft beizutreten« (das Selbstverständnis des Kapitalismus von der Universität). »Ein Spieler, der einen Grad in Medizin erreicht, wird Doktor. Er kann Zahlungen von Spielern, die im Krankenhaus liegen, entgegennehmen und braucht selbst keine Krankenhausgebühr bezahlen« (Medizin wird, ganz realistisch, von den Bedürfnissen der Kranken abstrahiert, und auf das nackte Geschäftsinteresse reduziert). »Kein Spieler darf öfters als einmal auf die Universität gehen.« (Das täte dem Kapitalismus so passen.)
Vorgerückt wird, wie bei »Monopoly«, das wenigstens noch den konkreten Prozeß der Kapitalkonzentration widerspiegelt, im Uhrzeigersinn. Es gibt, als Zufallsvariante, »Günstige-Gelegenheits«-Karten und »Erfahrungs«-Karten, die am Weg aufzunehmen sind. »Günstige-Gelegenheits«- und »Erfahrungs«-Karten sind jedoch verkäuflich; der Zufall wird also hier zur Ware gemacht, wie schon vorhin die völlige Beziehungslosigkeit zur Arbeit.
So ist als günstige Gelegenheit verkäuflich: in die Landwirtschaft einzutreten, Urlaub auf Mallorca, Uranium suchen, zum Mond fahren, eine Seefahrt. Soweit so gut. Aber: »Besondere Gelegenheit, sich politisch zu betätigen. Da Sie sehr große Fähigkeiten im Umgang mit Wählern haben, entfällt die Zahlung in die Parteikasse. Diese Karte kann behalten oder verkauft werden«; »besondere Gelegenheit, zum Film zu kommen. Da Sie sehr schön sind, sind beim Beginn der Laufbahn keine Kosten zu entrichten. Diese Karte kann behalten oder verkauft werden«; Politik (durch den Wahlmechanismus definiert), Kultur (durch Schönheit definiert), Wissenschaft sind Waren, und sonst nichts.

Es gibt auch, so recht dem Leben abgelauscht, kein Kriterium einer »Karriere«, wo nicht Bargeld eine Rolle spielt; gelegentlich kann dieses durch einen Universitätsgrad ersetzt werden.
Geld ist auch am wichtigsten, zumal der Spielverfasser sehr realistische Lebenshaltungskosten einsetzt: für die Miete zahlt man ein halbes Jahreseinkommen, für die Lebensmittel ein Viertel – Zahlen, die fast dem Engel-Schwabeschen Gesetz entsprechen.
Die Ereignisse an der Universität lesen sich wie ein kapitalistischer Wunschtraum: der Spieler kann je nach Würfelglück folgende Stadien durchlaufen: »Sie verlieben sich«; »Sie haben ein Vorexamen nicht bestanden«; »Sie werden zum Präsidenten der Vereinigung gewählt«; »Sie werden Kapitän der Fußballmannschaft Ihrer Universität«; »Die Freundin hat einen reichen Onkel«; »Sie werden für die Olympischen Spiele auserwählt«; »Ihr Leitsatz erhält eine Belohnung«; »Vergrößern Sie Ihr Gehalt um 2000,–«. Dreimal geht es um Gesellschaftliches, zweimal um Liebe (einmal natürlich mit Geld vermittelt), einmal um Geld, und nur zweimal um die noch so fachidiotisch reduzierte Wissenschaft: davon einmal als Negation und einmal mit **Geld vermittelt**. Von Humboldt ist, wie bei Stoltenberg, keine Rede mehr: eine Mischung aus Alt-Heidelberg und amerikanischen Staatsamateuren ersetzt die Konflikte.
Der Betriebsspieler erhält Lektionen aus Opportunismus: »Sie essen mit Ihrem Chef zu Mittag: eine »günstige Gelegenheitskarte«. – »Sie haben Streit mit Ihrem Chef: einmal mit Würfeln aussetzen«. Ein Politiker, der bei der Wahl durchfällt, muß zur Anklagebank. (!) – Zu schlecht manipuliert zu haben, wird als kriminelle Abweichung geahndet – kann aber freikommen, indem er die Hälfte seines Bargelds für neue Kleider zahlt! Man sieht: Kleider machen Leute.
Die brutale Verdinglichung allen und jedes setzt ein, wenn wir die Ruhm- und Glückäquivalente betrachten; wir drücken den Tauschwert in DM aus, auch wenn diese im betreffenden Fall als Zahlungsmittel suspendiert ist:

Herrliches Frühlingswetter	2 000,– DM
Erfolgreicher Fischfang	2 000,– DM
Autoschau	1 000,– DM
Sie verlieben sich	4 000,– DM
Sehenswürdigkeiten in Buenos Aires	2 000,– DM
Aufregender Landurlaub in Shanghai	8 000,– DM
Erfolg in der Verbrecherbekämpfung	4 000,– DM

Richter bei einem Schönheitswettbewerb	2 000,– DM
(Das gehört zur *politischen* Laufbahn)	
Leitung eines Staatsbesuchs in Übersee	
(Vietnam wird nicht gemeint sein)	6 000,– DM
Wahlsieg	12 000,– DM
Heirat eines ausländischen Prinzen (Prinzessin)	8 000,– DM
Herrliche Aussicht auf die Berge	4 000,– DM

Die Barzahlung verbleibt als menschliches Band. Ein Landurlaub in Shanghai und die Heirat eines ausländischen Prinzen ist zweimal soviel wert wie sich zu verlieben; aber sich zu verlieben und in einer anderen Laufbahn den Prinzen zu heiraten entspricht an Wert einem Wahlsieg. Der Erfolg in der Verbrecherbekämpfung ist gleich einer herrlichen Aussicht auf die Berge und entspricht Sehenswürdigkeiten in Buenos Aires und einem erfolgreichen Fischfang zusammengenommen. Immerhin bräuchte man 4 Autoschauen für das Glück, sich zu verlieben. Der Wahlsieg amortisiert vierfach die Spende in die Parteikasse, die Verliebtheit gar achtfach das Hörergeld. Glück und Ruhm werden akkumuliert wie Kapital; mit 60 000,– DM sind sie dabei. Das nennt man »Karriere«.

Den Exkurs beschließend, verhehle ich nicht meine Anerkennung des scharfsinnigen Spiels. Es hat mir eine Lektion aus Dialektik erteilt. Vom Standpunkt der Parker Brothers Incorporated aus.

5. NORMEN IM INSTITUTIONELLEN ÜBERBAU

»Schaffe klare Ordnungen!
Schaffe ein günstiges Verhältnis zwischen Ober- und Unterschicht.« Leopold von Wiese[1]
Wenn wer die wichtigsten ökonomischen, politischen, religiösen, familiären und Freizeitkomplexe und ihre Interdependenzen aufgenommen hätte, habe er die Gesellschaft der USA verstanden, hat sich Kingsley Davis geäußert[2].
1. *Befehl, Gehorsam, Herrscher, Untertanen, Hierarchie, Elite, Autorität, Bürokratie*[3]. Dieses Syndrom entspricht im Überbau dem Oben und Unten der von Positionen im Produktionsprozeß ausgehenden Schichtungsideologie. Es stammt auch von da her, kann sich allerdings verselbständigen.
Die numinose Autorität der Herrschenden in der Sklavenhalter-

gesellschaft, die traditionelle Autorität in Feudalismus, die rational-bürokratische Autorität im Kapitalismus (und im bürokratischen Sozialismus): »Bürokratie ist der Disziplin rationalstes Kind«[4] – somit des Leistungsprinzips rationalster Enkel.
»Autorität ist eine notwendige Tugend«[5] – dieser Satz berechtigt uns, Autorität und das ganze Syndrom normativ zu begreifen. Mit ihrem ökonomischen Zwillingsbruder Schichtung teilt die Autorität, von den Vertretern des Bestehenden zur Ewigkeit verurteilt zu werden: Herrschaftsprozesse würden immer vorhanden sein[6].
Autorität ist eine weltweit beliebte und verinnerlichte Norm, weniger in der Gestalt der Sachautorität, jener funktionalen, die sich auf dem Wege zu ihrer eigenen Aufhebung befindet, mehr in der Gestalt der dauerhaft fixierten.
So sieht sich etwa die BILD-Zeitung selbst als »Kamerad mit Macht und Autorität«[7] und lobt sich, ihre Aufgabe als Autorität definierend, jeder Zoll eine »Instanz, die Maßstäbe und Verhaltensnormen setzt«[8]: »Dank ihrer Autorität nimmt die Zeitung dem Leser das Ordnen, Sichten und Bewerten der Ereignisse, welche die gegebene Welt repräsentieren, ab.«[9] – nicht nur einfach eine Instanz, o nein, eine »ordnende Instanz, ein Gefühl von Vertrautheit«[10].
Autorität wird (siehe später die Analyse der Charaktermasken) von der kompakten Majorität sehr geschätzt; kritisiert diese aber einmal die Machtverhältnisse, kritisiert sie leicht die Erscheinungen und nicht das Wesen: 1966 waren 51 Prozent der Interviewten der Ansicht, der DGB hätte zu großen Einfluß, nur 25 Prozent kamen auf den BDI, 19 Prozent auf die Großbanken, dafür 13 Prozent noch immer auf die Juden und 10 Prozent auf den »Spiegel«[11].
Die Bürokratie wird weniger geschätzt: vor allem verläuft sie noch zu wenig reibungslos, um richtig verinnerlichungsfähig zu sein. Ihre Routine (die bedeutendste Unternorm der Bürokratie), Ermüdungserscheinungen, mangelnde Dynamik, vollständige Berechenbarkeit, starren Denk- und Verhaltensweisen, haben zu wenig von der Phantasie, Experimentier- und Risikofreudigkeit an sich, derer der konzentrierte Kapitalismus im technokratischen Zeitalter bedarf[12]. Die organisatorische Verhärtung braucht die dynamische Spielwiese als Ergänzung: »Der organisatorische Druck ... scheint es den organisierten Gruppen und ihren Führern kaum noch zu erlauben, über ihre Situation kritisch zu reflektieren.«[13]

Das System, das Autorität und Bürokratie konstituieren, bedeutet Rassismus, Armut, Krieg, 1984, Power Elite, irrationalen Antikommunismus, Atomrüstung, Heuchelei der Gesetze und Lügen der Politiker — so mit amerikanischem neulinken Moralisieren Newfield[14]. Oder mit den schlichten Worten Horst Ehmkes vor Stuttgarter Studenten[15]: die Freiheit wurzelt im Herzen der Menschen und die Demokratie braucht einen Apparat.

2. *Demokratie als Herrschaft Weniger, somit als Ideologie*[16]
Das parlamentarische System ist eine Attrappe für das Management von Ministerialbürokraten, Politikern und Lobbies[17], das sich formal, notwendigerweise stagnierend, oligarchisch verkrustet als Konstitutionalisierungsorgan versteht[18]. Das Parlament hat sich aus einer disputierenden zu einer demonstrierenden Körperschaft entwickelt[19] — formierte Demokratie als Legitimationsshow und kollektive Infantilität[20]. Statt inhaltlicher Entscheidungen gilt der »Popularitätsindex«[21]. Oppositionslosigkeit, Gleichschaltung, Unterbindung sozialen Wandels mittels »nationaler Anliegen«, Zweiparteiensystem, Niedergang des Pluralismus konstituieren »eine komfortable, reibungslose, vernünftige, demokratische Unfreiheit.«[22] Legitimiert — und zwar für die Beherrschten glaubwürdigermaßen legitimiert — wird das Ganze durch Wahlen, die das schmückende Beiwort »frei« tragen. Diese Wahlen finden »unter Bedingungen wirksamer und bereitwillig entgegengenommener Indoktrination« statt[23] — sie haben allenfalls taktische Bedeutung, so die Ideologie vom »kleineren Übel« widerspiegelnd. »Die freie Wahl der Herren schafft die Herren oder die Sklaven nicht ab.«[24]

Ihre Legitimationsfunktion wirkt. Die Beherrschten sehen eine Art von Gewalt als »normal« an — die systematisch betriebene öffentliche Gewalt von oben. Jede andere nicht[25]. Die etablierte Demokratie ist der einzige legitimierte Rahmen der Änderung — gerade aber der Schutz der etablierten Demokratie erhält den Status quo aufrecht[26].

3. *Ordnung, das heißt Unterordnung.* Diese Norm ist sehr verinnerlicht: sie hat viele Freunde. »Ordnung« ist eine der häufigsten Vokabeln im Godesberger Programm[27]. »Der einzelne muß (nach Willen der herrschenden Medien, R. S.) an die rationale Ordnung der Gesellschaft ... glauben.«[28] »Der Ordnungswahn ist eine Krankheit wie Alkoholismus oder Rauschgiftsucht.«[29]

Ordnung ist eine Leerformel: Wir könnten auch von der »Ordnung« der Digger-Shops, der Republikanischen Clubs, des Rätestaats sprechen. Jede Struktur ist »geordnet«, wenn sie nicht rein zufällig ist; noch die antiautoritärste, egalitärste Struktur trägt Züge einer »Ordnung« an sich: gerade die. Aber inhaltlich heißt Ordnung als Norm der Gesamtgesellschaft Unterordnung. Sie ist das Spiegelbild von Autorität und Bürokratie beim Empfänger. Carnegies Leitbild zum Gewinnen von »Freunden« (d. h. insbesondere Kunden) ist der schweifwedelnde Hund[30]. Jemand steht außerhalb der Ordnung, wenn er nicht Readers Digest liest, Sport nicht mag, kein Fernsehen sieht, keine Kinder hat, Kinder ihm kein Vergnügen bereiten, er gegen die Ehe ist, das Leben keinen göttlichen Zweck für ihn hat, er nicht in die Kirche geht und nicht wählt (das heißt bei Nettler: kein politisches Interesse hat). Dann ist er nämlich, in grotesker Verkehrung des Wortsinns, »entfremdet«[31]. Kritik hingegen ist »wertlos und gefährlich«[32] – Carnegie lobt die deutsche Armee 1938, weil sie kein Beschwerderecht für Soldaten kannte: »Wir hätten ein Gesetz gegen Kritiksucht und Nörgelei nötig« (fast wörtlich Baldur von Schirach). »Die Disziplin des Heeres ist aber der Mutterschoß der Disziplin überhaupt.«[33]

4. *Toleranz.* Die Norm »Toleranz« ist heute, wo Alternativen gegen eine feudale Gesellschaftsordnung ausgeschlossen sind, ein Synonym für Narrenfreiheit. Jemand, der machtlos ist, etwas zu ändern, wird angehört. Die fortschrittlichen Ideen einer Minderheit werden »von Essayisten ausgewalzt«[34].

5. *Komplexität, Ideologie der Komplexität.* Die »differenzierte«[35] Gesellschaft der Schichtung, Kapitalkonzentration, Bürokratie, Karriere usw. will man der Rezeption des Staatsbürgers nicht mehr zumuten. Es besteht »keine Aussicht, daß die gesamte unsichtbare Umgebung für jedermann klar wird. Selbst wenn diese Aussicht bestünde, wäre es fraglich, ob wir Lust und Zeit hätten, uns über jede öffentliche Handlung Meinungen zu bilden.«[36] Die Welt sei unüberschaubar, unfaßbar, kurz »komplex«. Nicht die Welt ist komplex, und die Dinge unerforscht, sondern die Forscher, die die komplexe Welt längst erforscht haben, angepaßt und zynisch (siehe Parsons)[37].

6. *Wissenschaft ist etwas Hohes.* Ihre Pflicht ist es, »sich mit dem Verständnis des Funktionierens der Systeme zu befassen, nicht mit der Pathologie«[38], als empirische Sozialforschung »naive Amerikaner zu manipulieren«[39] oder innere Emigration zu betreiben[40]. Diskussionen sind Konsumgut geworden[41]; Splitterwissen über tausenderlei nicht unmittelbar miterlebte Vorgänge beherrscht das Feld[42].

Dem wird nach Stoltenberg/Leussinck abgeholfen durch Kürzung der Studiendauer, Erschwerung der Prüfungsbedingungen, Reduktion akademischer Autonomie auf Mitwirkung in der »konzertierten Wissenschaftsaktion« von Staat und Wirtschaft im Dienste der Profitmaximierung[43]. Nach Clark Kerr durch Verschmelzung von Regierung, Industrie und Universität: ein »orgiastischer Traum eines Bürokraten«, in dem »Demokratie einfach nicht im Bild ist« (»Der große Bruder ist im Buch.«)[44]. Im Verwaltungsrat der Columbia-Universität sind vertreten: Massenmedien (8), CIA und internationales Monopolkapital (7), nationales Monopolkapital (5), Militär (5)[45].
7. *Religion*. Das Verhalten des Menschen ist noch immer weithin traditionell religiös orientiert, wenngleich die neuen technokratischen Normen die Orientierung an gesellschaftlichen Institutionen, an den Mitmenschen (Außenlenkung) und an der Mode vorzieht[46]. Als alte Form einer monistischen, sakralen, oligarchischen, stabilen Gesellschaftsordnung versteht auch Behrendt Glauben, Unterwerfung und Tradition[47]. Die Orientierung an religiösen Normen nimmt jedoch im großen und ganzen derzeit ab[48]. Dies nötigt einige herrschende Soziologen zu der Auffassung, Religion, Sitte, Brauchtum, Konvention, Ideologie seien als Verhalten, Ideen, Gewohnheiten mit Steuerungsfunktionen, als Rationalisierungskräfte der sozialen Struktur erforderlich. Religion, als kritische Theologie von ihren Herrschaftsfunktionen tendenziell[49] befreit und als emanzipatorische Kraft zur Veränderung der Gesellschaft instand gesetzt, wird wiederum auf die anachronistische Position des Opiums für das Volk rückverwiesen.
8. Ähnlich alte Normen sind *Patriotismus*[50], *Konservatismus*[51], *Patriarchalismus*, Selbstrekrutierung der Eliten. (Ein Fest, bei dem sehr viele Normen der Gesamtgesellschaft zusammenkommen, ist Weihnachten: Verwahrung, Feier der Institution Familie, Religion, abendländische Isolation, Herausstreichen der Isolation, gegenreformatorisches Fest der Untertanenmentalität. 1965 feierten 89 Prozent der Bundesdeutschen Weihnachten in der Familie[52].)
9. *Institutionelle Repression*. Totale Institution: Alle Aspekte des Lebens sind am selben Ort, unter der selben Autorität, das Leben ist reglementiert, bürokratischer Plan[53]. Die Diskriminierung von Minoritäten ist selbstverständlich[54] und gibt die soziologische Grundlage für juridische Behandlung ab. Oft sind neun Zehntel der Geisteskranken nicht geisteskrank[55]; kein Wunder,

wenn Angeklagte psychiatriert werden sollen, »weil ihr Verhalten in der Verhandlung, ihre Lebensweise und sonstiges Gebaren deutliche Abweichungen von der Norm aufweisen«[56]. Taktische Polizeimacht in den USA: altgedient, unsinnig diszipliniert, jung, unverheiratet, stramm, ehrgeizig, loyal[57]; die restliche Polizei: überarbeitet, untertrainiert, unterbezahlt, mit Vorurteilen, daß alle Gegner »Kommunisten« seien[58]. Gegen ernsthafte Alternativen zum System werden parlamentarisches System und Verfassungsschutz in einem Atemzug genannt[59]. Dazu die Justiz: die »bewahrende Einstellung ist eine zweite Haut für Richter« – »das Recht ist der Inbegriff der herrschenden Norm, die Inkarnation des Status quo«[60]. Ihr äußerer Dogmatismus und Formalismus entspricht ihren inneren Ängsten und Unsicherheiten[61].
10. *Verteidigung*. Die Norm sagt, daß ein System (auf ideologisch: eine Nation) verteidigt werden muß. Diese Norm ist recht gut verinnerlicht: im Mai 1965 sehen die bundesdeutschen Ex-Soldaten als hauptsächlich reformbedürftig die Sportanlagen bei Kasernen an (64 Prozent – nur 28 Prozent sind gegen Strammstehen[62], nur 30 Prozent sind gegen Nagold, 20 Prozent für härtere Ausbildung (35 Prozent der Marine-Reservisten[63]), 53 Prozent für Übungen bis zum Zusammenbrechen[64], 61 Prozent beherrschen die Handhabung ihrer Waffen im Schlaf[65]; Rommel, Eisenhower, Stauffenberg, Prien, Dönitz, Montgomery, Paulus sind ihre Vorbilder[66]. Franz-Josef Strauß gilt 1963 als robuste, unempfindliche, schlaue, willenskräftige, harte, gesunde, starke, mutige Führernatur[67], 32 Prozent meinen 1967, Adolf Hitler wäre ohne Krieg einer der größten deutschen Staatsmänner gewesen[68].
11. *Soziokulturelle Auswirkungen des Klassensystems* (eine kleine Auswahl): »In einem Klassensystem werden Konflikte über Statusunterschiede oder Mobilität typischerweise als individuelle Probleme gesehen.«[69] »Die Klassen unterscheiden sich in ihrem Gebrauch der Freizeit und ihrem Geschmack: Die Oberklassen, besser gebildet, sind an einer weiteren Reichweite des Lebens interessiert; durch die Tugend des Obenseins werden sie zu Schiedsrichtern des ›richtigen‹ Gebrauchs von Geld, physischer Erscheinung, Kleidung, Etikette, Sprache und ästhetischem Geschmack.«[70]
12. *Familie*. Eine funktionale Einheit der feudalen Zeit, somit damals eine berechtigtermaßen verinnerlichte Norm (Großfamilie, Produktion, Arbeit/Freizeit vereinigt, viele Kinder), wurde durch die Industrialisierung, durch die fortschreitende Arbeitstei-

lung, durch die Urbanisierung und urbane Isolierung funktionslos (Kleinfamilie, Trennung Familie/Produktion, Trennung Arbeit/Freizeit, Planung der Kinderzahl[71]). Durch die rigide Ehe- und Sexualmoral der Bürger gegen die herrschende Klasse, insbesondere im vorrevolutionären Frankreich, wurden die Bürger moralischer, gesünder, stärker, ehrlicher: Die Familie wurde in der Tat zur »Keimzelle des Staates«[72].

Die Familienideologie wird heute noch fleißig vertreten, als »große« Lehrmeisterin aller für das Zusammenleben der Menschen unerläßlichen Verhaltensweisen«[73] und ähnliches. 41 Prozent der Bundesdeutschen bezeichnen sich auch als »richtige Familienmenschen«[74]; 87 Prozent der 10–19jährigen finden es zu Hause sehr gemütlich[75].

In der Tat ist die Familie auch heute noch eine Art von »Keimzelle des Staats«: als Keimzelle der Herrschaft: »Jedes Mittel, die in der Liebe sich manifestierenden gesellschaftlichen Impulse abzutöten, ist der Verwaltung willkommen. Sei es das katholische Gebot der Unauflöslichkeit der Ehe, sei es der obrigkeitliche Zwang, kurzlebige Neigungen zu legalisieren und dadurch in möglichst langwierige Abneigungen zu verwandeln, sei es die probate gesetzliche Verknüpfung der Liebe mit dem Eigentum ... soll Liebe eine geschäftliche Transaktion sein ... Theoretisch wäre das Ideal der kapitalistischen Gesellschaft ein Volk von Onanisten.«[76]

Nach Schrader-Klebert ist die Ehe: 1. ein Vertrag über die Besitzverhältnisse mit Nutzungsrecht, 2. eine Institution zur Stabilisierung der von den Produktionsverhältnissen bedingten gesellschaftlichen Verhältnisse, mit dem Privateigentum vermittelt, 3. ein Monopol auf Fortpflanzung und Erziehung, 4. ein Instrument zur Erhaltung der gesellschaftlichen Unmündigkeit, eine Negation von Autonomie und Selbstverfügung, 5. ein Instrument zur Einübung in gesellschaftliche Zwänge und zur Stabilisierung der Atomatisierung, des Monadentums der Individuen, der Fixierung auf einen anderen Menschen. (Treue ist eine einseitige Gewaltverzichterklärung, eine erniedrigende Verhaltensvorschrift für lebenden Besitz[77].) Ähnlich kommt Reiche nach einer Analyse von twen (vorehelicher Sex ohne Reue, Konsumpioniere) und Bravo (Repression zu baldiger Heirat) zum Schluß, beide seien »nur unterschiedliche Umwegprodukte auf dem vorgeschriebenen Weg zur monogamen, herrschaftstechnisch und ökonomisch begründeten Zwangsehe«, die für alle Schichten absolute Norm sei[78]. Durch Scheinliberalisierungen (»nichtstörender« außereheli-

cher Verkehr: Promiskuität als Ergänzung der Ehe) wird der soziale Zwang erträglicher, legitimer, undurchschaubarer – Ehe wird als Klammer direkter Anpassung besser durchsetzbar[79].
Eingeklemmt zwischen den Normen des Besitzes und der Konkurrenz führt die Ehe zu Prestigedenken, dieses zur Eifersucht[80]. (Eifersucht ist nach Plack die Verfälschung der Liebe durch die Überbewertung des Erfolgs[81].) Die steigende Lebenserwartung macht die Ehe noch unerträglicher: »Es ist eine traurige Paradoxie strenger bürgerlicher Moral, daß der Tod (des anderen) sie bisweilen lebbarer macht.«[82] Daß Ehe zu Impotenz und Frigidität führt, steht seit Wilhelm Reich fest[83].
Auch die Ideologie der Partnerschaft verändert nichts daran, daß der Mann der Inhaber von Herrschaftspositionen bleibt.[84] Die Frau war bisher nur eine Erfindung des Mannes, als Geliebte, Hausfrau, Mutter; die Emanzipation ist eine Egalisierung zur besseren Integration in Konkurrenz und Leistung[85]. Das Besitzverhältnis zwischen Mann und Frau fällt, gemäß der Hegelschen Dialektik von Herr und Knecht, auch auf den Mann zurück: die Ehe, ursprünglich in seinem Herrschaftsinteresse, wird zur Fessel für ihn[86].
Die Frau gerät in ein normatives Chaos zwischen traditionellen und technokratischen Normen[87]. Einerseits soll sie Heimchen am Herd spielen, andrerseits sich in die Normen von Konkurrenz und Leistung integrieren. Die von oben her vorgegebenen Wunschbilder der Frau schwanken zwischen Mode/Kosmetik/tolerant/zielstrebig/besser leben – beständig/traditionsbewußt/sparsam/bescheiden – sonnig/mollig/gepflegt/konservativ[88]; betreiben Aufforderung zur Resignation, Propaganda weiblicher Unterordnung[89]. Die normative Erwartung von der Frau gefriert zur anthropologischen Konstante von naturgesetzlichem Charakter: Universitätsprofessoren äußern sich á la »Frauen können nicht denken«, »der eigentliche Beruf der Frau ist, Mutter zu sein«, »Geistigkeit ist ein Privileg der Männer«[90]. Dazu ein Beispiel aus »Jasmin«: In einem Interview mit Marika Kilius äußert diese unter anderem: »Mein Mann ist der Boß und ich ordne mich unter«, »es gibt nichts Schöneres als erstens: ein Kind zu haben, zweitens: verheiratet zu sein, drittens: in einem schönen Haus zu wohnen und viertens: manchmal tun zu können, was man möchte.«[91] »Jasmin« kommentiert erfreut: »In der Rolle der Besiegten, der Dienerin fühlen sich die meisten Frauen trotz aller Emanzipation noch zutiefst wohl« und hängt noch ein Ortega-Zitat

dran: »Hätte die Frau soviel Phantasie wie der Mann, so hätte die Wollust längst den Planeten überflutet, und die Menschheit wäre verschwunden, in Wonne vergehend.«[92]

Die Ehe ist ein ideologisches Ritual der heilen Welt, zugleich das Alibi des Mannes, nicht gegen den Terror dieser Gesellschaft kämpfen zu müssen[93]. Eheglück wird, gemäß dem Selbstverständnis der herrschenden Soziologie, zur self-fulfilling prophecy: »Eheliche Anpassung und Glück sind um so wahrscheinlicher: a) je ähnlicher einander die Ehepartner sind; b) je besser die Anpassung der Partner während der Verlobungszeit erfolgt, c) als je glücklicher die Partner die Ehe ihrer Eltern wahrnehmen (sic!), d) je höher der Bildungsgrad und der sozioökonomische Status der Partner ist (Eheglück als Klassenprivileg. R. S.), e) je religiöser sie sind«[94].

Kinder werden bei diesem Sachverhalt zum Herrschaftsobjekt (»Es war die günstigste Situation für uns, wenn den Eltern ihre Kinder vollkommen egal waren«[95]), Statussymbol (»Wer diesen Markt kennt, der weiß, welche Verkaufschancen sich hier bieten: Es sind Milliarden, die Eltern für ihre Kinder ausgeben; denn Kinder sind heute ein Statussymbol, das die Wohlhabenheit der Eltern demonstrieren soll«, meint das Merkur-Handbuch für Direktwerbung, das es ja wissen muß[96]), und zur Reproduktion eigener Oralfixierung und Infantilität[97]. Die wesentliche Kinderdressur erfolgt nach wie vor (zu 60–87 Prozent) auf den Gebieten Ordnung und Sauberkeit[98]; Mädchen werden von vornherein repressiver erzogen; 46 Prozent sind für gelegentliche, 36 Prozent für regelmäßige Schläge in der Kindererziehung – nur 16 Prozent sind grundsätzlich dagegen[99]. »In den vorfindlichen Familien-, Wohn- und Erziehungsverhältnissen, die aus feudaler Vorzeit sich glückhaft erhalten haben, ist an ideologiefreie Erziehung kaum zu denken.«[100]

13. *Konsumeigentum, Rituale.* Das Wohnzimmer wird als mittelständische Norm zum Klassenabzeichen: eine Mischung aus großbürgerlichem Salon und Allzweckgemach – es zeigt eine Aura von Überfluß und Reichtum als Raum zweckfreier Individualität (wodurch es die Arbeitsteilung Arbeitstier-Freizeitmensch in der Privatsphäre reproduziert). Helms nennt es den »Abstellraum der kapitalistischen Ordnung«[101]. Schon Wilhelm Reich hatte vor kleinbürgerlichem Schlafzimmer, »anständiger« Kleidung, kleinbürgerlichem Tanz und Festen gewarnt[102].

Das Wohnzimmer reproduziert sich eine Etage höher als Eigenheim: Pseudofreiheit mit städtebaulichen Vorschriften, die Bewohner als Wohnmaterial der Wohnbauindustrie und der »Landschaft« als lokaler Bauordnung (Neckermanns 41 Möglichkeiten, mittels Dächern die unverwechselbare Persönlichkeit auszugestalten). Mit dem Eigenheim wachsen Privatisierung, Monadenexistenz, Entwurzelung – diese führen zu wachsenden Informationsbedürfnis, Transport, Telefon: die herrschende Öffentlichkeit dringt in jede Ritze[103]. 36 Prozent der Bundesbürger haben ein eigenes Haus, 48 Prozent einen eigenen Garten[104].

Die Gewohnheit des Sammelns, die Akkumulation nicht konsumierbarer Waren, die sich nach zufälligen Produktionsmerkmalen unterscheiden, stellt sich als Ordnungsaufgabe mit dem Ziel einer immer merkantileren und partielleren Vollständigkeit dar. Verwaltet der Sammler sein Sammelobjekt, verwaltet er sich auf die denkbar bequemste Weise selbst[105].

An Ritualen erwähnt Schrader-Klebert den Haushalt als Ritus der Unmündigkeit, Riten der Konsumtion, das Fest als Kult der Faktizität[106]. Helms stellt das Ritual des Kollegenbesuchs dar: Terminkalender, langfristige Vorbereitung, demonstrativer Verzehr, Anziehen »guter« Kleidung, Zeremoniell des Schenkens, Anstandsverspätung, Klatsch, Befolgung der Regeln, Respektierung ideologischer Tabus, Gesellschaftsspiele (Monopoly, Poker)[107].

14. *Provinzialismus.* »Das Gesamtnetzwerk einer Gruppe von sich untereinander Heiratenden ist in der modernen westlichen Gesellschaft etwa ebenso groß wie in den primitiven Gesellschaften« – etwa 1000 bis 2800 Personen[108].

6. SOZIOPSYCHISCH VERMITTELTE NORMEN

1. *Sozialisation.* Karin Schrader-Klebert hat den Circulus vitiosus der Sozialisation deutlich wiedergegeben: Ehe/Familie – Triebverzicht – Repression – Anpassung – Familie[1]. Als Hauptindikatoren der repressiven frühkindlichen Sozialisation sind zu nennen: Reglementierung von Trieben (Sexualität, Nahrung, Defäkation – die Uhr als Instrument der Unterdrückung bis zur Stechuhr)[2], Leistungszwang[3], Unterdrückung der Bewegungsmotorik (bis hin zum Auto-Fernsehen-Prestige)[4]. Der Triebverzicht, und damit die Triebverdrängung, wird durch Dressur immer wieder reprodu-

ziert: als »Konsequenz« einer Befriedigung, auf die das Kind zu verzichten hat, wird eine Befriedigung entzogen[5].
Mechanisch dargestellt, führt die frühkindliche Triebverdrängung in der oralen Phase zu Eßsucht, Wassersucht, Rauchen, Trinken als späte Ersatzbefriedigung[6], in der analen Phase zu »Ordentlichkeit/Pedanterie, Pünktlichkeit, Ekelgefühlen/Sauberkeit, Waschzwang, Kratzzwang, Dogmatismus, Sadismus[7], in der genitalen Phase zu liebesferner Moral im Klima der Macht[8], sadistischer Befriedigung von verdrängter Libido[9]. Die Triebstruktur verankert im Individuum die herrschenden Normen.
In folgenden Punkten drückt die herrschende Lehre mit empirischen Mitteln ähnliche Gedanken aus:
Je dichter die Korrespondenz zwischen den Sozialisationsagenturen (Eltern, Schule, Gleichaltrigkeit) ist, desto sicherer und schneller findet die Sozialisation statt; je mehr Konflikte es gibt, desto unsicherer und langsamer.
Besondere Sozialisationshärte scheint zu generalisierender *Furcht* im späteren Leben zu führen.
Je früher die Sozialisation erfolgt, desto stärker sind die *Schuldgefühle* des Kindes für unschickliches Verhalten.
Je früher und je strenger das Kind veranlaßt wird, unabhängig zu sein (Fütterung, Entwöhnung, Toiletteneinübung), desto interessierter und besorgter ist es dann im Erwachsenenalter um seine Unabhängigkeit.
Elterlicher Druck zu frühen Leistungen und Belohnung derselben ... resultiert in einem hohen *Bedürfnis nach Leistung* im späteren Leben, vorausgesetzt, daß sich das Kind gut mit seinen Eltern identifiziert.
Je funktionierender die Situation im Elternhaus des Kindes ist, desto bezeichnender sind seine aggressiven Tendenzen[9a].
2. *Sexualität.* Die alte Sexualmoral, auf sadomasochistischen Mechanismen basierend, baute auf Triebverzicht, Ordnungsvorstellungen, Ekelschranken auf: der außereheliche Geschlechtsverkehr (oft auch der eheliche) wurden als tierisch und schmutzig diffamiert, Askeseforderungen und daraus entspringende Doppelmoral, Onanieverbot, Spaltung zärtlicher und sinnlicher Komponenten der Genitalität entsprachen der Norm[10].
Nach Ansicht von Marcuse, Reiche und anderen wird in der technokratischen Sexualmoral der klassische anale Zwangscharakter gelockert: der Zwang wird zwecks Konsumförderung subtiler[11] und durch permanente Stimulierung zur Ersatzlust ersetzt[12]. Die

neuen Normen sind Voyeurismus und anderer Fetichismus bzw. Promiskuität, die die Monogamie stabilisieren soll. War früher Gattenliebe »freiwillige Unterdrückung polygamer Impulse zugunsten des Hausfriedens«[13], so sollen nun diese Impulse Konsum und Herrschaft nutzbar gemacht werden. Die klassische Mittelstandserziehung aufgeschobener Befriedigung und rigiden Funktionalismus wird dem »Kauf jetzt, zahl später« hinderlich[14]. Die alten Normen der Liebe und Treue werden durch Mode, Verschleiß, Wegwerfkleidung konterkariert: Sexualobjekte wie Kleidungsobjekte teilen sich in funktionale (Ehe/Arbeitskleidung) und fetischistische (Promiskuität/Mode)[15].

Reiche macht demgegenüber den Fehler, die Ideologie der Liebe und Treue ungebrochen als Norm zu reproduzieren[16] (wie er in seiner Selbstkritik festgestellt hat, mehr vom Ich-Ideal der »Glocke« von Schiller als des Vietkong ausgehend). Er übersieht dabei, daß »Liebe« im bürgerlichen Sinn selbst eine Art von Infantilismus ist[17], eine »Objektbindung« (wie Mutterliebe, Tierliebe, Hobbies)[18] und so zumeist verdinglicht, selbst eine Art von Fetischismus − er treibt also den einen Fetisch mit dem anderen aus: den spätkapitalistischen Fetisch mit dem Fetisch feudaler Minnesänger. (Daß Reiches unmittelbares Vorbild in dieser Norm, Adorno in »Minima Moralia«, hier alte Normen kraft negativer Dialektik reproduziert, versteht sich nahezu von selbst.)[19]

3. *Autorität*. Schon die Dressur des Stillrhythmus und der Defäkation führt aufgrund ihrer Frustrationen zu Kontaktarmut und Aggressivität[20]. Der Umschlag frühkindlicher Sexualität in Aggressionen und Autoritätsanfälligkeit durch Frustrationen ist in vielen Formen dargestellt worden: sexuelle »Selbstbeherrschung« − Normen von Ehre, Pflicht, Tapferkeit[21]; Sexualverdrängung − Angst − Steigerung der Projektionen und Vorurteile − psychopathische Machthaber[22]; Wechselbeziehung sexuelle Frustration − Lust am Herrschen, Lust am Töten[23]; das gesamte Syndrom der autoritären Persönlichkeiten nach Adorno u. a.: Minderheitenhaß, Konventionalität, Rigidität, Projektion, Dogmatismus, Schicksalsglaube. Autoritätskonflikte führen einerseits zu Selbsthaß, Passivität, Realitätsschwäche, andrerseits zu Starrheit, Leistungszwang, Trennung von Lust und Leistung[24].

Diese autoritären Prägungen werden von den Herrschenden auch weidlich ausgenützt. So empfindet sich die BILD-Zeitung als Über-Ich, als Vertreterin elterlicher Autorität, die die Ansprüche der Gesellschaft im Individuum repräsentiere: gleichzeitig männ-

liche Autorität und mütterliche Fürsorge[25]. Nach ihrer Selbstdarstellung sorgen Sex und Sensation »für Ersatzbefriedigung, um das gesellschaftliche Gefüge nicht zu gefährden« und für Kanalisierung[26]. In Holzers Motivdimensionen der Illustrierten »Revue«, »Quick« und »Stern« dominieren Geltungsstreben, Anpassung, Objektbindung und persönliche Sicherheit – auch Sadismus, Masochismus, Angst und Aggressivität sind unter den Motiven[27].
Die BILD-Zeitung – hier stellvertretend für das Establishment – lädt zur Identifikation mit dem überlegenen Angreifer BILD ein[28]. Martin Morlock meinte sein »Du sollst nicht auf eigene Faust töten« (und Dich womöglich auf Konrad Lorenz berufen)[29] ironisch. Der Pater Otto in der »Neuen Bildpost« meint es blutig ernst[30].
4. *Minoritäten.* Sind nach herrschender Norm abzulehnen[31]. »Du sollst Vaters und Mutters Vorurteile nähren.«[32] 45 Prozent der Bundesdeutschen mögen Juli 1964 Italiener nicht besonders, 65 Prozent haben im einzelnen ausgeführte Vorurteile[33]. Die Entwicklungshilfe wollen 1963 40 Prozent geben, damit die Entwicklungsländer nicht kommunistisch werden – zwei Vorurteile stützen einander. 1965 hatten gute 40 Prozent noch immer Vorurteile gegen Juden, 45 Prozent gegen Zeugen Jehovas[34], von den Studenten sprechen wir nicht. »Rassismus ist die Ideologie der ›Freien Welt‹«[35].
5. *Der Tod* wird kollektiv verdrängt[36]. 55 Prozent würden gerne 150 Jahre alt werden[37]. »Jedes Bedürfnis, dessen wirkliche Befriedigung versagt ist, nötigt zum Glauben« (Goethe)[38].
6. *»Da kannst nichts machen.«* Die über Dreißigjährigen sind von Niederlagen, Angst, Scheitern gezeichnet, deshalb schwärmen sie für Kompromisse, Mäßigung, Wohlstand, Sicherheit, Realpolitik. Ähnlich sind die herrschenden Medien ein Instrument der Resignation: ein kontinuierliches Reinforcement – Effekt von Scheitern, Ohnmacht, Frustration, Enttäuschung[39]. »Der durchschnittliche Arbeiter trägt den Widerspruch zwischen revolutionärer Einstellung und bürgerlicher Hemmung in sich.«[40]
Eine weitere Folge frühkindlicher Sozialisation und kontinuierlicher Frustration in Produktionsprozeß und Sachzwängen sind die psychosomatischen Beschwerden. »Durch psychosomatische Mechanismen kann sich das System der repressiven Gesellschaft selbst erhalten.«[41] 37 Prozent leiden an Kopfschmerzen, 30 Prozent an Kreislaufbeschwerden, 25 Prozent an Herzbeschwerden,

23 Prozent an Schlaflosigkeit, 21 Prozent an Magenbeschwerden. 41 Prozent haben viel zuwenig Zeit, 49 Prozent werden durch Lärm gestört, 56 Prozent haben sich geärgert. 66 Prozent haben in den letzten Tagen irgendwelche Mittel eingenommen[42]. »Pillen, ohne die der Mann heute nicht mehr leben kann.«[43] Carnegies »Sie tun einfach so, als ob sie glücklich sind«, wirkt wie aus einer anderen Zeit[44].

7. *Manipulation.* Optimierung der systemkongruenten Bedürfnisse und dadurch Maximierung der Ausbeutung[45]. Oder einfach: »den anderen zufrieden zu machen mit dem, was man ihm suggeriert.«[46] »Öffentliche Meinung als systemkonforme Veto-Institution«[47] inclusive Neutralisierung einseitiger Pressereaktionen[48]. Für die herrschende Soziologie ist Manipulation ganz selbstverständlich[49]. Zumindest drei Manipulationen der Herrschenden im Verein mit den Meinungsforschern deckt Schmidtchen auf: die Einführung der sozialen Marktwirtschaft, die Wiederbewaffnung, die ununterbrochenen CDU-Siege[50]. Wer an Manipulation interessiert ist, wird ebenfalls klar ausgesprochen: »Die Industrie, die Arbeitgeberverbände, die Publizistik ... geben zusammen schätzungsweise mindestens 20-, vielleicht 40mal soviel Mittel für empirische Untersuchungen aus wie die Parteien.«[51] Wer hat, der hat.

Die Information wird von öffentlichen Institutionen repressiv verwaltet, von Individuen privat empfangen, und mit Beliebigkeit (dem Symptom alles Privaten) aufgenommen. Absichtsvolles Lügen wird unnötig: durch Zufälligkeit wird Manipulation potenziert, die Technik der halben Wahrheit wird angewandt, fiktive und sachliche Information wird vermischt, ebenso Meinung und Fakten, alles im selben neutralen Ton[52].

Zur Geschichte der Manipulation werden John Locke, Edward Ross, Paul Landis, Rudolf von Ihering (»Ordnung der Gesellschaft bedeutet also Abhängigkeitsverhältnis ihrer Glieder«) bemüht; Noelle-Neumann lobt soziale Kontrolle, ob durch Religion, Tradition, Sitte, Brauch oder Mode als positive Kräfte der gesellschaftlichen Integration. Aber es wird mit »zweierlei Maß« gemessen: »Es wäre ein Mißverständnis, anzunehmen, daß die öffentliche Meinung – die dem einzelnen, wie gezeigt, Vorschriften macht – auch den Regierenden Vorschriften machen will. Wahrscheinlich verlangt die Gesellschaft einfallsreiche, kraftvolle Führung, die da, wo sie sich vom bisher Gewünschten und Erwarteten entfernt, überzeugen soll und damit die Integra-

tion wiederhergestellt. Die öffentliche Meinung mißt sogar mit zweierlei Maß ... und wendet auf Führungsfiguren die soziale Kontrolle weniger scharf an.«[53]
Die junge arme Arbeiterin findet Reklame im Fernsehen nett[54]. Der junge Arbeiter in Norddeutschland liest BILD[55]. »Seid nett zueinander«, stammt schon von Carnegie, aber gleichfalls »Neun Wege, wie man sich Menschen ohne bitteren Nachgeschmack gefügig macht.«[56] Reklame weckt neue Bedürfnisse[57], Sexualobjekt und Sexualziel verfehlen einander[58], aber BILD liefert die »Stereotypen des Gesprächs und der Diskussion (sic!)«[59]. Die unerfüllbare Vorlust der Reklame (Schönheit, Jugend, Frische, Erfolg) macht jede »normale« Liebesbeziehung öde[60].
Der Kapitalismus hebt die Subjekt-Objekt-Spaltung auf, indem er eine Seite, das Subjekt, vernichtet[61].
8. *Fetischismus. Mode.* Fetischismus integriert, sagt Frau Noelle-Neumann. Die konsumierten Objekte werden zum Fetisch: Es wird ihnen ebenso mit unterschiedsloser Gleichgültigkeit begegnet wie mit einer unspezifischen Angst, sie zu verlieren[62]. Mode wird zum Modell für den an die Vorlust gefesselten hochvariablen Fetischisten[63]. Die Schnelligkeit, mit der seine Fetische wechseln, wird zu einer Funktion der Umlaufgeschwindigkeit des Kapitals. Reklame, Mode, Verpackung, Hygiene werden als Kunstgenuß betrachtet[64]. Autos sind heilige Kühe[65]: »Sex-Appeal aus Rüsselsheim: Opel GT – Volks-Vamp unter den Straßenschönen.«[66] Ernest Dichter, der es ja wissen muß, nennt Kraftfetischismus (Ablehnung der Feigheit) und Nahrungsfetischismus (Rohkost als Form des Rituals, onanistische Aspekte des Appetits; Appetit als Ersatzbefriedigung)[67]. Carnegie erwähnt den Namen als Fetisch[68].
Weiters nutzbar für den Warenkonsum sind nach Ernest Dichter Masochismus (z. B. bei der Rasur), Sucht nach Prestige, Ordnungsliebe, Sauberkeit, Exklusivitätsbedürfnis (»Narzißmus der kleinen Differenzen«), Aggressivität, Resignation, Streß, orale Regressionen.
9. *Sicherheit.* »Hingegen leben wir recht einträchtig mit den kleinen Alltagsideologien, die uns die Orientierung in der *komplizierten* Umwelt erleichtern und ermöglichen. Was wir über Wiederbewaffnung, Wiedervereinigung, NATO, Amerikaner und Russen, Jugend, alte Leute, Gewerkschaften und Unternehmer, auch was wir über Ärzte und Kirche ... denken, ja selbst was wir *gedankenlos* aus der Markenwerbung im Wirtschaftsleben mit-

nehmen – das alles sind Stützen für gefährdete *Sicherheit.* Insofern sind Ideologien ›Gedankengebilde zum Ausruhen‹.«[69] Sicherheit ist die Attraktivität der Mehrheitsmeinung (der Bandwagon-Effekt)[70]; Sicherheit, Konformität und Maulhalten sind ein und dasselbe Syndrom[71]. Die Herrschenden suggerieren Unsicherheit, um so besser zur Identifikation mit sich als überlegenem Angreifer einladen zu können[72] – andrerseits kollidiert Sicherheit mit Konkurrenzdenken und Zwang zum Erfolg[73]. In Japan vor 1870 war das schlimmste Urteil über einen Menschen: sein Verhalten ist unerwartet[74]. Teils scheint es noch heute zu gelten.

10. *Projektion.* »Objekte zur Identifikation und Projektion zu erhalten, an denen die eigenen Probleme abreagiert werden können.«[75]

11. *Gutes Benehmen, schicke Kleidung.* Hinter Höflichkeitsformen, Konventionen, Freundlichkeit verstecken sich negative Übertragungen[76]. »Pflege ohne Übertreibung das Herkommen. Schaffe Bräuche und Institutionen«[77]. Von Knigge zu Elmayr und Frau von Pappritz: »Tradition steht im Widerspruch zur Rationalität, obwohl diese in jener sich bildete«[78]. Leitbilder von 10–14jährigen sind gepflegtes Aussehen, schicke moderne Kleidung, höfliches Benehmen[79]. Als schlechtes Benehmen wird bei den Bundesdeutschen unter anderem verzeichnet (Juli 1966): wenn Frauen mit Lockenwicklern einkaufen (84 Prozent), Pfeife rauchen (75 Prozent), auf der Straße rauchen (51 Prozent), Männer beim Grüßen den Hut aufbehalten (65 Prozent), lange Haare tragen (60 Prozent), nicht aufstehen, wenn eine Frau den Raum betritt (53 Prozent), im Sporthemd zur Kirche gehen (47 Prozent)[80]. Selbst Dahrendorf moniert den Widerspruch zwischen »öffentlichen Tugenden« (Werte des Sports, fair, regelorientiert, Verdrängung der eigenen Person, keep smiling) und »privatem Verhalten« (autoritär, außengelenkt)[81]. – Kein Wunder, da er noch an den Widerspruch glaubt, oder doch so tut.

Konvention ist das Verstellen der Realität durch Bezug auf das Verhalten der anderen[82]. Konvention trägt wieder dasselbe zweierlei Maß wie Manipulation: »Ohne den kollektiven Verlust von Fähigkeiten wie Ehrlichkeit, Humanität, bürgerliche Toleranz könnte die herrschende Klasse die kollektive Barbarei und Brutalität, wie sie etwa im Vietnam-Krieg produziert werden, auch gar nicht verkraften.«[83] Wieder fällt Carnegies Ehrlichkeit auf, wenn er die »öffentliche Tugend« des »keep smiling« predigt: »Das richtige, das wirkungsvolle Lachen muß dir aus dem Herzen kom-

men, es muß diese Art von Lachen sein, das den Käufer den verlangten Preis zahlen läßt, ohne daß er weitere Umstände macht.«[84]
»Mir ist es am liebsten, wenn alles seinen gewohnten Gang geht, plötzliche Veränderungen mag ich nicht.« (51 Prozent der Bundesdeutschen)[85].
12. *Neid.* Sogar von Schoeck kann man etwas lernen. Neid resultiert aus Masochismus[86], aus Prestigestreben, Leistung und hierarchischer Struktur[87], aus sexuellem Mangel[88] – überhaupt steht er in einer dialektischen Beziehung zur Knappheit[89]. Neid führt zur sozialen Kontrolle und dadurch zur Anpassung[90]: Konformität kostet die Individualität, und dieser Verlust wird verschmerzt, wenn man sich aktiv an der Entindividualisierung der anderen Mitglieder beteiligt[91].
Aber Schoeck bleibt Schoeck: Neid unterscheidet sich durch Eifersucht dadurch, daß letztere bei Werten auftritt, auf die ein *legitimer* Anspruch besteht[92]. Bei Schoeck gibt es natürlich noch Legitimität. So ist auch Schoecks Hauptthese, wenn es keinen Neid auf soziale Faktoren mehr gäbe, würde es um so schlimmer werden – Neid würde sich auf Aussehen, Ehe etc. fixieren: als ob diese nicht von sozialen Faktoren abhingen: Aussehen von der Imagebildung und Ehe von der Familienideologie[93].
Der Neider als Normalfall menschlichen Verhaltens und Trachtens ist ein Modellfall für eine repressive Leistungsanthropologie[94]. Wenn Schoeck meint: »Der Neid ist der große Regulator für alle zwischenmenschlichen Beziehungen«[95], so ist ihm mit Plack entgegenzuhalten: »Im Verschwinden des Neides fiele eine der Säulen puritanischer Moral.«[96]
Miß Germany ist ein Paradebeispiel verinnerlichter soziophysisch vermittelter Normen: keine vorehelichen Beziehungen, Verlobung, öffentliche Treffpunkte, nach 6 Monaten Hochzeit, Beruf aufgeben, 4 Kinder, intensive gefühlsmäßige Bindungen zur Familie, Besitzdenken (»mein Mann, meine Frau«), wenig Bildung, für Politik ist der Mann zuständig, bis daß der Tod uns scheidet.
»Sie garantiert den Fortbestand jedweden Staatswesens, den Absatz sämtlicher Konsumgüter, die Beibehaltung von Ruhe und Ordnung, die christlich-abendländische Tradition und das atomare Gleichgewicht.«[97]
»Es hat sich gezeigt, daß die bürgerliche Gesellschaft das Versprechen der bürgerlichen Revolution nicht einlösen konnte: Statt der Freiheit brachte sie die zunehmende, schließlich totale Manipula-

tion; statt Gleichheit bescherte sie eine Klassengesellschaft...
und Brüderlichkeit bereitete sie durch ein Wirtschaftssystem vor,
in dem jeder nur leben kann, wenn er seinen Bruder übers Ohr
haut.«[98]

7. KRITIK DES TECHNOKRATISCHEN BEWUSSTSEINS

»*Nichts enthüllt sich in einer Zukunftsvision so sehr wie die Gegenwart.*« Schmidtchen[1]
Die Normen der Gesamtgesellschaft entfalten sich vollends im technokratischen Bewußtsein. Von verschiedenen Normen ist kaum mehr die Rede, andere sind vollkommen geworden. Die technokratischen Ideologen sind der fortgeschrittenste Teil des faschistoid pervertierten Proletariats Wilhelm Reichs: Ihre Projektionen wären einer ausführlicheren Betrachtung würdig.
Ein Technokrat ist eine Person, die aufgrund verselbständigter Informationsvorsprünge den Produktionsprozeß kontrolliert und koordiniert, jedoch nicht notwendigerweise mit Herrschaftsfunktionen betraut hat. Die Arbeitsteilung ist weit fortgeschritten: der Technokrat ist ein Fachidiot. Kontrolle und Koordination weiten sie vom Produktionsprozeß auf den Überbau aus, schließlich auf die Bewußtseinskonditionierung: »Sie (die modernen Politiker) lenken Menschenmassen in ähnlicher Weise, wie die Manager die Produktion lenken; sie haben ähnliche Denkgewohnheiten, bedienen sich ähnlicher Methoden und behandeln die Möglichkeiten der modernen Technik in ähnlicher Weise.«[2] Wie Bottomore Burnham zu Recht ergänzt hat (C. W. Mills zitierend), sind Technokraten und Großaktionäre durch Eigentumsverhältnisse und Privilegierung in den Metropolen eng miteinander verbunden.
Burnhams Indikatoren für die Technokratie (die er »Managergesellschaft« nennt): 1. Das Privateigentum wird verschwinden, 2. Profit und Geld verlieren an Bedeutung, 3. Arbeitszwang, 4. technisch-politische Krisen statt wirtschaftlicher, 5. planmäßige Regulierung der Produktion, 6. technische Verfahren werden nicht durch Gewinnerfordernisse behindert, 7. wirksamere Kriegführung, 8. Verlagerung der Souveränität vom Überbau auf die Exekutive. Die konsequente schlechte Aufhebung des Monopolkapitals[3].
Kahn-Wieners Indikatoren für die Technokratie (die sie als

»grundlegenden, langfristigen komplexen Trend« bezeichnen):
1. Anwachsen der sensualistischen (empirischen, weltlichen, pragmatischen, utilitaristischen, hedonistischen) Kulturkreise; 2. bürgerliche, bürokratische, leistungsorientierte, demokratische (sic!) Eliten; 3. Vermehrung der wissenschaftlichen und technologischen Kenntnisse; 4. Institutionalisierung der Veränderung, vor allem in der Forschung und bei der Entwicklung und Verbreitung neuer Methoden; 5. Weltweite Industrialisierung; 6. Wachsender Wohlstand und mehr Freizeit; 7. Bevölkerungszunahme; 8. Verstädterung; 9. Abnehmende Bedeutung der Berufe des primären und sekundären Sektors; 10. Bildung und Erziehung; 11. Zunahme der Möglichkeiten der Massenvernichtung; 12. Beschleunigtes Tempo der Veränderungen; 13. Wachsende Universalität des komplexen Trends[4].

Auch Kahn-Wiener haben es mit der Ideologie der Komplexität. Wissensoziologische Grundlage ist etwa der kritische Posivitismus Karl Poppers, in dem alle Urteile, die nicht mittels eines engen statistischen Instrumentariums als wahr oder falsch erwiesen werden können, abgelehnt werden – insbesonders Urteile über gesamtgesellschaftliche Zusammenhänge, da diese für eine statistische Auswertung zu »komplex« seien.

Die Wertfreiheit wird emphatisch verteidigt, wobei alle Argumente, daß in der Praxis Wertfreiheit zur Wertung für die jeweils Herrschenden wird, konsequent vernachlässigt werden: so etwa die Wertungsfragen bei Rüstungsforschung und genetischer Biologie, bei soziologischer Guerillaforschung und Beurteilung institutioneller Kontrolle (etwa Kahn-Wieners Indikator[4]).

Die Funktionalität, die Reibungslosigkeit der Prozesse wird zum Selbstzweck: ein Anachronismus aus der Zeit der Knappheit. Eingriffe werden nur als sozialtechnische Einzelreformen zugelassen, ohne zu reflektieren, daß aus dem gesamtgesellschaftlichen Zusammenhang gerissene Einzelreformen so umfunktioniert werden, daß nichts verändert wird. Auch die Abhängigkeit der Wissenschaft von der interessierten Verwertung wird vom Positivismus ignoriert, ebenso die Widersprüche der wissenschaftlichen Produktivkraft zu irrationalen Hierarchien, geplantem Verschleiß, Produktion von Destruktionsmitteln[5].

Wo dann Popper Aussagen treffen muß, für die er keinen statistischen oder logischen Halt hat, erweist er sich als konservativ, praxisfeindlich und leerformelhaft:

Sein *Konservativismus* als Freund des Manchesterliberalen Hay-

ek, der schon in der Labour-Regierung 1945 das Heraufkommen
der Sklaverei witterte: »Wir müssen an die bestehenden Normen
glauben, weil wir keine besseren Normen finden können.«[6]
».. . ob wir nicht gut daran täten, uns auf den schlechtesten Führer vorzubereiten und auf den besten zu hoffen.«[7] »... beruht
die Theorie der Demokratie nicht auf dem Prinzip der Herrschaft
der Majorität.«[8] »Institutionen sind wie Festungen, sie müssen
wohlgeplant und wohlbemannt sein.«[9]
Seine *repressive Toleranz*: »Damit wünsche ich nicht zu sagen,
daß wir z. B. intolerante Philosophien auf jeden Fall gewaltsam
unterdrücken sollten (was eine tolerante Philosophie ist, bestimmt Herr Popper, R. S.), solange wir sie durch die öffentliche
Meinung in Schranken halten können, wäre ihre Unterdrückung
sicher höchst unvernünftig. Aber wir sollten für uns das Recht in
Anspruch nehmen, sie, wenn nötig, mit Gewalt zu unterdrücken.«[10]
Praxisfeindlich seine Auffassung von Dialektik, als etwas, was
den Satz von Widerspruch betrifft, aber nicht die realen Widersprüche in der Gesellschaft[11].
Leerformeln: Unsere Zivilisation ist eine, die »Menschlichkeit,
Vernünftigkeit, Gleichheit und Freiheit zum Ziele hat.«[12] »Der
Sozialtechniker wird... Maßnahmen vorschlagen, die die Polizei
zu einem... Instrument der Freiheit und Sicherheit machen...«[13] Wenn wir glauben, daß eine Tatsache geändert werden kann, können wir »uns entschließen, einen Versuch zu ihrer
Änderung zu unternehmen; wir können uns entschließen, jedem
solchen Versuch Widerstand entgegenzusetzen; oder wir können
uns entschließen, überhaupt nichts zu tun«[14]. Eine Tatsache ist
für Herrn Popper unveränderlich, wenn eine Änderung infolge
der Naturgesetze nicht möglich ist, »... oder weil eine Veränderung für diejenigen, die sie herbeiführen wollen, aus anderen
Gründen zu *schwierig* ist – dann ist jede Entscheidung, die sich
ihre Veränderung zum Ziele setzt, einfach unpraktisch, uninteressant und bedeutungslos«[15]. So einfach ist es also: Die herrschende
Klasse macht eine Veränderung, an der sie kein Interesse hat,
»schwierig«, und die Ideologen, wie Herr Popper, bezeichnen die,
die diese Veränderung trotzdem anstreben, als »einfach unpraktisch«.
Weiter, nachdem er zuvor Freiheit und Gleichheit als Ziele unsrer
Zivilisation bezeichnet hat: »daß politische Freiheit oder irgendein Prinzip der Gleichheit vor dem Recht unmöglich ist; daß wir,

da absolute Freiheit unmöglich ist, ... die Gleichheit unter Berücksichtigung jener Freiheitsbeschränkungen fordern müssen, die die unumgängliche Konsequenz des sozialen Lebens sind; und daß schließlich das Streben nach Gleichheit, besonders in ihrem ökonomischen Sinne, eine Gefahr für die Freiheit werden kann, so wünschenswert die Gleichheit an sich auch sein mag...«[16]
Freiheitlicher Eiertanz eines technokratischen Ideologen.
Die formale Ideologie wird nun von den verschiedenen Technokraten inhaltlich aufgearbeitet, nicht ohne auch fortschrittliche Möglichkeiten am Rande aufzuzeigen.
Fourastié, der immerhin Möglichkeiten drastischer Arbeitszeitverkürzungen aufzeigt, ebenso wie die Reproduktion der Sklaverei durch Haushaltsmaschinen, bezeichnet sich selbst als »Technokraten«[17]. Er betont wie Popper, nach einer sehr unvollkommenen Gesellschaft zu trachten, »die schrittweise aufgrund zahlreicher empirischer Reformen, selektiver Maßnahmen, Gesetze und Verordnungen verschiedenster Art besser wird«[18]. Er glaubt nicht, daß eine vollkommene Gesellschaft den Menschen vollkommen mache, trennt aber Familie, Berufsleben, sogar das »Eigentumsvorrecht« von der Gesellschaft[19]. Manipulation: Weiterbildung durch Radio, Fernsehen, Kino und *Hausratsmessen*[20]. Doktor Faust regrediert zu Ernest Dichters Versuchskaninchen: der unersättliche Appetit auf Konsum als Aspekt des Immerweitergehens[21]. Die Automation zwingt dem Leben Zeitmaße auf, die den physiologischen Zeitablauf stören, aber die Ehe wird durchschnittlich 45 Jahre dauern[22]. Die Zielvorstellungen der technokratischen Hochschulreform werden hier klarer formuliert als bei Stoltenberg: »Die Schul- und Hochschulbildung ist... dennoch von größter Bedeutung für die Mehrheit, *insbesondere für die Elite,* denn die Schule kann am besten ordnen, koordinieren und vertiefen.«[23] Er lobt Wettbewerb (obwohl er »Ermüdung des Gehirns« daraus ableitet) und Reglementierung: »Der Durchschnittsmensch setzt zwangsläufig dem Durchschnittsmenschen Grenzen... in dem Maße, wie Rationierungen durch konkreten Gehorsamszwang und durch Geld abnehmen, muß eine Rationierung durch Bestimmungen eintreten.«[24] Auch Konkurrenzkampf, Prestige, unaufhörlich neue Rekorde sind nach Fourastié notwendig[25].
In einer »Zivilisation des Wartens« könnten sich Unruhe, Ohnmacht etc. einschleichen: »... brauchen wir dringend Maßnahmen, welche die Ursache dieser Mißstände beseitigen... Im übri-

gen kann überhandnehmende Langeweile und Übersättigung glücklicherweise durch die Vielfalt der wachsenden Bedürfnisse bekämpft werden.«[26] So deutlich wie hier wurde es noch selten ausgesprochen.
»Der leistungsfähige und dynamische Unternehmer ist eine seltene und kostbare Pflanze ... ist Umsicht angebracht wie bei einer Maschine, die nicht nur einfach läuft, sondern die so gut läuft wie sonst keine auf der Welt ... Das Unternehmen ist ein komplexes und eigenständiges Lebewesen, das sich aus Menschen zusammensetzt, so wie unser Körper aus Organen besteht ...«[27] Nach dieser idealtypischen Mensch-Maschinen-Metapher meditiert Fourastié wohlwollend über die »Strenge und Ungerechtigkeit« des Leistungsprinzips[28]. Leben verdinglicht zum Konsum: Ein reicher Durchschnittsmensch kann das Leben eines alten Mannes verlängern oder eine größere Wohnung kaufen oder dem Ältesten die Fortsetzung des Studiums ermöglichen – gerade 3 Alternativen, deren unbedingte Lösung von der Geldwirtschaft erforderlich wäre[29].
Der technokratische Antiintellektualismus einschließlich Massenfeindlichkeit bricht letztlich bei Fourastié durch: »Daß die ständige Heranziehung des Intellektuellen letztlich die Gefahr der *Utopie oder die systematische Verleumdung* in sich birgt, wissen wir nur zu gut. Aber wer sonst stellt die wesentlichen Fragen in einer Zeit, da ... der Mann des ›Establishments‹ ... die Herrschaft angetreten hat, in einem Augenblick, da es in der Evolution der industriellen Gesellschaft ... liegt, den Protest der Allgemeinheit durch Forderungen einzelner zu ersetzen?«[30] (Im Mai 1968 wird er schön blöd geschaut haben.) Der Intellektuelle wie bei Rüdiger Altmann, die Religion als Opium wie bei Schoeck[31]: Fourastié.
Sein Kollege Bertaux ist ebenfalls sehr ehrlich: »Im Osten und Westen haben die Planer aus rein planungstechnischen Gründen eine Tendenz zu Imperialismus und Totalitarismus. Als Ideal schwebt ihnen allen vor, ihre Talente im einzig geeigneten, weil abgeschlossenen Raum auszuüben – nämlich auf dem ganzen Planeten ... Man kann nur hoffen, daß die Politiker mit ihren abgestandenen Vorstellungen ... den Planern nicht ins Werk pfuschen werden.«[32] Ein Mini-Perry-Rhodan mit Lob für Unilever und Standard-Oil[33]; ein Chardinscher Omega-Mensch mit Börsenideologie[34], der Diskussionen zu zweckfreiem Denksport degradiert. Wie Marinetti sieht er im Krieg ein Fest: »Der Krieg als

festlicher Ritus der Zerstörung ... befreit die Seele von Hemmungen und Verdrängungen ...«[35] Das Anpassungsproblem löst Bertaux, indem er Anpassung und Weiterentwicklung identisch setzt: eine Große-Bruder-Lösung[36]. Ein geradezu klassisches Modell der Verdinglichung setzt er, wenn er von kollektiver Intelligenz spricht: diese besteht aus 1. Fleisch, d. h. Menschenmaterial, 2. Blech, d. h. Maschinen, 3. Methoden[37]. Revolution ist ihm ein Generationsproblem: »Reife Männer ... haben es aufgegeben, die Ordnung der Welt zu ändern und haben kaum einen anderen Gedanken, als sich ihr für die Zeit, die sie noch leben, so gut es geht anzupassen.«[38] »Schade, daß es weder Krieg noch Kolonien mehr gibt. Sport und Sex dienen als Ventile: letztere à la Huxleys brave new world.«[39]

Gordon und Helmer verwenden ihre intelligente Methode der Vorausschau zur Reproduktion des Leistungsprinzips mittels überflüssiger Tätigkeiten und zur Kriegsideologie.

David McClelland, der verdienstvollerweise Methoden zur Quantifizierung der Geschichte entwickelt hat, ist der perfekte Ideologe des Leistungsprinzips. Allerdings ist dieses bei ihm so verselbständigt, daß er Privateigentum und Profit ihre Funktion abspricht und sie dadurch zu ihrer eigenen Ideologie degradiert[40]. Leistungsfixierte Technokraten sind, wie McClelland empirisch nachgewiesen hat, konservativ: Sie stimmen ausschließlich hinsichtlich eines Satzes überein (Menschen, die nicht große Liebe, Dankbarkeit und Respekt für Eltern empfinden, seien niedrig), mit dem Konservativismus, Rigidität und Rassenvorurteile einhergehen[41]. Freiheit wird zur Konformität: Schon Wettbewerb wird abgelehnt, und Freiheit »Ich möchte frei darüber entscheiden, was die anderen von mir erwarten.«[42] Die Technokraten neigen dazu, an ihre eigene Manipulation zu glauben: Profitmotiv, Außenlenkung, Werbung; sie sind mehr verbraucherorientiert und glauben, daß ein Artikel wert ist, was die Leute für ihn bezahlen[43].

Konformismus wird breit verteidigt: »... beschuldigt ... von Leuten, die die Sicherheit nicht zu schätzen wissen, welche Konformität entwurzelten oder solchen Menschen gibt, deren herkömmliche Werte ihnen keinen unmittelbaren Orientierungsrückhalt mehr bieten. Nonkonformismus mag eine Tugend in einer traditionsgebundenen Gesellschaft sein; dort jedoch, wo eine Gruppe von Menschen verwirrt ist durch die Zerschlagung alter Normen, bilden Quellen neuer Normen und Konformität eine

Notwendigkeit. Sie mildern den Konflikt und die Angst, die daraus entspringen, daß man nicht weiß, was man zu tun hat.«
Und wie soll Konformität erzwungen werden? Durch Manipulation. »Als erstes ist wohl eine unterrichtete öffentliche Meinung, wie sie sich in einer freien Presse darstellt, wichtig. Sie vermittelt in Leitartikeln, Leserbriefen (sic!,) sogar in den Bildergeschichten Kenntnis der neuen Normen.«[44]
Schließlich ist McClelland, wenn er nur das Leistungsprinzip aufrechterhalten kann, sogar der Faschismus recht: »Ein Land kann protestantische oder kommunistische Missionsbewegungen nicht »bestimmen«, wie positiv sie sich immer auf das Leistungsniveau auswirken mögen. Es kann aber die Bedeutung einer stark leistungsorientierten nationalistischen Ideologie erwägen.«[45]
Ein Volkshochschul-McClelland ist der österreichische Sozialdemokrat Ernst Gehmacher. Hegel, Marx, Freud und »Verbraucherparadies« sind ihm eins[46]. Bei ihm findet sich nahezu das ganze technokratische Arsenal: Reopiatisierung der Religion[47], Sport als soziale Norm[48], Monadisierung durch Eigenheim[49], libidinöse Besetzung der Großkonzerne[50], Anpassung bis zu schweren psychologischen und psychosomatischen Störungen[51], Defaitismus der Massen[52], Ideologie der Komplexität[53] (»Adam 2000 wird dieser Gesellschaft noch stärker ausgeliefert sein. Total ausgeliefert.«), Leistungsprinzip[54], Ideologie der Mobilität[55], Ideologie der Reibungslosigkeit[56], Manipulation als unvermeidliche Folge und Voraussetzung der Leistungsorientierung[57], extreme Funktionsteilung Leistungsprinzip–Familie[58], Versteinerung (»Adam 2000 wird die Stabilität seiner Gesellschaft als Anliegen empfinden, das des größten Einsatzes würdig ist. Die Gefährung dieser Stabilität wird damit zum Verbrechen. Auch diese Entwicklung läßt sich heute schon deutlich verfolgen – in allen erfolgreichen Industriegesellschaften sind Aufruhrdoktrinen verfemt.«)[59], Erziehung als reibungslose Eingliederung[60], Kreativität zum Hobby regrediert[61], Motivationssteuerung[62], Überproduktion von Bildung als Gefahr[63], Erfolgsideologie[64], Prestigesucht[65], Verinnerlichung des Leistungsprinzips (perfekt beschrieben)[66], Konditionierung (wenn sich der Mensch nicht selbst steuert, wird er von außen gesteuert werden), die in 1984-Manier »Freizeit« genannt wird[67], in Verbindung mit Scheinpluralismus, Entfremdung von den Herrschaftsverhältnissen, Statik und latente Angst, Unerläßlichkeit der bürgerlichen Kleinfamilie inclusive Treue und Scheidungserschwerung[68], Konsumzwang[69], die Linke als quasikaritativer

Orden integriert[70], Manipulation der Kinder[71] und wissenschaftlich geleitetes Sterben[72]. Ganz zum Schluß schlägt Gehmacher die Kapriole in eine subkulturelle Utopie: »Er ertappt sich sogar manchmal bei dem Gedanken, ob es nicht überhaupt möglich wäre, eine Gesellschaft ganz auf dieser Grundlage zu organisieren – ohne Leistungsehrgeiz, ohne hochgespielte Leidenschaften. Als stilles Paradies der in satten Farben verfließenden Stunden.«[73]
Marshall McLuhan ist eher ein Ideologe der Manipulation. Er spricht von Programmierung des emotionalen Klimas, um es stabil zu halten[74]; vom »kalten« und »heißen« Image[75]; vom Menschen als Geschlechtsorgan der Maschinenwelt[76]. Er unterstützt die Industrie gegen die Universitäten[77], preist Militarismus als Vater aller technologischen Entwicklung[78], die Mode als »eine Art, *mit* zu sein«[79], lobt über jeden Klee Zeitungen vom Typ der BILD-Zeitung, insbesondere die Annoncen, kritisiert die Intellektuellen, weil sie keine Annoncen lesen, die doch immer *gute* Nachrichten seien[80]; fordert die Leute auf, eher über Konsumartikelmarken als über Politik zu streiten[81]; lobt die Eigenschaft der Annoncen, kritische Fähigkeiten auszuschalten und gleichzeitig den Beschauer zu hypnotisieren[82]. Kriege sind ihm, wie Marinetti, wie Bertaux, Happenings, tragische Spiele[83]. In der BRD könnte er Bertelsmann-Springer-Berater sein. Schöne neue Medienwelt.
Herman Kahn und Antony Wiener drohen uns, daß wir es erleben werden. Die Diffamierung der Opposition erleben wir in der Tat jetzt schon oft genug: »Menschen, die sich Massenbewegungen anschließen, sind oft der Gesellschaft entfremdet und führen ein sinn- und zweckloses Leben ... Besonders anfällig für solche Massenbewegungen sind aus der Familie gerissene Jugendliche, plötzlich verarmte Menschen, in ihren Erwartungen enttäuschte, aber ehrgeizige und zuversichtliche Gruppen oder Minoritäten, Sonderlinge und Außenseiter, Nihilisten und Egoisten, Paranoide und Opportunisten.«[84] Die Kultur der »breiten Masse des Volkes« wie auch des zeitgenössischen Establishment neigt nach Kahn-Wiener zu »sensualistischen« Normen (weltlich, naturalistitisch, realistisch, usuell, illusionistisch, alltäglich, unterhaltend, interessant, erotisch, neuartig, eklektisch, modisch, technisch vollkommen, materiell, kommerziell, professionell)[85], während der Subkulturen (die Kahn-Wiener mit den Schlagwörtern »Unterwelt«, »Protest« und »Revolte« belegt) Normen dagegen extrem, exhibitionistisch, häßlich, entlarvend, sarkastisch, ihr Wahrheitssystem nihilistisch, chaotisch, blasiert, oberflächlich, formalistisch,

sinnlos und entfremdet seien[86]. Bourgeoise Normen seien zudem Werte der persönlichen oder familiären Leistung, finanziellen Klugheit, geschäftlichen und beruflichen Erfolgs als moralisches Gebot[87]; die subkulturellen, spätsensualistischen Normen seien kosmopolitisch, pazifistisch, voller Haltungen und Bindungen auf vertragsmäßiger oder veränderlicher Basis[88].

Kahn-Wiener geben ein vortreffliches Bild darüber, was sich Technokraten unter Demokratie vorstellen: »Als ›demokratisch‹ bezeichnen wir ein System, in dem das Volk die politische Grundlage bildet, es kann auch totalitär oder tyrannisch sein, solange es nicht nur von oben her aufgezwungen ist. Auch muß es eine gewisse wirtschaftliche Beweglichkeit und relative Gleichheit der Aufstiegsmöglichkeiten bieten. Bürokratische und leistungsorientierte Vewaltungszentren sind charakteristisch für moderne Industriegesellschaften, seien sie kapitalistisch oder kommunistisch.«[89] Diesem Demokratieverständnis als Verwaltungstyrannei mit Mobilitätsideologie entspricht die Vorausschau der 100 technischen Neuerungen, welche im letzten Drittel des 20. Jahrhunderts sehr wahrscheinlich seien: Gesteuerte und hoch wirksame Entspannungs- und Schlafzustände, automatisierte und stark mechanisierte Haushaltung und Instandhaltung der Wohnungen (vergeudungskapitalistisch), erweiterte Zentralisation von gegenwärtigen und vergangenen persönlichen und geschäftlichen Informationen in besonders schnellen Datenverarbeitungsmaschinen; vor allem auch neue Methoden der Überwachung, Steuerung und sonstigen Kontrollen von Einzelpersonen und Organisationen, neue und verläßlichere »Erziehungs- und Propagandamethoden zur Beeinflussung des menschlichen Verhaltens im Privatleben und in der Öffentlichkeit«, direkte elektronische Kommunikation mit dem Gehirn und dessen künstliche Reizung, billige Waffen für zentrale Kriege, neue und relativ wirksame Methoden der Bekämpfung von Aufstandsbewegungen, Geschlechtsänderungen von Kindern und Erwachsenen, Miete von Datenverarbeitungsanlagen nach Zählerzeit (dadurch ein Informationsmonopol für die Begüterten), programmierte Träume[90]. Ebenso Psychopharmaka für Soldaten und nationale Informationspeicheranlagen mit allen Daten über alle Staatsbürger[91].

»Unsere Erfahrungen bei der Überwachung, Manipulation und Entwicklung neuer Methoden wachsen, und wir dürften bald imstande sein, verschiedene gesellschaftliche Bereiche weit besser zu verstehen und zu kontrollieren ... So könnte ein künftiger Präsi-

dent der Vereinigten Staaten über Kommando- und Kontrollsysteme verfügen und zur Überwachung eines zukünftigen ›Vietnam‹ oder eines inländischen Unruheherdes (sic!) viele Fernsehkameras einsetzen, die gleichzeitig verwendet werden.«[92] 1984 kommt bald.
»Abhöreinrichtungen und kurzzeitige (oder auch dauernde) Tonaufnahmen werden künftig sehr billig werden. Ein beträchtlicher Teil aller Telephongespräche könnte legal oder illegal auf Tonband oder auf andere Art aufgezeichnet werden. (Die gleichen Methoden könnten auch zum Abhören von Gesprächen in Bars, Restaurants, Ämtern usw. angewandt werden.) Man wird diese aufgenommenen Gespräche mit Hilfe von blitzschnell arbeitenden Computern auf Schlüsselworte oder -sätze prüfen und die besonders interessanten Gesprächspartien zu weiteren Studienzwecken oder einfach zur Aufbewahrung speichern.« (Als Schlüsselworte werden »Aufstand«, »Revolution«, »organisieren« (sic!), bekämpfen, ja selbst ärgerlicher oder drohender Ton in der Stimme genannt!)[93]. 1984 kommt bald.
». . . liegt die Kontrolle über die wesentlichen gesellschaftlichen Entscheidungen außerhalb der Reichweite und auch außerhalb der Interessensphäre des kleinen Mannes.«[94] Eine typisch »spätsensualistische« – zynische, sadistische, oberflächliche Äußerung. Demokratisierungstendenzen gegenüber äußern sich denn auch die Autoren sehr besorgt: »Bis zu welchem Grade wird Autorität, Fachkenntnis und Befriedigung verwässert, wenn Amtsgewalt, Verantwortung und Status so vermindert werden?«[95]
Zynisch belegen sie die Äußerung der Berkeley-Studenten gegen ihre Behandlung (schlechter als eine Lochkarte): »Ich bin ein menschliches Wesen, bitte nicht falten, knicken oder beschädigen!« mit dem Kommentar: »Auf ähnliche Weise ist eine wachsende Anzahl Amerikaner nicht nur bereit, die bis vor kurzem geltenden arbeits-, leistungs- und aufstiegsorientierten Einstellungen aufzugeben, sondern die Haltung des ›verzogenen Kindes‹ einzunehmen, die zumindest einige der Studenten von Berkeley charakterisiert.«[96] Ganz offen sprechen sie es aus: »Sollten die USA es jedoch für nötig finden, in diesem Jahrhundert noch einmal in einen größeren europäischen Krieg einzugreifen, und sollte es sich dann zeigen, daß angebliche Alliierte mehr oder weniger offen auf der Seite des Feindes stehen, ist es nicht unwahrscheinlich, daß zur Vorbeugung eines 4. Weltkrieges permanente Maßnahmen ergriffen werden, sogar wenn das eine permanente Beset-

zung oder Beherrschung Europas bedeuten sollte.«[97] Die Projektion des »für nötig finden« und »Vorbeugung« ist rührend: Wie nach den Prometheus-Plänen, nach den amerikanischen Absichten, den Pariser Mai betreffend, im Spiegel-Interview Humphreys wollen Kahn und Wiener ein zweites Vietnam in Europa schaffen, damit 1984 eher kommt. Als »integrierte Welt« bezeichnen die Autoren eine, wo Unruhen »von den hochentwickelten Ländern wie von einer Polizei beaufsichtigt werden« und die Reichen daran arbeiten, die Dinge zu lassen, wie sie sind[98]. Sie nennen die Ermordung von Juden und Polen seitens der NS »eine sinnlose Vernichtung brauchbaren Menschenmaterials«[99]. Sie loben die Integration der Arbeiterklasse (daß sie »bürgerliche Werte und Ziele annahmen...«), besonders wenn die Solidarität dabei verlorengeht[100]. Raymond Gastil lobt ebenfalls sehr die Abhörmaßnahmen, die Integration mittels medizinischer Behandlung, die in manchen Fällen durch eine militärische Umgebung »erleichtert« werden konnte[101]. Frank Armbruster propagiert »eine milde Form der Einschränkung der freien Meinungsäußerung«[102], trieft vor Kommunistenhaß[103]. Ungehemmter Imperialismus wird propagiert: »Wenn die USA einen Atomkrieg gewinnen, würden sie die militärische Vorherrschaft in der Welt besitzen. Das heißt nicht daß sie die Welt in totaler Weise beherrschen könnten oder wollten, doch jedenfalls hätten sie eine ungeheure materielle und moralische Autoritätsstellung. Unter diesen Umständen könnten die Amerikaner den internationalen Handel durch ein Preiskontrollsystem organisieren und mit ihrem Gold Waren zu billigen Preisen kaufen.«[104] 1984 kommt bald. Eine konkrete Schilderung von 1984 folgt noch: Rationierung des Zutritts zu Vergnügungsstätten, staatliche Zuweisung zu Gemeinschaftswohnblöcken und medizinische Therapien, sehr strenger Zwang zur Anpassung, Flucht in Süchtigkeit, überweltliche Religionen, Kriminalität. Geisteskrankheit, Abhören von Gesprächen durch Messungen der Schwingungen des Fensterglases, Fernsehkameras, staatliche Identifizierungskommission für Gesichter und Stimmen (nur Menschen mit ungeheurem Vermögen werden, und auch diese nur mittels Bestechung und Manipulation, die Möglichkeit haben, einem bestimmten Maß an Überwachung zu entgehen oder auf diese Einfluß zu nehmen), Kontrolle des Rechts auf Kinderzeugung, der Lebensverlängerung, persönlichkeitsverändernde Drogen, hormonale Fernsteuerung, Literaten ins Irrenhaus, Selbstbehandlung mit konditionierenden Drogen, Zuweisung des Lebens-

raums durch Computerberechnung. Da beginnt es selbst den Autoren, die einen guten Magen haben, bedenklich zu werden: »Wie immer wäre die Zentralregierung wahrscheinlich so damit beschäftigt, das System in Funktion zu erhalten, daß sie sich nur mit mittelbar auftauchenden Randproblemen befassen kann, statt mit der wachsenden Widerlichkeit des Systems.«[105]
Dabei ist Kahn-Wieners Analyse dialektisch genug, um auch Trends zu verzeichnen, die objektiv fortschrittlich sind und somit eine Legitimationsbasis für subkulturelle Normen abgeben: Bemerkungen über politische Dynamik, die sich aus internen Veränderungen in USA, UdSSR, Japan, BRD, Brasilien ergäben[106] (ausdrücklich wird auch der mögliche Zerfall der NATO und ein möglicher Linksruck der SPD genannt, wie eine linke Majorität in der EWG)[107]; über die Wichtigkeit von Friedenstrends, Rückzug der USA aus Europa, Darstellung von USA und BRD als »neue Achse«[108]; international gesehen, die Aufnahme von China in die UNO, die Abschaffung der Wehrpflicht in den USA, linke Regierungen in Ländern, deren Wirtschaft in den Händen der USA ist, Revolutionen in Mexiko, Brasilien[109].
Ökonomisch: vor allem die Definition der »nachindustriellen Gesellschaft«, also jener Gesellschaften, wo der Sprung aus dem Reich der Notwendigkeit in das Reich der Freiheit ökonomisch möglich geworden sein wird[110] (die Autoren nennen USA, Japan, Kanada, Skandinavien, Schweiz, Frankreich, BRD, Benelux; eventuell Großbritannien, UdSSR, Italien, Österreich, DDR, CSSR, Israel, Australien, Neuseeland). In dieser sind unter anderem enthalten: vollständige Entfaltung der Produktivkräfte, sinkende Bedeutung des Privateigentums[111], sinkende Bedeutung rationaler Interessen, rasche Verbesserung von Erziehungsinstitutionen und Methoden (Lerngesellschaft), Abbau der Ideologie der Mobilität, vor allem Abbau des Leistungsprinzips. (Repressiv: die »durchgehende Steuerung der Gesellschaft auf kybernetischer Grundlage.«) Der Vergeudungskapitalismus kann durch langlebige Geräte beseitigt werden, Demokratisierung durch Konferenzfernsehen (siehe dazu auch Cohn-Bendit) vorangetrieben werden[112]. Sogar der Aspekt der Abschaffung der Geldwirtschaft taucht kurz einmal auf, wird jedoch ohne weitere Diskussion verworfen[113].
Der Abbau des Leistungsprinzips wird von Kahn-Wiener zugleich ökonomisch exakt motiviert – und ideologisch mit Sorge gesehen: »Ein bedeutender Teil der Bevölkerung wird überhaupt

nicht arbeiten.«[114] Nur 40 Prozent der Bevölkerung wird ganztägig arbeiten, der Rest wird sich gerade auf Erholung, in Ausbildung, in Pension befinden. Von diesen 40 Prozent werden 50 Prozent das ganze Jahr beschäftigt sein, 20 Prozent mit Schwarzarbeit, 10 Prozent auf Hobbygründen ein halbes Jahr, 5 Prozent werden unfreiwillig, halbfreiwillig oder freiwillig arbeitslos sein, 5 Prozent – hier entlarven sich die Autoren wieder einmal – revolutionär oder passive Arbeitsscheue[115]. Bedenken wir die Zahlen Leinfellners und Mao-Tse-Tungs und daß ein 10prozentiges Potential ohne die in Ausbildung Befindlichen besteht, daß weitere 10 Prozent jeweils ein halbes Jahr Zeit zum Denken haben, kann man verstehen, daß Kahn und Wiener besorgt sind, zumal die abweichenden Gruppen in den Großstädten konzentriert sind und viele Intellektuelle aufweisen[116]. Was bleibt, ist Herrschaft. 1984 kommt bald.

Das zweckrationale Handeln hat sich verselbständigt, neigt dazu, alles nichtzweckrationale in zweckrationales Handeln umzuwandeln. Technik und Wissenschaft werden gleichzeitig zur ersten Produktivkraft und zu ihrer eigenen Ideologie (Funktionalität)[117] Stabilität[118], »Sachzwang«[119]. Gesellschaftliche Normen werden durch Konditionierung ersetzt, Sanktionen durch Scheitern an der Realität, Emanzipation und herrschaftsfreie Kommunikation durch Ausdehnung der technischen Verfügungsgewalt; Rationalisierungsdruck von unten und Rationalisierungszwang von oben; Ausklammerung von Alternativen statt Alternativen[120]. Die 1984-Utopie der vollständig vereinzelten Menschenmonade stammt ausgerechnet von Popper: »Man kann sich eine Gesellschaftsordnung vorstellen, in der sich die Menschen praktisch niemals von Angesicht zu Angesicht sehen, in der alle Geschäfte von isolierten Individuen ausgeführt werden, die sich durch maschinengeschriebene Briefe oder durch Telegramme verständigen und die sich in geschlossenen Kraftfahrzeugen umherbewegen« (künstliche Befruchtung würde sogar die Fortpflanzung ohne persönlichen Kontakt ermöglichen).[121] (Architektonisch ist diese Utopie schon vorweggenommen: »Die Städte sind krebsige Tochtergeschwülste«[122], und 53 Prozent fühlen sich in ihren vier Wänden am wohlsten[123].)

1984 kommt bald. Wertfreiheit, Komplexität, richtungsloser Fortschritt, reibungslose Funktionalität, elitäres Planungs- und Ordnungsdenken, tendenziell sinnloses Leistungsprinzip, IQ-Ideologie, Manipulation und Glaube an eigene Manipulation, Anti-

intellektualismus, Konditionierung, totale Überwachung werden dafür sorgen. Die Kriege der Technokraten werden geplant, von drei großen Blöcken ausgehend: Eurasien, Ozeanien, Ostasien bei Orwell – USA, Japan, Deutschland bei Burnham – USA, Rußland, China bei Kahn-Wiener[124].
Die totale Überwachung ist in den USA tendenziell vorweggenommen: durch den Social Security Act 1935 (Registrierungsnummer-Material-Dossier)[125], durch die Kontrolle über Autokauf, Hauspacht (»die Administration fängt ihn über sein Eigentum, durchs Eigentum wird er unnachsichtiger verwaltet als in manchem offen totalitärem Regime seine Person«[126]).
In der BRD waren Oktober 55 Prozent dafür, Telephongespräche abzuhören[127]; 21 Prozent der Bevölkerung sprachen sich offen für eine technokratische Diktatur aus[128]. Die progressiven Subkulturen haben zu beginnen versucht, etwas dagegen zu tun. Es gibt kein halbes 1984; es gibt keine halbe Befreiung[129].

8. DAS WERTSYSTEM IN HELMUT KREUZERS »BOHEME«

»Der Begriff Boheme bezeichnet in unserem Zusammenhang eine Subkultur von Intellektuellen – in denjenigen industriellen oder sich individualisierenden Gesellschaften des 19. und 20. Jahrhunderts, die ausreichend individualistischen Spielraum gewähren und symbolische Aggressionen zulassen – Randgruppen mit vorwiegend schriftstellerischer, bildkünstlerischer oder musikalischer Aktivität oder Ambition und mit betont un- oder gegenbürgerlichen Einstellungen und Verhaltensweisen.«[1]; gleichsam ein »Komplementärphänomen zu den angepaßten Mittelschichten«.
Kreuzers vierhundert Seiten sind eine ausgezeichnete Materialsammlung über künstlerisch tätige Subkulturen; eine Informationsbank im kleinen. Der Autor hat die riesige Menge expressionistischer Pamphlete, französischer Auseinandersetzungen, angloamerikanischer Bücher und Artikel durchgeackert: das ausführliche Literaturverzeichnis reicht von Julius Bab bis Walter Jens, von Marx' Rezension der »Conspirateurs« bis Liptons »Holy Barbarians«, von Murger bis Nettelbeck. Dieses Material wurde auch aufgearbeitet: Die Lektüre von Kreuzers Arbeit erspart dem Subkulturforscher das Lesen von 200 Büchern.
Zweitens enthält das Werk einen wertvollen und genauen Beitrag

zum subkulturellen Syndrom: also eine Zusammenfassung aller Werte, die künstlerisch tätige Subkulturen von den Normen und Werten der Gesamtgesellschaft unterscheiden (siehe unten). Helmut Kreuzer ist ein idealtypischer Liberaler. Mit allen Vorzügen dieses Genres, aber auch mit allen Beschränktheiten. Sein Werk besitzt einen ausgesprochen großen Materialwert; seine Ideologie, die ausgesprochen oder unausgesprochen bei der Auswertung des Materials zutage tritt, ist fragwürdig, verzerrt das Bild. Das ist der Grund, weshalb ich Kreuzer als einen Ricardo der Subkulturforschung bezeichnet habe. Kreuzer hat mir das »Anhängen« »inadäquater Formulierungen« vorgeworfen[2]. Wegen meines Vorwurfs[3], Kreuzers Alternative zur politischen Isolation der Boheme sei »radikale, absolut gesetzte Anpassung«, hat Kreuzer eingewendet, ohne Sympathie für Bohemiens hätte er kaum freiwillig ein 450-Seiten-Buch über sie geschrieben. Auch seine Sympathie ist typisch für seine liberale Ideologie: die deutsche APO, das amerikanische Movement haben kaum in einer Bevölkerungsgruppe mehr Sympathien gehabt als bei liberalen Intellektuellen – auch die Subkulturkritiken von Raddatz, Zimmer, Kai Hermann, schon gar von Habermas waren grundsätzlich »sympathisch«.

Keuzer wendet bruch- und übergangslos die bis 1945 zutreffenden Kategorien auf ganz anders gearbeitete Erscheinungen an: auf Hippies, auf Provos, auf Teile der Studentenbewegung. »Vernichtet ist der freie Überstaat Boheme, seit Europa sich in ein Zigeunerlager aufgelöst hat.«[4] Kreuzer nennt z. B. PROVO ein »anarchistisches Boheme-Blatt«[5], Roel van Duyn einen »Provo-Bohemien«[6]. Gleichzeitig stellt er mit Recht fest, Provotariat sei ein aktueller Oberbegriff für alle (auch nichtbohemischen) Gruppen gewesen, die (und zwar nicht nur aus der Perspektive der »anarchistisch akzentuierten Boheme«, wie Kreuzer meint) im System der gegenwärtigen Industriegesellschaft unterprivilegiert, marginal, verfolgt sind (und nicht nur, wie Kreuzer meint, so »erscheinen«)[7]. Die assoziative Gleichsetzung von »Provo« und »Boheme« wird gefördert. In Wirklichkeit bestanden die Provos, wie z. B. Boehmer/Regtien mit Recht dargestellt haben, aus mehreren Gruppen: Bohemiens (Grootveld), Intellektuellen ohne künstlerische »Aktivitäten oder Ambitionen« und Jungarbeitern[8]. Die Unterscheidung zwischen bohemischer und nichtbohemischer *oppositioneller* Intelligenz ist, wie wir noch ausführen werden, sinnlos geworden, aber damit ist keineswegs »das Ende der Boheme gekommen«, wie mir Kreuzer in den Mund legen will. Die Subkultur der Boheme gibt es zweifellos noch: Berliner Künstler um Mühlenhaupt, der Münchner »Seerose«-Kreis (und viele andere Münchner Gruppen), die Wiener Gruppe um Wiener, Rühm, Artmann, später Mühl, Brus, Nitsch, Greenwich Village[8a] und Saint Germain des Pres. Aber bei Kreuzer müssen Norman Mailer, Tuyman, Fritz Teufel, Biermann, Degenhardt mit hinein. Teufel sitzt derzeit im Gefängnis; Biermann lebt in einem Staat, der keine symbolischen Aggressionen will; Degenhardt ist APO-Rechtsanwalt; Mailer kandidierte zum Bürgermeister von New York. Die »Boheme« geht, wo sie kann, an die Basis. Kreuzer wendet ein, daß auch schon Esquiros und Barrés für Ämter kandidiert haben. Gut, Esquiros und Barrés waren zwei, dazu noch Mühsam, Landauer, Toller. In den progressiven Subkulturen sind die Beispiele Legion: Eldridge Cleaver, Jerry Rubin, Roel Van Duyn, mehrere ADF-Kandidaten in der BRD, Degenhardt, von den künstlerisch tätigen, gegenbürgerlichen AStA-Vorsitzenden, Juso-Kandidaten etc. gar nicht zu reden ...

»Die Motivationen, Einstellungen und Haltungen, die sich an ihnen ablesen lassen, sind in der Regel nicht auf die Boheme beschränkt; ihre Wahrscheinlichkeit ist in der Boheme jedoch höher als anderswo, ihr Ensemble bestimmt den Idealtyp der Boheme.«[9]

»Der ›Bürgerliche‹ (Anführungszeichen von Kreuzer) ... ist in einer solchen Dichotomie (z. B. bei Provos) der Träger einer positiven Einstellung zum gegebenen sozialen System, seinen zentralen Werten und Regeln, und zugleich Repräsentant einer dementsprechend ›angepaßten‹ (Anführungszeichen von Kreuzer) Lebensform, die von den Mittelklassen nach ›oben‹ und ›unten‹ ausstrahlt.«[10]

Das ist richtig: das ist auch die Meinung der herrschenden soziologischen Lehre (Berelson-Steiner etwa), ergänzt durch gleichlautende Analysen kritischer Denker (Fromm, Helms etc.). Kreuzer zitiert das bürgerliche Autostereotyp (Ordnungsliebe, Reinlichkeit, Sparsamkeit, Arbeitsamkeit, Pünktlichkeit, guter Ruf, Familie etc.) und das bürgerliche Heterostereotyp (subaltern, fügt sich in das bestehende hierarchische System, autoritär, orthodox)[11]. Auch hier ist beides richtig: in den Allensbacher Jahrbüchern allein lassen sich diese Stereotypen dokumentieren; die Richtigkeit des Heterostereotyps haben wir unter anderem bei Gehmacher und Kahn-Wiener, um nur zwei Namen zu nennen, sehen können. (Was die Anpassung an das bestehende hierarchische System

betrifft, gibt es kaum einen Autor, bei dem wir es nicht nachlesen können.)
Kreuzer zitiert das bürgerliche Heterostereotyp der Beatniks: regeltreue Fremdbestimmung, Angst als Folge der Gesetzestreue, keine eigenen Entscheidungen mehr, Dogmatismus, blinde Bindung an Herkommen, Sitte und Konvention[12]. Über die regeltreue Fremdbestimmung hat allein David Riesman ein Buch mit mehreren hundert Seiten geschrieben; das Syndrom Angst/Gesetzestreue ist bei vielen progressiven Psychoanalytikern (Adorno, Fromm, Plack) zu finden (wenngleich Angst sicher nicht nur eine Folge, sondern auch eine Ursache der Gesetzestreue ist); die Mechanismen des Dogmatismus, seine sozioökonomischen Ursachen sind bei Lazarsfeld/Berelson/Gaudet ebenso nachzulesen wie, zusammengefaßt, bei Berelson/Steiner (von marxistischen Autoren wie Wilhelm Reich nicht zu reden).
Kreuzer zitiert das Bourgeoisbild als Heterostereotyp: Veräußerlichung, Geistfeindlichkeit, Zynismus, Rücksichtslosigkeit, praktischer Materialismus, Genußsucht[13] – ein Syndrom, wie es sich aus Kahn-Wieners sensualistischer und spätsensualistischer Kategorie leicht zusammenstellen ließe. »Der ›Bürger‹ (Anführungszeichen von Kreuzer) figuriert als Allegorie der Normativität und Stabilität, der Macht des Allgemeinen und Vorgegebenen schlechthin.«[14] Darüber haben Kingsley Davis, Talcott Parsons, George Homans Dutzende von Seiten geschrieben: die Allegorie ist sehr real. Auch der Katalog: Sachlichkeit/Konsum- und Besitzobjekte/Verträge und Institutionen/Nüchternheit/Utilitarismus/ Lauheit, Mittelmäßigkeit/doppelte Moral/Kompromißbereitschaft/ Desinteresse für die Opfer des Systems / Verteidigung des Status quo ist kein aus der Luft gegriffener Stereotypenkatalog[15]. Wiederum kann bei Berelson/Steiner, Kahn/Wiener, Plack etc. genau die Faktizität dieser Normen überprüft werden, und nicht nur da. Besonders genau läßt sich der Nachweis, wie wir in den Vorkapiteln erwiesen haben, für die Normen der Machtelite, Konsumzwang, Statussymbole, Manipulation, Bildung als Konsumgut, Vorverbrauchsverschleiß führen[16]: Spontan fallen uns dazu Burnham, Bottomore. Mills, Baran, Sweezy, Ernest Dichter, Packard, Marcuse, Noelle-Neumann, Schmidtchen, McLuhan, Fromm, Habermas ein – Autoren, denen bestimmt nicht die Gemeinsamkeit ideologischen Interesses vorzuwerfen wäre.
Kreuzer gibt Beispiele, wie Angehörige der emotionellen Subkultur (Ball, Hülsenbeck, Gautier, Rexroth, Lipton, Algren, Mailer,

die Provos) diese Erscheinungen beschreiben. Was zieht Kreuzer für Folgerungen? »Ihr (der bürgerlichen Auto- und Heterostereotype R. S.) Realitätsgehalt ist gering.«[17] Kreuzer wischt hundert Jahre Soziologie und Sozialpsychologie vom Tisch: Wenn die Boheme nur politisch diffamiert werden kann, braucht man keine Zeile Auseinandersetzung: »geringer Realitätsgehalt«.
Ebenso: »... ihr (der Boheme R. S.) unzutreffender Anspruch, ... alle wesentlichen Züge der Gesellschaft zu erfassen, erschwert eine partielle, rationale und effektive Kritik und tendiert statt dessen zu einer totalen, radikalen und affektiven ›Absage an die Gesellschaft‹.«[18] Die Liberalen haben es mit der »partiellen« Kritik, die zumindest ebenso leicht vereinnahmt werden kann, wie die von Kreuzer zu Recht kritisierten scheinradikalen Isolationstendenzen einer bestimmten emotionellen Subkultur, der Boheme. Was, wenn die rationalste Kritik nicht »partiell« wäre? Die Aporien der Sozialtechnik Poppers, des konsequentesten Vertreters partieller Kritik, haben wir im Vorkapitel gezeigt: Selbst Kahn/Wiener sprechen von der wachsenden Widerlichkeit eines Systems, das sich mit seiner eigenen Aufrechterhaltung begnügt. 1972/73 wird Helmut Kreuzer, wie alle Staatsbürger der BRD, seine Kennummer erhalten, seine Daten werden auf Lochkarten gespeichert sein. Geringer Realitätsgehalt? Unzutreffender Anspruch der Erfassung der wesentlichen Züge einer Gesellschaft? Wie wäre es einmal mit einer totalen, radikalen, rationalen und effektiven Kritik? Wieso sind bei Kreuzer »radikal« und »rational« überhaupt Gegensätze?
Kreuzer bezieht sich auf die oben erwähnte Theorie Mertons[19]: die Boheme ist also eine Anomie. Rationalität und Realität werden ihm, wie wir es im Vorkapitel bei den Technokraten dargestellt haben, zum Fetisch: so ist der »wirkliche« bohemeferne Marxismus für Kreuzer zwangsläufig eine Überleitung zur verwalteten Gesellschaft mit bürokratisch-zentralistischen Tendenzen – die unter bestimmten geschichtlichen Bedingungen entstandenen Perversionen nimmt Kreuzer für die Sache selbst. Oder will Kreuzer behaupten, daß Mao Tse-tung 1965/67, Guevara, Debray einerseits, Marcuse, der frühe Horkheimer, der späte Ernst Fischer, der späte Konrad Farner, Djilas, Kalokowski, Dubček, Goldstükker etc. durch die Bank »realitätsferne« Bohemiens waren?
Die mechanische Gleichung Kreuzers heißt: Boheme (tendenziell Subkultur überhaupt) ist ein Abfallprodukt des Bürgertums. Gibt es kein Bürgertum mehr, so gibt es auch keine Boheme mehr, das

heißt konkret, kein abweichendes Verhalten: »Wer die Boheme will, muß ihre Voraussetzungen mitbejahen; wer sie verneint, muß zugleich eine veränderte Gesellschaft wollen. Entsprechendes gilt meines Erachtens für ›abweichendes‹ soziales Verhalten generell. Es ist jeweils ebensosehr Element und Produkt einer historisch gegebenen sozialen Struktur wie das Verhalten, das den Normen des jeweiligen Systems konform ist. Darin liegt eine Distanzierung von der Auffassung, daß die Gesellschaft als solche in ihrer bisherigen Struktur stets primär die freie Entfaltung ursprünglicher und natürlicher Impulse unterdrückt hat, der spontane Freiheitsdrang der Menschen daher periodisch rebellierte und regelmäßig von den jeweils herrschenden Nutznießern der normierenden und frustrierenden Ordnung als kriminell oder pathologisch diffamiert und mit den Mitteln der ›Macht‹ (Anführungszeichen von Kreuzer) gebändigt wurde.«[20]
Merkwürdig, wie nahe hier Kreuzer manchem undialektischen DDR-Apologeten steht (in welcher Subkulturen ebenso wie in den Metropolen zunächst als Polizeiproblem gesehen werden): Wenn es kein Bürgertum mehr gibt, ist auch die Boheme überflüssig geworden. Sicher sind, wir haben im 1. Teil darauf hingewiesen, Subkulturen Produkte historisch gegebener sozialer Strukturen. Sicher ist die Annahme »ursprünglicher und natürlicher Impulse« und »spontanen Freiheitsdrangs« wissenschaftlich fragwürdig. Jedoch ist ebenso sicher und mittlerweile auch von Nicht-Marxisten (Berelson-Steiner etc.) weitgehend anerkannt, daß die Geschichte eine Geschichte von Klassenkämpfen ist, in der die Herrschenden tendenziell alle Bedürfnisse, alle abweichenden Normen unterdrückt, diffamiert und gebändigt haben. Daß gewisse Bedürfnisse der Beherrschten erstmals in der Geschichte zum Teil anerkannt werden (Konsum, Sexualität), ist eine Tatsache, die den Interessen der Herrschenden infolge gerade der Entfaltung der Produktivkräfte, die auch eine weitgehende Befreiung des Menschen ermöglichen würde, entspricht.
Kreuzer schlägt den Sack Boheme und meint den Esel Nichtanpassung. Rational und effektiv ist, was angepaßt ist. Am meisten entlarvt sich Kreuzer durch den ebenso reichhaltigen wie wohlsortierten Gebrauch von Anführungszeichen. Kreuzer setzt unter Anführungszeichen: »verwaltete Welt«[21], »Establishment«[22], »Leere« (Konventionen)[23], »Manipulation«[24], »Uniform« (bei bürgerlichen Kleidungsnormen)[25], Familie als »unfreie Bindung«[26], »bürgerliche Ordnung«[27], »Konsum«[28], »Konsum-

zwang«[29], »bürgerliche Arbeit«[30], »verwaltete Gesellschaft«[31], »Autorität«[32], »Macht«[33], sogar »Gesundheitswesen«[34]. Schon durch Form und Stil degradiert also Kreuzer Ergebnisse der Wissenschaft, die nicht notwendigerweise angepaßt verwendet zu werden haben, zu Spielwiesen.

Wenn Kreuzer das *bruchlose* Weiterbestehen einer Boheme nach 1945 in andere Subkulturen hineinprojiziert, übergeht er folgende Sachverhalte:

1. Der technologische Fortschritt hat die Produktivkräfte qualitativ verändert. Arbeit gewinnt den Aspekt der Aufhebung von Arbeit, Autorität den Aspekt der Aufhebung der Autorität, neue sexuelle Formen kündigen sich an, Eigentum und Geld werden in ihrem Anachronismus sichtbar. Die Normen der Boheme, so illusionär, unpraktisch, gesellschaftlich rein als Negation vermittelt sie waren, werden posthum durch die Technik verifiziert. Somit erweist sich Mühsams Satz, die Lebensform der Boheme sei der Vorbote der Zukunft, zumindest als plausibel[35]. Dies konzidiert Kreuzer indirekt: »Das hindert nicht, daß die Arbeit der technischen Intelligenz auch Bedürfnissen der Boheme zugute kommt, da die Wirkungen der Automation wahrscheinlich die soziale Basis für das traditionelle Arbeitsethos und damit zusammenhängende Erfolgs- und Leistungszwänge schwächen werden.«[36] Hierbei übersieht Kreuzer wieder, daß es nicht primär darum geht, den Bedürfnissen der Boheme etwas zugute kommen zu lassen, sondern den verschütteten Bedürfnissen der Massen, derzeit repräsentiert durch die Avantgarde der diversen progressiven Subkulturen. Wenn schon nach Kahn/Wiener 10–30 Prozent der Bevölkerung in »bohemischen« Lebensformen wahrscheinlich leben werden, so unterscheidet sich das wesentlich von den in Promille zu messenden Anteilen der alten Boheme[37].

2. Die technische Intelligenz bekommt gegenüber der traditionellen Arbeiterklasse im tertiären Sektor Ausmaße einer Massenbewegung. Wird die Technokratie zur Ideologie der neuen technischen Intelligenz, so die Aufhebung von Autorität, Leistungsprinzip und Entfremdung zu ihrer Utopie. Somit behält in der Tendenz – nicht in der subjektiven Motivation! – Rexroth gegen Kreuzer recht. Kreuzer hat dagegen eingewendet, ich berücksichtige die Kluft zwischen den »zwei Kulturen« nicht, die etwa Steinbuch in seiner Polemik gegen die Hinterwelt aufgezeigt hat. (Typisch für Kreuzers Ideologie, daß er den Technokraten Steinbuch, der nur gegen feudale und frühbürgerliche Normrückstände pole-

misiert – wohl auch dabei, wie auch Kreuzer selbst, manchen fortschrittlichen Ausgangspunkt erarbeitet –, für eine Gallionsfigur des *oppositionellen* Flügels der technischen Intelligenz hält.) Erstens wirft Kreuzer wieder einmal Subkultur und Boheme in einen Topf (die technische Intelligenz stünde der traditionellen Arbeiterklasse objektiv näher als der *Subkultur*): Sicher steht die technische Intelligenz, wenn wir so wollen, proletarischen Subkulturen (siehe nächsten Teil) tendenziell näher als historisch-bohemischen Subkulturen: das historisch Neue ist gerade die tendenzielle Vereinigung ihrer Elemente in den gegenwärtigen Subkulturen. Zweitens ist Kreuzer am Stand von 1967 stehengeblieben: Seitdem hat sich gerade in den naturwissenschaftlichen Fakultäten der BRD die Basis der Subkulturen verbreitet; die Demonstration der baden-württembergischen Ingenieurschüler gegen den Kultusminister Hahn etwa zeigte mehr »bohemische« Elemente als viele andere Demonstrationen; im Pariser Mai (Saclay, Generalrat der Filmstände) hat die technische Intelligenz eine wesentliche Rolle gespielt etc. Drittens hat zu Beginn einer Bewegung seit je die Ideologie eine größere Massenbasis gehabt als die Utopie. Viertens habe ich in dieser Arbeit mehr Platz und Gelegenheit gehabt, den kulturellen Wandel genau darzustellen als in einer kurzen Rezension.

3. Der Lebensstil der von Kreuzer als Boheme klassifizierten Gruppen, die ebenso massenweise nichts mit Kunst zu tun haben. (Spätestens bei der von ihm konstatierten »Außerbohemischen Erneuerung des politischen Anarchismus in den linkspolitischen Studentenbewegungen der sechziger Jahre«[38] hätte Kreuzer skeptisch werden müssen. Letztlich bleibt es sich jedoch gleich, da Kreuzer ja jede Form der Nichtanpassung ablehnt.) Kreuzer konzediert: »Richtig ist, daß die Protestkollektive gegenwärtig ein ›Massenphänomen‹ sind . . .«[39]

4. Nicht nur das Kriterium der Kunst entfällt, sondern auch das der Symbolik der Aggression. Die Demonstrationen der Clique um Stirner, der Lumpenproletarier Mühsams, der Wiener Gruppe (sieben Mann gegen das Bundesheer!) sind isoliert – die Zahl der demonstrierenden Hippies geht in die Zehntausende. Kreuzers Kritik trifft da zu, wo sie die Isolation der politischen Aktionen der Boheme anspricht, den verselbständigten Radikalismus. Kreuzers Alternative ist jedoch nicht die Vermittlung der subkulturellen Normen mit den Bedürfnissen der Massen, sondern Anpassung.

Sicher gibt es, und zwar in allen Subkulturen, noch »tagtäglich symbolische Aggressionen«[40]. Jedoch waren Esquiros, Barrés, Berkman, Goldman et tutti quanti Einzelkämpfer; Vallés nahm zwar an der »kollektiven Revolution«, wie sich Kreuzer ausdrückt, 1871 teil – die Bohemiens, die an der Commune teilnahmen, sind wohl an zehn Fingern abzuzählen.
Gegen den Vorwurf der Anpassungsideologie wehrt sich Kreuzer entschieden. Mit Recht erklärt Kreuzer, Anpassung und Nichtanpassung seien historische Kategorien, differenzierte Urteile über die je konkrete Anpassung oder Nichtanpassung seien erforderlich (so etwa gegen die Möglichkeit faschistischer Subkulturen). Zweifellos ist die kritische Analyse regressiver Boheme ein Verdienst Kreuzers, doch liest sich das in der Song-Replik sympathischer als in Kreuzers Buch selbst. Nirgendwo ist in den 400 Seiten eine nichtintegrative Alternative anstelle von Anführungszeichensoziologie dargestellt.
So beschreibt Kreuzer mit gebotener Exaktheit alle jene Normen, die heute weitgehend eben nicht mehr nur bohemische Normen sind, sondern von großen Teilen der meisten progressiven Subkulturen geteilt werden:
Ablehnung des Prestiges, der Geldwirtschaft; der jeweiligen bürgerlichen Norm wenig entsprechende Kleidung und Umgangsform; Bedürfnis nach persönlicher Erfahrung, Lust an provokatorischer Wirkung; positive Einschätzung der Spontaneität; Fähigkeit zur Verminderung oft falscher Bedürfnisse; libertine Einstellung zu Sexualnormen; starker Individualismus, ebenso starke Solidarität; Streben nach Gleichheit der sozialen Lage; Skepsis gegenüber dem Leistungsprinzip; Ablehnung autoritärer Personen und Institute; Skepsis gegenüber der Ehe als Zwang, Grenze und »Gehäuse«; typische Wohngewohnheiten (Atelier, Bude, häufiger Umzug, Schlamperei; Requisiten, Bodenorientiertheit, Gastfreiheit); Bevorzugung informeller Gruppen gegenüber formeller Organisationen; abweichende Sprache (Jargon, Slang, Esoterik); eigene Formen der Öffentlichkeit (Café, Kneipen, Wohnviertel); Verzicht auf geregelte Arbeit; Neigung zu Eigentumsdelikten; Befürwortung von Gemeinschaftsexperimenten (wie Kommunen, Kibbutzim), Ablehnung von Bürokratie, Disziplin und Taktik.
Im folgenden Teil wird es erforderlich sein, die subkulturellen Normen zu analysieren.

III. Normen der Subkultur

»*Es ist nicht so wichtig, einen Platz in der Gesellschaft zu finden, als die Gesellschaft so zu gestalten, daß man in ihr auch einen Platz finden möchte.*« Mario Savio, 1964 in Berkeley

»*Ehe ein sozialer Konflikt zwischen unter- und überprivilegierten Gruppen ausbrechen kann, muß die unterprivilegierte Gruppe zuerst das Bewußtsein entwickeln, daß sie wirklich negativ privilegiert ist.*« Lewis Coser

1. KURZER ABRISS DER SUBKULTUREN

Allzu kurz und schematisch läßt sich der Verlauf der subkulturellen Geschichte seit ungefähr 1800 in folgenden Phasen beschreiben:

1. vor 1848
2. 1848–1871
3. 1871–1914
4. 1918–1933
5. 1933–1945
6. 1945–1960
7. ab 1960 (Gegenwart)

Ad 1:

```
                              Feudalismus mit beginnender
                              Großbourgeoisie
                    Salons
   beginnende Arbeiterbewegung
   Jungdeutsche, Burschenschaften,         monarchistische
   radikale Bürger                kM       Emigranten etc.
        utopische Sozialisten
             Bohème
```

Ökonomie: weitgehend feudal, in einigen Ländern Beginn der Kapitalakkumulation, in England Hochkapitalismus.[1]
Überbau: Monarchie. England, z. T. auch Frankreich, konstitutionelle Monarchien (Bürgerkönig).

Regressive Subkulturen: in der napoleonischen Zeit monarchistische Emigranten; kriminelle Subkulturen (Eugene Sue)
Kompakte Majorität: Bauern, Arbeiter
Progressive Subkulturen: 1. Beginnende Arbeiterbewegung (Ludditen, Chartisten etc.).
2. Oppositionelle Bauernbewegungen, Millenarier, Banden, »archaische« Formen der Sozialbewegungen[2]: millenarisch, chiliastisch, abstrakt, anarchistoid; mit Ritualen (Initiationsritus, Auswechseln der Mitgliedskarten, Gesänge) und Symbolen (Abzeichen, Fahnen)[3]. Zum Teil Geheimgesellschaften (Carbonari). Schon von den Kriminologen des 19. Jahrhunderts als »psychopathologische Phänomene« angesehen[4]. Zum Teil weist Hobsbawn das Weiterbestehen progressiver Elemente bis zur Unterstützung der zeitgenössischen KPI nach.
3. Jungdeutsche, Burschenschaften: widersprachen damals noch den gesamtgesellschaftlichen Normen, wurden als »Marodeurs der Wissenschaft« bezeichnet[5].
4. Utopische Sozialisten: Hatten vor 1840 ein reges Gegenmilieu, das sie zum Teil in (durchweg scheiternden) amerikanischen Kommunen auszubauen versuchten. In Europa Salons (an denen z. B. Heine teilnahm)[6], Zeitschriften (Goethe z. B. war Abonnent des »Globe«), Kommunen (Enfantins' Mesnilmontant).
5. Das bürgerliche Gegenmilieu in feudalen Zeiten: Seine Funktion haben Habermas und Kreuzer beschrieben. Selbst Schoeck erwähnt: »Das Aufklärungszeitalter trug zur Selbstgliederung der Gesellschaft mit Hilfe zahlloser politischer, halbpolitischer, pseudo-religiöser, wissenschaftlicher und schöngeistiger Klubs, Zirkel, Akademien und ähnlichen Kongregationen bei. Vor allem das englische Klubwesen war von erheblichem Einfluß für das Sichbewußtwerden gesellschaftswissenschaftlich bedeutungsvoller Gesichtspunkte.«[7]
6. Boheme: a) Präboheme: Zigeuner, Vaganten, Vagabunden, Sturm und Drang, seit jeher deklassierte Intellektuelle (Proletarisierung als Einzelphänomen: Villon, Marlowe, Bellmann (Guenther, Savage, Diderot, Schubart). Die Boheme entstand durch den Widerspruch zwischen den fortschrittlichen Ideen der Französischen Revolution und den Wertmaßstäben der aufkommenden Bourgeoisie, um sich in Frankreich zur Zeit des Bürgerkönigtums zu entfalten[8].
b) Romantik: Voraussetzungen Rousseau (Zivilisationskritik, Naturbegriff, Tendenz zum Geniekult, Schöpfungsästhetik[9]; Va-

gabundenleben – Eichendorff; schwarze Romantik – E.T.A. Hoffmann; langes Haar, grüne Gesichtsfarbe, exzentrische Kleidung, antibürgerliche Verhaltensformen; Spontaneität, sexuelle Gegennormen, Subjektivismus, Skepsis gegen das Leistungsprinzip, gegen Trennung Leben – Kunst – aber esoterisch, und später restaurativ[10].

c) Beginn und Entfaltung der Boheme: Nach Balzac wurde der Bohemien als Intelligentia vor den Toren des Establishments aufgefaßt[11]. Champfleury (Vorbild Murgers) gegen das bürgerliche Stereotyp: Boheme = Unterwelt (Boheme als Randgruppe des Bürgertums, Unterwelt des Proletariats). George Sand lebt als große Bohemienne[12]. Murgers »Scènes de la vie Bohemienne«: Bohemetum als Durchgangsstadium zur Integration oder zur endgültigen Verarmung: »Murgers Fixierung des Begriffs an einen Zustand der Not ... vermochte sich nicht beherrschend durchzusetzen; sie hat sich jedoch als weiterwirkende Kraft in der Geschichte des Begriffs ebenso behauptet wie seine Bestimmung der Boheme als jugendliches Durchgangsstadium der literarisch-künstlerischen Intelligenz.«[13] Widersprüche von Murgers Boheme und Widerstand gegen die Restaurationsepoche: Notboheme – Kampfboheme[14]. Laufende Integration: Originalität als wirt-

Ad 2:

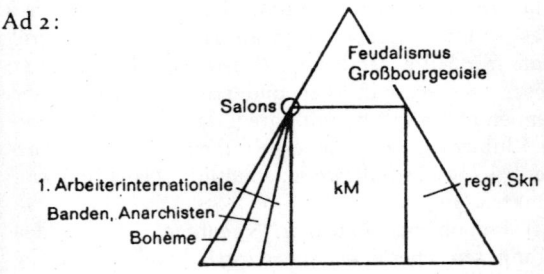

Ökonomie: Weitere Kapitalakkumulation (Frankreich, Preußen, Beginn in den USA).
Überbau: Weitere Verschmelzung von Feudalismus und Großbourgeoisie (insbesondere in Frankreich).
Regressive Subkulturen: Lumpenproletariat (Napoleon III., 1851), kriminelle Subkulturen.
Kompakte Majorität: steigender Anteil der Arbeiterklasse.

schaftlicher Wert, Individualität als Requisit der Kunst[15]. Normen: Jagd nach Befriedigung primärer Bedürfnisse, monetäre Kameraderie, Gleichheit der sozialen Situation, Freimut, Offenheit, Gewohnheiten (Kaffeehaus), Abscheu vor nichtintellektueller Arbeit, Unordentlichkeit[16]. Bürgerliches Distanzbewußtsein: Die Boheme schaut der Revolution von 1848 zu[17]. Bis zum heutigen Tag vorwiegend aus den Mittelschichten.

Progressive Subkulturen: Von den Subkulturen der vorigen Phase wurden die Jungdeutschen, die Boheme und die utopischen Sozialisten (insbesondere die Saint-Simonisten) in die Bourgeoisie integriert, die radikalen Bürger und die ersten Ansätze zur Arbeiterbewegung zerschlagen.

1. Allmählich entsteht eine neue Arbeiterbewegung, die zum Teil (Pariser Commune 1871) wieder zerschlagen wird, zum Teil in der nächsten Phase sich voll entfaltet (Gründung der 1. Arbeiterinternationale).

2. Aus verarmten Bauern und Kleinbürgern anarchistische Gruppierungen: erstmalig, wenn auch unreflektiert, ein Konzept eines Sozialismus von unten (Jura-Föderation, Commune). Reicht ebenfalls in die nächsten Phasen weiter.

3. Boheme: Heimstatt der linken »Konspirateure« 1850 (Marx über Chenu »Les Conspirateurs«: »Ihre schwankende, im einzelnen mehr vom Zufall als von ihrer Tätigkeit abhängige Existenz..., ihre unvermeidliche Bekanntschaft mit allerlei zweideutigen Leuten rangieren sie in jenen Lebenskreis, den man in Paris la bohème nennt.«[18]); Zirkeln um Courbet, Gebrüder Goncourt. Vallés: politische Boheme (Bloy: Boheme als Dauerzustand)[19]. Geringfügige Teile der Boheme (Vallés, am Rande Rimbaud) nehmen an der Commune 1871 teil. In Italien unterstützt die Boheme Mazzini und Garibaldi.

Als Drehpunktinstitution zwischen Establishment und manchen Subkulturen wirken die Salons (Gautier, Goncourt, Liszt im glanzvoll-unpolitischen Salon der Prinzessin Mathilde; Vallés, Mirbeau im sozial gemischten Salon der Madame Adam; Richard Wagner, Heine, Herwegh, Renan, Louis Blanc, Ledru-Rollin, Schoelcher, Bakunin im politisch-literarisch-aggressiven Salon der Marie d'Agnoult; Salon der Nina de Villard als etikettefeindliche Heimstätte politischer Umstürzler und Avantgardisten wie Gambetta, Mallarmé, Degas, Zola, Bloy)[20].

Regressive Subkulturen: entstehen durch absinkendes Kleinbürgertum massenhaft neu (deutsche Jugendbewegung, antisemi-

Ad 3:

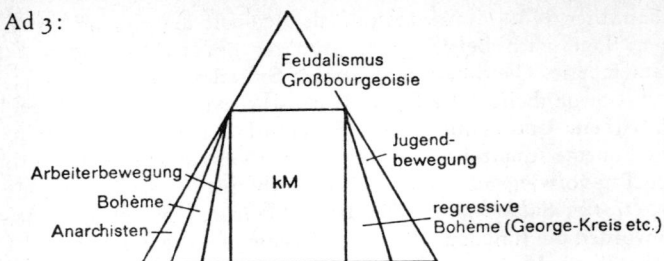

Ökonomie: Die Großbourgeoisie ist in den meisten industriell entwickelten Ländern vorherrschend (USA, Großbritannien, Deutsches Reich etc). Imperialismus.
Überbau: Konstitutionelle Monarchien (außer USA). Machtgruppen aus Adel, Klerus, Industrie. Belle Epoque.

tisch-nationalistische Subkulturen, z. B. Dreyfus-Affäre). Regressive Boheme.
Kompakte Majorität: Arbeiterklasse weiter steigend, jedoch bei starken Anteilen (weithin Mehrheiten) von Bauern.
Progressive Subkulturen: 1. Die Arbeiterbewegung erreicht ihren Höhepunkt und gleichzeitig 1914 weitgehend ihren Umschlag in die Integration.
2. Anarchistische Subkulturen bestehen weiter, sind jedoch nur in Italien und Spanien einigermaßen von Bedeutung. Narodniki in Rußland, Populisten, IWW in USA (bis hin zu Einflüssen auf die Neue Linke).
3. Boheme: Entstehen einer Boheme in Großbritannien (Dandysmus), Deutschland (Berlin, Schwabing), Österreich-Ungarn (Wiener Kaffeehäuser). (Im 1. Weltkrieg wird die Schweiz zum subkulturellen Dorado: Dadaisten, Zimmerwalder Linke.) Bis 1890 Naturalismus und Sozialismus, Krach der »Jungen« mit der Sozialdemokratie. (Noch später Ibsen-Club: Lesen Lassalle, Tolstoi, Bebel[21].) Bürokratisierung der Sozialdemokratie – Ästhetisierung des Proletariats in der Boheme (Daudenthey, Kollwitz (?), Hille)[22]. Ab 1890 Übermenschenideologie, elitärer Individualanarchismus, Dekadenz[23]. Die politisierenden Bohemiens favorisieren radikale und revolutionäre Bewegungen, vertreten aber in der Regel individualistische oder ultraradikale Abweichungen von den organisierten Parteien und Massenbewegungen. Ihre stärkste

Affinität haben sie zum Anarchismus, teils zu einer regressiven Ausprägung, die sich an der Idee der Zerstörung berauscht, cäsaristische Übermenschen, Verbrecher, Terroristen und Barbaren zu literarischen Idolen erhebt, teils zu einem spiritualistisch-utopischen Anarchokommunismus mit humanistisch-pazifistischen rousseauistischen und antiindustriellen Tendenzen[24]. Die Futuristen, zum Faschismus übergehend, sind in der italienischen Arbeiterklasse vor 1914 recht populär gewesen: so lud die Turiner Sektion des Proletkult Marinetti ein[25].
Im 1. Weltkrieg Integration vieler Bohemiens durch Chauvinismus, andere bald radikal pazifistisch: Goll, Graf, Jung, Leonhard, Grosz, Ball. In der Schweizer Emigration Vorbereitung der 3. Internationale (Kommunistische Parteien als Subkulturen der etablierten Sozialdemokratie)[26], Dadaismus[27].

Ad 4:

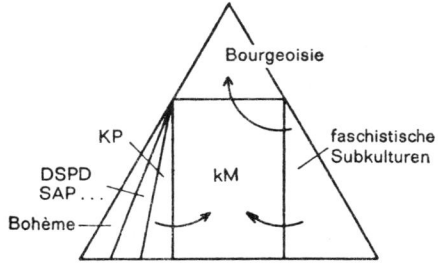

Ökonomie: Vorherrschaft der USA-Bourgeoisie, Niedergang mancher Staaten aufgrund des 1. Weltkrieges (Deutschland), Vergesellschaftung der Produktionsmittel in der Sowjetunion, Unterkonsumtionskrise führt zur Weltwirtschaftskrise 1929.
Überbau: Beseitigung der meisten Monarchien 1918. Eindeutige Vorherrschaft des Großbürgertums. Faschismus in Italien, Diktatur des Proletariats in der Sowjetunion.

Regressive Subkulturen: Proletarisierung des Kleinbürgertums, ab 1929 Arbeitslosigkeit führen zu einer Blüte faschistischer und faschistoider Subkulturen. Direkte Querverbindungen zwischen diesen und kriminellen Subkulturen (Horst Wessel). Bei faschistischen Machtergreifungen werden faschistische Subkulturen integriert oder zerschlagen (Ausbleiben der »2. Revolution« in Deutschland: Widerspruch zu den Interessen des Kapitals).

Kompakte Majorität: Arbeiterklasse; beginnendes Aufkommen der Angestellten, die zusammen mit den absinkenden Kleinbürgern und Kleinbauern die Massenbasis regressiver Subkulturen bilden.

Progressive Subkulturen: 1. Die kommunistischen Parteien sind zu dieser Zeit die progressive Subkultur par excellence (Münzenberg-Konzern, Internationale Arbeiter-Hilfe, Proletkult, Arbeitslosenzeltlager am Großmüggelsee). Wechselnde Isolations- und Integrationserscheinungen Ende der zwanziger Jahre, Beginn der dreißiger Jahre.

2. Unabhängige sozialistische Gruppen (USPD, SAP). Niedergang nach der gescheiterten Revolution 1919 (Münchner Räterepublik: Verbindung mit progressiver Boheme – Eisner, Toller, Mühsam), Wiederaufkommen aufgrund der Isolations- und Integrationserscheinungen der KP. In Spanien bis 1937 starke anarchistische Gruppen.

3. Boheme: Starker experimenteller Gemeinschaftswille, utopisch-revolutionäre Gemeinschaftserwartung, neue Sachlichkeit. Kontakte der fortschrittlichen Boheme von rationalistischen Subkulturen: Brecht, Piscator, Heartfield[28]. Jazz. Lost-Generation (Emigranten aus den USA).

4. Vagabunden: In Stuttgart 1929 Internationaler Vagabunden-

Ad 5:

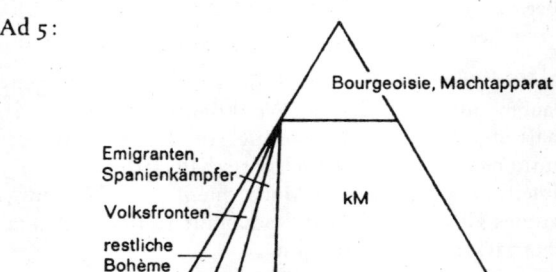

Ökonomie: Überwindung der Weltwirtschaftskrise durch tendenziell technokratische Planung (Keynes, Schacht).

Überbau: Faschismus, New Deal, Stalinismus. Erste Ansätze zum Establishment im heutigen Sinne: Konzerneigentümer, Manager, Militärapparat.

Regressive Subkulturen: So gut wie keine.

Kompakte Majorität: Wie 4.

kongreß; in einem Stadtteil Chicagos 1923 75 000 Hobos (Hobo-Manager, -Colleges, -Zeitungen, -Buchhandlungen, -Lokale). Perspektivelos[29].
Progressive Subkulturen: 1. Emigranten, Spanienkämpfer.
2. Rest der nichtintegrierten, nichtverhärteten Arbeiterbewegungen (Volksfronttaktik: integrativ, wohl aber historisch notwendig).
3. Reste der Boheme, soweit nicht integriert (New Deal – USA; Jazz in Swing integriert – Gegentendenz: Bebop-Subkultur).
In faschistischen Staaten eine tendenziell subkulturlose (von den Widerstandsbewegungen abgesehen) Gesellschaft.

Ad 6:

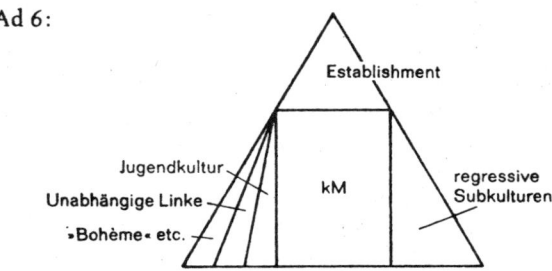

Ökonomie: Technokratische Planung (Burnham), Rekonstruktionsperiode, weltweiter Konzentrationstrend.
Überbau: Kalter Krieg, Neokolonialismus, Tauwetter. Formaldemokratien und bürokratischer Sozialismus.

Regressive Subkulturen: kriminelle Subkulturen, neofaschistische Gruppen, Bandenkulturen.
Kompakte Majorität: Steigender Anteil der Angestellten und der technischen Intelligenz, Abnahme der Bauern- und Kleingewerbetreibenden, in einzelnen Ländern bis zur Bedeutungslosigkeit.
Progressive Subkulturen: 1. Jugendkultur (s. 1. Teil): integriert.
2. Unabhängige Linke: Korsch 1950: Utopischer Sozialismus, Blanqui, Proudhon, Bakunin sind dem Marxismus gleichwertig; Fehler des Marxismus: Abhängigkeit von den Bedingungen in den Ländern, in denen bis 1950 Revolutionen stattfanden, Festhalten an Formen der bürgerlichen Revolution, Überbetonung der Rolle des Staates, Verlegung der Emanzipation des Proletariats in

unbestimmte Zukunft; Forderung nach Handeln aller im Monopolkapital unterprivilegierten Schichten. Sozialistische Grundsätze bis 1949 in den Landesverfassungen von Hessen und Nordrhein-Westfalen, Ahlener Programm der CDU, »Ruf«, UAPD für Blockfreiheit, politische Freiheit, Sozialisierung von Geheimdiensten durchsetzt. Linke SPD-Gruppen (Agartz, Seeger, Lamm). 1956 Tauwetter, Opposition gegen bürokratischen Sozialismus, Räteideen, »Hundert Blumen« Mao Tse-Tungs, Polen, Ungarn. Harich fordert Studium jugoslawischer, polnischer, chinesischer Versuche, Trotzkis, Bucharins. Steigende Einflüsse politischer Intellektueller, französischer Existenzphilosophen, Oxford-Marxismus, aber auch der Beat-Generation. Antiatomtodbewegung in der BRD (1958) – nach Godesberger Programm: Integration oder Ausschluß (SDS), der zunächst in die Isolation führt (»Café Marx«). Die dogmatisierten DuBois-Clubs in den USA radikalisiert oder durch neulinke Gruppen überholt: Verbindung zwischen Massenlinie, Bündnispolitik, marxistischer Theorie und »Pepsi-Generation«, James Dean, Rock and Roll[30].
3. Boheme etc.
a) Alte Boheme: Nachholbedarf nach dem Krieg: Clubs, Studententheater, Jazz-Rezeption, »Kahlschlag« (Borchert, Eich), Kellerkinder. Beginn der Gruppe 47: ärmlich, provisorisch, solidarisch, egalitär. Werden nach der Währungsreform integriert.
(Dazu Kreuzer: Keine Subkultur, da der Widerspruch zur Gesamtbevölkerung mit ebenfalls ärmlichen, provisorischen, solidarischen, egalitären Normen (Beruf, Wohnung, Kleidung) nicht bestand[31]. Andere Schlußfolgerungen sind möglich. Ähnlich wie 1929 wurde die große historische Chance vergeben, ein großes Neutralitätspotential innerhalb der kompakten Majorität für grundsätzliche Veränderungen zu nutzen. Neutralitätspotential, Drehpunktpersonen und Subkulturen wurden gleichermaßen in die – in den USA nicht nur ungebrochenen, sondern mit geradezu hysterischer Verve vertretenen (Kalter Krieg!) – bürgerlichen Normen reintegriert. Der Kanzler der Alliierten schaffte die Integration nahezu der gesamten Bevölkerung in die Normen der Alliierten[32].
Bis 1960 kleine Boheme-Minoritäten: Wien (Wiener Gruppe, Hundertwasser), Greenwich Village, London (Osborne, Wilson), Schweden (Vennberg), auch in Osteuropa (Jewtuschenko); die Existenzphilosophen in Paris.
Bei den Existenzphilosophen ist zu unterscheiden zwischen den

normativen Voraussetzungen der intellektuellen Leitbilder (Sartre, de Beauvoir, Camus, Merleau-Ponty) und der Mitläufer. Die Intellektuellen setzten sich für Spontaneität, Humanismus, Selbstverantwortung, Solidarität ein: Camus beeinflußte die neue Linke der USA. Sartre solidarisierte sich noch 1970 mit der Proletarischen Linken, Merleau-Ponty wird noch im letzten Aufsatz Hans-Jürgen Krahls (Dezember 1969) eher zustimmend zitiert. Außer Camus waren sie durchweg Marxisten, nicht, wie Günther Sartre diffamiert, ein »Konglomerat aus deutschem Expressionismus und Lost generation«[33]. Besonders ungerecht werden sie, bei allen Fehlern, die sie zweifellos gemacht haben, von orthodoxen Marxisten behandelt: »ein verfeinerter Extrakt aus den Inhalten des allgemein mittelständischen Bewußtseins«[34], »sophistische Isolation des Individuums,... die deren Übergang zu einer konsequent revolutionären Haltung verhindert«[35], »pseudo-politische Verhaltensweise«, »wie gute deutsche Eichen fest im Boden der bestehenden Ordnung verwurzelt stehen«[36].
Die Mitläufer: Leere, Alkohol, Lebensangst, Nikotin, Ekel, Jazz, Absurdität, Autorennen, Verzweiflung, Tanzlokale, Gefühlsbewegungen, Kleidung, Françoise Sagan und Matratzen[37]. Mag die Schilderung Günthers auch allzu schnoddrig hingehauen sein: sie hat einen gewissen Realitätsgehalt. Snobismus und Reduktion auf die oberflächlichen Elemente machten die Existenzphilosophie bald zu einer Praxis der Eigentlichkeit.
b) Beat-Generation: Diese, als Gegenkultur gegen die angepaßte Intellektuellenschicht des New Deal und der McCarthy-Zeit entstanden, waren in den USA die Wegbereiter der Hippies: weniger, elitär, und noch unreflektierter als diese. (Die Beatniks z. B. forderten noch Öffentlichkeit, heute schafft man sie.) Die Hipsters, quasi die Beatnik-Vorläufer, bewußt anonym, existenzphilosophisch beeinflußt[38], ebenso von der Bebop-Kultur, mit ihren »nächtelangen Berichten von Träumen, die durch den Krieg unterdrückt worden waren«[39], wollten die »Spieler in Distanz und Atem halten«. Anatole Broyard zeichnete das »Bild eines Hipsters«, in welchem er ihn als intelligenten Sohn der Lost generation bezeichnete, die jive-Sprache, dem Wortschatz der Aggressionsmechanismen, die Apriori-Annahme als geheimes Einverständnis, seine Affinität zu Marihuana, seine Ideologie des Elans, der Echtheit und Unmittelbarkeit beschrieb[40]. Kreuzer nimmt den Hipster, einen Satz von Mailer interpretierend, zum Beleg für Rechtstendenzen in den Subkulturen[41]. So bedenklich die »leicht

kriminelle Abseitsstellung« (Broyard) und die biologische Einstellung der Hipsters war, so übersieht Kreuzer doch, daß die Hipster-Subkultur nunmehr rund 15 Jahre vergangen ist, ohne daß ein Hipster oder gar ein Beatnik in der Mannschaft Wallaces, Agnews oder Mitchells aufgetaucht wäre ...

Der Beatnik unterscheidet sich vom Hipster durch eine bewußtere Gesellschaftskritik[42] und durch seine religiösere Einstellung[43]. Er ist sanfter, hektischer, gemeinschaftsbezogener[44]. Sein Zen-Buddhismus ließ sich leichter zu einer politisch bewußten Haltung weiterentwickeln als die Esoterik des Hipsters: »Ich bin Zen-Buddhist genug, um zu wissen, daß ich keiner sein muß. Zen-Buddhismus ist ein Finger, der auf den Mond weist. Aber ich will nicht den Finger. Ich will den Mond.«[45] Das meinte Le Roi Jones: heute will er mit seinen Soul-Brothers die Erde.

Ad 7: siehe Teil I

2. AKTUELLE NORMEN

1. Unmittelbar ökonomische Normen:

Abstrakt die Normen der Gesamtgesellschaft negierend, müßte das subkulturelle Syndrom dazu etwa heißen:

Verminderung der Arbeit, Aufhebung der Arbeitsteilung, Lustprinzip, Abbau von Konkurrenz und Wettbewerb, Abbau von Schichtung, Hierarchie und Positionssystemen, mangelndes erfolgs- und prestigeorientiertes Denken, Konsumaskese, Abschaffung der Geldwirtschaft, die Kriminalität überflüssig machen.

Und zuvörderst: Abschaffung des Privateigentums, jedenfalls an den Produktionsmitteln, und des Profits.

Anton Kuh hatte für die Boheme gemeint, sie sei ein Zwangs-, nicht ein Wahlzustand; mit der Geste der Unbekümmertheit werde über die schlechten materiellen Verhältnisse hinweggegangen[1]. Dies gilt allemal nicht für den Franz-von-Assisi-Kult der Diggers und der Hippies, für die »freiwillige Armut« der Beatniks nach Paul Goodman[2], für die Forderung nach horizontaler Einkommensgleichheit im Berliner SDS[3].

So gut wie alle progressiven Subkulturen stehen auf einem vage sozialistischen Standpunkt:[4] die einen Gruppen machen sich mehr Illusionen, die anderen weniger. Anarchistische Illusionen bieten sich an (so Boehmer/Regtien über die Provos), proudhoni-

stisch-stalinistische (Reiches etwas überzogene Kommune-Kritik: »Sozialismus in einer Kommune«), idealistische (die »Bewußtseinserweiterung« der Hippies als Vorbedingung). Kreuzer erwähnt der Boheme Opposition gegen die Geldwirtschaft und gegen eine ökonomisch, materiell, utilitaristische Skala der Geltung, der Macht und der Möglichkeiten im sozialen Leben[4] (Indikatoren bei der Boheme: zu Besitz bestehen nur die extremen Haltungen von Verzicht und Verschwendung – letztere im Vergeudungskapitalismus leicht integrierbar! R. S. –, Fähigkeiten zur Reduktion der Bedürfnisse, Bedenkenlosigkeit einer parasitären Existenz, Solidaritätsgesinnung in Gelddingen, Verachtung der Planung)[5].
Mit Recht bezeichnet Kreuzer die theoretische oder praktische Opposition gegen die soziale Rolle des Geldes als ein Charakteristikum der Boheme[6]. Dies gilt für so gut wie alle progressiven Subkulturen: Caroline Ware hat es für Greenwich Village festgestellt; Kreuzer zitiert Orwells »War on money«[7]; die EVO spricht von einer »kapitalistisch- geldorientiert- bürokratisch- imperialistisch- mittelklassenbestimmt- langweilig- ausbeuterisch- militaristischen Weltstruktur«[8] (typischerweise mit der Illusion, daß diese »zerbröckelt«); Kosel zitiert ein Gammlerlied: »Wir lieben das Leben und hassen das Geld...«[9]; die »Free«-Projekte der Diggers werden noch ausführlich besprochen werden; das »Living Theatre« verbrennt in »Paradise Now« Geld[10], was die Hippies in New York realiter machen (sogar die Diggers verweigern oft die Annahme von Geldspenden: was wohl eine scheinradikale Haltung ist); kostenloses Essen wird von den Motherfuckers der New Yorker East-Side am Kirchhof verteilt (als die Polizei den dafür ursprünglich gedachten Platz besetzt)[11]; die Gammler ignorierten die Bedeutung des Geldes[12] (wenn man von einem Durchschnittseinkommen von 23 DM/Woche und einer Rücklage gegen Landstreicherei absieht); Newfield stellt Januar 1969 fest, daß ca. 3 Millionen College-Studenten hauptsächlich durch ihr mangelndes Interesse fürs Geldverdienen zu charakterisieren sind (während sich nur 750 000 von 6,7 Millionen College-Studenten mit der Neuen Linken identifizieren)[13]; 85 Prozent der deutschen Studenten hätten schon 1966 ihr Studium nicht für einen gutbezahlten Job abgebrochen[14] (»Geldverdienen« steht in den studentischen Zielvorstellungen ebenso wie »Familienleben«, »angesehen sein« und »möglichst wenig anecken« auf recht bescheidenen Plätzen)[15].
Die freiwillige Armut der Studenten ist nach Goodman bequemer

als der Standard ihrer Eltern: »Die meisten größeren Befriedigungen des Lebens – Sex, Taschenbücher, Spiele, Gitarrespielen, Herumstreichen, Konversation und politische Aktivitäten – kosten wenig.«[16] Wenn die Haltung des selektiven Lebensstandards in den USA allgemein würde, gäbe es eine Katastrophe für das expandierende BNP (das fürchten Kahn/Wiener von der Gegenposition aus auch). (Die Peace-and-Freedom-Party vertritt allerdings das reformistische Konzept des garantierten Jahreseinkommens, wie schon die Fabian-Society.)[17] Vom marxistischen Standpunkt aus meint zu Recht Enzensberger: »Die Abschaffung der Geldwirtschaft mag in der Bundesrepublik als bloße Gedankenspielerei erscheinen; sie ist das erklärte Ziel der revolutionären Regierung Cubas, die bereits die ersten Schritte auf diesem Weg zurückgelegt hat.«[18]
»Es ist die sichtbare Gottheit, die Verwandlung aller menschlichen und natürlichen Eigenschaften in ihr Gegenteil, die allgemeine Verwechslung und Verkehrung der Dinge; es verbündet Unmöglichkeiten ... Es ist die allgemeine Hure, der allgemeine Kuppler der Menschen und Völker.«[19] Selbst bei der Bezirkskonferenz der IG Chemie-Jugend Nordrhein wird schon von Gratisbenutzung öffentlicher Verkehrsmittel und radikaler Senkung der Mietpreise gesprochen[20].
Allzu emphatisch und optimistisch nimmt Hollstein bereits vorweg, was ein Nahziel der Subkulturen sein könnte: »Mit der Abschaffung von Reichtum und Privatbesitz (??? R. S.) im Untergrund konnten auch deren Folgen wie Herrschaft, Manipulation Zentralisierung oder Uniformität vermindert oder, was vor allem für die Kommunen und Gemeinschaftshäuser der Bewegung zutrifft, bereits gänzlich ausgeschaltet werden. Da die bedeutendsten Faktoren der Unterdrückung – Besitz und ökonomische Macht – im Untergrund auf ein gegenwärtig noch notwendiges Minimum reduziert wurden, feiern die Wesenszüge eines freien Menschen schon jetzt ihre allmähliche Geburt.«[21]
»Verteilung lebenswichtiger Güter ohne Rücksicht auf Arbeitsleistung, Reduktion der Arbeitszeit auf ein Minimum, umfassende, allseitige Erziehung zur Austauschbarkeit der Funktionen – darin bestehen die Vorbedingungen, nicht die Inhalte der Selbstbestimmung.«[22]
In ähnlicher Weise gilt dies für alle unmittelbar ökonomischen Normen. Die Ablehnung zumindest der Konzerne ist Gemeingut der progressiven Subkulturen, soweit sie sich überhaupt mit Öko-

nomie beschäftigen (hier besteht ein Widerspruch zwischen rationalistischen und emotionellen Subkulturen)[23].
Zu arbeiten wird von den Gammlern so gut wie grundsätzlich abgelehnt; die Hippies lehnen entfremdete Arbeit ab (nicht z. B. Kunstgewerbe im Haschischgenuß); die Provos und die rationalistischen Subkulturen fordern Verminderung der Arbeitszeit[24]. (Arbeit, nicht um zu verdienen oder zu überleben, sondern um die Unabhängigkeit zu fördern, schöpferisch, selbsttätig, nicht verdummend, mechanisch, manipuliert – hier wird die befreite Arbeit von den Produktivkräften losgelöst gesehen.)[25] Subkulturen, in deren normativem System (realistischerweise) Arbeit eine Rolle spielt (jedenfalls als politische Arbeit), neigen dazu, die Aufhebung der Arbeitsteilung zumindest als normative Zielvorstellung aufrechtzuerhalten:
»Wenn wir in dieser Weise darauf hinwirken, die Arbeitsteilung in der linken Bewegung tendenziell aufzuheben, bleiben wir nicht in einem bloß utopischen Egalitätswunsch befangen. Das Kriterium, an dem der erfolgreiche Abbau hierarchischer Strukturen sich mißt, ist für eine mit der Arbeiterklasse verbundene Organisation die Praxis. Von ihrem Ziel her, Selbsttätigkeit der Arbeiter zu initiieren, ließe sich rational feststellen, ob die Gruppe diesem Ziel näher kommt.«[26] Wenn etwa, führt die Kommune 2 als Beispiel an, nach einem halben Jahr noch immer Studenten eine Betriebszeitung machen, sei die Aufhebung der Arbeitsteilung in der betreffenden Basisgruppe nicht erreicht worden.
Ebenso kann Konsumaskese als subkulturelle Norm angenommen werden[27]. »Die Jugend begnügt sich nicht mehr mit der ihr vom System zugewiesenen Rolle, Produktivkraft und Konsumentenschar für den kapitalistischen Markt zu sein...«[28] Nach Habermas protestieren die Subkulturen nicht um einen höheren Anteil an der Entschädigung, sondern gegen die Kategorie der »Entschädigung« selber[29]. Der Gegentrend gegen die Konkurrenz, mit »Elementen der Gerechtigkeit und Gleichheit«, fällt selbst Homans auf[30]. Auch sind die progressiven Subkulturen keineswegs prestigeorientiert[31]. (Ihre Einstellung zur Schichtung/Autorität und Leistungsprinzip werden wir in je einem Kapitel abhandeln.)
Die emotionellen Subkulturen interessieren ökonomische Normen oft nur am Rande, sie verweigern sich jedoch vollinhaltlich den ökonomischen Normen der Gesellschaft. Die rationalistischen Subkulturen fordern ökonomische Selbstbestimmung der Betroffenen (APO, Students for a Democratic Society).

2. Abgeleitete Normen

Im Gegensatz zu Ruhe, Ordnung, Sicherheit etc., wo periodisch Umfragen gemacht werden, gibt es nichts Vergleichbares für Solidarität, Spontaneität etc. Wir versuchen aufgrund des Konsensus von 23 Autoren wenigstens eine Normenskala zu simulieren; wir sind uns der methodischen Fragwürdigkeit des Verfahrens voll bewußt.

Anzahl der Nennungen bei den 23 Autoren:[32]

Selbstorganisation, Demokratisierung, Participatory Democracy 12[33]
Solidarität 10
Antikonventionalismus, abweichender Stil, Kleidung, Haare, Sprache, Kunst 10[34]
Sexuell Freiheit 9
Liebe 7
Persönliche Bedingungen statt funktionaler Bindungen 7[35]
Kreativität 6
Dezentralisierung 6
Allseitige Entfaltung, Selbsttätigkeit 6
Vernunft, Reflexion 6[36]
Aktion 6[37]
Drogenkonsum (Haschisch, LSD) 5
Autonomie 5
Kooperation 5
Diskussion über gemeinsame Projekte mit gruppentherapeutischem Charakter 5
Phantasie 5
Minoritätenfreundlichkeit 5
Befreiung, Freiheit 4
Gleichberechtigung, Gleichheit 4
Gewaltlosigkeit, Frieden 4[38]
Gemeinsames Leben 4
Spontaneität 4
Spielregelverletzung, Spiel-Aggression 4
Lust, Lust am Sozialismus 4
Meinungsfreiheit (auch im Sinne Rosa Luxemburgs) 4
Ehrlichkeit 3
Standfestigkeit, Kompromißfeindlichkeit 3
Bedürfnis nach persönlicher Erfahrung 3
Freundschaft, Kameradschaft 3
Kritik 3

Initiative 3
Kontestation, permanente Herausforderung 3
Heiterkeit, Liebenswürdigkeit 3
Die Welt sehen wollen 3
Mündigkeit (gegen egoistischen Individualismus) 2[39]
Selbstlosigkeit (gegen Selbstauslöschung) 2
Rotationsprinzip 2
»Now« 2
Imagination (gegen Organisation) 2
Bewußtheit 2
Überschaubarkeit (gegen Komplexität) 2
Spielerisches 2
Muße 2
Toleranz 2
Kommunikationsfreundlichkeit 2
Treue 2 (Reimut Reiche und Studentenumfrage A 65/67!)
Vitalität 2
Lässigkeit 2

Internationalismus als Norm wurde nicht eigens aufgeführt; wohl weil er sich aus der Praxis verschiedener Subkulturen (SDS, Enragées, Black Panther Party, Third World Liberation Front) notwendig, aus der Praxis anderer Subkulturen (Gammler, Provos) schlüssig ergibt.

Aus dieser Liste ergibt sich, daß so gut wie alle abgeleiteten Normen der Gesamtgesellschaft in den progressiven Subkulturen zumindest ihre mechanische Negation, wenn nicht ihre Aufhebung erfahren. Aus unserer Liste ergibt sich keine Gegennorm zur Religion. Die Subkulturen sind jedoch entweder atheistisch (wie große Teile der marxistischen Subkulturen) oder sie hängen außereuropäischen Religionen (Zen-Buddhismus, Islam) an oder sie sind zwar christlich, jedoch in einer Weise, die nicht den Normen der Gesamtgesellschaft entspricht (Theologie der Revolution, Theologie der Hoffnung, Tod-Gottes-Theologie, Urchristentum, Mystik etc.), so daß Religion in jedem Falle in den Subkulturen eine andere Funktion hat wie in der Gesamtgesellschaft. Auf einen Nachweis von Gegennormen zur institutionellen Repression haben wir verzichtet: mir ist keine progressive Subkultur bekannt, die nicht aus eigener Erfahrung institutionelle Repression kennen und diese mit in erster Linie ablehnen würde; in etlichen Fällen haben gerade institutionelle Repressionen zur Radikalisierung der Subkulturen beigetragen (Provos, Hippies, deutsche und französische Studenten). Die einzige Norm – bei über 50 Normen – wo in der Tat eine Übereinstimmung zwischen Gesamtgesellschaft und Subkultur bestehen dürfte, ist die kollektive Verdrängung des Todes.

Zu einer gesamtgesellschaftlichen Norm sind in den Subkulturen zwei einander weitgehend ausschließliche Gegennormen entwickelt worden: zur Norm militärischer Apparat/Ideologie der Verteidigung. Einerseits ist ein ganzer Normenkanon zum gewaltlosen Widerstand entwickelt worden (Flechtheim, Ebert, Nikolaus Koch in der BRD, die weiße Neue Linke mit Ausnahme von PLP und »Weathermen« in den USA), einerseits hat Mao-Tse-tungs Lehre vom Guerillakrieg viele infologe der urbanen Verhältnisse in den Metropolen diese modifizierenden Nachfolger gefunden.

»Immer besteht die Gefahr, daß die Suche nach der gewaltfreien Lösung zu früh abgebrochen wird.«[40] Flechtheim geht von den 15 Punkten des norwegischen Friedensforschers Galtung aus: Gewaltlosigkeit in Gedanken und Sinn; Identifikation mit denen, für die wir kämpfen; positive Alternativen; persönliche Begegnung; Kompromißbereitschaft (hier entsteht eine innersubkulturelle Normenkollision); Kampf gegen Sachen (der also von einem friedfertigen Norweger herrührt und nicht vom bösen SDS-Bundesvorstand); keine Provokation; Offenheit der Pläne; Loyalität; Selbstkritik; lieber Gewalt als Feigheit. Flechtheim führt an Methoden an: Waren- und Verkehrsboykott, sozialer Boykott, Streik, Sympathiestreik, Sitzstreik, Kooperationsverweigerung, Verweigerung von Ehrungen, ziviler Ungehorsam, Flugblätter, Teach-Ins, Märsche, Gegenregierung, Gegeninstitutionen, Go-In, Sit-In, Hungerstreik, Sabotage (slow down), Steuerboykott (der Steuerboykott kommt überhaupt öfters als Möglichkeit vor, etwa mit der Anweisung, das Geld, das sonst an die Steuer gehen würde, der Bevölkerung zur Verfügung zu stellen[41] oder mit Hinweisen, daß in den USA 5000 Personen die Steuer verweigern und daß es ein »Handbook on Nonpayment of War Taxes« gibt[42]. Leider fehlt es an konkreten Hinweisen, wie Lohnabhängige, denen die Steuer schon vom Lohn abgezogen wird, Steuerboykott durchführen können und wie Steuerboykott bei Verbrauchssteuern durchführbar ist.) Die Anleitung zum Handeln kennt noch die Fraternisierung (zwecks Zusammenbruch der Disziplin), das Nachjagen (einer gegnerischen Person folgen, wo immer sie hingeht), den Hartal (längere Zeit zu Hause bleiben, so daß Straßen,

Lokale leer sind), Mieterstreik, Schulboykott, Fasten, umgekehrter Streik (demonstrative Mehrarbeit)[43].
So gut wie alle progressiven Subkulturen haben gewaltlose Aktionen durchgeführt, auch wenn sie später manchem ineffektiv erschienen. Amerikanische Subkulturangehörige sind zum Zeichen gewaltlosen Widerstandes nackt auf die Straßen gegangen, ebenso der Wiener Kriegsdienstverweigerer Mild. Die Motherfuckers, die mit gewaltlosen Guerillaaktionen gegen polizeiliche Sondereinsätze vorgehen, haben als eine Art Gegenpolizei eigene Straßenpatrouillen mit rotem Kopfband, vor allem zum Schutz vor Verhaftungen: die Lower East Side Defense[44]. Die Provos haben Mao-Tse-tungs Strategie gewaltlos (und erfolglos) zu modifizieren versucht: »Fühlen sie sich stark und greifen an – hauen wir ab/Sind sie schwach und geben sich Blößen – greifen wir an/ Hauen sie ab – laufen wir hinterher/Fühlen sie sich sicher – dann machen wir ein Happening am Rathaus.«[45] »Passiver Widerstand ist dem Wesen nach einfach eine Weigerung, legitimierte Autorität anzustreben ... obwohl die Legitimität der Position der herrschenden Klasse bis zu einem gewissen Grad anerkannt werden mag, ist dies nicht unvereinbar mit der Haltung bei anderen Individuen oder sogar bei denselben Individuen mit anderen Einstellungen, die sie ablehnen.«[46] Der Standpunkt militanter progressiver Subkulturen entspricht dieser (allzu formalen) Beschreibung: Ohne aktiven Widerstand sei es nicht möglich, die herrschende Klasse von der Herrschaft zu verdrängen, sei es auch, um Herrschaft tendenziell aufzuheben.
Gerade infolge seiner Abstraktheit zeigt Goffmann gut die Mechanismen der Radikalisierung von Subkulturen und ihre Integration gerade durch Militanz auf, wenn er von Subkulturangehörigen mit militanter und »sezessionistischer« (d. h. nichtintegrativer) Linie spricht: »Wenn es das politische Fernziel ist, die Andersartigkeit vom Stigma zu befreien, kann das Individuum merken, daß gerade diese Bemühungen sein eigenes Leben politisieren können und es so vom normalen Leben (sic!), das ihm ursprünglich verweigert wurde, sogar noch verschiedener machen. Indem das militante Individuum die Aufmerksamkeit auf die Situation von seinesgleichen lenkt, konsolidiert es außerdem in mancher Hinsicht ein öffentliches Bild von seiner Andersartigkeit als einer reellen Sache ... Wenn es auf der anderen Seite irgendeine Art von Separatheit, nicht Assimilation sucht, mag es entdecken, daß es seine militanten Bemühungen notwendig in Spra-

che und Stil seiner Feinde präsentiert. Darüber hinaus sind die Eingaben, die es vorbringt, die mißliche Lage, über die es einen Überblick gibt, die Strategien, die es verficht, alles Teile eines Ausdrucksidioms und Gefühls, das zu der ganzen Gesellschaft gehört... Kurzum, wenn es nicht irgendeine fremde Kultur gibt, auf die es zurückgreifen kann, wird es, je mehr es sich strukturell von den Normalen separiert, ihnen um so mehr kulturell gleich werden.«[47]
Allerdings gibt es »irgendeine fremde Kultur«, die die Integration der Militanz grundlegend in Frage stellt: die Kultur Chinas, Cubas und der Guerilleros. Gerade nach Goffmann müßte sich subkulturelle Gewaltanwendung nicht notwendig integrativ verselbständigen (die frühe Sowjetunion konnte nicht auf eine fremde Kultur zurückgreifen).
Studentische Gewalttheorien werden von Seiffert relativiert, wenn er sie, von der japanischen Situation ausgehend, in subjektivistische (geht nicht von der kämpfenden Masse aus), autotherapeutische (geht von der eigenen Identitätskrise aus), illusionistische (relativ isolierte Minorität in der studentischen Minorität der Arbeiterklasse) und abstrakte (nur Negation der Gewaltlosigkeit) unterteilt[48]. (Semler/Horlemann/Neitzkes Appell, die »Massen auf den Sieg im Volkskrieg vorzubereiten«, etwa dürfte eine Mischform aus illusionistischen und abstrakten Gewalttheorien darstellen.)
Eine Synthese aus gewaltlosen und militanten Gegennormen ist bereits von Wilhelm Reich in »Was ist Klassenbewußtsein?« versucht worden; Settele hat 1967 beim Verband der Kriegsdienstverweigerer in etwa Reichs Theorie referiert: soziale Revolutionen seien im Beginn und Kern gewaltfrei, die Anwendung von Gewalt werde von der Reaktion oktroyiert; je größer die revolutionäre im Verhältnis zur Potenz der Reaktion sei, desto größer sei die Chance gewaltfreien Umbruchs; Forderungen nach Gewaltfreiheit seien nur vertretbar, wenn sie die Forderung nach sozialer Veränderung miteinbezögen[49]. Selbst Flechtheim hat eine Art von Minimalprogramm der Gewalt vorgeschlagen: ein offenes Bekenntnis zu ihr einschließlich ihrer Beschreibung in Einzelheiten; volle Beweislast für ihre Notwendigkeit (die etwa die FNL Vietnams leicht tragen kann); die Aufrufer zur Gewalt sollten sich in die vorderste Reihe stellen. Zwerenz versucht, vom anthropologischen Standpunkt aus, zwischen Frantz Fanon und Konrad Lorenz zu vermitteln: Wenn der Mensch als aggressives

Wesen seine Aggressionen nur im Kampf abreagieren könnte (eine Prämisse, die wissenschaftlich noch längst nicht bewiesen ist. R. S.), so möge er es in Dreiteufelsnamen statt kriegerisch revolutionär tun; das hieße dann wenigstens, den Teufel vor den Karren des Fortschritts zu spannen[50]. Mit Recht hat Skolnick zur Gewaltfrage festgestellt: »Verhältnismäßig wenig Gewalt hat den gegenwärtigen Gruppenprotest begleitet... Massenprotest, ob er Gewalt zur Folge hat oder nicht, muß im Verhältnis zur Krise der amerikanischen Institutionen analysiert werden.«[51]
Lewin hat richtig bemerkt, »nur die Anstrengungen der Gruppe selber setzen die Emanzipation der Gruppe durch«[52]. – »Es kann die Befreiung der Arbeiter nur das Werk der Arbeiter sein« (Brecht). Nur die gleichzeitig einheitlichen und widersprüchlichen Subkulturen können ihre Normen richtig aufheben. »Notwendig ist, daß ständig geprüft, diskutiert und neu erfunden wird, was geschieht oder geschehen soll; dergestalt ist die Gefahr eliminiert, daß Routine, Einerlei, Stagnation und Verhärtung sich breitmachen.«[53]
Wir nehmen kurz einen Widerspruch innerhalb der progressiven Subkulturen vorweg: Was die europäischen, rationalistischen Subkulturen durch Analyse zu leisten versuchen, ersetzen die amerikanischen Subkulturen (auch gerade die rationalistischen) durch Moral. Die Verlautbarungen der Students of a Democratic Society und der DuBois-Club triefen vor Würde. Die Verinnerlichung subkultureller Normen (einschließlich der verinnerlichten Ablehnung der Normen der Gesamtgesellschaft) ersetzt die Untersuchung der Möglichkeiten, die Fakten zu ändern und der daraufhin einzuschlagenden Strategie.
Dieser moralistische Ansatz wird oft recht günstig beurteilt, so bei Hollstein: »Moral, Leben und Gesellschaft bilden im Jugendlichen ja immer eine Synthese und bestimmen als Ganzheit seine Aktionen...«[54] Ähnlich bei Zwerenz, durchdachter: »Der Ausfall der Moral als ernsthafte dialektische Disziplin begünstigte den allgemeinen Verfall der Gesellschaft und beraubte sie einer wichtigen Funktion des Widerstandes.«[55] Und insbesondere bei Marcuse: »Moralität ist nicht notwendig und nicht primär ideologisch. Angesichts einer unmoralischen Gesellschaft wird sie eine politische Waffe.«[56] Die Moral würde, ähnlich der Theorie, zur materiellen Gewalt werden, wenn sie die Massen ergriffe. Nach Marcuse ist Moral eine Anlage des Organismus, im erotischen Trieb wurzelnd, eine Gegenkraft zur Aggressivität, ein tiefenpsychologisches Fundament für Solidarität unter den Menschen; ihr

Hervortreten könnte den Menschen für die Freiheit präformieren[57]: »Menschen, die eine andere Sprache sprechen, andere Ausdrucksformen haben, anderen Impulsen folgen; Menschen, die eine Schranke gegen Grausamkeit, Brutalität und Häßlichkeit aufgerichtet haben.«[58] Unzweifelhaft ist die Verinnerlichung subkultureller Normen im Zuge einer Gegensozialisation notwendig; gerade darauf hat ja auch Reiche im Zusammenhang mit dem revolutionären Ich-Ideal hingewiesen. Sicher hängt die Gegensozialisation mit der Triebstruktur des Individuums zusammen. Ob jedoch Moral ein von der historischen Situation unabhängiges Derivat des Eros ist, muß bezweifelt werden; ähnliche Verselbständigungsgefahren wie bei Wilhelm Reichs Libido, die zu einem »Orgon« kosmischer Ausmaße verkommt, sei nicht auszuschließen. Marcuse selbst meint später: »Historisch gesehen, geht wieder die Periode der Aufklärung der materiellen Veränderung voran — eine Periode der Erziehung, aber einer Erziehung, die sich in Praxis umsetzt: in Demonstration, Konfrontation und Rebellion.«[59] Eine »Periode der Erziehung«, also der Gegensozialisation, wäre wohl nicht notwendig, wenn die abstrakte Befreiung einer Anlage des Organismus sich als hinreichend erwiese. Zumal die zu befreiende Gesellschaft keineswegs mit der befreiten Gesellschaft, auf die die subkulturellen Normen allemal hinzielen, identisch ist: um wirksam zu werden, muß die subkulturelle Moral, eine Negation der gesamtgesellschaftlichen Un-moral, erst aufgehoben werden. Ahistorisch befreite Moral wird keine politische Waffe, sondern versackt in Isolation.

Der Inbegriff der subkulturellen Normen ist Utopie, wie der Inbegriff der gesamtgesellschaftlichen Normen Ideologie des schlechten Bestehenden ist. Gegen den von herrschender Seite vorneweg eingewendeten Totalitarismus-Verdacht ist zu widersprechen, daß es sich eben nicht um eine abstrakte, statische Utopie mit Modellcharakter, sondern um eine konkrete, besser, sich konkretisierende Utopie mit Prozeßcharakter handelt. »Es gibt keine Begriffsbestimmung von Utopie, die nicht in diese Kontroverse um Normen, Werte und Ideale hineingezogen wäre und darum apologetische oder polemische Züge aufwiese.«[60] Wir sind von den Normen der Gesamtgesellschaft ausgegangen und haben aus deren praktizierter Negation die Normen der Subkultur formuliert: »Nicht in der positiven Bestimmung dessen, was sie will, sondern in der Negation dessen, was sie nicht will, konkretisiert sich die utopische Intention am genauesten. Ist die bestehende Wirklichkeit die Negation einer möglichen besseren, so ist Utopie die Negation der Negation.«[61] Aber: »Das Thema der Utopie hat seinen Marx nicht gefunden.«[62]

3. NEGATION DES LEISTUNGSPRINZIPS

»*Die Florentiner verloren ihr Interesse an Leistung. Ihre Träume wandelten sich. Sie begannen, sich mehr für Liebe und Freundschaft zu interessieren, für Kunst, für Machtkämpfe.*«

David McClelland[1]

Herbert Marcuses großes Verdienst ist es, bei allen Fehleinschätzungen, die er gemacht und korrigiert hat, die Marxsche Theorie mit Freuds Ansatz von Lust- und Realitätsprinzip durch die Einführung des Begriffs »Leistungsprinzip« verbunden zu haben, so der ersteren eine sozialpsychologische Dimension zugewinnend und den letzteren dialektisierend (s. Teil II). Die der Libido auferlegten Beschränkungen wirken auf das Individuum als äußere objektive Gesetze und als verinnerlichte Kräfte: Die soziale Autorität wirkt als eigener Wunsch, als eigene Moral; das Individuum wünscht, was es wünschen soll – und setzt seine Leistung fort, die wiederum seine und die Arbeit der anderen zu einem Dauerprozeß werden läßt[2]. Eine vom Leistungsprinzip beherrschte Gesellschaft muß Lust zeitlich zerstückeln: das Individuum muß es lernen, den Anspruch auf zeitlose und nutzlose Befriedigung, auf die »Einigkeit der Lust« aufzugeben[3]. »Sich selbst überlassen und unterstützt von einer befreiten Intelligenz, die sich der Möglichkeiten zur Befreiung von der Wirklichkeit der Unterdrückung bewußt wird, würde die dem Es entspringende Energie sich gegen ihre immer mehr veräußerlichten Beschränkungen auflehnen, würde danach drängen, ein immer weiteres Feld existentieller Beziehungen zu ergreifen...«[4] Die Eliminierung menschlicher Möglichkeiten aus der Welt der entfremdeten Arbeit schafft die Vorbedingungen für die Eliminierung der Arbeit aus der Welt der menschlichen Möglichkeiten. Die totale Automation wäre hier das Optimum[5]. So wesentlich die Erkenntnisse Marcuses sind, so wenig konnte er sie zu praktikablen Vorschlägen für die Subkulturen konkretisieren; es bleibt bei Hinweisen auf Vorläufer der Umwandlung von Arbeit in Lust: die Arapesh nach Margret Mead und Charles Fourier.

Marcuses Theorie wurde auch, wahrscheinlich ohne sie zu kennen, von affirmativen Soziologen bestätigt wie McClelland (»Menschen, denen es auf zwischenmenschliche Beziehungen ankommt, sind meist weniger interessiert an Leistung und umgekehrt.«)[6] und sogar Gehmacher, in deutlich elitärer Absicht (»Hat es einen Wert, alle Menschen mit Leistungsdrang vollzupumpen? Gibt es nicht viele Aufgaben in einer Gemeinschaft, die kein hohes Leistungsbedürfnis benötigen...?«)[7]
Marcuses Leistungsprinzip wurde zum geflügelten Wort in den europäischen Subkulturen; die amerikanischen waren spontan, aufgrund der Negation des gesamtgesellschaftlichen Leistungsprinzips, zu ähnlichen Resultaten gekommen. Habermas konnte schreiben: »Das Maß des gesellschaftlichen Reichtums... macht es immer schwieriger, die Statuszuweisung auch nur subjektiv überzeugend an den Mechanismus der Bewertung individueller Leistung zu binden. Auf lange Sicht könnte deshalb der Studenten- und Schülerprotest diese brüchig werdende Leistungsideologie dauerhaft zerstören und damit die ohnehin fragile, allein durch Entpolitisierung abgedeckte Legitimationsgrundlage des Spätkapitalismus zum Einsturz bringen.«[8] Frank Böckelmann konnte im Mai 1968 versuchen, Subkultur auf Grund der Einstellung zum Leistungsprinzip zu definieren: »Unter Subkultur versteht man jene Formen des Zusammenlebens über den größten Zeitraum des täglichen Lebens hin, welche versuchen, ... alle Formen des Leistungsprinzips in allen Bereichen des Lebens zu durchbrechen und durch antiautoritäre Formen zu ersetzen.«[9]
»Leistungsprinzip« wurde zum sozialistischen Schimpfwort des Jahres 1968. AStA-Sprecher sprachen vom »Leistungsprinzip der Industrie«[10]; SDS-Mitglieder vom Leistungsprinzip der Arbeiter. Nächtelang wurde diskutiert, welche Formen von Arbeit unentfremdet genug seien, um noch Lust zu ermöglichen (Denken? Kunst? Politische Arbeit? Halbtagsarbeit? Bücherlesen?) – es ergab sich keine Form, die nicht »Lust zeitlich zerstückelt« hätte. Die subkulturelle Praxis überholte die Diskussionen: Lustprinzip hieß de facto Nichtstun, ins Kino gehen, Beatmusik hören, tanzen, Haschisch rauchen, Geschlechtsverkehr (und selbst hier scheint bei einigen Subkulturen das Leistungsprinzip das Lustprinzip eingeholt zu haben: im Beat-Jargon heißt Geschlechtsverkehr »work« ...)[11] – und sich die politischen Aktionen, an denen man teilnahm, nach dem Lustprinzip aussuchen. Diese Praxis zog nach sich, daß alles, was über die obengenannten Bedürfnisse

hinausging, als »leistungsfixiert« verschrieen wurde[12]: vom Adressenschreiben bis zum Bücherlesen, von Studium und Erarbeitung wissenschaftlicher Papers bis zum Abziehen von Flugblättern, vom Zusammenräumen in Kommunen bis zum Zusammenkehren in SDS-Lokalen. Resultatlosigkeit von Arbeitsgruppen galt bald als Wert an sich: Resultate, oder gar das Anstreben solcher, waren ja der beste Beweis für »Leistungsfixiertheit«. Dazu eine Portion Psychologismen: Wer leistungsfixiert war, war ein Analcharakter, hatte eine repressive Triebstruktur etc. Was folgte, war chaotisch: nicht die minimale Effektivität. Wer sich dann der ausstehenden Arbeit unter Opfern an Zeit annahm (und demgemäß, wie es sich in allen gruppendynamischen Elementarlehrbüchern nachlesen läßt, notwendigerweise Autorität reproduzierte), wurde als »leistungsfixierte Autorität« denunziert. Scharenweise regredierten rationalistische Subkulturen, Kommunen etc. zur Esoterik. »Die Bedingungslosigkeit, mit der wir (Marion mit Berliner Kommunen Sommer/Herbst 1968 R. S.) das Lustprinzip lebten, war extrem, und gerade das halte ich für richtig. Man sollte ruhig einmal alles, was man tut, mit dieser Bedingungslosigkeit machen.«[13] Ja, bedingungslos.
Gegen den »Leistungsdruck wie im Seminar« im Bett liegen und Micky-Maus-Hefte und Krimis lesen, und die neue Sensibilität wird sich einstellen[14]. Verheerende Wirkungen, wenn Fürsorgezöglinge das »Lustprinzip«[15] kennenlernten.
Im Laufe des Jahres 1969 stellte sich dazu Problembewußtsein ein. So kritisierte der SDS-Bundesvorstand, schon den Umschlag in die nächste Negation teilweise vorwegnehmend: »Historisch richtig war, daß die antiautoritäre Bewegung in ihrer Praxis immer die subjektiven Emanzipationsbedürfnisse mitreflektierte... Aber die antiautoritäre Bewegung war stets in der Gefahr, den subjektiven Faktor, die oft verkürzten individuellen Bedürfnisse, überzubewerten und vom politischen Zusammenhang zu isolieren. Die Fetischisierung des individuellen Lustgewinns wurde für einen Teil der Opposition zum Kriterium bei der Bestimmung der politischen Arbeit... Aber das herrschende Leistungsprinzip läßt sich nicht abstrakt aufheben. Die tendenzielle Gefahr der antiautoritären Bewegung besteht heute... weniger darin, daß sie abgleiten würde... in eine bürokratische Partei-Organisation, die blind vertraut auf den Gang der objektiven Verhältnisse; vielmehr ist die tendenzielle Gefahr diese: daß in der Verschärfung des Klassenkampfs zu wenige Genossen subjektiv in der Lage

sind, die *notwendige realitätsgerechte revolutionäre Askese und Disziplin aufzubringen.*«[16]
Das Pendel schlug 1969 ebenso mechanistisch in die Negation des Lustprinzips um: »Organisation«, »Disziplin«, »Leistung«, »Verbindlichkeit« werden als rigide, abstrakt-moralische Forderungen an die rationalistischen Subkulturen herangetragen. Der eine Fetisch wurde in die Ecke gestellt und durch den anderen ergänzt. Die Charaktermasken des unreflektierten, individualistischen, oft offen apolitischen Haschrebellen und des verselbständigt diszipliniert-organisiert-verbindlichen Rotgardisten, der Sexualität für eine Ablenkung von den Aufgaben zur Umwälzung der Gesellschaft hält, ergänzen einander in der Mechanik der Lösung des Hauptwiderspruchs politischer Psychologie. Die tendenzielle Gefahr der bürokratischen Partei-Organisation besteht mittlerweile wieder: »Wir halten den Genossen Stalin für einen Klassiker des Marxismus und für einen großen Führer des Weltproletariats seiner Zeit.« »Wir sind nicht der Meinung, daß der Genosse Stalin eine verbrecherische Seite hatte«, »Wir wollen eine revolutionäre Kaderpartei, die die Arbeiterklasse einmal anführen kann.« »... einen wichtigen Teil ihrer individuellen Freiheit abzulegen.«[17] Eike Hemmers negative Utopie (»Manchmal entwarf ich mir die Kommune als linkes Kloster, in dessen karg eingerichteten Zellen klardenkende Genossen hart am gemeinsamen revolutionären Werk arbeiten.«)[18] beginnt wieder Gestalt anzunehmen. »Von der sexualökonomischen Selbststeuerung sind wir immer genauso weit entfernt, wie sich das Lust- und Realprinzip in der revolutionären Bewegung widerspricht.«[19] Nur ein Phantom vermittelt bislang Lust und Leistung: das »Supergirl« der Fugs liebt wie ein Engel, schwingt wie ein Tänzer, fließt wie ein Bergstrom, aber sie kocht wie ein Teufel und arbeitet wie ein Pferd[20]. »Die Trennung von Kunst und Arbeit, von Leben und Feierabend ist aufgehoben.«[21] Ja, für Tuli Kupferberg ...

4. AUFHEBUNG DES ANARCHISMUS

»*Der Kampf gegen den bürokratischen Geist ist fast so schwer wie der antiimperialistische Kampf.*«   Fidel Castro
Anarchistische Subkulturen waren von 1850 bis 1937 in der Geschichte der Subkulturen von großer Bedeutung; am wesentlich-

sten revolutionären Versuch des 19. Jahrhunderts (der Commune 1871) hatten neben den Blanquisten die Proudhonisten den größten Anteil; die Boheme handelte, wie Kreuzer nachgewiesen hat, weitgehend nach anarchistischen Normen[1]. (Wenngleich Bab richtig den Unterschied festgestellt hat: Die Anarchisten verneinen bloß die auf Herrschaft aufgebaute, die Boheme jede Form des sozialen Lebens.)[2] Anarchismus (Godwin 1793) und Boheme seien beide Produkte des bürgerlichen Zeitalters zwischen Französischer und Russischer Revolution. Das anarchobohemische Forschungssyndrom bestehe aus antidogmatischer Imitatio Christi, antibürokratischer Sozialisierung und antiindustrieller Produktivität[3]: »Die emotionalistisch-bündische Gesellungsform, die als wesentliche Komponente und wirkendes Ideal an der Kreisbildung der Boheme zu erkennen war, wird auf die gesellschaftlichen Gliederungen überhaupt übertragen.«[4] Diese kritische Beschreibung gilt weithin für Landauer, Mühsam, Emma Goldman, Berkman, Henry Miller, Traven — Anarchismus korreliert auch hoch mit einem bestimmten dichterischen Verhaltensmuster[5].
Anarchismus war im 19. Jahrhundert die Theorie verschiedener absinkender Gesellschaftsschichten: des Kleinbürgertums, der kleinen Bauern, bestimmter kleinbetrieblicher Arbeiterschichten (die Uhrmacher des Jura). Notwendigerweise entwickelt sich, am aufsteigenden Industrieproletariat orientiert, die Antithese des Marxismus. Kreuzer beweist sie typischerweise wie folgt: »Während Marxismus, Leninismus, Bolschewismus ihre Anhänger zu einer ökonomisch-materialistischen, historisierenden, intentionell szientifischen Erklärung der Sozialkonflikte drängen, die Revolution als historisch punktuelles Mittel zu machtpolitischem Zweck (›Diktatur des Proletariats‹) betrachten, an rational kontrollierbare Voraussetzungen binden und in eine ›verwaltete Gesellschaft‹ mit bürokratisch-zentralistischen Tendenzen überzuleiten streben, lassen die anarchistischen Ideologien den Neigungen der politischen Boheme zu Spiritualismus und Radikalismus, individuellen Spontanismus und Humanitarismus, Destruktionismus und Revolutionarismus einen weiten Spielraum...«[6] Wenn sich auch die Fehler des bürokratischen Sozialismus ex posteriori in Kreuzers liberaler Ideologie widerspiegeln (die Konvergenztheorie in der Gestalt einer für alle Zeiten notwendigen verwalteten Gesellschaft als Quintessenz des Marxismus), ist doch die Antithese des Marxismus gegen Stirners, Proudhons, später Bakunins Illusionen recht genau dargestellt. Engels Darstellung über Auto-

rität (um 1875) trifft den Kern der Sache: Jemand, der in einem Zehn- und Zwölfstundentag auf Disziplin und Ordnung gedrillt wird, kann in der Tat gesellschaftlich verändernd nur in einer Partei mitwirken, die die Disziplin und Ordnung der Fabriken mit dem Dante-Spruch »Laßt jede Hoffnung, die ihr hier eintretet« widerspiegeln. Wenn die Partei das Abbild der Fabrik des 19. Jahrhunderts ist, welche Organisationsform ist dann das Abbild der vollautomatisierten Fabrik?
Das Scheitern des Anarchismus hat Kreuzer mit Recht beschrieben: »... wer versucht, den ›Anarchismus‹ (Anführungszeichen, wie üblich, von Kreuzer) praktisch zu realisieren, scheiterte ökonomisch in ridikülen ›Kolonien‹ oder politisch-militärisch in Revolutionen, die keineswegs zufällig entweder mit dem Sieg der konterrevolutionären Gegengewalt oder mit der Etablierung eines neuen politischen Machtsystems endigten.«[7] Der Marxismus hingegen erwies sich als erfolgreich. Er schaffte mehrere erfolgreiche Revolutionen (UdSSR, China, Nord-Vietnam, Jugoslawien), einige militärisch oktroyierte Revolutionen (DDR, Ungarn, Rumänien ...) und eine Transformation einer bürgerlichen in eine sozialistische Revolution (Cuba). Was folgte, ist bekannt – die Beschreibung würde ein eigenes Buch erfordern: Entwicklung langfristiger bürokratisch-technokratischer Schichtungssysteme; Vernachlässigung marxistischer Grundsätze (Kritik – Selbstkritik, fraktionelle Meinungsfreiheit, bürokratische Arbeit für Arbeiterlohn); Tötung und Inhaftierung von Personen, die von der Führungsspitze abweichende Positionen vertraten; Ökonomismus; Verhärtung; Integration in bürgerliche Normensysteme.
Die gleichzeitige Weiterentwicklung der ökonomischen Basis erbrachte die Tendenz zur Vollautomatisierung und zu einem neuen Proletariat, tendenziell mehr aus Angestellten, Sozialisationsarbeitern, technischer Intelligenz bestehend als aus Handarbeitern. Kritik des bürokratischen Sozialismus und Weiterentwicklung der Basis ergaben als Synthese eine »Neue Linke«, in der die fortschrittlichen Elemente des Anarchismus aufgehoben wurden.
Die wesentlichen Unterschiede zwischen Neuer Linken, antiautoritärem Lager, kritischem Sozialismus (oder wie immer) und altem Anarchismus sind:
Antiautoritärer Sozialismus steht auf dem Boden des historischen und dialektischen Materialismus, während der Anarchismus auf idealistischen Theorien basiert.

Antiautoritärer Sozialismus strebt ausnahmslos die Umwälzung der Produktionsverhältnisse an, während der Anarchismus vielfach die Produktionsverhältnisse nicht berührte (Stirner, Proudhon, Mackay)! Demgemäß neigte der Anarchismus dazu, Gewalt, Spontaneität, Widerspruch absolut zu setzen, während antiautoritärer Sozialismus diese nach dem Stand der historischen Situation mit langfristiger Entwicklung, Organisation, Disziplin zu vermitteln versucht.
Die Vorläufer des antiautoritären Sozialismus sind Rosa Luxemburg, Alexandra Kollontai, Wilhelm Reich, nicht Stirner, Proudhon und Bakunin. Ein großer Teil der etablierten und orthodoxen Kritik, die sich in diesem Punkt mit typischer Einigkeit gegen antiautoritären Sozialismus wenden, der Kreuzer (»außerbohemische Erneuerung des politischen Anarchismus in den linkspolitischen Studentenbewegungen der sechziger Jahre«)[8], Nollau, Eisner, Helms[9], Harich[10] wird weitgehend gegenstandslos. Welche Aspekte dieser Kritik integrierter Marxisten sind nun für rationalistische Subkulturen von selbstkritischem Gebrauchswert?
1. Den rationalistischen Subkulturen ist es bislang nicht gelungen, adäquate Organisationsformen aufzubauen, die einerseits die Fehler des bürokratischen Zentralismus vermeiden, andererseits Ineffektivität, Handwerklerei, schlechte Kommunikationsstrukturen. Harichs Kritik der Basisgruppen trifft zu: »Man hat spontan, aus beliebigem Protestanlaß zueinander gefunden, trifft sich unregelmäßig, in schwankender Anzahl wieder, hält bei jedem Anlaß endlose Vollversammlungen ab, aus Furcht, auch nur die geringfügigste Entscheidung dem Ermessen einer noch so demokratisch gewählten Führung zu überlassen und trennt sich bei der ersten besten Meinungsverschiedenheit lieber ganz, als der nach ›autonomer Aktion‹ drängenden Minorität zuzumuten, sich einem Mehrheitsbeschluß unterzuordnen.«[11] Harichs Gegenposition ist eine Rationalisierung des schlechten Bestehenden: das »unentbehrliche machtpolitische Instrumentarium« der Revolution geht ihm sehr glatt von der Zunge (Krisenmanagement im Revolutionsmanagement reproduziert)[12], die Länge der »Übergangsperiode«[13] (die in der Sowjetunion ohne irgendwelchen Übergang von der Diktatur des »Proletariats« zum Sozialismus am Horizont jetzt schon 53 Jahre dauert) wird nicht weiter reflektiert, und Armee, Polizei, Geheimdienst und Strafjustiz ohne weitere Differenzierung als »unerbittlicher Sachverhalt« bezeichnet[14]. Die entgegengesetzte Rationalisierung macht etwa Marcuse,

wenn er die kleinen Gruppen mit ihren lokalen Aktivitäten als Stärke der Neuen Linken bezeichnet[15]. So sinnvoll Dezentralisation auch ist, da eine dezentralisierte, antiautoritäre Organisation viel schwerer zu zerschlagen ist, so fragwürdig ist es, aus dem Mangel an Koordination und Verbindlichkeit ein Strukturprinzip zu machen[16]. »So wie in der Underground-Musik Spontaneität und Organisation sich nicht ausschließen, sondern ergänzen, könnte man sich einmal über eine Einheit von Anarchismus und Sozialismus Gedanken machen«[17], drückt sich naiv Falk Rieß aus. Aber Rauters »Spontaneität ist unvereinbar mit Planung« ist wohl zumindest ebenso naiv, wenn nicht ideologisch[18]. Mit Recht meint Dreßen: »Der Angriff auf die Technokratie schleppte eine Theorie- und Organisationsfeindlichkeit mit, die sich hinter der Furcht vor einer Bürokratisierung versteckte. Es bleibt aber zu unterscheiden, ob die Gefahr der Bürokratisierung als Argument der Verdrängung objektiver Möglichkeiten, zur Selbstverteidigung der reaktiven Persönlichkeit dient, oder ob sie gegen die Ungleichzeitigkeit von erstarrten Organisationen und veränderten objektiven Möglichkeiten ins Feld geführt wird.«[19] Die Avantgarde könne nicht durch eine einzige Spitze, sondern nur durch den gemeinsamen Kampf der verschiedenen Zentren organisiert werden[20].

2. Ebenfalls noch nicht gelungen ist es, die »Antiautoritäten« in den arbeitenden Gruppen abzubauen. (So schon Kreuzer über die Boheme: Gerade die Gegnerschaft gegen Herrschaftsansprüche und Disziplinprinzip vermochte Ergebenheit gegenüber den informellen Führern hervorzurufen.)[21]

3. Die subkulturellen Gegeninstitutionen – die Harich unzureichend analysiert, indem er ihre politischen Aspekte systematisch vernachlässigt – sind mit den arbeitenden Gruppen nur ungenügend, nur informell oder infolge Personalunion, vermittelt.

»Wenn die erste Lehre der Dialektik die ist, daß nur die neuentstehenden Kräfte unbesiegbar sind, und daß der Rest, wie groß und mächtig er auch scheinen mag, zum Verschwinden verurteilt ist, dann gehört die leninistisch-stalinistische Konzeption der Partei als monolithische, hierarchische und bürokratische (und damit auch die stalinistische Staatsauffassung) der Vorgeschichte der revolutionären Bewegung an.«[22]

Die nichtintegrierte Praxis ergab einige Beweise und viele Fehler. Eine wesentliche Rolle für die demokratische Struktur der sozialistischen Studenten- und Schülerbewegung spielte der Sachverhalt, daß fast ausnahmslos die Spitzenpositionen nach einem halben Jahr oder einem Jahr geräumt wurden: Die nicht mehr wiedergewählten Studenten kehrten an die Basis zurück. Die unmittelbare Demokratie der Vollversammlungen, Teach-Ins, Mitgliederversammlungen, Delegiertenkonferenzen, vor allem die praktische Arbeit, ergaben Aktivitätshierarchien, die jedoch zumeist in Fluß waren: sie wurden abgebaut, und neue entstanden, die wiederum abgebaut wurden.

Darüber hinaus: Fragen. »Welche Möglichkeiten der Selbstverwaltung bestehen in technisch hochentwickelten Industriegesellschaften? Wie weit und auf welche Weise lassen sich große und komplizierte Produktions- und Distributionssysteme dezentralisieren? Wie kann die Teilnahme aller ... technisch ermöglicht und institutionell gesichert werden?« fragte Enzensberger – ohne daß zu viele darauf antworteten. Paris und Prag gaben Ansätze – nicht lange. So gut die Ansätze in den Basisgruppen, Digger-Shops, Informationszentren, Kinderläden, in den einzelnen Gruppen waren: eine umfassende nationale oder übernationale Organisation ist daraus noch nicht hervorgegangen. So ist der Versuch, dem SDS eine Rätestruktur zu verleihen (Hamburger Resolution auf der 23. SDS-DK), ebenso gescheitert wie der SOMAO-Versuch (Berlin 1969)[23].

Wissenschaftlich ergab sich in verschiedenen gruppendynamischen Arbeitskreisen (Frankfurt, Freiburg, Mainz) eine Anzahl von Grundbedingungen für antiautoritäre Gruppen:

1. Möglichst geringe Mitgliederzahl jeder arbeitenden Einheit (optimal 8–12 Personen), Vermeidung von Fluktuation, vertikale Rotation.

2. Die Teilnahme soll ohne Zwang erfolgen.

3. Bei der Behandlung von Gegenständen ist von den Fähigkeiten und Bedürfnissen der Mitglieder auszugehen.

4. Die Teilnehmer sind gleichberechtigt. Sollte aus Gründen des Informations-, Interaktions- oder Aktivitätsvorsprungs vorübergehend ein Gruppenleiter erforderlich sein, ist gleichzeitig mit dem Arbeitsplan ein Plan zur Beseitigung der Vorsprünge aufzustellen.

5. Die Interaktionen und Aktivitäten der Gruppenmitglieder sollen in etwa gleichwertig sein. Nachzügler in der Hierarchie sollen besonders zu Interaktionen und Aktivitäten, auch zur Einleitung dieser, ermuntert werden. Davon ist abzusehen, wenn die Effektivität zu sehr sinkt.

6. Uniformität, Polarisation, beständige Stabilität der Gruppenmeinung, Gratifikationen der Spitzenpositionen, zu starke Forderungen der Gruppennorm, starke Einschränkung der persönlichen Freiheit sind zu vermeiden.
7. Regelmäßige Gruppenzusammenkünfte sind zu gewährleisten.
8. Wenn Personen mit besonders guter Selbstsicherheit, Freundlichkeit, Energie, Entschlossenheit und Intelligenz dazu neigen, Interaktions- und Aktivitätsvorsprünge anzusammeln, ist besondere Aufmerksamkeit am Platz.
9. Es muß verhindert werden, daß die Bezugsgruppe einer Gruppe autoritär strukturiert ist oder autoritäre Funktionen ausübt.
Kontinuierliche Einübung in diese Verhaltensweisen, wie sie bei einem Großteil der Subkulturen erfolgte, ergibt die Voraussetzungen für die effektive Aufhebung des Anarchismus.

5. EXKURS 1: DIE ARBEITERBEWEGUNG ALS SUBKULTUR

Wir können hier keine Geschichte der Arbeiterbewegungen schreiben; selbst die Darstellung der Arbeiterbewegung als Subkultur würde viel Platz in Anspruch nehmen.
Die Arbeiterbewegung, solange sie nicht in die Normen der Gesamtgesellschaft integriert wurde, wies vollständig (und weist zum Teil in Frankreich und Italien noch heute) die Merkmale einer Subkultur auf.
Signifikant abweichende Normen: Delegiertensystem (allerdings, dem Stand der Produktivkräfte entsprechend, autoritäre Führung), Solidarität, Willen zur grundsätzlichen Veränderung der Produktionsverhältnisse, Selbstorganisation, abweichende Kleidung und Sprache, Streben nach sexueller Emanzipation, persönliche Bindungen, Aktion, Rationalität, Kooperation, Ehrlichkeit, Kameradschaft, Internationalismus. (Eine der besten Beschreibungen der Arbeiterbewegung als Subkultur: der Züricher Parteitag der SPD 1883.)
Selbstorganisation der Bedürfnisse: Konsumgenossenschaften, Bildungsvereine, »Kinderfreunde«, Sex-Pol-Bewegung, Rote Hilfe (z. B. Münzenbergs Internationale Arbeiterhilfe), »Kuhle-Wampe«-Zeltlager für Arbeitslose.
Gegenöffentlichkeit: eigene Zeitungen, Büchereien, Illustrierte (z. B. Münzenbergs Arbeiter-Illustrierte).

Gegenmilieu: Naturfreunde, Arbeitersportvereine, Jugendverbände, Parteilokale, Arbeiter-Abstinenten-Bewegung, Schülerbewegung.
Gegenökonomie: eigene Betriebe (Münzenberg-Konzern, italienische Textilbetriebe, Arbeiter-Buchhandlungen).
Gegeninstitutionen: Parteien, Gewerkschaften, Freidenkerverbände, Rotfrontkämpferbund[1].
Der Vorgang der Integration der alten Sozialdemokratie ist bekannt. Auch Gegenökonomie und Gegeninstitutionen haben dabei eine Rolle gespielt: Gefälligkeitsmandate, steigender Einfluß reicher Lokalvereine, Parteifiskus als Machtmittel der Führerschaft, plutokratische Parteipresse (298 Personen 1908 im Zentralorgan der SPD beschäftigt) – Sozialismus wurde von einer Überzeugung zur Ware[2].
»Die Idealisierung der eigenen Gruppe und ihrer Lebensinhalte war ein Schutz gegen die herabsetzende Haltung der herrschenden Klasse, die die ökonomische Ausbeutung und politische Unterdrückung immer damit rechtfertigte, daß sie auf die quasi-biologische Kulturunfähigkeit der Arbeiterklasse hinwies und ihr damit auch jede Menschlichkeit absprach.« Nach Hinweis auf die Zersetzung der Arbeiterbewegung führt Reiche fort: »Das Ich-Ideal der Arbeiterbewegung war stark genug, den Faschismus so lange abzuwehren.«[3] Gegen die zwanghaft normierende Macht des herrschaftskonformen Ideals hatte die Arbeiterbewegung wenigstens partiell ihr Gegenideal der positiven Bestimmung von proletarischen Werten einrichten können: das »Alle Räder stehen still, wenn Dein starker Arm es will.« führte zu sozialer Identität und psychischer Gesundheit der Unterklasse. Der Aspekt antiintegrativer Wirkung der Arbeiterbewegung als Subkultur gegen die integrierten Apparate ist von Reiche eigens betont worden: »Organisationen wie die Rote Hilfe oder die ›Internationale Arbeiterhilfe‹ konnten die Funktion der Bildung eines kollektiven Ich-Ideals in den letzten Jahren vor dem Faschismus höchstwahrscheinlich besser übernehmen, weil sie den unmittelbaren Bedürfnissen der Massen besser entsprachen als die erstarrten und in ihrer Entfernung von den Massen autoritär wirkenden Partei- und Gewerkschaftsapparate. Bewegungen wie die Sex-Pol sind eigens zu diesem Zweck geschaffen worden.«[4] Gerade zu dem Zeitpunkt machten ironischerweise die Apparate das, was ihre Vertreter den subkulturellen Organisationen vorzuwerfen pflegen, nämlich »ultralinke Politik«[5].

In der Zeit des Faschismus gingen die Arbeiter – in Mitteleuropa – ihres kollektiven Ich-Ideals verlustig. Nach dem Faschismus konnten nicht einmal mehr die Ansätze aufgebaut werden. Was blieb, waren Reste, mit denen sich die empirische Sozialforschung herumschlug; erst in jüngster Zeit wieder die Basisgruppen. (In den USA stagnierte die kollektive Ich-Idealbildung seit 1910; die Versuche der SNCC und der Stud. DS wurden auch öfters mit den Versuchen der Industrial Workers of the World verglichen.) Nach Popitz verhielten sich die Arbeiter (deren Kollektivbewußtsein ihr Gegensatz zu den Vertretern des Kapitals und ihr Leistungsbewußtsein konstituierte) zu 62% resignativ (14% statisch: »Es ist, wie es ist.«, 34% empfanden die Klassenspaltung als Kollektivschicksal. 14% resignierten trotz vielfältiger Information), zu 34% reformistisch (Partnerschaft, Ausgleich) und nur zu 4% politisch (evolutionär oder revolutionär – 1%)[6]. Der Berufsstatus der Herrschenden (z. B. der Obersten Richter) sinkt in den unteren Klassen. Parsons stellt fest, daß die Arbeitersubkulturen mit der Familie zusammenhängen: die Unterklassenfamilien seien wettbewerbsfeindlich[7]. Aus Berelson-Steiner geht eine Wechselbeziehung zwischen dem Kontakt der Arbeiter untereinander (und nicht zu anderen Gruppen in der Gesellschaft) und der Radikalität ihrer politischen Präferenzen hervor[8]. In der deutschen Bevölkerung (April 1962) wurde einem Direktor 1618 DM Monatsgehalt (2½ soviel wie einem Automechaniker) und einem Abgeordneten zum Bundestag 937 DM (1½ soviel wie einem Automechaniker) zugestanden; nahezu cubanische Zahlen, aber folgenlos[9]. Reiche, der ebenfalls die Gegenbeispiele eher als Reste denn als Ansätze von Klassenbewußtsein interpretiert, zitiert einen Peter Morris: »Ihre (der Slum-Einwohner) gegenläufige Ethik ist dagegen fähig, diejenigen Tugenden hochzuhalten, die mit den amerikanischen Normen am schwersten zu vereinbaren sind: Sie setzt Treue über Ehrgeiz, Solidarität über Konkurrenz, persönliche Beziehungen über unpersönliche Ziele, Freigiebigkeit über Sparsamkeit und den Genuß des Gegenwärtigen über die Sorge um die Zukunft.«[10]
Die Entwicklung einer Ethik der Solidarität als Erbe der alten Arbeiterbewegung ist den Subkulturen verschiedentlich als Notwendigkeit vor Augen geführt worden[11]. Helmut Münch (CDAJ München) hat z. B. ausdrücklich festgestellt, daß sich die Frage der Selbstorganisation von Nahrung, Wohnung (Gratisnächtigungen) und Arbeitsminimierung für den fortschrittlichen Arbei-

ter genauso ergebe wie für die progressive Intelligenz[12]. 1969/70 standen bislang – so gut wie weltweit – mehr Spaltungen auf der Tagesordnung als Solidarität...
In integrativer Absicht hat Jacques Servan-Schreiber festgestellt: »Die Arbeiterklasse soll aus dem Ghetto einer Subkultur befreit werden.«[13] Wir setzen dem die Forderung nach der Rekonstruktion der Arbeiterbewegung entgegen. Inhaltlich ist aber die Rekonstruktion der Arbeiterbewegung die Rekonstruktion einer Subkultur.

6. EXKURS 2: INTERNATIONALISMUS UND SUBKULTUR

»Es ist, als ob der Sozialismus den Fratzen entspräche, die die Anarchisten ihm aufmalen, als wäre er grundsätzliche Zentralisierung und sonst nichts.«[1] In einer polnischen Untersuchung identifizieren Studenten Sozialismus vorrangig als verstaatlichte Wirtschaft[2]. Die normative Integration der Sowjetunion hat Marcuse umfassend beschrieben: Zentralisation, Herrschaft der Bürokraten, Gleichschaltung des Volks durch Kommunikation, Unterhaltungsindustrie, Erziehung[3]; der Zweck tritt zurück, das Mittel wird alles (wie in der westlichen Sozialdemokratie), das ethische Syndrom entspricht weitgehend dem der Metropolen: Sorgfalt, Verantwortung, Liebe, Patriotismus, Eifer, Fleiß, Rücksicht auf das Gemeinwohl, Pflichtbewußtsein, familienorientierte Monogamie, Disziplin, Wettbewerb, Freizeit als Rekreation, an Konkurrenznormen orientierte Arbeitsmoral[4]. Die Bezugsgruppe der Sowjetunion ist nicht die Utopie, sondern die USA.
Andererseits hat sich Marcuse strikt gegen die Konvergenztheorie gewandt: Die Sowjetunion spiele eine bedeutende Rolle für das Überleben Vietnams und Cubas[5]. Die Hoffnung, für das eigene Land auf unbegrenzte Zeit eingefroren, wird international unterstützt.
Normativ und wohl auch ökonomisch selbst integriert, hält die Sowjetunion Welt-Subkulturen ökonomisch am Leben: eine internationale Drehpunktperson. Wie die »Liberalen«, die innermetropolischen Drehpunktpersonen, unterstützten sie manche Subkulturen und bekämpften andere (China). Wie die innermetropolischen Drehpunktpersonen ist sie kontinuierlich scharfer Kritik zu unterziehen.

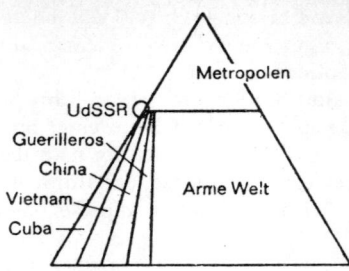

Die progressiven Subkulturen der Metropolen sind die tendenzielle zweite Kategorie von Drehpunktpersonen. Nirumand hat die Kooperation zwischen den Theoretikern der 3. Welt und den oppositionellen Theoretikern der Metropolen gefordert[6]. 1970 helfen viele Angehörige von USA-Subkulturen bei der kubanischen Zuckerernte. (Die Kooperation zwischen dem deutschen SDS und Cuba klappte weniger gut.)
Wenn wir von der chinesischen Kulturrevolution und den Guerilleros absehen (abgesehen von Geldspenden für Guerillabewegungen in Bolivien und Angola gab es da auch wenig Kooperation), hat Cuba (über das wir auch die meisten Informationen haben) die rationalistischen Subkulturen am meisten beeinflußt[7].
Im großen und ganzen läßt sich sagen: Cubas Ökonomie ist weithin subkulturell, Cubas Sozialisation integrativ.
Die Abschaffung der Geldwirtschaft ist erklärtes Ziel der kubanischen Ökonomie; nach Kreuzer müßte Cuba folglich Bohemestaat der Erde sein. »Was knapp geworden ist, rationieren wir. Was im Überfluß vorhanden ist, verschenken wir.«[8] Frei sind: Erziehung, Wasser, Elektrizität, Telephon, medizinische Behandlung, Baseball, Kino, Theater, Strandbäder und Wohnungen für viele; Mieten dürfen zur Zeit 10 % des Einkommens nicht übersteigen, sollen 1970 überhaupt wegfallen. Die Kostenlosigkeit von öffentlichem Verkehr, Essen und Kleidung ist geplant. Experimentelle Außenposten einer geldlosen Wirtschaft befinden sich auf der Insel der Jugend in Pinares de Marari.
Ebenfalls angestrebt ist die Aufhebung der Arbeitsteilung:
Intellektuelle, Verwaltungsbeamte, Parteibeamte leisten physische Arbeit. Kein Lohn überschreitet doppelten Arbeiterlohn. Die Bürokratie ist um 8000 Personen reduziert worden. Die Abendschulen lehren die Beziehungen zwischen Beruf und Fabrik, Fa-

brik und Industrie, Industrie und kubanischer Ökonomie, kubanischer und Weltökonomie. Eine ganze Bevölkerung wird unterrichtet, sich für die Technik kompetent zu fühlen. Cuba ist eine nichtrassische Gesellschaft.
Die Sozialisation mit ihren Kinderkolonnen, ihrer repressiven Sexualmoral, ihrem »Machismo« (Männlichkeitswahn) hingegen ist integrativ; hier wurden noch nicht (konnten vielleicht noch nicht werden) Gegennormen ausgebildet.

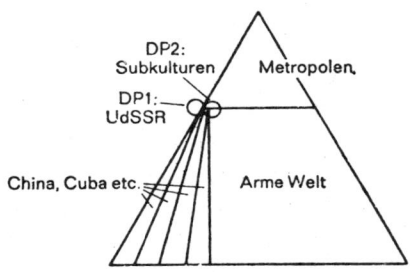

Die Verbindung eines »dynamischen Radikalismus« (wie Kahn-Wiener die subkulturelle Position bezeichnen), der sich aus einer losen Verbindung linksgerichteter, neomarxistischer und jakobinischer Bewegungen mit der Sowjetunion und/oder China (die die ersteren unterstützen, ohne sie kontrollieren zu wollen), könnte den Imperialismus relativ wirkungsvoll isolieren. Das fürchten die Apologeten der amerikanischen Herrschaft, Herman Kahn und Anthony Wiener[9]. Ihre Furcht ist unsere Hoffnung.

7. NEBENWIDERSPRÜCHE IN DEN PROGRESSIVEN SUBKULTUREN

»*Kommt, alle ihr Rebellen, jugendlichen Geister, Rocksänger, Bombenwerfer, Bankräuber, Zehenanbeter, Dichter, Straßenleute, befreite Frauen, Professoren und Bodysnatchers ... Laßt uns am Wahltag unseren Tribut entrichten an Revoltierende, Anarchisten, Kommunisten, von daheim Davongelaufene, Wehrdienstverweigerer, LSD-Ausgebrochene, Beatniks, Deserteure, chinesische Spione.*«   Stu Albert/Abbie Hoffmann/Herry Rubin[1]

»*Träumen nach vorwärts, wie Lenin sagt, wurde nicht reflektiert,
wurde nur mehr sporadisch gestreift* . . .« Ernst Bloch[2]
»*Solange die Vernunft Feindin der Leidenschaften ist, solange ist
sie auch mit sich selbst uneins.*« Elisabeth Lenk[3]
»*Die Hippies tragen zur Verschönerung des Kapitalismus bei,
nicht zu seiner Abschaffung.*« Berliner Extradienst[4]
Schon Kreuzers Bohemeforschung kennt Nebenwidersprüche zwischen »grüner« Boheme (Glanz, Jugend, Freiheit, Heiterkeit), etwa heute den Hippies entsprechend, »schwarzer« Boheme (Elend, Armut, Verzweiflung), etwa heute den unfreiwilligen Subkulturen entsprechend, und »roter« Boheme (Trotz, Kampf), etwa heute den rationalistischen Subkulturen entsprechend[5]. (So könnten etwa Hille und Lasker-Schüler als Prähippies bezeichnet werden[6].)

»Die Beat-Situation war krank, die Beats hatten nichts über soziale Programme und über politisches Leben zu sagen,« meint Ed Sanders[7]. Ebenso stellt Goodman die »Eindruckslosigkeit« ihrer Politik fest[8]. Die Normen der Beat-Generation beinhalten in etwa herrschaftsfreien Raum, individuelle Emanzipation, Kellerleben, Bescheid wissen, ohne etwas zu erhoffen, Leben ohne Fixpunkte, Gastfreundschaft, Besitzlosigkeit, Rastlosigkeit; als Mittel zur Autonomie: Wandern, Reisen, Sprechen, Musik, Tanzen, Feiern, Lieben, Malen, Schreiben; Chaos, Wahrheit, Wandlung statt Gleichmaß und Logik; Euphorie, Ekstase, Rausch, Hedonismus, Intensität statt akademischer Kunst und Technik; statt Brutalität Liebe, Ehrfurcht vor dem Leben, Pazifismus, Anarchismus; statt Wohlstand selbstgewählte Armut, moralischer Rigorismus und Ekel; Leben von Gelegenheitsarbeit; Konsum- und Medienaskese. Dazu religiöse Normen: »Ich will, daß Gott mir sein Gesicht zeigt.« (Kerouac)[9], Kierkegaards »auf dem Grund sein«. Zen-Buddhismus, das Selbstverständnis als eine religiöse Subkultur. In-Group-Loyalität und esoterische Sprache, Angst vor der Polizei und exotische Kunst. Sie wurden oft mit den Urchristen verglichen; manche Beatniks waren katholische Mönche. Auf der anderen Seite lobten sie, gefährlich faschistoid von de Sade bis Charles Manson, »spirituelle Verbrechen«, »Verbrechen gegen die Identität eines anderen Menschen«[10]. Stammesethik statt Gemeinwesenethik.

»Die Beatniks waren weder politisch noch effektiv, noch, außer Ginsberg und Borroughs, kreativ.«[11] (Der letzte Teil des Urteils ist nicht ganz gerecht.) Wenn Kerouac von sich sagte: »Wir lie-

ben alles, Billy Graham, die Großen Zehn, Rock und Roll, Zen, Apfelkuchen, Eisenhower«[12], so ist dies weniger ein Zen-Koan als Ausdruck einer in keiner Weise kritischen Haltung. Liebe ist hier nicht Ausdruck der Hoffnung auf Verbesserung eines Zustands (wie später bei den Hippies), sondern schlichte Gleichgültigkeit. Bei aller Gegnerschaft zu Eigentum, Leistung und Konsum unternahmen sie keine bewußte Aktion gegen die Mißstände der herrschenden Gesellschaft. Guenther hat errechnet, daß ihre Integration meist nach zwei Jahren erfolgte[13].
Von sozialistischer Position aus hat David Mc Reynolds[14] eine weitgehend zutreffende Analyse der Beat-Generation erstellt: Sie wurzele in gesellschaftlichem Chaos der USA (Bombe, technologischer Kulturwandel, Normenänderungen, Sprachregelungen für »Frieden« und »Freiheit«), lehne Normen ab, aber ohne Normen sei ein soziales Handeln nicht möglich; ihre Normen rebellieren gegen Rationalität, affirmieren die Intuition etwa im Jazz als Gemeinschaftsritual. »Viele unserer besten Jugendlichen werden zur politischen Aktion nicht eher zurückkommen, bevor nicht Politik einen existentiellen Wert annehme. Der Hipster werde Gandhi, nicht Stevenson folgen.«
Die Chancen, diesen Nebenwiderspruch aufzulösen, stiegen im letzten Jahrzehnt, je nach Subkultur und Land im Grad verschieden. Die Gammler, rund 120 000 europäische Ableger der Beatniks, ohne ihren religiösen Anspruch, weithin ohne ihre Kreativität, Konsumaskese noch weiter treibend (Schlafsack, Rucksack, Nahrung, Kleidung als einzige Bedürfnisse), kaum über 25 Jahre alt, zu 70 % Schüler und Studenten, verschmolzen ab 1967 mit der studentischen Subkultur. Diese übernahm ihrerseits Normen der Gammler: die langen Haare, die Infragestellung des Leistungsprinzips, das Mißtrauen gegen Dogmen. (Hollstein mit seiner »Protest auf Zeit«-These scheint mir hier falsch zu liegen.)[15]
Bei den Provos fiel schon das Wort »Revolution«; die Jugend sei ihr neues Subjekt[16]. Sie entstammten einerseits dem linken Pazifismus, zum zweiten der unpolitischen Protestbewegung (James Dean, Existenzphilosophen), zum dritten den Happeners (Vinkenoog, Grootveld, Oldenburg)[17]. Ihre Verweigerung war mehr rational als impulsiv; sie durchbrachen Rituale, provozierten mit Aktionen Autorität, beeinflußten (über persönliche Kontakte in Berlin und Frankfurt) den Stil der deutschen Studentenbewegung. Ihr Selbstverständnis war anarchistisch; sie wollten der »Demokratie in anarchistischer Richtung einen Stoß geben«[18]. Anarchie

schien ihnen der dritte Weg zu sein, da sie etwas »gegen Kapitalismus, Kommunismus, Faschismus, Bürokratismus, Militarismus, Snobismus, Professionalismus, Dogmatismus und Autoritarismus«[19]. hatten; »rote Kerle mit einer Neigung zur schwarzen Magie«. Die Erstürmung des königlichen Palastes am Dam wurde zu ihrem nachempfundenen Sturm-auf-das-Winterpalais-Traum. Ihre Normen beinhalteten Gegnerschaft zum Positionsdenken, zur Mobilität, zum Leistungsprinzip, zu Luftverunreinigung und Konsumterror, sexuelle Freiheit, Gewaltlosigkeit, inhaltliche Demokratie, Aufstand, Freiheit, Kreativität. Sie waren für Freigabe der Drogen, aber gegen Drogenmißbrauch. Planung war ihnen ein Greuel[20], aber sie legten »weiße Pläne« vor. Organisation und Kaderbildung war ihnen ein Greuel, aber sie kandidierten (was Beatniks und Gammlern nie eingefallen wäre) für den Amsterdamer Gemeinderat (mit einer ganzen Liste einschließlich zweier weiblicher Provos) und brachten mittlerweile fünf Kandidaten durch. Jedoch: Diesen gelang es weder, den Gemeinderat lahmzulegen, indem sie auf innere Widersprüche in abhängigen Institutionen hinwiesen, noch Herrschaftsstrukturen (etwa durch Diskussion der »weißen Pläne«) durchsichtig zu machen. Sie kannten gegenseitige Hilfe und Kommunen mit 3 bis 12 Personen. Sie reflektierten oft die Produktivkräfte (etwa: Radikaldemokratie durch Computer), aber selten die Produktionsverhältnisse (z. B. Roel van Duyn: » ... die Arbeiter nehmen ihre eigenen Fabriken in Besitz, der Produktionsapparat kommt in die Hände des Volkes ... «[21]; den Ansatz von der Revolution als Happening haben Berliner Kommunarden praktisch von ihnen übernommen, wie theoretisch von Louis Malles »Viva Maria«: Sie waren Studenten, Jungarbeiter und Kinder des neuen Proletariats, wohl auch Kleinbürger dabei. Sie träumten von Nieuwenhuys' Neuem Babylon, der Weltstadt der Muße und der Kreativität, und taten nichts dazu, es zu verwirklichen. Böhmer und Regtien haben die Fehler der Provo-Bewegung im großen und ganzen richtig analysiert, obwohl sie manchmal Dinge anscheinend nicht sehen wollen (die Emphase der Provos auf Veränderung der Produktivkräfte) und manchmal ihren eigenen Scheinradikalismus an die Stelle desjenigen der Provos setzen (»... der sie [eine kleine Statue R. S.] mit weißer Farbe beschmierte, ..., anstatt sie ganz einfach in die Luft zu jagen.«[22]) Die Politisierung sei in die Provobewegung von Studenten (Vietnam!) hineingetragen worden; trotz vieler Jungarbeiter sei sie im Vorfeld spontaner Solidarisierung stecken ge-

blieben; die Politisierung der Studenten ergab einen Widerspruch zum reformistischen Kurs der Provos. In der Tat zeichneten sich die Pläne der Provos (Weiße-Fahrräder-Plan gegen das Verkehrschaos, Weiße-Schornsteine-Plan gegen Luftverschmutzung, Weiße-Frauen-Plan für sexuelle Aufklärung, Weiße-Polizisten-Plan für Umschulung der Polizei zu Sozialarbeitern, Weiße-Wohnungen-Plan gegen die Wohnungsnot, Weiße-Leichen-Plan zur Reduzierung der Verkehrsunfälle), die natürlich nie realisiert, geschweige denn selbst bis zur Integration durchgekämpft wurden, nicht durch Analyse der ökonomisch-politischen Zustände, sondern durch ethisch-ästhetische Impulse aus. In der Tat haben die Provos die Frage »Wie sollen die bestehenden Machtverhältnisse zum Einsturz gebracht werden, wenn diejenigen, die den Umsturz bewerkstelligen wollen, innerhalb ihrer eigenen politischen Praxis schon den Abbau jeglicher Form von politischer Autorität vorweggenommen haben?«[23] nicht reflektiert. In der Tat war im homo-ludens-Gedanken der Provos mehr Irrealität als Sprengkraft neuer Aktionsformen. In der Tat ist Van Duyns Endziel der »nutzlosen Kreation« politisch fragwürdig. (Mit »in jeder Hinsicht reaktionär« übertreiben Boehmer/Regtien: auf den Stellenwert der anscheinend nutzlosen Wissenschaft hat schon Engels hingewiesen.) In der Tat führte die Happening-Idee der Provos eher zur Isolation und zur Ideologie bloßen Tuns als zur Kreativität, Kommunikation und Gesellschaftsveränderung. In der Tat begriffen die Provos Kunst nicht als Entfremdungsmoment, sondern als Inhalt künftiger gesellschaftlicher Tätigkeit. Andererseits hat, wie Boehmer/Regtien ebenfalls richtig feststellen, die Provobewegung bemerkenswerte Taktiken, viel Humor, sich verändernde Aktionsformen und kritische Propaganda (Plakate, Cartoons, Slogans) hervorgebracht, die sich in anderen subkulturellen Bewegungen aufhoben.
Die radikalisierten Provos gingen zur SI oder Studentengewerkschaft, Provo ludens ging in den Hippies auf und ließ sich in die Spielwiesen der Klubs »Fantasio« und »Paradiso« abdrängen. Wim Nordhoeks und R. U. Kaisers Einschätzung dieser Klubs als Erfolg der Provos und, daß nach den Provos Amsterdam eine veränderte Stadt gewesen sei, scheint mir reichlich naiv[24]. Zumal Kaiser mit Recht den Strategiecharakter der Toleranz holländischer Herrschender darstellt[25]. Nach Provo kam also Provadya: Liebe, Eskapismus, Ferner Osten, Meditation, Zentren zur kosmischen Entspannung qua Pop-Musik und Light-Shows. Der

Klub »Paradiso« hat eine grelle Fassade, und über dem Eingang flattert eine lustige Fahne, die keinerlei symbolische Bedeutung«[26] hat – worauf man sichtlich stolz ist. Er wird von Staat, Stadt, Provinz gefördert; es gibt hauptamtliche Kulturfunktionäre, offenes Haschisch, Film- und Rauschräume, billige Küche und einen Diggershop.
Nach Kaiser werden dort Extrablätter gegen die Scheindemokratie hergestellt und neue Aktionen, aus denen eine neue Gesellschaft entstehen soll, geplant[27]. Zwei Seiten später erfahren wir, daß Studenten und Provadya niemals gemeinsam demonstrieren[28].
Mittlerweile sind Provos als Kabouters/Oranje-Freistaat neu entstanden: eine Entwicklung, die niemand, am allerwenigsten Boehmer/Regtien, voraussehen hatte können. Sie gewannen 10 % Massenbasis und schicken sich an, das Sozialreferat der Stadt Amsterdam zu übernehmen. Die Frage, ob die Provos zur Sozialdemokratie der Subkultur geworden seien, wird sich erst in zwei Jahren schlüssig beantworten lassen.
Die Hippies amalgamierten sich um 1963–65 aus Neuen Linken und Resten der Beat-Generation. Sie unterschieden sich von den Beatniks in ihrem missionarischen Eifer, ihrem Optimismus, ihrer Farbigkeit, ihrer Vielfältigkeit, ihrer Vorliebe für Musik à la Acid-Rock (im Gegensatz zum Cool-Jazz der Beatniks). Sie wurden zur ersten subkulturellen Massenbewegung; zeitweise gab es in den USA 500 000 Hippies, die von Arnold Toynbee mit den Urchristen (wie schon manchmal die Beatniks) verglichen wurden. Sie entstammten zu rund 85 % den Mittelschichten; ca. 20 % waren Schüler, über 40 % Angestellte (!), 20 % »unabhängig« oder arbeitslos – immerhin waren auch ca. 10 % in der Firma ihres Vaters gewesen[29]. Immerhin waren an die 40 % älter als 25 Jahre (bei den Gammlern 5 % !); 48 % in New York, 67 % in San Francisco lebten in Kommunen. Zu ihren Normen zählten äußerlich Blumen, exotische Kleidung, Anleihen bei Indianern, Naturvölkern, Buddhisten; sie freuten sich über Farben, Blumen, Tautropfen, Sonnenstrahlen, Kinder, Nacktheit, Tiere, Tanz, Musik, Lächeln, bemalte Häuser. Ihre alternative Wertordnung umfaßte Gleichheit, Negation der Zwänge (»alles ist erlaubt«), Liebe als Akt der Kommunikation, sexuelle Freiheit, Gemeinschaft, Freiheit, Zusammenarbeit, antihierarchische Gleichheit, Kreativität, Ehrlichkeit, Einfachheit, Individualität, materielles Glück. »Wenn jemand nach dem Chef fragt, antworte ihm, daß er selber der Chef sei.« Öffentlichkeit (auf der Straße, in den Gegeninstitu-

tionen) und Kommunikation (da und in Kommunen, bei der Sexualität) wurden zu unmittelbar hergestellten Wirklichkeiten. »Falls wir unseren Sinn für Humor und unsere Fähigkeit der Liebe verlieren, falls wir verbittert, zornig und hart werden, haben wir der Gesellschaft keine Alternative zum Bestehenden mehr anzubieten.«[30]

Am 6. Oktober 1967 beklagten die Hippies »den Tod von Hippie, dem gehorsamen Sohn der Massenmedien«. Mehrere Gründe hatten dazu geführt, die Hippies vor die Entscheidung zu stellen, integriert zu werden oder mit den rationalistischen Subkulturen der USA zu koalieren:

1. Drogenmißbrauch. 1967 kamen 13 000 Personen wegen LSD-Mißbrauchs in medizinische Behandlung. Den Anweisungen Timothy Learys, die Drogen begrenzt einzunehmen, war keine Folge geleistet worden. Der Drogenmißbrauch wurde zum schwächsten Glied in der Kette, auf das die negative Öffentlichkeit nur gewartet hatte.

2. Die »Übervölkerung« schaffte gastronomische, medizinische und Unterbringungsprobleme; dazu kamen Interaktionen mit kriminellen Subkulturen. Die Probleme ließen sich organisationslos, »spontan« auf keinen Fall lösen.

3. Polizeiliche Repressionen. 1967 kamen 72 % der Hippies in New York, 79 % in San Francisco, 43 % in London mit der Polizei in Konflikt. Nach der Anti-Vietnam-Aktion vor dem Pentagon (21. 10. 1967) begann Anti-Hippie-Propaganda in »Time« und »Newsweek«, Inhaftierung von EVO-Reportern, Razzien, Marihuana-Kampagnen, Festnahmen. Als zwei Hippies von Gangstern ermordet wurden, erklärte die Presse die Ermordeten für schuldig; nach der Ermordung Sharon Tates begann das nächste Kesseltreiben. (Für die BRD einige Zitate von Hans Habe: »Von der Philosophie des Nichtstuns ist es nur ein Schritt zum Verbrechen. Die Blumenkinder sind keine Blutkinder, aber auf dem Weg dahin.«; »Es gibt keine ›fast‹ alles erlaubende Gesellschaft.«; »Umsturz in die kommunistische Sklaverei«; »Lange Haare und Rauschgift sind die Köder, mit denen die Jugend für die Revolution gewonnen wird.«[31]) Die polizeilichen Repressionen, seit den Urteilen von Chicago durch Justizrepressionen wirkungsvoll ergänzt, zwangen die Hippies, rationalistische Formen der Selbstorganisation weiterzutreiben: ein Prozeß, der noch lange nicht abgeschlossen ist.

4. Kommerzielle Integration. Die Industrie verarbeitet die von

Inhalten losgelösten Formeln zu Posters, Buttons, Platten, produzierte Weihrauch, Kerzen, Talismane, Gebetsschnüre, Kleider, Perücken, machte Love-ins in Tanzhallen, Flower power wurde von Playboy, Columbia-Film ausgepowert, die Zahl der Wochenendhippies stieg an, Hippie-Läden wurden in der Carnaby Street eingerichtet, Rock-Musik wurde zum Geschäft, Touristen kamen in das kommerzialisierte Idyll, das wiederum zur weiteren Kommerzialisierung beitrug[32].

Die Kommerzialisierung hatte verheerende Folgen für das Bewußtsein der emotionellen Subkulturen. Die Feststellung: »Die Hippies waren eine Schöpfung der Massenmedien, aber es war nicht sicher, wer wen ausbeutet.«[33], war naiv: Wer mit dem Teufel frühstückt, muß einen längeren Löffel haben als die Hippies. Wenn Richard Neville meint, die mangelnde Angst vor der Kommerzialisierung sei ein Unterschied zu den Beatniks (»Wir denken anders, Geld selbst ist nicht schlecht. Wir machen uns wenig Sorgen um Geld.«)[34], reflektiert er nicht die Funktion des Geldes als Vermittler des Tauschwerts, als Profit (und somit eingefrorener Mehrarbeit); Er unterscheidet nicht zwischen notwendigen Geldeinnahmen in einer Übergangsphase und der geldlosen Zielvorstellung. Wenn Jonas Mekas feststellt: »Wir werden ein Establishment sein, das von Humanität getragen ist.«[35], so ist hinzuzufügen, daß das noch bislang jedes Establishment von sich gesagt hat.

5. Ihre bis dahin exklusive Emotionalität, die hauptsächliche Seite ihres Nebenwiderspruchs zu den rationalistischen Subkulturen (Studenten- und Arbeiterbewegung). Sie leisteten keine sorgsame Analyse der Repression, waren intuitiv, naiv, unsystematisch; sie orientierten sich mehr an McLuhan als an Marcuse, Sweezy, Harrington und Newfield; sie wollten das linear-logisch-usuell-zweckbestimmte Weltbild des Abendlandes durch ein dezentralisiert-lateral-sprunghaft-intuitiv-unvermitteltes ersetzen[36]. Sie schafften nicht einmal die Ansätze dazu: Den Ideologiecharakter McLuhans haben wir bereits angedeutet. Intuition, Naivität, Mangel an Systematik, Zweckbestimmtheit (und was ist Praxis anderes?) und Vermittlung stießen sie eher in Isolation und Privatheit denn zu einem qualitativen Umschlag des Bestehenden: »Im festen Glauben, das Bestehende ... werde von allein einstürzen, wird unumschränkte Privatheit ... postuliert, wird in ihr die Geborgenheit vor den Zufälligkeiten der kapitalistischen Produktionsverhältnisse gesucht, die diese nicht zu geben vermögen. Nur

tut die bestehende Öffentlichkeit der unbeständigen Privatheit den Gefallen nicht. Wie unpolitisch und desinteressiert der einzelne sich verhält, das Bestehende denkt nicht daran, einzustürzen.«[37]
Das Inselbild der Hippies ist nicht mehr bloß metaphorisch; die ersten Hippies gehen daran, sich Inseln zu kaufen. Zumindest wird der Versuch gemacht, sich auf einer Insel aufzuhalten, und wenn es das faschistische Ibiza ist.
»Liebe« wird (wie bei manchen rationalistischen Subkulturen »Revolution«) von einer konkreten Gegennorm zur rituellen Beschwörungsformel. »Gandalfs Garden«, selbst vom wahrlich nicht hyperkritischen Kaiser als »vielleicht zu mystisch« bezeichnet[38], bezeichnet sich als »publiziert ... für Leute mit Liebe«. »Die innere Welt der JETZT-Generation ist ein glänzender Stein, geworfen in einen riesigen Stein der Grauheit ... Gandalfs Garden sucht die Sonne in Dir.« Tibetanisches Zentrum in Schottland und Gaskrieg des US-Imperialismus, »The eternal lover« und aktiver gewaltloser Widerstand, Swedenborg und Digger stehen unvermittelt, lateral, wohlauf intuitiv nebeneinander[39]. Das JETZT, ob als »Freedom NOW«, »Paradise NOW« oder was immer, ist geeignet, eine Initialzündung zu geben gegen den technokratischen oder ökonomistischen Sankt-Nimmerleins-Tag. Es eignet sich nicht zum Leitslogan gesellschaftlichen Handelns: »Tu, was du willst, wann du willst und wo immer du willst. Brich aus. Verlasse die Gesellschaft, sowie du sie durchschaut hast, verlasse sie vollständig.«[40] Der Wille ersetzt nicht das Bewußtsein, geschweige denn das Sein. Wenn sich die unvermittelt-intuitive Hippie-Ideologie in politische Praxis umsetzt, klingt das Programm etwa so wie das einer französischen Kleinbürgerpartei. Wenn Leary, Max Scherr (Barb), Robert Gold (SF Planet), Wenner (Rolling Stone) und Dieperslott (San Diego Free Press), also ein Philosoph und vier Zeitschriftenherausgeber, eine neue »Love Party« gründen, soll das eine Partei von »Leben, Gesundheit, Harmonie und Relaxation« werden, die vor allem mehr Freiheit von der Regierung – und von den Steuern fordert. Sie sprechen es noch aus: Diese Partei belohne die Bedürfnisse jeder Bürgergruppe: für die Konservativen finanzielle Sicherheit (!), für die Farbigen Gleichheit, für die anderen eine private Lebensphilosophie[41]. Dieser Hippie-Poujadismus erwies sich als nicht repräsentativ; daß er aufkommen konnte, ist bezeichnend.
Dazu kommt der alte Idealismus: die Schaffung einer neuen Welt in unseren Köpfen – als ob es damit getan wäre. Ein Kopf schafft

viele neue Welten, wenn der Tag lang ist; da kommt die neue Welt noch lange nicht. Jerry Rosenfield kritisiert Hayden, Rubin, Newton, Weinberg, Stu Albert wegen ihrer politischen Radikalität und meint gleich dazu: »Der Präsident von General Motors ist mein Bruder.«[42] Hitler wäre wohl auch sein Bruder gewesen. Sun Ra spricht den gefährlichen Satz aus: »Die Realität ist tot.«[43] Gerade die Realität der USA ist nicht tot; sie tötet. Während dessen gibt es eine Renaissance des Okkultismus bei den Hippies; in den Free Colleges werden Kurse über Astrologie gehalten[44]. Es steht fest, daß die andere Seite dieses Nebenwiderspruchs jene dogmatisch-militant-ökonomische alte Linke ist, die es nahezu grundsätzlich unter ihrer Würde findet, sich mit Fragen des Bewußtseins zu beschäftigen; für die Bewußtsein, weil es schon mal als dialektischer Widerpart im Marx steht, eine Leerformel ist oder ein Synonym für Anpassung. Die Hippies machen das Spiel des Schwankens in mechanischen Negationen mit: die Realität, das Sein, ist »tot«. »Die Kulturrevolution der Hippies ... ist eine spirituelle Bewegung des spontanen Aufstands gegen den westlichen Materialismus, den europäischen Rationalismus, die Leistungszivilisation – eine romantische Jugendbewegung. Underground ist, programmatisch gesagt: Psychedelische und erotische Emanzipation, Kommunebildung und Konsumaskese, multirassische Gemeinschaft und europäisch-orientalische Kultursynthese, Individualisierung, Spiritualisierung.«[45] Spirituell, spontan, romantisch, jugendbewegt: eine blanke Negation des Ausgedörrten. Reimar Lenz' Lieblingswörter sind »Rausch«, »Traum«, »Meditation«, »Ekstase«, »Entrückung«, »Mystik«. Mit dem Gestus des Stefan Georgeschen »Künders« hält er diese Worte den bösen, bösen Rationalisten entgegen, ohne je in Versuchung zu fallen, sie inhaltlich zu füllen. (Dabei ist Lenz noch nicht ganz unpolitisch, ehemaliges SDS-Mitglied, ein Yippie bald eher als ein Hippie.) »Ich suche eine Underground-Zeitung, in der ich etwas lesen kann über Buddhismus, Sufismus, Kosmologie, Futurologie, Multi-Media, elektronische Musik. Ich wünsche mir Beiträge über Blake, Swedenborg, Whitman, Yeats, Gurdjeff, Nietzsche, Huxley, Watts, Leary, Lao-Tse, Tri Quang.«[46] Ich übergehe hier – es wäre wiederum möglich, mehrere hundert Seiten lang die Verdienste und Fehlerquellen der Genannten zu demonstrieren, wie es etwa der junge Marx mit Feuerbach und Hegel getan hat – die positiven Seiten; erwähne nur am Rande bei Watts die Darstellung der Dialektik Hui-Nengs[48], der Aporie »absichtlicher Spontaneität«[47]

(ein Mißverständnis vieler Neuer Linker 1968) und den Satz: »Faßt Du einen Gedanken / kannst du es so nicht erfassen / Faßt du keinen Gedanken / kannst du es so nicht suchen.«[49]. Ich lege nur kurz eine Platte des Lenzschen Wunschkonzertes auf: einen kurzen Beitrag über Gurdjeff[50]. In der Tat zählt auch Gurdjeff zum Lehrstoff mancher Free Colleges.
Gurdjeff war das Schulhaupt einer esoterischen Schule par excellence. In seiner Theorie wimmelt es von weder bewiesenen noch sonstwie prärational plausiblen Hypothesen: Astralleiber, Stufenbauten der Menschenordnung, Willen des Absoluten, Mensch als Miniaturweltall, Alchimie, Schwarze Magie, Planetordnungen. Gurdjeff ist öfters bei dialektischen Gedanken zu ertappen; viele seiner Beobachtungen sind plausibel: sie tauchen gleichzeitig bei anderen Denkern des 20. Jahrhunderts auf, sei es bei Freud, Brecht, Mao Tse-tung (»Verstehen ist das Ergebnis von Wissen und Sein.«[51]), bei der Kommune I. Er nimmt manche berechtigten Kritiken vorweg an seinen esoterischen Kollegen.
Aber wenn ein »Erwachter« – und Gurdjeff hält sich für einen »Erwachten« – am laufenden Band derartig reaktionäre Ansichten von sich gibt, wie es bei G. der Fall ist, muß er sich zuschreiben, daß dies nicht seiner unvollkommenen Person zugeschrieben wird, sondern auch seiner esoterischen Lehre.
1. Geld ist wichtig: Leute, die »im Leben schwach sind«, d. h. keine 1000 Rubel im Jahr zahlen können, sind auch in der Arbeit schwach[52].
2. Kriege hängen von den Planeten ab. Wie, ist nicht rational nachzuweisen[53].
3. Was für eine Gruppe wirklich wichtig ist, ist ein Führer[54]. Wissen kann nur von einer kleinen Anzahl Menschen bewahrt werden[55]; gottlob wollen die meisten Menschen ohnehin keins.
4. Es gibt keinen Fortschritt[56].
5. Die Entwicklung eines Menschen ist nur für ihn selbst notwendig; wollten alle Menschen dies erreichen, würde sie unmöglich[57].
6. »Ungerechtigkeit« ist ein Wort, in dem sich Außenlenkung verbirgt[58].
7. Beseitigung der Ungleichheit würde Vernichtung der Entwicklungsmöglichkeit bedeuten. Beseitigung des Leidens würde die Beseitigung einer Reihe von Wahrnehmungen bedeuten, für die der Mensch »geschaffen« ist[59].
8. Zweihundert bewußte Menschen könnten das ganze Leben auf der Erde verwandeln[60].

9. Monarchie ist besser als eine sozialistische Revolution (G. reiste 1917 in 1.-Klasse-Abteilen)[61].
10. Die Hauptsache ist, bereit zu sein, die Freiheit zu opfern[62].

Zehn normative Vorstellungen, geeignet als empirisches Syndrom, die mit den Normen progressiver Subkulturen so gut wie unvereinbar sind, auch wenn sich aus Gurdjeffs Lehre punktuell Wichtiges ergibt. Bewußtseinserweiterung erstickt in einem Strom von Vorurteilen.

Daß Lenz die »Ersatzreligion der Hippies ernster und unkritischer nähme als die der APO«, hat in seiner »konkret«-Rezension Sebastian Haffner, seinerseits in der Ersatzreligion des Liberalismus steckengeblieben, moniert: in einer Rezension, die Lenz im übrigen freundlich kritisiert. »Der neue Glaube«[63] kritisiert zu Recht die Emotionsfeindlichkeit rationalistischer Subkulturen, ihre Einseitigkeit, die Gefahr neuer Unmündigkeit, den Mangel an attraktiven Modellen des Kommenden, Besseren, die abstrakten Sprachspiele, das Fehlen von Realdefinitionen (»Kritik«, »Praxis«, »Revolution«). Selbst liefert Lenz dann auf 60 Seiten folgende Beispiele fehlender Realdefinitionen (viele davon wiederholt): »Mystik«, »Metaphysik«, »Gewissen«, »zweckfreies Spiel«, »zweckfreie Erkenntnis«, »Schau«, »Faszination«, »Erhebung«, »Versenkung«, »Scham«, »Vertiefung«, »Überblick«, »zweckfreie Wahrnehmung«, »zeitvergessene Betrachtung der Wunder des Universums«, »Ahnung«, »Intuition«, »Vision«, »Rausch«, »Ekstase«, »Traum«, »Romantik«, »Mythologie«, »Staunen«, »Ergriffensein«, »Gottseligkeit«, »Versöhnung«, »Begeisterung«, »Anbetung«, »Zweifel«, »Befremdung« − wie Eugen Dühring 1878 den Sozialisten idealistische Leerformeln aufpfropfte, so heute Lenz den Subkulturen.

Schade, für eine Synthese wäre in der Tat das Verhältnis von Intuition, Ekstase, Staunen interessant gewesen (»Revolutionsthesen sind undialektisch gedacht und bedürfen der Anti-Thesen«) − mußten diese aber so undialektisch ausfallen? Linken Puritanismus und Dogmatismus kontert Lenz mit Mystik, diese läßt er wieder bruchlos in die Sozialdemokratie übergehen (für die Zukunft sei keine Heilsgeschichte zu verwirklichen). In seinem »Lob der einmaligen Situation« gegen den Theoretiker gibt Lenz Schützenhilfe für Tiefstand der Theorie und Aktionismus. Lenz kritisiert das historische Denken und lobt dagegen das Nirwana − andererseits lobt er in bestem vulgärmarxistischen Stil die Menschheit als Zweig am Baum der Evolution. Der denen mit siebzigjähriger Lebenserwartung ihre 100-Jahres-Pläne verwirft, beginnt selbst auf einmal in Jahrmillionen zu denken. Hinsichtlich der 3. Welt wirft Lenz den Linken Provinzialismus vor; aus Baum der Evolution und Provinzialismus entsteht ihm die Synthese des kosmischen Provinzialismus. Sein kosmologisches Glaubensbekenntnis mündet in ein technokratisches Glaubensbekenntnis ein: wiederum verschmilzt die Mystik mit der Sozialdemokratie.

Während sich der Widerspruch der Hippies zu den rationalistischen Subkulturen nach der integrativen Seite hin zeigte, so der der Haschrebellen nach der isolativen Seite hin. Die Haschrebellen entstanden als ultralinkes Zerfallsprodukt der Westberliner Subkultur wie ML und KPD/AO als dogmatisches Zerfallsprodukt – als Kehrseite derselben Unfähigkeit, eine verbindliche, autoritäre Organisationsform zu finden, und einander gegenseitig aufschaukelnd. Ihre Slogans und Flugblätter veranschaulichen den durch Drogenge- und -mißbrauch erweiterten Rückfall in archaischen Anarchismus, durch anderen historischen Situationen entnommene Bezugsgruppen (FNL, Vietnam, El Fatah, Tupamaros) verschleiert: »Berlin muß brennen, damit wir leben können!«, »Haschisch, Opium, Mescalin / für ein schwarzes West-Berlin«, »Wir verlangen Generalamnestie für alle Aktionen: Kaufhaus anzünden, Bullen aufhauen, Autos umkippen!«, »Wer klaut, krönt sich selbst zum König!«, »Freie sein, high sein – Terror muß dabei sein«. Terror ist zum einen anarchistische Propaganda der Tat, zu anderen subjektivistische »Entladungsmöglichkeit«, wie Sex, Sprache, Musik, Bewegung – ein Berührungspunkt mit den Hippies[64].

Die Rocker, eine emotionelle Subkultur von Arbeiterjugendlichen, zählen öfters zu den progressiven Subkulturen, indem sie Anpassung, Tauschgesellschaft, Lebensstandard, Mobilität, Disziplin ablehnen[65]. Ihre Widersprüche zu intellektuellen Subkulturen spiegeln besonders kraß deren Widersprüche zu Arbeitersubkulturen überhaupt wieder: Die Rocker lösen den Widerspruch nach der integrativen Seite auf (»Feierabendsubkultur«; Hausväter, sobald sie ein Haus bekommen; Reproduktion von Ausbeutung, Eifersucht, irrationale Aggressionen), die Intellektuellen nach der isolativen (viel reden, wenig tun; Anweisungen, Marx zu lesen, während die Rocker um Lebensunterhalt besorgt sind; frühes Aufgeben der Interaktion als »privatistisch«, »karitativ«)[66].

8. AUFLÖSUNG DER NEBENWIDERSPRÜCHE

Zur Auflösung der Nebenwidersprüche sind in der Praxis der letzten Jahre folgende Versuche gemacht worden:
1. Verstärkung der Interaktion zwischen den Subkulturen; Einigung auf gemeinsame Normen auf Grund gruppendynamischer Prinzipien. Es gelang nicht in Berlin, trotz des Selbstverständnisses: »Rocker sind schneller zum Widerstand entschlossen als wir... Aber den meisten fehlt der gesellschaftliche Bezug. Sie sehen ihre Probleme individualistisch. Wir werden zusammenarbeiten und voneinander lernen.«[1] Es gelang in der KUSS, Hippies, Rocker und Studenten, zur Kooperation zu bringen: die Hippies als Nachfolger von Volkskulturen (Zigeuner, Fahrende, Indianer) und Ketzerbewegungen (Katharer, Hexen, mystische Kommunisten) und metabotanische Drogenforscher, die Rocker als Kommunarden, Motor-Kentauren (gegen die Mensch-Technik-Entfremdung), Experten des Großstadtdschungels, und die Studenten als bewußte Forscher zur Umgestaltung des gesamten Lebensprozesses[2], als Avantgarde konkreter Denkschulung. (»Wir wollen keine Revolution von Trotteln, wir wollen eine Revolution von bewußten Menschen.«[3]) »Untergrund flieht nicht vor Politik, sondern schafft reale Beweise und Anreize (›Produktionsmittel des Bewußtseins‹) für die Möglichkeit der neuen Gesellschaft.«[4] Neue Linke und Untergrund: kein prinzipieller Unterschied, sondern höchstens vorläufige Arbeitsteilung[5].
2. Radikalisierung, d. h. Rationalisierung der emotionellen Subkulturen. Im Sommersemester 1963 wurden Studenten befragt, welche Gebiete heute die Menschen besonders beeinflussen. Sie antworteten: Technik (78 %), Wirtschaft (71 %), Politik (45 %), Kunst (8 %). Auf die Frage, was davon sie selbst stark interessiere, antworteten sie: Politik (39 %), Kunst (37 %), Wirtschaft (26 %), Technik (17 %). Der Weg bis zur Technologie-Diskussion 1968/69 war weit[6].
Der Widerspruch wurde gesehen, aber lange nicht aufgearbeitet. Rabehl und Nettelbeck diskutierten den Widerspruch. Rabehl zufolge waren Hippies zu lieb und zärtlich, Nettelbeck zufolge die Studenten zu puritanisch[7]. »Wer... heute, im Jahrhundert der Automation, revoltieren will, kann sich nicht damit begnügen, eine Nelke im Knopfloch zu tragen«, meinte mit Recht Walter Jens[8]. »Vor der Revolution kommt das revolutionäre Bewußtsein, die ideelle Gegenwelt zur Welt der etablierten Macht... Putsche

ändern das System nicht, sie besetzen es anders.«, meinte ebenso mit Recht Zwerenz[9]. Nur die negative Gemeinsamkeit des Protests der Subkulturen konnte gesehen werden[10].
Wo er aufgearbeitet wurde, wurde aus Informationsmangel übersehen, wie die Geschichte sich weiterentwickelt hatte. Als Enzensberger an die Sprengkraft der Wünsche glaubte und den Hippies Mut zu ihren Wünschen attestierte, konnte Dutschke einwenden: »Carmichael hat einmal zu den Hippies gesagt: Nun stellt euch mal, wenn die Polizei kommt, mit eurer Flower-power der Gewalt in den Weg. Wenn ihr das macht, dann akzeptieren wir euch. Daraus ist natürlich nichts geworden.«[11] Wenn auch Dutschke das totale Experiment, das eigene Milieu, Leben und Zirkulationsfeld, die gegenseitige Hilfe anerkannte, wie die Realisierung der Bedürfnisse, stellte er fest: »Nur wird darüber die Machtfrage vergessen. Das ist die Grenze dieser Bewegung.« Mittlerweile hatte gleichzeitig die Radikalisierung der Hippies eingesetzt.
Sie begann mit der Anti-Vietnam-Demonstration am 21. Oktober 1967. Es folgten die »Der Krieg ist aus«-Aktion, das erste Interesse der Hippies für die Black Panther Party, die Polizeischlacht in New York März 1968, Jerry Rubins Bekenntnis zur Politik, die Störung einer Arthur-Schlesinger-Diskussion wegen dessen Engagement in der Schweinebucht-Affäre (»Wir haben dich durchschaut, du liberales Monstrum.«), als Kulmination die Polizeischlacht in Chicago. Die Youth International Party (YIP) begann sich zu formieren, mit Abby Hoffman, Jerry Rubin, Allen Ginsberg, Phil Ochs, Len Chandler, Shirley Clarke, Barbara Garson, Paul Krassner, Tim Leary, dem Bread-and-Puppet-Theatre, den Fugs. »Revolution ist kein Resultat, sondern ein Prozeß.« (Jerry Rubin[12]). In Untergrund-Blättern erschienen Anweisungen zum Bau von Molotow-Cocktails, zur Verteidigung gegen Polizisten[13]. »Rat« bezeichnete 1968 als das »Jahr der heroischen Guerillakämpfer«[14].
Jerry Rubin scheint eine typische Figur für die Entwicklung zu sein. Einerseits finden sich im »Jahr der heroischen Guerillakämpfer« bei ihm Hippie-Slogans à la »Ficke Nonnen«. (Rubin störte das Newport Festival 1968, wobei er ausdrücklich auf die Waldeckstörung 1968 als Quelle der Inspiration hinwies. Daß der mittlerweile zur ML abgewanderte Eckart Holler Jerry Rubin inspirierte, zählt sicherlich zu den Treppenwitzen der Subkulturgeschichte. Rubin ist also rascher über die BRD informiert gewesen als Dutschke über die USA. Allerdings nicht immer richtig: Auf

Waldeck hingen zwar FNL-Fahnen, aber keine Bilder von Ho Chi Minh.)[15] Andererseits kandidierte er zum Bürgermeister von Berkeley mit einem recht basisbezogenen Programm. (Seine Rede vor einer Versammlung der »Socialist Workers Party« ist etwa ein Mittelding zwischen rationaler Argumentation und Provokation von Emotionen[16]. Wie Pawla hat er die Gerichte als »Scheißhäuser der Nation« bezeichnet, im Unterschied zu Pawla jedoch ohne Praxis[17]. Das »For Mayor of Berkeley Jerry Rubin«-Programm beinhaltet Forderungen nach einem Vietnam-Referendum, einem Antikriegsinformationszentrum, der Verwandlung amerikanischer Militärbasen in Schulen und Spitäler, nach Verweigerung aller Hilfe für reaktionäre Militärdiktaturen, nach Anerkennung Chinas, Abschaffung der Wehrpflicht, Mietenkontrollkommissionen, ferner eine umfassende Schulreform, Ermutigung zur Selbstorganisation der Bürger (insbesondere der Farbigen), der Arbeitslosen, ein großes Neger- und Genossenschaften-Förderungsprogramm, progressive Besteuerung von Konzernen, hohen Einkommen, Bodenspekulation; Vergesellschaftung der öffentliche Dienste; Kontrolle und Entwaffnung der Polizei; Demokratisierung der Hochschule; Legalisierung von Marihuana und Abtreibung; Wahlalter 18. Von den Provos übernahm er die weißen Fahrräder, von den Studenten die öffentlichen Stadtratsitzungen, von den Diggers freies Essen durch Restaurantsteuer. Freilich hatte Rubin Soziologie studiert, war in Cuba gewesen, war bei der FSM, VDC, Black-Power-Day aktiv. Daß aber Rubin gerade 1968 zu einer »führenden« Figur wurde, war typisch für die Entwicklung. Rubin nahm an der Chicago-Aktion teil; er wurde Beginn 1970 zu zwei Jahren und einem Monat Gefängnis verurteilt. Rubin war auch eine treibende Kraft der Koalition YIP – Black Panther Party.
Im Unterschied zu Europa waren Studenten und Yippies nur noch künstlich zu trennen[18]. Die dogmatische Gegenströmung, die Progressive Labor Party, ähnlich der bundesdeutschen ML (bürokratisch, puritanisch, antipsychologisch)[19], wirkte sich nicht im selben Ausmaß aus.
3. Verstärkung der Interaktion zwischen rationalistischen und radikalisierten emotionellen Subkulturen.
Die YIP wurde scharf kritisiert: »Das ganze Yippie-Ding ist zu einer Zen-Übung geworden, mit Nicht-Führern, einer Nicht-Struktur und einer Nicht-Philosophie ... ES KANN HIER NICHT GESCHEHEN.«[20] Rubin und Hoffman seien zu profillos etc ...

Es war eine Koalition zwischen Black Panthers, der YIP, der PFP, dem SDS, zeitweise selbst der SNCC und PLP zustande gekommen[21].

Immerhin hatte Ed Sanders aufgefordert, für Chicago die Internationale einzuüben (mit welchem Text?).[22] Die Hauptsprecher dieser Koalition waren Eldridge Cleaver und Jerry Rubin; die PFP mit Dick Gregory stellte die Minoritätsfraktion. Chicago wurde zum Einigungserlebnis dieser Koalition: »Vor zwei Wochen sprachen wir über ›Hippies‹ einerseits, ›Widerständler‹ andererseits, als etwas ganz Unterschiedliches. Nun sind die beiden zwei gemeinsame Aspekte derselben Sache – und wer kann sie benennen.«[23]

Cleaver stellte im August 1969 fest, YIP und SDS seien die einzigen Revolutionäre auf weißer Seite; die radikale Fraktion (PFP) sei ein Haufen Mittelklassesnobs[24]. Neue Nebenwidersprüche tauchten auf, aber nicht mehr zwischen rationalistischen und emotionellen Subkulturen.

Die Koalition der Subkulturen wurde vom Establishment verstärkt, als wegen Teilnahme an den Anti-Humphrey-Demonstrationen in Chicago acht Angeklagte und zwei Anwälte gleich mit dazu zu insgesamt 19 Jahren Gefängnis verurteilt wurden (darunter Seale von der BPP, Hoffman und Rubin von der YIP, Dellinger und Hayden von den SDS).

»Konflikt führt zur Bildung von Gruppen und Koalitionen zwischen Parteien, die sonst nichts miteinander zu tun hatten ... Wenn eine Koalition andauert, neigt sie dazu, Loyalität und gemeinsame Normen unter den Partnern zu entwickeln.«[25]

Das Urteil von Chicago reproduziert Selbstorganisation und Solidarität der amerikanischen Subkulturen.

9. LEITBILDER UND GEGENLEITBILDER

Von Bezugsgruppen und »Gegen-Eliten« wurde schon wiederholt gesprochen. Die Anti-Helden als Syndrom konstituieren nun ein ähnliches normatives Syndrom. Als Hypothese kann vorausgeschickt werden: die positiven und negativen Bezugsgruppen sind wesentlich funktionaler, wesentlich weniger image-orientiert als die der Gesamtgesellschaft. Wenn in der gemäßigten rationalistischen Subkultur West-Berlins (z. B. repräsentiert durch den Berliner Extra-Dienst) Albertz vor dem 2. Juni 1967 weithin neutral dargestellt wurde, zwischen 2. Juni und seinem Rücktritt zur zweiten Hyäne des Systems (nach Springer) wurde, nach seinem Rücktritt und nach Gründung des (subkulturfreundlichen) Berliner Bürgervereins wiederum positiv rezipiert wurde, läßt sich daraus schließen, daß (zumal Schütz gleich wieder dieselbe negative Spitzenposition erlangte) zur negativen Bezugsgruppe dieser Subkultur der jeweils amtierende Bürgermeister von West-Berlin gehört – als Charaktermaske des Systems.

Die Leitbilder der Gesamtgesellschaft sind die negativen Bezugsgruppen der Subkulturen und umgekehrt.

Dieser Widerspruch drückt sich bei rationalistischen Subkulturen in unvermittelt politischen Leitbildern als auch bei emotionellen Subkulturen in nur vermittelt politischen Leitbildern aus. Das Syndrom der »Gegen-Eliten« umfaßt zumeist a) den entfremdeten »Anti-Helden«, der versteht, was falsch ist, und auszubrechen versucht[1], b) den Märtyrer des Systems, c) den aktiven Revolutionär, der mit der Veränderung des Bestehenden ernst macht (Guevara: Begeisterung, Improvisation, Ungeduld, permanente Revolution; Castro: antibürokratische Einstellung, Experimentieren; Mao Tse-tung: Beschützer der ausgebeuteten Staaten)[2] d) insbesondere bei emotionellen Subkulturen den »Guru«, das kreative, unorthodoxe Leitbild.

1. Beispiele zur Gesamtgesellschaft:

Allensbach: In der Politik als Leitbilder so gut wie ausschließlich Adenauer, Bismarck, Erhard und Stresemann. Hitler, Brandt und Heuss als quasisubkulturelle Abweichungen[3]. Jedenfalls bis vor kurzem.

In der Literatur (1960) Hemingway, Ganghofer, Schiller, Goethe, Buck, Knittel, Wallace; 2% schätzten Frisch, Grass oder Dylan Thomas, 1% Wolfe, Joyce, Camus, 1% der Männer Henry Miller[4]. In der Musik Johann Strauß 26%, Mozart 15%. 1961 beliebt Gracia Patricia, Fabiola, Soraya, Albert Schweitzer, Baudouin[5].

Es ist für Umfragen typisch, daß auch die Alternativen systemimmanent dargeboten werden. Jedoch selbst bei dieser methodischen Fragwürdigkeit fällt die Outsiderposition von Brandt, Joyce, Camus auf. Anders bei den Studenten 1963, bei den nach Friedeburg, Habermas etc. angepaßten Jahrgängen. Politisch gilt das »angepaßt« vollinhaltlich: Die Liste lautet Weizsäcker, Adenauer, Beitz, Mößbauer, Augstein, de Gaulle. Neuss, Abs, Neckermann, Brandt, Springer, Lübke und Otto Brenner sind weniger beliebt.

59% schätzen Adenauer als Politiker am meisten: es folgen Erler, Schröder, Helmut Schmidt, Vogel. Strauß und Sehbohm führen die Negativliste an[6].

Kulturell sitzt bereits ein noch immer integrierter Wurm drin: Joyce, Kafka, Jazz, Existenzphilosophen, Brecht, Shaw, Böll, Camus, Vivaldi, Händel, Bach, van Gogh, Picasso werden häufig genannt – fast genau den Untersuchungen einer Wiener subkulturellen Gruppe 1959/60 (»Les terribles«, N-40: van Gogh, Hemingway, Sartre, Villon ...) entsprechend[7].

Stichprobe Jasmin (Frühjahr 1968): Positiv beurteilt wird, was reich, berühmt und brillant ist oder zu sein scheint: Casals, Ursula Andress, Thackeray, Wernher von Braun, Rockefeller, Prinz Philipp, Einstein, Barnard, Clark Gable, Loren, Klages, Rathenau, Karajan, Elizabeth Taylor. Negativ beurteilt wird, was beunruhigend (egal, welche Richtung), »dunkel«, zwielichtig« ist: John Kennedy, Napoleon, Nitribitt, Sagan, Caligula, Rasputin, Mao Tse-tung, Nietzsche, Schopenhauer, Hitler, Kleist.

2. Integration à la »twen«:

Als einziges Medium hat »twen« die mögliche Verwendbarkeit von Präferenzlisten aus Bezugsgruppen-Stereotypen erkannt. Die undifferenzierte, zwischen Subkulturen verschiedener Art nicht unterscheidende Betrachtungsweise (vor allem zwischen Subkulturen, Drehpunktpersonen und Integrationsmechanismen nicht unterscheidend) verschleiert, daß eben Nurejew und Marcuse, Grass und Dutschke nicht dasselbe sind. Doch gerade aus dieser Verschleierung ist die integrative Funktion des Mediums gut zu ersehen: zwischen systemimmanenter Modernität und subkultureller Progressivität *soll* kein Unterschied entstehen – zweitere wird als erstere behandelt.

März 1968: Präferenzliste in Posterform:

Modernität: Mary Qant, Beckenbauer, Kennedy, Clint Eastwood, Jennerwein (ein bayrischer Wilderer), Hussein (?), Marylin Monroe, Brigitte Bardot, Gunter Sachs, John Glenn, Superman, Tarzan, El Cordobes, Twiggy.

Emotional subkulturell: Bogart, Mickymouse, Beatles, Maharishi Mahesh Yogi, Jaspers.

Rational subkulturell: Mercouri, Mao Tse-tung, Guevara, Freud, Marcuse, Dutschke.

Negativ emotional: Freddy Quinn, Soraya, Kilius-Bäumler, Monkeys, Grzimek, Maegerlein, Roy Clark, Rühmann, Fritsch, Nobby Stiles, Lotti Ohnesorge, Ehepaar Fern.

Negativ rational: Johnson, Lübke, Wehner, Franco, Kolle, Hefner (Playboy), (Springer, dem damals »twen« gehörte, fehlt typischerweise).
Die Leser wurden aufgefordert, ihrerseits Präferenzlisten einzusenden. Resultate wurden nie veröffentlicht. (Vielleicht kam Springer zu oft vor.)
Oktober 1969 wurde ein »Sympathieprofil« dem twen-Rendezvous beigegeben, das ähnliche Syndrome aufweist.
Hohe Zahlen: Feliciano, Qualtinger, Peter Weiss, Mary Quant, Grass, Steve McQueen, Barbarella, Dubček, Davis jr., Emma Peel, Kennedy, Heinemann, Guevara, Lennon, Dutschke.
Niedere Zahlen: Udo Jürgens, Millowitsch, Sagan, Dior, Habe, Rühmann, Blondie, Kiesinger, Rudolf Schock, Angelique, de Gaulle, Jäger, Albert Schweitzer, Knef, Claus von Amsberg.
Das erste Syndrom mischt wieder Modernität und Progressivität, das zweite ist eine gut beobachtete Mischung (vielleicht mit der Ausnahme Knefs) von Hausbackenheit, Snob-Appeal und reaktionärem Konservativismus. Besonders gut ist der Kontrast bei den Paaren Heinemann – Jäger, Guevara – Albert Schweitzer, Dutschke – Claus von Amberg, Dubček – Kiesinger ersichtlich.
Wiederum werden die Leitbilder Guevara und Dutschke mit den Leitbildern Mary Quant, Kennedy und Sammy Davis jr. gleichgesetzt: d. h. in diese integriert.
3. Beispiele zu Subkulturen:
Analyse des Berliner Extra-Dienstes: Die Projektgruppe Subkultur Stuttgart untersuchte die Präferenzen der Redaktion während des ersten Jahres ihres Bestehens.
Die meistgenannten negativen Bezugspersonen waren Springer, Schütz, Neubauer, Sickert, Albertz, Wehner, Kurras, Lübke, Mattick und Kiesinger.
Positiv: Teufel, Dutschke, Mahler, Ristock, Ohnesorg, Arnold Zweig, Beck, Kieling, Marx und Grass.
»*Berliner* Extra-Dienst« stimmt: 60 % sind Berliner. Die negativen Bezugspersonen repräsentieren den Herrschaftsapparat: Bundespräsident, Bundeskanzler–Oppositionsintegrator–Berliner Bürgermeister–Funktionäre–Polizei. Die positiven Bezugspersonen sind entweder Personen, die zur Solidarisierung einladen (ebenso Lettau, Kentler, Weigand, Isang Yun, M. L. King) oder überaus aktiv an Veränderung beteiligt (nach der zunehmenden Politisierung im Gefolge des 2. Juni scheinen Marx, Lenin, Guevara, Mao Tse-tung häufiger auf).

Der »Berliner Extra-Dienst« ist noch voll in die Subkultur integriert: sein Verhältnis zu Dutschke, Teufel, Mahler und den von diesen repräsentierten Richtungen sollte sich noch 1968 ändern. (Eine Kontrolluntersuchung – der ED steht mittlerweile der SEW nahe – wäre sehr aufschlußreich.)
Kleine Untersuchung in der Projektgruppe Subkultur Stuttgart (N = 15 pos., 10 neg., also nicht repräsentativ, aber als Stichprobe tauglich. Rationale und emotionelle Subkulturen gemischt).
Positive Präferenzliste: Marx, Jesus, Picasso, Brecht, Mao Tsetung, M. L. King, Rosa Luxemburg, Müntzer, Pierro della Francesca, Marcuse, Dutschke, Gandhi, Bloch, Guevara, Einstein, Sartre.
Negative Präferenzliste: Hitler, Springer, Franco, Johnson, Kiesinger, Benda, Nasser, Lübke, Stalin, Ulbricht. Mit Ausnahme der Nennung von Pierro della Francesca (wohl aus dem hohen Anteil von Kunstakademiestudenten resultierend) scheint die Liste idealtypisch zu sein für die Affinität zu grundsätzlicher Veränderung der Gesellschaft, Kreativität, Gewaltlosigkeit–Guerilla, Ablehnung von Faschismus, Technokratie und bürokratischem Sozialismus.
Französische Wandzitate[8]: Die Wandsprüche der Mai-Revolte geben einen guten Indikator für Rationalität, Emotionen und geistige Hintergründe ab: Marx und Mao Tse-tung stehen überlegen im Vordergrund, auch Guevara, Breton, Bakunin, Lenin werden wiederholt zitiert. Daneben finden sich jedoch auch Leitsprüche von Hölderlin, Santayana, Augustinus, Char, Montherlant, Tzara, Zola, Peret, Clemanceau, Spinoza, Hugo, Gide, Unamuno, Nietzsche, Heraklit, Genet, Shakespeare, Baudelaire... Der emotionell subkulturelle Background zeigt sich neben der rationalistischen Gesellschaftsanalyse.
Gut zur Kontrolle eignen sich Drehpunktzeitungen wie »konkret« (1967/68 noch auf APO-Linie), selbst »Pardon«. In Stichproben von »Pardon« finden wir positive Beurteilungen von Marx, Dutschke, Teufel, Sartre, M. L. King und Mao Tse-tung, negative Beurteilungen von Brandt, Schütz, Lübke, Hitler, Kiesinger, Lücke, Johnson; bei »konkret« positive Beurteilungen von Dutschke, Lenin, King, Marcuse, Luxemburg, Guevara, Mao Tsetung, Marx, Ohnesorg, Leary, der Beatles (vor allem McCartney), Arnold Zweig, negative von Springer, Kiesinger, Schütz, Sickert, Ulbricht, Lübke, James Bond, Lücke, Strauß, Neubauer, Amrehm, Stalin, Wehner, Johnson – und im Unterschied zu »twen« von Grass und Emma Peel.

Die USA-Subkulturen sind emotioneller orientiert; das zeigt sich auch an diesem Indikator. Zu den Leitbildern der Beatniks zählen Whitman, Pound, W. C. Williams, Henry Miller, Wolfe, Apollinaire, Artaud, Celine, Genet, Beckett, Patchen[9]. Kerouac lobt Bach, Mohammed, Buddha, Lao-Tse, Chuang-Tse, Suzuki, W. C. Fields, Marx-Brothers, Laurel und Hardy, Dracula, Popeye, King Kong, Charlie Parker, Gillespie[10]. Kupferberg führt als Ahnen der Beats neben den politisch tätigen Spartakus, Bakunin, Big Bill Haywood, Trotzki, Castro, Wilhelm Reich emotionelle Vorbilder an: Bacchus, Dionysos, Echnaton, Sokrates, Salomo, Rimbaud, Baudelaire, van Gogh, Chaplin, Rebelais, Cougreve – auch hier dürfen Beckett, W. C. Fields und die Marx-Brothers nicht fehlen[11].

Dem Schrifttum der amerikanischen Subkulturforscher nach zu schließen[12] waren die amerikanischen Subkulturen (SNCC, SDS) vor allem an Camus, Goodman, Malcom X, Fanon, C. W. Mills, Castro, Fromm, Deutscher orientiert, zudem an Bob Dylan, Le Roi Jones, Archie Shepp, den Fugs, Kenneth Anger. Lenin, Trotzki, Marx wurden bei den SDS wenig, Rosa Luxemburg überhaupt nicht gelesen. Dabei handelt es sich hier um die Majorität der rationalistischen Subkulturen; für die emotionellen geben Hollstein und Reimar Lenz' oben zitiertes Wunschrepertoir Ausdruck. In »Acid Rock und Revolution« umfaßt die Präferenzliste neben den Beatles Marx, Freud, Jules Verne, H. G. Wells, Moore, Bellamy, Bradbury, Arthur Clarke, Nietzsche, Hesse, Dostojewski, Rilke, Camus, Shaw, Sartre und Schopenhauer[13].

Draper und Goodman werden hinsichtlich Berkeley als »Gegen-Elite« zur herrschenden Elite Clark Kerrs bezeichnet[14]. Schon die Leitbilder dieser Gegenleitbilder unterscheiden sich wesentlich: der Technokratie- und Bürokratiekritiker Draper verteidigt Marx, Engels, William Morris, Luxemburg, Lenin, Trotzki als Leitbilder eines demokratisch-humanistischen Sozialismus gegen die autoritären Babeuf, Blanqui, Bakunin, Saint-Simon, Proudhon, Lassalle, Bellamy, Stalin[15]; während Goodmans Leitbilder das Syndrom eines anarchistisch-wissenschaftlich-humanistischen Ideals widerspiegeln: Comte, Marx, Proudhon, Durkheim, Krapotkin, Sorel, Veblen, Lenin, Freud, Dewey, Coleridge, Madison, Bakunin, William Morris, Aldous Huxley, Malatesta, Gandhi, Schweitzer, Einstein, Picasso, Buber[16].

Provisorisch ließe sich etwa folgende Einteilung treffen (Beispiele):

Gesamt-gesellschaft		DP	rationale Subkulturen Europa	beides	USA	rat./emot. Subkulturen	emotionelle Subkulturen
Goethe	Springer	Brandt	Lenin	Guevara	Mills	Freud	Blake
Adenauer	J. Strauß	Augstein	Mao		Goodman	Reich	Sweden-
Kennedy	Gang-	Dubcek	Tse-tung	Castro	Malcolm	Bakunin	borg
Rocke-	hofer	Sartre	Trotzki	Fanon	Veblen	Baude-	Lao-Tse
feller	Bardot	Brecht	Luxem-		Fromm	laire	Nietzsche
W. v.	Glenn	Camus	burg		Deutscher	Breton	Gurdjeff
Braun	Kolle	Einstein	Marcuse	Marx	Le Rai Jones	A. Huxley	Artaud
Wehner	Becken-	Piacsso	Dutschke		Cleaver	Beatles	Hesse
Beitz	bauer	Bach	P. Weiss			Leary	Beckett
Barnard	Udo	H. Miller				Teufel	Genet
Ko-	Jürgens	Grass				Rubin	Marx
koschka	Kilius						Bros.
Stalin	Gagarin						

Der Aussagewert von Gegenleitbildern für die Ich-Ideal-Bildung ist vergleichsweise gering. Mit Recht hat Reiche für die rationalistischen BRD-Subkulturen festgestellt: »Die Identifizierung ist zwar die Voraussetzung, sie ist aber noch keine ausreichende Basis für eine Ich-Ideal-Bildung. Die Identifizierung mit dem Vietcong, mit Che Guevara und mit Mao sind bei den meisten Studenten und Jugendlichen nur ›aufgesetzt‹ ... Ihre Helden haben nicht wirklich die Funktion von Ich-Idealen, wenn sie gottlob erst recht keine rigide Über-Ich-Funktion haben. Sie leben nicht wirklich nach ihren revolutionären Vorbildern ... in den imperialistischen Metropolen so listig und schweigsam sein wie der Vietcong in Vietnam, so tapfer sein wie Che in Bolivien, so weise sein wie Mao und an dessen Leistungen seine eigenen Ich-Qualitäten zu messen und auszubilden. Das ist bis heute selten der Fall.«[17]

10. NORMEN ALS NEGATION UND AUFHEBUNG

»*Die schlechte Seite ist, welche die Bewegung ins Leben ruft, welche die Geschichte macht, dadurch, daß sie den Kampf zeitigt.*«

Karl Marx

»*Wechselndes Verhalten gegenüber einer gegebenen Verteilung von Macht, Reichtum und Status hängt eng zusammen mit einem Schwanken in der Auswahl der Bezugsgruppen in verschiedenen sozialen Situationen.*« Lewis Coser

Das schlechte Bestehende, die Gesamtgesellschaft, hat die progressiven Subkulturen ins Leben gerufen. Die Praxis, die Normen und Institutionen der Gesamtgesellschaft haben ihre eigene Anti-

these, die Praxis, Normen und Institutionen der progressiven Subkulturen hervorgebracht. Auf diesem Stand der Antithese sind die progressiven Subkulturen weithin stehengeblieben.
Die Gesamtgesellschaften neigen zur Affirmation, die Subkulturen zur Negation; die Synthese, die Aufhebung des Widerspruchs (die Weiterentwicklung auf eine höhere Stufe auf Grund der Negation unter Beibehaltung progressiver Aspekte der Affirmation) ist selten in Angriff genommen worden. Die Negation des technokratischen Bewußtseins führte zu Rousseauismus. Die Negation der Arbeitsteilung führte zur Ablehnung jeglicher Arbeitsteilung überhaupt. Die Negation des Leistungsprinzips führte zu verabsolutiertem Lustprinzip und im Rückumschlag zur unaufgehobenen Affirmation des Leistungsprinzips. Die Negation von Autorität, Schichtung, Organisation führte zu ineffektiver verabsolutierter Organisationslosigkeit und im Rückumschlag zur unaufgehobenen Affirmation hierarchischer Strukturen. Die Negation der kapitalistischen Ökonomie führte zum Desinteresse an Ökonomie überhaupt und im Rückumschlag zu fetischisierter Betriebsagitation. Die Negation der Gewalt führte zu Gewaltlosigkeit und/oder Gewaltpredigten. Die Negation der Komplexität als Ideologie der Undurchschaubarkeit führte zu monokausalen Erklärungen. Die Negation der repressiven Toleranz führte nicht zu einem sozialistischen Wettbewerb der Ideen und der Praxis, sondern zu repressiver Intoleranz. Wir könnten der Reihe nach alle Normen und Institutionen durchgehen: eine notwendige Entwicklung wurde entweder zum neuen Status quo oder zur Sozialisationsagentur für die Rückkehr zum Ausgangspunkt. Wer »Zerschlagt die antiautoritäre Phase« sagte, sagte im allgemeinen: »Zerschlagt die Negation, zurück zur Affirmation.« Denn die Aufhebung ist das genaue Gegenteil von »Zerschlagung«: die Aufbewahrung auch der wesentlichen Elemente der Negation in der Synthese. Die Arbeit unter dem Aspekt der Abschaffung von Arbeit, der Umgang mit Geld unter dem Aspekt der Abschaffung von Geld, die Organisation unter dem Aspekt der Abschaffung von Organisation, Kreativität und Vernunft unter den Aspekten einer vernünftigen Kreativität und einer kreativen Vernunft, Sicherheit unter den Aspekten von Solidarität und gegenseitiger Hilfe. Es ist nicht nur ein gesamtgesellschaftliches Problem, wie soziales Chaos vermieden werden kann, während zur selben Zeit die totale soziale Kontrolle, wie sie am Horizont auftaucht, vermieden werden muß[1]. Mit Recht hat Hans-Jürgen Krahl erwähnt:

»Wir haben erkannt und gesehen, daß es, wenn man gegen diese Gesellschaft kämpft, notwendig ist, die ersten Keimformen der künftigen Gesellschaft schon in der Organisation des politischen Kampfes selber zu entfalten — die ersten Keimformen anderer menschlicher Beziehungen, herrschaftsfreien, menschlichen Verkehrs, selbst um den Preis einer hohen Disziplinierung und Unterdrückung, die wir uns selbst auferlegen müssen.«[2]

Der Kampf der verschiedenen progressiven Subkulturen gegen die Herrschaft der konzerngesteuerten Technokratie ist vielleicht die letzte Möglichkeit, inhaltliche Demokratie, Humanisierung, Aufhebung der Entfremdung zu erreichen. Die neuen technologischen Möglichkeiten werden zur totalen Anpassung mittels Konditionierung eingesetzt werden, wenn nicht ihr humaner Einsatz erkämpft wird. Der Widerspruch gefriert zur Groteske: gerade in einer historischen Situation, in der erstmalig die Experimentation mit allen Möglichkeiten verwirklichbar wäre, zwingen die Herrschaftsverhältnisse dazu, vermittelt mit eben dem technologischen Apparat, der die Experimentation möglich machte, jene Experimente nach Möglichkeit zu vermeiden, die über Umwege wieder zur Anpassung an das Bestehende führen ...

Ich weiß, daß Dialektik nicht ohne Verlust in ein Schema gepreßt werden kann. Somit kann die folgende Skizze nur als eine rohe Momentaufnahme aufgefaßt werden.

These: Normen der Gesamtgesellschaft	Antithese: Normen der Subkulturen	Synthese: Normen der veränderten Subkulturen
Privateigentum, Profit	Abschaffung derselben	Verwaltung durch Produzenten [3]
Arbeit, Arbeitsteilung	Drop-Outs: interventionsfreies Laissez-faire	Minimierung der Arbeit; Muße; Vermehrung der Funktionen jedes; Rotation; allseitige Entfaltung i. Spiel [4]
Konkurrenz, Wettbewerb	Abschaffung derselben:	Sozialistischer Wettbewerb der Praxis; progr. Pluralismus [5]
Leistungsprinzip	Lustprinzip	Realitätsprinzip ohne zusätzliche Unterdrückung [6]
Erfolge, Prestige	Ablehnung derselben	Kollektiver Erfolg [7]
Konsumzwang	Konsumaskese	Selbstorganisation der Bedürfnisse, Produktivität [8]
Geld	Abschaffung desselben	punktuelle Vorwegnahme [9]
Ordnung, Ruhe, Stabilität	Chaos	rasch wechselnde Ordnung, Unruhe [10]
Disziplin, Verbindlichkeit	Disziplinlosigkeit	je konkrete Disziplin [11]
Gehorsam, Anpassung	Weigerung, »Autonomie«	Kritik und Selbstkritik [12]
Treue, Sicherheit	Untreue, Unsicherheit	Solidarität, gegenseitige Hilfe [13]
Schichtung, Hierarchie, Autorität, Bürokratie, Ordnung als Unterordnung, Zentralisation	Informelle Gruppen, persönl. Bindungen, Organisationslosigkeit, mangelnde Kooperation, Imagination	Dezentralisierung, Kooperation, Vorwegnahme der Herrschaftslosigkeit, inhaltliche Demokratisierung, vermittelte Spontaneität [14]
Geschlossenheit	Offenheit	Öffentlichkeit [15]
Repressive Toleranz	Laxheit oder Intoleranz	progressiver Pluralismus [16]
Komplexität	Monokausalität	Überschaubarkeit [17]
Wissenschaft als	Irrationalität	Reflexion und

These: Normen der Gesamtgesellschaft	Antithese: Normen der Subkulturen	Synthese: Normen der veränderten Subkulturen
Ideologie Institutionalis. Religion	Nichtinst. Religion, Atheismus	Praxis [18] Befriedigung der verdrängten Bedürfnisse [19]
Patriotismus, Provinzialismus	Antipatriotismus, Reisen	Internationalismus [2]
Institutionelle Repression	Ablehnung derselben	Selbstorganisation der Sanktionen [21]
Verteidigung, Krieg	Pazifismus	Gewaltlosigkeit; Guerilla [22]
Sexuelle Repression, Familie, Rigidität	sex. Freiheit, Bindungslosigkeit	Liebe, Kommune, Freundlichkeit [23]
Sozialisation	Normlosigkeit	Gegensozialisation [24]
Minoritätenhaß	Minoritätenfreundlichkeit	Autonomie, Kooperation [25]
Resignation, Monaden	Aktion, Engagement	gezielte Aktion [26]
Konvention	Abweichender Stil	Wandel des Stils [27]
Manipulation	Weigerung, Widerstand	Lernprozesse, Kreativität, Phantasie [28]
Technokratie	Zurück zur Natur	Sand im Getriebe; Nutzung [29]
Konformismus	»Autonomie«	progressiever Pluralismus [30]

IV. Zur Selbstorganisation der Bedürfnisse in den Subkulturen

1. DIE BEDÜRFNISSE

»*Die Vermittlung subkultureller Normen mit den Bedürfnissen der Massen, wie sie der Wiener Subkultur-Philosoph Rolf Schwendter fordert, ist nur für den denkbar, der über die Bedürfnisse der Massen herzlich wenig nachgedacht hat und statt dessen elitär subkulturiert.*« Michael Buselmeier/Günter Schehl[1]
Über die Bedürfnisse der Massen ist allemal wenig nachgedacht worden; am wenigsten von jener Partei, der der »Kürbiskern«, das Medium der Autoren, nahesteht, und die sich seit ihrem Bestehen weitgehend nur in Wahlkämpfen bemerkbar gemacht hat. (Neben SDAJ-Aktionen zur schlechten Lehrlingsausbildung fällt mir nur ein einziges Beispiel ein: die »Aktion Roter Punkt« in Hannover. Hier machte die DKP genau das, was nach B. und S. für sie nicht denkbar sein sollte: sie hängte sich an eine der wenigen bislang geglückten Vermittlungen subkultureller Normen mit den Bedürfnissen der Massen.) Wie so vieles nicht, gibt es derzeit keine Bedürfnissoziologie. Mit Ausnahme von Carlsson, Maslow, Marcuse und Adorno gibt es nicht einmal Ansätze dazu – von einer dialektisch-empirischen Bedürfnisforschung (womit wir jene Orgien affirmativer Reproduktion falschen Bewußtseins, die sich Marktforschung nennen, bewußt ausklammern; wenngleich Resultate der Marktforschung ein verläßlicher Indikator für falsches Bewußtsein in einer Gesellschaft sein dürften) ganz zu schweigen.
Wer nachdenkt – schon gar, wenn er »herzlich wenig« nachdenkt –, ist längst kein Philosoph (»Subkultur-Philosophen«, sind ein ebensolches Unding wie etwa »Justiz-Philosophen«, »Polizei-Philosophen« oder »Betriebs-Philosophen«); wessen Resultate nicht von gestern auf heute verwertbar waren, noch längst nicht »elitär«, was aus Engels' Arbeit über Feuerbach hervorgeht; was avantgardistisch, was elitär war, erweist retrospektiv die Praxis. Marx, der recht wenig Basisarbeit geleistet hat, hat auch nicht elitär ökonomiert. Was soll's?
Historische Bedürfnisse unterliegen bei Gesellschaften mit repressiver individueller Entwicklung kritischen Maßstäben[2]. »›Falsch‹

sind diejenigen (Bedürfnisse. R. S.), die dem Individuum durch partikuläre gesellschaftliche Mächte, die an seiner Unterdrückung interessiert sind, auferlegt werden: diejenigen Bedürfnisse, die harte Arbeit, Aggressivität, Elend und Ungerechtigkeit vereinigen ... Die meisten der herrschenden Bedürfnisse, sich im Einklang mit der Reklame zu entspannen, zu vergnügen, zu benehmen und zu konsumieren, zu hassen und zu lieben, was andere hassen und lieben, gehören in diese Kategorie falscher Bedürfnisse.«[3] Ein Sachverhalt, der sich an der amerikanischen Werbepsychologie (z. B. Ernest Dichter) ohne weiteres nachkontrollieren läßt: selbst traditionalistische Marcuse-Kritiker (Holz, Steigerwald) haben Marcuse seine zutreffende Analyse der Manipulation zugestanden.

Weiter: »Das Vorherrschen repressiver Bedürfnisse ist eine vollendete Tatsache, die in Unwissenheit und Niedergeschlagenheit hingenommen wird, aber eine Tatsache, die im Interesse des geglückten Individuums sowie aller derjenigen beseitigt werden muß, deren Elend der Preis seiner Befriedigung ist. Die einzigen Bedürfnisse, die einen uneingeschränkten Anspruch auf Befriedigung haben, sind die vitalen – Nahrung, Kleidung und Wohnung auf dem erreichbaren Kulturniveau.«[4]

Nach Maslow sind die Bedürfnisse: Hungerstillung, Sicherheit, Liebe, Ansehen, Selbstaktualisierung[5]. Selbst da erhebt sich schon die Frage, ob »Ansehen« nicht schon längst zu einem repressiven Bedürfnis geworden ist, einem Bedürfnis auf Kosten der Nichtangesehenen. Zur marxistischen Utopie »Jeder nach seinen Bedürfnissen« stellt Marcuse mit Recht fest: »Jetzt geht es um die Bedürfnisse selbst. Auf dieser Stufe lautet die Frage nicht mehr: wie kann das Individuum seine Bedürfnisse befriedigen, ohne andere zu verletzen, sondern vielmehr: wie kann es seine Bedürfnisse zufriedenstellen, ohne sich selbst zu verletzen, ohne durch seine Wünsche und Befriedigungen seine Abhängigkeit von einem ausbeuterischen Apparat zu reproduzieren, der, indem er Bedürfnisse befriedigt, Knechtschaft verewigt?«[6] Von der Überwindung der falschen Indentifikation gesellschaftlicher und individueller Bedürfnisse hängt die Errichtung der Demokratie ab[7].

Marcuse, dem nach wie vor unter die Jacke gejubelt wird, er halte die Subkulturen für das grundsätzlich gesellschaftsverändernde Subjekt, und nicht das Proletariat, formuliert an einer Stelle sogar ausdrücklich die Dialektik zwischen der bedürfnisformulierenden subkulturellen Avantgarde und den Massen: die Subkulturen

seien »... militante Minderheiten, die die Bedürfnisse und Sehnsüchte der schweigsamen Massen zum Ausdruck bringen können. Aber Revolutionäre sind sie eigentlich nicht... Die Revolution erfordert vor allen Dingen einmal das Auftauchen eines neuen Menschentyps mit Bedürfnissen und Sehnsüchten, die qualitativ verschieden sind von den aggressiven und repressiven Bedürfnissen und Sehnsüchten der etablierten Gesellschaften. Es ist richtig, daß die Arbeiterklasse heute in hohem Maße die Bedürfnisse und Sehnsüchte der herrschenden Klassen teilt und daß ohne einen Bruch mit den gegenwärtigen Bedürfnisinhalten eine Revolution nicht vorstellbar ist.«[8]
Das sind also die vitalen Bedürfnisse (Nahrung, Kleidung, Wohnung, wohl auch Sexualität, Fortbewegung, Erhalten der Gesundheit), da sind die qualitativ neuen Bedürfnisse (wohl Selbstaktualisierung, Solidarität, Sensibilisierung). Daß selbst eine Gesellschaft, die beim gegenwärtigen Stand der Technologie ausschließlich auf vitalen Bedürfnissen basiert, lebenfähig sei, hat Gösta Carlsson in seiner Polemik gegen die Funktionalisten (Parsons, Davis) schlüssig dargelegt: »Geht man einmal aus von den grundlegenden materiellen Bedürfnissen nach Essen, Trinken und Obdach (mit ihren späteren Varianten und Ergänzungen) und dem Bedürfnis nach sexueller Befriedigung und Fortpflanzung, nimmt ein gewisses Quantum allgemeinen Herdentrieb dazu und verbindet das Ganze mit einem zu langfristiger Sicht veranlagten planenden Geist – was würde daraus folgen? Sofortige äußerste Anarchie – oder ein Gutteil herkömmlicher Sittlichkeit in irgendeiner ›stammesgemäßen‹ Version?«[9] Die Hippies bezeichnen sich als »Stämme« oder »Sippen«, die Kommunarden früher als »Kohorten«...
Und: »Sogar im falschen Bedürfnis der Lebendigen regt sich etwas von Freiheit; das, was die ökonomische Theorie einmal Gebrauchswert gegenüber dem abstrakten Tauschwert nannte.«[10] Die Flasche Bier, die Zigarette, die private Geschirrspülmaschine erinnern qua Gebrauchswert noch an Freiheit.

2. NAHRUNG

»Den Hochstehenden / gilt das Reden vom Essen als niedrig / Das kommt: / Sie haben schon gegessen.« Bertolt Brecht

In der Arbeitersubkultur der Weimarer Republik wurde oft von der »Magenfrage« gesprochen. Das ist im Moment wenig populär: abgesehen von den 30 % Underdogs in den USA, von den zwei Millionen Underdogs in der BRD, gibt es in der kompakten Majorität genug zu essen – die Furcht der Herrschenden gilt eher Unterkonsumtionskrise und Vergeudungskapitalismus. Hertie und Kaufhof verdrängen das Gespenst der strukturellen Arbeitslosigkeit.

Andrerseits sind, wie bei Dichter nachzulesen, gerade die Ängste vor Nahrungsmangel noch höchst lebendig; Brot, Obst, Steak werden geradezu numinose Kräfte zugeschrieben. Auch hierin steckt ein Kern von Rationalität: wo, vom Stand der Produktivkräfte her anachronistischerweise, die Befriedigung vitaler Bedürfnisse noch immer an Leistung geknüpft wird, trifft die Angst zu, wenn dem großen Kapitalismus eine Leistung nicht mehr als adäquat erscheint oder er aus politischen Gründen auf eine solche verzichtet. Der von Günter Wallraff recherchierte Fall des DL-Funktionärs Bauder, der infolge seiner abweichenden politischen Haltung in der Stadt Heidenheim keine Arbeit erhält, weist dringlich auf die Notwendigkeit der Selbstorganisation subkultureller Bedürfnisse hin: aktuell nicht nur für Hippies, Studenten, zwei Millionen unfreiwilliger Subkulturen, sondern auch für Lohnabhängige, die aus politischen oder strukturellen Gründen keine Arbeit erhalten, wohl auch für Lohnabhängige, die sich auf eigene Faust »Bildungsurlaub« nehmen, da die Gewerkschaften unfähig (wenn nicht desinteressiert) gewesen sind, das Recht auf diesen durchzusetzen.

In den USA, zum Teil auch in London, ist mit der unentgeltlichen Versorgung mit Nahrungsmitteln begonnen worden: allerdings fehlte gerade da die Vermittlung mit der unfreiwillig subkulturellen Basis (wie viele der 6 Millionen Arbeitslosen versorgten sich schon in den Digger-Shops?). Das Prinzip ist denkbar einfach:

1. Drehpunktpersonen versorgen die Diggers mit Nahrungsmittelspenden; einmal am Tag findet unentgeltliche Abgabe von Speisen statt[1].

2. Die Gemeinschaftsküchen der Diggers werden aus den Überschüssen der landwirtschaftlichen Kommunen (in USA 62) ver-

sorgt. Die Kommunen selbst sind -- wie die Kibbuzim, Ejidos und Ashrams - autark. Durch ihre Rückkopplung mit städtischen Subkulturen vermeiden sie jene »ridikülen Kolonien«, die Kreuzer mit Recht kritisiert[2].
3. Das Free Food Storage and Distribution Center (San Francisco) sammelte jede mögliche Information über Quellen freien Essens: Märkte, Fleischfabriken, Bauernhöfe, Molkereien, Ranches, landwirtschaftliche Schulen, große Institutionen. Von diesen Quellen werden die Güter mit Lastautos abgeholt: abgebettelt, geklaut, Kommunikation mit Lastwagenfahrern, welche Güter auf ihren Routen überlassen werden. Die Morgengruppe sammelt das Essen, die Nachmittagsgruppe verteilt es an »Free Families« und Ghettoleute, verarbeitet es in Bäckereien, Konserven-Coops und für Feste weiter[3].
Ein Hindernis für die subkulturelle Nahrungsversorgung besteht in der von Lazarsfeld schon in der Zeit des 2. Weltkriegs konstatierten Abneigung, von der bürgerlichen Küche (Steaks etc.) zu proletarischen Eßgewohnheiten (Lazarsfeld führt den Konsum von Innereien an) überzugehen. Die Dialektik der Gastronomie ist auch so gut wie nicht durchdacht worden, obgleich sich in ihr die gesellschaftliche Entwicklung recht genau widerspiegelt. Die Sklavenhalterküche (Apicius) entwickelt sich nach einigen Sprüngen und Widersprüchen zur mittelalterlichen und neuzeitlichen Feudalküche weiter (siehe etwa das Päpstliche Fastenessen 1534 mit ca. 120 Gängen[4]). Der aufgeklärte Absolutismus, Feudalismus auf dem Rückzug vor der siegreichen bürgerlichen Revolution, schlägt sich gastronomisch in den Werken von Brillat-Savarin (»Physiologie des Geschmacks«) und Rumohr (»Geist der Kochkunst«) nieder: Prato, die Sacher sind Marksteine in der bourgeoisen Küche, die sich bis heute als die Küche der Herrschenden gehalten hat. Mit dem üblichen Cultural lag des Überbaus entfaltet sich im 20. Jahrhunder die proletarische Küche: in ihrer Ursprünglichkeit bewahrt etwa in den Sammlungen der Salcia Landmann, auf dem Weg zu ihrer technokratischen Integration in Emil Ledermanns »Schlankem Schlemmer«. Die vermehrte Information über proletarische Küche entspricht nicht nur dem Snob-Appeal der Übergessenen (wie etwa bei Ledermann, dem der ewige bürgerliche gebratene Truthahn über wird), sondern auch der anbrechenden Proletarisierung aller Nichtkonzernaktionäre: Wer manipuliert für überflüssige Güter Konsumverzicht leistet, schätzt billige, geschmackvolle Küche.

Der inhaltliche Indikator, die Prestigegröße der Stücke, läßt sich deutlich nachvollziehen: Lebte die feudale Küche von den »pièces grosses«, den ganzen Stücken, wurden diese in der bürgerlichen Küche getrennt und mit Beilagen versehen: Schnitzel, Braten, Steak sind ihre Paradestücke. Die Küche der heherrschten Klassen war seit je die ungetrennte, zusammengekochte, vom Gulasch der ungarischen Hirten zum Tscholent der Ghettojuden, ja zum Huhn im Topfe Heinrichs IV. von Frankreich: Suppe, Salat (wie Napoleon richtig bemerkte), Auflauf, Teigspeisen (Börek, Langos, Tortilla, Loempia, Sterz, Omelette), Eintopf – mit Recht bemerken Schüler-Drop-Outs über ihre Erfahrungen in Kommunen: »Wir konnten die Ideologie schmecken, die im Eintopf steckt.«[5] Zum historischen Aperçu wird es, daß der Nationalsozialismus, auf Dutzenden Gebieten bestrebt, das Proletarische zu vereinnahmen, Eintopfsonntage einführte... Wie oft stellt das sozialistisch weiterentwickelte Proletarische eine Aufhebung der feudalen Küche dar: In Reistafel, Mezeh (libanesischer Prägung), Smörgasbord setzen sich die einzelnen proletarischen Speisen zu einer neuen Qualität zusammen; Quantität schlägt in diese um.

Puritanische Subkulturen haben seit je wenig für gutes Essen übrig gehabt; auch jener Genosse, der Paella um 2 DM kochte, ist in der Zwischenzeit bei der ML. Vulgärmaterialismus (»Der Mensch ist, was er ißt«), mit Recht abgewertet, schlug um in puritanischen Vulgäridealismus. Oft wird bei Lohnabhängigenagitation eingeworfen: »Sollte ich politisch arbeiten, hat meine Familie nichts zu essen.«; mögen auch Rationalisierungen dahinterstecken: Der Mangel an subkultureller proletarischer Küche kettet die Lohnabhängigen an die Fleischtöpfe Ägyptens. Eine der relevantesten Utopien, die die Beherrschten hervorgebracht haben, ist die vom Schlaraffenland: die unentgeltliche Entnahme heterogener Nahrung. Schlaraffenland und Vulgäridealismus gehen schlecht zusammen.

Nichtpuritanische Subkulturen essen oft mit Willen, aber ohne Bewußtsein. Typischerweise war Charles Fourier jener Sozialist, der den »Tafelfreuden« ein eigenes Kapitel gewidmet hat: »Die Probleme der Küche und der Feinschmeckerei werden in der Zivilisation nicht ernsthaft behandelt...«[6] Die Reistafelutopie wird von Fourier ausgesprochen: die Anzahl der Speisen in der Phalanstere werde 30 bis 40 nicht unterschreiten[7]. Fourier hat z. B. errechnet, daß Früchte mit Rahm und Zucker bill r seien als

Brot[8] – ein direkter Weg führt zum 5-Frucht-Müsli der Kommune II in West-Berlin[9].
Äußerungen deutscher Subkulturen zum Nahrungsbedürfnis sind rar; eine Praxis nur in den Kommunen vorhanden. Die Potsdamer Kommune stellt fest: »Wir lieben die Küche der Bourgeoisie.« und »Manchmal gehen wir bei der Kommune I essen. Die haben eine gute Küche.«[10] Linkeck ißt Spaghetti, Konserven, Kartoffeln, Joghurt – proletarische Küche, aber zum Abgewöhnen[11]. Bei den Bohemiens kapriziert sich Kreuzer auf den negativen Aspekt der Bedürfnisreduktion; er beschreibt den Hunger Hamsuns, Wassermanns, Ringelnatz', Dylan Thomas'[12] (Aschingers Erbsensuppe mit freier Brotentnahme gehört auch, wie ich aus eigener Erfahrung weiß, in dieses Kapitel). Der »Ferienkommunismus« ist weitverbreitet[13].
Dutschke hat das Problem klar gesehen: »Wir brauchen z. B. Großküchen, die sich nicht durch Einfachheit auszeichnen, sondern hochentwickelte Bedürfnisse entfalten.«[14] Enzensberger hat geantwortet: »Die Kochkunst ist leider keine revolutionäre Kunst.«, Marcuse ist anderer Ansicht, indem er die Kochkunst als Produktivkraft materieller und kultureller Umgestaltung mitreflektiert: »Als solche Kraft wäre sie (die Kunst R. S.) ein integraler Faktor beim Gestalten der Qualität und der ›Erscheinung‹, der Dinge, der Realität, der Lebensform. Dies würde die Aufhebung von Kunst bedeuten: das Ende der Trennung des Ästhetischen vom Wirklichen, aber ebenso das Ende der kommerziellen Vereinigung von Geschäft und Schönheit, Ausbeutung und Freude. Die Kunst gewönne einige ihrer ursprünglichen ›technischen‹ Nebenbedeutungen zurück: als Kunst der Zubereitung (*Kochkunst*), der Kultivierung der Dinge, die ihnen eine Form verleiht, die weder ihre Materie noch die Sinnlichkeit verletzt...«[15] Zumal in der Technokratie »neue Tier- und Pflanzenarten«, »Ausnützung der Weltmeere«, TNP (Kunstfleisch) ins Haus stehen[16].
Die Groß- und Gemeinschaftsküchen zählten zum Inventar sozialistischer Planung von Thomas Morus bis zu August Bebel, auch noch zur Praxis der Arbeiterbewegung um 1920. Forciertes Monadentum zerschlug Projekte wie Versuche. Wiederaufgenommen wurde der Gedanke der Bereitungsrationalisierung in den Kommunen: »Gibt es etwas Dümmeres in unserer Gesellschaft, als diese Absurdität, daß alle Frauen, und häufig auch die Männer, täglich zur selben Stunde in die Küche gehen und dasselbe tun:

für 2 Personen kochen? Mit demselben Aufwand könnte man für 20 kochen und 19 andere wären frei.«[17]
Gegenökonomie auf dem Nahrungssektor erscheint sinnvoll unter folgenden Aspekten:
1. Selbstorganisation subkultureller Bedürfnisse
2. Strukturelle und politische Arbeitslosigkeit
3. Festivals[18]
4. Mensastreiks
5. Zeit- und Geldersparnis (vorerst in den Kommunen)
6. Die Kunst der Bereitung.

3. ZELT UND ZEMENT: WOHNUNG

»*Ist Wohnen eine kulturelle Notwendigkeit?*«
    Überschrift eines Artikels in der Action culturelle des sud-est (13. Nov. 1968)
»*Wir klagen an die Haus- und Grundeigentümer und ihre Verwalter, die es uns unmöglich gemacht haben, den notwendigen Wohnraum zu bekommen; sie lehnen Wohngemeinschaften ab, sie lehnen Studenten ab, Jugendliche, Vorbestrafte, Fürsorgezöglinge, Rocker, Leute mit Bärten, Leute mit langen Haaren, sie lehnen Kommunisten ab, Sozialisten, Anarchisten, sie lehnen Leute mit geringem Einkommen ab, mit vielen Kindern, Stipendienempfänger, Leute ohne festen Arbeitsplatz, denn sie denken nur an ihren Profit.*«   Möller/Neumann/Kohlhepp[1]
»Die Kodizes, die dem stigmatisierten Individuum präsentiert werden, tendieren dahin, bestimmte Standarddinge zu behandeln. Ein wünschenswertes Verhaltensmuster von Enthüllen und Verbergen wird schmackhaft gemacht.«[2]
Gedanken von Wohngemeinschaften beim Suchen eines Vermieters: Wohnen müssen Menschen allemal. Zur Zeit des Feudalismus war alles geregelt: Das Haus, in dem die Großfamilie wohnte, war gleichzeitig Wohnhaus und Produktionsstätte, Arbeits- und Freizeitraum. In isolierten Kammern wohnten Dienstboten, Studenten wohnten in der Burse. Die Monadisierung kam gleichzeitig mit der Industrialisierung: erst die Gesellen, dann die Arbeiter. Zur Wohnstätte des Hochkapitalismus wurden die Zinskasernen mit ihren Allzweckräumen für die gesamte Familie (mehr und mehr Kleinfamilie); die Bourgeoisie wohnte in Etagen oder

Halbetagen. Im Spätkapitalismus wurden die Zinskasernen zu Schlafstadtzweizimmerzellen, Appartmentzellen, Untermietzellen; die Etagen zu Ein- bis Dreifamilienhäusern. Kleineigentum, Kleinwohnungen anonymisierten und parzellierten das Eigentum[3]. »Ihr Mangel an Privatheit hatte die Arbeiter einigermaßen gegen die Ideologie immunisiert ... Aus seiner Eigentumslosigkeit konnte das Proletariat zur Privatheit nur gelangen, wenn es die ihm oktroyierte Öffentlichkeit der gesamten Gesellschaft aufzwang und auf generelle Aufhebung des Privaten qua Eigentums hinarbeitete ... Vorbedingung dessen war der Verzicht auf die Illusion von Privatheit.«[4] Die Trennung von Nutz- und Privaträumen wird in der Gesetzgebung reproduziert: Öffentliche Privaträume (Nutzräume) wie Küche, Bad, sind steuerlich absetzbar, privateste Räume (wie das Wohnzimmer) nicht[5].

Krapotkin hat in seiner »Gegenseitigen Hilfe« Formen der Wohngemeinschaften in der Geschichte, vom Bursensystem bis zum Personalartel russischer Arbeiter des 19. Jahrhunderts (nahezu schon ident mit der Sorokin-Kommune), abgeschildert. In der Boheme scheint, nach Kreuzer, die Wohngemeinschaft nicht häufig gewesen zu sein. An subkulturellen »Wohn«formen neben der Wohngemeinschaft sind historisch aufzuweisen:

1. Die Clochardexistenz (nur in Distanz zur Gesamtgesellschaft, ohne Intention): Nächtigung auf Parkbänken, Flußufern, in U-Bahn-Schächten, in Obdachlosenasylen[6]. Hamsun, Jung etc.
2. Unterkünfte in Ateliers, gastfreien Häusern, bei Freunden; von Hart und Panizza bis zu Hamm's Nadou, zu den internationalen hektographierten Wohnmöglichkeiten und dem Autor, der einmal als »Nomade aus Überzeugung« bezeichnet wurde, der »als Gast in seinem europäischen Freundeskreis« weile[7].
3. Untermieten, Dachkammern, Künstlerpensionen, Wohnen in der Produktionsstätte, Werkstatt, Atelier (nach Kreuzer sind hier die Grenzen zwischen privater und öffentlicher Existenz tendenziell aufgehoben); selbst das Pariser Gefängnis St. Pélagie wird zum Gegenmilieu[8].
4. Umfunktionierte Studentenheime.
5. Bauernhäuser, Bohèmedörfer (Barbizou, Fleury, Worpswede, Ascona, Big Sur)[9].

Die herrschende Praxis intendiert die Lösung subkultureller Wohnprobleme durch Wohngemeinschaften, Kommunen, z. T. auch ländliche Kommunen. Trotzki nannte als eine der neuen Aufgaben der Architektur die Wohnkommune[10]. Die sowjetische

Sorokin-Kommune 1930 (22 Jungarbeiter) war eine autoritärdisziplinierte Wohngemeinschaft, deren Mitglieder manchmal 20 Stunden am Tag arbeiteten, antifeminin, auf homosexueller Bindung aufgebaut. Die Vollkommune in der Moskauer Staatsbibliothek hatte rigide Arbeitsnormen und repressive Sexualnormen[11].
Die subkulturellen Wohngemeinschaften entstanden aus mehreren Quellen: aus einer Bewunderung der israelischen Kibbuzim, aus einer falschen Rezeption der chinesischen Volkskommunen (so in Berlin), aus der richtigen Analyse der anachronistischen Kleinfamilie, wohl auch schlicht aus Kostengründen. Hollstein kann schlicht von Kommunen und Gemeinschaftshäusern »in der ganzen Welt« sprechen[12].
Die Black-Panther-Party mietet Wohnungen in Kooperativen[13]. Die dänische Kana-Kommune, um »der schmutzigen Welt der modernen Wohnkomplexe zu entrinnen, wo man einander nicht kennt, aber ununterbrochen beschnüffelt«, als »neue Lebensform für die ... Großstadt«, kaufte ein Objekt mit 30 Räumen, 3 Badezimmern, 700 m² Wohnraum, 4000 m² Garten, 4 Hektar Land um 200 000,– DM (19 Personen, davon 4 Kinder). Die Troro-Kommune kaufte ein altes Kloster, richtete dort Photolabor, Atelier und Hi-Fi-Anlage ein[14]. Die Potsdamer Kommune bewohnte zu fünft eine 4-Zimmer-Wohnung (die Haushaltsarbeiten gingen reihum), die Linkeck-Kommune mit 6–8 Personen eine 6-Zimmer-Wohnung (einschließlich Kleinfabrikgelände)[15]. Die Kommune I mietete zuerst eine 6-Zimmer-Wohnung, dann eine aufgelassene Fabrik. Mit ehemaligen Zöglingen (14–19jährigen) aus Staffelberg wurden Wohngemeinschaften eingerichtet (Einrichtungsgeld, Taschengeld, Berufsberatung, Drittelparität aus dem Komitee der Jugendlichen, der Sozialarbeitergruppe und dem wissenschaftlichen Beirat)[16]. Die Diggers planten, Häuser zu mieten und eine Art Hotel für Neuankömmlinge in San Francisco zu errichten[17]. Die Ablaßgesellschaft (18 Personen) hatte zwei Wohnungen[18]. Und so weiter[19]. Tom Schroeder und ich schätzten einmal die Existenz von 100 Kommunen und 1000 Wohngemeinschaften in der BRD; gezählt, wie es uns »Jasmin« fälschlich in den Mund legte, haben wir sie nie[20].
Folgende Fehlerquellen sind bei Wohngemeinschaften zu berücksichtigen:
1. Jedes Mitglied sollte seinen Einzelraum haben, dazu kommen die Gemeinschaftsräume. Jedenfalls sollte die Möglichkeit dazu auch bei anderweitiger Regelung offenstehen. Abweichende An-

sichten vertraten z. B. die späte K I (nur eine Fabrikhalle) und die dänische Kommune »O« (gemeinsames Riesenbett für 6 Personen).
2. Starke Fluktuaktion der Mitglieder möglichst vermeiden.
3. Unterdrückung durch psychoanalytische Informationsvorsprünge bei der Aufarbeitung innerer Probleme vermeiden.
4. Bei landwirtschaftlichen Kommunen: Arbeitsunfähigkeit, Arbeitsunwilligkeit, mangelnde Erfahrung (dagegen gaben die Diggers eine Fibel »The Change« heraus), Zorn der Provinzbewohner (Zorn der Nachbarn auch in Städten), Überstehen des ersten Winters (in einem Winter sank die Zahl der landwirtschaftlichen Kommunen in den USA von 200 auf 62).
5. Einübung in Kommunikation und ungewohnte Hausarbeit durch Wochenendkommunen.
6. Rotation der Hausarbeit.
7. Klarstellung Privateigentum – Gemeineigentum – Produtionsmittel.

»Auf lange Sicht können die Wohngemeinschaften, wenn sie an Zahl beträchtlich zunehmen, zu einer grundlegenden Änderung unserer Gesellschaftsordnung führen, weil die Gewöhnung zahlreicher Menschen an herrschaftsfreie Kommunikation, an Kooperation und an Reflexion auch im öffentlichen Leben antiautoritäre Prozesse in Gang setzt, die sich letztlich demokratisierend auswirken müssen.«[21]

Die K 2 hat mit Recht dazu festgestellt, daß Kommunen massenhaft erst nach Aufhebung des Privateigentums an Grund und Boden möglich seien[22]. Es gibt vergleichsweise wenige Bauernhöfe, Häuser mit 30 Räumen, Klöster und Altbauten mit 4–6-Zimmer-Wohnungen; letztere werden sukzessive abgerissen (wie in München 1968/69 die Gemeinschaftshäuser in der Orleansstraße und in der Knorrstraße). Die Neubauwohnungen werden vornweg für Monaden geplant und aus Materialien gebaut, die eine Veränderung der Strukturen so gut wie unmöglich machen. Aus dem Abreißen alter Häuser heraus bildete sich in London eine neue subkulturelle Wohnform, die Squatters, die von einem abbruchsreifen Haus zum anderen ziehen, dort einerseits die verbleibende Zeit wohnen, andererseits Agitation unter den verbliebenen Mietern betreiben[23]. Auch in der BRD regen sich erste Ansätze[24].

In der Stahlbetonbauweise hat sich der Architekt als Experte für perfekte Gehäuse, als Technokrat zu bewähren. Er gerät notwendigerweise in den Widerspruch zwischen dem Stand der Produktivkräfte, den gesellschaftlichen Bedürfnissen und den Interessen der Auftraggeber[25]. Und dies, wiederum genau dem Niveau des Hauptwiderspruchs entsprechend, zu einer Zeit, in der die Schaffung mobiler Wohneinheiten erstmalig möglich wäre; Fullers Kunststoffkuppeln etwa, die einer Großkommune fluktuierendes Wohnen ermöglichen würden.

Denn ein weiterer Sachverhalt verstärkt den Widerspruch: verschiedene Konzepte, darunter des Kirchknopfs und des AK Großkommune München, haben darauf hingewiesen, daß ein Widerspruch zwischen dem Konzentrationstrend und den kleinen Kommunen bestünde. Kirchknopf erstrebt den Zusammenschluß von 4 bis 8 Familien zu einem elastischen Familienverband, zunächst mit gemeinsamer Kindererziehung, gegenseitiger Hilfe, Einsparung bei Gebrauchsgütern und Zusammenschluß der Kinder mehrerer Familienverbände zu einer Schulklasse; in der nächsten Stufe sexuelle Querverbindungen und funktionale Wohnhäuser; schließlich Aufhebung des Privateigentums[26]. (Heide Berndt kritisiert sein Konzept als »hausbackenes reformistisches Genossenschafts- und Konsumprinzip« und fordert »konkrete Kommunen statt konkreter Utopien«[27].) Der AK Großkommune stellt fest, daß nichtkleinbürgerliche Produktion nur in einer Großkommune sinnvoll wäre.

Doch auch bei Fullers Kunststoffkuppeln besteht die Gefahr der Integration: sobald der Nebenwiderspruch zwischen Betonindustrie und Kunststoffindustrie ausgetragen ist, können wir Kunststoffwegwerfkuppeln mit eingeplantem Wandverschleiß erwarten. Kahn-Wiener prophezeien bereits »geodäsische Kuppeln, Phantasiebauten, Häuser aus aufgeblasenen Kunsthäuten«[28]. Dennoch ist diese Bauweise die Synthese zwischen »Zement« und »Zelt«, jenen Begriffen aus der Architektur, die in einem Brainstorm der Projektgruppe Subkultur Stuttgart spontan Gesamtgesellschaft und Subkultur zugeordnet wurden: »Zement« als Bild des Rigiden, Statischen, Hierarchischen; »Zelt« als Bild des Offenen, Flexiblen, Provisorischen, als Kohte auf den Fahrten der Jugendbewegung, als Schulgebäude bei Kritischen Schulen (Hutchins)[29], als Medium des Protests gegen Mietpreise[30].

Wohnen ist ein Bedürfnis; wie alle Bedürfnisse darf es nicht zum reinen Selbstzweck werden. Schon gibt es taktische Überlegungen gegen Großkommunen: Die Polizei hätte es leichter, alle auf einem Fleck zu finden. »Was leistet das Zusammenleben für den einzelnen in bezug auf seine Fähigkeit, die Gesellschaft zu verändern?... Nur darin hat das Zusammenleben seine Berechtigung...«[31]

4. SEXUALITÄT

»Aber nicht die Liebe zum Feuerbachschen Menschen, nicht zum Moleschottschen Stoffwechsel, nicht zum Proletariat, sondern die Liebe zum Liebchen und namentlich zu Dir, macht den Mann wieder zum Mann.«
        Karl Marx an Jenny von Westphalen (21. 6. 1856)
»Die Vorstellung, daß Eros und Agape letzten Endes doch ein und dasselbe sein könnten, klingt nach fast 2000 Jahren Theologie wohl merkwürdig.«   Herbert Marcuse[1]
Die sexuellen Normen der Gesamtgesellschaft haben wir weithin im Teil II abgehandelt, insbesondere auch ihre Vermittlung zu Charakterstrukturen, die das Individuum in Stand setzen, das Fortbestehen der repressiven Leistungsgesellschaft zu gewährleisten, ebenso die Funktion der Familie als Zelle der bürgerlichen Gesellschaft. Ebenso wie bei den anderen Grundbedürfnissen, und aus Platzmangel noch einen Grad mechanistischer, können wir die Entwicklung der sexuell vermittelten Institutionen bis zum heutigen Stand nicht entfalten. Dem Feudalismus entspricht die christliche Sexualmoral mit der unauflöslichen Ehe als einziger legitimer Möglichkeit sexueller Aktivität: durchaus rational zu einer Zeit, in der 90 % der Menschen Bauern waren; die optimale Arbeitsteilung zwischen Mann, Frau und heranwachsenden Kindern. Dem Kapitalismus entspricht – und hier mit einem gewaltigen Cultural lag, noch 50 Jahre über den endgültigen Abgang des Feudalismus aus den Staatsinstitutionen hinausreichend[2] – eine Art von Manchestersexualismus: alles zu tun, was nicht die anachronistisch gewordene Ehe, mittlerweile löslich, als Herrschaftsinstrument in Frage stellt. Dem Sozialismus entspricht die Aufhebung der Ehe, in noch nicht definierbarer Form: Die Großfamilien und Kommunen sind wohl die ersten Vorformen zukünftiger Institutionen. Wiederum verweist die neue Form auf konstruktive Elemente der alten Formen: nicht umsonst greifen die Hippies, greift Reimut Reiche auf einen Begriff von Liebe zurück, der sich im heraufkommenden Bürgertum (etwa Romeo und Julia) entfal-

tete; nicht umsonst schwebt Marcuse eine Synthese von Eros, Sexus und Agape, jahrtausendelang getrennt, vor. Die neue Qualität ist die, in die die neuentdeckte Quantität umschlägt: Liebe wird, von der Doppelmonade weg, zur größeren Einheit hin vergesellschaftet, während in den technokratischen Praxismodellen durch Fetischismus, Voyeurismus, Gruppensex, legitimierte Libertinage die Monaden noch immer weiter zerstückelt werden – bis zu Poppers Utopie des abgeschlossenen Onanisten[3].

»Die Institution der Ehe stabilisiert: die Atomisierung des Menschen, insofern sie die Fixierung des Menschen auf nur einen anderen Menschen vorschreibt, damit die Beziehung zu allen anderen Menschen zweitrangig und gegen Gewalt und Grausamkeit gegenüber anderen Menschen gleichgültig macht. Sie fördert die Destruktion der psychischen Ichkräfte, insofern sie die Ichidentität auf die Erhaltung eines Status quo, der nur die isolierte Privatsphäre einschließt, beschränkt, ihre Weiterentwicklung zu anderen Möglichkeiten und damit ihre Lebendigkeit auslöscht[4]«.

In Engels' »Ursprung der Familie, des Privateigentums und des Staates« wird das Thema der Aufhebung der Ehe präludiert, bei Bebel abstrakt übernommen (wenngleich sein Buch »Die Frau und der Sozialismus« noch immer lesenswerter ist als ein Großteil der populärwissenschaftlichen Schriften des 20. Jahrhunderts) – die Praxis richtet sich nach wie vor an der bürgerlichen Norm der Einehe aus (von Abweichungen wie Alexandra Kollontai abgesehen); die Aufhebung der Ehe wurde, wie jede humane Möglichkeit, auf den Sankt-Nimmerleinstag verschoben. Wilhelm Reich hat unbestreitbar viele Verdienste gehabt: seine Stellung zur Einehe und zur Stabilisierungsfunktion des Ehebruchs in der Ehe nimmt, wie Reiche mit Recht festgestellt hat, eher Kinsey und Ellis vorweg als irgendein sozialistisches Modell[5]. Adorno führt einen wahren Eiertanz auf: Er sieht richtig die gewandelte Funktion von Ehe und Familie, wird aber nicht müde, diesen Institutionen progressive Funktionen zuzuschieben, die sie längst verloren haben[6].

Adornos berechtigte Furcht, die Aufhebung der Ehe würde zu einer grauenhaften Reproduktion des Tausch- und Konkurrenzprinzips führen (Brave New World), schlägt durch das Hochloben der Höchstpersönlichkeit wieder in verinnerlichte feudal-bürgerliche Normen um. Nicht vermittelt ist die Dialektik von »Jedem Topf sein Deckel« und Prinzessin auf der Erbse, Konkurrenz und romantischem Perfektionismus, Verproviantierung und Platonismus, Instabilität und Geborgenheit, Don Juan und Romeo. Inmitten des anbrechenden Manchestersexualismus ist z. B. Kierkegaard die Alternative so vermiest, daß er schon seine Verlobung löst. Die Alternative der Negationen ist ausweglos dem schlechten Bestehenden verhaftet: wo Homans das Anwachsen der Gefühle aus dem Anwachsen der Interaktionen folgert (und umgekehrt), wendet Coser mit Recht ein, gerade diese Intimität bringe auch die Akkumulation der feindseligen Gefühle hervor[7]. Der Kommunarde, in Reinkultur infolge seiner Reduktionen lange noch nicht sichtbar, scheint der einzige Ausweg, die Aufhebung dieser Widersprüche leisten zu können.

3 Verhaltensformen der progressiven Subkulturen zum sexuellen Bedürfnis fallen auf: 1. relaxed, 2. Notstand, 3. Kommune.

Ad 1: Sie tun, als gäbe es das Problem nicht mehr. »Reden die Provos viel über Sex?« »Auffallend wenig. Wir haben viel zuviel mit anderen Dingen zu tun, auch damit übrigens, Sex zu praktizieren. Im 1. Heft der Zeitschrift ›Provo‹ wurde für eine völlige Aufhebung moralischer Schranken plädiert, aber in der Praxis hat sich das alles schon längst durchgesetzt. Sex scheint mir eigentlich ein Problem der vorigen Generation zu sein, zumindest was den individuellen Menschen angeht.«[8]

Ähnlich die Hippies. »Wie steht es überhaupt mit dem Sex?« »Er fängt an, kommunal zu werden ... alles fängt an, sich aufzulösen.« Harmonische kommunale Pansexualität. Familie? Einige heiraten. Die meisten wechseln ohne Schuldkomplexe den Partner. Selbst die, die heiraten, können, wenn sie Zen studiert haben, in ihre Ehe Elemente der Nicht-Ehe einbringen. »Die Zukunft gehört der völligen sexuellen Freiheit.«[9]

Ähnlich die Stud. DS. »Beim SDS ist das Ficken ein Ausdruck der Gemeinschaft, und bei uns ist da einiges los, aber nicht, weil es sich gerade so ergibt. Sex entsteht aus einer gegenseitigen Beziehung und dient dazu, diese Beziehung zu intensivieren. Ich denke jetzt nicht an die Ehe, aber ich schlafe nicht mit jeder.«[10]

Ähnlich – antizipatorisch – die Bohème: Ehe ist ein Gehäuse (Lasker-Schüler). Henry Miller entdeckt in der Liebe den »Keim einer neuen Ordnung«, die, wenngleich in der Schilderung Kreuzers, unvermittelt utopische Züge annimmt: Produktivität – Individualismus – sexueller Libertinismus; Verständnis für eine Revolution der Armen, für die er keine Praxis unternimmt; Revolution als apokalyptische Schlacht, jenseits derer das Paradies in die Ge-

schichte einbricht: »eine Welt, die Tag für Tag durch den Zauber der Liebe umgewandelt wird.«[11]
Die Homosexuellen und Lesbierinnen: politisiert. Rosa von Praunheims »Schwestern der Revolution« verwirklicht als kalifornische »Gay Party«; ihnen zur Seite »Gay Womans Liberation groups« ...
Die relaxed Haltung ist für die Praxis der Subkulturen zu bewahren; allein reicht sie nicht hin. Keine Gewähr ist gegeben, ob nicht wieder Einehen mit Gruppensex daraus werden. Aber leichte Freundlichkeit bleibt für viele eine Utopie: für die, die keine Ursache zur leichten Freundlichkeit haben.
Ad 2: Die Studenten in Gießen und Heidelberg haben noch Glück: da kommt auf zwei Studenten eine Studentin (in Saarbrücken sogar 1,5). Schon in Berlin steht es 1:4, ebenso in Marburg und München. Subkulturelle Studenten in Stuttgart, Karlsruhe, Aachen und Darmstadt haben es besonders schlecht: das Verhältnis steht hier 1:10-16[12]. Im Sex-Index – traurig, daß selbst an so primitive Forschungsversuche nur ein affirmatives Blatt wie »twen« denkt – kommen nur München, Berlin, Heidelberg und Hamburg wirklich gut weg.
Sicher: die Universität ist nicht die Stadt, auch nicht die Subkultur. Aber: in den meisten Republikanischen Clubs, die ich kenne, war der Durchschnitt, gut gerechnet, 1:4 (ähnlich in vielen Kommunen)[13]. Stichproben in Republikanischen Clubs von 1:7 waren keine Seltenheit. Schon das quantitative Verhältnis verschiebt die Richtung der Normen zur Integration.
In den englischen Universitätsstädten korrelieren die Selbstmordraten mit der Höhe des Männerüberschusses (Cambridge 1:10)[14]. In der K 2 wird von 3 Selbstmorden in der Subkultur gesprochen; Ursache: persönliche Konflikte, Eheprobleme, sexuelle Schwierigkeiten[15]. 4:1 steht es auch bei den Hippies; die Relation 2,5:1 wird schon nahezu als Norm empfunden (etwa, daß da die Frauen am zufriedensten seien).
Reich sprach von der Wichtigkeit der »Mädelfrage« für die Lehrlingsarbeit; die Probleme der Stadtteilbasisgruppe Seckbach waren nicht viel anders gelagert[16]. Die Sex-Pol-Bewegung hatte Zehntausende von Mitgliedern; etwas Vergleichbares gibt es derzeit in keiner Subkultur[17]. Dabei ist sexueller Notstand kein Exklusivproblem studentischer Subkulturen: »Weg mit dem Wixteufel! Am Sonntag um 11 Uhr haben die Roten Bauarbeiter am Oranienplatz 15 Frühschoppen abgehalten und kamen dabei

überein: 2 Genossen brauchen dringend den sexuellen Ausgleich. Helft ihnen, Genossinnen. Der Klassenkampf geht weiter durch die Roten Bauarbeiter.«[18]
Die Theorie Reichs beeinflußte, über Kupferberg in den USA, über Kunzelmann in der BRD, die Demonstrationspraxis (»Fuck for peace« etc.)[19], aber weiter ging es selten. Eine spektakuläre Ausnahme: Das Berliner Falken-Lager 1969 in Schweden. Vom Sex-Pol-Zelt gingen Impulse aus; 40 %/o der Zelte wurden gemischt besetzt, Gegennormen zum Alltag entwickelt – fast alle, die mit dem Sex-Pol-Zentrum im persönlichen Kontakt standen, waren auch bei den politischen Veranstaltungen wiederzufinden[20]. Ansätze gab es ferner in den freilich sehr zerstückelten Kleinanzeigen der Untergrundzeitschriften; in der Londoner Gegenkultur (Jim Haynes: »Schwerpunkt der Aktivitäten ist im Augenblick die sexuelle Befreiung«[21]), in den Love Centers. (Wir übergehen hier die zahllosen Anti-Baby-Pillen-Vermittlungen – in der BRD nahezu in jedem AStA – sowie die noch immer aktuellen Abtreibungsvermittlungen[22].) Dabei blieb es: in der Frage der Vermittlung von Sexualpartnern mußten sich die linken Organe von »twen« links überholen lassen. Ja, Reiche war imstande, sexualemanzipatorische Forderungen – von denen er mit Recht feststellte, sie müßten in den Zusammenhang politischer und individueller Emanzipationsbestrebungen gestellt werden, um nicht integriert zu werden – wie folgt zu denunzieren: »Das ... entscheidende Moment ist, daß durch solche Forderungen diejenigen schlichtweg zur Befolgung genitaler Normen aufgerufen werden, die zu einem genitalen Verhalten seelisch noch gar nicht fähig sind und es erst mühselig in Anstrengungen der Verliebtheit, der Solidarität und der Treue lernen müßten. Wenn einmal die Pille offen auf der Schulbank liegt, haben es die Jungens leichter, die Mädchen davon zu überzeugen, daß ihre Angst vor dem Koitus ›Quatsch‹ ist, im Zweifelsfall, wenn sie ... AUSS-Mitglieder sind, wissen sie sogar zu sagen, daß das Mädchen repressiv sei, wenn es nicht mit ihnen schlafen will.«[23] Notstand wird von den Verliebtheit-Solidarität-Treue-Zensoren reproduziert.
Bei den Provos war die männliche Jugend nur leicht in der Überzahl, da kann dann Sex leicht ein Problem der vorigen Generation sein. Wie der sexuelle Notstand zur Integration infolge von Ehe und Familie führt, ist leicht nachzuvollziehen: Wenn Männer aus der Subkultur schließlich ihrer Frustration entgehen, indem sie sich um Frauen außerhalb der Subkultur bemühen, integrieren sie

sich, schon um die Frauen nicht zu verlieren, an die Normen der Frauen. Die Misere reproduziert sich kontinuierlich: die Sozialisation der Frauen ist rigider, deshalb kommen weniger Frauen in die Subkulturen. Da wenige Frauen in die Subkulturen kommen, passen sich die Männer an die Normen rigid sozialisierter Frauen an. Im Zusammenhang mit diesem Sachverhalt steht die These von Giese/Schmidt, die Sexualpraxis der Studenten sei im statistischen Mittel nicht sexuell, sondern vorehelich[24]. (Haffner hat dies noch emphatisch bejaht: »Sex wird durch Liebe erst schön.«[25]) Ist die monogame Einstellung notwendigerweise Reformismus oder nicht möglicherweise Anpassung an den »Cultural lag« des Partners? Könnte es nicht sein, daß die größere Freizügigkeit der Einstellung gegenüber dem Verhalten eher mit mutuellem Informationsmangel über geeignete Partner als mit der Reproduktion von Tabus zusammenhängt?
Als Möglichkeiten bleiben vorerst: 1. Bei Anstreben der größtmöglichen Freiheit des Sexuallebens jedes einzelnen Menschen in der Subkultur ist dafür zu sorgen, daß tendenziell niemand in der Subkultur aus objektiven Ursachen sexuell unbefriedigt bleibt: 2. Informationsmaximierung: 3. Planmäßige Verstärkung der Agitation von Mädchen (Mädchenoberschulen, Berufsschulen etc.); 4. Kommunen. Bis dahin gilt der Satz, » ... daß es unter deutschen Studenten ... sehr viel sexuelle Misere gibt.«[26]
Ad 3: Jahrhundertelang gab es vereinzelt subkulturelle Kommunen, bevor in den letzten Jahren auf Grund der gewandelten Produktivkräfte die Kommunenidee tendenzielle Massenbasis erlangte: so bei der radikalen hussistischen Fraktion der Taboriten (1418–1437), bei der frankistischen Sekte der Sabbatisten (der Anhänger des 1664 als Pseudomessias auftretenden Sabbatai Zwi), in Mènilmontant von Anhängern des utopischen Sozialisten Enfantin. (Wir nennen hier nur Kommunen, in denen die Aufhebung der Ehe praktiziert wurde.)
Das bisher bestfundierte Kommunenkonzept (und zwar Großkommunenkonzept) hat, bei vielen Überspanntheiten und bei vollinhaltlicher Reproduktion von Ausbeutung und Geldwirtschaft, Charles Fourier (1808) erstellt. Aus kleineren Einheiten (Serien zu 300 Personen, die im Unterschied etwa zur K 1 keinen sexuellen Situationszwang aufkommen lassen) sollen Phalansteren zu ungefähr 2000 Personen aufgebaut werden. »Die Ehe scheint erfunden, um die Lasterhaften zu belohnen.«[27] Fourier geht von einer Dialektik der Bedürfnisse (die er »Leiden-

schaften« nennt) aus; er nimmt, Reich und Marcuse vorwegnehmend, an, daß das Grundmerkmal immer in der Liebe liege und die Entstehung der anderen Merkmale zur Folge habe[28]. Der Name der »Ehe«, den Fourier beibehält, wird zu reinem Schein: »Eine Frau kann gleichzeitig haben: 1. einen Ehegatten, von dem sie 2 Kinder hat, 2. einen Erzeuger, von dem sie nur ein Kind hat, 3. einen Favoriten, der mit ihr gelebt hat und diesen Titel beibehält (Fourier hält viel von Titeln. R. S.), und außerdem gewöhnliche Beischläfer, die keine gesetzlichen Rechte haben.«[29] Nur sehr wenige Frauen würden folglich heiraten. Fourier malt seine Institution farbenfreudig aus: mit Vestalinnen, Ministerien für Liebesangelegenheiten, Bacchanten und Brüderschaften der Sentimentalen; es bleibt die bekannte Großkommune. Sexuelle Tröstung abgewiesener Liebhaber der Kommune ist für Fourier eine vornehmliche Aufgabe der Philanthropie[30]. Die Liebesbeziehungen werden zu einer der stärksten Triebfedern der gesellschaftlichen Mechanismen[31]: so leisten sexuell paritätische »Liebesarmeen« den Aufbau der dritten Welt.

Die langlebigste Kommune der Geschichte war die ländliche Kommune von Oneida Creek (New York), organisiert von der christlichen Sekte der Perfektionisten. Sie umfaßte ca. 300 Personen und entsprach ökonomisch etwa einem Kibbuz: »Wenn der Wille Gottes auf Erden geschieht wie im Himmel, dann wird keine Ehe sein. Das Hochzeitsmal des Lammes ist ein Fest, wo jedes Gericht frei ist für jeden Gast... In der Gemeinschaft der Heiligen ist nicht mehr Grund, den geschlechtlichen Verkehr gesetzlich zu beschränken, als es für Speise und Trank der Fall ist, und sich zu schämen ist so wenig Anlaß im einen Falle wie im anderen.« Der Gründer der Kommune schrieb z. B. Haritet Holton folgenden Liebesbrief: »Ich wünsche und erwarte, daß meine Jochgenossin alle die lieben wird, welche Gott lieben ... so frei und offen, als ob sie mit mir in keiner besonderen Verbindung sei.«[32] Die Kommune dauerte von 1870 bis 1910 und wurde dann mit polizeilicher Gewalt aufgelöst.

Die aktuellen Kommunen haben mit der Pantagamie mehr Schwierigkeiten: der Situationszwang der K 1, der Terror der Manson-Kommune (siehe Teil I) sind bekannt. Am optimistischsten sind die Aussichten der skandinavischen Kommunen; allein in Dänemark gibt es 50. Situationszwang wird vermieden: »In einer Großfamilie ... lebt man auch mit anderen Partnern ... zusammen ..., mit denen man sexuelle Beziehungen unterhalten kann – und sehr wahrscheinlich auch unterhalten wird. Es ist nicht notwendig, daß alle Mädchen der Reihe nach mit allen Burschen schlafen. Jeder macht, was er will. Aber schließlich wird es doch fast immer dazu kommen.«[33] In der Kommune o wurde man konkreter: »... bleibe dabei, daß man aus Disziplin gemeinsam schlafen soll. Wir werden niemals erwachsen werden, solange wir nicht die Askese praktizieren, die darin besteht, daß ich zusehe, wie mein Freund mit meiner Frau schläft, ohne daß ich dabei das Gefühl habe, daß mein Eigentumsrecht verletzt wird. In den meisten Kollektiven schlafen fast alle Mädchen mit fast allen Burschen. Im allgemeinen schon vor der Gründung der Großfamilie.«[34] »Wir wollen der Einehe ein Gegenangebot machen«[35], meint die dänische Kommune »Maos Lust«. In Tröröd plant die Kommune, die noch nicht soweit ist, den Abbau der sexuellen Schranken; vielleicht in 1 bis 2 Jahren: »Das ist lediglich eine Sache der Entwicklung.«[36] Die schwedische Großfamilie (10 Erwachsene) in Uppsala wurde von Pastoren ideel unterstützt[37]; Jan Ruyter berichtet aus der Anti-Zölibats-Bewegung: »Jetzt sagen wir: Leben heißt auch sexuelle Beziehungen haben. Nicht nur in der Ehe, auch in den Kommunen. Im limburgischen Heerlem gibt es eine christliche Kommune. Sie besteht aus Ordensstudenten und Mädchen.«[38] Aus Berlin kamen nur aus der Skalitzer Kommune (und da in fragwürdiger Quelle) einigermaßen konfliktfreie Informationen[39]. »Man tut immer so, als ob die Liebe so etwas wie ein Eimer voll Wasser ist: so viel ist drin und nur so viel kann man rausschöpfen, was man dem einen gibt, geht dem anderen verloren. Aber das stimmt nicht. Liebe und Zärtlichkeit sind eine Kraft, die man unendlich steigern kann.«[40] Dieser gar nicht so dumme Ausspruch stammt überraschenderweise von Uschi Obermaier.

Die Kommunen in der BRD hatten mit dem Abbau sexueller Schranken mehr Schwierigkeiten als die in Skandinavien oder USA: das mag mit der besonders rigiden Sozialisation im faschistischen bzw. nachfaschistischen Deutschland zusammenhängen. Linkeck: Ehe, Selbstversorgung, Notstand. Bülow: 2 Paare, Streit um gemeinsamen Schlafraum, Fluktuation. K 1: erst 2:8, dann 1:5, Ausbrechen von Paaren, letztlich Langhans/Obermaier. Anarsch: Promiskuität nach Bedarf, Zweierverhältnisse toleriert. Undergrounds Ferienkommune: schon beim 3. Teach-In Pärchenbildung. Motz: Abbau sexueller Schranken, aber starker Haschischkonsum, Vernachlässigung der Kinder und der politischen

Arbeit. Gröbenzell: Abbau der Schranken, aber Dauer nur 2 Monate. Amon Düül: Spaltungen. Und so weiter.
Die konsequenteste Analyse ihrer Lage entstammt der K 2, die eine Vielzahl ihrer Schwierigkeiten abgeschildert hat: Erotisierung der gegenseitigen Beziehungen verdrängte den Leistungsanspruch[41]; Tendenzen zur Promiskuität begegneten bürgerlichen Reaktionen: Eifersucht, Konkurrenz etc.[42]; Kommunenzärtlichkeit als Mutterschoß-Beischlafersatz bei gleichzeitiger Angst vor dem Beischlaf; weder kollektive Arbeit noch Zärtlichkeit konnte erfüllt werden[43]; Spaltung von Sinnlichkeit und Intellekt: was die K 1 an Lebendigkeit gewann, verlor sie an Intellektualität, was die K 2 an Intellektualität gewann, verlor sie an Lebendigkeit[44]; im Zweierverhältnis wurden alle infantilen Strebungen auf den Partner konzentriert, während Alleinstehende verschiedene Beziehungen auf die einzelnen Gruppenmitglieder verteilten[45]. Die Hauptmethode der K 2, zu versuchen, ihre Widersprüche zu lösen, waren – im Laufe der Zeit verschieden strukturierte – Gruppengespräche: Erzählen der Lebensgeschichte – Aufgeben der utopischen Ansprüche – kollektiver Lernprozeß, der Veränderungen bei den Individuen auslöst – fortschreitende Sensibilität[46]. Die Zweierbeziehung bot Schutz vor der Verunsicherung durch die Gruppe; in der Gruppe wurden Frustrationen und Aggressionen aus der Zweierbeziehung abreagiert[47]. »Im Gespräch mit der Gruppe kann sich jeder über seine eigenen Bedürfnisse und über sein Interesse an der Person des Partners bewußt werden und vor allem untersuchen, ob diese Bedürfnisse überhaupt mit der gewählten Person verwirklicht werden können.«[48] – Das Durchbrechende der Abwehr ergibt den entscheidenden Lernprozeß für die gesamte Gruppe.
Wesentlich erscheint mit, daß in bezug auf eine Krisensituation, selbst die K 2, Teil einer rationalistischen Subkultur per excellence, feststellt: »Die Situation war bestimmt durch starre, eingefrorene Beziehungen, gegenseitiges Ausweichen und Stagnation auf allen Gebieten. Zu ihrer Überwindung hätte es wahrscheinlich helfen können, andere (nicht sprachlich – intellektuelle) Formen der Kommunikation zu entwickeln... Wir denken etwa an gemeinsam spielen, Musik hören und selber machen oder gemeinsam bewußtseinserweiternde Drogen einzunehmen. Das hätte uns helfen können, wieder ein spontaneres und freieres Verhältnis zueinander zu gewinnen.«[49]
Die Wissenschaft gewöhnt sich an den Gedanken der Alternative.

»Auf dem Weg zur Gruppenehe?« nennt Plack ein Kapitel, diesen Weg durchaus bejahend[50]. Während der orthodoxe Marxist Harich Kommunen als die »übliche Libertinage der Spießer« mißversteht[51], bemühen sich andere, das Konzept zu integrieren. McLuhan ist mit an der Spitze: vom Aussterben der romantischen Liebe, dem Stammesleben der Hippies, der »Politik der offenen Schlafzimmertür« ausgehend, landet er bei »Romeos und Julias Probleme sind Kindererziehung und Zweitkarriere« und bei der Großfamilie als Prüfungsausschuß und Hilfsquelle der ungebrochenen weiterexistierenden Ehe »als Mittelpunkt einer schöpferischen Elternschaft.«[52] Der Extra-Dienst dokumentierte – mit späterer Beschreibung des Abwürgens – die Absicht der SPD-Baracke, in ihrem Blatt »debatte« eine Umfrage »Was halten Sie von der Ehekommune?« abzuhalten, mit dem bezeichnenden Satz: »Unmoral und Partnertausch gibt es mit und ohne Großfamilie.«[53] Die Berliner Filmgruppe »Brothers und Sisters« fordert zur Kommunenbildung auf, mit Theoriefeindlichkeit, Orgasmusfetischismus (50 Stück pro Monat) und Drogenkonsum, so daß selbst »Pardon« feststellt: »In den von der kapitalistischen Gesellschaft geduldeten Freiräumen vollzieht sich die Privatisierung der Revolution, bildet sich subkulturelles Elitebewußtsein.«[54] Zweitkarriere, schöpferische Elternschaft, Pantagamie als Unmoral und Theoriefeindlichkeit ergänzen einander zur geduldet-subventionierten Großfamilie der Herrschenden.
Über die Notwendigkeit der Verbindung von Kommunenexperimenten mit kontinuierlicher politischer Arbeit sind sich die rationalistischen Subkulturen denn auch einig[55]. Die skandinavischen Großfamilien stehen durchweg links; selbst die reformistische Münchner »Gruppe 27« beruft sich auf »demokratischen Sozialismus«. Ebenfalls besteht – jedenfalls theoretische – Einigkeit über die Notwendigkeit, die Befreiung der Frau in den Subkulturen vorwegzunehmen[56]. Die Frauen sollen sich selbst organisieren, um nach Bestimmung ihrer Selbstidentität jenseits der bürgerlichen Geschlechtsrollen sich mit den Männern konkret zu solidarisieren; die Ehe in Richtung auf eine »society of friends« (Schrader-Klebert) aufzuheben. Dazu fordert der Berliner Aktionsrat zur Befreiung der Frau die Auflösung folgender Widersprüche: Abschieben der Verantwortung für die Kinder seitens der Männer ins Private, in linken Klatsch, Trennung des Frauenproblems vom Kinderproblem in den Kinderläden (neue Erziehungskonzepte nach dem Selbstverständnis der Frauen), bürgerliches Konkur-

renzverhalten inclusive Kleiderkonsum (»daß sogar linke Frauen es noch nötig haben, ihren Liebeswert dadurch zu sichern«), ungleiche Finanzsituation innerhalb der Linken (»Jeder gebe nach seinen Fähigkeiten, jeder bekomme nach seinen Bedürfnissen«)[57].

Mit Recht meint der AUSS-BV, nach einer Kritik der »linken Variante des duften Typs« (der die sexuellen Interaktionsvorsprünge absahnt): »Die individuelle Emanzipation und die Fähigkeit zur kontinuierlichen revolutionären Arbeit hängen wesentlich ab von der Überwindung charakterlicher Blockierungen, seelischer Schädigungen und sexuellen Leids; die untergründig immer vorhandenen Fragen nach der individuellen Bilanz des Kampfes und der individuellen Identifikation mit den Kampfzielen der sozialistischen Bewegung verlangen darum eine ständige Auseinandersetzung mit der Sexualität, mit der seelischen Entwicklung und den sozialen und sexuellen Utopien der Genossen.« Und: »Unser kulturrevolutionäres Ziel ist ... die Erotisierung aller Beziehungen in der politischen Gruppe, die Abschaffung der Trennung von sogenanntem sachlichen und sogenanntem emotionellen Engagement, die Abschaffung der starren Zuordnungen von ›Freunden‹ und ›Bekannten‹, von ›Liebe‹ und ›Freundschaft‹. Diese Anstrengungen können ihren Niederschlag darin finden, daß sexuelle Gruppenbeziehungen gleichberechtigt an die Seite von sexuellen Zweierbeziehungen treten.«[58]

Ebenso allgemein ist jedoch die Skepsis, jetzt schon diese sexuellen Gruppenbeziehungen durchwegs zu verwirklichen[59]. Was schon erreicht werden konnte, ist die Verringerung der äußeren Zwänge, Projektionen, Verdrängungen, Schuldgefühle, der sozialen Rollentrennungen, die Verquickung Sexualität–Ökonomie, das gesteigerte Interesse an der Person des Partners. Die Beseitigung der schlimmsten Arbeits- und Liebeshemmungen befähigt zur kontinuierlichen Arbeit; durch den Abbau von Affektsperren infolge gemeinsamen Problemhandelns in einer Spielsituation würden Sensibilität und Kommunikationsfähigkeit gewonnen werden, die der Qualität der politischen Arbeit zugute kämen. Pantagamie ist bislang nur punktuell vorweggenommene konkrete Utopie: »Wäre es nicht schön, wenn wir uns gegenseitig ohne Angst, ohne Einschränkungen der Moral oder Monogamie, erotisch befriedigen, nach Bedürfnis nackt miteinander spielen könnten?«[60] Dann kann die Ehe, wie das Spinnrad, ins Museum gestellt werden: eine Institution für Graugänse, nicht für Menschen.

5. ERZIEHUNG

Sozialisation zieht, dialektisch, Gegensozialisation nach sich. Subkulturelles Bewußtsein wäre im Sinne einer Kontinuität vergeblich, gelänge es den Herrschenden, die jeweils nächste Generation wieder wegzusozialisieren. Berelson-Steiner haben die empirischen Forschungen dahingehend zusammengefaßt, daß der Gleichschritt der verschiedenen Sozialisationsagenturen (Elternhaus, Kindergarten, Schule, Peer Groups) die Sozialisation beschleunige; Widersprüche zwischen diesen bringen Sand ins Getriebe. Nun wendet sich dieser Satz auch gegen die Subkulturen: Die gängige Anpassungsdressur beeinträchtigt die Bemühungen um eine nichtrepressive, ich-stärkende Erziehung.

Bemerkenswert, daß sich die emotionellen Subkulturen kaum um vorausplanende Gegensozialisationsinstitutionen kümmern. In »The Post-Competitive Comparative Game of a Free City« steht nichts von Kinderläden und wenig von Schulen. Die Hippies äußern sich zu dem Problem etwa so: »Die Kinder sind die Kinder der Kommune, genauso wie im Urwald. Ich habe mal bei einem Negerstamm gelebt und das Stammesleben kennengelernt. Die Familien-Sippe ist da sehr stark entwickelt, und ein Kind hat da immer ein Zuhause.«[1] Die White Panthers fordern freie Schulen; von Kinderläden ist ebenfalls nicht die Rede[2]. Hollstein erwähnt allgemein Schulen und Kindergärten; speziell Abolafias »Foundation for Runaway Child«[3]. Ein besonders extravagantes Gegensozialisationsmodell wird im Berkeley Barb geschildert: Ein Kind ist geboren worden; sein Vater teilt mit, der Staat werde von seiner Existenz keine Information erhalten. Das Kind erhalte keinen Geburtsschein, käme nicht auf öffentliche Schulen, bekäme keine Social security card, würde ein Handwerk vom Vater erlernen, keine Anstellung suchen, im Wald aufgezogen werden, seine medizinische Behandlung im Underground erhalten[4]. Diese illusionäre Lösung erinnert an Rousseau, an die Romantik, an Stirner; unverbindlicher Eskapismus, massenweise kaum anwendbar.

Die antiautoritären und sozialistischen Kindergärten, Kinderläden und Vorschulen entsprangen unmittelbar der Misere der staatlichen und konfessionellen Kindergärten: die Familie als billigste Sozialisationsstätte für den großen Kapitalismus; der Kindergarten als unterdotierte Ersatzlösung; zu wenige ausgebildete Kindergärtnerinnen, zu wenig Kindergärten, zu wenig Geld für laufende Kosten; 40 Kinder auf eine Kindergärtnerin; Kindergarten als reine Aufbewahrungsanstalt; autoritäre Reaktionen und Maßnahmen, die zu ruhigen, ordentlichen und angepaßten Verhalten der Kinder führen; strenge Reglementierung des Tagesablaufs; Hamburger psychologische Untersuchung: 82 % aller Äußerungen einer Kindergärtnerin sind Befehle, Ermahnungen und Zurechtweisungen; Einschränkung von Eigeninitiative, Phantasietätigkeit und konzentriertem Spiel der Kinder; Unterdrückung der frühkindlichen Sexualität, Verbot des Fingerlutschens, des Spielens mit den Genitalien (dadurch Kastrationsängste, Konflikte zwischen Triebanspruch und Sexualtabu, Schuld- und Angstgefühle), Reglementierung des Toilettenganges[5].

Die deutschen Kinderläden hatten sodann ihren konkreten Ursprung in spontanen Kindergärten zum Vietnamkongreß im Februar 1968 und zwischen den Osterdemonstrationen und dem 1. Mai 1968: Das Problem der politischen Arbeit von Frauen, die Kinder haben, wurde deutlich. Am Aktionsrat zur Befreiung der Frauen angeregt, wurden ca. 30 Kinderläden gegründet. Theoretische Arbeitskreise in den Kinderläden befaßten sich mit Wera Schmidt, Bernfeld und anderen; Anstöße kamen von den Kommunen[6].

Wera Schmidt unternahm in Moskau 1923 den Versuch eines Kinderheimlaboratoriums mit folgenden psychoanalytischen Leitsätzen:

1. Kindliches Verhalten aus seiner spezifischen Bewußtseinslage heraus verstehen (das Kind steht stärker unter dem Primat des Unbewußten),
2. Lustprinzip behutsam in Realitätsprinzip überführen,
3. Unbeengte Entfaltung der Sexualität,
4. Langsame Sublimierung der Sexualität in kulturelle Tätigkeiten,
5. Positive Bindung Erzieher–Kind (zur Bewältigung der Realität),
6. Ständige Beobachtung des Kindes, um sein Verhalten zu deuten (Tagebücher, Charakterprofile).

Die bewußte Neutralität der Erziehungsperson sollte die optimale Triebbefriedigung gewährleisten. Die Kinder sollten lernen, ihre Tätigkeiten selbst zu bestimmen und organisieren, wobei Grenzen nur durch die Bedürfnisse und Interessen der anderen Kinder des Kollektivs gesetzt sind. Im Kinderkollektiv werde die Fixierung der Kinder auf ihre Eltern aufgehoben und ihre Handlungen würden deshalb nicht ihr Leben lang durch verinnerlichte Normen der Eltern bestimmt[7]. Das Kinderheimlaboratorium wurde jedoch

zu einer gesellschaftsfernen pädagogischen Insel, weil die Vorbereitung der Kinder auf ihre Zukunft in der sowjetischen Gesellschaft nicht in die Erziehung hineingenommen wurde; die Erziehung bereitete die Kinder für eine Gesellschaft mit tendenziell totaler Triebbefriedigung vor und nicht auf deren Erkämpfung[8].
In den verschiedenen Stadtteilen wurden verschiedene Methoden angewandt: Während in Neukölln die Eltern turnusmäßig abwechselten, war in Charlottenburg I eine Kindergärtnerin angestellt (was Gertrud Baumgärtners Kritik an Geza Kirchknopf die Spitze nimmt, die honorierte Erzieherin nach modernen wissenschaftlichen Gesichtspunkten sei damit eine »bürgerlich geschulte Erzieherin« – wieso ist eine Kindergärtnerin, die etwas von Freud, Ferenczi, Reich, Wera Schmidt versteht, »bürgerlich geschult«[9]?). Die Eltern trafen sich mindestens einmal pro Woche, um über organisatorische, pädagogische, politische Probleme zu diskutieren, machten Arbeitskreise über psychoanalytische Theorie, Spielzeug, Kinderbücher, zahlten 30,- DM bis 100,- DM im Monat; nach der Abwendung vom Aktionsrat zur Befreiung der Frau wurde der Zentralrat der Kinderläden gegründet[10].
Nebenwidersprüche entstanden – zumal im Verhärtungsprozeß angesetzt wurde, die »antiautoritäre Phase zu zerschlagen«. Berechtigtermaßen wurde unter anderem festgestellt:
1. Soziales Verhalten entsteht nur aus wirklicher Gruppenerfahrung.
2. Die Mütter konnten entlastet werden, die Unterdrückung der emotionalen, sexuellen und intellektuellen Bedürfnisse der Kinder (Reinlichkeitsdressur, Onanieverbot, Strafen, Reglementierung, Geschlechterrollen, Mangel an Austragung von Konflikten) konnte bekämpft werden[11].
3. Eine Kontroverse entstand, ob repressionsfreie Erziehung zum Widerstand unfähig mache oder erst richtig fähig mache. Die Diskussion ist nicht völlig ausgetragen: als provisorische Synthese bietet sich an, daß einerseits die Kinder durch repressionsfreie Erziehung, durch ein differenziertes Muster von Objektbeziehungen ein Ausmaß an Ich-Stärke zu erlangen hätten, das es ihnen ermöglicht, gegen eine repressive Umgebung (Schule) die Fähigkeit zum kollektiven Widerstand zu entfalten[12], daß andererseits eine politische Erziehung die Kinder befähigt, ihre Umwelt nach gesellschaftlichen Interessen selbst zu verändern (durch permanente Konfrontation mit der Realität)[13].
4. Lernen muß von Fragen ausgehen (was auch die technokrati-

sche Integration der Vorschulerziehung zu vermeiden imstande sein müßte).
5. Antiautoritäre Erziehung bleibt illusionär, wenn sie allein im individuellen Rahmen angewandt wird und wenn sie nicht den Jugendlichen der ausgebeuteten Klasse zugute kommt. Tendenziell wäre sie in der Lage, den Widerspruch zwischen Klassenlage und Klassenbewußtsein aufzulösen, indem sie Identifikation mit dem Aggressor sich nicht entwickeln läßt; doch gelang es bisher nicht, den Wirkungsbereich der Kinderläden auf Arbeiterkinder auszudehnen[14]. Schon Rousseau, Fröbel, Melanie Klein, Neill waren akademisch anerkannt, doch wurden ihre Erkenntnisse nie in gesellschaftlich relevantem Maße praktiziert. »Bei den Kindergruppen konnten einige positive praktische Ergebnisse erzielt werden, wie Abbau der Fixierungen an die Eltern, konzentriertes Spielen, Ansätze zu kollektivem Verhalten. Dagegen hat die beabsichtigte Emanzipation der Frau durch die Arbeit im Kinderladen ebensowenig stattgefunden wie die Ausdehnung unseres Modells auf andere Bevölkerungsschichten.«[15] Nach der K 2 wäre der Maßstab sozialistischer Kindererziehung, wie weit sie es den Kindern ermöglicht, kollektives Bewußtsein und Solidarität auch über die eigene soziale Gruppe hinaus auf die Kinder sozial unterpriviligierter Klassen auszudehnen[16].
(Die Verhärtung findet statt, wenn im Roten Kinderbuch Nr. 1 [»Die Hauptsache ist, daß man zu lernen versteht«] den Kindern Mao Tse-tung und »die Kader der Partei« als ebenso rigide Über-Ich-Figuren präsentiert werden wie früher der liebe Gott.)
In ihrem Erfahrungsbericht[17] hat die K 2 einige Voraussetzungen für angstfreie Sozialisation von Kindern genannt: 1. Mindestens ein Elternteil oder eine gleichwertige Bezugsperson muß in der Kommune leben, 2. Kontinuität und Homogenität in der Erwachsenengruppe, 3. fester äußerer Rahmen für die Alltagsbewältigung und Beziehung unter den Erwachsenen, damit die Kinder die wichtigsten Punkte ihres Lebens vorher sehen können (Essen, Kindergarten abholen, Schlafen)[18]. Damit hat sie zugleich Reiches These, Kommunen könnten keine Kinderaufzucht leisten, falsifiziert[19]. Als pädagogisch-psychologische Bedeutung der Erziehung in der Kommune hat die K 2 genannt: 1. die gemeinsame Verantwortung für die Kinder ermöglicht eine rationale Lösung vieler Konflikte, 2. die Sensibilisierung der Erzieher hebt einen Teil der eigenen Verdrängungen auf, 3. »antiautoritär« heißt nicht »laissez-faire«, sondern verhindern, daß die Autoritätshö-

rigkeit in der Charakterstruktur verankert wird; lustbetontes Lernen ist nur möglich, wenn es an den eigenen sinnlichen Erfahrungen und Spielinteressen der Kinder anknüpft, wenn die Erzieher die Bedürfnisse, Interessen und Fähigkeiten der Kinder immer wieder beobachten und genau kennenlernen, 4. statt autoritärem Charakter mit rigidem Über-Ich Selbststeuerung durch rational bestimmtes Ich-Ideal auf breiter emotionaler Grundlage[20].

Die Fortsetzung der Gegensozialisation in Schulen und Gegenschulen läßt sich in zwei grundlegenden Formen beschreiben:

1. Demokratisierung bestehender Schulen (Schulgemeinde, Norwegisches Versuchsgymnasium etc.), subkulturelle Schulen (Black Mountain College etc.), übergehend in Gegenuniversitäten.

2. Gegenschulen für Kinder, zumeist am Nachmittag, um die integrative Wirkung der Pflichtschulen wieder auszugleichen (Liberation Schools, Schülerläden).

Ad 1: Diesen Modellen ist zumeist gemeinsam[21]:

1. Alle Entscheidungen fallen im Beschlußprozeß – Vollversammlung, Rat –, in dem die Möglichkeit besteht, daß die Schüler die Lehrer überstimmen.

2. Lernprozeß frei von Zwang: Der Besuch des Unterrichts ist freiwillig, kein Noten- und Versetzungssystem, Arbeitsgruppen statt Klassen.

3. Kleine Schüleranzahl pro Lehrer oder die Lehrerrolle übernehmende Mitschüler.

4. Möglichkeit von Experimenten wie z. B.: Straßen, Parks, Kaffeehäuser, Fabriken als Schulen benutzt; Dezentralisierung einer Schule in Klubhäuser; Unterricht durch ungelehrte Erwachsene (Verkäufer, Mechaniker); Lernen durch Praxis (die alte sozialistische Utopie: Lernen *und* Handarbeit); Möglichkeiten der emotionellen Einübung.

5. Gruppentherapie als Mittel der Solidarität; Analyse der wirklichen Probleme.

6. Teilnahme der Schüler an außerschulischer Praxis (Streiks; Überschulische Organisationen – z. B. Schulbehörden; Mitbestimmung in der Jugendfürsorge – 40 Jahre vor der »Südfront«).

Ihre Gefahren sind: tendenzielle Inselexistenz, mangelnde Vermittlung mit außerschulischer Praxis, dadurch leichte Integrierbarkeit.

Ad 2: Über die Berliner Schülerläden (Fortführung der Kinderläden für 6-12jährige) lagen zur Zeit der Abfassung wenig Erfahrungsberichte vor. Die bemerkenswertesten Gegenschulen dieser

Art sind die Liberation Schools der Black Panther Party. Schon Goffman hat auf die Zusammenhänge von Stigma und Eintritt in die Schulklasse hingewiesen[22].

Die Liberation Schools umfassen jeweils ca. 100 Kinder zwischen 2 und 16 Jahren; allein in New York gibt es 3 Schulen dieser Art. Die Kinder lernen an Texten von Eldridge Cleaver, Huey Newton und Bobby Seale lesen und schreiben. Nach maoistischem Vorbild werden sie ermutigt, ihre Lehrer zu kritisieren, damit nicht nur sie von ihren Lehrern, sondern auch diese von ihnen lernen. Die Kampagne der Black Panther Party für Liberation Schools ist mit Kampagnen für freies Frühstück für die Ghetto-Kinder, freie Krankenhäuser und eigene Polizei verbunden. Die Liberation Schools werden auch von Kindern besucht, deren Eltern im übrigen der Black Panther Party nicht nahestehen[23].

6. GESUNDHEIT

Wie der gesamte Sozialisationssektor gehört die medizinische Betreuung, die Versorgung im Krankheitsfalle, die Vorbeugung gesundheitsschädigender Maßnahmen, die Optimierung der Lebensverlängerung für alle Staatsbürger zu den vernachlässigten Gebieten: zu wenig profitträchtig. Die einzige Institution der Herrschenden, die, vom Profitstandpunkt aus, an Fragen der Gesundheit interessiert ist, ist die pharmazeutische Industrie. Wiederum treten alle Widersprüche, die das Leben im Spätkapitalismus weltweit bestimmen, geballt hervor:
1. Die Entwicklung der Produktivkräfte ermöglicht eine weitgehende Minimierung des Leidens; die Interessen der Herrschenden gebieten eine Anwendung eben dieser Produktivkräfte in einer Richtung, die das Leiden maximiert (bakteriologische Kriegführung etc.).
2. Die Kluft verschärft sich international: die Lebenserwartung in den Metropolen hat sich im Durchschnitt seit 1865 von etwa 30 auf etwa 70 Jahre erhöht; die in Südamerika z. B. nicht. Kahn/Wiener präludieren bis 2000 einen »Aufschub des Alterungsprozesses«[1]: für wen?
3. Technik und Wissenschaft als Ideologie konkretisiert sich zur positivistischen Medizin als Ideologie der Organmedizin. Es ist bekannt, daß 50 % der Patienten psychosomatisch erkrankt sind,

daß weitere 40 % an Psychoneurosen leiden. Psychosomatische Medizin wird nicht einmal an den Universitäten gelehrt: an der Symptombehandlung verdient die pharmazeutische Industrie mehr.
4. Psychosomatische Erkrankungen und Psychoneurosen sind, nach positivistischen Untersuchungen (Hollingshead/Redlich), gesellschaftlich verursacht. In der oberen Schicht ist 1 % psychiatrisch erkrankt (3 % der Gesamtbevölkerung), in der untersten 38 % (18,4 % der Gesamtbevölkerung). In den beiden obersten Schichten leiden 65 % an Neurosen, 35 % an Psychosen, in der untersten Schicht 9 % an Neurosen, 91 % an Psychosen. Die rigiden Sozialisationsmechanismen, Arbeitswelt, Gesellschaftsstruktur, Kultur konditionieren Krankheit und Kranksein.
5. Die Klassenstruktur reproduziert sich in der Behandlung: Klassenlose Krankenhäuser gibt es schon mal nicht, und die Methoden entsprechen der Schichtung. Bei den oberen sozioökonomischen Schichten beschäftigen sich die Psychotherapeuten mit der Persönlichkeit, die unteren sozioökonomischen Schichten bekommen Elektroschocks.
6. Die Ergebnisse der Forschung werden nicht mehr dem praktischen Arzt vermittelt: Der praktische Arzt, überlastet wie der Lehrer und die Kindergärtnerin, zudem noch in der Unterschicht als Vertrauensperson angesehen, wird zum Verteilungsagenten der pharmazeutischen Industrie. Der »Dienst am Kranken« wird zur Ideologie der Symptombehandlung mittels Pulvern und Pillen.
7. Lebensverlängerung wird (siehe Ernst Gehmacher) zur technokratischen Maßnahme für Begüterte und/oder Ausgewählte.
8. In der Arbeitsmedizin steigt die Frühinvalidität von Arbeitern und Angestellten. Allensbacher Umfragen wiesen nach: Die Arbeiter werden körperlich aufgebraucht, die Angestellten nervlich. Zusammenhänge zwischen Stagnation und Regression eines Industriezweiges und Zahl und Art der Krankheiten sind wahrscheinlich[2].
9. Beim gegenwärtigen Stand der Neurotisierung der Individuen in den Metropolen wäre es nahezu erforderlich, daß sich jeder 100. Bürger nichtangepaßte psychotherapeutische Ausbildung erwirbt. Begreiflicherweise ist die herrschende Medizin nicht daran interessiert: Die Psychotherapie verbleibt als esoterische Geheimwissenschaft Eingeweihter, die ihre Exklusivität durch politisierte Zulassungsbedingungen (wie bei einer Aufnahmeprüfung zum Psychagogen-Kurs in München) und kostspielige Lehranalysen absichert[3].

Die Selbstorganisation der medizinischen Bedürfnisse in den Subkulturen ist nicht sehr weit fortgeschritten, vor allem in der BRD. In London gibt es runde 5 medizinische Gegeninstitutionen zur unentgeltlichen Behandlung von Angehörigen der Subkulturen; in San Francisco zum Beispiel die psychologisch-medizinische Beratungsstelle des Dr. HIP-pocrates. Im »Free City«-Programm der Diggers findet sich auch die unentgeltliche medizinische Behandlung inclusive Spitals mit Garten[4]; ähnlich in den meisten Großstädten der USA.
Die medizinische Selbstorganisation der Subkulturen in der BRD begann mit – zumeist sehr affirmativen – psychotherapeutischen Beratungsstellen an den Universitäten (also wieder für eine zumindest tendenziell privilegierte Gruppe). Von der beginnenden Roten Hilfe in Berlin (Blaukreuz) ist erstmals am 23. 4. 1969 zu lesen: umgebauter Krankenwagen, eine Liste benötigten Materials, Schutz gegen Verletzungen bei Demonstration (was Hasenclever wohl im August 1969 das Leben gerettet hat, als ihn Polizisten durch eine Fensterscheibe warfen), Planung einer sozialistischen Apotheke (Spenden, Klauen, Musterpackungen)[5]. Blaukreuz-Ärzte haben in der Zwischenzeit ihre Sprechstunden im RC Berlin (vor allem Zahn- und Geschlechtskrankheiten); eine Arbeitskonferenz der sozialistischen Hilfe fand in der Zwischenzeit statt.
Von den hochfliegenden Plänen der Kritischen Universität Berlin ist hingegen wenig übergeblieben: Beratungsstellen für Arbeiter und Angestellte, Herausgabe von theoretischen und kasuistischen Materialsammlungen zur Psychosomatik, Zentrum für psychosomatische Medizin, Tribunale zur Arbeitsmedizin[6]. So bleibt die ihrerseits kaum erst entfaltete Praxis hinter den aus den theoretischen Erkenntnissen abgeleiteten Ansprüchen zurück: Die »Gegenmedizin« wird ihrerseits auf die 10 % Organmedizin verwiesen. Es gibt ein einziges klassenloses Krankenhaus in der BRD: es wird von Anthroposophen geleitet. (1970 beginnt das Land Hessen mit ähnlichen Projekten. Wie diese integriert werden, daraus werden wir lernen können.)

7. TRANSPORT

Ein Transportkonzept der Subkulturen gibt es nicht. Teils aus der langjährig geübten Praxis des Autostoppens besteht Einigkeit in der Forderung nach Unentgeltlichkeit; manche Technokraten haben diese Forderung übernommen.
Der »Weiße Fahrräder«-Plan der Provos ging davon aus, daß Innenstädte für Autos gesperrt werden sollten; der Verkehr sollte durch unentgeltlich benutzbare weiß lackierte Fahrräder erfolgen. Jerry Rubin übernahm diese Forderung für seine Bürgermeisterkampagne in Berkeley. In New York steht ein unentgeltlicher Autotransport zur Verfügung[1].
Der »Rote Punkt«, der anzeigt, daß der Inhaber des Autos Personen mitnimmt, war 1968 in Berlin, Mainz und Hamburg im Umlauf. Er wurde zum Symbol der einzigen Aktion in der BRD, der es gelang, subkulturelle Normen mit den Bedürfnissen der Massen vermittelt zu haben: bei den Demonstrationen gegen die Erhöhung der Straßenbahnfahrpreise in Hannover, Heidelberg und Saarbrücken.

8. KONSUM

»*Es ist die sichtbare Gottheit, die Verwandlung aller menschlichen und natürlichen Eigenschaften in ihr Gegenteil, die allgemeine Verwechslung und Verkehrung der Dinge; es verbrüdert Unmöglichkeiten. Es ist die allgemeine Hure, der allgemeine Kuppler der Menschen und Völker.*«[1]   Karl Marx über Geld
»*Sie sollten es wissen, daß die Erde allen Menschen gemeinschaftlich ist, und daß daher die Früchte, welche die Erde erzeugt,* **allen ohne Unterschied gehören sollen.**«[2] Papst Gregor der Große
Die Konsumbedürfnisse der Subkulturen gehen im großen und ganzen in folgendem Punkt konform:
1. Ablehnung der Geldwirtschaft infolge deren entfremdender Gewalt (ohne Kreuzersche Anführungszeichen[3]).
2. Neigung zu besonders exzentrischer oder besonders praktischer, jedenfalls aber zu möglichst billiger Kleidung.
3. Neigung zur marginalen Teilnahme am Massenkonsum: Gebrauchtwaren, alte Güter etc.
4. Unterscheidung im Drogenkonsum vom Drogenkonsum der kompakten Majorität.

5. Zumindest theoretische, oft auch praktische Umsetzung der Solidaritätsnormen in gegenseitige Hilfe.

Ad 1: Während die Absichten des Vergeudungskapitalismus darauf hinauslaufen, möglichst viel überflüssige Arbeitszeit der Lohnabhängigen in objektiv nicht notwendige Waren umzusetzen, konterkariert das Normensystem der progressiven Subkulturen diese Absichten durch Minimalisierung ihres Konsums.

Auch hier widersprechen die objektiven Möglichkeiten den Herrschafts- und Profitinteressen. Während die Überflußproduktion die Gesellschaften imstande setzt, Leistungen und Bedürfnisse nicht länger miteinander zu vermitteln, werden Einkommen, Prestigekonsum immer feiner differenziert. Sicher führte eine unvermittelte Abschaffung der Geldwirtschaft zu einem chaotischen Zusammenbruch der Wirtschaft: langfristig geplant, wäre sie ohne Schwierigkeiten durchführbar. Stufenweise Unentgeltlichkeit der Güter (zuerst öffentliche Dienstleistungen, dann Grundnahrungsmittel, dann durchschnittliche Gebrauchsgüter und jene Dienstleistungen, die derzeit noch privat sind, zuletzt Luxusgüter) wäre zu koppeln mit Konsumenteninformation, Schwerpunktprogramm, Ausländerregelungen, Sanktionen gegen Verschwender (Rückfall in die Geldwirtschaft) und Rückkopplungsuntersuchungen[4]. Wieder holt die Technologie die private Utopie des Bohemiens ein: Die finanziellen Unregelmäßigkeiten, Schulden, Projekte, Spekulationen, Erfindungen, Zuschüsse arbeitslosen Einkommens, der kleine Entwendungsanarchismus werden retrospektiv zu schlechten Vorwegnahmen des gesellschaftlich Möglichen[5]. Selbst McLuhan (der immerhin Freud und Ferenczi kennt) mit seinem Lob für Keynes und rasches Reichwerden[6], muß feststellen, daß die »elektrische Technologie« das Konzept des Geldes ad absurdum führe, daß sich Geld auf dem »natürlichen Übergang zur Zahl« befinde[7]. Jedoch verliert er, der Geld als »Kreditkarte des armen Mannes« bezeichnet (wie wenn man eine Rechenmaschine mit Kugeln als Computer des armen Mannes bezeichnen würde), kein Wort über die tatsächlich progressive Kreditkarte: die Abschaffung der Geldwirtschaft ließe sich im selben Stil als Kreditkarte jedes Staatsbürgers für tendenziell unbeschränkten Kredit bezeichnen...[8]

Die Unentgeltlichkeit von Konsumgütern und notwendigen Dienstleistungen ist erklärtes Ziel der Provos (weiße Pläne), der Diggers, der kalifornischen Neger (Black Mans Free Store), der White Panthers (»Ende des Geldes, freies Essen, Kleidung, Woh-

nen, Drogen, Musik, Medizin, Schulen«[9]), der »Free City«-Programme (New York: Haschisch, Mimeomaschine, Bäckerei, Tiere etc.[10]; in San Francisco: Essen, Reparaturen, Wohnen, Rechtshilfe, Kleider, Schuhe, Medizin, Schulen etc.[11]); in Europa Ansätze in London, Amsterdam, Mainz. Sie ist Fernziel aller rationalistischen Subkulturen. Digger-Shops (siehe Teil V) sind Läden, wohin jeder das, was er nicht mehr braucht, hinbringt, und das mitnimmt, wofür er Verwendung hat, oder auch nicht – alles kostenlos[12].
Ad 2: Kreuzer hat eine materialreiche Beschreibung der Kleidungsnormen der Bohème gegeben, die zwischen bewußter Schäbigkeit und phantastischer Exzentrizität schwanken: Wie auf den meisten anderen Gebieten stellen die Kleidungsnormen der Hippies und verschiedener Kommunarden eine Vermassung der Normen der Bohème dar. Kreuzer erwähnt die rote Weste Gautiers, die grüne Perücke Baudelaires, die Lilie Rossettis, die historisierenden (Tunika, Toga), folkloristisch exotisierenden (orientalische Kappen), sakralisierende (Hilles Mönchsgewand) Trachten, die Bauhaustracht, die Toupets, Bärte, chinesischen, griechischen, Jockeykappen, russische, mittelalterliche Einflüsse im Paris der dreißiger Jahre, das gelbe Jackett Majakowskis, die schwarze Tracht Baudelaires und Wedekinds; kulminierend in einer Wiedergabe der Beschreibung Mailers, wie sich die Hippies wie Figuren aus Sergeant Pepper, arabische Scheichs, Marsmenschen, Gurus, Samurais tragen. Nach Kreuzer eine durch das Attribut der Schäbigkeit modifizierte Synthese »zwischen Geschichte und Comics, zwischen Legende und Fernsehen, zwischen biblischen Archetypen und Kino«[13]. Ergänzt wird diese Norm durch eine auf die kompakte Majorität gleichermaßen exzentrisch wirkende Funktionalität: die Matrosenröcke und mit Sicherheitsnadeln zusammengehaltene Hemden der Berliner Studenten der Weimarer Republik; die Allzweck-Khaki-Capes vieler Gammler, Provos, Hippies und auch Studenten, die gleichzeitig als Kleidung, Schlafsack und Handtuch dienen. Pross hat prägnant die Kleidung des Quickborn als einfach, gesund, praktisch, schön, eigenartig beschrieben[14]. In dieser Kategorie des Funktional-Praktischen gehören weitgehend auch die Bärte und langen Haare (sofern sie einfach wachsengelassen werden und auf ihre Pflege nicht mehr Zeit verwendet wird, als man für Rasuren und Friseur aufwenden müßte), die Lederjacken und Blue-Jeans und Cordhosen. Auch die Schäbigkeit, die Ungepflegtheit trägt deutlich funktionale Züge:

abgesehen von der Antithese gegen die frühkindliche Sauberkeitsdressur vermindert sie die Anzahl der festgelegten Zeremonielle, wie sie die tägliche Rasur, der Gang zum Friseur, zur Kleiderreinigung etc. darstellen (daß die Subkulturen dann dazu neigen, wieder andere Zeremonielle zu entwickeln, steht auf einem anderen Blatt), ebenso wie das Ausmaß des Konsumterrors.
Kreuzer zieht daraus seine üblichen Schlüsse, vor allem, da er die Wochenendbohemiens, »die sich im ganzen an die städtische Mode halten und ihr nur in bestimmten Details oder nur durch ihre Stilisierung zuwiderlaufen«, in die Analyse miteinbezieht: Ihr Wille zum Kontrast, der die gesamtgesellschaftliche Norm voraussetzt; das Nein zur Uniform der Gesellschaft produziere Uniformen der Künstler und Rebellen[15]. Das mag nun allemal für den funktionalen Teil der Kleidungsnormen gelten: die Variationsbreite der Kleidung, die Sit-Ins und Wasserwerfer halbwegs überstehen, ist zwangsläufig gering. Wie Kreuzer aus den heterogenen Phantasiekleidern der Hippies eine Gegenuniform herausentwickeln will, bleibt rätselhaft. Zumal er selbst Rigney/Smith' Beatkolonie zitiert: Von 33 Beatniks waren 19 rasiert, nur 5 von 18 Frauen waren schlampig gekleidet.
Reiche hat die Dialektik der lustbesetzten fetischisierten Kleidung und der funktionalen Arbeitskleidung und ihre Aufhebung in den Kleidungsnormen der Subkulturen am klarsten bezeichnet: »Bezeichnenderweise werden von den oppositionellen Jugendlichen auch solche Kleidungsstücke am stärksten sexuell besetzt und geliebt, die die Trennung von Arbeits- und Modekleidung aufheben und gleichzeitig diese Aufhebung als Protest symbolisieren: Blue-Jeans, Lederjacken, Armeemäntel etc.«[16] Eike Hemmer meint: »Was ich von Antje gelernt habe: Daß Kleidung Lust bereiten kann.«[17] Überhaupt werden die Kleidungsnormen der K 2 wie folgt dokumentiert: »Wir waren den Konsumzwängen nicht so ausgeliefert wie in der bürgerlichen Existenz. Kleidung, Haushalts- und Gebrauchsgegenstände konnten wir – wie andere Typen des Gegenmilieus auch – von den Umschlagplätzen gebrauchter Waren (Trödler, Wohnungsauflösungen, Versteigerungen usw.) besorgen. Das schlägt sich in der Kleidung und Wohnungseinrichtung nieder. Wir waren nicht auf den neuesten Chic, den Stil des »Schöner wohnen« angewiesen, sondern konnten aus der Konformität ausbrechen, indem wir differenzierte Formen, uns zu kleiden und zu wohnen, an der Phantasie alter Modelle entwickelten.«[18]

Ad 3: Diese Feststellung der K 2 trifft weitgehend auf das Gebiet des Konsums überhaupt zu. Im allgemeinen ergeben sich folgende Gemeinsamkeiten:
1. Die Einrichtung unterscheidet sich von der gesamtgesellschaftlichen durch häufigere Nutzung des Fußbodens zur Aufbewahrung von Gütern (z. B. Taschenbücher am Boden gestapelt), mehr Plakate, Zeitungen, Requisiten, häufigen Ersatz des Betts durch Matratzen, häufige Verwendung gebrauchter Güter (Trödler, Digger-Shop, Sammeltätigkeit, Sperrmüll). Auswahl der Gegenstände vom Gebrauchswert, nicht vom Tauschwert her. Kaffeetassen ohne Henkel, meint »twen« pikiert, seien »beinahe ein Statussymbol«[19].
2. Bei den Kommunen wird keineswegs auf Güter des Massenkonsums verzichtet, wenn auch diese Güter oft bewußt gebraucht erworben werden (besonders in Dänemark: Trörod: Bibliothek; Kommune 0: Schiff). Die K 2 berichtet: »Ein altes Auto für 7 Leute ist natürlich ökonomischer (das fand auch die Kana-Kommune) ... Im Vergleich zur Einzelexistenz brauchten wir relativ wenig Geld, wobei wir auf keines der notwendigen Luxusgüter verzichten mußten (Auto, Telefon, Kühlschrank, Toaster, Plattenspieler, Fernheizung, mehrere Tageszeitungen). Denn alle diese Bedürfnisse können in der Gruppe rationaler befriedigt werden.«[20]
3. Die Subkulturen kommen mit signifikant weniger Geld aus als die Gesamtgesellschaft. Die Gammler kamen mit weniger als 100,- DM im Monat aus, die Kommune 2 trotz Luxusgüter mit 250,- DM im Monat pro Person, die Kana-Kommune mit ca. 280,- DM im Monat (davon über 100,- DM für die Rate des Hauskaufs). In der Projektgruppe Subkultur Stuttgart (AK Konsum) lebten 3 Personen von 250,- DM im Monat (zusammen); die Einzelnen lebten von 150,- DM bis 250,- DM im Monat. (Es wäre interessant, zu wissen, von wieviel die Hippies lebten, die ihre Bedürfnisse in der Free City befriedigten.) In den Kommunen wird die Hausarbeit im allgemeinen reihum erledigt (wenn sie erledigt wird, was einen Konfliktstoff in vielen Kommunen abgab).
4. Subkulturen neigen mehr zum Entwendungsanarchismus (»Klauen«); ebenso wird das Problem nur reproduziert, wenn sich Angehörige der Subkultur ihrerseits ökonomisch an Personen fixieren, die der Subkultur angehören (Schnorren, Aushalten lassen). So hat die Pots-Kommune angegeben, Nahrungsmittel und Bücher zu klauen[21]. »Stehlen ist noch kein Zeichen von Klassen-

bewußtsein; eine kurze Überlegung zeigt aber ..., daß derjenige, der sich den Gesetzen nicht fügt und stiehlt, wenn er hungert, ... mehr Energie zur Auflehung in sich trägt als derjenige, der sich stillschweigend auf die Schlachtbank des Kapitalismus legt.«[22]

Die Subversive Aktion hat schon vor Jahren den Aufruf zum Konsumboykott als legitime Maßnahme des Widerstands bezeichnet[23]; Semler und Neitzke haben mögliche Aktionen auf dem Konsumsektor analysiert und dabei ausdrücklich darauf hingewiesen, man dürfe nicht den Schein erwecken, zum Konsumverzicht zu mobilisieren[24]. Massenhafte Aneignung von lebensnotwendigen Gütern, gefolgt oder nicht gefolgt von öffentlicher Verteilung, mache eine richtige propagandistische Vorbereitung mit massenhafter Aufklärung über Kalkulation und Verteilung von Waren unter den Bedingungen sozialistischer Produktion über das Warenhaus als gesellschaftliche Form für die freie Verteilung der Güter erforderlich.

Ad 4: Auch die Subkulturen trinken Alkohol, aber das Verhältnis Alkohol – bewußtseinserweiternde Drogen ist anders als in der Gesamtgesellschaft. Gegen Nikotin machten die Provos ihre Antirauchaktionen, über moralische Appelle wenig hinauskommend.

Das Rauchen stellt ein Syndrom von sexueller Surrogatfunktion (Verdrängungen der oralen Phase etc.), Kommunikationsritual und Erleichterung entfremdeter Arbeit (und welche Arbeit wird unter der Hand des Kapitalismus nicht zur entfremdeten?) dar. Doch auch die Konsumaskese bei Nikotin wird zur Symptombehandlung gegen die sozialen Ursachen der Süchte. Rotter hat Süchtigkeit als psychologische Fehlhaltung bezeichnet, als Kompensation für Herausfallen aus der Integration. Da (siehe oben bei Goffman) in jeder bestehenden Gesellschaft die vollständige Integration nur auf eine Oberschichtenminorität beschränkt ist, neigen die meisten Menschen zu Süchten, die zudem gegenseitig austauschbar sind.

Die progressiven Subkulturen neigen zur Bevorzugung von Drogen, deren suchterzeugender Charakter minimal ist (nicht stärker als etwa von Wasser) und die sie zu progressiven Zwecken verwenden zu können annehmen: vor allem Haschisch (Marihuana) und LSD.

Die Funktionen der Drogen sind in den Subkulturen umstritten (»Die Welt wird dem begabten Haschischträumer ein Wunschkonzert«[25]; mit Wunschkonzerten können Gesellschaften kaum verändert werden.); es gibt jedoch kaum eine Subkultur, die nicht mit Drogen experimentiert hätte. Die Beurteilung schwankt von »kleinbürgerlicher konterrevolutionärer Fluchtpraxis« zu »revolutionärer Bewußtseinserweiterung«[26]. Das negative Argument ist immer dasselbe: Rückzug der Drogenkonsumenten in das Privatleben, möglicher Einsatz der Drogen durch das Establishment zur Förderung der Entpolitisierung[27], Verstärkung der Ich-Schwäche durch chronischen Haschisch-Gebrauch[28], Entbindung von Rationalität[29].

An positiven Argumenten für Haschisch und LSD ist bislang beigebracht worden:

1. Jugendliche, die diese Drogen einnehmen, streben nicht mehr Erfolg, Macht, Besitz an, lehnen jede Autorität ab, entziehen sich dem Konsumterror und dem Militär.

2. Die Drogen könnten die Initialzündung für eine bessere Erkenntnis der gesellschaftlichen Situation sein, als Kristallisationskerne für die zunächst isolierten Individuen und als »Emanzipationsstarter« wirken.

3. Als Erfordernis der gesellschaftlichen Befreiung muß die Revolution gleichzeitig eine Revolution der Wahrnehmung sein, welche den materiellen und geistigen Umbau der Gesellschaft begleitet und die neue Umwelt hervorbringt. Durch die Drogen kann eine vorsprachliche Kommunikation auf einer breiteren affektiven Ebene erreicht werden, die normalerweise längst verschüttet ist. Die Erfahrung über die genaue Gefühlslage anderer und das bewußte Miterleben der eigenen affektiven Reaktionen kann ein wichtiger Schritt zum Durchbrechen des Rollenverhaltens und zur Sensibilisierung und Individualisierung menschlicher Beziehungen sein.

4. Weite Bereiche des Unterbewußten (Phantasie, Denktätigkeit) liegen brach; die Aufgabe der Drogen ist es, bei der Erforschung dieser Bereiche behilflich zu sein. Allerdings muß anschließend das bisher Unbewußte in bewußte Fähigkeiten umgesetzt werden.

5. LSD hebt die bestehenden Konditionierungen auf und macht während der Dauer seiner Wirkung Konditionierungen unmöglich. Konditionierung ist eine der Grundlagen des Normalbewußtseins; durch ihre Aufhebung entsteht gesteigerte Suggestibilität für alle Reize, die vom Organismus produziert werden.

6. Die Erinnerung an frühe, auch frühkindliche Erlebnisse wird unter LSD-Einwirkung außerordentlich prägnant, was eine wertvolle Hilfe für die Psychotheraphie darstellen kann.

7. Die Desintegration der Ich-Struktur unter LSD schafft veränderte Perspektiven der Selbstwahrnehmung, gefolgt von der Verfestigung eines neuen Identitätsbewußtseins. Abwehrmechanismen werden abgebaut, das begriffliche Denken wird beweglich und austauschbar; die Fähigkeit, unter LSD-Einfluß mit Ideen, Farben, Formen und Hypothesen zu spielen, in Analogien und Metaphern zu denken, führt zu einer Neusynthese der Bewußtseinsinhalte, gefolgt von einer kritischen Betrachtung von Wertkategorien und Verhaltensweisen. »Für viele Menschen, die die LSD-Erfahrung zum ersten Male machen, ergibt sich eine derartige Fülle von neuen Einsichten und Erkenntnissen über die eigene Person und die Beziehung zur Umwelt, daß eine Revision der verinnerlichten Wertkategorien und Normen und eine Änderung des eigenen Verhaltens zur Notwendigkeit wird.«[30] (Nach einer LSD-Versuchsreihe von Janiger und McGlothlin [n = 194] äußerten 35 % der Versuchspersonen gesteigertes Interesse an moralischen und ethischen Problemen, 48 % stellten eine Veränderung ihrer Wertkategorien fest[31].)

Die Drogen selbst sind weder »revolutionär« noch »konterrevolutionär«; es kommt darauf an, was aus dem Drogenkonsum gemacht wird. Nach Steckel müssen zur Gewährleistung der nichtintegrativen Funktion des Drogenkonsums folgende Zusatzbedingungen gegeben sein:

1. Nach jedem Drogenerlebnis ist längere Zeit der Analyse und der Reflexion erforderlich, um das Erlebnis in die Praxis der eigenen Existenz integrieren zu können. Die Drogen sind nicht allzuhäufig einzunehmen.
2. Bei LSD ist das Verhalten der Personen, die dem Individuum für die Dauer des Experiments Gesellschaft leisten, wichtig. Eine Person hat die Funktion der Realitätsquelle zu übernehmen (Analytiker, Guru).
3. Es ist nie zu vergessen, daß wir tatsächlich nicht in einer freien Gesellschaft leben; die Anwendung der Drogenerfahrung in der täglichen Praxis ist erforderlich.

Ad 5: Die christlichen Urgemeinden (mit welchen Toynbee, nicht ganz zu Recht, die Hippies vergleicht) waren Gruppen zur gegenseitigen Hilfe. Krapotkin hat eine Aufstellung aller Gruppen zur gegenseitigen Hilfe bis ins 19. Jahrhundert geleistet; die Rote Hilfe wurde zu einer der wesentlichsten subkulturellen Institutionen von KPD und Komintern, später in China, jetzt bei den italienischen Maoisten (Unione). In der BRD hat Dutschke Gruppen

zur gegenseitigen Hilfe propagiert, ohne damit subkulturelle Massenbasis zu erlangen. Häfele nennt im »plakat« 1/70 Reparaturen, Tapezieren und Kehrwoche (Stuttgart!) als mögliche Aktivitäten solcher Gruppen; Alten- und Krankenpflege müßten noch dazukommen. (»Das würde – zumindest tendenziell – dazu beitragen, daß auch Hausfrauen und Rentnern ökonomische Probleme vermittelt werden können.«) Der Floh de Cologne regte unter anderem APO-Zimmervermittlungen und APO-Reparaturdienst an sowie Adressensammlungen von Rechtsanwälten, Ärzten, unentgeltlichen Wohnungen, Gelegenheiten zum Untertauchen (insbesonders für Kriegsdienstverweigerer und Deserteure).
Das Syndrom von Informationszentrum, Rechtshilfe, Wohnungsinformation, Reparaturgruppen (Free City Garage), Läden (Free City Stores), und Nachbarschaftshilfe ist in den angloamerikanischen Städten weiter verbreitet; funktionsfähig dürften sie in San Francisco, New York, London sein. Büros für Nachbarschaftshilfe bestehen in Toronto, New York, Los Angeles, Boston, Chicago, London und Mailand; Handbücher über billiges Leben sind verbreitet[32]. »Jeder Bruder sollte haben, was er braucht, um seine Sache zu tun.«[33]
Vor allzu großer Emphase auf dem Konsumsektor haben Buselmeier/Schehl mit Recht gewarnt: Konsumverzicht könne durch staatliche Interventionen aufgefangen werden, Verzicht auf Arbeit würde den Trend zur Automatisierung verstärken[34]. Allerdings übersehen die Autoren, daß beide Tendenzen von den Herrschenden nicht konfliktlos über die Bühne gebracht werden können: die Verstärkung von Rüstung etwa ist wiederum imstande, die Öffentlichkeit gegen ungerechte Systeme zu mobilisieren; der Trend zur Automatisierung würde eine jener Strukturkrisen auslösen, die zur Radikalisierung der Bevölkerung beitragen können (allerdings beim gegenwärtigen Bewußtseinsstand auch zur Rechtsradikalisierung). Zwischen subkultureller Hilfe und Mobilisierungsfunktion schwankt denn auch folgerichtig die Haltung der Subkulturen zur Konsumfrage: die Synthese, die punktuelle Vorwegnahme, selten verwirklichend.

9. ARBEIT UND MUSSE

Muße ist technologisch möglich; Muße ist auch zum Nachdenken und zur Sensibilisierung erforderlich; Muße ist selbst systemimmanenterweise langfristig unvermeidlich. Die Herrschenden und ihre Ideologen, siehe Kahn/Wiener, kennen die Gefahren der Muße: die Gefahren einer nachdenkenden, bewußten, ich-starken Bevölkerung für die Herrschenden.
Die Befriedigung der Bedürfnisse ist nach den herrschenden Normen noch immer mit Arbeit vermittelt. Daher noch immer die Angst, aufgrund von Nachdenken und entsprechender Praxis den Arbeitsplatz zu verlieren. Daraus erfolgt die Integration durch den Beruf.
Die Vierzigstundenwoche entfremdeter Arbeit, die die rigide Trennung Arbeit–Freizeit ständig reproduziert, läßt in den Lohnabhängigen ein starkes Bedürfnis nach Muße aufkommen. Zu den selbst affirmativ-empirisch festgestellten Bedürfnissen der Masse der Lohnabhängigen (von Schmidtchen zynisch als »Erlösungshoffnungen« bezeichnet) zählt neben der Beseitigung der Atombomben und des Krebses, der kostenlosen Krankenversorgung, der lärmfreien Stadt, Siedlungen für alte Menschen und radikaler Besteuerung der Millionäre auch der Ruhestand ab dem 50. Lebensjahr: »Erlösung von der Arbeit ... wird ... hauptsächlich dort zu einem interessanten politischen Thema, wo die gesellschaftlichen Institutionen versagt haben.«[1] Als ob es einen kapitalistischen oder bürokratisch-sozialistischen Staat gäbe, in dem die »gesellschaftlichen Institutionen« nicht »versagen« hätten müssen...
Dazu etwas Empirie aus der Allensbacher Küche: Am Sonntag schlafen 42 % mal ganz gründlich aus[2]. 57 % sind am Feierabend froh, wenn sie ihre Ruhe haben (1958). Oktober 1961 belief sich die durchschnittliche Freizeit auf 2 Stunden 56 Minuten[3]. Selbst die erträumten Reisebedürfnisse halten sich im Rahmen hausbackener Bescheidenheit (1966!): 34 % wünschen sich eine Mittelmeerschiffsreise, 23 % Paris, 16 % eine einwöchige Dampferfahrt; zum Vergleich: 22 % würden gerne in die Südsee, 20 % nach Afrika[4]. Kein Wunder: 1964 sind noch immer 71 % der Arbeiter im Urlaub zu Hause geblieben[5]. Dennoch ist das Leistungsprinzip stark verinnerlicht: nur 13 % könnten sich ein Leben ohne Arbeit (1960) vorstellen[6].
Eine doppelte Strategie der Subkulturen ist erforderlich: einerseits

die Massen über die Hinfälligkeit des Leistungsprinzips aufzuklären, wohl wissend, daß dies in 30 Jahren integriert sein wird, und andererseits die Angehörigen der Subkulturen von regelmäßigen Stundenplänen zumindest zum Teil freizuhalten (eine wesentliche Vorausbedingung politischer Arbeit), ohne daß sie dabei in kleinbürgerliche Verhaltensformen zurücksacken. »Fast alle Genossen sind im ›privaten‹ Bereich einer bürgerlich-kleinbürgerlichen Herkunft und Lebenspraxis verhaftet und damit Teile der bürgerlichen Gesellschaft... Noch immer ist es unvermeidlich, daß die Genossen nach dem Examen massenhaft für die Bewegung völlig verlorengehen oder bestenfalls auf reformistische oder liberale Positionen regredieren, auch wenn sie theoretisch und praktisch zuvor noch so gut gearbeitet hatten.«[7] Selbst Goffman spricht von »alternden jungen Leuten, die noch nicht bereit sind, sich durch Arbeit verseuchen zu lassen«[8], folglich nicht integriert werden.

Ad 1: Der Schwiegersohn Karl Marx', Paul Lafargue, hat schon im vorigen Jahrhundert die Verinnerlichung des Leistungsprinzips im Proletariat beißend glossiert[9]. »Eine seltsame Sucht beherrscht die Arbeiterklasse aller Länder, in denen die kapitalistische Zivilisation herrscht... Es ist dies die Liebe zur Arbeit, die rasende, bis zur Erschöpfung der Individuen... gehende Arbeitssucht. In der kapitalistischen Gesellschaft ist die Arbeit die Ursache des geistigen Verkommens.«[10] Dann erst im Zeitalter der möglichen Vollautomatisierung, in dem die Herrschenden das Reich der Notwendigkeit durch überflüssige Dienstleistungen aufrechtzuerhalten trachten: »Arbeiten zu müssen, ist ein neurotisches Symptom. Es ist eine Krücke« (Chisholm)[11]. »Die Briten sind einer Gehirnwäsche mit Arbeit unterzogen worden« (Barker)[12].

Die Dialektik von Arbeit und Muße ist jedoch komplizierter: Die Aufhebung des Leistungsprinzips garantiert noch längst nicht fortschrittliche Wirkung. Die Idealtypen vieler Bohemiens sind der Zuhälter und der Rentier; mit Recht hat Plack darauf hingewiesen, daß der arrivierte Faulenzer ein feudales Ideal sei[13]. So ist der Hinweis der Hippies, sie wüßten eben eine Antwort auf die Frage, was man in der Freizeit machen solle, etwas überheblich[14] – dies läuft auf das Spielen der Massen mit buntem Sand hinaus. Die Muße wirkt sich nur dann emanzipatonisch aus, wenn sie mit permanenter Weiterbildung und Praxis vermittelt ist, die permanente Weiterbildung erotisch besetzt ist, wenn Weiterbildung

und Praxis mit Problemen im Betrieb vermittelt sind (Versuche in Saclay).
Ad 2: Folgende Konzepte sind in den Subkulturen bisher propagiert bzw. praktiziert worden:
1. Gammler: Betteln, Pflastermalen, Singen, Gelegenheitsarbeit. Brachte zwar hinlänglich Muße, erwies sich jedoch als perspektivelos: für mehr als eine ganz kleine Minorität ist diese Lösung nicht praktikabel.
2. Studenten: Stipendien, Unterstützungen, Verdienst des Ehepartners (eventuell abwechselnd; auch bei Künstlern ist der Verdienst des Ehepartners durchaus üblich) — diese Subkulturen mußten zumeist noch zusätzlich arbeiten, da die Stipendien recht dünn zu sein pflegen und waren, 2. sich über das Vorübergehende ihres Zustands im klaren.
3. In nahezu allen Subkulturen: Halbtagsarbeit bzw. 2–3-Tage-Woche. Die Lösung ist, wo sie praktikabel ist, die zukunftsreichste: die Antizipation der 20-Stunden-Woche mit Weiterbildung etc. einerseits, die Sicherung der ökonomischen Situation andrerseits, zum dritten bleibt die Möglichkeit der Agitation am Arbeitsplatz bestehen. In den AStAen besteht zumeist eine Arbeitsvermittlung für Studenten. In San Francisco und Chicago besteht eine »Hip Job Coop«. Floh de Cologne regt zur Gründung einer APO-Berufsberatung an, Häfele in »plakat« zur Gründung einer Halbtags-Arbeitsvermittlung.
4. Berufe des literarischen und graphischen Gewerbes, neuerdings der Medien (Verlag, Druck, Untergrundzeitschriften, freie Mitarbeiter, Kameramänner, Tontechniker bis hin zu Public relations): eine beliebte Einnahmequelle der Subkulturen. Diese Berufe haben die Vorteile der Minimierung entfremdeter Arbeit (zumindest Mitbestimmung über den Inhalt ihrer Arbeit, wenn auch nicht über deren Verwertung), expandierender Branchen, keine feste Arbeitszeit, Integrationsvermeidung durch rationalistische Interaktionen (nicht umsonst waren die Drucker oft die Avantgarde der Arbeiterklasse; die relativ fortschrittliche Position der IG Druck und Papier scheint ein Rest davon zu sein), relativ leichte Erlernbarkeit (es gibt mehr Selfmade-Drucker, Journalisten und Filmer als Selfmade-Mechaniker). Übergang zu:
5. Revolutionäre Berufspraxis. Nicht umsonst hat sich dieses Konzept leichter bei angehenden Journalisten (z. B. Rote Zelle Zeitungswissenschaften München) und angehenden Lehrern (z. B.

Rote Zelle Germanistik Berlin) durchgesetzt als etwa bei Technikern (so notwendig sie gerade hier wäre).
a) Der Lehrberuf hat infolge seiner Minimierung der Arbeitszeit und der Entfremdung schon historischen emotionellen Subkulturen (Boheme) öfters Überlebensmöglichkeiten geboten; zudem wirkt er infolge Interaktionsmöglichkeiten mit fortschrittlichen Schülern und Kollegen öfter nicht integrativ. (Das gilt aber z. B. nicht für Lehrer, die in oberbayerische Volksschulen versetzt werden.) Zudem ist auch dieser Beruf expandierend.
b) Seit 1969 besteht die Tendenz rationalistischer Subkulturen, bewußt Betriebsarbeit zu leisten, um die Arbeiteragitation zu verbessern. So notwendig diese Arbeit ist, so sehr ist abzuwarten, ob nicht die Vierzigstundenwoche bei den bewußten Genossen ähnliche Abstumpfungserscheinungen zeitigt wie bei den Arbeitern selbst.
6. Läden, Boutiquen. Ihre Gefahren (Tendenz zur Reproduktion des Kleinbürgertums) werden wir im Teil V abhandeln.
Eine Kombination von Halbtagsarbeit und revolutionärer Berufspraxis scheint bislang am effektivsten. Selbst diese Möglichkeit wird die nächsten 30 Jahre Schwierigkeiten bei der massenhaften Durchführung aufweisen: Der Arbeiter, der oft nur sporadisch arbeitet, wird von der Gesellschaft als »Gelegenheitsarbeiter« isoliert – in Krisenzeiten ist er als erster arbeitslos. Unterstützt wird dies von der Ideologie: wer nicht kontinuierlich arbeitet, erntet irrationalerweise Stereotypie des »Asozialen«, ist »out« (»wer nicht arbeitet, verlernt«). Angestellte pflegen wieder zuweilen die Dialektik Nichtintegration–Integration auch am Arbeitsplatz auszutragen (lesen theoretischer Literatur auf der Toilette, Aktendeckeltricks); die dauernde Anspannung wird nicht verhehlt.
7. Kommunen. »Wenn die Last des Geldverdienens, d. h. die entfremdete Arbeit, gleichmäßig verteilt ist, muß jeder nur noch relativ wenig Zeit dafür aufwenden; um so mehr bleibt ihm zur Entdeckung und Befriedigung seiner eigenen Bedürfnisse.«[15]

10. BEDÜRFNISSE IN DER KUNST ODER: WIR WISSEN WENIG

Gerade über eines jener Gebiete, mit denen sich die progressiven Subkulturen am meisten beschäftigen, wissen wir am wenigsten. Ihre Gegen-Kunst ist bei oberflächlichen Denkern geradezu ein Synonym für Subkultur geworden: ihre quantitative Ausbeute ist gewaltig, ihr qualitative Wirkung möglicherweise dürftig – wie gesagt, wir wissen es nicht. Wir kennen die Medien, die die subkulturellen Künstler mit hervorgebracht oder formal weiterentwickelt haben: Psychedelic Rock, Polit-Rock, Mixed Media, Straßentheater, Newsreel-Filme, Undergroundfilme (mit subjektivistischen Strukturen, Pornographie, 8-mm-Format), politische Chansons, Flugblattgedichte, Straßenaktionen, Universitätsaktionen, Posters, Wandzeitungen, Kollektivkunst; wir wissen nicht, welche Funktionen diese Medien in der Tat innegehabt haben. Die »Protestfiebel« handelt zu ca. 95 % von Kunst; »Underground? Pop? Nein, Gegenkultur!« noch immer zu guten 30 % – welche Bedürfnisse damit befriedigt werden, welcher Gebrauchswert (im Gegensatz zum bürgerlichen Tauschwert) ihr innewohnt, ist ungeklärt. De facto sind die fortschrittlichen Subkulturen über Benjamin und Brecht wenig hinausgekommen.

Walter Benjamin geht davon aus, daß sich durch die Veränderung der Produktivkräfte die Kunst qualitativ geändert hätte. Während die früheren Kunstwerke, wenn sie reproduziert wurden, das Besondere gegenüber dem »echten« Allgemeinen waren, sei das Kunstwerk im Zeitalter seiner technischen Reproduzierbarkeit als reproduziertes allgemein: Graphik, Photographie, Schallplatte, Film. »Während das Echte aber der manuellen Reproduktion gegenüber seine volle Autorität bewahrt, ist das der technischen Reproduktion gegenüber nicht der Fall«[1]; die Autorität der Sache gerät ins Wanken. Die Reproduktion zeichnet sich nicht durch Einmaligkeit und Dauer, sondern durch Flüchtigkeit und Wiederholbarkeit aus. Die Fundierung der alten Kunst auf das Ritual wird durch die Fundierung der neuen Kunst auf Politik ersetzt, mit der Ideologie des L'Art pour l'art als Reaktion auf Photographie (formal)/Sozialismus (inhaltlich). Die Aura fällt weg: demokratisch ersetzbar – der Filmzuseher wird jederzeit zum Gefilmten, der Lesende jederzeit zum Schreibenden. Die Kamera nimmt zur Darstellung Stellung, der Schnitt zur Kamera. Die technische Reproduzierbarkeit des Kunstwerks verändert das Verhältnis der

Masse zur Kunst: kritische und genießerische Haltung fallen zusammen. Die ihrerseits politische Alternative besteht darin, das Politische zu ästhetisieren (Faschismus) oder das Ästhetische zu politisieren (Kommunismus).
Am Zusammenfallen der kritischen und genießerischen Haltung knüpft Brecht an: Die Verknüpfung von Informations- und Unterhaltungsfunktion der Kunst; Denken als großes Vergnügen des wissenschaftlichen Zeitalters; Theater als lustbesetzte Denkleistung, als Kommentar eines Mediums, eines Gestus durch einen anderen, woraus Verfremdung entsteht. Verfremdung ist Verunsicherung des Gewohnten, Aha-Effekt, konstruktives Erstaunen, ein säkularisiertes Satori-Erlebnis. Das Brechtsche Theater beabsichtigt, die Welt als machbare darzustellen, dem Zuschauer die Erkenntnis nahezulegen (in den späteren Stücken, ohne sie ihm aufzudrängen), daß er selbst Akteur in jenem historischen Prozeß sei, den das Theater als dialektisches Theater wiederspiegle[2].
Die technologischen Grundlagen des Verfremdungseffekts sind ohne weiteres einsehbar; inwieweit Verfremdungseffekte kritische Haltungen provozierten, inwieweit der Anspruch der zu entwickelnden »Zuschaukunst«, Unterhaltung mit Information und Denkanstößen zu verknüpfen, eingelöst wurde, ist nie empirisch überprüft worden. Dasselbe gilt für alle anderen Bedürfnisse, die, als Kunst vermittelt, in den progressiven Subkulturen angesehen werden.
Das sind im einzelnen:
1. Verknüpfung von Information und Unterhaltung
2. Kunst als Denkanstoß, Aha-Erlebnis, Provokation von Emotionen, Re-Inforcement-Effekt
3. Agitation, Gegeninformation
4. Propaganda (im Sinne Peter Schneiders), Antizipation
5. Verbesserung der Kommunikation, Ritual, Solidarisierung
6. Gegensozialisationshilfe, Bewußtwerden des Prozessualen
7. Sensibilisierung
8. Selbstverwirklichung, Aufhebung der Kunst in Spiele, Feste, herrschaftsfreie Kommunikation
9. Aufhebung der Kunst in Aktionen.
(Wir wissen, daß zwischen diesen Bedürfnissen viele Vermittlungsinstanzen bestehen. Diese Aufgliederung ist rein provisorisch.)
Zu 1: Die sinnliche Vermittlung revolutionärer Methoden macht

nach Brecht den Lernprozeß zu einem genußvollen[3]. Ähnlich wie Brecht versuchte die Londoner Kulturlinke (Joan Littlewood, Clive Barker) Information und Unterhaltung zu vermitteln: im Fun-Palace-Projekt unter anderem durch Betätigung von Datenverarbeitungsmaschinen; Barker schlug vor, die Reaktion der Zuschauer durch Vorstellungen mit auswechselbaren Elementen zu testen[4]. Von Resultaten ist nichts bekanntgeworden.
Dagegen ist – oft mit scheinradikaler Tendenz – eingewendet worden, der Aspekt der Unterhaltung sei vornweg vereinnehmbar; oder aber: Information, kritisches Bewußtsein lasse sich nicht über diese »veralteten« Medien vermitteln. Empirisch läßt sich feststellen, daß das Bedürfnis nach Unterhaltung da ist. Selbst Cage spricht von einer Verbindung von Spaß und Revolution[5]. Wenn man nur wüßte, was für Revolution er meint.
Zu 2: Hier stehen zwei Thesen gegeneinander. These 1: Kunst ist imstande, Denkanstöße zu vermitteln und Emotionen zu provozieren. These 2: Kunst ist nur imstande, den Rückfall in unkritisches Bewußtsein zu verhindern, jedenfalls hinauszuzögern; sie setzt Bekräftigungseffekte. Stichhaltig bewiesen ist keine These, andeutungsweise eher noch die zweite (Berelsons und Lazarsfelds Medienanalyse). Am Beispiel der Meinungsbildung von Massenmedien hat Kurt Reumann folgende Resultate erwähnt: 1. sie sind es bei einheitlicher Information, 2. in Krisenzeiten (wenn eine Änderung der Situation nicht als Bedrohung, sondern als Besserung erscheint), 3. bei neu auftauchenden Problemen, 4. in nebensächlichen Fragen, 5. wenn es Personen betrifft (nicht Sachen), 6. eventuell in höherem Ausmaß bei meinungsbildenden Personen. Das ist reichlich dünn.
Dennoch handelt ein großer Teil der Subkulturen so, als ob Kunst imstande sei, Denkanstöße zu vermitteln und Emotionen zu provozieren. Die Checkpoint Charlies gehen auf gezielte Provokationen aus: durch radikale Verneinung der Harmonieregeln, schmerzende Geräuschkulissen und verbale »Obszönitäten«; die einzige überprüfbare Wirkung war der Protest von 80 Schülern gegen ein Auftrittsverbot der Band in einer Karlsruher Schule[6]. Der Kabarettist Rudolf Rolfs »leitete als erster nach dem Kriege den Zorn des Publikums nicht so sehr auf ›die da oben‹ ab, sondern entlarvte das Publikum selbst als Haupthindernis für eine Änderung der politischen Verhältnisse«[7]. Im Underground-Film hat die Provokation von Emotionen schon Tradition: von Bunuels Rasierklingenschnitt durch das Auge bis zu Costards »Besonders wert-

voll«, Mühls Materialaktions-Streifen, Angers »Scorpio Rising«.
Die Fugs arbeiten ebenfalls mit Schockeffekten (desgleichen der
»Floh de Cologne«[8]); sie sind bestrebt, »eine Anzahl Menschen
über die Trennlinie auf unsere Seite zu bringen«.
Wiegand baut auf der These der Vermittlung von Denkanstößen
und der Provokation von Emotionen ein ganzes System auf. Die
Entfremdung der Spaltung in Beruf und Freizeit wird ihm zum
Angelpunkt der gesellschaftlichen Funktion von Kunst als emotionell vermittelter Information: »... die im Berufsalltag nur
einseitig genutzten Potenzen durch eine provozierende Unterhaltung ausgleichend zu aktivieren.« Jedes sich anschließende Kontrastthema kann einen Überraschungs-, zuweilen einen Schockeffekt erzeugen, da es keine Kontinuität in einem abgesteckten
Rahmen gäbe. So läßt Wiegand in der Fernsehsendung BAFF
einen Beat-Sänger mit 20 Mädchen im Bett liegen, dazu einen
Priester und eine Nonne über ihre Einstellung zur Ehe sprechen.
Die Musik besorgt den Emotionstransport, wird, etwa an der
emotional intensivsten Stelle, durch eine Nachricht unterbrochen:
»Musik-Nummern, bei denen sich der Zuschauer gewöhnlich rational entlassen glaubt, eignen sich vorzüglich als Kontrastmittel,
Ereignisse, Kuriositäten, Zustände, die unser Bewußtsein nicht
mehr voll registriert, schlagartig wieder bewußt zu machen.«
Darüber hinaus sollten Musik-Nummern Träger von philosophischen Aphorismen, Literaturzitaten, gesellschaftskritischer Bonmots usw. werden. Ein Beispiel: »... wenn den Toten in Vietnam Beathüften aus Soho folgen. Es hagelt empörte Zuschriften.
Die Pietät ist verletzt, und der Programmredakteur weiß, daß seine Nachricht angekommen ist.«[9]
Abgesehen davon, daß (so mit Recht der Workshop V, Waldeck
1969) Leser-, Hörer-, Seherbriefe einen recht unzulänglichen Indikator für die Rezeption einer emotionell vermittelten Information abgeben, bietet Wiegands System nichts grundlegend Neues
Wenn Wiegand auch als seinen Kronzeugen – wen schon? –
McLuhan anführt: »Die Verbindung zweier Medien ist ein Moment der Erkenntnis, aus dem neue Form entsteht« (und woraus
entsteht der neue Inhalt? R. S.), taucht nur im neuen Gewand der
gute alte Verfremdungseffekt Bert Brechts auf, oftmals zum »Befremdungseffekt« (Brecht zu Wekwerth anläßlich dessen Inszenierung der »Carrar«) regrediert. Vom schlechten Bestehenden
der Kulturindustrie immer wieder eingeholt, sieht sich der Verfremdungseffekt gezwungen, seinerseits immer wieder neue Ge-

stalt anzunehmen (eine ästhetische Praxis, der sich auch der Autor zu befleißigen versucht). Das hilft uns aber nicht über den Sachverhalt hinweg, daß die Rezeptionsästhetik des Verfremdungseffekts bislang nur in Einzelfällen geleistet werden konnte.
Wo der Schockeffekt, das Aha-Erlebnis am wirkungsvollsten vermittelt wurden, hob sich der Kunstcharakter des Verfremdungseffekts in die politische Aktion auf: das Brandstifterflugblatt der Kommune 1, die Kiesinger-Ohrfeige Beate Klarsfelds. »... daß Merkmale wie verbale Radikalität, Obszönität und Anti-Ästhetik die Untergrund-Kunst kaum mehr von der bürgerlichen abheben können«[10], hat nicht zufällig John Sinclair (MC 5) festgestellt.
Zu 3: Agitation könnte in etwa definiert werden als Beschreibung zu kritisierender Sachverhalte, verbunden mit der Aufforderung zu deren Veränderung. Sie ist ein wesentliches Bedürfnis rationalistischer (bzw. rationalistische Methoden nicht ablehnender) Subkulturen. Eng mit der Agitation verbunden ist die Gegeninformation, die Kaiser etwas naiv wie folgt umschreibt: »In einer Zeit, in der Zeitungsmonopole die Nachrichten und Informationen zensieren, gewinnt der Sänger wieder jene Funktion, die er bereits in der Frühzeit der menschlichen Geschichte gehabt hat. Er verbreitet Informationen und Meinungen, indem er durchs Land zieht.«[11] – das Unzensierte und die Aufklärungsfunktion sind die wesentlichen Faktoren der Gegeninformation. Agitation-Gegeninformation spielten eine große Rolle bei den Industrial Workers of the World, in der Weimarer Republik (»Revue Roter Rummel« Piscators), in der Bürgerrechtsbewegung, auch zu Beginn der Außerparlamentarischen Opposition (Süverkrüp: »Wie wird nun ... ein revolutionäres Lied revolutionär werden? Indem es unmißverständlich politisch und politisch unmißverständlich singt. Indem es niemanden die Illusion läßt, er habe durch bloßes Zuhören schon Gesellschaft verändert.«[12] Ulli und Frederick: »Lieder können Anstöße geben ... die Ästhetik der politischen Agitation durch das Lied gilt es noch zu entwickeln.«[13] (Wie wahr!); ihre Lieder seien für die Immergestrigen Provokation, für die Abseitsstehenden politische Aufklärung, für die schon Überzeugten Vermittlung von Solidarität. Das »Migrant Theatre« spielt um Spenden für Huey Newton. Das Teatro Campesino spielt seit 1965 im Auftrag der autonomen Selbsthilfegewerkschaft für Landarbeiter; ihr Programm ist »La Huelga« (»Der Generalstreik«). Die Schauspieler, die alle aktive Streiker sind, wechseln oft, um sich nicht von den Farmarbeitern zu entfrem-

den, und machen volkshochschulartige Bildungsarbeit. Das Guerilla-Theater spielt Vietnam in Kleidern der Renaissance im Stil der Commedia dell'arte; die Zuschauer spenden nach der Vorstellung[14]. Hüsch bezeichnet als optimales Lied das »gesungene Flugblatt«. Der Floh de Cologne verteilt nach »Fließbandbaby's Beatshow« Flugblätter mit 18 Vorschlägen, mit der politischen Arbeit zu beginnen.

Boehmer hat das Konzept von Kunst als Gegeninformation negiert: »Kunst als Gegeninformation gibt es nicht, es sei denn, sie teile Gegeninformationen außerhalb ihres spezifischen Mediums mit.«[15] Kreimeier hat in »Filmkritik und Klassenkampf« festgestellt, die Dokumentationsfilme à la »Newsreel« und »Cinetracts« seien nichts anderes als linke Wochenschauen und würden ästhetisierend rezipiert; er schlägt seinerseits etwas »außerhalb des spezifischen Mediums« Liegendes vor, nämlich Verwissenschaftlichung der Dokumentation. Auf die Frage, was nun das Medium der Kunst sei, geht Boehmer nicht näher ein (sein Degenhardt-Beispiel ließe nur den Schluß zu, daß Texte keine Kunst seien). Kupferberg hat z. B. im Gegenteil betont: »Wir merkten plötzlich, daß es da eine neue Musik gab, mit deren Hilfe wir unsere eigenen Texte intensiver an den Hörer heranbringen konnten.«[16]

Enzensberger wiederum hat Agitationsreportagen (Wallraff, Alsheimer, Meinhoff) als einzige »zulässige« Kunst der rationalistischen Subkulturen deklariert. Er übersieht, daß – da ja ein nicht näher erforschtes Bedürfnis nach Kunst vorliegt – eine Reduktion der Kunst auf Agitation zu einer Ausdörrung vorliegt, und auf ein »tümliches« Volk; daß die Gefahr naheliegt, daß die Sprache ebenso zu rituell-autoritärem Diktum und Kommando wird, wie Jaeggi es für die Strukturalisten festgestellt hat[17].

Daß sich die Sprachnormen der Subkulturen stark von der Gesamtgesellschaft unterscheiden, geht schon aus den Rotwelsch-Wörterbüchern hervor; Kreuzer nennt unter anderem Jargon, Paradoxien, die Four-Letterwords, folkloristische Elemente, das Beat-Glossar Rigney/Smith' – und auch die esoterische Sprache als Sprachnormen der Bohème. Die Esoterik ihrer Sprache erschwert auch den rationalistischen Subkulturen ihre Agitation. Alvermann, der unter anderem eine Funktion des Kunstwerks darin sieht, sich gerade mittels Verinnerlichung von Formen und Zielsetzungen dieser Gesellschaft durch Bilder, Begriffe, Sprache, Kunstwerke dieser Gesellschaft zu erwehren, kritisiert: »Die Lüge der Kunst besteht nicht darin, daß sie Unwahrheiten verbreitet, sondern daß sie Wahrheiten beschreibt, die der Mehrzahl der Leute nicht unter den Nägeln brennen, oder in einer Sprache, die nicht die Sprache der Betroffenen ist...«[18] Die Schwierigkeit liegt darin, daß andrerseits die Sprache nicht zur BILD-Besinnungslosigkeit reduziert werden kann, ohne wesentliche Inhalte ihres Begriffs preiszugeben. An positiven Gegenbeispielen einer agitatorischen Sprache, die alle erwähnten Fehler vermieden hat, fallen mir nur Brecht, Rosa Luxemburg und die Flugblätter des SNCC ein. Die Protestfibel nennt Müntzer, Danton, Robespierre, Lenin, Trotzki, Mao, Castro, Dutschke (sic!) als Meister des Worts, betont die Wiederbelebung des gesprochenen Worts bei manipulierten Medien, die Entwicklung der Straßenlesungen, den Einfluß der Jewtutschenko-Lesungen auf Praktiken der amerikanischen Subkulturen, auch den Einsatz von Wasserwerfern gegen Straßenlesungen. Ebenso beschreibt sie, von Mao Tse-tung, Wandzeitungen, SDS-Diktion ausgehend, die Stilform der Agitationslyrik: Grellheit, Drastik, Einfachheit, Direktheit, Übertreibung, Steigerung, Wiederholung, Didaktik, beschwörender Gestus, mahnender Aufruf, Weil-Sätze, Wenn-Perioden, lange Satzreihen, Antithesen[19].

Dennoch fällt es den Subkulturen schwer, ihre Begriffe reduktionslos in die »Sprache der Betroffenen« zu übersetzen. Daher ist z. B. der Vorschlag, Autorenteams sollten progressive Fünfgroschenromane schreiben[20], selten realisiert worden. Hökes Projekt, Elemente der Massenkultur und affirmative Werbemethoden zur Agitation zu verbinden (von Schlemmer vorweg gefeiert[21]), ist ebenfalls nicht verwirklicht worden.

Zu 4: Unter Propaganda versteht Peter Schneider (ähnlich Alvermann, Schlemmer) den künstlerischen Anspruch, die Bedürfnisse des Individuums freizulegen; dazu gehört auch der Anspruch der Vorwegnahme künftiger Gesellschaften (z. B. im Sinn von Blochs »Prinzip Hoffnung«). Propaganda muß mit Agitation vermittelt werden, um Träume ohne Vorschläge zur Erreichung der Träume zu vermeiden: »Die wichtigste bewußtseinsbildende Funktion der Kunst ist die beständige Kommentierung der Stationen, Wendungen, Erfolge und Niederlage der revolutionären Kräfte... Die Aufforderung zum Sturz der schlechten gesellschaftlichen Ordnung muß verbunden sein mit Bildern und Vorbildern, Kritiken und neuen Wertsetzungen, welche die Menschen aus der kapitalistischen Verkrüppelung zu einem umfassenden Wesen reorganisieren können.«[22]

Naiv ist es jedoch, schon Pete Seeger, das Living Theatre und Free Jazz ohne weiteres als Hineinnahme der Utopie in die neue Kultur zu klassifizieren, als Proben der Utopie. Das dahingehende Selbstverständnis des Living Theatre versandete in allzuwenig praktikablem mystischen Anarchismus; Untersuchungen über die Wirkweise des Free Jazz liegen nicht vor (wohl über die Musiker, die sich in den USA zum Teil radikalisierten). Andrerseits ist auch Böhmers schnoddriger Satz »Kunst antizipiert nie gesellschaftliche Wirklichkeit, sondern nur ihre eigenen technischen Möglichkeiten« in keiner Weise belegbar.

Zu 5: Als Medium, ja als Ritual der Kommunikation und Solidarisierung, ist Kunst in den progressiven Subkulturen zweifellos benutzt worden, zum Teil mit Erfolg. In der Phase der amerikanischen Bürgerrechtsbewegung war »We shall overcome« zu einer Art Hymne geworden; Kaiser charakterisiert Pete Seegers Auftritte mit religiösen Begriffen wie »charismatisch«, »Publikum als Feiergemeinschaft«, »liturgischer Charakter«[23] – in der nächsten Phase klang »We shall overcome« »plötzlich schal und unerträglich«[24]. Die deutschen rationalistischen Subkulturen sangen – und singen – die Internationale als Ritual der Solidarisierung; das »deja-vu«-Erlebnis einer Übertragung in andere historische Situationen konnte das Lied nie loswerden. Selbst ein Traditionalist wie Kabelitz fordert John Lennon (ausgerechnet!) auf, einen einfachen, aber schlagkräftigen und in alle Sprachen übertragbaren Song im Ho-Chi-Minh-Rhythmus zu schreiben, »als jederzeit anwendbare Antihymne, als ›Internationale‹ des Protests gegen das Establishment«[25]. Ebenso wurden Mao- und Enteignet-Springer-Plaketten zu Zeichen der Solidarisierung, zu Stigma-Symbolen im Sinne Goffmans[26].

Zur Kommunikationsverbesserung haben diese Lieder sicher beigetragen, wie auch andere Formen kollektiver Kunstausübung. Das gilt für Gemeinschaftsmalerei (Cuba, Gruppe, Geflecht), gemeinsame Lyrikexperimente, USCO und Group-Image, das Sceno-Drom (eine technologisch primitive Vorform des Littlewoodschen Fun Palace in Kalifornien: Zirkus, Theater, Meeting zur Bildung einer revolutionären jugendlichen Massenbewegung etc.[27]), vor allem die Formen kollektiven, das Publikum miteinbeziehenden Theaters.

Eine interessante linksnationalistische Vorform des »Living Theatre« in der Wandervogel-Subkultur scheint Muck Lambertys »Neue Schar« gewesen zu sein, die 1921 in Thüringen wirkte.

Diese Gruppe, 24 jüngere Frauen und Männer, zogen wie eine Schaustellertruppe von Ort zu Ort, verteilte Flugblätter mit der Ankündigung ihres Kommens und ihres Programms, stellte um ihren kleinen beweglichen Kern Massen her, sprachen jeden mit »Du« an, forderten die Leute zum Mitsingen, Mittanzen, Anfassen auf, verbanden Arbeit mit Spiel, rissen die Ansässigen mit ihrem Rhythmus mit; Lamberty sprach auf Kanzeln, ließ Kinder sammeln. Die Gruppe scheiterte an den inneren Widersprüchen ihrer Ideologie, insbesondere an ihrer Heuchelei in sexuellen Fragen[28].

»Wir leben in einer artistischen Gemeinschaft. Arbeit, Vergnügen, Probleme haben eine bestimmte Beziehung für uns . . .« (Judith Malina). Das Living Theatre, eine orthodox anarchistische Gruppe (mit allen Fehlern dieser Ideologie), lebte vor seiner Spaltung 1970 als Theaterkommune mit ca. 30 Personen, provozierte das Mitspiel des Publikums (obwohl es dann die mitspielenden Zuschauer nicht genügend miteinbezog), bereitete für den nächsten Tag eine Demonstration vor. Die Gruppe, die mit unterschiedlichem Erfolg Artaud und Brecht zu kombinieren versuchte, arbeitete mit den Gesten des Guerilla-Theaters, der Kulturrevolution, der buddhistischen Mystik, der Sexuellen Revolution.

Das Bread-and-Puppet-Theatre, ein Straßentheater, aß, daher sein Name, in seiner Abendmahlszene mit seinem Publikum Brot. Die Darsteller bewegen sich irgendwie, machen Musik, diskutieren über Zeitungsartikel, wollen verständlich sein und unterhalten: durch die Kommunikation ergäbe sich die Politisierung von selbst[29]. Die Gruppen, die dem Radical Theatre Repertory angehören, spielen auf Straßen, reichen Hüte herum, schreiben ihre Stücke im Kollektiv, leben zumeist in Kommunen, in den Gemeinden, in den Ghettos[30]. Bei »Pinnacle«-Tänzen in Los Angeles kommunizierten viele 1000 Mitwirkende; Hollstein schreibt ihnen Befreiung von Zwängen und Lösung von Sanktionen, Regeln und Positionen zu[31].

Kunst als Befriedigung des Bedürfnisses nach Solidarität wird auch den großen Festivals zugeschrieben, insbesonders Woodstock und den Hyde-Park-Konzerten (das Festival auf der Isle of Wight kommt nicht in Frage; 4 Veranstalter machen 4 Millionen DM Gewinn; Bob Dylan als Charaktermaske im Verwertungsprozeß der Kreativität ist von einem ehemaligen Dylan-Fan, wie Kaiser, genau beschrieben worden[32]): »Das phantastische Erlebnis einer bislang nur erträumten Solidarität der jungen Hälfte der

Nation, eine Solidarität, in deren Mittelpunkt die Musik steht.«[33] Selbst eine so kritische Quelle wie »883« kann nicht umhin zu bemerken: »Niemand in diesem Jahrhundert hatte jemals eine so von Repressionen freie Gesellschaft gesehen. Alle schwammen nackt im See, und zusammen schlafen war einfacher als Frühstück zu kriegen ... Für die Leute, die nie bisher die enge gemeinschaftliche Verbundenheit erlebt haben – z. B. in Paris im Mai oder im Peoples Park oder in Kuba – muß Woodstock immer das Vorbild sein dafür, wie gut man sich nach der Revolution fühlen wird. So war alles eine Illusion und war es doch nicht ... Das repressionsfreie Wochenende wurde von Leuten gemacht, die es als Einnahmequelle benutzen ... Das System hat sich nicht verändert, es hat sich den Leuten von Woodstock nur für ein Wochenende angepaßt ... die politischen Radikalen müssen die Kulturrevolution als Wasser begreifen, in dem sie schwimmen können wie die schwarzen Militants in der ›black Culture‹.«[34]

Fisch im Wasser; »Lieder bringen zum Ausdruck, was das Volk empfindet«[35] (Miel Cools). Wenn Konrad Boehmer bezweifelt, daß Kunst solidarisierend wirke, wo nicht wesentliche Fakten der politischen Praxis ohnehin Solidarisierung herbeiführten, ist ihm mit Brecht zu entgegnen, daß zwar wenige Zeiten für die grundsätzliche Veränderung geeignet sind, es aber keine Zeiten gibt, wo nicht an ihr zu arbeiten wäre.

Zu 6: Das Kindertheater wird – bislang erst theoretisch – zur Gegensozialisationshilfe der Kinderläden und Kommunen. Walter Benjamin hat einen theoretischen Abriß dazu geliefert: Das Theater als die vergängliche Kunst sei die kindliche. Der Leiter wirke durch die Stoffe und Aufgaben mittelbar auf die Kinder ein, unmittelbare Korrekturen nähme das Kinderkollektiv an sich selbst vor, durch die Aufführung belehrten die Kinder den Leiter, die Erzieher. Jede kindliche Geste – Signal für den Beobachter – sei schöpferische Innovation im exakten Zusammenhang mit der rezeptiven. Die Improvisation steht im Zentrum des Gestus. Melchior Schedler, der mit Recht feststellt, daß die Gesellschaft Kindern wie Paranoiden, Homosexuellen, Spastikern, Strafgefangenen einen ihnen gemäße Kultur verweigere, schlägt weitreichende Veränderungen des gegenwärtigen Kindertheaters vor: Wandel der Stoffwahl (Arbeitswelt, Comics, antiquierte Schulsysteme, Minoritäten, Abenteuer in der 3. Welt, kindliche Sexualität) unter Beibehaltung der fortschrittlichen Elemente des Märchens

(Mut, List, Überwindung der Schwierigkeiten), Kinder als Autoren von Kinderstücken, Wandel der Dramaturgie (Zwischenruf, Sich-Einmischen, Mitarbeit auf der Bühne, Gestus des Wettkampfs, Flippern und Ping-Pong im Theater), Aufhebung des Theaters (Kindertheater auf der Straße, im Park, im Zoo, Feste). Die Kinder anzusprechen, haben sich auch andere Subkulturen zur Aufgabe gestellt: Pete Seeger (Schallplatten, Folk-Konzerte), Free-Jazz-Musiker in Harlem: »Wir müssen sie (die Kinder. R.S.) erreichen, bevor sie nicht mehr hören können, was wir sagen.«[36] In England wird eben dasselbe bei den anderen von Schedler genannten Subkulturen versucht: Improvisationen in nicht-theatralischen Kontext in Gefängnissen, Heilanstalten, Rehabilitationszentren, gemischt rassischen Gebieten. Die Gruppe Interaction kombiniert Berufstheater, Experimentiertheater, Kindertheater, Straßentheater, Gruppenimprovisation, Kunst in der Gemeinde. »Das Endprodukt ist wichtiger als der Prozeß geworden«, klagt Clive Barker[37]. – Dies soll wieder umgekehrt werden. Das Prozessuale ist den Subkulturen wichtiger als das Endprodukt; zumal es kein wirkliches gesellschaftliches Endprodukt gibt.
Als Ausdruck eines Prozesses funktioniert noch eine andere Kunstgattung: jenes Niederschreiben von Autobiographien, das in den Geschichten aus einem chinesischen Dorf, in Erika Runges »Bottroper Protokolle«, in den Sex-Pol-Protokollen zum Ausdruck kommt. Die Geschichte, beispielhaft als Individualgeschichte, wird ebenso als vergängliche wie als machbare gezeigt.
Zu 7: Die Sensibilisierung als Hauptbedürfnis in der Kunst ist der emotionellen Subkulturen liebstes Kind. Gefehlt, anzunehmen, daß aus dem Sachverhalt heraus, daß Sensibilisierung von den Popsters ideologisiert worden ist, diese nur als Ideologie des Eskapismus angesehen wird. Die Ansicht, daß Kunst an der Bildung der 5 Sinne beteiligt sei, stammt von Karl Marx. Der Satz: »Außer Schlagworten, Losungen, Bekanntmachungen, Grußadressen und Lehrbüchern braucht die Revolution Literatur, einfach weil es Literatur ist.«, stammt von Lu Hsün, der sicherlich kein Hippie war. Sprache und Kunst als Einübung in herrschaftsfreie Kommunikation werden von K. M. Michel, Ed Sommer, der Kommune 2 erwähnt. Adorno hat in bewährter Weise sich selbst aufgehoben: »Während die Situation Kunst nicht mehr zuläßt – darauf zielte der Satz über die Unmöglichkeit von Gedichten nach Auschwitz – bedarf sie doch ihrer. Denn die bilderlose Realität ist

das vollendete Widerspiel des bilderlosen Zustands geworden, in dem Kunst verschwände, weil die Utopie sich erfüllt hätte, die in jedem Kunstwerk sich chiffriert.«[38] Beispiele aus dem rationalistischen Subkulturen: der Genosse aus der Skalitzer Kommune liest nicht nur Lenin, sondern konsumiert auch Pornos und Western. Das Berliner Rosta-Kino brachte nicht nur Lenin-, Vietnam- und Cuba-Filme, sondern auch Gangster- und Antikfilm-Serien. Die Teilnehmer an der Wahlparty im Berliner RC konsumierten neben den Wahlresultaten im Fernsehen Micky Maus-, Tarzan- und Porno-Filme, Politrock und Protestsongs. Und so weiter.
Herbert Marcuse, demzufolge Kunst die Rationalität der Negation enthält, hat versucht, die Elemente der Sensibilisierung zusammenzufassen: Phantasie ist angesichts der technologischen Leistungsfähigkeit ein Spiel mit überprüfbaren technischen Möglichkeiten; rational, wenn sie auf Umbau des Produktionsapparats in Richtung auf ein befriedetes, angstloses Dasein abzielen[39]. Wenn die triebmäßige Transformation in die Produktionsverhältnisse eindringe, mache Phantasie den Produktionsprozeß zu einem Schöpfungsprozeß. »Dies ist die utopische Konzeption des Sozialismus, der das Einbrechen der Freiheit in das Reich der Notwendigkeit und die Vereinigung der Kausalität aus Freiheit ins Auge faßt.«[40] Marcuse erwähnt den Pariser Mai: Marx und Breton, Phantasie an die Macht und alle Macht den Räten, Tanzboden und Barrikaden, Liebesspiele und Heroismus, Ästhetik als gesellschaftliche Produktivkraft. »Die Merkmale der Kunst annehmend, würde Technik subjektive Sensibilität in objektive Form, in Realität übersetzen.«[41]
Die Phantasie vermittelt zwischen rationalem Vermögen und sinnlichen Bedürfnissen, lenkt die Harmonie von Sinnlichkeit und radikalem Bewußtsein. Die ästhetischen Bedürfnisse sind Ansprüche des menschlichen Organismus auf eine Erfüllung, die nur im Kampf gegen die Institutionen erzielt werden können. Die neue Sensibilität, die einen Umbau der Gesellschaft entwerfen und lenken soll, erfordert eine neue Sprache, die Wörter, Bilder, Gesten und Töne einbezieht, um die neuen Werte zu definieren und zu vermitteln, um einen Bruch mit dem Kontinuum der Herrschaft anzuzeigen, aber: »Die Distanz zwischen der Welt der Poesie und jener der Politik ist so erheblich, die Vermittlungen, welche die poetische Wahrheit und die Rationalität der Phantasie bestätigen, sind derart komplex, daß jede Einebnung dieser Distanz beider Bereiche sich verhängnisvoll für die Dichtung auszu-

wirken scheint.«[42] Marcuse führt Beispiele gewandelter Sprache an, warnt vor dem Überbordwerfen der Rationalität, fordert ein Bündnis neuer Sinnlichkeit mit neuer Rationalität: Form als Durchbrechen des Automatismus unmittelbarer, aber gesellschaftlich gesteuerte Erfahrung, die sich der Befreiung der Sensibilität widersetzt, Kunst als Rekonstruktion von Erfahrungsobjekten in Wort, Ton und Bild, als gemalte Erkenntniskritik, Phantasie wiederum als Umgestaltung der Lebenswelt. Aber: der Bruch mit der Vertrautheit, der Verfremdungseffekt ist erforderlich – das Living Theatre reproduziert Schemata der Identifikation[43]. Der Sieg über die unmittelbare Vertrautheit, die Vermittlungen, die aus den vielen Formen rebellischer Kunst eine befreiende Kraft im gesellschaftlichen Umfang machen würden, müssen aber erst gewonnen werden.

Müssen erst. Keine der vulgärästhetischen Erklärungen, die von den Apologeten ästhetischer Sensibilisierung geliefert worden sind, entspricht einer nichtintegrierbaren Ästhetik. Die »neuen Sehgewohnheiten« des Underground-Films versanden in Subjektivitäts- und Komplexitätsideologien; mit Recht bezeichnet Schlemmer schon Brakhage und Markopoulos als »grellen Subjektivismus«[44] (dann erst Nekes, Winkelmann, Kristl, Kren). Ansätze, Elemente in Bruch der Kontinuität, Konzentration auf eine Einstellung, in der Selbstorganisation der kleinen Kameras, Fragmente einer neuen Ästhetik bei Godard, Straub – ansonsten Integration allerorten: Warhols perfide Sätze wie »Die neuen Leute sind einfach neuer als die alten.« und »Ich kümmere mich nicht um Vietnam.«[45] zeigen auf, wie formal die Abweichung sein kann.

Dann die Light-Shows. Sie sollen sensibilisierend sein. Was an ihnen sensibilisierend sein soll, weiß kein Mensch. Der Zuschauer reagiert »involved«, als Teil einer Aktion. Da ist bei Springeraktionen sehr plausibel, daß das Bewußtsein verändert wird: Aber selbst nach McLuhan ist eine Springeraktion keine Light-Show. Nach Mekas ist die Realität völlig atomisiert worden. Als ob nicht die Realität ohne Light-Shows atomisiert genug wäre. Lutz Mommartz plant eine Vielfach-Projektion, die dem Zuschauer schöne Stimmungen vermitteln soll. Ein ideales Mittel für Großindustrielle, wenn ein Streik vor der Tür steht. Über »Linke Melancholie« hat Benjamin 1937 geschrieben: »Diejenige Haltung, der überhaupt keine politische Aktion mehr entspricht, steht links vom Möglichen überhaupt.«

Dann die Beat-Musik. Ein subkulturelles Massenphänomen, eines

überhaupt: 65 % der 16–20jährigen schätzen Beat-Musik[46]. Resultate: eine wenig reflektierte psychoanalytische Theorie, eine Theorie Gorsens, einige Resultate vom Niveau, daß Kühe unter Beatberieselung mehr Milch geben. In einem Buch von 200 Seiten (Baacke »Die sprachlose Opposition«) keine Zeile über Wirkungen. Sie sind da, sicher. Aber wie? PRO über Beat-Texte: Leerformeln (»eine sehr rhythmische, jungen Menschen gemäße Lebenshaltung«). Schmidt-Joos: »Das Ziel ist die totale Faszination des Publikums. Der Zuschauer wird mit all seinen Sinnen einbezogen, ... als aktiver, schöpferischer Teilnehmer.«[47] – Wie wer von Faszination schöpferisch werden soll, verrät Schmidt-Joos nicht. Vespigians Annahme, »sie stampfen mit ihren Absätzen auf den Tanzboden..., als ob sie den Rücken eines besiegten Feindes treten«[48], bleibt aphoristisch. Bei Betrachtung der Pop-Bands erhellt sich die Lage keineswegs. Sanders (Fugs) spricht abstrakt von »Musik als Werkzeug der Veränderung«, Zappa sagt rationalisierend: »Ich hoffe auf einen Tag, wo wir keine Funktion für unsere Musik planen müssen« (»Plant« Zappa heute?). Kaiser bezeichnet Contry Joe and the Fish als »eine der besten *und sogar politischen* Rock-Bands der USA.«[49] Zur Beruhigung: Jene puritanisch-dogmatischen Beat-Gegner, die à la DKB Beat für die »Konterrevolution« in der CSSR verantwortlich machen, haben keinen Hauch mehr an Resultaten. Wenn Hiepe darüber spricht, daß die Ästhetisierung der Konsumbegriffe nur dazu dient, die schwer verwertbaren Schichten auf das Rad des Konsums zu flechten, sind das genauso Mutmaßungen wie die Ausführungen der Apologeten der Sensibilität. Die Fragen nach Funktion, neue Rezeptionsweisen, Vermittlung der Phantasie, Emanzipation der und durch die Beat-Musik sind unbeantwortet geblieben; selbst gestellt haben sie erst die wenigsten. Kreativität: einige handgestrickte affirmative Empirien à la IQ, einige LSD-Versuche, Punkt.
Sensibilisierung leitet eventuell (auch das ist nicht bewiesen, aber die Becket-Rezeption der Frankfurter Linken läßt darauf schließen) inhaltliche Differenzierungen des Denkens, Aufbrechen alter Strukturen ein; im übrigen reproduziert die machtlose Phantasie der emotionellen Subkulturen die phantasielose Macht der Herrschenden.
Zu 8: Selbstverwirklichung als Bedürfnis, das in der kapitalistischen Gesellschaft nur mehr in der Kunst befriedigt werden kann, widerspricht der tendenziell allumfaßenden Verdinglichung. Selbstverwirklichung in der Kunst, verselbständigt, widerspricht

der Möglichkeit, durch gesellschaftliche Veränderung sich tatsächlich verwirklichen zu können. Selbstverwirklichung in der Kunst, durch Verwertung zur Ware geworden, negiert sich selbst[50]. Die Aufhebung des Widerspruchs zwischen Kunst und Leben (Kunst als Entfremdungsprodukt beherrschten, arbeitsteiligen, zur Ware gewordenen Lebens) ist schon Kreuzer der Bohème attestiert worden[51]; ebenso von verschiedenen Autoren den emotionellen Subkulturen[52]. Der alte Widerspruch bricht auch hier wieder auf: leugnen die einen auch den Antizipationscharakter obiger Aufhebung (etwa im Mitspiel des Publikums, im Spiel, im Fest, in politischer Arbeit), leugnen die anderen jegliche Relevanz – die Aufhebung wird ihnen zur Ideologie des Eskapismus – ob vom liberalen oder dogmatischen Standpunkt aus. Diese übersehen, daß die Negation strikter Trennungen, etwa der Künste, etwa zwischen Kunst und Politik (Joan Baez, Living Theatre, Degenhardt etc.), etwa zwischen Arbeit und »Freizeit« jenes Fachidioten- und Spezialistentum in Frage stellt, das die stärkste Bastion der Schichtungsideologie der Herrschenden ausmacht, daß die Interaktionsvermehrung des ehemaligen »Publikums« im Abbau von Herrschaft einüben könnte. So wird im Mitspiel in der Tat der Konsument zum Akteur: Die Frage bleibt jedoch offen, ob das Agieren tatsächlich eine Einübung und nicht eine Ersatzhandlung für das verwehrte und nicht erkämpfte Agieren in außerkünstlerischen Bereichen darstellt.

Das Spiel, das Fest, als Aufhebung der Kunst in das Leben, tritt, getreu der Entwicklung der Produktivkräfte, weiter in den Vordergrund. Feste und Spiele sind Formen gemeinschaftlicher Aktivitäten, die hinsichtlich ihrer gesellschaftlichen Effektivität durch einen Regelkodex definiert sind. Funktionen der Feste waren und sind Kommunikation, Kreativität, Spontaneität (neue Situationen), Darstellung der Geschichte als machbare qua Regelkodex. Bertaux bezeichnet das Fest als »Zeitspanne außerhalb der Zeitflucht«[53]; kein Wunder, wenn Zeit in der repressiven Leistungsgesellschaft als Arbeitszeit verstanden wird, und diese infolge entfremdeter Produktionsverhältnisse getrennt von der Freizeit. Die Feste entsprachen ihrer historischen Epoche: was der Sklavenhaltergesellschaft die Cena Trimalchionis war, dem frühen Feudalismus etwa das russische Osterfest, dem frühen Bürgertum das Scharlachrennen, dem späten Feudalismus das Ballettmitspiel, sind dem späten Bürgertum seine Bankette, Reichsparteitage und Parties. Lafargue erwähnt Feste, die 7 Wochen lang dauerten[54].

Kunst wird zum Laboratorium, zum Fest ausgeführter Möglichkeiten; Spielen zum Verwandeln, obzwar im Sicheren, das wiederkehrt[55]. Die neuen Feste, wenn nicht massenhaft, wie in Woodstock, Hyde Park oder Los Angeles, bleiben allzusehr der bürgerlichen Party angenähert: als blanke Negation des Rituals, als Abwesenheit von Struktur, als ob nicht gerade die Struktur einer herrschaftsfreien Gesellschaft wesentlich komplizierter sein müßte als die einer vertikalen Gesellschaft. Besonders sind hierbei die rationalistischen Subkulturen im Hintertreffen, und bisher hat sich wieder erst die Ministruktur der Kommune als Lösung des Widerspruchs angeboten: »Die Linken sind bekannt dafür, daß sie nicht feiern können, weil ihnen die Planung eines Festes mit allem, was dazugehört, zuwider ist, verständlicherweise. Bei uns gehörte das Tanzen, Herumliegen, Reden und Sichbewegen, die allgemeine Zärtlichkeit nicht zu vergessen, eine ganze Zeitlang dazu, ergab sich wie von selbst aus der Atmosphäre.«[56]

Vor allem ist es keiner Subkultur bislang gelungen, die Aufhebung der Kunst in das Leben dergestalt zu vollführen (auch nicht antizipatorisch), daß der Produktionsbereich selbst miteinbezogen werden konnte. »Die Arbeit als freies Spiel« Marcuses ist bislang abstrakte Utopie: die Pläne der »First Vienna Working Group: Motion«, produktive Arbeit herrschaftslos in ihr Spiel zu integrieren, blieben auf dem Papier.

Zu 9: Ganz im Gegensatz dazu sind die Beispiele zur Aufhebung der Kunst in die politische Aktion Legion – wenngleich noch immer zuwenig mit der notwendigen neuen Qualität versehen: Anknüpfung an den Bedürfnissen der Massen, Phantasie, Sensibilität. Den Pariser Mai haben wir schon erwähnt. Beginnend mit Straßentheater und Theater in den Fabriken (Planchon) – die noch immer »Theatertheater« im Sinne Handkes sind –, hebt sich die Kunst weiter auf, bis zu den illusionären Versuchen der Situationisten, vom Spiel unvermittelt in die Revolution zu springen[57]. Straßentheater agitierten Zuschauer (und diskutierten mit ihnen) über die Notstandsgesetze (Berlin, Frankfurt, Mainz) und über Hochschulpolitik (München); schon nach Wilhelm Reich sollten sie in Hinterhöfe und auf Rummelplätze gehen[58]. Viele subkulturelle Künstler arbeiten in anderen Praxisbereichen mit. Hüsch: Die Bühne der Revolution ist die Straße[59].

Noch weitläufiger war das reine »Straßentheater« Handkes und Karsunkes: die Aktion. Kupferberg, Julian Beck haben festgestellt, das schönste Theater sei die Auseinandersetzung von Hippies und Polizei. »Theater« in Fabriken, Hörsälen, auf den Straßen, in Sporthallen, Schwimmbädern und Parks. Sanders und Zappa forderten in Essen dazu auf, nackt in die Rathäuser zu gehen. Französische Gammler brachten eine Militärkapelle durch Kuhglocken aus dem Tritt und machten Aktionen vor Warenhäusern. Schwedische Provos spielten »Schlacht« zwischen USA und Sowjetunion. Schwedische Linke spielten in den Straßen My Lai. In der Universität Freiburg spielten SDS-Studenten Vorlesungstheater. Albert, Hoffmann und Rubin forderten dazu auf, die Wahl durch Tausende von Kazoos, Trommeln, Triangeln, Trompeten und Feuerwerkskörper zu begleiten, 2000 bis 3000 Chicagos zu produzieren, so daß die Nationalgarde jeden Wahlplatz beschützen müsse[60]. »Die Zusammenarbeit zwischen Künstlern und Publikum ... hat verschiedene Konsequenzen. Der Künstler wird nicht mehr als Spezialist für Kultur auftreten können. Er wird Arbeiter unter Arbeitern, Schüler unter Schülern, Lernender wie sie sein, um mit ihnen die Grammatik einer neuen Gesellschaft zu entwickeln.«[61]

Dennoch: zu viele Straßen- etc. Theater heben in keiner Weise die Kunst auf; sie sind einfach Demonstrationen, einfallslos heruntergeklappert. Es gab kaum politische Maskenzüge, kaum veränderte Werbeträger, kaum Kneipentheater. Andrerseits haben Subkulturen zu oft den revolutionären Gestus mit der revolutionären Aussage verwechselt. Die künstlerische Äußerung, die einerseits aus der Praxis hervorgeht, trägt andrerseits die notwendigen utopischen Elemente in sie hinein.

Sensibilität, Phantasie, Spaß sind zur Veränderung der Gesellschaft ebenso erforderlich wie Agitation, Verfremdung, konkrete Aktion. Die rationalistischen Subkulturen können aus der Spontaneität, aus den vielfältigen Versuchen der emotionellen Subkulturen lernen – nicht aus ihrer Blindheit. Ihre Aufgabe ist es, die vorweg gegebenen ästhetischen Bedürfnisse zu analysieren sowie die notwendigermaßen reduzierte Weise ihrer Befriedigung und daraus Konsequenzen für die Praxis zu ziehen. Eine »große Wehklage« der Bevölkerung läßt sich unter den Bedingungen der Metropolen schwerlich anders vorstellen als unter Zuhilfenahme qualitativ veränderter ästhetischer Medien. Wenn nach Lenin der grundsätzliche Veränderer der Gesellschaft dort zu sein hat, wo sich die Massen aufhalten, muß er sich 1970 auch in den Beat-Schuppen aufhalten, in den Diskotheken, in den Mixed-Media-Shows, in den Aktionszentren (auch ein typisch deformierter

Name: ein Begriff der »Aktion« wird reduziert auf die ästhetische Aktion und mit der gesellschaftsverändernden Aktion nicht weitervermittelt).

11. WEITERHIN ERFORDERLICHE ARBEITEN; EIN PRE-TEST

Im Text haben wir schon eine Vielzahl wissenschaftlicher Arbeiten als notwendig empfunden: Ich erinnere an die nicht geschriebene Politische Ökonomie des 20. Jahrhunderts oder an die Forschungen zur Rezeptionsästhetik. Aus Platzmangel ziemlich unsystematisch, möchte ich auf weitere notwendige Arbeiten zum Weitertreiben einer Theorie – und sodann einer Praxis – der Subkultur hinweisen:
1. Eine genaue Geschichte der Subkulturen und ihrer Gegenkräfte.
2. Einzelfallstudien signifikanter Vertreter der Subkulturen wie der Gesamtgesellschaft.
3. Zusammenhänge und Widersprüche zwischen rationalistischen und emotionellen Subkulturen.
4. Systemanalyse von Drehpunktorganisationen bzw. Organisationen, die Drehpunktorganisationen werden könnten.
5. Bedürfnisanalyse der mitteleuropäischen Lohnabhängigen.
6. Studien zu einer verständlichen Sprache, die gleichwohl die Begriffe nicht reduziert.
7. Studien zur Vermittlung von Demokratie und Effektivität.
8. Studien zu Familie, Eigentum und Sprache.
9. Inhaltsanalysen subkultureller und gesamtgesellschaftlicher Medien.
10. Präferenzordnungen von positiven und negativen Leitbildern.
11. Entwicklung einer Gegenskala zu Adornos A- und F-Skala, welche nichtautoritäres Bewußtsein mißt.
12. Verbesserung und Dialektisierung von Kreativitätstests.
13. Fragebögen an subkulturelle Gruppen und gesamtgesellschaftliche Kontrollgruppen, betreffend Wertordnungsfragen, Persönlichkeitstests, semantische Differentiale, Konsumgewohnheiten.
14. Semantische Differentiale zu Fragen der Sensibilisierung, der Wirkung überhaupt, von Kunst auf gesellschaftliches Bewußtsein.
15. Bedürfnis- und Gegeninstitutionsanalyse der Subkulturen.
Im subkulturellen Club einer süddeutschen Großstadt habe ich eine Probeerhebung mit 41 Versuchspersonen durchgeführt, um mögliche Fragebögen zu Bedürfnissen der Subkultur zu testen.

Eindeutige Informationen ergaben sich in folgenden Fragen: 36 waren Männer, 5 Frauen (7:1). 27 hatten kein Auto (positiv: 11), 24 keinen Fernsehapparat (positiv: 12).
33 waren für die Einrichtung eines Digger-Shops (4 dagegen); 24 hätten mitgeholfen, einen zu organisieren.
30 Befragte waren krankenversichert. Trotzdem waren 31 für unentgeltliche Psychotherapien (75 %!) (3 dagegen) und 27 für eine APO-Krankenhilfe (8 dagegen).
25 (eventuell sogar 28) Personen hätten gerne in einer Wohngemeinschaft gelebt (9 dagegen). Nur 3 Personen zeigten Aggressionen gegen den Begriff der Kommune. 24 Personen hielten eine Kommune aus 6–10 Personen für ideal, 9 eine aus 10–30, 9 eine aus 200–3000. 25 Personen (eventuell sogar 34; 2 dagegen) konnten sich emotionellen Pluralismus vorstellen. 25 (eventuell 27) Personen zählten Ehe und Familie zu den Todfeinden der Demokratie (9 dagegen). 20 Personen (also jeder zweite!) hatten an Partnermangel gelitten.
27 (eventuell 30) Personen waren an einer Halbtagsarbeitsorganisation interessiert (4 dagegen). 20 Personen hätten eine linke BILD-Zeitung begrüßt, aber nur etwa 10 hätten sie abonniert.
18 Personen bewiesen ihr Einverständnis mit Entwendungsanarchismus in den offenen Fragen.
11 Befragte waren unter 20 Jahre alt, 16 zwischen 21 und 25, 7 zwischen 25 und 30, 5 über 30. 12 wohnten bei den Eltern, 10 in Untermiete, 8 in einer Wohnung, 3 in einer Wohngemeinschaft, 4 bezeichneten sich als Nomaden. Von den 36 Befragten, die ihren Beruf angaben, waren 8 Angestellte, 6 Studenten, 5 Schüler, 5 Künstler, 5 nicht näher bestimmbare, 3 Arbeiter, 2 Gammler, 1 Freischaffender und 1 Lehrer. (Die Antworten auf die meisten offenen Fragen sind nicht repräsentativ.)
Der Pre-Test zeigt, daß in der BRD zwischen den vorhandenen Bedürfnissen und den nicht vorhandenen Gegeninstitutionen ein Widerspruch besteht. Die Subkulturen haben eine Anzahl von Gegeninstitutionen in ihrer Praxis entwickelt; schon bei der Bedürfnisanalyse sind wir auf Digger-Shops, Kommunen, Job Coops, Nachbarschaftshilfen gestoßen. Im nächsten Teil versuchen wir zu analysieren, ob es den Subkulturen gelungen ist, einerseits zu vermeiden, mit den Gegeninstitutionen erst recht wieder in das Bestehende integriert, andererseits, durch eigene Ineffektivität wieder in die Isolation gedrängt zu werden.

V. Institutionen der Subkultur

»*Das Verbot, auszudenken, wie es sein solle, die Verwissenschaftlichung des Sozialismus, ist diesem nicht nur zum Guten angeschlagen.*«   T. W. Adorno

»*Die Streiks, Happenings, Selbstverwaltungskörper, Kommunen und Subkulturen reagieren auf überfällige Versagungen, Beschränkungen und Reglementierungen, aber ihre Methoden, Mittel und Intentionen lassen sich als bloße Reaktionen überhaupt nicht mehr verstehen – geschweige denn als bestimmte Negation, d. h. als permanentes, notwendiges Reagieren.*«[1]
Frank Böckelmann

1. KRITIK DER SUBKULTURELLEN ÖKONOMIE

»*Wir müssen dafür sorgen, daß den kleinkapitalistischen Schmarotzern der linken Bewegung endlich das Handwerk gelegt wird.*«[2]   Kommune 2

Im Teil IV haben wir gesehen, daß die Gegenökonomie grundsätzlich erforderlich ist: keine Institution der Herrschenden ist imstande, jene Hilfs- und (wenigstens punktuellen) Antizipationsfunktionen zu leisten, die den subkulturellen Bedürfnissen entsprechen. Nun besteht in der Praxis Gegenökonomie oder wenigstens Ökonomie, die sich selbst als Gegenökonomie versteht. Sind nun die gegenökonomischen Institutionen imstande, obige Funktionen zu leisten?

Im Teil II ist der ungebrochen fortwirkende Trend der herrschenden Ökonomie skizziert worden: weltweite Konzentration; Auflösung der innerkapitalistischen Widersprüche zugunsten der Konzerne und des Bankkapitals. In den Subkulturen hat sich ein anderer Trend abgezeichnet, der wieder die mechanische Negation der Kapitalkonzentration darstellt: Einzelhändler, Einzelproduzenten, Minipressen, Minikooperativen. Dieser Trend führt über Vereinzelung, Wettbewerb, Abhängigkeit von gesamtgesellschaftlichen Lieferanten geradewegs zurück in eine anachronistische Produktions- und Distributionsweise: in das Kleinbürgertum

privatkapitalistischer Einzelhändler. Dies ist der Hauptwiderspruch in der subkulturellen Ökonomie.
Wiederum zeigt sich dieser Widerspruch in verschiedenen Auswirkungen in den weitgehend emotionellen angloamerikanischen und in den weitgehend rationalistischen mitteleuropäischen Subkulturen: Er wird in den ersteren nach der integrativen, in den letzteren nach der isolativen Seite hin aufgelöst.
In Großbritannien, USA, zum Teil Japan, Schweden gibt es wiederum 2 Spielarten der Gegenökonomie. Da sind die, die »gegen die Gefahr der Vereinnahmung« sich »unabhängig machen«, indem sie sich »eigene Produktionsmittel« erwerben: ESP, Zappas Plattenfirma Bizarre, die Firma Apple der Beatles, Max Scherrs Berkeley Barb usw.[3] »Wir sollten genau wissen, wie das kapitalistische System praktisch funktioniert«[4] (Stansill). Fragt sich nur, für wen. Bei aller triumphalen Veröffentlichung von Umsätzen: affirmative Ökonomie; Firmen, von einzelnen für einzelne gemacht, auf expandierenden Markt spekulierend, Mehrwert ganz privat akkumulierend. Die sich von der Vereinnahmung im Überbau unabhängig machen, verfallen der Vereinnahmung durch den Markt. Das »Sich-selbständig-Machen« als kapitalistische Mobilitätsideologie klingt wieder an: eine Spezies von kleinen Ladenbesitzern, diesmal »fortschrittlichen«. Die ersten Niederschläge auf das Bewußtsein deuten sich an: Der Eigentümer der Firma Bizarre meint »Wir machen nur des Geldes wegen mit.«, die Eigentümer der Firma Apple haben etwas gegen »Revolution«. Selbst wo dies (noch?) nicht der Fall ist, konkurrieren die Interessen am privaten Profit und an der Veränderung des schlechten Bestehenden. Nicht umsonst ist die kleinbürgerliche kalifornische »Love Party« eine Partei der Untergrundzeitschrifteneigentümer. Je mehr die unreflektierten emotionellen Subkulturen die Produktionsverhältnisse des Establishments übernehmen, desto vergeblicher war ihre Sprengkraft der Wünsche, ihre bestimmte Negation des Bestehenden, ihre massive normative Abweichung von den Normen der Gesamtgesellschaft.
Und was von den emotionellen Subkulturen dann unter Vergesellschaftung verstanden wird, ist seinerseits ein Reflex kleinbürgerlicher Produktions- und Distributionsweisen. Im Sommer 1969 lief in Berkeley eine Kampagne gegen den Eigentümer des »Berkeley Barb«, Max Scherr, mit dem Ziel, den »Barb« zu vergesellschaften. Das hieß, das Eigentum sollte von Scherr an den »Red Mountain Tribe« übergehen, eine Kommune, der viele Mit-

arbeiter des »Barb« angehörten. Also: das Eigentum geht von einem Kleinkapitalisten an dreißig Kleinkapitalisten über. Die Entfremdung von Arbeit und Kapital wird rückgängig gemacht um den Preis der Rückkehr zu mittelalterlichen Strukturen.
Die zweite Spielart, mit wesentlich fortschrittlicheren Ansätzen, sind die Projekte der Digger, Kommunen, Free Cities. Hilfsfunktion, wie Antizipationsfunktion, werden erfüllt; die Ökonomie des Establishments wird durchbrochen: es findet keine Vermittlung zwischen Leistungen und Bedürfnissen mehr statt. Die Pläne sind zum Teil realistisch; ansatzweise besteht vertikale Konzentration (Digger-Shops – landwirtschaftliche Kommunen). Die Diggers übernehmen Farmen, gründen Geschäfte, veranstalten Konferenzen, um die Zukunft der Kommunen zu diskutieren, erreichen (ähnlich dem Sozialistischen Zentrum in Berlin), daß die Hippie-Händler einen Beitrag für die Projekte der Diggers entrichten (eine Art von Gegen-Steuer). Nach Ansicht von Hollstein können sich die unentgeltlichen Geschäfte, Kliniken, Clubs der Kontrolle des Systems entziehen, dieses an der ökonomischen Basis verletzen, sich der kapitalistischen Händler-Mentalität verweigern[5]. Die Selene-Kommune propagiert eine Föderation der Kommunen; sie hat errechnet, daß bei 1000 Mitgliedern die Föderation jede Woche ein Wohnhaus kaufen könnte[6]. Hollstein faßt zusammen: »Der Untergrund verkannte nicht, daß eine Kulturrevolution als bloße Veränderung des Überbaus reformistisches Stückwerk bleiben muß, die stets die Gefahr in sich birgt, machtlos zusammenzubrechen. Also versuchte er, das System an der Basis anzugreifen und selbst eine ökonomische Basis zu errichten. Beabsichtigt ist, das System zweifach zu schwächen, indem man ihm die geforderte Konsumleistung verweigert und die eigene Organisation materiell stärkt. Was an Geld noch vorhanden oder nötig ist, soll innerhalb des Untergrunds ausgegeben werden. Pläne bestehen oder sind mancherorts bereits verwirklicht, das eigene Tauschsystem zu zentralisieren, ein eigenes Schecksystem aufzubauen und eine eigene Bank zu gründen, um so den Untergrund vor ökonomischer Schwächung und Aushöhlung zu schützen.«[7]
Fehlerquellen der diggerähnlichen Gruppen:
1. Von Plänen der Gegenkonzentration (Tauschsystem, Bank, Kommunenföderation) wurde viel geredet. Verbindlichkeit ließ sich keine herstellen, durchgeführt wurde daher wenig.
2. Die Internationalität der Subkulturen dient mehr zum Prunken als der konkreten Kooperation. Ein auch noch so vages öko-

nomisches Kooperationskonzept der Gegeninstitutionen in USA, Großbritannien, Japan, Schweden, Frankreich, Italien, BRD, Indien, Holland, Schweiz, Kanada untereinander und mit Cuba und der Volksrepublik China existiert bislang noch nicht einmal theoretisch. In der Gesamtgesellschaft formiert sich z. B. die EWG.
3. In die Digger-Konzepte ist viel naiver mystifizierender Anarchismus eingegangen. Wenn in den »Free City News« nacheinander freies Essen, freie Familien, freie Architektur, freies Leben, freie Regierung, freier Gott und freies Land gefordert werden, verdreht es einem die Augen vor soviel Freiheit. Assoziationen irgendwo zwischen Silvio Gesell und dem Amerika des Kalten Kriegs drängen sich auf. Die Argumentation »Besitz ist ein Gefängnis, dessen Wände das Geld gebildet hat, verbrenne das Geld«[8] beeindruckt wenige Nichtbuddhisten. (Geldverbrennungen können – ebenso wie Verteilungen von Brot und anderen Gütern – einen verfremdenden antizipatorischen Effekt haben, können, richtig vermittelt, Denkanstöße geben. Ökonomisch ändern sie ebensowenig wie unvermittelter Konsumverzicht.)
Realistischer das »Nachwettbewerbsspiel einer Freien Stadt«: »Freie Städte« setzen sich aus Subkulturen zusammen, die Dienstleistungen gewährleisten, um den Gruppen eine ökonomische Basis zu ermöglichen, damit diese ihre Programme durchführen können, ohne sich um Nahrung, Druckgelegenheiten, Transport, Geld, Wohnen, Arbeitsplatz, Kleidung etc. Sorgen machen zu müssen. Die Koordination der Subkulturen ist dazu erforderlich: Jede Dienstleistung sollte durch ein Team durchgeführt werden, um keine Überbeanspruchung des einzelnen aufkommen zu lassen. Personen, die regelmäßig Drogen nehmen (»tripsters«), werden wiederholt von der Mitarbeit disqualifiziert. Für die Akkumulation der Häuser wird ausdrücklich die Mitarbeit von »seriösen geschäftlich orientierten Typen« gefordert[9].
Die Praxis der »Freien Stadt« San Francisco falsifizierte vorerst diesen Optimismus: Es war den Subkulturen San Franciscos nicht einmal möglich, den Caroussel Ballroom zu halten: »die Organisation war zu schwierig«[10].
4. Am letzten Beispiel erweist sich die bislang ungelöste Problematik der Kontinuität: Wie die Kommunen konnten auch die gegenökonomischen Institutionen keine Kontinuität sichern. Zur Sicherung der Kontinuität ist jedoch eine Organisationsform erforderlich, die über gelegentliche spontane Kooperation hinausreicht, die Selbstbestimmung mit Verbindlichkeit kombiniert. So-

lange die Solidarität nicht verbindlich institutionell abgesichert ist, wird es für die Angehörigen der Subkulturen schwierig sein, auf das Trügerische der »Sicherheit« im herrschenden Normensystem hinzuweisen. So landet auch das ausbaufähige Konzept der Diggers in der Vereinnahmung durch »Freiheit«, Vorübergehen und Unverbindlichkeit.
In Mitteleuropa (BRD, Schweiz, Österreich, Frankreich) gibt es die zweite Spielart nicht. Die vorindustriellen Produktionsverfahren der Minipressen, der »linke Wucher« subkultureller Kneipen und Läden stehen für sich[11]. Die Massen der Subkulturen sind aber an gegenökonomischen Problemen generell desinteressiert; reproduzieren dadurch ein ökonomisches Konsumentenverhalten, das, je nachdem, den großen Konzernen und den neuen Kleinbürgern zugute kommt, meistens ersteren. So steht die subkulturelle Ökonomie in der Isolation: Untergrundzeitschriften decken nicht einmal das Existenzminimum einer Kommune; während die Berliner Rechtshilfeorganisation 15 000 DM (Biermann, Peter Schneider) erhält, sind Rechtshilfeorganisationen andrer Städte tief verschuldet. Nicht einmal syndikalistische Pressezusammenschlüsse (UPS, LNS) gibt es in Europa; die Film-Coops der BRD konnten sich noch nicht einigen; das Autorensyndikat ist seit längerer Zeit im Gespräch, aber in keiner Weise durchgeführt; der einzige in Arbeit befindliche Versuch ist der »Verlag der Autoren« (mit deutlichem Übergewicht der beiden Delegierten). Alle Versuche sind voneinander isoliert; eine politisch vermittelte Organisationsform ist augenblicklich noch durch die rund fünfzehnfache Spaltung erschwert.
Der Konzentrationsprozeß der herrschenden Ökononmie erfordert einen Gegenkonzentrationsprozeß der Subkulturen, von der Vergesellschaftung (besser: Versubkulturierung) der bestehenden ökonomischen Einheiten ausgehend. Um sich qualitativ von der herrschenden Ökonomie zu unterscheiden, bedarf die konzentrierte Gegenökonomie neben Effektivität und Verbindlichkeit Strukturen, die an den Bedürfnissen zunächst der subkulturellen Massen orientiert sind, tendenziell antiarbeitsteilig sind, der Einübung in die nichtzentralistische Leitung des Produktionsprozesses dienen. Die geeignete Rechtsform der Gegenökonomie ist die Genossenschaft mbH, politisch mit einer Föderation der politischen Gruppen verbunden. (An Analysen hierfür wären erforderlich: ansatzweise bestehende gegenökonomische Einheiten – Stellenwert der Produktionsbereiche – Entwürfe für Vertriebs-,

Transport-, Kommunikationsnetz – Entwürfe für Arbeitsplatzplanung [gegen Informationsgefälle, »Sachzwänge« etc.] – Möglichkeiten vertikaler Konzentration; z. B. Verlage/Druckereien/ Papierfabriken.)
Die bisher bestgeglückte Gegenkonzentration war jener Konzern der KPD zur Zeit der Weimarer Republik, der mit dem Namen Willi Münzenbergs verbunden ist. Er umfaßte die AIZ (eine Illustrierte für Arbeiter), Welt am Abend, Berliner Morgen, den Volksfilmverband, die Universum-Buchgemeinschaft, den Neuen Deutschen Verlag, Eulenspiegel, Weg der Frau, das Magazin für alle. Weiter koordinierte Münzenberg die Internationale Arbeiter-Hilfe, eine linke Hilfsbank mit Volksanleihe, die Liga gegen koloniale Unterdrückung. »Ungestört von der lähmenden Kontrolle der Parteibürokratie konnten die Zeitungen, Bücher, Film- und Theaterproduktionen des Münzenberg-Konzerns phantasievolle Propagandamethoden anwenden, die im schlagenden Gegensatz standen zu der pedantisch sektiererischen Sprache der offiziellen Parteipresse.«[12] (Schon gegen die Jugend-Internationale hatte die Parteibürokratie eingewendet, sie sei »ultralinks, halbanarchistisch«[13] – Münzenberg wehrte sich dagegen, daß sich die Jugend ihre politische Haltung von der KPD befehlen zu lassen habe.) Die Internationale Arbeiter-Hilfe übernahm eine Reihe von Unternehmen: Güter, Kinderheime, eine Großfischerei; eine Schuhfabrik, ein Ambulatorium[14]. Die kaufmännische Basis stellte in Berlin die »Aufbau, Industrie und Handels AG« sicher, die die deutschen Filmlizenzen für die Sowjetunion aufkaufte. Aktionäre, Vorstands- und Aufsichtsratsmitglieder hatten in allen Münzenberg-Gesellschaften keine Ansprüche auf persönliche Bezüge aus den Erträgen der Gesellschaft.
Auch die »Internationale Arbeiter-Hilfe«, ihre »Internationale Arbeiter-Anleihe« (1 Million Dollar, 5 % Zinsen, Laufzeit 10 Jahre, Anteile ab einen Dollar) hatten in der KPD nicht nur Freunde: Ruth Fischer etwa bezeichnete sie als »Rote Heilsarmee«; die Bemerkungen über »karitative Scheiße« kommen uns recht vertraut vor. Münzenberg baute Zeitungen aus, Betriebsapparate, veranstaltete Matinees, Massenveranstaltungen, Feuerwerke, Solidaritätstage, gründete Rote Konsumvereine, Strumpfwirkergenossenschaften und – daher die Quelle für die 67. Möglichkeit, das APO-Adreßbuch zu verwenden[15] – eine Zigarettenfabrik (mit den Marken »Solidarität«, »Rote Sorte«, »Kollektive«). Die Methodik seiner Weltkongresse und Tribunale (Londo-

ner Gegenprozeß gegen den Reichstagsbrand) wurde von der Berliner APO 1968 aufgegriffen – halbherzig, wie das meiste, was sie tat. (Bei Münzenberg wäre die Idee des Springer-Tribunals kaum so im Sande verlaufen.)
Nicht alles ist vom Münzenberg-Konzern zu übernehmen (die weitgehende Fixierung auf eine Person, von der auch Phantasie, Kreativität, Planung ausgingen; die unreflektierte Zentralisierung, 1920–33 historisch wahrscheinlich notwendig, die keinerlei Lernprozesse bei den Lohnabhängigen einleiten konnte); vieles ist von ihm zu lernen: seine Vielseitigkeit, sein Einfallsreichtum, seine internationale Konzeption, seine Effektivität, seine Orientierung an den Bedürfnissen der Massen. Zu lernen, um das Gelernte in die Praxis umzusetzen.

2. GEGENÖFFENTLICHKEIT

»*Subkulturrevolition? Partizipation? Hofnärrisches Alibi, vom bürgerlichen Zirkus längst vereinnahmter Bürgerschreck, humbahumba écrasez le bourgeois?*«[1]   Tom Schroeder
»*Die erste Freiheit der Presse besteht darin, kein Gewerbe zu sein.*«   Leo Trotzki
Die Gegenpresse (Verlage, Raubdrucke, Untergrundzeitschriften, Flugblätter) hat in der Tat eine subkulturelle Massenbasis erlangt; andere Formen der Gegenöffentlichkeit nicht. In New York gibt es eine Fernsehstation, in San Francisco eine Radiostation der Subkulturen; einige Gegen-Sender der Subkulturen waren kurzfristig mit Störaktivitäten befaßt. Wandzeitungen setzten sich massenweise nur im Pariser Mai durch.
Als Aufgaben der Untergrundpresse hat Hollstein zusammengefaßt:
1. Solidarisierung auf lokaler, regionaler, nationaler und internationaler Basis
2. Informationen über Stand und Ereignisse der Bewegung
3. Hinweise zur alltäglichen Lebensgestaltung
4. Diskussion und Elaborat der »Alternativen Gesellschaft«
5. Publikation aller Nachrichten, die die integrierten Medien verschweigen[2].
Das Selbstverständnis der im Underground Press Syndicate zusammengefaßten Zeitschriften liest sich weniger rational:

1. Die »zivilisierte Welt« vor ihrem bevorstehenden Zusammenbruch zu warnen.
2. Ereignisse anzuzeigen, die zu diesem Zusammenbruch führen.
3. Vernünftige Vorschläge zu erarbeiten und anzubieten, die einen schnellen Zusammenbruch verhindern und eine Übergangslösung ermöglichen.
4. Das amerikanische Volk auf die Verwilderung vorzubereiten.
5. Anhaltenden Widerstand in den sterbenden Städten zu leisten[3].

An Normen der Zeitschriften hat Hollstein zusammengefaßt: Ablehnung der konventionellen Kriterien der Rechtschreibung, Silbentrennung, Layout, Spaltenzahl, Druck, regelmäßige Erscheinungsweise, verlegerischen Planens, geschäftlicher Kalkulation, Interdependenz Anzeigen – redaktioneller Teil. Kein Konkurrenzprinzip; Inhalt und Titel sind nicht geschützt; Erscheinungsweise, Erscheinungsort wechseln; die Produktion ist billig (z. B. 700 Pfund für 28 000 Exemplare bei »international times«); Mitarbeit überwiegend gratis. Im letzteren irrt Hollstein: Linkeck, Charlie Kaputt lebten von ihren Publikationen; die Redakteure von Oracle und international times erhalten nach Bedarf Geld aus der gemeinsamen Redaktionskasse (»it« – zwischen 15 und 30 Pfund im Monat); die Redakteure des Liberation News Service erhalten 25 Dollar/Woche und Unterkunft, die EVO-Mitarbeiter 20 Dollar/Woche (»das ist verdammt wenig«, stellt Kaiser dazu fest[4]). Auch das Konkurrenzprinzip scheint mittlerweile wieder reproduziert worden zu sein, siehe RPK versus Extra-Dienst, Berkeley Tibe versus Berkeley Barb.

Die Gesamtauflage der Untergrund-Presse wird auf 2,5 Millionen Exemplare geschätzt (in welcher Zeit?), ihre Leser auf 8 Millionen. Wie viele Leser die deutschen subkulturellen Organe haben, wurde nie auch nur annähernd geschätzt; die Einzelauflagen sind jedenfalls recht niedrig (kommerzialisierte Blätter, wie »konkret«, ausgenommen): Berliner Extra-Dienst und Rote Presse-Korrespondenz stehen ca. auf je 4000. (Die Interaktionsrente der BILD-Zeitung gegenüber dem Berliner Extra-Dienst beträgt 685 700 %.)

Hollstein hat die Pressen nach ihrem Inhalt in 3 Gruppen eingeteilt: vorwiegend politische (Linkeck, Peace News), vorwiegend künstlerische (Hotcha), gemischte (international times). Kaiser, von EVO ausgehend, hat den Inhalt aufgeschlüsselt in 20 % Kunst, 10 % Nachrichten, 10 % Artikel, Rest Informationen über

Dienstleistungen und Privatanzeigen[5]; die Inhalte bevorzugten Politik, Religion, Sexualität, Psychodelics, Haschisch, Strips, Leserbriefe, formal ergänzt durch entmythologisierte Sprache (»Konfrontation« statt »Aufruhr«) und vierfarbige Collagen[6]. Die Redakteure seien gleichzeitig Mitarbeiter bei Demonstrationen, Kommunen, Rock-Gruppen, Straßentheatern[7]. Der Inhalt des Berliner Extra-Dienstes umfaßte – bei kleingehaltenem Dienstleistungs- und Privatanzeigenteil – weitgehend die Gegenstände Vietnam, Hochschulpolitik, Pressekonzentration, Polizei, Justiz, wirtschaftliche Lage Berlins, Griechenland, Querelen im Berliner Senat, in der SPD und in der APO selbst, 1968 eine Unterstützung des Kurses der CSSR, verschiedene Dokumentationen (so ein Putschprogramm der CIA), vor allem eine immer weitergehende Sympathiewerbung für den Kurs in der DDR.

Einige Normen politischer Gegenöffentlichkeit hat die Ad-hoc-Gruppe der Romanisten der FU Berlin angeführt: »Der Erfolg der Gegeninformation hängt nicht so sehr vom Talent einiger ›Redakteure‹ ab, vielmehr kam es der roten französischen Presse darauf an, in ihrer Produktionsweise selbst Elemente von sozialistischer Gegenmacht zu verankern.« – die Lohnabhängigen produzieren die Blätter (mit Hilfe von Studenten und Schülern) selbst; es gibt einen Korrespondentenzirkel, der örtliche Kampagnen, Erfahrungsberichte, Straßenverkauf, Propaganda organisiert; es zirkulieren Rundbriefe mit Kritik und Erfahrungsberichte über die Ausarbeitung von Betriebsreportagen; es gibt regionale und nationale Redaktionskonferenzen zur Aufhebung der Ungleichzeitigkeit der Agitation sowie zur Vermeidung der Entfremdung zwischen intellektuellem Mitarbeiterstab, technischem Produktionsapparat und Verteilernetz. »Diese organisatorischen Aspekte der roten Presse sind äußerst wichtig für ein Land, in dem die Ausgebeuteten ... die zentralistischen Denkstrukturen und Verfahrensnormen der herrschenden Klasse verinnerlicht haben«, schreibt mit Recht die Ad-hoc-Gruppe[8]. Ähnliche Normen haben Ulrike Marie Meinhof und Genossen in der Auseinandersetzung um »konkret« vertreten.

Gefahrenquellen der Gegenöffentlichkeit

1. Der bereits analysierte Nebenwiderspruch zwischen rationalistischen und emotionellen Subkulturen macht sich hier in allen seinen Varianten besonders bemerkbar. Die rationalistischen

Subkulturen stehen in ihren Organen mit einem Bein in der Esoterik des Jargons bis hinunter zum Schimpfwörtersozialismus: mühselig liest er die RKP, das Deutsch tut ihn verwirren. Wenn »883« sich zum 100. Geburtstag Lenins zum Ziel gesetzt hatte: »bis 22. 4. 1970 wird 883 eine sozialistische Agitationszeitung, die zu lesen den Massen Spaß macht«[9], so ehrte dieser Entschluß die Redaktion dieses Blattes; dabei ist »883« das einäugige politische Organ unter den blinden der BRD.
In der BRD repräsentieren die Organe der rationalistischen Subkulturen im wesentlichen die Untergrundliteratur. Selbst Buselmeier/Schehl stellen fest: »Eine nennenswerte Untergrundliteratur im amerikanischen Sinn... existiert in Westdeutschland nicht. Was wir haben, sind die politischen Flugschriften sozialistischer Gruppen.«[10] Anders in den USA, in Großbritannien etc. Die Gefahren der Organe emotioneller Subkulturen (bzw. »gemischter« Organe) liegen einerseits in der Kommerzialisierung (die Plattenfirmen etc. funktionieren sie zu Trägern ihrer Werbung zum lukrativen Markt Jugend um), andrerseits in der tendenziellen Verharmlosung der gesellschaftlichen Verhältnisse. Mag auch Peter Schütt traditionalistisch übertreiben, wenn er meint, der Vietnamprotest werde durch sie als Modeerscheinung in die gängigen Verhaltensnormen integriert und die New Left dadurch diskreditiert[11]: Eine Nivellierung zwischen Vietnam und Psychedelics findet statt. »konkret« garnierte zu einer Zeit, wo noch SDS-Mitglieder dort mitarbeiteten, z. B. Mao-Zitate mit nackten Frauen[12]. Daß schon das Markenzeichen »Untergrundliteratur« fragwürdig ist, geht aus Schroeders Anmerkung hervor, die CSSR-Sender und -Zeitungen hätten nach der russischen Okkupation weit riskantere Funktionen übernommen[13].
2. Theoretische Bewußtlosigkeit. »Umfassende Arbeiten, gar inhaltsanalytisch-quantitative, liegen bislang nicht vor.«[14] 1 1/2 Jahre später immer noch nicht. Das Berliner Institut für Gegenöffentlichkeit hat längst zugesperrt. In der BRD gibt es noch nicht einmal subkulturelle Archive (in Amsterdam das Archiv Vinkenoogs, in den USA das LNS ...).
3. Integration durch steigenden Marktanteil bei mangelnder Kontrolle durch die Basis. Als Modellfall wurde in der RPK »konkret« präsentiert: Marktanteil groß genug, daß Markenartikelanzeigen plaziert werden, Anpassung ans kaputte Bewußtsein der Leser (Kongo-Müller als Crime, Kinder in Vietnam als Human Touch), journalistische Indizien, wie Anforderung, Rausschmiß, Um-

schreiben, falsche Betitelung, falsche Bebilderung, falscher Vorspann eines Artikels[15].

4. Isolation durch kleinbürgerliche Produktionsweise: Derselbe Peter Schütt, dem das Underground Press Syndicate voll kommerzialisiert scheint, weil es viele Blätter umfaßt und ein Korrespondentennetz aufbaut, hat gegen die vorindustriellen Produktionsverfahren (Selbstfinanzierung, Eigendruck, Sondervertrieb) den genossenschaftlichen Zusammenschluß unter rechtlicher, finanzieller und technischer Mitbeteiligung aller Mitwirkenden gefordert[16]. Die Gegen-Bildzeitung, in Diskussionen 1967/68 viel beschworen, wurde – außer einigen Extra-Blättern bei Demonstrationen – nicht einmal andiskutiert. Ein reduziertes Modell Tom Schroeders – eine gemeinsame Sonntagszeitung, für die der Basisdienst aus allen subkulturellen Publikationen der BRD einen einheitlichen Nachrichten- und Kommentarmantel herstellt, während die lokalen Gruppen das Blatt durch Lokalpolitik, Sport und Lokalanzeigen ergänzen – erlitt dasselbe Schicksal[17].

Die genannte unabhängige Rundfunkstation in San Francisco steht in Verbindung mit Coop-Märkten und -Geschäften, hatte im März 1968 62 000 Dollar Schulden, und befriedigt quer durch den Gemüsegarten subkulturelle Bedürfnisse. Fast täglich gibt es eine offene Stunde für anfallende Aktualitäten; William Mandel, Hal Draper zählen zu den politischen Kommentatoren; im März 1968 standen ein Dutschke-Interview, eine Peter-Weiss-Lesung, Informationen unter anderem über Vietnam, Sabotage, Demokratisierungsmöglichkeiten durch Computer, Rassismus, Nahost, Wehrdienstverweigerung, Guevara, Griechenland, Konsumentenschutz und die PFP auf dem Programm. Andrerseits gab es Hörspiele, vorklassische, indische, jiddische, japanische Musik, Stockhausen, Cage, wie Lesungen von Haikus, Keats, Borges, Rilke. Russische und chinesische Presseschau fehlten ebensowenig wie die Beatles und Don Giovanni[18].

Das Channel One (die New Yorker Gegenfernsehstation) plante mit Videogeräten ein 24-Stunden-Programm mittels tragbarer Sender, eine elektrische Zeitung aus Musik, Lyrik, Gegennachrichten[19]. In London war ein Underground Television Network geplant: die Erweiterung der Konzentration von Zeitschriften zu Druckereien (die englischen Gegenzeitschriften waren starken informellen Repressionen der Staatsorgane ausgesetzt) zur Communications Organization[20].

Die zwei Arten von Kommunikationssystemen, die die tendenziell kleinbürgerliche Isolation des Gegenmilieus aufzuheben trachten, sind einerseits die Presseverbände, andererseits die Informationszentren. Erstere haben in den USA schon Tradition; Goodman berichtet bereits von einem Syndikat von 50 Collegezeitungen[21]. Die beiden wesentlichen Presseverbände sind das Underground Press Syndicate, ein Kooperatior.sorgan von ca. 150 Zeitschriften für Nachrichtenübermittlung, redaktionelle Gestaltung und Anzeigen (Jahresbeitrag 25 Dollar, Zusendung des Organs jedes anderen Mitglieds) und die Liberation News Services, eine Gegenpresseagentur mit 500 Abonnenten (bis Cuba und China). (Daneben sind esoterische Subkulturen durch das »Intergalactic World Brain« repräsentiert.) Die Aufgabe der zweiten ist es, alle Dienstleistungen der Subkultur zu koordinieren, dieser zu Informationen zur Verfügung zu stellen: BIT in London (politisch: Agit-Prop), C-Power in Rotterdam, Switchboard in Berkeley, Ko-Ko in den Niederlanden (Hollstein bezeichnet sie gar als Gegen-Geheimdienst)[22]. Diese Informationszentren, so wichtig sie in den Subkulturen sind (außer dem SIZ in München gibt es in der BRD keine), neigen dazu, sich zu verselbständigen: Kaiser referiert, BIT-Filialen gäbe es auch schon in Johannesburg und Kapstadt[23]. Was machen die dort?

»Wir müssen eine Gegen-Öffentlichkeit herstellen, um unsere Ziele wirksam erläutern und diskutieren zu können, und dazu brauchen wir Gegen-Sender und Gegen-Zeitungen.«[24] Die ersten Schritte sind versucht worden; wann folgen die nächsten?

3. GEGENMILIEU

»*Wir müssen ein Gegenmilieu des Untergrundes im Lande selber schaffen, in dem jeder Betroffene untertauchen kann.*«

Carl Davidson[1]

1. Clubs, Zentren. Das räumliche Gegenmilieu des fortschrittlichen Bürgers des 18. Jahrhunderts, des Bohemiens des 19. und frühen 20. Jahrhunderts, war das Café[2]. Prädestiniert infolge literarisch-politischer Tradition, Zugeständnis geringen Konsums, großzügigen Kreditierens, Toleranz gegenüber Exzentrik, nahm es die Funktion eines Kommunikationszentrums, einer Wärmehalle und Meinungsbörse ein. Voltaire, Rousseau, Diderot, Meyrinck, Mühsam, Henry Miller, Trotzki spielten im Café Schach[3].

Noch bei Goodmans abweichenden Studenten, noch bei den Gammlern (bei diesen auch die Freiluftsammelstätten) spielte das Café als Kommunikationszentrum eine Rolle[4]. In Städten mit wenig organisierten Subkulturen (Wien) oder starker Zersplitterung (München) ist dies auch heute noch der Fall.
Für die BRD hat Kaiser die Clubs und Zentren in 4 Modelle zusammengefaßt: die demokratische Plattform mit volkshochschulartigem Charakter (Club Voltaire), der Jugendklub mit Teamarbeit und Programm (z. B. Çalra), die Aktionszentrale als Stützpunkt politischer Subkulturen (RC), der kommerzialisierte Beatschuppen mit Lightshows und Psychodelics (z. B. Creamcheese)[5]. Kaisers Hauptfehler ist die ahistorische Betrachtung. Die Clubs der rationalistischen Subkulturen entstanden wohl alle (wenn sie vor 1967/1968 entstanden) als Plattformen mit Programmen und zur Deckung des Nachholbedarfs an Informationen, dienten als Treffpunkte und als Koordinationsorgane der Subkulturen mit den Drehpunktpersonen (so auch der RC Berlin). Im Zuge der Politisierung nach der Ermordung Ohnesorgs, dem Attentat auf Dutschke und den Notstandsgesetzen machten nahezu alle Modelle subkultureller Clubs eine zumindest partielle Wandlung zur Aktionszentrale als Stützpunkt politischer Subkulturen durch. Dies gilt auch für die künstlerisch orientierten Zentren (z. B. »Lila Eule«/Bremen, »Leierkasten«/Offenbach; um so mehr für die Clubs Voltaire.
So wurde etwa der Club Voltaire Stuttgart von einer Kommunikationsstätte nach vielen Widersprüchen zu einem Koordinationsraum für Basisgruppen und andere Kader. Der RC Mainz, der zwischen diesen beiden Funktionen schwankte, wurde nach der Etablierung eines fortschrittlichen AStA funktionslos. Der RC Berlin hebt sich soeben im Sozialistischen Zentrum West-Berlin, das bessere Räume, Schreib- und Arbeitsgelegenheiten, Schulungsmöglichkeiten hat, auf.
Die Jahre 1967/68 brachten einen subkulturellen Boom mit sich: fast jede Kleinstadt bekam ihren Club; bis hin zu Iserlohn, Hameln, Kirchheim/Teck und St. Johannisburg/Nahe zeigten sich Ansätze eines Gegenmilieus (oft unter großen Schwierigkeiten mit der es umgebenden Hinterwelt). Der Widerspruch brach nach beiden Seiten auf: Die Politisierung brachte eine Fraktionierung mit sich, die manchmal das Ende des Clubs bedeutete (RC Hamburg, Club Voltaire Hannover), andrerseits ergab sich ein Einströmen emotioneller Subkulturen, die den Club als »leger gehandhabte

Bierkneipe« oder repressionsfreien Haschraum ansahen. Die Geschichte mancher Clubs würde nicht nur von Auseinandersetzungen zwischen alten und neuen Linken, sondern auch von Auseinandersetzungen beider mit dem Trinkerflügel bestimmt.
Zu überörtlichen, gar überregionalen Zusammenschlüssen waren die Clubs nicht imstande. Es gab regionale Zusammenschlüsse in Hessen, Nordrhein-Westfalen und Baden-Württemberg: diskutiert wurde über Tourneen, GEMA-Fragen und juridische Möglichkeiten. Je weiter die Politisierung ging, desto anachronistischer wurden sie (Die »Arbeitsgemeinschaft politisch-literarischer Klubs in Deutschland« scheint überhaupt eine Totgeburt gewesen zu sein). Das hängt auch mit der politischen Verschiedenartigkeit der Clubs zusammen und der mangelnden Bereitschaft, mit anderen Fraktionen zu kommunizieren: Die Clubs waren von DKP- oder Prä-DKP-Gruppen dominiert (RC Essen, RC Dortmund) oder von Liberalen (RC Tübingen, RC München, RC Köln), von unabhängigen Sozialisten (RC Mainz, CV Stuttgart vor Herbst 1969) oder von Gruppen um den SDS (RC Berlin, RC Darmstadt), von der Demokratischen Union (RC Lörrach, RC Sylt) oder von Jungsozialisten (CV Rüsselsheim, Manufaktur/Schorndorf).
Die Clubs waren Übungsstätten inhaltlicher Demokratie: Marginalhierarchien, Rotation der Positionen, Vollversammlungen gaben ihnen ihr Gepräge. Wo Personen versuchten, die Clubs als Hausmacht zu benutzen und sich als Funktionsträger zu verselbständigen, wurden sie nach Konflikten abgesetzt: Marcus Scholz im RC Hamburg, Dietrich Kittner im CV Hannover. (Manchmal überlebte, wie im letztgenannten Fall, der Club den Konflikt nicht.) Von Kreuzers Auffassung der Zuneigung zu formalen Rollenstrukturen war wenig zu bemerken[6].
Was den Deutschen die RC und CV, sind den Briten die Arts Labs. (In Großbritannien gibt es derzeit 40 Arts Labs.) Die »Kunstlaboratorien« (im Grunde ein Deckname für subkulturelle Aktionszentren) umfassen Säle, Zeitungs- und Buchverkauf, Kneipe, Nächtigungsgelegenheiten; sie verbinden Programme (in London 3-5/Nacht) mit Kommunikations- und Informationsmöglichkeiten. Finanziert werden sie (wie die deutschen Clubs auch) durch Mitgliedsbeiträge, Eintrittsgelder, Spenden, kommerzielle Einnahmen. Das Londoner Arts Lab (das sich derzeit in einem Transformationsprozeß befindet) hatte 15-40 aktive Mitarbeiter und ca. 7000 Mitglieder[7].

2. Kritische, »freie« Universitäten. In »Die Zukunft der Universität« bezeichnet Oberlercher als wesentliche Punkte kritischer Universitäten den Primat der Praxis, die Dialektik von Lehren und Lernen, die Wissenschaft als Lernprozeß begreift[8]. Enzensberger hatte die – bis heute nicht beantwortete – Frage gestellt, auf welche Weise Schulen und Hochschulen in der Gesellschaft aufgehen können, so daß der Arbeitsprozeß in einen Lernprozeß mündet. Schon Siegfried Bernfeld hatte festgestellt: »Eine sozialistische Schule ist die Vorwegnahme des Gemeinschaftslebens der sozialistischen Zukunft[9].

In vielen Subkulturen war die Aufhebung der Universitäten ein wesentlicher Ansatzpunkt des Gegenmilieus. Die verbotene Sozialdemokratie hielt sich weitgehend durch Bildungsvereine aufrecht. Der Name »Volkshochschule«, inhaltlich längst integriert, verrät noch die Funktion, die die Arbeiterbewegung dieser Institution zugedacht hatte. Brecht erwarb seine Kenntnisse in Berlins »Marxistischer Arbeiter-Schule«, in der unter anderem Korsch als Lehrer wirkte. Die anthroposophische Subkultur predigte die »Freie Schule« (die Waldorf-Schulen waren das auch wieder integrierte Resultat): anthroposophisch beeinflußte Gegenuniversitäten, wie die »Freie Universität Lörrach«, oder »Arena« in Basel (mit Kursen über Dialektik, Rauschgift, Planung, Freie Rede, Armee, Information, Straßentheater, Schule, Frauenaktionen, Währung etc.) sind aktuelle Restbestände. In den USA besteht eine gegenkulturelle Tradition der »Free Colleges«; die Pariser Gammler hatten im Winter 1966 in der Rue de Rennes eine Gegenuniversität.

Freie und kritische Universitäten zeichnen sich durch folgende Normen aus: Keine Aufnahmebedingungen, Prüfungen, Zensuren, Klausuren, Testate, Zeugnisse; »Lehrer« und »Studenten« sind gleichberechtigte Partner; Administration, Organisation, Lehrbetrieb erfolgen in Selbstorganisation; der Unterricht ist praxisorientiert; die Wissenschaft analysiert die soziale Wirklichkeit als permanent veränderbare; Kritik; Antizipation.

Die Free University of New York wurde 1965 als Antwort auf den »intellektuellen Bankrott und die geistige Leere des amerikanischen Erziehungsestablishments errichtet.«[10] Von Cornell nach San Francisco, von New York nach Minneapolis überzog daraufhin die Campusse ein Netz von Gegenuniversitäten. In England entstanden in der Provinz »spontane Universitäten«; Gegenuniversitäten entstanden auch in Kanada, Japan, Dänemark, Hol-

land, Frankreich und in der BRD (die KU in Berlin; Ansätze in Hamburg, Heidelberg, Stuttgart; »Kritische Seminare« in fast jedem Club).
Die Themen entsprechen den Normen und Bedürfnissen der Subkulturen: in ihnen drückt sich der jeweils aktuelle Stand des Nebenwiderspruchs zwischen rationalistischen und emotionellen Subkulturen aus. Das leitende Auswahlkriterium ist die mangelnde Erörterung des Themas in den offiziellen Universitäten.
Bevorzugte Themen waren (N = 8):
Black Power, Vietnam, Revolutionstheorien, Cuba, Bürgerrechte, gewaltlose Aktionen, Sexualität und Herrschaft, Kulturrevolution, Ökonomiekritik, intermediäre Kunst, Untergrundfilme, Guerilla-Theater, Presseanalyse, Machtelite und Wirtschaftsstruktur, Imperialismus und dritte Welt, Ideologiekritik; daneben auch praktische Kurse (Voerleben), Organisationsfragen, Unitische Geschichte (Roosevelt), Heimatkunde (Bern), Medizin, Architektur, Theologie (Berlin).
Die KU Berlin, die dann nur ein Jahr (1967/68) existierte, sich dann in den Basisgruppen aufhob, die sich dann in den Roten Zellen aufhoben, in denen Kritische Universität derzeit nur zur unkritischen Schulung reduziert erscheint, war als inhaltlich demokratische Institution langfristig geplant (manche Arbeitskreise erstellten ihr Programm gleich für 3 bis 4 Semester). Vollversammlung und Delegiertenrat waren die Organe der KU; Exekutivfunktion hatte der Initiativausschuß. Zu ihren Arbeitsformen zählten: Aufforderung von Unterprivilegierten zur Mitarbeit (was nicht gelang: der AK Sexualität und Herrschaft z. B. wurde von 19 Studenten, je 6 Schülern und Angestellten und 3 Arbeitern besucht);
Aufforderung der Vertreter von Machtgruppen, ihre Positionen zu vertreten;
Öffentlichkeit aller Veranstaltungen, Sachargumentation, Abschaffung des ständigen Seminarleiters;
Praxisbezogenheit (Mitarbeit bei Stadtkampagnen: Mieteraktionen, Schule, Polizei, Justiz); neue Öffentlichkeits- und Publikationswege.
Die Höhrerzahlen der Gegenuniversitäten beliefen sich zwischen 50 und 1100 (Berkley). Erstrebt wurde, so Rabehl, als Endziel die Räteschule: die Vollversammlung bestimmt den Lehrplan; es folgt die Rotation durch verschiedene Produktionssphären[11]. Der Marsch dorthin ist noch recht lang.

3. Kommunen. Idealtypisch sind folgende Funktionen der Kommune:
1. Organisation des Alltags[12]:
a) gemeinsame Ökonomie, Reproduktion der Gruppe durch horizontalen Finanzausgleich, kollektive Arbeit, rationellen Konsum.
b) Entlastung des einzelnen durch abwechselnde Haushaltsarbeit. Der Mechanismus, daß die Identität eines ich-schwachen Menschen zum Großteil durch Gewohnheiten, Regeln, immerwiederkehrende Tätigkeiten und halbautomatische Handlungsabläufe bestimmt wird, die die Entfremdung am Arbeitsplatz ergänzen, wird nicht mehr reproduziert.
c) Erweiterung des Erfahrungsfelds, Erotisierung des Alltags
d) Herausbildung freiwilliger Verantwortung (als herrschaftsfreie Selbstverwaltung)
e) Aufhebung von Alters- und Geschlechterrollen, gemeinsame Kindererziehung
2. Optimale Koordination der politischen und technischen Fähigkeiten.
3. Schutz- und Verteidigungsfunktionen. (Aufhebung der Familie)
4. Verknüpfung persönlicher und politischer Bindungen; langfristige Aufhebung der sexuellen Exklusivität; Aufnahme subjektiver Emanzipationsbedürfnisse und differenzierter Wünsche, für die jede politische Organisation zu grobmaschig ist. Zuhause/Heimat plus Zentrum des Widerstandes.
Im RC Berlin wurde festgestellt, daß Kommunen wichtige Bestandteile einer Gegengesellschaft seien, allerdings nur in Ansätzen Elemente einer sozialistischen Gesellschaft beinhalten. Der AK Wohngemeinschaften und Kommunen im RC Berlin stellte sich folgende Fragen (auf deren Lösung wir bis heute warten):
1. Klärung der unterscheidenden Merkmale zwischen Mietergruppen, Wohngemeinschaften und Kommunen, 2. Klärung, ob die bestehenden Kommunen bereits politisch wirksam sind oder ob hierfür neue Formen gefunden werden müssen, 3. Theorienbildung, um die Praxis der Kommunen hinsichtlich deren politischer Relevanz zu verändern, 4. Verbesserung der Kommunikationsstruktur der Kommunen untereinander zum selben Zweck[13].
Die Kritik der Kommunen haben wir im Teil IV vorweggenommen. Ein großer Teil der Kritik fixiert sich an der K 1 (Reiche, Brückner). In ihrer ersten Phase lag die avantgardistische Funktion der K 1 in ihrer Kompromißlosigkeit der Revolutionierung

ihres Alltags, darin, daß sie »Tausenden von Jugendlichen die Möglichkeit zeigte«[14]. Aber da waren als zusätzliche Fehlerquellen der K 1 der Zwang zur Dauerreflexion, die Beurteilung politischer Aktionen nach dem individuellen Lustgewinn, umschlagend in die Ablehnung von Reflexion und politischen Aktionen überhaupt. Die Kommunarden wurden Hippies[15]: »Objektiv konterrevolutionär wird diese Haltung (der K 1. R. S.) dort, wo sie bei den jungen ›unglücklichen‹ Linken die Hoffnung freisetzt, alle ihre Hoffnungen ließen sich *heute* erfüllen, alle ihre Leiden *heute* abschaffen. Die Täuschung dieser Hoffnung hat bei vielen Kommune-Nachbildungen in der BRD zu chaotischen persönlichen Zusammenbrüchen oder, wo diese vermieden wurden, zu tief resignativen Haltungen geführt.«[16] Aus diesen richtig erkannten Resultaten zieht Reiche falsche Schlüsse: die Aufhebung der Familie könne nicht systematisch diskutiert werden – als ob nicht gerade bei vielen Eheleuten zwischen 25 und 40 das Bedürfnis nach Aufhebung der Familie in der Kommune bestünde. Reiche wird zu genau jenem puritanischen SDS-Typ, zu dessen Bekämpfung die K 1 – wenn auch mit fragwürdigen Mitteln – ausgezogen war. Vollends entlarvt er seine Ideologie, wenn er die Kommune zum Übergangsstadium ins Erwachsenenleben begrenzt (woran die dänischen Kommunen viel Spaß haben werden) und ihr die Funktion der Kinderaufzucht abspricht.
Fraglich, wie sehr ländliche Kommunen (mit der Ausnahme Kaliforniens) als Gegenmilieu angesehen werden können: zumeist haftet ihnen eine Portion Eskapismus an. Kreuzer erwähnt ironisch sozialidyllische Oasen und Rückzugsinseln der Bohème[17]. Die ländlichen USA-Kommunen sind autark, 50–100 Personen ist die Norm, Überschüsse erhalten die Diggers. Drop City ist aus Autowracks gebaut, die Hog-Farm reist als lebendiges Kunstwerk durch die USA; das Living Theatre plante 1968 Austausch mit und eigene Mitarbeit in den ländlichen Kommunen. Wo sich die Praxis bewährte, erinnern die ländlichen Kommunen an israelische Kibbuzim mit starken Schüssen von Kunstschaffen und Erwachsenenbildung. Kontakte mit der Nachbarschaft beschränken sich auf Erntehilfe und Produktenaustausch.
4. *Basisgruppen.* Sie werden verstanden einerseits als jene kleinen Einheiten, in welchen sich der Kontakt der Subkulturen mit den Maßen vollzieht (vor allem Betrieb, Hochschule, Wohngebiet), indem die Subkulturen aus den Bedürfnissen und Fähigkeiten der Massen lernen, und die Massen aus den theoretischen Erkennt-

nissen und den Selbstbestimmungsmöglichkeiten der Subkulturen. (Diese Form ist naturgemäß auf rationalistische Subkulturen beschränkt.) Andererseits sind Basisgruppen die Grundeinheiten künftiger Kaderorganisationen, als Vorform einer gesamtgesellschaftlichen Räteorganisation. »Die politische Praxis dieser Basis wird freilich nicht selten das ästhetische Gefühl derer verletzen können, die von den Massen stets dasjenige Verhalten erwarten, das ihnen die Strategien in vorangegangenen Spitzengesprächen zuweisen. Eine solche Politik wird sicher auch Fehler machen..., aber sie scheint heute die einzige Möglichkeit zu sein, die Entmündigung der Massen zu vermeiden.«[18]
Basisgruppen haben vor allem gebildet: die Studenten, Schüler und Jungarbeiter in der BRD, SDS und SNCC in den USA, die Mai-Opposition in Frankreich (Aktionskomitees). In der BRD beschäftigten sich die Basisgruppen zuerst mit der Notstandsgesetzgebung und der ökonomischen Situation West-Berlins, dann mit Mißständen in Betrieben und auf dem Wohnungssektor; erste Ansätze einer Schulung entstanden. Nach Information der K 2 waren die Basisgruppen »erste Schritte, um tendenziell klassenkämpferische Fragen organisiert mit der Erörterung individueller Probleme zu verbinden«[19]. Aus der Theorie der Produktivkraft Wissenschaft heraus entstanden auch an den Hochschulen Basisgruppen. (Eine Zeitlang wurde »Basisgruppe« zu einem Fetischbegriff.) Die zusammenfassende Organisation der Basisgruppen wurde nur in Berlin versucht: im Beirat der RPK, im SALZ (wo wichtige subkulturelle Forderungen erhoben wurden: nach Arbeiterromanen, Arbeiter-Illustrierten, Arbeiterzeitungen, Arbeiterkommunen und -kindergarten − bis hin zur agitatorischen Arbeiterkultur[20]), in der Arbeiterkonferenz (die Delegierten sollten auf 4 bis 6 Monate gewählt werden, nicht wiederwählbar sein; die Funktion des Delegiertenrats der Basisgruppen sollten gemeinsame Strategie, Schulung, Arbeitskreise für Sexualität, Arbeitsplatzbewertung, Arbeiterzeitung, Diskussion über Rote Hilfe und RPK sein[21]). Das Bedürfnis nach Kommunikation und Zentralisation sollte von der Basis ausgehen, nicht von einer übergeordneten Gruppe[22]. Der Höhepunkt dieser Bemühungen war das Modell einer Sozialistischen Massenorganisation: Basisgruppen und arbeitende Gruppen sollten Sektionen mit einem Sektionsrat (imperatives Mandat, auf ein Jahr gewählt) bilden, diese ein ZK (ebenfalls). Sektionen für Betriebsarbeit, Sozialisation, Justiz, horizontale Disparitäten, Internationalismus, Über-

bauinstitutionen und Bundeswehr waren geplant. Die SoMaO scheiterte an der anbrechenden Fraktionierung.
In den USA (in England vereinzelt: Basisgruppe Notting Hill in London) sollte durch Basisarbeit die Basis für Aktionen geschaffen werden. Das ERAP-Projekt des SDS beinhaltete Gemeindearbeit, Verteilung von Jobs und Wohlfahrtsgeldern, Schulspeisungsprogramme. Die ERAP-Kader sollen in Newark, Chicago, New Haven, Boston, Cleveland erfolgreich, in Baltimore und Oakland erfolglos gearbeitet haben. Kader der Demokratischen Partei sollen durch SDS und SNCC beeinflußt worden sein (ähnlich wie die Jusos und DJD in der BRD durch SDS, SHB und LSD). In Newark organisierte die Basisgruppe u. a. einen Mieterstreik, einen Protest gegen die Verprügelung angeblicher Diebe in Kaufhäusern. Die PLP, weitgehend ehemalige Beatniks (wie sich denn auch in der BRD die Antiautoritärsten der Antiautoritären in der ML organisierten), machte Basisarbeit in Harlem, Lower East Side, im spanischen Distrikt von San Francisco. Das SNCC kommunizierte mit der Bevölkerung in Kirchen, Cafés, Schulbällen, Clubs, lud sie nach Hause ein, sprach ältere Leute an, kam auf die schlechten Wohnverhältnisse zu sprechen, verteilte dann erst Flugblätter. Eine Zusammenfassung der Basisgruppen ist nicht zustande gekommen.
Die Gebrüder Cohn-Bendit haben die Prinzipien der französischen Aktionskomitees wie folgt beschrieben: Anerkennung der Pluralität und der Unterschiedlichkeit der politischen Tendenzen in der revolutionären Strömung; Absetzbarkeit der Delegierten, Kollektivarbeit; Kampf gegen Monopolisierung von Information und Wissenschaft, gegen alle Formen der Hierarchisierung; Abschaffung der Arbeitsteilung; Arbeiterselbstverwaltung[23].
5. Andere Versuche. Die Berliner APO plante ein eigenes psychoanalytisches Zentrum; die Projektgruppe »Kultur und Revolution« hatte ein Zentrum geplant, das als Gegenakademie und Gegenöffentlichkeit fungieren sollte; Münchner Gruppen planten ein Didaktisches Zentrum, das Hochschuldidaktik von der Basis aus gewährleisten sollte. Bei den Essener Song-Tagen wurde ein Konzept von Festivals als Gegenmilieu erarbeitet, das wie die oben erwähnten Entwürfe nicht in die Praxis umgesetzt wurde: Waldeck 1969 scheiterte an der mangelnden Mitbestimmungswilligkeit des Großteils der Teilnehmer. In Ebrach sollte das Knast-Camp Kampf gegen die bundesdeutsche Justiz und Gegenmilieu verbinden; es erbrachte nicht viel mehr als Strauß' Tier-Zi-

tat. In Berlin kursierten Erwägungen einer republikanischen Miliz: In Lower East Side bildete sich tatsächlich eine East Side Survival Organization und diverse Gemeinschaftskomitees.
An Drehpunktorganisationen neben den Republikanischen Clubs 1967/68 nennt Hollstein u. a. die »Simon Community«, »School of Living«, »Entente Communautaire«, »Utopian Community«, »Non-Violent Action Group«, »Rower Community«, »Auberge de la Paix«, das »Sexual Emancipation Movement« ,sowie die Junge Sektion der Partei der Arbeit, den deutschen VDS und die UNEF[24].
(Gegenmilieu ist nicht unbedingt eine Spezialität progressiver Subkulturen: Goffman nennt Selbsthilfeklubs, Klubwohnheime, städtische Milieus, die für alle möglichen Subkulturen eine territoriale Basis abgeben, ethnisch geschlossene Wohngebiete[25]. Er erwähnt selbst eine Art von repressiver Gegenanpassung [»colonizers«] von Personen, die nur der Solidarität halber subkulturelle Normen annehmen[26]. Die opportunistische Kombination von sekundärer Anpassung, Konversion, Colonizing und Solidarität ist nach Goffman typisch für Angehörige abgeschlossener Institutionen.)
Das Gegenmilieu übt die wichtigen Funktionen des Aktions- und Kommunikationszentrums für Angehörige der Subkulturen, der Einübung in neue Normen, der praxisbezogenen Informationen, der Organisation und Erotisierung des Alltags, der Verknüpfung politischer und persönlicher Bindungen, der Kontaktstelle zu Drehpunktpersonen und kompakter Majorität aus. Zu glauben, daß es eine »unsichtbare Regierung erstellen« könnte, die »unsichtbarerweise die Macht« auch nur in einer Stadt zu »übernehmen« imstande wäre, ist hingegen gefährlich illusionär[27].

4. EXKURS ÜBER TECHNOLOGIE

Wir haben einen repräsentativen Querschnitt der Gegeninstitutionen verfolgt und können daraus den Hauptwiderspruch der Gegeninstitutionen ableiten. Die Normen der progressiven Subkulturen berufen sich durchwegs, und zu Recht, auf die Tatsache, daß die Entfaltung der Produktivkräfte durch ihre Einwirkungen auf Technologie, Überbau, Klassenstruktur (neues Proletariat) den Hauptwiderspruch von Produktivkräften und Produktionsverhältnissen in sich verändert. Daher würden identische Normen der Gesamtgesellschaft und der traditionellen Marxisten, wie Leistungsprinzip, Rigidität, autoritäre Strukturen, selbst Zweckrationalität, um nur einige zu nennen, tendenziell überflüssig. Die Praxis der progressiven Subkulturen, wie aus ihrer Selbstorganisation der Bedürfnisse und aus ihren Gegeninstitutionen ersichtlich, entspricht diesem normativen Selbstverständnis keineswegs. Theoretisch ist das Problem gestellt worden. Schon Reich fordert die Konkurrenzfähigkeit der marxistischen Forschung im reinen Stoffwissen[1]. Marcuse hat festgestellt, die von ihren ausbeuterischen Zügen befreite technologische Rationalität sei der einzige Maßstab für die Planung und Entwicklung der verfügbaren Ressourcen für alle: die Verbindung von zentralisierter Autorität und direkter Demokratie unterläge je nach Entwicklungsgrad unendlich vielen Abwandlungen[2]. Er erwähnt die gaya scienza, die Rekonstruktion der Technologie im Einklang mit einer neuen Sensibilität[3]; die Technik tendierte als Spiel mit den Möglichkeiten von Form und Materie dazu, Kunst zu werden[4]. Schließlich ist der technologische Fortschritt der Motor der Selbstaufhebung des Produkts als Ware – eine angesichts des Vergeudungskapitalismus etwas voreilige Annahme[5]. Goodman schreibt ein ganzes Buch über gegenkulturelle Architektur, mit wahlweise mehreren Konzepten, darunter einer 200 000-Personen-Kommune, mit minimaler Ökonomie[6] und mobilen, zeltartigen Häusern (eben Kunststoffkuppeln). Enzensberger fragt, wie sich die gesellschaftliche Arbeit mit einem Minimum an Regulierung teilen, wie sich der technologische Prozeß zwecks erträglicher Umweltsbedingungen unter Kontrolle halten lasse: »Wir brauchen eine Forschung, die revolutionäre Alternativen zur Lösung aller wichtigen politischen und gesellschaftlichen Fragen entwickelt; ... die unsere Bedürfnisse erkennt und unsere Wünsche ernstnimmt, deren Einbildungskraft sich von den vorgegebenen Mustern befreit, die den Mut zur konkreten Utopie aufbringt.«[7] Nirumand und Siepmann warnen: »Es besteht die Gefahr, daß sich politisches Denken so eng an die Rationalität der Technik anpaßt, daß Rationalität um den Preis der Autonomie und Selbstorganisation der Menschen zum Selbstzweck wird und zu einer neuen Art der Entfremdung führt.«[8] Robert Jungk fragt: »Wann wird die Linke lernen, daß die neuen Methoden der Übersicht und Voraussicht, der Informationswissenschaft, der Datentechnik und der sozialen Prognostik von ihr erlernt, entwickelt und zur geistigen Vorbereitung einer befriedeten, schöpferischen Gesellschaft angewendet werden müs-

sen?«⁹; dann lädt Robert Jungk ein: »Wir sollten uns in gesellschaftlichen Modellwerkstätten zusammensetzen, um im Zusammenwirken von Faktenwissen, Phantasie und Methode der wissenschaftlichen Planungstechnik schon heute die möglichen wünschenswerten Wirklichkeiten von 1975, 1980, 1990, 2000 zu entwerfen.«[10]
Marcuse, Goodman, Enzensberger, Nirumand, Siepmann, Jungk – eine Ansammlung kluger Leute; die Praxis der Subkulturen entspricht nicht ihren technologisch vermittelten Normen. Daher Kreuzers Verwechslung zeitgenössischer Subkulturen mit der Bohème, daher das bewußt ausgebaute Mißverständnis von der »romantischen« APO.
Die Technologiestudenten sind in den letzten zwei Jahren politisiert worden; ist daraus etwas gefolgt? Im Technologie-Zettelkasten der TU Berlin werden Automation, Hochschulforschung, technische Intelligenz, Wertfreiheit diskutiert; Silvestrini und Solenberg beschreiben den Kampf der Turiner Technik-Studenten: wieder geht es um Wertfreiheit, um den Widerspruch Forschung-Verwertung/Profit, um die Proletarisierung der technischen Intelligenz. Alles wichtige, für die Erstellung einer Klassenanalyse vordringliche Fragen. Für die richtige Lösung des Widerspruchs zwischen technologisch vermitteltem Normensystem und technologisch nicht vermittelter Praxis wenig daraus zu lernen. Von subversiver, wie auch gegeninstitutioneller Technologie ist bei den Praktikern ebensowenig zu merken wie bei der Ansammlung kluger Leute. (Bei denen sind auch noch ein paar Dichter dabei: Volker Braun etwa. Bulkowski.)
In der Gegenkultur selbst? In London gibt es eine Intermediate Technology Group. Wahrscheinlich macht sie Light-Shows. Im Berliner Extra-Dienst vom 14. 6. 1967 steht zu lesen, daß ein Politologiedoktorand und ein Datenverarbeitungsingenieur für den RC Berlin eine ausführliche Pressekartei nach Lochkartensystem entwickelt hätte: einen Code mit 112 Unterscheidungsmerkmalen für 60 Zeitungen täglich mit 160 Artikeln. Ob es diese Kartei gibt? Doch, ein Beispiel subkultureller Technologie gab es. Beim Streik bei Pirelli bestimmten die Arbeiter den Produktionsausstoß selbst, indem sie selbst »Gegen-Normen« ausarbeiteten – eine außerordentliche Leistung an Selbstorganisation und technischem Können, das Funktionieren eines Großbetriebes einheitlich zu verlangsamen. Jeder einzelne Arbeiter mußte täglich einen Bericht über seine erbrachte Arbeitsleistung schreiben, daraufhin wurden auf Grund dieser Fakten neue Vorgabezeiten festgelegt. Ein er-

heblicher Produktionsausfall trat ein: Pirelli verlor 70%, die Arbeiter selbst nur 12% Lohneinbuße. Es gelang, die unmittelbare materielle Schädigung des Unternehmens mit dem Experiment der Selbstorganisation der Arbeit, mit Hilfe von Technikern und Angestellten, zu verbinden[11].
Soweit die subversive Technologie; Beispiele für gegenökonomische Technologie gibt es überhaupt nicht. Auf das Erfordernis von Gegenkonzentration haben wir ebenso hingewiesen wie auf die Versuche, Basisgruppen, Clubs, Kommunen zu koordinieren. Gegenkonzentration und gegenkulturelle Technologie scheitern aus 2 Gründen:
1. Mangel an Kapital,
2. Mangel an organisatorischer Vermittlung der Solidarität.
Beide sind die Kehrseiten derselben Medaille. Für das Sozialistische Zentrum Berlin wurde die Parole ausgegeben, den Lohn eines Arbeitstags (30 Mark) zu spenden. An Spenden kamen 30000 DM ein: mehr als 1000 Personen haben also der Parole keinesfalls Folge geleistet. Die Fraktionen der Berliner APO, die das Sozialistische Zentrum errichten, umfassen etwa 8000 Personen.
Die technologische Vermittlung progressiv subkultureller Normen erfordert Gegenakkumulation. Je weniger Personen sich an der Gegenakkumulation beteiligen, desto mehr müssen diese sich Normen unterwerfen, die ihrerseits Normen, und zwar anachronistische Normen der Gesamtgesellschaft sind (Sparsamkeit, Leistung etc.) – desto mehr steigt andrerseits ihre Integrationsgefahr. Je mehr Personen, durch organisatorische Vermittlung von Solidarität veranlaßt, sich an der Gegenakkumulation beteiligen, desto weniger beeinträchtigen diese Normen die Normen der progressiven Subkulturen. Je besser die Gegenakkumulation durch fortschrittliche Organisationen durchgeführt wird, um so geringer die Gefahr kleinbürgerlichen Bewußtseins für den einzelnen: Antizipationen für die Verwaltung der Sachen durch jenes Gemeinwesen, in das die progressiven Subkulturen umzuschlagen trachten. Je breiter die organisatorisch vermittelte Solidarität ist, desto geringer die Integrationsgefahr einer Gegenökonomie, doch noch für den Markt zu produzieren und nicht für die Bedürfnisse der Subkulturen und Drehpunktpersonen. Je mehr die Tendenz der gesamtgesellschaftlich internationalen Tendenz des Monopolkapitals entspricht, desto größer die Effektivität der Antizipation.
Die Untergrundpresse z. B. hat, wie oben erwähnt, 8 Millionen Leser. 4 DM (1 Dollar = Pfund) im Monat, verbindlich und

organisatorisch vermittelt, jedes Lesers der Untergrundpresse, ergibt in einem Jahr z. B. jene 300 Millionen Mark, um die Bertelsmann seine Springer-Anteile kaufen sollte. Anmerkungen zur konkreten Utopie auf dem Wege zur konkreten Utopie.

5. DIE DIALEKTIK ZWISCHEN KAMPF UND GEGENMILIEU

»*Über das Schicksal der Revolution entscheidet immer die breite unpolitische Masse. Daher Privatleben, kleines Leben auf den Tanzböden, Kinos, Märkten, Schlafzimmern, Herbergen, Wettbüros politisieren! Die revolutionäre Energie liegt im kleinen Alltagsleben.*«   Wilhelm Reich
»*Geh in die Katakomben / eh Du Dich fangen läßt.*«
                                                Franz-Josef Degenhardt
Im Zweifelsfalle, so können wir aus der proletarischen Kulturrevolution Chinas lernen, soll man beides machen. Der Widerspruch zwischen Kampf zur grundsätzlichen Veränderung des Bestehenden und »befreiten Gebieten« zur Emanzipation, Experimentation und Bewußtseinsbildung wird zumeist mechanisch aufgelöst.
Nach der Seite des Kampfes hin: »... die resignativ-utopistische Theorie des ›Gegenmilieus‹ und der ›Subkultur‹. Man glaubte, durch die Schaffung von ›befreiten Gebieten‹ und ›sozialistischen Inseln‹ im Kapitalismus entweder diesen unterwandern zu können in langen Märschen oder trotz des Kapitalismus menschenwürdig leben zu können. Die individuelle Emanzipation mittels Kommune, Psychoanalyse und Haschisch sollte den Klassenkampf ersetzen. Die Befreiung der proletarischen Massen degenerierte zur Emanzipationsgeilheit kleinbürgerlicher Individuen.«[1]
Man reduziere also die Theorie der Subkultur auf Haschisch und Kommune, mache aus Auch-Emanzipation Nur-Emanzipation, gar »Emanzipationsgeilheit« (wie wäre es mit »Klassenkampfgeilheit« der Stuttgarter Genossen?), umhänge sie mit einigen Schimpfwörtern: fertig ist der Popanz. Und das Ganze natürlich in einem subkulturellen Organ, der »Roten Schüler-Front«, resignativ-utopistisch im billigen Druckverfahren hergestellt: eine »sozialistische Insel« im Bertelsmann-Springer-beherrschten Blätterwald. Ohne praktiziertes Gegenmilieu käme der Kampf nicht einmal über den Notizblock hinaus.

Nach der Seite des Gegenmilieus hin: »Vielmehr soll der herrschenden Gesellschaft mit der normsetzenden Wirklichkeit einer Gegengesellschaft die allumfassende Macht bestritten und in einem langwierigen Prozeß der Revolutionierung abgenommen werden. Dezentralisiert, vielgestaltig und wandelbar ist ein System der Kontestation geplant und im Aufbau, das die Herrschaft der Etablierten bedrohen und schließlich durchbrechen will.«[2] Ja, wollen... Ja, wollen hätten wir schon mögen, aber dürfen haben wir uns nicht getraut, könnte Karl Valentin Hollstein zur Antwort geben. Mit Kinderläden, Farmen und Untergrundblättern allein wird da die normsetzende Wirklichkeit mit dem Bestreiten und Abnehmen nicht zu Rande kommen. Ohne praktizierten Kampf endet die Gegengesellschaft irgendwo bei Kerouacs langhaarigen Beatnik-Ministern.

Mao Tse-tung, auf den sich die Gegner des Gegenmilieus gerne berufen, hat sich in seinem Beitrag »Kümmern wir uns um das Alltagsleben der Volksmassen, achten wir auf die Arbeitsmethoden« (27. 1. 1934)[3] recht grundsätzlich mit Problemen der Selbstorganisation der Bedürfnisse beschäftigt.

»Wenn unsere Genossen... begreifen, daß man die Revolution... über das ganze Land ausbreiten muß, dann sollen sie auch nicht im geringsten die Fragen der *unmittelbaren Interessen* der breiten Volksmassen, die Fragen ihres Alltagslebens, vernachlässigen oder unterschätzen.«[4]

»Werden wir den Feind besiegen können, wenn wir uns nur auf die Mobilisierung des Volkes für den Krieg beschränken und uns mit nichts anderem befassen? Gewiß nicht. Wenn wir siegen wollen, müssen wir noch sehr viele andere Dinge tun... Wir müssen die Interessen der Arbeiter verteidigen, Genossenschaften gründen und den Außenhandel entwickeln; wir müssen die Probleme der Volksmassen lösen: Fragen der Bekleidung, Ernährung und Wohnung, das Problem der Versorgung mit Brennholz, Reis, Speiseöl und Salz, Fragen des Gesundheitsschutzes und Eheprobleme... Kurzum, allen praktischen Fragen des täglichen Lebens der Volksmassen müssen wir unsere Beachtung schenken.«[5]

Und weiter, immer konkreter: »Da wollen Frauen pflügen und eggen lernen? Wer könnte ihnen das beibringen? Die Kinder möchten in die Schule gehen? Haben wir schon Grundschulen eingerichtet? Die Holzbrücke da drüben ist so schmal, daß man abstürzen könnte. Sollten wir sie nicht einmal erneuern? Viele Menschen leiden an Geschwüren und anderen Krankheiten. Was ma-

chen wir da? Alle diese Fragen des täglichen Lebens ... müssen auf unsere Tagesordnung gesetzt werden. Man muß sie erörtern, Beschlüsse dazu fassen, diese Beschlüsse in die Tat umsetzen und ihre Durchführung kontrollieren. Wir müssen den breiten Volksmassen klarmachen, daß wir ihre Interessen vertreten, daß wir mit ihnen die gleiche Luft atmen. Wir müssen ihnen helfen, davon ausgehend, die von uns gestellten noch größeren Aufgaben ... zu verstehen, damit sie die Revolution unterstützen, sie über das ganze Land ausbreiten ... und für den Sieg der Revolution bis zum Ende kämpfen.«[6]
Aber, und nicht nur in China: »Unter manchen unserer Funktionäre haben wir beobachtet, daß sie nur von der Vergrößerung der Bestände der Roten Armee, von der Vergrößerung der Transportabteilungen, von der Eintreibung der Bodensteuer, von der Zeichnung der Anleihe sprechen. Was aber alles übrige betrifft, diskutieren sie weder darüber noch kümmern sie sich darum; mehr noch, sie machen sich überhaupt keine Sorgen.«[7]
Aus dem Chinesischen in das Bundesdeutsche übersetzt: Es besteht derzeit der Trend, viel von der Betriebsbasisarbeit zu reden, aber alle Fragen der Bedürfnisse, der unmittelbaren Interessen mit »karitative Scheiße«, »Emanzipationsgeilheit«, »ohne Stellenwert« abzutun. Ohne Ausweitung auf Konsum- und subjektiven Sektor wird die Betriebsbasisarbeit in der Gefahr sein, zu stagnieren.
Zur fast genau gleichen Zeit forderte Wilhelm Reich in seiner Schrift »Was ist Klassenbewußtsein?« die europäischen Linken auf, mehr auf das Alltagsleben der Volksmassen zu achten, den Widerspruch zwischen Kampf und Gegenmilieu nicht nach dogmatistischer Manier einseitig zugunsten des Kampfes aufzuheben: »Man nehme diese Schrift als einen Appell der unpolitischen durchschnittlichen Menschen an die künftigen Führer der Revolution, ... vom ›subjektiven Faktor‹ der Geschichte weniger theoretisch zu sprechen und ihn als Leben der Masse besser zu verstehen.«[8] Der Inhalt des Satzes: »Die linken Sekten wenden ihre Strategie und Taktik nur mehr gegeneinander an«[9], mutet uns ebenso vertraut an wie »Wir hatten, um mit Marx zu sprechen, die Praxis des subjektiven Faktors den Idealisten überlassen, wir waren mechanische und ökonomische Materialisten geworden.«[10]
Nach Reich gibt es zweierlei Klassenbewußtsein: eines, das auf den objektiven, historischen, sozioökonomischen Prozessen beruht und eines, das sich einzig und allein an den subjektiven

Spiegelungen des objektiven Geschehens in »millionenfach verschiedenen kleinsten Alltagsfragen«, wie Nahrung, Kleidung, Mode, Sexualität, Kino, Theater, Tanz, Kindererziehung, Freizeit orientiert: »Die Führung (die es 1934 noch sinnvollerweise gibt R. S.) hat keine dringendere Aufgabe, neben der genauen Kenntnis des objektiven historischen Prozesses, als die, zu verstehen: a) was die verschiedenen Schichten, Berufe, Altersstufen, Geschlechter an vorwärtstreibenden Wünschen, Ideen, Gedanken in sich tragen; b) was sie an derartigen Wünschen, Ängsten, Gedanken und Ideen in sich tragen, die das Vorwärtstreibende an der Entfaltung verhindern.«[11] Diese Wünsche, Ideen, Gedanken treiben nicht nur den Prozeß der grundsätzlichen Veränderung weiter, sondern auch den normativen Prozeß: »Für das Entsagungsprinzip der politischen Reaktion ist das Prinzip des reichen Glücks auf Erden zu setzen; daß wir darunter nicht Kegelschieben und Biertrinken verstehen, wird man wohl glauben.«[12] Ja, selbst: »Wenn in Revolutionszeiten den Massen Entbehrungen auferlegt werden, dann haben sie ein Recht darauf, genaueste Beweise zu fordern, daß sich diese Entbehrung als vorübergehende Erscheinung von der im Kapitalismus unterscheidet.«[13] Reich wird zum Theoretiker avantgardistischer Subkulturen, wenn er ausführt: »Als Elemente des Klassenbewußtseins kann alles angesehen werden, was der bürgerlichen Ordnung widerspricht, was Keime der Auflehnung enthält; als Hemmung des Klassenbewußtseins dagegen alles, was an die bürgerliche Ordnung bindet, sie stützt und festigt.«[14] Dabei schrieb Reich diese Schrift zur Zeit des Faschismus, 5 Jahre nach der großen Wirtschaftskrise: seine Analyse des subjektiven Faktors wird gegenwärtig auch objektiv durch Technologie und Überflußgesellschaft gestützt.

Gaston Salvatore hat in neuester Zeit die Dialektik zwischen Kampf und Gegenmilieu aufgezeigt: nichts oder sehr wenig wird für die Kontinuität in der Krisenzeit getan, so daß nur die schlechte Dialektik von Abenteurertum und Resignation überbleibt. Der Kampf gegen das herrschende System erfordert die Bildung von Rückzugsgebieten[15]. Am weitgehenden Scheitern der kritischen Institute, Basisgruppen und Kommunen zeigt Salvatore auf, daß es den Berliner Gruppen nicht gelungen sei, abgesehen vom Zusammenhalt bei Demonstrationen und Aktionen, Ansätze eines Gegenmilieus, d. h. einer Einbeziehung der Zukunft zu schaffen[16]. »Es wird unerläßlich sein, eine Organisation zu schaffen, in der sich die Entstehung eines Gegenmilieus (d. h. die aktive Erfüllung des Emanzipationsanspruchs) mit einem effektiven Kampf um die Verbreiterung des Lagers und gegen die Gewalt der Repression verbindet.«[17] Das Gegenmilieu ist also qua Kontinuität in der Krisenzeit, Einbeziehung von Zukunft, aktive Erfüllung des Emanzipationsanspruchs unerläßlich, wird jedoch andererseits inhaltlich vom aktuellen Stand des Kampfes bestimmt: »Nur die Aussichten des Kampfes können bestimmen, inwieweit die Einführung eines Rätesystems, ein gemeinschaftliches Eigentum über Konsummittel oder eine Kollektivierung vorhandener Liebesbeziehungen möglich ist. Beide Elemente zusammen, Kampf und Bildung eines Gegenmilieus, werden die Zeit bestimmen, in der man von der Verweigerung zur Ausübung von Gegengewalt in der Form illegaler Arbeit gelangt.«[18] Fürs erste fordert Salvatore die Einführung des Rätesystems für Republikanische Clubs und Projektgruppen. Wenig später heißt es im »Berkeley Barb«: »Kommunikation, Koordination, Organisation der Organisateure. Zeit, fleißig zu werden. Und glaubt nicht, daß die Antwort des Establishments sanft sein wird. Es ist möglich, daß Leute in den Untergrund gehen müssen; richtet sichere Unterkünfte ein und Briefverstecke; organisiert einen Kurierdienst und Sicherheit.«[19]

In der Dialektik zwischen Kampf und Gegenmilieu hebt sich, sobald die Herrschenden die Maske der repressiven Toleranz fallen lassen, der Widerspruch zwischen den Subkulturen und ihrer Vermarktung auf: der Untergrund wird zum Untergrund. Hier soll allemal nicht einer kurzatmigen Illegalität vom Schlage der Berliner oder Münchner Tupamaros das Wort geredet werden, die geradewegs ins Abenteurertum führt: die Methoden der politischen Arbeit bestimmen noch immer die Herrschenden. Manche Methoden diktiert das Establishment den Subkulturen schon heute: die permanente und sich nach Kahn/Wiener noch verstärkende Kontrolle von Post und Telefon wird es erforderlich machen, von den staatlichen Stellen unabhängige Kommunikationsmethoden zu benutzen; die steigende Anzahl willkürlicher Hausdurchsuchungen, zugriffsichere Archive anzulegen, teils unter Verwendung moderner technischer Methoden (Mikrofilme).

Von der Seite des Gegenmilieus her sind die Beiträge zur Dialektik zwischen Kampf und Gegenmilieu:

1. Subjektiver Faktor (Bedürfnisse der Massen, individuelle Emanzipation),
2. Kontinuität in der Krisenzeit,
3. Antizipative Elemente.

Das, und nicht mehr [20]. Der integrativen ökonomistisch-mechanischen Ideologie des Kampfes ohne Gegenmilieu entspricht die isolative subjektivistische Ideologie des Gegenmilieus ohne Kampf, zumeist kaschiert als Gegenmilieu als Kampf. Die Freiräume des Gegenmilieus werden mit den befreiten Gebieten in der dritten Welt unkritisch identifiziert, als ob es in den Metropolen ein befreites Gebiet gäbe, als ob es irgend etwas gäbe, was den befreiten Gebieten im vorrevolutionären China, in Süd-Vietnam, Tschad, Angola, Mozambique, was Kolumbiens zeitweilig unabhängigen syndikalistischen Bauernrepubliken, Boliviens zeitweilig unabhängigen Exklaven entspräche. Naiv, wenn Steckel die Kämpfe um den People's Park in Berkeley als Kämpfe um ein befreites Gebiet interpretiert [21]. Noch naiver, wenn ein amerikanischer Scheinradikaler (»die Universitäten einfach niederzubrennen, oder so was« [22]) Rolf-Ulrich Kaiser erklärt: »Berkeley und Oakland sind die ersten richtig befreiten Gegenden. Dort gibt es tatsächlich Straßenkämpfe, das Hochjagen von Brückenpfeilern und Sabotage«. (Abgesehen davon, daß ein Gebiet, wo die Praxis noch so aussehen muß, keineswegs »befreit« ist.) »Glaubst du, daß die Aktionen auf dieses Gebiet beschränkt bleiben, oder werden sie sich über das ganze Land ausbreiten?« fragt noch Kaiser, als ob er irgendein Interesse an dieser Art von Aktionen hätte außer dem journalistischen [23]. Derselben Verwechslung von Freiräumen und tendenziellen befreiten Gebieten unterliegt Franz-Josef Degenhardt, wenn er Freiräumen in der Dritten Welt eine Funktion zubilligt, in den Metropolen jedoch nicht: Freiräume, »Gegenmilieu« sind die Katakomben, in die zu fliehen er auffordert (von den besungenen »Zigeuern« einmal abgesehen). Jedoch ist selbst auf das Gegenmilieu die Analyse der frühen Guerillaphasen nach Mao Tse-tung und Lin Piao anzuwenden: »Wenn sie angreifen, weichen wir«. Die Subkulturen müssen jederzeit imstande sein, Gegenmilieu, ob in einer umfunktionierten Institution (Universität, Institut etc.) oder in selbst geschaffener Umgebung frustrationslos zu verlassen, wenn die Repressionen der Herrschenden nicht mehr erlauben, es zu halten.

Das Element des Kampfes für eine grundsätzliche Veränderung der Gesellschaft gibt auch das qualitative Unterscheidungskriterium der emanzipatorischen Gegenkultur von proudhonistischen Schrebergärten [24]; wie diese ihrerseits die Verhinderung mechanistischer Abweichungen der progressiven Subkulturen gewährleistet.

VI. Strategie und konkrete Utopie

»*Du entzündest das Feuer.*
Ich werde Dir etwas Hübsches zeigen:
einen großen Schneeball.«   Basho

»*Wir nennen Kommunismus die wirkliche Bewegung, welche den jetzigen Zustand aufhebt.*«   Karl Marx[1]

1. BESTÄTIGUNGEN DURCH DIE EMPIRISCHE SOZIOLOGIE

Bisher haben wir – von den Normen der Gesamtgesellschaft abgesehen – auf das Hinzuziehen empirischer Resultate im engeren Sinn verzichtet; wir haben empirisches Material (vor allem in den Teilen 3–5) zumeist im Sinne von Empirie als eingefrorener Praxis benutzt. Abgesehen von methodischen Bedenken (die hier zu referieren der Platzmangel verbietet) wurde uns dieses Verfahren durch den Mangel an konkreten empirischen Subkulturforschungen leicht gemacht.
Kurz weise ich hier auf im bereits wiederholten Satzinventar von Berelson-Steiner zusammengefaßte Ergebnisse hin, die für die Subkulturforschung meiner Ansicht nach relevant sind (die betreffenden Originaluntersuchungen sind bei Berelson-Steiner ausführlich zitiert).
Folgende die Subkulturen betreffende Hypothesen sind demnach bisher empirisch erwiesen worden:

1. Kleingruppen:

Je mehr sich Personen miteinander unter Bedingungen der Gleichheit vereinigen, um so mehr kommen sie dazu, Werte und Normen miteinander zu teilen und einander zu mögen[2].
Es besteht bei Personen eine Tendenz, zu Gruppen oder Subgruppen zu neigen, mit dem Effekt, diejenigen Werte, die sie teilen, zu maximieren[3].
Wenn der einzelne zwischen den Normen verschiedener Gruppen, deren Mitglied er gleichzeitig ist, zu entscheiden hat, wird er ge-

fühlsmäßige Spannungen erleiden und sich bemühen, diese zu verringern oder auszuscheiden (Instabilitätstheorie)[4].
Je mehr Interaktionen oder Überschneidungen zwischen miteinander in Beziehung stehenden Gruppen bestehen, desto ähnlicher werden diese in ihren Normen und Werten[5].
Wenn weder eine objektive Basis noch eine Gruppenbasis des Urteils besteht, neigen Urteile zur Instabilität, als eine Folge dessen steigt die Interaktion in der Gruppe an, um Ambiguität zu vermeiden[6]. (Teach-In, Projektgruppen-Lernprozesse)
Kleingruppen neigen zur Uniformität in Einstellungen und Handlungen, in Werten und Verhaltensnormen unter anderem unter folgenden Bedingungen: je häufiger die persönliche Interaktion unter den Mitgliedern ist[7]; je mehr persönliche Interaktion auf der Grundlage der Gleichheit (ohne viel Autorität) es in der Gruppe gibt und je weniger persönlichen Wettbewerb[8]; je direkter und vollständiger die Mitglieder an der Bestimmung der Gruppennormen teilnehmen[9].
Wenn die Gruppennormen in geringer Weise definiert sind, wird die Rangordnung der Mitglieder weniger klar oder bestimmt sein[10].

2. *Organisation:*

Je dezentralisierter die Organisation ist, zusammen mit einer Verwaltungsautonomie der Einheiten, desto unterschiedlichere und oft miteinander widerstreitende Standpunkte wird es innerhalb der Organisation geben, um so mehr werden diese toleriert werden, desto besser ist wahrscheinlich die Identifikation der Mitglieder mit der Organisation[11].
Starke informelle Gruppen in einer Organisation können, wenn sie deren Zielen oder Methoden feindlich gegenüberstehen, der Organisation effektiv Widerstand leisten[12].

3. *Kreativität:*

Außerordentlich kreative Personen zeigen Präferenzen für und Interesse an Komplexität und Neuheit; sie haben wirkliches Interesse eher an jenen Situationen, die einiges an Entschlossenheit erfordern, als an solchen, die fix und fertig sind[13].
Bei außerordentlich kreativen Personen ist die Wahrscheinlichkeit größer als bei anderen, daß sie Autorität eher als etwas Konven-

tionelles denn als etwas Absolutes ansehen; daß sie weniger Schwarz-Weiß-Unterscheidungen treffen; daß ihre Lebensauffassung undogmatischer und relativistischer ist; daß sie sowohl intellektuell als auch sozial unabhängiger urteilen und weniger Konventionalität und Konformität aufweisen; daß sie eher gewillt sind, ihre eigenen »irrationalen« Impulse aufrechtzuerhalten und sie auch manchmal auszudrücken, daß sie humorvoller sind. Kurz: daß sie irgendwie freier und weniger streng kontrolliert sind[14].

4. Institutionen:

Es ist besonders wahrscheinlich, daß die unabhängigen schöpferischen freien Berufe extreme politische Präferenzen innehaben[15].
Besonders unter den freien Berufen gilt, daß, je größer die Ungleichheit zwischen angestrebtem und erreichtem Ziel ist, extreme politische Positionen desto wahrscheinlicher sind[16].

5. Sozialer Wandel:

Soziale Wandlungen von einiger Bedeutung bei einem Teil der Gesellschaft beeinflussen andere Teile, die in Wandel selbst nicht direkt einbezogen sind[17].
Je größer die kulturelle Grundlage als Anreiz zu weiterer Invention und Innovation ist, desto mehr Invention und Innovation werden erfolgen[18].
Innerhalb einer Gesellschaft ist es unwahrscheinlich, daß der soziale Wandel die niederste soziale Schicht als Grundlage besitzt (»Lumpenproletariat«)[19].

6. Sozialer Konflikt

Dieser ist unter anderem um so stärker, je weniger anpassungsfähig die Ziele sind, je mehr Ideologie miteingeschlossen ist, je instabiler die Regeln sind, durch die der Konflikt beigelegt werden soll[20].
Die Krise beschleunigt und intensiviert den bestehenden Trend in sozialen Beziehungen: Wenn die Gemeinschaft integriert ist, wird die Krise die Integration steigern, wenn sie schlecht integriert ist, wird die Krise sie spalten[21].
Die Geschichte eines Gemeinschaftskonflikts führt zum Anstei-

gen persönlicher Kontakte in jedem Lager, zum Auftritt neuer extremer Organisationen und zur Verbreitung von spezifischen zu allgemeinen Streitfragen[22].
Nichts ist nunmehr naheliegender, als daß sich, um Berelson und Steiner zusammenzufassen, außerordentlich kreative (d. h. in Kreativität außerordentlich eingeübte) Personen, undogmatisch, unkonventionell, humorvoll und gegen Autorität, unter Bedingungen der Gleichheit vereinigen und dafür sorgen, daß sich andere Gruppen an ihren Werten orientieren, um in dezentralisierten Gruppen der Gesamtgesellschaft effektiv Widerstand zu leisten; sich, um aktiv bleiben zu können, von regelmäßigen Stundenplänen tunlichst freihalten; und, ihren Bildungsgrad erhöhend, kulturelle Grundlagen zur Invention und Innovation mittels Vorwegnahme konkreter Utopien legen – somit durch ihre eigenen sozialen Wandlungen die anderen Teile der Gesellschaft beeinflussen. Die Dialektik zwischen Instabilität der Normen (isolative Abweichung) und Uniformität der Normen (integrative – »Revisionismus« – oder ebenfalls isolative – »Dogmatismus« – Abweichung) gewährleistet die Weiterentwicklung der Subkulturen zwischen Einheit und (Neben-)Widerspruch.
Ihre objektive Grenze findet die oben geschilderte Entwicklung aus Hauptwiderspruch zum Estabilshment: Die Dialektik geht in die im Teil V dargestellte Dialektik zwischen Kampf und Gegenmilieu über.

2. KONKRETE UTOPIE

Eine aus der Theorie der Subkultur herausentwickelte konkrete Utopie stellt sich im Gegensatz zu einer konkreten Utopie etwa einer geldlosen Wirtschaft, einer herrschaftslosen Gesellschaft, herrschaftsloser Medien noch immer reichlich abstrakt dar.
Die Subkulturen entwickeln ihre aus der Negation der Normen und Institutionen der Gesamtgesellschaft entstammenden Normen und Institutionen zur Aufhebung der gesamtgesellschaftlichen Normen weiter. Durch die Auflösung der Nebenwidersprüche zwischen und in den Subkulturen (wir haben uns mit der Vielfalt der Nebenwidersprüche beschäftigt) gelangen diese zu einer (notwendigerweise ihrerseits fragmentarischen, reduzierten, widersprüchlichen) Synthese zwischen all jenen Elementen, deren

einseitige Praktizierung eine permanente Fehlerquelle der Subkulturen darstellt: Spontaneität und Organisation, Emotionalität und Rationalität, Lustprinzip und Realität, individuelle Emanzipation und gesamtgesellschaftliche Praxis.
»Kein Reiskorn darf verlorengehen.« Alle zur teilweisen Integration genötigten Personen (und das sind so gut wie alle Personen über 30) entwickeln sich zu Drehpunktpersonen weiter, die den Prozeß der Umwälzung des Establishments einleiten, an dessen Spitze sie geplantermaßen provisorisch bleiben. Dieser Prozeß wird nicht ohne Widerstände vor sich gehen; inhaltlich hat er die grundsätzliche Veränderung des Bestehenden zum Ziel.
Die progressiven Subkulturen schlagen in die kompakte Majorität um, nicht ohne ihre eigenen progressiven Subkulturen als Nachfolger gebildet zu haben (»Kulturrevolution«). Da die Faktizität die Grundlage der Normen und Institutionen bildet, entstehen diese progressiven Subkulturen schon aufgrund des Spezifikums nacharbeitsteiliger Gesellschaften, in dem zwar das Individuum nicht mehr auf eine einzige Arbeit festgelegt ist, andrerseits seine Tätigkeit sich aber auf ein Syndrom von Arbeiten, die ihrerseits verschiedene normative Elemente beinhalten, konzentriert. Diese progressiven Subkulturen heben infolge gruppendynamischer Einflüsse (normative Annäherung) die regressiven Subkulturen

Mit fortschreitender Aufhebung der Arbeitsteilung durch Einbeziehung von immer mehr Personen in immer mehr Praxisbereiche wird die kompakte Majorität aufgelöst, in dem der Prozeß ihres Umschlagens in eine Fülle progressiver Subkulturen gefördert wird. Gleichzeitig wird die Synthese zwischen den progressiven Elementen in den Subkulturen immer weniger fragmentarisch reduziert, widersprüchlich. Durch allseitige Interaktions- und Informationsvermehrung wird eine so große Fülle von Drehpunktpersonen zum obenerwähnten provisorischen Establishment geschaffen, daß durch kontinuierliche Rotation die herrschenden Theorien von der Notwendigkeit der Eliten ad absurdum geführt werden. Pareto wird überparetisiert: Die Geschichte ist täglich ein Friedhof einer Elite.
Schließlich bleibt nur mehr jene Marginalhierarchie übrig, die aus der zweifachen Ungleichheit der menschlichen Fähigkeiten und Bedürfnisse resultiert. Die Befreiung des Menschen geht Hand in Hand mit der Zerschlagung der Rollen und Positionssysteme, entstehend aus der kontinuierlichen Rotation der Rollen und Po-

sitionssysteme. Sie resultiert in einer systematisierten Rolleninstabilität mit jenem gesamtgesellschaftlichen Effizienzverlust, der aufgrund der Entwicklung der Produktivkräfte historisch tragbar ist. Letztlich wird jeder Mensch gleichsam zu seiner eigenen Subkultur und konstituiert damit endlich jene Einzigartigkeit des Individuums, die der junge Marx als Zielvorstellung der gesellschaftlichen Veränderungen angeführt hat.
So von Theorie und konkreter Utopie ausgehend, muß die Frage des Stellenwerts der Subkultur im Rahmen der Dialektik zwischen Kampf und Gegenmilieu in einer umfassenden Strategie gestellt und in der Praxis gelöst werden.

3. SCHLUSSBEMERKUNG ZUR STRATEGIE UND PRAXIS

»Der Revolutionär in seinem Haß gegen die Bürgerlichkeit lebt als moralisches Beispiel für die Gegengesellschaft, die in sich den Keim der Zukunft trägt.« Bernd Rabehl[1]
Wenn ich, im Jahre 1970, unzulänglich, wie es aufgrund der mangelhaften theoretischen Analysen notwendigerweise vorerst bleiben muß, versuche, aus einer Theorie der Subkultur Schlußfolgerungen zu ziehen, müssen diese in die Strategie- und Organisationsdebatte einmünden, die derzeit die Köpfe der APO-Restbestände in der BRD – bis zu frustrierenden Ausmaßen – erfüllt.
Hierin sind folgende Ansprüche der aus einer Theorie der Subkultur resultierenden Funktionen mitzubedenken:
a) Hilfsfunktionen zur Bedürfnisbefriedigung der aktuellen und potentiellen Veränderer der Gesellschaft.
b) Entwicklung von Gegennormen, neuen Bedürfnissen etc. zur Verhinderung von Anpassung an die Gesamtgesellschaft (»Revisionismus«) und von Verhärtung im Kampf gegen diese (»Dogmatismus«).
1. Objektiv ermöglicht wird das Einfließen einer Theorie der Subkultur in die Theorie der grundsätzlichen Veränderung der Gesellschaft durch die Veränderung der Produktivkräfte und ihre Konsequenzen: die Verlagerung des Proletariats in den »tertiären Sektor«, die Etablierung der Wissenschaft als Produktivkraft, die nicht mehr als Sachzwang, sondern als Repression der Herrschenden auftretende Disziplin der neuen Proletarier[2].
1961 waren 22,7 % der Bundesbürger Angestellte[3]. In den USA

stieg der Anteil der Angestellten von 1950 bis 1965 von 37 auf 44 %, während der der Arbeiter von 39 auf 36 % sank; 1975 ist das Verhältnis 48:34 % zu erwarten; von diesen 48 % machen allein die Akademiker und Techniker 14,5 % aus. In der BRD ist 1990 mit 54 % Angestellten unter den Lohnabhängigen zu rechnen, bei überproportionalem Wachstum der Akademiker und Techniker. Die objektive Proletarisierung des überwiegenden Anteils der Angestellten und Techniker ist als erwiesen anzunehmen. Dies widerspiegelt sich darin, daß in der BRD 40 % der Angestellten die Existenz von Klassen bejahen, während etwa in der Weimarer Republik die Angestellten zur Massenbasis der NSDAP zählten (besonders hoch ist ihre Quote in Großstädten wie München, Hamburg, Düsseldorf, Köln, Frankfurt); dies widerspiegelt sich auch in der Praxis vieler Angestelltengruppen in der Pariser Mai-Rebellion 1968, bei Lehrerstreiks, in militanten Kampfformen von Angestelltengewerkschaften[4]. Vom Appell von Havanna zu den Erfahrungen aus der APO-Praxis, in der ein wesentlicher Anteil von lohnabhängigen Kadern dem neuen Proletariat entstammte: die Angestellten und Techniker formieren die aufsteigende Klasse innerhalb des Proletariats[5].

Das Klassenbewußtsein dieses »neuen Proletariats« braucht nicht mehr von außen in dieses von Intellektuellen hineingetragen zu werden: es selber ist (jedenfalls tendenziell) eine Gruppe von Intellektuellen. Das Konzept einer leninistischen Kaderorganisation des neuen Proletariats erweist sich vorneweg als fragwürdig.

2. Zur Zeit des weltweiten Guerilla-Kampfes erweist sich die Ideologie vom monolithischen Block als ineffektiv; zur Zeit der weltweiten Kapitalkonzentration erweist sich isolierte Handwerkelei als ineffektiv. Die Aufgaben fortschrittlich subkultureller Praxis ist es, zwischen der Humanisierung des Bestehenden als Ergebnis seiner grundsätzlichen Veränderung (einschließlich punktweiser, aber auch nur punktweiser Vorwegnahme als Einübung) und der Effektivität zur grundsätzlichen Veränderung des Bestehenden zu vermitteln.

Die Gesamtgesellschaft neigt zur Ideologie des monolithischen Blocks, die Herrschaftsansprüche der Herrschenden verinnerlicht, sei es die des konzentrierten Monopolkapitals, sei es die verselbständigter Apparate. Die verschiedenen Rekonstruktionen hierarchischer (bzw. tendenziell hierarchischer) Kaderbildung erweisen sich als Rationalisierung der Reproduktion dieser Ideologie, jedenfalls unter den Bedingungen entfalteter Produktivkräfte.

Die Subkulturen neigen zur bestenfalls ad hoc koordinierten isolierten Handwerkelei. Während die Effektivität geradezu zum Fetisch der Opinion Leaders der Gesamtgesellschaft wird (siehe unsere Analyse der Technokratie in Teil II), den Effektivitätsideologen in den Subkulturen (z. B. in der Führungsschicht der Münchner Arbeiterbasisgruppen) vor allem ihre irreale (im konkreten Fall dogmatische) Einschätzung der Effektivität monolithischer Blöcke im entfalteten Monopolkapitalismus vorzuwerfen ist, setzen die Subkulturen die Humanisierung des Bestehenden in einer Weise absolut, die über dem erstrebten (und punktweise vorweggenommenen) Ergebnis den Prozeß vergessen läßt. Die isolierte Handwerkelei der meisten Subkulturen äußert sich teils in esoterischen Einstellungen (Bohème, Hippies), teils in Kämpfen und Gegeninstitutionen, die nur ungenügend mit den Kämpfen und Gegeninstitutionen anderer subkultureller Gruppen verknüpft sind (politische Subkulturen).
Diese ungenügende Verknüpfung, typisch für so ehrenwerte Gegeninstitutionen wie BIT, Release, das ERAP-Projekt, die deutsche Kampagne für Demokratie und Abrüstung (um nur wenige zu nennen), wurde von Herbert Marcuse und Tuli Kupferberg in den Himmel gehoben: als eine Art von neuer Qualität. Die besten Bilder für diese Theorie hat Enzensberger geliefert, wenn er, abstrakt physikalische Vorbilder verwertend und diese anschließend auf die konkrete Theorie anwendend, schrieb:
»Ein Jongleur ist erfolgreich in dem Maß, in dem er sich gegen die Schwerkraft und die Gesetze der Mechanik behaupten kann. Er hat es mit einem äußerst labilen System von Bällen zu tun. Seine Kunst besteht darin, dieses System als ein stabiles erscheinen zu lassen... Ein ehrgeiziger Jongleur neigt dazu, mit immer größeren und komplizierteren Systemen zu arbeiten. Die Zahl der Bälle und ihr Gewicht nimmt zu. Scheiben und Ringe, unregelmäßig geformte, unhandliche Objekte, riesige und winzige Gegenstände kommen ins Spiel. Die Erfolge des Jongleurs berauschen das Publikum... Die Gravitation scheint abgeschafft, die Stabilität seines Systems gesichert. Ein Fehlgriff genügt, und es bricht zusammen. Der Jongleur ist ruiniert.« Und konkret: »Vielmehr sieht sich die herrschende Klasse einem Konglomerat von wirklichen und potentiellen Gegnern konfrontiert, das keine eindeutige Definition mehr zuläßt. Diese Randgruppen sind disparat bis zur Groteske: Schüler, Deserteure, Arbeitslose, Philosophen, Hippies, Studenten, Neger, Automationsrentner, Altkommunisten, Gast-

arbeiter, unzufriedene Frauen, Bergarbeiter, Ostermarschierer – eine Liste, die sich verlängern und je nach den lokalen Umständen variieren ließe ... Das System sieht sich nicht einer homogenen festgefügten Opposition gegenüber, die stetig wächst und über eine klare Strategie verfügt. Es befindet sich vielmehr in der Lage eines Jongleurs, der mit einer wachsenden Zahl von disparaten Bällen operieren muß. Die Schwächen einer solchen Opposition liegen auf der Hand; andrerseits ist sie schwer zu kontrollieren, gerade weil sie extrem dezentralisiert ist. Fluktuationen, große Spontaneität, unvorhersehbare Verstöße und Rückschläge, Wechsel von Konzentration und Dispersion erschweren ihre Unterdrückung. Die Möglichkeit von Kettenreaktionen ist nicht auszuschließen.«[6]

Enzensberger selbst hat exakt die schwachen Punkte der subkulturellen Opposition aufgezeigt: Mangel an Kühnheit, Zersplitterung, Kurzsichtigkeit, hilflose Taktik, provinzieller Horizont, Isolation, Resignation, Idealismus. Enzensberger selbst hat in seinem Bild von der Brücke für 2000 Personen, die durch den Gleichtritt der Gangart von 20 Personen zum Einsturz gebracht werden kann (das Instabilitätsphänomen Leinfellners!), die Kategorie des »Einrichtens der Gangart« ins Spiel gebracht. Seine bilderreichen »Berliner Gemeinplätze« sind in der APO überhaupt nicht oder zu mechanisch rezipiert worden: Letzteres auch von mir selbst. Mittlerweile hat sich die Situation in den Subkulturen verändert: Enzensberger muß einer Kritik unterzogen werden.

Die Randgruppen in der BRD sind noch disparater, noch grotesker geworden: DKP, ML, KPDAO, Rote Zellen, Basisgruppen, antiautoritäre Sozialisten, FNL, Tupamaros, Pop-Kommunen, Haschrebellen, Jungsozialisten, Jungdemokraten, oppositionelle Christen, Sozialistische Büros, Fürsorgezöglinge, Ersatzdienstleistende, um nur die wesentlichsten zu nennen – Sprachverwirrung, Schimpfwörtersozialismus, Kommunikationsverweigerung, Mißtrauen sind die Folge. Fluktuation und unvorhersehbare Rückschläge haben die Unterdrückung nicht erschwert, sondern erleichtert. Die schwachen Punkte haben sich qualitativ entfaltet: der provinzielle Horizont z. B. degenerierte zum In-Group-Horizont, die Isolation zur kämpferischen Abwehr alles Abweichenden.

Von einer Föderation wurde viel gesprochen: föderiert wurde wenig. 1968 wäre der Prozeß der Föderation aufgrund auslaufender Kampagnen vergleichsweise schmerzlos abgelaufen: wenn er 1970 nachzuholen ist, dann unter den Schmerzen von Sprachver-

wirrung und Mißtrauen. Ohne eine verbindliche, dezentralisierte Organisation der Subkulturen verfällt eines der beiden notwendigen Elemente, Effektivität oder Humanisierung.
3. Subkulturen, die sich in ihrer Praxis nicht an einer Theorie der Subkultur und deren dialektischen Beziehung zum Kampf orientieren, verfallen der Anpassung, der Isolation oder der Verhärtung.
Die einseitige Beziehung auf jeweils eine Seite des Widerspruchs, sei es Organisation *oder* Spontaneität, Effektivität *oder* Humanisierung, politische Arbeit *oder* Privatleben, Kampf *oder* Gegenmilieu, schafft, je nach Bezugsseite, esoterische Hippies, angepaßte Karrieristen oder dogmatische Ökonomisten, die die Soziologie zu einer Formalwissenschaft degradieren[7].
Wir haben in den vorhergegangenen Teilen die Gefahren der Anpassung und der Isolation ausführlich beschrieben; wir wenden uns kurz der in den Subkulturen der BRD besonders aktuellen Gefahr der dogmatistischen Verhärtung zu.
Beispiele sind in fast allen Papieren und Publikationen der ML und KPDAO zu finden: die RPK (besonders der Bericht über ihre Arbeitskonferenz) ist voll davon. Die Extreme von Anpassung und isolativer Verhärtung sind in der politischen Praxis von Lassalle und Marx (in der Kontroverse gegen Bakunin; ebenso jedoch auch von diesem gegen Marx) bereits im Widerspruch zueinander vorweggenommen worden: einerseits, alle und jeden als potentiellen Bündnispartner zu betrachten – bis hin zu Bismarck; andrerseits, an der Spitze einer weltumfassenden »Arbeiterinternationale« zu stehen, die letzten Endes nur mehr aus einer Person oder kleinen Gruppen besteht.
Die subkulturellen Publikationen strotzen nicht nur vor Dogmatismus, sondern geben auch ansatzweise die Dogmatismuskritik wieder, so zum Beispiel:
». . . verkörpern sie den kleinbürgerlichen Dogmatismus und die spalterische Sektiererei par excellence« (Joska Fischer)[8].
». . . rigide Scheinfraktionierung Rotzeg/ML . . . daß die beiden Gruppen gemeinsame inhaltliche Schwäche mit um so rigideren Organisationsstrukturen, Vorstellungen über Disziplin, Verbindlichkeit und Schulung kompensieren« (Peter Gäng)[9].
»Die Strategie der überregionalen Disziplinierung durch Führungsgremien ist ebenso integrativ, wie die diffuse Konzeption allseitiger Toleranz gegenüber allen Strategievorstellungen . . . irrelevant bleibt.«[10]

»Eine politische Organisation wird zur Sekte, wenn sie wesentlich mit der Wiederholung ihrer eigenen Besonderheiten beschäftigt ist, wenn sie, die Möglichkeiten einer gesellschaftlichen Revolution vernachlässigend, ihre eigene Reinheit organisatorisch betont.«[11]

Leider haben Joska Fischer, Peter Gäng, Wolfgang Dreßen und Genossen aus ihrer berechtigten Kritik bislang keine Konsequenzen gezogen: Die Föderation der sozialistischen nichtdogmatischen Subkulturen sieht ebenso aus wie Enzensbergers dezentralisierte Organisationsmodelle.

Das Hauptschlagwort der neuen Dogmatiker zur Mundtotmachung dialektischer Gegner ist die »Zerschlagung der antiautoritären Phase«. Sofern man unter dieser das Einschlagen von Fensterscheiben im KDW versteht: O. K.[12] Darüber hinaus ist das »Austrocknen des antiautoritären Sumpfs« das, als was es der selige SDS-BV bezeichnet hat: eine reine revolutionäre Phase[13].

»Falls wir unseren Sinn für Humor und unsere Fähigkeit der Liebe verlieren, falls wir verbittert, zornig und hart werden, haben wir der Gesellschaft keine Alternative zum Bestehenden mehr anzubieten.«[14]

4. Die Rekonstruktion der Arbeiterbewegung ist erforderlich. Die Rekonstruktion der Arbeiterbewegung ist die Rekonstruktion einer Subkultur.

Die Arbeiterklasse ist, wie aus 1. hervorgeht, unter den Klassen des Proletariats die objektiv absteigende Klasse. Nichtsdestoweniger gibt es sie, und es gehören ihr fast 50 % der Bevölkerung der BRD an – derzeit.

Dem integrativ-dogmatischen Fehler der Fetischisierung des Handarbeiters steht der isolative Fehler seiner Vernachlässigung gegenüber. Dieser haben sich die progressiven Subkulturen allzu lange befleißigt. Dabei hätten sie selbst der affirmativen Meinungsforschung, hätten sie diese nur studiert, entnehmen können, wie durchbrechbar die Integrationsanfälligkeit des Proletariats ist:

23 % meinten 1965 mit Recht (17 % 1955), die Unternehmer zögen bloß Profit aus der Arbeit anderer[15]. Für die hohen Preise machen 1964 46% zu große Gewinne verantwortlich, 72% waren für Preiskontrolle, 85 % für Preisstabilität: 87 % bei Lebensmitteln, 74 % bei Mieten, 68 % bei Heizung, 59 % bei Kleidung, 46 % bei Fahrpreisen (Roter Punkt!)[16]. 28 % hatten kein Vertrauen zur deutschen Justiz: vor allem junge Arbeiter und In-

tellektuelle[17]. 1964 immerhin 31 % für zentrale Planung und Verstaatlichung der Grundstoffindustrie[18]. 38 % fanden 1959 den Konföderationsvertrag BRD–DDR brauchbar[19]. 72 % meinten, ohne Wehrdienst sei man ebenso guter Staatsbürger[20] (Mai 1965). Die Frage »Wer gewinnt den Dritten Weltkrieg?« wurde 1967 von 41 % realistisch mit »keiner« beantwortet[21]. Die möglichst enge Zusammenarbeit mit den USA wurde 1967 nur noch von 72 % für erstrebenswert gehalten; in derselben Zeit stieg der Anteil der Befürworter einer Zusammenarbeit mit der Sowjetunion von 27 auf 41 %[22]. Trotz aller Manipulationen waren noch 1965 37 % für die Neutralität der BRD (46 % für die NATO)[23]. 30 % meinten 1966 mit Recht, die USA verteidigten in Vietnam nur die eigenen Interessen[24]. Schwache Indikatoren, aber Indikatoren.
Weder das Ghetto noch die Studenten sind die Alternative; die Alternative sind nach wie vor die Lohnabhängigen[25]. Aber auch diese sind zur grundsätzlichen Umgestaltung der Gesellschaft nur fähig, wenn ihr Wille zur Veränderung alle denkbaren Elemente miteinbezieht, nicht nur die Vergesellschaftung der Produktionsmittel.
Verbal wurde dies verschiedentlich erkannt, praktiziert wurde es wenig. Ausnahmen: Ansätze zur »Roten Hilfe« in Berlin, der Versuch in Kreisen um die »Rote Skizze« Kiel, ML und Sexpol zu verbinden. Immerhin sollen durch das Sozialistische Zentrum Berlin »Bedingungen geschaffen werden, die dazu beitragen, daß sich proletarisches Milieu, das vom kapitalistischen Konkurrenz- und Leistungsprinzip zusehends zerstört wird, entwickeln kann«[26]. Und zwar zum Beispiel: »Der unbestimmte Begriff des ›proletarischen Milieus‹ müßte in Zusammenarbeit mit den Lehrlingen und Jungarbeitern konkreter bestimmt werden durch die Mobilisierung kultureller Phantasie: So könnte die Technik des kommentierten Films, durch Bilder illustriertes Agitationsmaterial das Bedürfnis nach Fernsehen und Film aufnehmen und politisch einbeziehen.«[27] Ebenso wird gelegentlich in der RPK darauf hingewiesen, daß das Verhältnis von sexueller Unterdrückung im Konsum zu Arbeiterkontrollforderungen zuwenig bestimmt sei[28]; selbst bei Schmierer, einem eher rigiden Verfechter der Rekonstruktion der Arbeiterbewegung, tauchen subkulturelle Elemente wie Arbeiterkontrolle über Kantinen, Versammlungsräume, Personalfragen, Überstunden, Arbeitszeit und Arbeitstempo als Vorwegnahme der schließlichen Arbeiterkontrolle, wie lokale

Basisgruppen für Reproduktionsprobleme (Mieten, Kindergärten, Jugend und Lehrlingswohnheime), wie Wohngemeinschaften junger Arbeiter auf[29]. Wie Reich korrekt nachgewiesen hat, wird das Klassenbewußtsein nicht nur durch die Kämpfe am Arbeitsplatz und in der »großen« Politik bestimmt, sondern auch durch verinnerlichte Normen, insbesondere Sexualität, Konsum, Freizeit betreffend. Daher hat die Kommune 2 recht, wenn sie feststellt: »Die kollektiven Tendenzen müssen bewußt auch außerhalb des direkten politischen Kampfes organisiert werden. Überlassen wir die Erholung in der Freizeit der kapitalistischen Industrie, überlassen wir die sexuellen Bedürfnisse und die Erziehung der Kinder weiter der Kleinfamilie, dann werden die bürgerlichen Tendenzen in der politischen Organisation immer wieder vordringen und die Entwicklung der Solidarität hemmen und zurückwerfen.«[30]
Eine antisubkulturelle Rekonstruktion der Arbeiterbewegung führt zu nichts anderem als zu rigidem Dogmatismus und zu einer reinen Reproduktion bürgerlicher Gruppendynamik[31].
5. Die Interaktion der Subkulturen mit dem neuen Proletariat (und weithin als, jedenfalls tendenzielle, Teile dieses) einerseits, mit der in Rekonstruktion befindlichen Handarbeiterbewegung andrerseits, macht die Angehörigen der progressiven Subkulturen zu Drehpunktpersonen zur kompakten Majorität. Als bewußte Drehpunktpersonen heben sie die eben beschriebenen Widersprüche zwischen subkultureller Isolation und gesamtgesellschaftlicher Integration, zwischen subkultureller Verhärtung und gesamtgesellschaftlichem »Revisionismus«, zwischen subkultureller Spontaneität und gesamtgesellschaftlicher Organisation etc. etc. auf.
Die Aufgabe dieser Drehpunktpersonen ist bislang erst recht abstrakt formuliert worden. Für die Drehpunktpersonen des neuen Proletariats sieht Michel die »geplante permanente Revolution« vor (über die er auch nur geschrieben hat)[32]. Enzensberger brachte das Bild der Kontrolle über die eingebrachten Regelstäbe im Atomreaktor, die über die Stabilität des Systems entscheide: »Wer dagegen den Reaktor mit Schmiedehämmern angreift, ruft allenfalls Blechschäden hervor.«[33] (Enzensberger schrieb, unternahm nichts in Richtung Regelstabkontrolle und machte Urlaub in Cuba.)
Über das dogmatische Kader-Massen-Verhältnis hinaus ist wenig zum Verhalten der Drehpunktpersonen zur Handarbeiterbewe-

gung geschrieben worden. (Praktiziert noch weniger.) Ansatzweise vermittelt ein Modell der K 2 zwischen den soziologischen und psychologischen Faktoren der Drehpunktpersonen in Basisgruppen[34]:

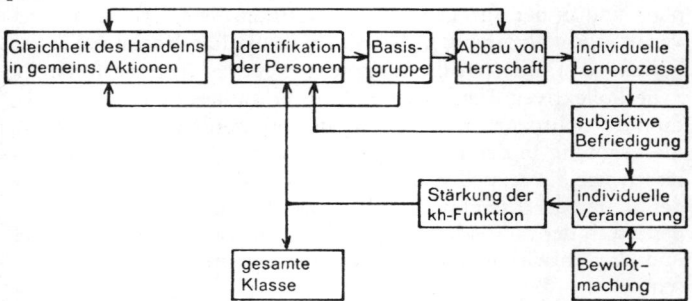

6. Um die verschiedenen Abweichungen zu vermeiden, ist es eine wesentliche Aufgabe der fortschrittlichen Subkulturellen, jeweils von ihrer Position her die knarrende Dialektik wieder in Gang zu setzen: zwischen Privatleben und politischer Praxis, zwischen direkten und indirekten Unterdrückungsinstanzen, zwischen Erfordernissen des Kampfes und Erfordernissen der Emanzipation, zwischen Basisorganisationen und zentralen Kampagnen, zwischen Provokation und Realpolitik, zwischen Theorie, Bewußtsein und Praxis, zwischen Selbstverständnis und Öffentlichkeit, zwischen Lust- und Realitätsprinzip, zwischen Schutzfunktion und Antizipationsfunktion, zwischen Rationalität und Emotionalität, Phantasie, Intuition, zwischen Konsumaskese und Konsumterror, zwischen Reflexion und Wahrnehmung, zwischen Sensibilisierung und machbarer Geschichte, zwischen Dezentralisierung und Konzentration.

7. Es wird nötig sein, endlich einmal nicht subkulturell zu reden (schreiben), sondern zu handeln.

Strategieansätze gibt es viele – auf dem Papier[35]. Enzensberger hat vorgeschlagen, jede Theorie durch Aktionen zu korrigieren, einen Pluralismus der Methoden anzuwenden, immer neue Mittel zu erfinden, zu erproben, fallenzulassen, aufzugreifen, das Überraschungsmoment zu nutzen, dezentralisierte Organisationsformen zu entwickeln, konkrete Utopien zu erstellen. Enzensberger hat weder seine Theorie durch Aktionen korrigiert noch neue Mittel erprobt, noch unseren fragmentarischen konkreten Uto-

pien eine eigene entgegengestellt, geschweige denn eine dezentralisierte Organisationsform.
Gerhard Zwerenz hat in der »Lust am Sozialismus« 40 Seiten Strategie angeregt. Er lobt den »unscheinbaren Helden«, spricht vom Unterlaufen der Unterdrückungsmechanismen, von der Diskussion der Bundeswehr auf der Höhe der Militärwissenschaft, von einer Schule für Taktiken à la Klarsfeld, von der vernünftigen List, die den »Widersinn der Moderne in sich selbst auf die Spitze« treibe, vom Auslachen der Autorität, vom »Anonym bleiben«, vom Leben wie in besetzten Gebieten, von der Behandlung von Feinden mit größter Höflichkeit, vom Einschlafen in gegnerischen Verhandlungen, von Empörungskursen und Entrüstungslehrgängen, vom Transport der Revolution in den Alltag[36]. Das ist eine ganze Menge und nichts durchgeführt: Feuilleton.
In diesem Zusammenhang gehört auch meine Selbstkritik bezüglich meiner Tätigkeit in der Projektgruppe Subkultur Stuttgart. Sie war als eine von 15 kritischen Arbeitskreisen Stuttgarts gedacht, der sich nach einiger Zeit aufheben sollte. Die Praxis wurde anders. Die 14 anderen Arbeitskreise gingen ein; die Projektgruppe Subkultur hielt sich, erhielt dadurch zu großen Stellenwert, war überfordert. Die Projektgruppe konnte ihre 30 bis 80 Mitglieder nicht zu verbindlicher Arbeit motivieren; die Exekutive ihrer Beschlüsse blieb gleichfalls im Unverbindlichen; die notierten Vorschläge wurden selten durchgeführt; die Projektgruppe versandete in fruchtlosen Selbstverständnisdebatten. Mangelnde Mitarbeit, unhandliche Aufteilung der 67 Fragen reproduzierten Autorität, wozu noch psychologische Fixierungen kamen. Diese und die schlechte Austragung der Fraktionskämpfe führten zu einer neodogmatischen Regression vieler politisch bewußter Mitarbeiter, während der Hippie-Flügel zur isolativen Haltung regredierte. Der Arbeitsstil verblieb akademisch; über die wöchentlichen Treffpunkte der Projektgruppen hinaus bestand wenig kontinuierlicher Kontakt. Abstrakte Schulung (Lefebres »Der dialektische Materialismus«) war verbunden worden mit unverbindlicher Theorie (Fragen der Arbeit, Normen, Konsum, Sexualität; vor allem Mandel, Marcuse, Reiche) und handwerklerischer Praxis (Besetzung des Stuttgarter Schauspielhauses anläßlich des Kampfs gegen die Notstandsgesetzgebung, Ansätze zur Gegenakademie, Architektenkooperative, Basisgruppe Heslach, AK Emanzipation). Typischerweise hat sich bis in die Gegenwart bei den mitarbeitenden Angestellten am meisten das Bedürfnis nach einer dieser Feh-

ler, für die ich weitgehend verantwortlich bin, vermeidenden Projektgruppe Subkultur erhalten. Ebenso typisch von der anderen Seite, da besonders die USSG Stuttgart immer wieder einen nicht vorhandenen »Subkulturismus« in ihren Reihen kritisiert: unter den 80 Mitarbeitern waren nur 2 Schüler, von denen einer nur die 67 Fragen vervielfältigte und der zweite nach der zweiten Zusammenkunft nach Frankfurt verzog.
Fazit: die vielen Joska Fischer, Gäng, Dreßen, Michel, Enzensberger, Schroeder, Zwerenz, Häfele, Schwendter, die Fried, Grohmann, Reiche, Negt, Gottschalch müssen sich mit den arbeitenden Gruppen, in denen sie arbeiten, und Hunderten anderen arbeitenden Gruppen föderieren, um die Theorie mit der Praxis besser vermitteln zu können.
8. Eine verbindliche, kontinuierliche Organisation ist erforderlich, um die Hilfs-, Schutz- und Antizipationsfunktionen der Subkulturen zu gewährleisten und sie mit dem Kampf um die Veränderung der bestehenden Gesellschaft zu vermitteln. Diese Organisation kann in den Metropolen keine leninistische Kaderpartei sein, deren objektive Funktion die Reproduktion der geltenden Normen ist, sofern sie nicht in Dogmatismus versackt. Die der Theorie der Subkultur entsprechende Form ist, jedenfalls bis zum Vorliegen einer politischen Ökonomie des 20. Jahrhunderts und einer daraus abgeleiteten Klassenanalyse, die Föderation.
Dies ist noch im Herbst 1969, vor der spektakulären Dogmatisierungskampagne, richtig erkannt worden. So von der linkskommunistischen Frauenschulungsgruppe (die neben der Notwendigkeit des Willensbildungsprozesses von unten nach oben den horizontalen Finanzausgleich – eine subkulturelle Forderung – betont)[37], von der K2 (»Dieser Prozeß des Abbaus hierarchischer Strukturen in der linken Bewegung wird von einem Bewußtsein her eingeleitet, das verstanden hat, daß Elemente des Kommunismus bereits vor und als Bedingung der Machtergreifung des Proletariats etabliert werden müssen«[38]), von Ronald Steckel, der die militante Gewaltstrategie wie die euphorische Proklamation der befreiten Gesellschaft mit Recht als illusionäre Verkennung der objektiven Situation kritisiert, die Organisations- und Theoriefeindlichkeit der amerikanischen Subkulturen geißelt, die progressiv subkulturellen Zielsetzungen zusammenfaßt und folgert: »Diese Ziele lassen sich nicht durch Einzelaktionen zersplitterter Gruppen verwirklichen; sie können nur durch gemeinsame Arbeit der Gesamtheit der oppositionellen, politischen progressiven

Gruppen erreicht werden.«[39] Die Projektgruppe Subkultur Darmstadt zitiert ausführlich Frank Wolff (Neue Kritik 50): Die Vorwegnahme des Reichs der Freiheit ist heute wegen der Intensität und Reichweite zentraler gesellschaftlicher Tendenzen historisch eher angemessen als etwa im Anarchismus des 19. Jahrhunderts, auch wenn dem Anspruch auf Glück die mühsame Praxis, die auf seine Realisierung gerichtet ist, häufig genug zuwiderläuft.
Das Föderationsmodell, das diese Arbeit abschließt, ist notwendigerweise, da in der Praxis nicht erprobt, seinerseits mechanisch. Es versucht, Theorie, Utopie und Praxis, Kampf, Gegenmilieu und Organisation zu vermitteln. Seine Erprobung wird empfohlen.

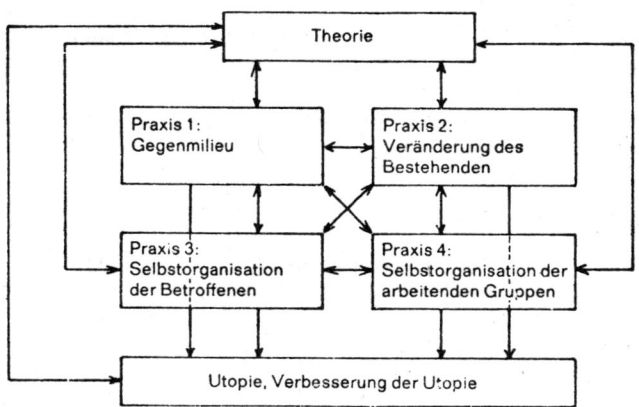

PRAXISBEREICHE

Betriebe:

Praxis 1: Gegenökonomie
Praxis 2: Betriebsarbeit, Streiks, Betriebszeitungen etc.
Praxis 3: Gewerkschaften, informelle Gruppen etc.
Praxis 4: Selektion Produktion

Technologie:

Praxis 1: Gegenökonomie, Gegenmedien, Hochschulcomputer
Praxis 2: Ausbildungsänderung, Betriebsarbeit, Streiks etc.

Praxis 3: Gewerkschaften, Ingenieurverbände
Praxis 4: Sektion Produktion

Internationalismus:

Praxis 1: Kontakte zu Cuba, China
Praxis 2: Unterstützung der Befreiungskämpfe
Praxis 3: Ausländische Studentenverbände, Fremdarbeiter, IZD ...
Praxis 4: Sektion Internationalismus

Konsum:

Praxis 1: Gegenökonomie, Kneipen, Digger-Shops, Kommunen
Praxis 2: Kaufhaus- und Werbungskampagnen, Wohnbezirksarbeit ...
Praxis 3: Konsumentengewerkschaften, Konsumgenossenschaften
Praxis 4: Sektion Konsum

Institutionen:

Praxis 1: Gegeninstitutionen (Clubs, Kongresse etc.)
Praxis 2: Wahlkampfkampagnen, Kirchentag etc.
Praxis 3: Jusos, DJD, Gewerkschaftsjugend, Kritische Kirchen
Praxis 4: Sektion Institutionen

Hochschulen:

Praxis 1: KU, AKe, Schulung, Basisgruppen
Praxis 2: Ausbildungsänderung, Kollektivarbeit, Tutoren, inneruniversitäre Arbeit
Praxis 3: AStA, Konvent, Fachschaften, BAK, BDW
Praxis 4: Sektion Institutionen (und alle anderen Sektionen)

Wohnbezirke:

Praxis 1: Gegenseitige Hilfe, Altenhilfe, Squatters, Kommunen
Praxis 2: Kommunale Konflikte, Konsumentenstreiks, Mieterstreiks, Grüne Witwen etc.
Praxis 3: Bezirksorganisationen, Mietervereine
Praxis 4: Sektion Wohnbezirke

Umweltgestaltung:

Praxis 1: Gegenhäuser, Drop City, Kommunen
Praxis 2: Märkisches Viertel, Perlach etc.
Praxis 3: IDZ, Architektenorganisationen etc.
Praxis 4: Sektionen Wohnbezirke, Umweltgestaltung

Schulen:

Praxis 1: Liberation School, Schülerläden
Praxis 2: innerschulische Arbeit
Praxis 3: GEW, SMV, Elternorganisationen
Praxis 4: Sektion Sozialisation

Kinderläden:

Praxis 1: Kinderläden
Praxis 2: Kindergartenagitation
Praxis 3: Elternkollektive, Kinderkollektive, Kindergärtnerinnen
Praxis 4: Sektion Sozialisation

Randgruppen:

Praxis 1: Jugendkommunen
Praxis 2: Heime, Bewährungshilfe etc.
Praxis 3: Randgruppen, Sozialarbeiter, Studenten
Praxis 4: Sektion Sozialisation

Medien:

Praxis 1: Gegenmedien
Praxis 2: Medienkampagnen
Praxis 3: Journalistische Modelle, Lesergewerkschaften etc.
Praxis 4: Sektion Medien

Kunst/Agitation:

Praxis 1: Ausbildungsänderung, Clubs, Coops, Gegen-Schallplatten, Festivals, Shows, Gegenmedien
Praxis 2: BBK, Theater, Bands, etablierte Festivals
Praxis 3: Literaturproduzenten, Autorensyndikat etc.
Praxis 4: Sektion Kunst/Agitation

Bundeswehr:

Praxis 1: Schulen für gewaltlosen Widerstand
Praxis 2: Leutnantpapier, BSS, Bundeswehrkampagne
Praxis 3: DGB, Soldatenvertreter, VK, Ersatzdienstzentren
Praxis 4: Sektion Bundeswehr

Justiz:

Praxis 1: Rechtshilfe, Tribunale, Hearings
Praxis 2: Referendarausbildung, Justizkampagne, Strafvollzug
Praxis 3: Gefangenengewerkschaft etc.
Praxis 4: Sektion Justiz

Medizin:

Praxis 1: Gegen-Krankenhaus, Rote Hilfe, Sexpol
Praxis 2: Rote Famulatur, Ausbildungsänderung
Praxis 3: Patientengewerkschaft
Praxis 4: Sektion Medizin

4. FOLGERUNGEN FÜR DEN LESER

1. Konsumieren Sie das Buch nicht. Wenn Sie mit wesentlichen Teilen des Buches nicht einverstanden sind, kritisieren Sie es. Senden Sie Ihre Kritik an den Verlag.
2. Erwähnen Sie weitere Bedürfnisse, auf die das Buch nicht eingeht.
3. Wenn Sie mit dem Inhalt des Buches im großen und ganzen einverstanden sind, ziehen Sie Folgerungen daraus. Arbeiten Sie in den entsprechenden Gruppen Ihres Ortes mit; wenn es diese Gruppen dort nicht gibt, helfen Sie mit, diese zu organisieren. Helfen Sie, diese Gruppen mit anderen Gruppen im Bundesgebiet zu föderieren.
4. Organisieren Sie Gegenmilieu an Ihrem Arbeitsplatz, in Ihrem Wohnbezirk, in Ihrer Schule, Hochschule, Verlag etc. etc.
5. Stellen Sie eine leicht verständliche Kurzfassung des Buchs her und verteilen Sie diese in Ihrer Gruppe und an anderen Ihnen geeignet erscheinenden Orten (Arbeitsplatz, Wohnbezirk etc.).

Anmerkungen

I. THEORIE DER SUBKULTUR

1. ZUM BEGRIFF »SUBKULTUR«

1. H. Marcuse, *Versuch über die Befreiung*, Frankfurt/Main 1969, S. 33.
2. Tyler, *Primitive Culture*, 1924, S. 1, Zit. John Rex Key, *Problems of Sociological Theory*, London ³1965, S. 47 f.
3. Karl Martin Bolte, *Die Gesellschaft im Wandel*, Opladen 1966, S. 340 ff.
4. Walter Hollstein, *Der Untergrund*, Neuwied-Berlin 1969, S. 17. Übernommen z. B. von Sutherland-Woodward, *Introductory Sociology*, Chicago 1952, S. 147.
5. Op. cit. S. 158.
6. Papier der Projektgruppe Subkultur im SDS Darmstadt 1969, ähnlich Michael Instane in: *Circuit* 5, 1968, S. 23.

2. DAS GESPENST DES »SUBKULTURISMUS«

1. Hanfried Brenner, bekanntes Mitglied des SDS München, machte 1967 bis 1969 eine Wandlung vom extremen Antiautoritären zum ebenso extremen Dogmatiker durch.
2. Michael Buselmeier / Günter Schehl, die Kinder von Coca-Cola, in: *Kürbiskern* 1, 1970, S. 74 f.
3. Wolfgang Harich, Kritik der revolutionären Ungeduld, in: *Kursbuch* 19, S. 111.
4. Georg Kiefer (DL) in einer Diskussion »Stuttgart Links« des Club Voltaire Stuttgart, Frühjahr 1968.
5. E. A. Rauter über »Subkultur Berlin« in: *konkret* 14, 1969, S. 37.
6. *song* 4, 1969, S. 3 f.
7. *Fremdwörterbuch der DDR*, Leipzig 1966.
8. Rauter, op. cit., S. 40.
9. Op. cit., S. 37.
10. Hans G. Helms, *Ideologie der Anonymität*, Köln 1966, S. 498.
11. Diskussionsbeitrag im *Workshop* 7 beim Waldeck-Arbeitstreffen 1969.
12. 883/37, S. 4.
13. SDS-BV in: *konkret* 8, 1969, S. 17 ff.
14. AUSS-BV an Projektgruppe Waldeck, abgedruckt in: *song* 3, 1969.
15. 883/41, S. 6.
16. *Guerilla*, Januar 1970, S. 19.

17. Günter Mangold, Illusionen-gebündelt, in: *in put* 1, 1970, S. 17.
18. 883/37, S. 2.
19. AUSS-BV: Thesen zur Sexualkampagne; in: *express international*, Nr. 8, 1969, S. 8.
20. In: *Kursbuch* 17, S. 44 f., ebenso S. 43 »Gegengesellschaft«.
21. Fried, Anmerkungen zu Verhaltensmustern, in: Baran, Fried, Salvatore: *Intellektuelle und Sozialismus*, Berlin 1968, S. 33.
22. In: *RPK* 2, 1969, S. 6.
23. *Kommune* II, Berlin 1969, S. 306 f.
24. *RPK* 10, 1969, S. 6.
25. Papier der Projektgruppe Subkultur im SDS Darmstadt, auch in: *song* 3, 1969.

3. DIE IDEOLOGIE DER ANPASSUNG

1. Hollstein, op. cit., S. 11.
2. Emile Durkheim, *Regeln der soziologischen Methode*, Neuwied - Berlin 1965, S. 157, ähnlich Arno Plack, *Die Gesellschaft und das Böse*, München 1967, S. 22, 115 f.
3. Op. cit., S. 156.
4. Zit. Lewis Coser, *Theorie sozialer Konflikte*, Neuwied - Berlin 1965, S. 24, dto. Neusüss (Hrsg.), *Utopie*, Neuwied - Berlin 1968, S. 70.
5. Op. cit., S. 26.
6. Op. cit., S. 26 f.
7. Talcott Parsons, *Beiträge zur soziologischen Theorie*, Neuwied - Berlin 1964, S. 53.
8. Op. cit., S. 56.
9. Op. cit., S. 57.
10. Op. cit., S. 181.
11. Urs Jaeggi, *Ordnung und Chaos*, Frankfurt/Main 1968, S. 114.
12. Kingsley, Davis, *Human Society*, New York 1965, 20. Aufl.
13. Op. cit., S. 10.
14. Op. cit., S. 54.
15. Op. cit., S. 136, 139.
16. Op. cit., S. 56.
17. Op. cit., S. 68.
18. Op. cit., S. 79.
19. Hollstein, op. cit., S. 158, 159.
20. Peter Hofstätter, *Sozialpsychologie*, Stuttgart 1963, S. 57 f.
21. Op. cit., S. 62.
22. Coser, op. cit., S. 21 f.
23. Op. cit., S. 23.
24. Parsons, op. cit., S. 223.
25. In: *Logik der Sozialwissenschaften* (Hrsg. Topitsch), Köln-Berlin, S. 493.

26. George C. Homans, *Elementarformen sozialen Verhaltens*, Köln - Opladen 1967, S. 100 f.
27. Bolte, op. cit., S. 340–342.
28. Oscar Lewis, The Kulture of Poverty, in: *Scientific American*, Oct. 1967, S. 18–25.
29. Rex, op. cit., S. 107–109.
30. Albert Cohen, *Kriminelle Jugend*, Reinbek 1960, S. 136.
31. Irving C. Horovitz und Liebowitz, Social Deviance and political Marginality, in: *Social Problems*, Bd. 15, Nr. 3, Winter 1968, S. 280 ff.
32. Op. cit., S. 286.
33. Herbert Marcuse, *Der eindimensionale Mensch*, Neuwied - Berlin 1967, S. 253.
34 Op. cit., S. 267.
35 In: *Kursbuch* 9, ähnlich Paul Jacobs - Saul Landau, *Die Neue Linke in den USA*, München 1969, S. 8; Hollstein, op. cit., S. 156 (Zitate Watts, Sanders, EVO, University of Minnesota).
36. Frankfurt 1969.
37. Op. cit., S. 9.
38. Buselmeier-Schehl, op. cit., S. 76.
39. Soziologische Exkurse, *Frankfurter Beiträge zur Soziologie* 4, Frankfurt/Main 1956, S. 66; ähnlich Hollstein, op. cit., S. 171.
40. Hollstein, op. cit., S. 160.
41. Gerhard Zwerenz, in: *Revolution gegen den Staat?* (Hrsg. Dollinger), Bern - München - Wien 1968, S. 205; ähnlich Scheringer, S. 67, ebenda.
42. Diskussionsbeitrag Jaensch, *Workshop* VII, Waldeck 1969.
43) Homans, op. cit., S. 171.

4. DIE JUGENDKULTUR-DISKUSSION

1. Hollstein, op. cit., S. 172 (18 % sind älter als 30, 30 % länger als 5 Jahre dabei).
2. Zit. in: *The Politics of Protest* (Jerome H. Skolnick-Report), New York 1969, S. 81.
3. René König, Soziologie der Jugendkriminalität, in: Sonderheft 2 der *Kölner Zeitschrift für Soziologie und Sozialpsychologie;* Zit. Ludwig v. Friedeburg, Zum Verhältnis von Jugend und Gesellschaft, in: *Zeugnisse*, Frankfurt/Main 1963, S. 422; ähnlich Robert Bell, Die Teilkultur der Jugendlichen, in: *Jugend in der modernen Gesellschaft* (Hrsg. Friedburg), Köln-Berlin ⁴1967, S. 83 ff.
4. Friedrich Tenbruck, Moderne Jugend als soziale Gruppe, in: *Jugend...*, S. 95; bzw. ders.: *Jugend und Gesellschaft*, Freiburg i. Br. 1962, S. 49 f.
5. Friedeburg, op. cit., S. 422.
6. Op. cit., S. 423. Ähnlich Elkin-Westley, Der Mythos von der Teil-

kultur der Jugend, in: *Jugend...*, S. 99 ff.; Ellemers, Allgemeine Ursachen der Ausdrucksformen moderner Jugend, ebenda, S. 218; Pross, *Jugend, Eros, Politik*; Hollstein, op. cit., S. 157; Berlin - München - Wien 1964.
7. Kentler über Subkulturen: Vortrag im Internationalen Kulturzentrum Wien 1965.
8. Friedeburg, op. cit., S. 423.
9. Theodor W. Adorno, *Minima Moralia*, Frankfurt/Main, S. 276 f.
10. Friedeburg, op. cit., S. 415.
11. Hollstein, op. cit., S. 157, 19 f.; aus der Praxis: Pross, op. cit., S. 456–486.

5. ESTABLISHMENT UND KOMPAKTE MAJORITÄT

1. Ähnlich auch in: Davis, op. cit., S. 87 f., 92 ff., 116.
2. *Jasmin* 2, Februar 1970, S. 32.
3. »Establishment« und »kompakte Majorität« im obigen Sinn erstmals bei T. W. Adorno, *Ohne Leitbild*, Frankfurt/Main 1967, S. 56.

6. PROGRESSIVE UND REGRESSIVE SUBKULTUREN

1. Alle Golowin-Zitate entstammen dem *Workshop* VII, Waldeck 1969.
2. Herbert Marcuse, *Eindim. Mensch*, S. 36.
3. Op. cit., S. 13.
4. Herman Kahn - Anthony Wiener, *Ihr werdet es erleben*, Wien 1969, S. 79.
5. In: *Kursbuch* 14, Dossier Konkrete Utopie, Nachwort.
6. H. M. Enzensberger, Berliner Gemeinplätze in: *Kursbuch* 11, S. 163.
7. Op. cit., S. 162 f.
8. *Stigma*, Frankfurt/Main 1967.
9. Op. cit., S. 7.
10. Op. cit., S. 9 f.
11. Op. cit., S. 76.
12. *Eindim. Mensch*, op. cit., S. 267. *Aber Versuch...*, op cit., S. 80, verwahrt sich Marcuse dagegen, das Lumpenproletariat als radikale politische Kraft aufzuwerten. Eine Liste »Substrats der Geächteten« sogar bei Dahrendorf, *Gesellschaft und Demokratie...*, S. 87 ff.
13. 883/39 (6. 11. 1969), S. 8.
14. Helmut Kreuzer, *Die Bohème*, Stuttgart 1969, S. 281 ff.
15. Op. cit., S. 284.
16. Möller - Neumann - Kohlhepp, *Jugendkommune*, Berlin 1969.
17. Op. cit., S. 5.
18. Op. cit., S. 1.
19. Kreuzer, op. cit., S. 1–3.

20. Rex D. Hopper, Cybemation, Marginality and Revolution, in: *The New Sociology* (Hrsg. Horowitz), New York 1965, S. 313.
21. Z. B. in: *Berliner Extra-Dienst* 33, 1969, S. 6 ff.
22. Jack Newfield, *A prophetic Minority*, New York 1967, S. 33.
23. Op. cit., S. 75.
24. Margret Kosel, *Beatniks, Gammler, Provos*, Frankfurt/Main 1967.
25. Op. cit., S. 106.
26. Kahn-Wiener, op. cit., S. 77.
27. Kahn-Wiener, op. cit., S. 190 f.
28. Op. cit., S. 192 f.
29. Op. cit., S. 191.
30. Op. cit., S. 192.
31. Op. cit., S. 192 f., ähnlich S. 334.
32. Kreuzer, op. cit., S. 238.
33. Zit. Dahrendorf, op. cit., S. 309.
34. Zum Intellektuellen als Teil der zukünftigen Arbeiterklasse siehe auch: J. E. Seiffert, *Zengakuren*, München 1969, S. 41.
35. Kahn-Wiener, op. cit., S. 57.
36. Kreuzer, op. cit., S. 291 f.
37. Karl Markus Michel, *Die sprachlose Intelligenz*, Frankfurt/M. 1968.
38. Michel, Intelligenz, III, in: *Kursbuch* 9, S. 202.
39. Op. cit., S. 211.
40. Op. cit., S. 225.
41. Werner Leinfellner, Theorie der Revolutionen, in: *Theorie der Wohlfahrtsgesellschaft, Papier des Instituts für höh. Studien u. wiss. Forschung*, Wien 1967, S. 40 ff.
42. Coser, op. cit., S. 47 und 54; ähnlich natürlich Wilhelm Reich, Kentler.
43. Zu den Normen faschistischer Intellektueller siehe auch: Rudolf Scheßwendter, *Die sozialreformatorische Funktion des geistigen Arbeiters im Nationalsozialismus*, Diss. Wien 1964.
44. Karl O. Paetel (Hrsg.), *Beat*, Reinbek 1962, S. 16 f.
45. Pross, op. cit., S. 12; Otto Ernst Schüddekopf, *Linke Leute von rechts*, Stuttgart 1960, S. 164 f.
46. Pross, op. cit., S. 60 ff.
47. Op. cit., S. 142.
48. Über den Nebenwiderspruch zwischen romantischen und technokratischen Intellektuellen im NS siehe Scheßwendter, op. cit.
49. Kreuzer, op. cit., S. 327 ff.
50. Op. cit., S. 336.
51. Op. cit., S. 346.
52. Op. cit., S. 347.
53. Op. cit., S. 348.
54. Frank Reynolds - Michael McClure, *Free wheelin 'Frank*, London 1967, S. 7.
55. Op. cit. S. 8.
56. Ebendort.

57. Ebendort.
58. Op. cit., S. 90.
59. Op. cit., S. 28.
60. Op. cit., S. 21.
61. Op. cit., S. 92 f.
62. Op. cit., S. 12.
63. Op. cit., S. 5.
64. Op. cit., S. 26.
65. Op. cit., S. 28.
66. Op. cit., S. 53.
67. Op. cit., S. 52.
68. In: *Process* 2, London 1968.
69. Op. cit., S. 10 f.
70. Ebenda.
71. *Berkeley Barb* 16.–22. 1. 1968, S. 3.
72. Op. cit., S. 13.
73. Pross, op. cit., S. 130 ff.
74. Op. cit., S. 194–196.
75. Op. cit., S. 205.
76. Op. cit., S. 219 ff.
77. Op. cit., S. 408.
78. Op. cit., S. 445.
79. Pross, op. cit., S. 382 ff.
80. Schüddekopf, op. cit., S. 382.
81. Op. cit., S. 19.
82. Op. cit., S. 76 f.
83. Op. cit., S. 105.
84. Op. cit., S. 123.
85. Op. cit., S. 147–157.
86. Op. cit., S. 159.
87. Op. cit., S. 255.
88. Op. cit., S. 324 f.
89. Op. cit., S. 330.
90. Op. cit., S. 384.
91. Op. cit., S. 250.
92. Op. cit., S. 246.
93. Op. cit., S. 105.
94. Op. cit., S. 77.
95. Op. cit., S. 240 ff., ähnlich Skolnick, op. cit., S. 222, für den Ku-Klux-Klan.
96. Op. cit., S. 238.
97. Pross, op. cit., S. 503.
98. Schüddekopf, op. cit., S. 252.
99. Op. cit., S. 252.
100. Kreuzer, op. cit., S. 353 ff.
101. Horowitz-Liebowitz, op. cit., S. 292.

7. INTEGRATIONS- UND DESINTEGRATIONSMECHANISMEN

1. So auch Kreuzer, op. cit., S. 58 f.
2. Dazu auch Hollstein, op. cit., S. 99.
3. Enzensberger, op. cit., S. 152.
4. *Revolution gegen den Staat?*, op. cit., S. 78.
5. Hopper, op. cit., S. 324.
6. So sehr richtig – vom affirmativen Standpunkt aus –: Schmidtchen, *Die befragte Nation*, S. 330
7. Robert Reichardt, Unvollkommene Koalitionen. Im *Papier der Spieltheorie-Konferenz 1967 im Institut für höh. Studien und wissenschaftliche Forschung*, Wien.
8. Op. cit., S. 12.
9. Zur Problematik der Liberalen siehe Dieter E. Zimmer, Statt Parolen mal eine Frage (ZEIT, 4. 10. 1968, S. 17 f.); Kai Hermann, *Revolution gegen den Staat?*, op. cit., S. 168.
10. Nikolaus Ryschkowsky, *Die linke Linke*, München - Wien 1968.
11. *Protokolle zum 8. Ordentlichen Gewerkschaftstag in Koblenz*, 2. 9. 1968.
12. Helmut Dahmer, Jugend und gesellschaftliche Veränderung, in: *express international*, 22. 8. 1969, S. 8.
13. Z. B. Jack Newfield, *A prophetic Minority*, New York 1967, S. 33.
14. Z. B. Skolnick, op. cit., S. 171.
15. Kreuzer, op. cit., S. 48.
16. Op. cit., S. 72 f.
17. Op. cit., S. 91.
18. Op. cit., S. 175 f., auch zum Teil Goffman, *Stigma*, S. 41.
19. Goffman, *Stigma*, S. 40; insbesondere S. 178 zur Radikalisierung der »Weisen«.
20. So auch fast wörtlich Nevermann, in: *Revolution*, op. cit., S. 57 (Selbstisolierung, wirkungslose Integration).
21. Hans Rüdiger, *Situation und Haltung der Jugend von 1968*, Erlangen 1968, S. 7.
22. Zit. Kosel, op. cit., S. 97.
23. Mangold, op. cit., S. 17.
24. Theoretisch: Coser, op. cit., S. 43, 159.
25. Leinfellner, op. cit., S. 49; Fried, op. cit., S. 37 f.
26. *April 1969*, S. 1.
27. Ebenda.
28. *Ruhr-Nachrichten*, 4. Okt. 1968. Zur Kritik der Essener Song-Tage siehe: *song* 8, 68, S. 26–31.
29. Skolnick, op. cit., S. 155.
30. Marcuse, *Die Gesellschaftslehre des sowj. Marxismus*, S. 217.
31. Litten, in: *Revolution*, op. cit., S. 33.
32. Ähnlich in der Tendenz Streecks gehässige Polemik gegen die »Subkulturen mit esoterischem Kommunikationsstil«, in: *Links* 1, 69, S. 29.

33. So 883/41, S. 6 (Langhans als Geschenk vom Himmel für das konterrevolutionäre Bewußtsein); *EVO*, 9. August 1968.
34. Paul Goodman, *Compulsory Mis-education*, NY 1964, S. 73.
35. Buselmeier-Schehl, op. cit., S. 78 ff.
36. Op. cit., S. 88 f.; ähnlich: *Richtlinien und Anschläge* (Hrsg. Goeschl), München 1968, S. 43.
37. H. Guetzkow, Eine Anwendung der Simulationstechnik auf die Untersuchung zwischenstaatlicher Beziehungen, in: Skubik (Hrsg.) *Spieltheorie und Sozialwissenschaften*, Hamburg 1965, S. 295.
38. Kahn-Wiener, op. cit., S. 189.
39. Op. cit., S. 194.
40. Über Jugendverbände als Integrationsmechanismen: C. W. Müller - Schubert - Vecker, Organisierte und nichtorganisierte Jugend in Berlin, in: *Jugend in der modernen Gesellschaft*, op. cit., S. 530.
41. Charles Codey, *Social Process*, NY 1918, S. 9.
42. Edward Ross, *The Principles of Sociology*, NY 1920, S. 162.
43. Coser, op. cit., S. 35.
44. Simmel, *Der Streit*, S. 252.
45. Coser, op. cit., S. 60.
46. Ross, op. cit., S. 91.
47. Siehe Georg Klaus, *Kybernetik in philosophischer Sicht*, Berlin.
48. Coser, op. cit., S. 93, 95.
49. Coser, op. cit., S. 114; Simmel, op. cit., S. 264; Rex, op. cit., S. 126; Jacobs-Landau, op. cit., S. 44.
50. Riesman, Die Generation ohne Engagement, in: *Jugend in der modernen Gesellschaft*, op. cit., S. 417. Diese Funktion wird von Noelle-Neumann, *Jahrbuch der öffentlichen Meinung 1965/67*, Allensbach/Bonn 1967, XXX, den Subkulturen ausdrücklich zugewiesen.
51. Homans, *Elementarformen*, op. cit., S. 101.
52. Horkheimer-Adorno, *Sociologica* II, Frankfurt/Main 1962, S. 63; ähnlich Plack, op. cit., S. 77.
53. Genau: Goffman, *Stigma*, S. 175 f.
54. So auch bei Rex, op. cit., S. 127. Allerdings skeptisch: Die Gegeninstitutionen einer Gruppe sagten nichts aus über das Verhalten dieser Gruppe, sobald sie an die Macht käme.
55. Zu dieser Dialektik Bab zit. Kreuzer, op. cit., S. 25 f., ZR der Kinderläden, in: *RPK* 2, 69, S. 8, Mao Tse-tung über die Kulturrevolution: »Zugleich die K. machen (nichtintegrativ) und die Produktion steigern (integrativ).«
56. Jacobs-Landau, op. cit., S. 45, 47, 51 ff.
57. Marcuse, *Versuch*, op. cit., S. 36 f.
58. Auch Rabehl, in: *Kursbuch* 14, S. 158.
59. *twen*, Okt. 1969, S. 24.
60. *underground* 4, 69, S. 6 ff.
61. Kreuzer, op. cit., S. 48 f.
62. Fried, in: *Intellektuelle und Sozialismus*, op. cit., S. 37 f.

II. NORMEN DER GESELLSCHAFT

1. ZUM BEGRIFF DER NORM

1. Sun-Tzu, *Die Methodik des Krieges* 3/31, 32.
2. Zit. Jacobs-Landau, op. cit., S. 148.
3. Davis, op. cit., S. 10.
4. Op. cit., S. 11; Goffman ähnlich: *Stigma*, S. 157; Dahrendorf, *Gesellschaft* . . ., S. 470; Homans, op. cit., S. 40 (nach Marx); Bolte, op. cit., S. 14.
5. Davis, op. cit., S. 52/53; ähnlich Bernard, zit. Horowitz-Liebowitz, op. cit., S. 281.
6. Op. cit., S. 128.
7. Op. cit., S. 131.
8. Parsons, op. cit., S. 55; Goffman ähnlich: *Stigma*, S. 158.
9. Goffman, op. cit., S. 158; nahezu identisch Dahrendorf: *Gesellschaft und Freiheit in der BRD*, S. 388 f. Er schätzt 80 % der Deutschen als der Standardnorm nicht entsprechend.
10. Op. cit., S. 159.
11. Op. cit., S. 160, S. 172^1.

2. ÖKONOMISCHE FAKTIZITÄT

1. Wir fassen hier kurz den Inhalt von Jörg Huffschmids *Die Politik des Kapitals*, Frankfurt/Main ²1969, zusammen: eine sehr klare, kurzgefaßte, zu Schulungszwecken geeignete, allerdings auf die BRD beschränkte Schrift. Weitere Bücher zum selben Thema: Baran-Sweezy, *Monopolkapital*; Lundberg, *Die Reichen und die Superreichen*; Schuhler, *Zur politischen Ökonomie der armen Welt*; Kozlik, *Volkskapitalismus*, Wien 1968; Gorz, *Zur Strategie der Arbeiterbewegung*; sowie Bücher und Schriften von Altvater, Bettelheim, Dobb, Mandel und Steinhaus.
2. Op. cit., S. 24.
3. Kozlik, zit. op. cit., S. 18.
4. Op. cit., S. 27 f.
5. Op. cit., S. 29.
6. Op. cit., S. 33.
7. Op. cit., S. 34.
8. Op. cit., S. 36 f.
9. Op. cit., S. 39 f.
10. Op. cit., S. 43.
11. Op. cit., S. 44.
12. Op. cit., S. 45.
13. Op. cit., S. 46 ff.
14. Op. cit., S. 51.

15. Op. cit., S. 51 ff.
16. Op. cit., S. 60 f.
17. Op. cit., S. 64.
18. Op. cit., S. 67.
19. Op. cit., S. 68.
20. Op. cit., S. 69.
21. Op. cit., S. 69/70.
22. Op. cit., S. 71.
23. Op. cit., S. 72.
24. Zit. op. cit., S. 73; ähnlich S. 150.
25. Op. cit., S. 76 ff.
26. Op. cit., S. 80 ff.
27. Op. cit., S. 85.
28. Op. cit., S. 86.
29. Ebenda.
30. Op. cit., S. 87.
31. Op. cit., S. 94 f.
32. Op. cit., S. 99.
33. Op. cit., S. 101.
34. Op. cit., S. 101.
35. Op. cit., S. 103.
36. Op. cit., S. 104.
37. Op. cit., S. 106/107.
38. Op. cit., S. 108.
39. Op. cit., S. 110.
40. Op. cit., S. 117 f., 119, 129; ähnlich Jacobs-Landau, op. cit., S. 158; Steinbuch, op. cit., S. 155.
41. Op. cit., S. 125 f.
42. Op. cit., S. 164.
43. Zit. op. cit., S. 168.
44. Op. cit., S. 170.
45. Reimut Reiche, *Sexualität und Klassenkampf*, Frankfurt/Main 1968, S. 41; H. Marcuse, *Eindim. Mensch*, op. cit., S. 39.

3. UNMITTELBAR ÖKONOMISCH ABGELEITETE NORMEN

1. *K2*, op. cit., S. 109.
2. Stefan Lambrecht, *Die Soziologie*, Stuttgart 1958, S. 314; ähnlich Bolte, op. cit., S. 40.
3. *Jugendkommunen*, op. cit., S. 32.
4. Dale Carnegie, *Wie man Freunde gewinnt*, S. 5, 30.
5. So beklagen sich auch Arbeiter über zuviel Gehetze und seelische Belastung, A 65/67, S. 281/82.
6. Insbesondere: VIII/A 7, B1a–f, B3, B7; IX/B3, B14, B15.
7. Zit. *Richtlinien und Anschläge* (Hrsg. Goeschl), München 1969, S. 36 f.

8. Zit. Marcuse, *Ideen zu einer kritischen Theorie der Gesellschaft*, Frankfurt/Main 1968, S. 158.
9. Helms, op. cit., S. 155 f.; ähnlich zur Arbeit Nirumand-Siepmann, op. cit., S. 74.
10. Homans, op. cit., S. 116.
11. Zit. Marcuse, *Triebstruktur und Gesellschaft*, Frankfurt/Main 1965, S. 18.
12. Op. cit., S. 40.
13. Op. cit., S. 51[45].
14. David McClelland, *Die Leistungsgesellschaft*, Stuttgart - Berlin - Köln - Mainz 1966, S. 11.
15. Op. cit., S. 27.
16. Op. cit., S. 88–90.
17. Op. cit., S. 204, *Praxis*, S. 269.
18. So: *Richtlinien*, op. cit., S. 30 ff.
19. Schoeck, *Neid*, S. 359.
20. Parsons, op. cit., S. 215, 234 ff.
21. Berelson-Steiner, op. cit., IX/C15, C21, dto. Dahrendorf.
22. Ebenda.
23. Op. cit., IX/B1b.
24. Parsons, op. cit., S. 234 ff.
25. Plack, op. cit., S. 102.
26. Op. cit., S. 45, 46.
27. Op. cit., S. 287.
28. Reiche, op. cit., S. 127, Zit.
29. Zit. Bolte, op. cit., S. 303 ff.
30. A 65/67, S. 86.
31. McClelland, op. cit., S. 273.
32. Parsons, op. cit., S. 215.
33. Plack, op. cit., S. 43. Weiteres zur Ideologie der Konkurrenz Plack, op. cit., S. 24; Carnegie, op. cit., S. 232.
34. Plack, op. cit., S. 48.
35. K 2, op. cit., S. 112.
36. Helms, op. cit., S. 108.
37. Reiche, op. cit., S. 70.
38. Parsons, op. cit., S. 312.
39. Davis, op. cit., S. 116.
40. Berelson-Steiner, op. cit., XI/A 1.
41. Lambrecht, op. cit., S. 353, 355, 358; Schoeck, *Neid*, S. 136; Bolte, S. 12 ff.
42. Dahrendorf, *Gesellschaft und Freiheit*, S. 246 f., 297, 266.
43. Davis, op. cit., S. 117.
44. Plack, op. cit., S. 95.
45. Helms, op. cit., S. 287.
46. Schmidtchen, op. cit., S. 196.
47. Parsons, op. cit., S. 217; ähnlich Schoeck, *Neid*, S. 265, S. 339; Davis,

S. 116; Leinfellner, op. cit., S. 45; Plack, S. 80; McClelland, op. cit., S. 232; Bolte, S. 323; Goodman, *Growing*, S. 80.
48. Schmidtchen, op. cit., S. 198, 324; Dahrendorf, *Gesellschaft*, S. 471; Behrendt, *Dynam. Gesellschaft*, S. 51 f., 61.
49. Berelson-Steiner, op. cit., IX/C 17.
50. McClelland, op. cit., S. 234.
51. Bolte, op. cit., S. 50; Carnegie, op. cit., S. 59; Goffman, op. cit., S. 52.
52. Berelson-Steiner, op. cit., XI/A 1. 6.
53. Morlock, in: *twen*, Okt. 69, S. 13 ff.
54. Schmidtchen, op. cit., S. 198.
55. Op. cit., S. 195 ff.
56. In: *twen*, Okt. 69, S. 68 ff.
57. *Richtlinien*, op. cit., S. 48.
58. Leinfellner, op. cit., S. 43; so Packard, Gorer etc.
59. Semler-Neitzke, in: *RPK* 2, 69.
60. A 65/67, S. 275.
61. Lambrecht, op. cit., S. 315.
62. A 65/67, S. 259.
63. Bolte, op. cit., S. 30 f.
64. Ausgerechnet Ernest Dichter, *Handbuch der Kaufmotive*, S. 13.
65. Marcuse, *Eindim. Mensch*, S. 69; Goodman, *Growing*, S. 80.
66. Marcuse, op. cit., S. 23 ff.
67. Op. cit., S. 27 f.; ähnlich Holzer, op. cit., S. 269.
68. A 65/67, S. 134/135.
69. Plack, op. cit., S. 33.
70. Plack, op. cit., S. 34.
71. Op. cit., S. 103.
72. U. a. Büchner, *Transformation des Bewußtseins*, S. 100; Hollstein, op. cit., S. 13; Behrendt, op. cit., S. 23; Plack, op. cit., S. 33, 109; Lambrecht, op. cit., S. 122 f.; Curt Schmitt, in: *ED* 80/III; Dahrendorf, op. cit., S. 396; Kofler, op. cit., S. 123, A 65/67, 76, 83, 86, 156; *Jugendkommune*, op. cit., S. 16; Bolte, op. cit., S. 327.
73. So Hollstein, op. cit., S. 161; Guenther, op. cit., S. 154; Riesman, in: *Jugend . . .*, S. 411.
74. Plack, op. cit., S. 257 f.
75. Helms, op. cit., S. 137.
76. Homans, op. cit., S. 30.
77. Morlock, op. cit., S. 13 ff.
78. Bolte, op. cit., S. 47 f., 50 ff.
79. Zit. Carnegie, op. cit., S. 208; ähnlich Helms, op. cit., S. 174 f.; Fromm, op. cit., S. 105; Marcuse, *Ideen*, S. 161.
80. A 65/67, S. 4.
81. Zit. Helms, op. cit., S. 193.
82. Ähnlich auch McClelland, op. cit., S. 229.
83. Plack, op. cit., S. 259.
84. McClelland, op. cit., S. 227, ähnlich S. 229.

85. Carnegie, op. cit., S. 39, 53; ähnlich Zit. Kreuzer, op. cit., S. 336
86. Goffman, op. cit., S. 197.
87. Guenther, op. cit., S. 160.
88. Schoeck, *Neid*, S. 123 ff.

5. NORMEN IM INSTITUTIONELLEN ÜBERBAU

1. Zit. Lambrecht, op. cit., S. 122 f.
2. Davis, op. cit., S. 72.
3. Hollstein, op. cit., S. 30.
4. Max Weber, *Wirtschaft und Gesellschaft*, Band 2, S. 867 (Wer schon?).
5. Op. cit., S. 382.
6. Bolte, op. cit., S. 16 (S. 47 f. von der »Macht der Organisationen«).
7. *Psychoanalyse der BILD-Zeitung*, S. 183.
8. Op. cit., S. 191.
9. Op. cit., S. 185.
10. Op. cit., S. 189.
11. A 65/67, S. 174.
12. Behrendt, op. cit., S. 25; ähnlich McClelland, op. cit., S. 280 f.
13. Rüdiger Altmann, Zit. Michel, op. cit., S. 112.
14. Newfield, op. cit., S. 21.
15. Sommersemester 1968.
16. Ich beschränke mich hier auf Andeutungen: siehe ausführlich Rolf Schwendter, *Modelle zur Radikaldemokratie*, Wuppertal 1970.
17. Robert Neumann, in: *Revolution*, op. cit., S. 86.
18. Nevermann, ebenda, S. 55.
19. Jürgen Habermas, *Strukturwandel der Öffentlichkeit*, S. 225.
20. Klaus Horn, Zit. *Neuer Roter Katechismus*, München 1969, S. 134.
21. Schmidtchen, op. cit., S. 96.
22. Marcuse, *Eindim. Mensch*, S. 21.
23. Op. cit., S. 61.
24. Op. cit., S. 27.
25. Skolnick, op. cit., S. 341.
26. Marcuse, *Befreiung*, S. 102.
27. Dahrendorf, *Gesellschaft . . .*, S. 221.
28. Holzer, op. cit., S. 16.
29. Schrader-Klebert, op. cit., S. 27.
30. Carnegie, op. cit., S. 89.
31. Nettler, Entfremdungsskala, in: Bonjeau, Hill, McLemore, *Skaleninventar*, SF 1967, S. 31.
32. Carnegie, op. cit., S. 39 f., 46.
33. Max Weber, op. cit., S. 872.
34. Nirumand, op. cit., S. 194.
35. Bolte, op. cit., S. 12.
36. Walter Lippmann, zit. Schmidtchen, op. cit., S. 328; ähnlich: *Psycho-*

analyse BILD, S. 179, 188, 191. Gut beschrieben Holzer, op. cit., S. 15, 16; Hopper, op. cit., S. 322.
37. Gegen die Ideologie der Komplexität sogar Schoeck: *Soziologie*, S. 369 f.
38. Op. cit., S. 340.
39. Homans, op. cit., S. 74.
40. Dahrendorf, *Gesellschaft*, S. 319.
41. Habermas, *Strukturwandel*, S. 180.
42. Bolte, op. cit., S. 33.
43. *diskus*, Okt. 68, S. 4; Nevermann, op. cit., S. 51.
44. Michael Miller - Susan Gillmore, *Revolution at Berkeley* N 4, S. 13, 1965; ebenso Skolnick, S. 116.
45. *Who Rules Columbia?*, New York, Mai 1968.
46. Bolte, op. cit., S. 46.
47. Behrendt, op. cit., S. 20 f.
48. So A 65/67, S. 35.
49. Schmidtchen, op. cit., S. 331; Schoeck, *Neid*, S. 148.
50. Plack, op. cit., S. 22.
51. Bolte, op. cit., S. 323; Berelson-Steiner, op. cit., X, C 22.
52. A 65/67, S. 72.
53. Goffman, *Asylum*, S. 5 f., 38; *Jugendkommunen*, op. cit., S. 24 ff.
54. Schoeck, *Soziologie*, S. 339.
55. Krim in: *Beats*, op. cit., S. 65.
56. In: *Pardon* 8, 67, S. 20.
57. R. U. Kaiser, op. cit., S. 60.
58. Skolnick, op. cit., S. 288.
60. Dahrendorf, op. cit., S. 267. Zur einschlägigen Einstellung der Majorität A 65/67, S. 164, 170.
61. Op. cit., S. 273.
62. A 65/67, S. 299.
63. Op. cit., S. 306.
64. Op. cit., S. 308.
65. Op. cit., S. 310.
66. Op. cit., S. 317.
67. Op. cit., S. 225.
68. Op. cit., S. 144; siehe auch Marcuse, *Eindim. Mensch*, S. 21.
69. Berelson-Steiner, op. cit., XI, A.2.1.
70. Op. cit., XI, C.2.1.
71. Bolte, op. cit., S. 29.
72. Reiche, op. cit., S. 162; ähnlich Marcuse, *Kultur und Gesellschaft*, 1, S. 79 f.; Berelson-Steiner, VII, A 3.2.
73. Lambrecht, op. cit., S. 381; ähnlich Schoeck, *Neid*, S. 82; *Soziologie*, S. 335; Kinsey, *Frau*, S. 270; Carnegie, S. 297 f. (mit pikanter Propaganda der Geldheirat), S. 316; Goffman, *Stigma*, S. 176 f. (mit »sanfter und kurzlebiger Entschlagung der Gelegenheit, eine Familie großzuziehen«); für Illustrierte: *Jasmin* 2, 70, S. 12.

74. A 65/67 S. 76.
75. Zit. Reiche, op. cit., S. 146.
76. Helms, op. cit., S. 153.
77. Schrader-Klebert, op. cit., S. 25–27.
78. Reiche, op. cit., S. 66.
79. Op. cit., S. 87; ähnlich Plack, op. cit., S. 146.
80. Plack, op. cit., S. 144.
81. Plack, op. cit., S. 53.
82. Op. cit., S. 140.
83. Reich, *Funktion des Orgasmus*, Berlin 1926 S. 176; Plack, op. cit., S. 155 ff.
84. Reiche, op. cit., S. 49, 60; Schrader-Klebert, op. cit., S. 25.
85. Schrader-Klebert, op. cit., S. 3, 14.
86. Op. cit., S. 13, Reich, op. cit., S. 166.
87. Schrader-Klebert, op. cit., S. 37 ff., 22.
88. Holzer, op. cit., S. 216.
89. Op. cit., S. 226.
90. Schrader-Klebert, op. cit., S. 22.
91. *Jasmin* 23, 68, S. 14, 21.
92. Op. cit., S. 24, 26.
93. Schrader-Klebert, S. 35.
94. Berelson-Steiner, op. cit., VII/B 4.
95. *Jugendkommunen*, op. cit., S. 30.
96. S. 132.
97. Plack, op. cit., S. 93.
98. A 65/67 S. 2.
99. Ebenda.
100. Helms, op. cit., S. 284.
101. Op. cit., S. 246 ff.
102. Reich, *Massenpsychologie des Faschismus*, S. 106 f.; ähnlich Molnar, op. cit., S. 320.
103. Helms, op. cit., S. 267 ff.
104. A 65/67 S. 5 f.
105. Helms, op. cit., S. 262 ff.
106. Schrader-Klebert, op. cit., S. 28, 29.
107. Helms, op. cit., S. 258.
108. Berelson-Steiner, VII/C 5 a.

6. SOZIOPSYCHISCH VERMITTELTE NORMEN

1. Schrader-Klebert, op. cit., S. 37.
2. Plack, op. cit., S. 101, 104.
3. Davis, op. cit., S. 55.
4. Plack, op. cit., S. 184 ff.
5. Plack, op. cit., S. 110 f.

6. Op. cit., S. 96.
7. Reiche, op. cit., S. 29, 32 ff. etc.; Brückner, op. cit., S. 158: »Sauberkeit und Säuberung«.
8. Plack, op. cit., S. 109.
9. Op. cit., S. 110/111.
9a. Berelson-Steiner, op. cit., III/C3, C11, C14, C16, C19, C22, C24, C27.
10. Reich, Orgasmus, S. 163; Goodman, Growing, S. 124 ff.; Plack, op. cit., S. 137; Reiche, S. 19 ff.
11. Reiche, op. cit., S. 41.
12. Op. cit., S. 57; Dichter, op. cit., S. 110.
13. In: twen, Okt. 69, S. 13 ff.
14. Reiche, op. cit., S. 42 f.
15. Op. cit., S. 167.
16. Reiche, op. cit., S. 144, wie Lambrecht, op. cit., S. 382, vom konservativen Standpunkt aus.
17. Plack, op. cit., S. 93 f.
18. Holzer, op. cit., S. 261.
19. Auch Titel KU Berlin: »Erotische Ideale als repressive Normen«.
20. Plack, op. cit., S. 89 f.
21. Reich, Massenpsychologie, S. 86 f.
22. Comfort, op. cit., S. 50; ähnlich Plack, op. cit., S. 240–242; Reiche, S. 19.
23. Plack, op. cit., S. 74, S. 282 f.; ähnlich Reich, Orgasmus, S. 166.
24. K II, op. cit., S. 186 ff.
25. Psychoanalyse BILD, op. cit., S. 190/191.
26. Op. cit., S. 192/193.
27. Holzer, op. cit., S. 90.
28. Psychoanalyse BILD, op. cit., S. 186.
29. twen, Okt. 69, S. 13 ff.
30. Zit. Plack, op. cit., S. 323.
31. Adorno, Fraenkel-Brunswick, Levinson, Sanford: The Authoritarian Personality, NY 1949; Marcuse, Befreiung, S. 114; Dahrendorf, Gesellschaft, S. 394 ff.; Pross, op. cit., S. 430 (hinsichtlich der Sozialisation der Hitler-Jugend).
32. Morlock, op. cit.
33. A 65/67 S. 452–53.
34. A 65/67 S. 94 f.
35. Nirumand-Siepmann, op. cit., S. 73.
36. Plack, op. cit., S. 60.
37. A 65/67 S. 79.
38. Zit. Plack, op. cit., S. 254.
39. So 883/41 S. 6; Holzer, op. cit., S. 277; Schmidtchen, op. cit., S. 103.
40. Reich, Massenpsychologie, S. 37.
41. Plack, op. cit., S. 108.
42. A 65/67 S. 13–18. Kinder in Schulen mit Tranquilizern, Goodman, Mis-education, 28.

43. *Jasmin*, 2, 70, S. 132.
44. Carnegie, op. cit., S. 105.
45. Reiche, op. cit., S. 15.
46. Carnegie, op. cit., S. 50; Coser, op. cit., S. 63.
47. Lippman, zit. Schmidtchen, op. cit., S. 328.
48. Op. cit., S. 225.
49. Parsons, S. 324; Schoeck, *Soziologie*, 339; Bolte 47 f.; Molnar 362 f.
50. Schmidtchen, op. cit., S. 46 ff., 81, 93, 127, 187, 277 ff.
51. Op. cit., S. 149.
52. Helms, op. cit., S. 284.
53. A 65/67 S. XXVIII-XXXV.
54. Op. cit., S. 119.
55. Op. cit., S. 107.
56. Carnegie, op. cit., S. 213, 237.
57. Bolte, op. cit., S. 30 f.
58. Reiche, op. cit., S. 84.
59. *Psychoanalyse BILD*, S. 180.
60. Reiche, op. cit., S. 58–64; ähnlich Holzer, op. cit., S. 249.
61. Nirumand-Siepmann, op. cit., S. 77.
62. Reiche, S. 81; Plack, S. 98, 194.
63. Reiche, S. 95; Goodman, *Growing*, S. 80.
64. Behrendt, op. cit., S. 65 f.
65. Steinbuch, op. cit., S. 156.
66. *twen*, Juli 69, S. 10.
67. Ernest Dichter, *Handbuch der Kaufmotive*, S. 32.
68. Carnegie, op. cit., S. 116.
69. Lambrecht, op. cit., S. 80.
70. Holzer, op. cit., S. 54.
71. Newfield, op. cit., S. 26 ff.
72. Holzer, op. cit., S. 266.
73. Plack, op. cit., S. 45.
74. Behrendt, op. cit., S. 22.
75. *Psychoanalyse BILD*, op. cit., S. 188; Holzer, op. cit., S. 171.
76. Reich, zit. K II, op. cit., S. 223 f.
77. Lu Wiese, zit. Lambrecht, op. cit., S. 122 f.
78. T. W. Adorno, *Ohne Leitbild*, Frankf./M., S. 29.
79. Reiche, op. cit. S. 146. Zu unsinnigen Kleidungssitten: Dichter, op. cit., S. 104.
80. A 65/67 S. 65.
81. Dahrendorf, *Gesellschaft*, S. 329 ff.
82. Plack, op. cit., S. 42.
83. Reiche, op. cit., S. 153, 156.
84. Carnegie, op. cit., S. 102.
85. A 65/67 S. 76.
86. Schoeck, *Neid*, S. 20.
87. Op. cit., S. 40.

88. Op. cit., S. 82 ff.
89. Op. cit., S. 137.
90. Op. cit., S. 102.
91. Op. cit., S. 104.
92. Op. cit., S. 111.
93. Op. cit., S. 312.
94. Op. cit., S. 122.
95. Op. cit., S. 8.
96. Plack, op. cit., S. 110.
97. *pardon*, 2, 70, S. 37.
98. Nirumand-Siepmann, op. cit., S. 86.

7. KRITIK DES TECHNOKRATISCHEN BEWUSSTSEINS

1. Op. cit., S. 200.
2. James Burnham, *Revolution der Manager* . . . , S. 187 f.
3. Op. cit., S. 159.
4. Kahn-Wiener, op. cit., S. 22.
5. Seiffert, *Zengakuren*, München 1969, S. 106 f.
6. Karl Popper, *Die offene Gesellschaft und ihre Feinde*, Band 1, Bern 1957, S. 108.
7. Op. cit., S. 170.
8. Op. cit., S. 175.
9. Op. cit., S. 177.
10. Op. cit., S. 359.
11. Popper, Was ist Dialektik? in: *Logik der Sozialwissenschaften*, op. cit.
12. Popper, *Offene Gesellschaft*, I, S. 21.
13. Op. cit., S. 50.
14. Op. cit., S. 97.
15. Op. cit., S. 98.
16. In: *Logik der Sozialwissenschaften*, S. 124.
17. Fourastié, *Die 40 000 Stunden*, Düsseldorf-Wien 1966, S. 19.
18. Op. cit., S. 39.
19. Ebenda.
20. Op. cit., S. 40.
21. Op. cit., S. 42.
22. Op. cit., S. 50, 52.
23. Op. cit., S. 159.
24. Op. cit., S. 225.
25. Op. cit., S. 228.
26. Op. cit., S. 231.
27. Op. cit., S. 240.
28. Op. cit., S. 249 f.
29. Op. cit., S. 251.
30. Op. cit., S. 296.

31. Op., cit., S. 298.
32. Pierre Bertaux, *Mutation der Menschheit*, Frankf./M., 1963 S. 23.
33. Op. cit., S. 98.
34. Op. cit., S. 42.
35. Op. cit., S. 81.
36. Op. cit., S. 92; ähnlich S. 112 f.
37. Op. cit., S. 93.
38. Op. cit., S. 114.
39. Op. cit., S. 124.
40. McClelland, op. cit., S. 222 f., S. 250.
41. Op. cit., S. 241/42.
42. Op. cit., S. 270.
43. Op. cit., S. 271.
44. Op. cit., S. 342.
45. Op. cit., S. 355.
46. Ernst Gehmacher, *Adam 2000*, Wien 1966, S. 29 f.
47. Op. cit., S. 33, 118.
48. Op. cit., S. 70.
49. Op. cit., S. 72.
50. Op. cit., S. 73.
51. Op. cit., S. 75.
52. Op. cit., S. 79.
53. Ebenda.
54. Op. cit., S. 84 ff., 94, 127, 137, 205.
55. Op. cit., S. 87 f.
56. Op. cit., S. 89.
57. Op. cit., S. 91, 120.
58. Op. cit., S. 101.
59. Op. cit., S. 103.
60. Op. cit., S. 130.
61. Op. cit., S. 137.
62. Op. cit., S. 143.
63. Op. cit., S. 148 f.
64. Op. cit., S. 159.
65. Op. cit., S. 160.
66. Op. cit., S. 170 f.
67. Op. cit., S. 171.
68. Op. cit., S. 189.
69. Op. cit., S. 189.
70. Op. cit., S. 210.
71. Op. cit., S. 205.
72. Op. cit., S. 210.
73. Op. cit., S. 213.
74. Marshall McLuhan, *Understanding Media*, NY 1964, S. 28.
75. Op. cit., S. 29.
76. Op. cit., S. 46.

77. Op. cit., S. 96.
78. Op. cit., S. 102.
79. Op. cit., S. 196.
80. Op. cit., S. 206–213.
81. Op. cit., S. 229.
82. Op. cit., S. 231.
83. M. McLuhan, *The Medium is the Massage*, London 1967, S. 138.
84. Kahn-Wiener, op. cit., S. 34 f.
85. Op. cit., S. 54.
86. Op. cit., S. 54 f., 58.
87. Op. cit., S. 63.
88. Op. cit., S. 64.
89. Op. cit., S. 63.
90. Op. cit., S. 66 ff.
91. Op. cit., S. 96, 106.
92. Op. cit., S. 113.
93. Op. cit., S. 114.
94. Op. cit., S. 190.
95. Op. cit., S. 199.
96. Op. cit., S. 205.
97. Op. cit., S. 212; ähnlich S. 250.
98. Op. cit., S. 240 ff., S. 254.
99. Op. cit., S. 256.
100. Op. cit., S. 260 f.
101. Op. cit., S. 298 f.
102. Op. cit., S. 305.
103. Op. cit., S. 301 ff.
104. Op. cit., S. 321.
105. Op. cit., S. 341–344. Ähnlich Analysen vom oppositionellen Standpunkt: *Comfort*, op. cit., S. 51, Goodman, *Miseducation*, S..67, 84; *Richtlinien*, op. cit., S. 54; Habermas, *Technik* ..., S. 97. Zur Selbstkontrolle Goffman; *Presentation of Self in Everyday Life*, S. 238.
106. Op. cit., S. 39.
107. Op. cit., S. 278, 283, 301 ff.
108. Op. cit., S. 278.
109. Op. cit., S. 284, 301 ff.
110. Op. cit., S. 40.
111. So auch, op. cit., S. 176 f.; Berelson-Steiner, op. cit., IX/B 4. 1 g; Dichter, op. cit., S. 358.
112. Op. cit., S. 66 ff.
113. Op. cit., S. 78.
114. Op. cit., S. 184.
115. Op. cit., S. 185.
116. Op. cit., S. 196–204.
117. Marcuse, *Befreiung*, S. 101 f.
118. Leinfellner, op. cit., S. 43 f.

119. Gegen die Sachzwang-Ideologie: Bolte, op. cit., S. 47 f.; Steinbuch, op. cit., S. 150, Zettelkasten zur Technologie-Disk. Nr. 6.
120. So Habermas, *Technik und Wissenschaft als Ideologie*, Frankfurt/M. 1968.
121. Popper, *Offene Gesellschaft*, 1, S. 235; ähnlich Helms; op. cit., S. 82.
122. Mitscherlich, *Über die Unwirtlichkeit der Städte*, S. 9; ähnlich Adorno, *Ohne Leitbild*, S. 114, 121 f.
123. A 65/67, S. 76.
124. Burnham, op. cit., S. 213.
125. Goffman, *Stigma*, S. 75.
126. Helms, op cit., S. 174 f.
127. A 65/67, S. 160.
128. A 58/64, S. 255.
129. Ähnlich Hopper, op. cit., S. 328; Godman, *Misducation*, 10; Marcuse, *Befreiung*, 13; Enzensberger, op. cit., S. 161; Skolnick, op. cit., S. 108.

8. DAS WERTSYSTEM IN HELMUT KREUZERS »BOHÈME«

1. Kreuzer, op. cit., S. V.
2. In: *song* 3, 69, S. 41 f.
3. In: *song* 2, 69, S. 36/37.
4. Walter Mehring, zit. Kreuzer, op. cit., S. 18.
5. Op. cit., S. 23.
6. Ebenda.
7. Ebenda.
8. Wie Kreuzer denn auch S. 325 richtig feststellt.
8a. So Krim, *Beats*, op. cit., S. 66.
9. Kreuzer, op. cit., S. 140.
10. Op. cit., S. 141 f.
11. Op. cit., S. 142.
12. Op. cit., S. 143.
13. Op. cit., S. 146.
14. Op. cit., S. 148.
15. Op. cit., S. 148 f.
16. Op. cit., S. 151 f.
17. Op. cit., S. 141.
18. Op. cit., S. 153.
19. Op. cit., S. 361.
20. Op. cit., S. 361.
21. Op. cit., S. 142.
22. Op. cit., S. 149.
23. Op. cit., S. 149.
24. Op. cit., S. 151.

25. Op. cit., S. 159.
26. Op. cit., S. 182.
27. Op. cit., S. 228.
28. Op. cit., S. 228.
29. Op. cit., S. 258.
30. Op. cit., S. 254 f.
31. Op. cit., S. 305.
32. Op. cit., S. 326.
33. Op. cit., S. 361.
34. Op. cit., S. 316.
35. Op. cit., S. 360.
36. In: *song*, 3, op. cit.
37. Ähnlich auch Kaiser: *Underground? Nein! Gegenkultur!*, Köln – Berlin 1969, S. 108: »Diese neue Klasse (sic!) führt ihr eigenes Leben..., dem Bohemien *abgelauscht*«.
38. Kreuzer, op. cit., S. 320.
39. *song* 3, 69.
40. Kreuzer, ebenda.

III. NORMEN DER SUBKULTUR

1. KURZER ABRISS DER GESCHICHTE DER SUBKULTUREN

1. Ökonomische Quelle vor allem: Haussherr, *Wirtschaftsgeschichte der Neuzeit*, Graz 1958 (Haussherr ist ein aus der DDR emigrierter Marxist).
2. Mit gut ausgewählten Beispielen: Eric Hobsbawn, *Sozialrebellen*, Neuwied-Berlin 1962.
3. Op. cit., S. 197 ff.
4. Op. cit., S. 27.
5. Kreuzer, op. cit., S. 9.
6. Op. cit., S. 287 f.
7. Schoeck, *Soziologie*, op. cit., S. 130.
8. Kreuzer, op. cit., S. 46; ähnlich Helms, op. cit., S. 49 f., S. 279.
9. Kreuzer, op. cit., S. 45.
10. Buselmeier-Schehl, op. cit.; Kreuzer, *Trotzki, Literatur und Revolution*, Berlin 1968, S. 108.
11. Op. cit., S. 4.
12. Op. cit., S. 3.
13. Op. cit., S. 7.
14. Op. cit., S. 31, 38.
15. Op. cit., S. 35 f., 45.
16. Op. cit., S. 63.
17. Op. cit., S. 65.

18. Zit. Kreuzer, op. cit., S. 5.
19. Op. cit., S. 81.
20. Kreuzer, op. cit., S. 190/91.
21. Op. cit., S. 101, 287 f.
22. Op. cit., S. 286 f.
23. Op. cit., S. 52, 292.
24. Op. cit., S. 50.
25. Gramsei, zit. Trotzki, op. cit., S. 137.
26. Über Lenin und Trotzki als »Kaffeehausverschwörer«: Kreuzer, op. cit., S. 292.
27. Kreuzer, op. cit., S. 56.
28. Op. cit., S. 36–38.
29. Op. cit., S. 231–236 (Integrativ: J. E. How für Bündnis Kapital-Hobos), S. 30 (Normen der Hobos).
30. Jacobs-Landau, op. cit., S. 51 ff.
31. In: song 3, 69.
32. Empirisches Material dazu: A 47/55; Schmidtchen, op. cit.
33. Guenther, op. cit., S. 111. Zudem waren die wesentlichsten Existenzphilosophen in der Resistance.
34. Helms, op. cit., S. 496.
35. Holz, zit. op. cit., S. 497.
36. Helms, ebenda.
37. Guenther, op. cit., S. 104 ff.
38. Paetel, op. cit., S. 17.
39. Op. cit., S. 28.
40. Op. cit., S. 220 ff.
41. In: song 3, 69.
42. Op. cit., S. 53.
43. Kreuzer, op. cit., S. 21.
44. Goodman, Growing up, S. 64 ff.
45. Paetel, op. cit., S. 12.

2. AKTUELLE NORMEN

1. Zit. Kreuzer, op. cit., S. 19.
2. Goodman, Growing up, S. 64 ff.
3. Walter Hollstein, Hippies im Wandel, in: Frankfurter Hefte 9, 68, S. 638–646; Waldeck info 4 (Golowin-Hollstein-Jaensch).
4. Hollstein, Untergrund, S. 7; Jacobs-Landau, op. cit., S. 51 f.; Kreuzer, op. cit., S. 48, S. 109, 26, 148.
5. Op. cit., S. 49.
6. Op. cit., S. 40.
7. Zit. op. cit., S. 109.
8. Zit. Hollstein, op. cit., S. 9.
9. Kosel, op. cit., S. 58.
10. Hollstein, op. cit., S. 110 (Julian Beck).

11. Kaiser, op. cit., S. 57.
12. Hollstein, op. cit., S. 371 f.
13. Kaiser, op. cit., S. 9.
14. A 65/67, S. 356.
15. A 65/65, S. 364.
16. Goodman, *Like a Conquered Province*, NY 1967, S. 37.
17. In: *Liberation*, Feb. 1968, S. 5 ff. Siehe dazu: Marx, *Ges. Werke*, Band 1, S. 573.
18. In: *Kursbuch* 14, S. 145.
19. Marx, *Ges. Werke*, Band 1, S. 634.
20. Helmut Dahmer, Jugend und gesellschaftliche Veränderung, in: *exp. int.*, 22. 8. 69, S. 8.
21. Hollstein, op. cit., S. 111 f.
22. Marcuse, *Eindim. Mensch*, S. 64.
23. Z. B Jacobs-Landau, op. cit., S. 19 ff., 35, 151 f.; in sehr weicher Formulierung A 65/67, S. 265, 267; McClelland, op. cit., S. 239 f.
24. Jacobs-Landau, op. cit., S. 151 f., Fleischmanns Film *Herbst der Gammler*; *Protestfibel*, S. 197; Kosel, op. cit., S. 67, 70.
25. Hollstein, op. cit., S. 170 (Stud. DS).
26. K 2, op. cit., S. 303.
27. Hollstein, op. cit., S. 23, 32 ff. (Beatniks), 37 ff. (Gammler), 45; *Protestfibel*, S. 197; Kosel, op. cit., S. 71; Kreuzer, op. cit., S. 35 f.
28. Hollstein, ebenda.
29. Habermas, *Technik*, S. 100 f.
30. Homans, op. cit., S. 152.
31. Hollstein, op. cit., S. 37 ff., S. 7 (zit. EVO).
32. Verwendet wurden: die Bücher Davis, Goodman, Hollstein, Jacobs-Landau, Kahn-Wiener, K 2, Kosel, Kreuzer, *Kursbuch* 14 (Rabehl-Dutschke), Marcuse, *Neuer Roter Katechismus*, Newfield, *Protestfibel*, Reiche, Skolnik, Zwerenz, die Studentenbefragung in A 65/67; die Broschüre *Jugendkommunen*; Hollstein-Jaensch-Golowin in *Waldeck-Info*, 4; die Zeitschrift *Liberation*, Feb. 1968; der Aufsatz Horowitz-Liebowitz; die Filme Godard *Masculin-Feminin* und Reisz *Protest*.
33. »Führer unterbrechen das Gespräch, wenn sie als solche bezeichnet werden.« (Jacobs-Landau, op. cit., S. 35 f.), »Parteidisziplin als Verhaltensnorm ist so gut wie verschwunden.« (Skolnick, op. cit., S. 34), Angst sogar vor der Autorität Berliner SDS-Größen (K 2, op. cit., S. 151). Sogar A 62 (zit. Schmidtchen, op. cit., S. 195): »Der Chef ist überflüssig«.
34. » . . . in dieser ›unverständlichen‹ Sprache, ›abstoßenden‹ Kleidung, und mit ihrem ›unordentlichen‹ Leben protestieren sie zunächst gegen Manipulation und werden dadurch erst fähig, Ausbeutung zu erkennen und gegen Ausbeutungsverhältnisse zu kämpfen« (Reiche, op. cit., S. 17).
35. So etwa Goodmans richtige Beobachtung der Absicht, das Rollensystem tendenziell durch ein Interaktionssystem zu ersetzen; siehe auch Berelson-Steiner, VIII/B 1. 11.

36. So etwa Marcuse, der sogar die Privatsphäre aus dem einzigen Grund lobt, sie biete Möglichkeiten zur Reflexion (*Eindim. Mensch.*, S. 257).
37. »Kritik muß in Aktion umschlagen« (Richtlinien, op. cit., S. 51).
38. So Marcuse in: *it* 54, 69 »Friedensguerillas«.
39. »Wir vergöttern nicht den Menschen, wir glauben nur an seine Möglichkeit« (zit. Jacobs-Landau, op.-cit., S. 150).
40. Ossip Flechtheim in einem Vortrag zur Gewaltlosigkeit (Stuttgart, Mai 1968).
41. In: *Anleitung zum Handeln*, Berlin 1967, S. 7 f.
42. *Liberation*, Februar 1968, S. 8 f.
43. *Anleitung*, op. cit., S. 5, 6, 7 f., 8 ff.
44. Kaiser, *Gegenkultur*, S. 57, 58.
45. Zit. Kosel, op. cit., S. 114.
46. Rex, op. cit., S. 125.
47. Goffman, *Stigma*, S. 142 f.
48. Seiffert, op. cit., S. 69; ähnlich Skolnick, op. cit., S. 107 f., mit stärkeren taktischen Aspekten (z. B. Arbeiterjugend, Negerjugend verstünden Gewaltlosigkeit nicht).
49. Zit. Ryschkowsky, *Die linke Linke*, München-Wien 1968, S. 29.
50. Zwerenz, op. cit., S. 68.
51. Skolnick, op. cit., S. XIX.
52. Kurt Lewin, *Die Lösung sozialer Konflikte*, Bad Nauheim 1953, zit. Coser, op. cit., S. 28.
53. Hollstein, op. cit., S. 30.
54. Hollstein, S. 19; ähnlich S. 168, wo er diese Subkulturen gegen den »Vorwurf des Moralismus« verteidigt.
55. Zwerenz, op. cit., S. 34.
56. Marcuse, *Befreiung*, S. 22 f.
57. Op. cit., S. 25.
58. Op. cit., S. 40.
59. Op. cit., S. 83.
60. Arnhelm Neusüss (Hg.), *Utopie*, Neuwied-Berlin 1968, S. 31.
61. Op. cit., S. 33.
62. Op. cit., S. 30.

3. NEGATION DES LEISTUNGSPRINZIPS

1. Op. cit., S. 380 f.
2. Marcuse, *Triebstruktur*, S. 50.
3. Op. cit., S. 50 f.
4. Op. cit., S. 52.
5. Op. cit., S. 135.
6. McClelland, op. cit., S. 272.
7. Gehmacher, op. cit., S. 101.

8. Habermas, *Technik*, S. 103.
9. Protokolle der Projektgruppe Subkultur München vom 6. 5. 1968.
10. So Nebel (AStA Stuttgart) am Cannstätter Bürgerforum im Sommersemester 1968.
11. Goodman, *Growing* . . ., S. 185.
12. Ein Beispiel dazu in: *K 2*, op. cit., S. 134.
13. In: *K 2*, op. cit., S. 295.
14. Op. cit., S. 145.
15. So in der »Südfront«.
16. In: *Konkret* 8, 69, S. 17 ff.
17. Rote Garde Heppenheim, in: *pardon* 3, 70, S. 12, 14.
18. *K 2*, op. cit., S. 140.
19. Op. cit., S. 282.
20. Kaiser, op. cit., S. 11.
21. Kupferberg, zit. op. cit., S. 17.

4. AUFHEBUNG DES ANARCHISMUS

1. Kreuzer, op. cit., S. 319, 320.
2. Zit. Kreuzer, S. 37.
3. Op. cit., S. 312.
4. Op. cit., S. 316.
5. Op. cit., S. 322.
6. Op. cit., S. 305; ähnlich S. 295, 296.
7. Op. cit., S. 361 f.
8. Kreuzer, op. cit., S. 320.
9. Z. B. Helms, Nachwort zu Stirners *Einzigen*, München 1969, S. 275.
10. Harich, Kritik der revolutionären Ungeduld, in: *Kursbuch* 19.
11. Harich, op. cit., S. 94 f.
12. Op. cit., S. 73.
13. Op. cit., S. 75; ähnlich Holz, op. cit., S. 74.
14. Op. cit., S. 89 f.
15. In: *it* 54, 69.
16. So auch Enzensberger, op. cit., S. 167.
17. In: *Darmstädter Studentenzeitung*, November 1968.
18. In: *Konkret* 14, 69, S. 37.
19. Dreßen, Gegen Nazismus und Volkstümelei, in: *Kursbuch* 19, S. 37.
20. Op. cit., S. 38.
21. Kreuzer, op. cit., S. 183.
22. Cavalieri, in: *Kursbuch* 19, S. 117; ähnlich 883/37, S. 2.
23. Siehe weiters Schwendter, *Radikaldemokratie*, op. cit.

5. EXKURS 1. DIE ARBEITERBEWEGUNG ALS SUBKULTUR

1. Siehe dazu auch das Nachwort von H.-U. Wehler, in: Gustav Mayer, *Radikalismus, Sozialismus und bürgerliche Demokratie*, Frankf./M. 1969, S. 194.
2. Michels, op. cit., S. 115. Weitere Beispiele für Integration: Schwendter, *Radikaldemokratie*, op. cit., Kapitel 4.
3. Reiche, op. cit., S. 124.
4. Op. cit., S. 130. Wilhelm Reichs *Was ist Klassenbewußtsein?* beschäftigt sich vorwiegend mit Konkretionen dieser Frage.
5. Harich, op. cit., S. 107.
6. Zit. Bolte, op. cit., S. 303 ff.
7. Parsons, op. cit., S. 216 f.
8. Berelson-Steiner, op.-cit., IX C 24. 7.
9. A 58/64, S. 367.
10. Zit. Reiche, op. cit., S. 128, 154.
11. So Raddatz, *Revolution*, op. cit., S. 206.
12. *Projektgruppe Subkultur*, München, Mai 1968.
13. Zit. *Frankfurter Rundschau*, 16. 2. 1970, S. 2.

6. EXKURS 2: INTERNATIONALISMUS UND SUBKULTUR

1. Ernst Bloch, *Das Prinzip Hoffnung*, S. 1060.
2. *Jugend*, op. cit., S. 437.
3. Marcuse, *Sowjetmarxismus*, S. 89.
4. Op. cit., S. 217–225.
5. Marcuse, *Befreiung*, S. 126.
6. Nirumand, Zur Kritik der progressiven Intelligenz in Deutschland, in: *Kursbuch* 9, S. 183.
7. Siehe Dave Dellinger und Todd Gitlin in: *Liberation*, März 1968; Bernd Rabehl in: *Konkret* 13/68; Ernst Jezek in: *Links* 4, 69. Selbst Rüdiger Dilloo in: *twen*, Okt. 69, S. 95 ff.
8. Rabehl, op. cit., S. 48.
9. Kahn-Wiener, op. cit., S. 275 f.

7. NEBENWIDERSPRÜCHE IN DEN PROGRESSIVEN SUBKULTUREN

1. Aus dem Aufruf zum Wahlboykott 1968, zit. *Berkeley Barb*, 4.–10. Okt. 68, S. 9.
2. Bloch, op. cit., S. 4.
3. Vorwort in: Fourier, *Theorie der 4 Bewegungen*, Frankf./M. u. Wien 1966, S. 28.
4. ED 91/III, S. 11.

5. Kreuzer, op. cit., S. 7.
6. Op. cit., S. 14.
7. Zit. Kaiser, op. cit., S. 16.
8. Goodman, *Growing*, S. 187 f.
9. Zit. Krim (Hg.), *The Beats*, Greenwich, Conn., 2. A. 1963, S. 14.
10. Op. cit., S. 22.
11. Newfield, op. cit., S. 31.
12. Krim, op. cit., S. 155.
13. Guenther, op. cit., S. 85 ff.
14. In: Krim, op. cit., S. 202 ff.
15. Hollstein, op. cit., S. 46.
16. Roel Van Duyn, zit. Kreuzer, op. cit., S. 14.
17. Böhmer, Regtien: Provo-Modell oder Anekdote?, in: *Kursbuch* 19, S. 129 f., Hollstein, op. cit., S. 47 ff.
18. In: *PRO*, März 1967.
19. Ebenda (Duco van Weilee).
20. Hollstein, op. cit., S. 47 ff.
21. *PRO*, op. cit.
22. Böhmer, Regtien, op. cit., S. 131.
23. Op. cit., S. 140.
24. Kaiser, op. cit., S. 156.
25. Op. cit., S. 164, 170.
26. Op. cit., S. 167 f.
27. Op. cit., S. 167 f.
28. Op. cit., S. 169.
29. Hollstein, op. cit., S. 63 ff.
30. Zit. op. cit., S. 153.
31. In: *Jasmin*, 2. 2. 1970, S. 34, 36, 37.
32. Hollstein, op. cit., S. 72 ff.
33. In: *Liberation*, Februar 1968, S. 8.
34. Zit. Kaiser, op. cit., S. 144.
35. Op. cit., S. 41.
36. Hollstein, op. cit., S. 72 ff.
37. Helms, op. cit., S. 272 f.
38. Kaiser, op. cit., S. 145.
39. *Gandalfs Garden*, Nr. 1 (68).
40. *Protestfibel*, op. cit., S. 21.
41. *Berkeley Barb*, 11. Juli 1969.
42. *Berkeley Barb*, 3.–9. Okt. 1969.
43. Zit. Kaiser, op.-cit., S. 40.
44. Zit. *twen*, Okt. 1969, S. 60.
45. Reimar Lenz, Underground, in: *song* 1, 69, S. 40 f.
46. Ebenda.
47. Alan Watts, *Zen-Buddhismus*, Reinbek, S. 121 f.
48. Op. cit., S. 178.

49. Op. cit., S. 169.
50. Nach P. D. Ouspensky, *Auf der Suche nach dem Wunderbaren*, Weilheim 1966.
51. Op. cit., S. 97.
52. Op. cit., S. 15, 242.
53. Op. cit., S. 32, 165, 207.
54. Op. cit., S. 41, 208, 455.
55. Op. cit., S. 53, 83.
56. Op. cit., S. 73.
57. Op. cit., S. 82 f.
58. Op. cit., S. 220.
59. Op. cit., S. 452.
60. Op. cit., S. 456.
61. Op. cit., S. 465, 480 ff., 504 ff., 541 ff.
62. Op. cit., S. 536.
63. Reimar Lenz, *Der neue Glaube*, Wuppertal 1969; Wenn Gläubige gegen den Glauben glauben, in: *song* 4/69, S. 13 f.
64. Der naive Anarchismus, in: 883/41, 57; in der Deutung ähnlich Ronald Steckel, *Bewußtseinserweiternde Drogen*, Berlin 1969, S. 18.
65. *Konkret*, Sept. 1968, S. 23–26.
66. *Jugendkommunen*, op. cit., S. 7–9, 10 f.

8. AUFLÖSUNG DER NEBENWIDERSPRÜCHE

1. *Jugendkommune*, op. cit., S. 22.
2. In: *Waldeck info* 4 (Hollstein-Jaensch-Golowin).
3. Golowin im *Workshop* 7, Waldeck 1969.
4. In: *apodaten* 4, 69, S. 4.
5. Ebenda.
6. A 65/67, S. 369.
7. Zit. Kreuzer, op. cit., S. 326.
8. Op. cit., S. 19.
9. Zwerenz, op. cit., S. 60.
10. Kreuzer, op. cit., S. 325.
11. *Kursbuch* 14, S. 155.
12. Hollstein, op. cit., S. 87.
13. Carsten Linde in: *song* 8, 68, S. 19.
14. Rat 13.–28. Juli 1968.
15. EVO, 9. Aug. 1968, S. 6.
16. Z. T. dokumentiert in: *nobis*, Okt. 1968, S. 28.
17. Zit. Kaiser, op. cit., S. 79.
18. Hollstein, op. cit., S. 91.
19. Newfield, op. cit., S. 109 ff.
20. *Chicago Seed*, Nr. 11, Leitartikel.

21. *Barb* 2.–8. Aug. 1968, S. 3.
22. Op. cit., S. 13.
23. *Liberation*, Nov. 1968, S. 20.
24. *Barb*, 23.–29. Aug. 69, S. 5.
25. Coser, op. cit., S. 167, 176.

9. LEITBILDER UND GEGENLEITBILDER

1. Horowitz-Liebowitz, op. cit., S. 289, siehe auch Miller/Gilmore, op. cit., S. 57, über Humphrey Bogart.
2. Hollstein, op. cit., S. 165, Miller/Gilmore, op. cit., S. 59.
3. A 58-64, S. 319.
4. Op. cit., S. 155, 158.
5. Op. cit., S. 159, 203.
6. A 65–67, S. 361 f.
7. A 65–67, S. 370 ff.
8. *Les Murs ont la Parole*, Paris 1968.
9. Paetel, op. cit., S. 18.
10. Op. cit., S. 25–27.
11. Op. cit., S. 252.
12. Z. B. Newfield, op. cit., S. 87; Jacobs-Landau, op. cit., S. 163.
13. In: *The Chicago Seed*, Nr. 11.
14. Miller/Gilmore, op. cit., S. 83.
15. Hal Draper, *The two souls of socialism*, Berkeley 1966.
16. Goodman, *Growing*, S. 152, 261; People or Personnel, S. 74.
17. Reiche, op. cit., S. 148.

10. NORMEN ALS NEGATION UND AUFHEBUNG

1. Harowitz-Liebowitz, op. cit., S. 295. Zur Intensität der Negation Kosel, op. cit., S. 10 ff., bes. 25.
2. In: SC-Info 19, S. 7.
3. Lit. Ertl, *Alle Macht den Räten*, Frankfurt/M. 1968.
4. Reiche, op. cit., S. 157 f.; Lenk/Fourier, op. cit., S. 40; Müller/Soukop, in: *Links* 1, 69, S. 21; Kosel, op. cit., S. 10 ff. (Negation).
5. Schwendter, *Radikaldemokratie*, op. cit.
6. Siehe oben, Kapitel 3, zu dem Marcuse-*twen*-Interview, S. 108.
7. Goffman, *Stigma*, S. 59 f. (Negation).
8. Siehe Teil IV; Marcuse, *Eindim. Mensch*, S. 61 f.
9. Siehe Teil V.
10. *K 2*, op. cit., S. 143 (Reinlichkeit); dto. Kosel, op. cit., S. 10 ff.
11. Reiche, op. cit., S. 157; SDS-BV in: *Konkret* 8, 69, S. 17 ff.; Brückner, op. cit., S. 115.

12. Brückner, op. cit., S. 115.
13. Siehe Teil IV.
14. Z. B. in: *Anarchy* 31, S. 270; *Anarchy* 77, S. 200 ff.; *Sociologica* II, S. 65; Nirumand-Siepmann, op. cit., S. 88; Lenk/Fourier, op. cit., S. 35; Müller/Soukop, in: *Links* 1, 69, S. 21; Marcuse-*twen*-Interview, S. 35; K 2, op. cit., S. 203; Enzensberger, *Kursbuch* 11, S. 155 f.
15. R. Schwendter, Kritik des »Freundeskreises« (unveröffentlichtes Manuskript 1968).
16. Marcuse-*twen*-Interview, S. 105.
17. Steinbuch, *Falsch programmiert*, S. 159; zit. Schwendter, *Radikaldemokratie*, op. cit.
18. Z. B. Brecht, *Buch der Wendungen*, Frankf./M. 1968 (zit. NRK, S. 33, 38); Mao Tse-tung, *Über die Praxis*; Marcuse-*twen*-Interview, S. 105; Hollstein etc. in: *Waldeck Info* 4.
19. Siehe oben, Kapitel 2, 2.
20. Siehe oben Kapitel 2, 2; ähnlich Enzensberger, *Kursbuch* 11, S. 155 f.
21. SDS-BV in: *Konkret* 8, 69, S. 17 ff.; NRK, S. 257.
22. Paul Goodman in: *Anarchy* 85, S. 69; Dutschke zit. NRK, S. 211 f.; Kupferberg zit. *song* 8, 68, S. 38.
23. Siehe Teil IV.
24. Aus der falschen Praxis der »Südfront« lernen.
25. Siehe die Praxis der SNCC, später der Black Panther Party.
26. Marcuse-Interview, *twen*, Juni 69, S. 105; Hollstein etc., *Waldeck-Info* 4; K 2, op. cit., S. 287; NRK, S. 264; Enzensberger, *Kursbuch* 11, S. 155 f.
27. Goffman, *Stigma*, S. 137; Reiche, op. cit., S. 17; Reproduktion der geltenden Normen: ein Mädchen geht, ganz schwarzgeschminkt, in ein subkulturelles Lokal. Einhelliger Kommentar: »Die spinnt ...«
28. Nirumand-Siepmann, op. cit., S. 90; Hollstein etc., *Waldeck-Info* 4; Holz, *Utopie und Anarchismus*, Köln 1968, S. 62.
29. SDS Berlin 7. 1. 1967 zit. NRK, S. 15; Marcuse, *Eindim. Mensch*, S. 57.
30. Marcuse-*twen*-Interview, S. 108.

IV. ZUR SELBSTORGANISATION DER BEDÜRFNISSE IN DEN SUBKULTUREN

1. DIE BEDÜRFNISSE

1. Op. cit., S. 77.
2. Marcuse, *Eindim. Mensch*, S. 24.
3. Op. cit., S. 25.

4. Ebenda.
5. Zit. Kreuzer, op. cit., S. 253.
6. Marcuse, *Befreiung*, S. 16.
7. Op. cit., S. 35.
8. Marcuse-*twen*-Interview, S. 107.
9. Gösta Carlsson, Betrachtungen zum Funktionalismus, in: *Logik der Sozialwiss.*, S. 246.
10. Adorno, *Ohne Leitbild*, S. 121.

2. NAHRUNG

1. Hollstein, op. cit., S. 110 ff., Kaiser, op. cit., S. 57, 66 ff., 100 ff., *Liberation*, Juli/August 1968, S. 26 f.
2. Hollstein, op. cit., S. 128 ff.
3. *Liberation*, Juli/August 1968, S. 26 f.
4. Dokumentiert in: *Egoist* (Frankfurt/Main 1968).
5. In: *underground* 4, 69, S. 9 ff.
6. Fourier, op. cit., S. 220 f.
7. Op. cit., S. 228.
8. Ebenda.
9. *K 2*, op. cit., S. 57.
10. *DM*, August 1968, S. 13.
11. Op. cit., S. 14.
12. Kreuzer, op. cit., S. 240, 242.
13. *underground* 10, 69, S. 58 f.
14. *Kursbuch* 14, S. 172.
15. Marcuse, *Befreiung*, S. 54.
16. Kahn-Wiener, op. cit., S. 66 ff.
17. Zit. Sitbon in: *Neues Forum*, Oktober 1969, S. 534; ähnlich *K 2*, S. 51 ff., Geza Kirchknopf, Vom elastischen Familienverband zur Kommune, in: *Kursbuch* 14, S. 110 ff.
18. Siehe dazu (vom Standpunkt des Wirts) Charly Racky, in: *Waldeck-Info* 4.

3. ZELT UND ZEMENT: WOHNUNG

1. *Jugendkommunen*, op. cit., S. 35.
2. Goffman, *Stigma*, S. 136 f.
3. Helms, op. cit., S. 241.
4. Op. cit., S. 244.
5. Protokoll des AK Konsum der Prgr. Subkultur Stuttgart (19. 11. 1968).
6. *Protestfibel*, op. cit., S. 197; Kreuzer, op. cit., S. 162, 240.
7. Kreuzer, op. cit., S. 162; Hollstein, op. cit., S. 112; *DM*, August 1968, S. 16.

8. Kreuzer, op. cit., S. 240, 162.
9. Op. cit., S. 221 ff.
10. Trotzki, *Literatur und Revolution*, Berlin 1968, S. 114.
11. Willi Köhler, Die Ehe ist tot, in: *pardon* 5, 69, S. 23.
12. Hollstein, op. cit., S. 112.
13. ED 80/III, S. 8 f.
14. Sitbon, op. cit., S. 533; *twen*, April 69, S. 108 ff.
15. *DM*, op. cit., S. 13 ff.
16. *Links* 4, 69, S. 20.
17. *Liberation*, Juli/August 69, S. 26 f.
18. *pardon* 5, 69, S. 36 ff.
19. Siehe auch Teil V.
20. *Jasmin*, 2. 2. 70, S. 34.
21. Kentler, *pardon* 5, 69, S. 43.
22. *K 2*, op. cit., S. 10.
23. 883/46, S. 6, Kursbogen zu *Kursbuch* 19.
24. Z. B. *Links* 1, 69, S. 18.
25. *Kritische Universität I*, Berlin 1967, S. 64.
26. In: *Kursbuch* 14, S. 110 ff.
27. In: *Kursbuch* 17, S. 139, 144.
28. Kahn-Wiener, op. cit., S. 66 ff.
29. Zit. Goodman, *Miseducation*, S. 300.
30. Ähnlich McLuhan, op. cit., S. 125: Zelt, Wigwam, Iglu folgten dynamischen Kraftlinien, wie ein Dreieck – im Gegensatz zum »Zement« Quadrat.
31. *K 2*, op. cit., S. 115.

4. SEXUALITÄT

1. Marcuse, *Triebstruktur*, S. 208.
2. Z. B. Kinsey, op. cit., S. 258; Kronhausen, op. cit., S. 17.
3. Repräsentativ für den herrschenden Manchestersexualismus etwa: Alfred Kinsey, *Das sexuelle Verhalten der Frau*, Berlin - Frankfurt/Main 1953, S. 12, 13, 22, 56 (einjährige Lebensgemeinschaft als Ehe gewertet!), 155 (Orgasmus zur Leistungssteigerung), 218 f., 225, 227, 245 f., 270, 314 (sexuelles Monopol als Derivat des Privateigentums), 317, 423, 533; Ph. und E. Kronhausen, *Abarten des weiblichen Sexualverhaltens*, München 1964, S. 89 f., 143, 145, 150, 260 f.; *Comfort*, op. cit., S. 26, 95, 117; über das Thema *K 2*, op., cit., S. 129; über Ullerstamm Reiche, op. cit., S. 140.
4. Schrader-Klebert, op. cit., S. 25 f.
5. Reiche, op. cit., S. 164–166.
6. Adorno, *Minima Moralia*, z. B. S. 17, 29, 30.
7. Coser, op. cit., S. 76.

8. *PRO* 5; ähnlich Hollstein, op. cit., S. 47 ff.
9. *PRO* 8.
10. Jacobs-Landau, op. cit. S. 168.
11. Kreuzer, op. cit., S. 137.
12. *twen*, November 1968, S. 10.
13. Siehe z. B. Informationen über Notstand bei Bülow-Kommune, *Konkret* 13, 68, S. 16 ff.
14. Protokoll des AK, Sexualität in der Prgr. Subkultur, Stuttgart, Dez. 1968, S. 4.
15. *K* 2, op. cit., S. 277.
16. *SC-INFO*, 9.
17. Reiche, op. cit., S. 7. Über Reich und die sexuelle Misere in Frankreich: Fraenkel in *action culturelle*, op. cit.
18. 883/41, S. 3.
19. Reiche, op. cit., S. 42 f.
20. *exp. int.*, 5. Sept. 69, S. 7, *RPK* 29, 69, *underground* 10, 69, S. 50 ff.
21. Zit. Kaiser, op. cit., S. 143.
22. Z. B. *Berkeley Barb*, 7.–13. 2. 1969, S. 9 (100 Anrufe pro Woche).
23. Reiche, op. cit., S. 144. Mit Recht anderer Ansicht Plack, op. cit., S. 105.
24. Reiche in *Diskus*, November 68. Ähnlich für die USA Jacobs-Landau, op. cit., S. 35.
25. In: *konkret*, 23. Sept. 1968, S. 45.
26. Op. cit., S. 44.
27. Fourier, op. cit., S. 143.
28. Op. cit., S. 143.
29. Op. cit., S. 182.
30. Op. cit., S. 238 f.
31. Op. cit., S. 239–242.
32. Zit. Lazar Hellenbach, *Die Vorurteile der Menschheit*, Wien 1879, S. 302 ff.; ähnlich Anton Menger, *Allgemeine Staatslehre*, Wien 1895.
33. Sitbon, op. cit., S. 532.
34. Op. cit., S. 534.
35. *twen*, April 69, S. 108 ff.
36. Ebenda.
37. *pardon*, 5/69, S. 25.
38. *AZ* München 7./8. 2. 70, S. 7.
39. *Jasmin*, 2. Feb. 70, S. 24.
40. *twen*, Juni 69, S. 7 ff.
41. *K* 2, op. cit., S. 128.
42. Op. cit., S. 130 ff.
43. Op. cit., S. 136 ff.
44. Op. cit., S. 139.
45. Op. cit., S. 188.
46. Op. cit., S. 150 ff.

47. Op. cit., S. 162.
48. Op. cit., S. 170.
49. Op. cit., S. 206.
50. Plack, op. cit., S. 162.
51. Harich, op. cit., S. 99.
52. Zit. *konkret* 6/69, S. 30 ff.
53. ED 22/III, S. 6.
54. *pardon*, Feb. 70, S. 24 ff.
55. So: AUSS-BV Thesen zur Sexualkampagne (*SC-Info* 7); K 2, op. cit., S. 9, 287, 149; Heide Berndt in *Kursbuch* 19, S. 132; Gertrud Baumgärtner, in: *FASS-Agitation* 3, S. 24; *RPK* 14/69, S. 4 f.; Schrader-Klebert, op. cit., S. 44; Holz, op. cit., S. 42[35]; Reiche, op. cit., S. 161; schon Reich, *Klassenbewußtsein*, S. 66 f.
56. K 2, op. cit., S. 149; Schrader-Klebert, op. cit., S. 41 ff.; *RPK* 33, 69, S. 12 ff.
57. *RPK* 33, 69 ebenda.
58. *AUSS-BV*, op. cit.; zum ersten Text ähnlich K 2, op. cit., S. 311.
59. K 2, op. cit. S. 310.
60. Brückner, op. cit., S. 101.

5. ERZIEHUNG

1. Zit. *PRO* 8.
2. *Barb*, 29. Nov. – 5. Dez. 68, S. 13.
3. Hollstein, op. cit., S. 112.
4. *Barb*, 31. 1. – 7. 2. 69, S. 11.
5. Lilian Heberle und Helmut Bürger, Erziehung im Kinderkollektiv, in: *Stuttgarter Studentenzeitung* 42, S. 22.
6. *RPK* 2, 69, S. 6.
7. Heberle/Bürger, ebenda.
8. Ebenda.
9. In: *FASS-Agitation* 3 (1. Mai 1969), S. 24.
10. *RPK* 2, 69, S. 7.
11. *pardon*, Feb. 70, S. 40 f.
12. K 2, op. cit., S. 107.
13. Heberle/Bürger, op. cit.
14. *RPK* 29, 69, S. 9.
15. *pardon*, Feb. 70, S. 40 f.
16. K 2, op. cit., S. 309.
17. Op. cit., S. 69–107; ident. im *Kursbuch* 19.
18. Op. cit., S. 104.
19. Op. cit., S. 69.
20. Op. cit., S. 104 f.
21. Walter Liebel, Das Norweg. Versuchsgymnasium, in: *Frankfurter*

Hefte 9, 68, S. 630 ff.; *RPK* 15, 69 (Schulung im Sozialist. Zentrum als Räteschule) *Links* 4, 69, S. 24 (*AUSS* Freiburg); Goodman, *Miseducation*, S. 32 ff., Goodman, *Growing up absurd*, S. 81, 112 f.; Siegfried Bernfeld, *Die Schulgemeinde und ihre Klassenkampffunktion*, Berlin 1968; Hollstein, op. cit., S. 112 (Lehrer unterrichten auf der Straße).
22. Goffman, *Stigma*, S. 46.
23. 883/40, S. 6, *RPK* 22, 69, S. 6.

6. GESUNDHEIT

1. Kahn/Wiener, op. cit., S. 66 ff.
2. *KU*, op. cit., S. 56 f.
3. Ich folge hier vor allem Informationen der Arbeitstagung kritischer Mediziner, Mainz, Mai 1969.
4. Hollstein, op. cit., S. 26 f.; Kaiser, op. cit., S. 66 ff.
5. ED 33/III, S. 3 f.
6. *KU*, op. cit., S. 56–69.

7. TRANSPORT

1. Kaiser, op. cit., S. 66 ff.

8. KONSUM

1. Marx, Band 1, S. 634.
2. Zit. Bebel, *Die Frau und der Sozialismus*, Berlin 1946, S. 6, 514.
3. Kreuzer, op. cit., S. 264.
4. Detailliert bei Schwendter, Zwanzigjahresplan zur Abschaffung der Geldwirtschaft, in: *Kursbuch* 14, S. 124 ff.
5. Material bei Kreuzer, op. cit., S. 261–68.
6. McLuhan, op. cit., S. 141.
7. Op. cit., S. 139, 143.
8. Op. cit., S. 131.
9. In: *Barb*, 29. Nov. – 5. Dez. 68, S. 13.
10. Zit. Kaiser, op. cit., S. 66 ff.
11. *Liberation*, Juli/Aug. 68, S. 26 f.
12. Hollstein, op. cit., S. 110 ff., über ein Stuttgarter Projekt *plakat* 1, 70 (»APO-Heilsarmee???«).
13. Kreuzer, op. cit., S. 154 ff.
14. Pross, op. cit., S. 258.
15. Kreuzer, op. cit., S. 159.
16. Reiche, op. cit., S. 167[197].

17. *K 2*, op. cit., S. 140.
18. Op. cit., S. 59 f.
19. *twen*, op. cit., S. 6.
20. *K 2*, op. cit., S. 59.
21. *DM 8*, 68, S. 13 f.
22. Reich, *Klassenbewußtsein*, S. 17.
23. *Richtlinien und Anschläge*, op. cit., S. 53.
24. *RPK 2*, 69, S. 8.
25. Bloch, op. cit., S. 100.
26. Ronald Steckel, *Bewußtseinserweiternde Drogen*, Berlin 1969, S. 118.
27. Z. B. *DZ*, zit. op. cit., S. 111, op. cit., S. 116; *K 2*, op. cit., S. 206 f., S. 295; Marcuse, *Befreiung*, S. 61 f., 883/41, S. 6, Hartmut Moerschel, zit. *Süddeutsche Zeitung* 22. 1. 70 (Drogensymposium).
28. Steckel, op. cit., S. 100.
29. Marcuse, *Befreiung*, S. 61 f.
30. Steckel, op. cit., S. 69.
31. Op. cit., S. 73.
32. Hollstein, op. cit., S. 112 ff.
33. *Liberation*, Juli/Aug. 1968, S. 26 f.
34. Buselmeier/Schehl, op. cit., S. 77.

9. ARBEIT UND MUSSE

1. Schmidtchen, op. cit., S. 201 f.
2. A 65/67 S. 54.
3. Op. cit., S. 38 f.
4. A 65/67 S. 56.
5. Op. cit., S. 58.
6. Op. cit., S. 388.
7. Papier der Projektgruppe Subkultur Darmstadt.
8. Goffman, *Stigma*, S. 179.
9. Lafargue, *Das Recht auf Faulheit*, Frankf./M. 1966.
10. Op. cit., S. 19.
11. Chisholm, The Psychiatry of Enduring Peace und Social Progress, in: *Psychiatry* IX, Nr. 1/1946, S. 31.
12. Clive Barker, *Working in Leisure*, London o. J.
13. Plack, op. cit., S. 53.
14. In: *PRO* 8.
15. Baumgärtner, op. cit., S. 24.

10. BEDÜRFNISSE IN DER KUNST

1. Walter Benjamin, *Das Kunstwerk im Zeitalter seiner technischen Reproduzierbarkeit*, S. 13 f.

2. Siehe dazu genauer Rudolf Scheßwendter, *Die Bühne als politisches Forum in Theorie und Praxis bei Shaw und Brecht*, Diss. Wien 1967; Jürgen Hofmann, *Theorie des Theatralischen*, Stuttgart 1970.
3. Zit. Schlemmer, Kunst und Sozialismus, in: song 4, 69, S. 33; ähnlich Reich, *Klassenbewußtsein*, S. 51.
4. Barker, *Opportunities for continuing* ... ; ausführlicher zitiert in: Schwendter, *Radikaldemokratie*, op., cit.
5. McLuhan/Fiore, *The Medium in the Massage*, London 1967, S. 119.
6. song 8, 68, S. 12 f.
7. Klaus Budzinski, in: *Protestfibel*, op. cit., S. 69.
8. Op. cit., S. 144 ff.
9. song 4, 69, S. 9–11.
10. *twen*, Juni 69, S. 30.
11. In: *Protestfibel*, op. cit., S. 35.
12. In: *Songmagazin*, Essen 1968, S. 18.
13. Op. cit., S. 20.
14. Kaiser, op. cit., S. 96–98.
15. *Waldeck Info* 1.
16. Kaiser, op. cit., S. 13.
17. Jaeggi, op. cit., S. 143.
18. Alvermann, Kunst als Instrument der Herrschaft; Kunst als Instrument der Befreiung von Herrschaft, in: *tendenzen* 50.
19. *Protestfibel*, op. cit., S. 144 ff.
20. Erasmus Schöfer in: *Alternativen der Opposition*, Köln 1969, S. 362, Gramsci, *Philosophie der Praxis*, Frankf./M. 1967, S. 422.
21. song 4, 69, S. 33.
22. Richard Hiepe in: *tendenzen* 50; ähnlich PRO 5.
23. *Protestfibel*, op. cit., S. 37.
24. Uwe Nagel, in: song 8, 68, S. 14.
25. *Protestfibel*, op. cit., S. 94.
26. Goffman, *Stigma*, S. 127.
27. *Berkeley Barb*, 26. Juli – 1. Aug. 1968.
28. Pross, op. cit., S. 254 ff.
29. Kaiser, op. cit., S. 47 f.
30. Op. cit., S. 99.
31. Hollstein, op. cit., S. 121 ff.
32. In: song 4, 69.
33. *underground* 10, 69, S. 14.
34. 883/34, S. 4 f.
35. *Songmagazin*, op. cit., S. 13.
36. *Protestfibel*, op. cit., S. 61.
37. Barker, *The Arts in Our Society*, Attingham 1966.
38. Adorno, *Ohne Leitbild*, S. 182.
39. Marcuse, *Eindim. Mensch*, S. 261.
40. Marcuse, *Befreiung*, S. 41.

41. Op. cit., S. 43.
42. Op. cit., S. 56 f.
43. Op. cit., S. 74.
44. Schlemmer, op. cit., S. 32.
45. Kaiser, op. cit., S. 44 f.
46. A 65/67, S. 112.
47. *Protestfibel*, op. cit., S. 25.
48. Op. cit., S. 18.
49. Kaiser, op. cit., S. 81.
50. Buselmeier/Schehl, op. cit., S. 75; Alvermann, op. cit.
51. Kreuzer, op. cit., S. 15, 59, 60.
52. So *Protestfibel*, op. cit., S. 7, 199; Hollstein, op. cit., S. 121 ff.; Hollstein, *Hippies*, S. 644.
53. Bertaux, op. cit., S. 12.
54. Lafargue, op. cit., S. 34.
55. Bloch, op. cit., S. 249, 22.
56. *K 2*, op. cit., S. 55.
57. Hollstein, op. cit., S. 145, 80 ff. (»Revolte mit Festcharakter«).
58. Reich, *Klassenbewußtsein*, S. 51.
59. In: *Songmagazin*, op. cit., S. 15.
60. *Barb*, 4. – 10. Okt. 68, S. 9.
61. Alvermann, op. cit.

V. INSTITUTIONEN DER SUBKULTUR

1. KRITIK DER SUBKULTURELLEN ÖKONOMIE

1. *NRK*, op. cit., S. 262.
2. *K 2*, op. cit., S. 58.
3. *Protestfibel*, op. cit., S. 200; Kaiser, op. cit., S. 84.
4. Zit. Kaiser, op. cit., S. 147 f.
5. Hollstein, op. cit., S. 110 f.
6. *Gandalfs Garden*, Nr. 4, S. 27.
7. Hollstein, op. cit., S. 108.
8. Kaiser, op. cit., S. 102 f.
9. *Liberation*, Juli/Aug. 1968, S. 26 f.
10. Kaiser, op. cit., S. 92.
11. Z. B. 883/41, S. 2.
12. Babette Gross, *Willi Münzenberg*, Stuttgart 1967, S. 9 f.
13. Op. cit., S. 105.
14. Op. cit., S. 117 ff.
15. München 1969, S. 27.

2. GEGENÖFFENTLICHKEIT

1. *song* 8, 68, S. 8.
2. Hollstein, op. cit., S. 116 ff.
3. Zit. Schroeder, *song* 8, 68, S. 11.
4. Kaiser, op. cit., S. 21.
5. Ebenda.
6. Op. cit., S. 24, 26.
7. Op. cit., S. 25.
8. In: *RPK* 4, 69, S. 8.
9. 883/43, S. 2.
10. Buselmeier/Schehl, op. cit., S. 85.
11. *Protestfibel*, op. cit., S. 116 f.
12. *konkret* 13, 68, S. 27 ff.
13. *song* 8, 68, S. 9.
14. Op. cit., S. 8.
15. *RPK* 11, 69, S. 5.
16. *Protestfibel*, op. cit., S. 115.
17. *song* 8, 68, S. 11.
18. KPFA-March Folio, 1968, Vol. 19, Nr. 3.
19. Kaiser, op. cit., S. 26 f.
20. Op. cit., S. 148.
21. Goodman, *Conquered Province*, S. 33.
22. Hollstein, op. cit., S. 112 ff.
23. Kaiser, op. cit., S. 116.
24. Nirumand, in: *Kursbuch* 13, S. 13.

3. GEGENMILIEU

1. Op. cit., S. 152 f.
2. Kreuzer, op. cit., S. 203, 208.
3. Op. cit., S. 206.
4. Goodman, *Conquered Province*, S. 34; Hollstein, op. cit., S. 37 ff.
5. Kaiser, op. cit., S. 209.
6. Kreuzer, op. cit., S. 172.
7. Kaiser, op. cit., S. 138 ff.
8. In: *Kursbuch* 14, S. 115 ff.
9. Siegfried Bernfeld, *Kinderheim Baumgarten*, Berlin 1921, S. 122.
10. Hollstein, op. cit., S. 136 ff.
11. In: *Kursbuch* 14, S. 169.
12. *K 2*, op. cit., S. 64 ff.
13. *RPK* 35, 69, S. 11 f.
14. *pardon* 8, 67, S. 22
15. Heide Berndt, in: *Kursbuch* 17, S. 134.

16. Reiche, op. cit., S. 155.
17. Kreuzer, op. cit., S. 271.
18. *RPK* 8, 69, S. 7.
19. K 2, op. cit., S. 254.
20. *RPK* 17, 69, S. 1 f.
21. *RPK* 14, 69, S. 10.
22. *RPK* 2, 69, S. 8.
23. Cohn-Bendit, *Linksradikalismus*, Reinbek 1968, S. 269 f.
24. Hollstein, op. cit., S. 97 ff.
25. Goffman, *Stigma*, S. 33.
26. Goffman, *Asylums*, S. 63.
27. EVO zit. Kaiser, op. cit., S. 106.

4. EXKURS ÜBER TECHNOLOGIE

1. Reich, *Klassenbewußtsein*, S. 53.
2. Marcuse, *Eindim. Mensch*, S. 262 f.
3. Marcuse, *Befreiung*, S. 37.
4. Op. cit., S. 44.
5. Marcuse-*twen*-Interview, S. 108.
6. Goodman, *Communitas*, NY 1960, 300 f.
7. Enzensberger, Berliner Gemeinplätze 1, in *Kursbuch* 11, S. 167 f.
8. In: *Kursbuch* 14, S. 81.
9. In: *Revolution*, op. cit., S. 242.
10. Op. cit., S. 243 f.
11. *RPK* 1, 69, S. 3, *exp. int.*, 13. Juni 1969, S. 8.

5. DIE DIALEKTIK ZWISCHEN KAMPF UND GEGENMILIEU

1. *Rote Schüler-Front*, Stuttgart 1, 70.
2. Hollstein, op. cit., S. 108; ähnlich (kritisch) Steckel, op. cit., S. 18.
3. *Ausgewählte Werke*, Band 1, Peking 1968.
4. Op. cit., S. 169.
5. Op. cit., S. 169 f.
6. Op. cit., S. 171 f.
7. Op. cit., S. 169 f.
8. Reich, *Klassenbewußtsein*, S. 3.
9. Op. cit., S. 8.
10. Op. cit., S. 9
11. Op. cit., S. 13.
12. Op. cit., S. 15.
13. Op. cit., S. 16.
14. Op. cit., S. 17.

15. *Intellektuelle und Sozialismus*, op. cit., S. 104; ähnlich Seiffert, op. cit., S. 108 f.
16. Op. cit., S. 107 ff.
17. Op. cit., S. 92 f.
18. Op. cit., S. 103.
19. *Barb*, 29. Nov. – 5. Dez. 68, S. 9.
20. Genauer: Steckel, op. cit., S. 20.
21. Op. cit., S. 21
22. Kaiser, op. cit., S. 75.
23. Op. cit., S. 74
24. Siehe *song* 4, 69, Protokoll *Workshop* VII.

VI. STRATEGIE UND KONKRETE UTOPIE

1. BESTÄTIGUNGEN DURCH EMPIRISCHE SOZIOLOGIE

1. Marx, *Frühschriften*, S. 361.
2. Berelson-Steiner, VII A 1.
3. Op. cit., A 1.1.
4. Op. cit., A 1, 1a,
5. Op. cit., A 3.
6. Op. cit., B 1.3a.
7. Op. cit., B 3.6.
8. Op. cit., B 3.7.
9. Op. cit., B 3.8.
10. Op. cit., C 1.3.
11. Op. cit., VIII, A 4, 4.1.
12. Op. cit., A 7a.
13. Op. cit., IV, C 7.
14. Op. cit., C 8.
15. Op. cit., C 24.2a.
16. Op. cit., C. 24.3.
17. Op. cit., XIII, C 5.
18. Op. cit., C 2.11.
19. Op. cit., C 4.
20. Op. cit., D 2.
21. Op. cit., D 6.
22. Op. cit., D 5.

3. SCHLUSSBEMERKUNG ZU STRATEGIE UND PRAXIS

1. In: *RVG*, op. cit., S. 41.
2. Z. B. Newfield, op. cit., S. 11; Zwerenz, op. cit., S. 89; Helms, op. cit., S. 240 f.

3. Abendroth, op. cit., S. 54; A 65/65 S. 4.
4. Heinz Jung, Neuer Mittelstand oder neue Arbeiterklasse, in: *Alternativen der Opposition*, op. cit., S. 289 ff.
5. Reiche, op. cit., S. 13; Marcuse, *Befreiung*, S. 85.
6. Enzensberger, *Berliner Gemeinplätze*, I, S. 161, 163 f. (*Kursbuch* 11).
7. Z. B. ML im *SC-Info* 22, S. 17.
8. *SC-Info* 24, S. 16.
9. *RPK* 37, 69, S. 10.
10. *RPK* 8, 69, S. 7.
11. Op. cit., S. 34.
12. 883/46 S. 9.
13. *RPK* 35, 69, S. 11.
14. Hollstein, op. cit., S. 153.
15. A 65/67 S. 267.
16. Op. cit., S. 270 f.
17. Op. cit., S. 163.
18. Op. cit., S. 194.
19. A 58/64, S. 496.
20. A 65/67 S. 319.
21. Op. cit., S. 421.
22. Op. cit., S. 431.
23. Op. cit., S. 433.
24. Op. cit., S. 476.
25. Marcuse, *Befreiung*, S. 10.
26. *RPK* 20, 69, S. 10.
27. Ebenda.
28. *RPK* 10, 69, S. 6.
29. *input* 1, 70, S. 43.
30. *K 2*, op. cit., S. 306 f.
31. Als Beispiele siehe Coser, op. cit., S. 80, 82, 84, 127; Rex, op. cit., S. 126.
32. *Kursbuch* 9, S. 225.
33. *Kursbuch* 11, S. 161 f.
34. *K 2*, op. cit., S. 306.
35. Dazu z. B.: *RPK* 20, 69, S. 1, 2, 8; Rabehl in: *RVG*, S. 47; *K 2*, S. 141, 152; *Kursbuch* 11, S. 196 f. (Enzensberger); *Kursbuch* 17, S. 43 f. (Schrader-Klebert); Papier der Projektgruppe Subkultur Darmstadt (in: *song* 3/69).
36. Zwerenz, op. cit., S. 66 f., 79, 86, 91, 99, 101 ff., 108 ff., 118.
37. *RPK* 34, 69, S. 4.
38. *K 2*, op. cit., S. 362.
39. Steckel, op. cit., S. 17, 20.

Literaturverzeichnis

Dieses Buch wurde unterwegs, in Leverkusen, München, Remscheid, Villigst und Wien, zum Teil in D-Zügen der Deutschen Bundesbahn geschrieben. Daraus folgt, daß ich mit einem minimalen Handapparat auskommen mußte: Ich bitte daher, unvollständige Literaturangaben (Erscheinungsjahr, Auflage, Erscheinungsort fehlen gelegentlich) zu entschuldigen.
Das Buch wäre nicht entstanden ohne die Zusammenarbeit mit Mitarbeitern des Instituts für Höhere Studien und Wissenschaftliche Forschung in Wien 1966/67 (insbesondere Werner Leinfellner, Jürgen Pelikan, Klaus Feldmann, Peter Siwy), Mitgliedern der antiautoritären Fraktion des SDS München 1967 (insbesondere Frank Böckelmann, Johann Bachmayer, Will Wieprsek, Reinhard Wetter, damals auch Hanfried Brenner), der Projektgruppen Subkultur Stuttgart (die fast ein Jahr arbeitete), München, Darmstadt und Mainz, der Projektgruppe Waldeck 1969, Diskussionspartnern auf den Festivals in Waldeck und Essen, den Tagungen in Remscheid und Villigst, bei Vorträgen in Mainz, München, Oberhambach, Stuttgart, Wuppertal, Leverkusen.

I. Persönliche Beiträge

In das Buch eingearbeitet wurden insbesondere Vorträge und Diskussionsbeiträge folgender Personen (einige habe ich sicherlich vergessen):
Fritz Bachtrögler, Michael Bartoschek, Hartmann Boltz, Julien Beck, Michael Braun, Wolf Brannasky, Braunsberg, Ingrid Breser, Hellmut Butterweck, Franz-Josef Degenhardt, Rüdiger Engerth, Ossip Flechtheim, Rainer Fuhs, Rolf Gekeler, Sergius Golowin, Heinz Granzer, Peter Grohmann, Richard Häfele, Jim Haynes, Liliane und Richard Heberle, Thomas Hering, Richard Hiepe, Walter Hollstein, Wilfried Jaensch, Annerose Jäppelt, Helmut Kentler, Georg Kiefer, Wolfgang Kiwus, Peter Knebel, Tuli Kupferberg, Adolf Löwy, Judith Malina, Ulrich Mayser, Walter Mossmann, Helmut Münch, Renate Müller-Isenburg, Axel Neumayer, Jürgen Neumüller, Theo Pinkus, Thomas Rothschild, Hans Rotter, Erika Runge, Ed Sanders, Günther Scheding, Ulrich Schenck, Robert Schindel, Julius Schittenhelm, Hermann Schmitt, Thomas Schroeder, Peter Schütt, Ed Sommer, Peter Staimmer, Werner Stoller, Hanna Sturm, Jürgen Vallen, Walter Wierick, Helmut Wiesner, Günter Wolf, Frank Zappa, Zehringer.
Durch Leihen von Büchern, Zeitschriften etc. ermöglichten mir insbesonders, neben Schindel, Schroeder und Sommer, Anita Albus, John C. Fako, Johannes Feest, Ulrich Cassel, Rolf-Ulrich Kaiser, Eberhard Willikens meine Arbeit.

II. Bücher (und Aufsätze in wenig benutzten Publikationen)

Abendroth, Wirtschaft, Gesellschaft und Demokratie in der BRD, Frankfurt 1965
Adorno, Minima Moralia
Adorno, Ohne Leitbild, Frankfurt 1967
Adorno/Frenkel-Brunswick/Levinson/Sanford, The Authoritarian Personality, New York 1950
Agnoli/Brückner, Transformation der Demokratie, Frankfurt 1967
Almond/Verba, The Civic Culture
Alternativen der Opposition, (H. Hitzer/Opitz) Köln 1969
Nels Anderson, The Hobo, Chicago 1923
Anleitung zum Handeln, Berlin 1967
Anweiler, Die Rätebewegung in Rußland 1905–21, Leiden 1958
APO-Adreßbuch (H. Schwendter), München 1969
Helmut Arndt, Mikroökonomische Theorie I, Tübingen 1966
Bab, Die Berliner Boheme, Berlin/Leipzig 1904
Bacia, Thesen zur Sexualität, Berlin 1968
Bahrdt/Popitz, Das Gesellschaftsbild des Arbeiters, Tübingen 1958
Clive Barker, The Arts in our Society, Attingham 1966
Clive Barker, Opportunities for continning the Work of the European Seminar on Theatre und Community (Papier)
Clive Barker, Working in Leisure, in: Continuum
Baran/Fried/Salvatore, Intellektuelle und Sozialismus, Berlin 1968
Bebel, Die Frau und der Sozialismus, 56. A. Berlin (O) 1946
Howard Becker, The Outsiders, New York 1963
Behrendt, Dynamische Gesellschaft, Bern/Stuttgart 1962
Benjamin, Das Kunstwerk im Zeitalter seiner technischen Reproduzierbarkeit, Frankfurt (es 28)
Bergmann/Dutschke/Rabehl/Lefevre, Rebellion der Studenten, Reinbek 1968
Berelson/Steiner, Human Behaviour. An Inventory of Scientific Findings, Chicago 1964
Bernfeld, Kinderheim Baumgarten, Berlin 1921
Bernfeld, Die Schulgemeinde und ihre Klassenkampffunktion, Berlin 1968
Bertaux, Mutation der Menschheit, Frankfurt 1963
Blaukopf, Musiksoziologie
Bloch, Das Prinzip Hoffnung, Frankfurt 1959
Bolte, Die Gesellschaft im Wandel, Opladen 1966
Bottomore, Elite und Gesellschaft
Volker Braun, Provokationen an mich
Brecht, Schriften zum Theater, Band 2, Frankfurt 1963
Roger Brown, Social Psychology
BDI, Jahresbericht 1966
Brückner, Freiheit, Gleichheit, Sicherheit, Frankfurt 1966

Burnham, Die Revolution der Manager, Wien 1948
Buselmeier/Schehl, Die Kinder von Coca-Cola, in: Kürbiskern 1/70
Baran/Sweezy, Monopolkapital, Frankfurt 1966
Carnegie, Wie man Freunde gewinnt, Zürich/Stuttgart 1966
Claessens/Klöhne/Tschoeppe, Sozialkunde der BRD
Cohn-Bendit, Linksradikalismus, Reinbek, 1968
Cohen, Kriminelle Jugend, Reinbek 1959
Comfort, Sex in Society, Harmondsworth 1963
Cooley, Social Process, New York 1918
Coser, Theorie sozialer Konflikte, Neuwied/Berlin 1965
Croner, Soziologie der Angestellten, Köln/Berlin 1962
Combats Étudiants dans le Monde, Paris 1968
Dahrendorf, Gesellschaft und Freiheit in der BRD, München 1962
Dahrendorf, Homo sociologiens
Dahrendorf, Industrie- und Betriebssoziologie
Davis, The Human Society, New York 1965, 20. A.
Davis/Moore, Some Principles of Stratification, in: American Sociological Review 10, 1945
Davis/Blake, Norms, Values and Sanctions, in: Handbook of Modern Sociology
Die Hauptsache ist, daß man zu lernen versteht (Rotes Kinderbuch Nr. 1), Berlin 1969
Alex Diel, Kunst und Kulturrevolution. Die Verwertbarkeit der Kunst, München 1969
Dichter, Handbuch der Kaufmotive
Draper, The two Souls of Socialism, Berkeley 1966
Dreßen, Antiautoritäres Lager und Anarchismus, Berlin 1968
Dürckheim, Wunderbare Katze, Weilheim 1964
Dürckheim, Zen und wir, Weilheim 1961
Durkheim, Regeln der soziologischen Methode, Neuwied/Berlin 1965
Dutschke, Gaus-Interview, Frankfurt/Berlin 1968
Engels, Die Entwicklung des Sozialismus von der Utopie zur Wissenschaft, Berlin 1924
Festinger, A Theory of Cognitive Dissonance, Evanston 1957
Festinger/Schachter/Beck, Social Pressures in Informal Groups, Stratford 1963
Fichte, Die Palette, Reinbek 1967
Fischer-Lexikon für Soziologie
For Mayor of Berkeley, Jerry Rubin, Berkeley o. J.
Fourastié, Die 40 000 Stunden, Wien 1966
Fourier, Theorie der vier Bewegungen, Frankfurt/Wien 1966
Fremdwörterbuch der DDR, Leipzig 1966
Fromm, Der moderne Mensch und seine Zukunft, Frankfurt 1960
Gehmacher, Adam 2000, Wien 1966
Gespräche der Paulus-Gesellschaft: 1. Christentum und Marxismus heute, Wien/Frankfurt/Zürich 1966

Geiger, Aufgaben und Stellung der Intelligenz in der Gesellschaft, Stuttgart 1949
Goffman, Asylums, New York 1961
Goffman, Encounters, Indianapolis, 2. A. 1963
Goffman, Presentation of Self in Everyday Life, New York 1959
Goffman, Stigma, Frankfurt 1967
Goodman, Compulsory Miseducation and the Community of Scholars, New York 1964
Goodman, Growing up absurd, New York 1960
Goodman, Like a Conquered Province, New York 1967
Goodman (Paul und Percival), Communitas, New York 1960
Goodman, People or Personnel, New York 1965
Gordon/Helmer, Der Griff nach der Zukunft
Gorer, Die Amerikaner, Reinbek
Gorz, Revolutionäre Lehren aus dem Mai, Frankfurt 1969
Gorz, Zur Strategie der Arbeiterbewegung im Neokapitalismus, Frankfurt 1966
Gottmann, Megalopolis, New York 1961
Guenther, Protest der Jungen, München 1961
Babette Gross, Willi Münzenberg, Stuttgart 1967
Habermas, Strukturwandel der Öffentlichkeit, 2. A. Neuwied 1964
Habermas, Technik und Wissenschaft als Ideologie, Frankfurt 1968
Hare, Handbook of Small Group Research
Hellenbach, Die Vorurteile der Menschheit, Wien 1879
Helms, Ideologie der anonymen Gesellschaft, Köln 1966
Helms, Nachwort zur Auswahl von Stirners »Der Einzige und sein Eigentum«, München 1968
Hans von Hentig, Der Desperado, Berlin/Göttingen/Heidelberg 1956
Hofstätter, Gruppendynamik, Reinbek 1956
Hofstätter, Sozialpsychologie, Stuttgart 1963
Hollstein, Der Untergrund, Neuwied/Berlin 1969
Holz, Utopie und Anarchismus. Zur Kritik der kritischen Theorie H. Marcuses, Köln 1968
Holzer, Illustrierte und Gesellschaft, Freiburg 1967
Homans, Elementarformen sozialen Verhaltens, Köln/Opladen 1968
Honigsheim, Die Boheme, in: Kölner Vierteljahreshefte für Soziologie 3. Jg. 1923/24
Rex Hopper, Cybernation, Marginality and Revolution, in: The New Sociology (H. Horovitz, New York 1965)
Horkheimer, Der autoritäre Staat, Los Angeles 1942
Horkheimer, Kunst und Massenkultur, in: Die Umschau III/1948
Horovitz/Liebowitz, Social Deviana and Political Marginality, in: Social Problems, Band 15, Nr. 3/68
Huffschmid, Die Politik des Kapitals, 2. A. Frankfurt 1969
Aldous Huxley, Schöne neue Welt
Hobsbawn, Sozialrebellen, Neuwied/Berlin 1962

Jacobs/Landau, Die Neue Linke in den USA, München 1969
Jaeggi, Ordnung und Chaos, Frankfurt 1968
Jahrbuch der öffentlichen Meinung 1947/55 Band 1 (A 47/55), Allensbach 1956
Jahrbuch der öffentlichen Meinung 1947/55 Band 2, Allensbach 1956
Jahrbuch der öffentlichen Meinung 1958/64 (A 58/64), Allensbach 1965
Jahrbuch der öffentlichen Meinung 1965/67 (A 65/67), Allensbach 1968
Jugend in der modernen Gesellschaft (H. Friedeburg) 4. A. Köln/Berlin 1967
Kahn/Wiener, Ihr werdet es erleben, Wien/München/Zürich 1968
Rolf Ulrich Kaiser, Underground? Pop? Nein, Gegenkultur!, Köln/Berlin 1969
Kanitz, Das proletarische Kind in der bürgerlichen Gesellschaft, Jena 1925
»Karriere«, Gesellschaftsspiel für 2–6 Personen von der Spielefabrik Franz Schmidt München
Kinder im Kollektiv, Zentralrat der sozialistischen Kinderläden Nr. 5. Berlin 1969
Kinsey, Das sexuelle Verhalten der Frau, Berlin/Frankfurt 1953
Klapper, The Effects of Mass Communications, Glencoe/Ill. 1960
Klaus (Georg), Kybernetik in philosophischer Sicht, Berlin (O) 1968
René König, Soziologie der Jugendkriminalität, Sonderheft 2 der Kölner Zeitschrift für Soziologie und Sozialpsychologie, 1959
Kölner Zeitschrift für Soziologie und Sozialpsychologie, Sonderheft 4, Köln/Opladen (bes. S. 66 ff.)
Kofler, Perspektiven des revolutionären Humanismus, Reinbek 1968
Kommune 2 Versuch der Revolutionierung des bürgerlichen Individuums (K 2), 1969
Kosel, Gammler, Beatniks, Provos, Frankfurt 1968
Kosik, Dialektik des Konkreten, Frankfurt 1967
Kozlik, Volkskapitalismus, Wien 1968
KPFA, March Folio 1968, Vol. 19 No. 3
Korsch, Marxismus und Philosophie, Frankfurt 1966
Krim (H), The Beats, Greenwich/Conn. 1963 (2. A.)
Kronhausen, Abarten des weiblichen Sexualverhaltens
Kupferberg, The Book of the Body, New York 1966
Lafargue, Das Recht auf Faulheit, Frankfurt 1966
Laqueur, Die deutsche Jugendbewegung, Köln 1962
Lambrecht, Die Soziologie, Stuttgart 1958
Lang, Collective Dynamics, New York 1961
Lazarsfeld/Berelson/Gaudet, The Peoples Choice, New York 1944
Lefèbre, Der dialektische Materialismus, Frankfurt 1967
Lenin, Ausgewählte Schriften (H. Hermann Weber), München 1963
Lenin, Gesammelte Werke Band 33
Lenin, Staat und Revolution, Berlin (O)
Reimar Lenz, Der neue Glaube, Wuppertal 1969

Les Murs ont la Parole, Paris 1968
Oscar Lewis, The Culture of Poverty, in: Scientific American, Oct. 1966
Linz/Feest, Nicht nur für freie Rede, Radio Bremen 12. 2. 1968
Lipton, The Holy Barbarians
Liebel, Das Norwegische Versuchsgymnasium, in: Frankfurter Hefte 9/68
Logik der Sozialwissenschaften (H. Topitsch), Köln/Berlin 1965
Lukacs, Schicksalswende, Berlin 1949
Lundberg, Die Reichen und die Superreichen, 1969
Luxemburg, Politische Schriften I, Frankfurt 1966
Mandel, Einführung in die marxistische Wirtschaftstheorie
Mao Tse-tung, Kümmern wir uns um das Alltagsleben der Volksmassen, in: Ausgewählte Werke Band 1, Peking 1968
Mao Tse-tung, Über den Widerspruch, Peking 1964
Mao Tse-tung, Über die richtige Behandlung der Widersprüche im Volke. Peking 1967
Marcuse, Das Ende der Utopie, Berlin 1968
Marcuse, Der eindimensionale Mensch, Neuwied/Berlin 1967
Marcuse, Die Gesellschaftslehre des sowjetischen Marxismus, Neuwied/Berlin 1962
Marcuse, Ideen zu einer kritischen Theorie der Gesellschaft, Frankfurt 1969
Marcuse, Triebstruktur und Gesellschaft, Frankfurt 1965
Marcuse, Versuch über die Befreiung, Frankfurt 1969
Marx, Der 18. Brumaire des Napoleon Bonaparte
Marx, Frühschriften (H. Landshut), Stuttgart 1953
Marx-Engels-Gesamt-Ausgabe (MEGA) Band 1, 2, 7
Gustav Mayer, Radikalismus, Sozialismus und bürgerliche Demokratie, Frankfurt 1969
McClelland, Die Leistungsgesellschaft, Stuttgart/Berlin/Köln/Mainz 1966
McClosky/Schaar, Psychological Dimensions of Anomy, in: American Sociological Review Bd. 30 (1965)
McLuhan, Understanding Media, New York 1964
McLuhan, The Gutenberg Galaxy, London 1967
McLuhan/Fiore, The Medium ist the Massage, London 1967
Menger, Allgemeine Staatslehre, Wien 1897
Merkur-Handbuch für Direktwerbung 1968
Mereton, Social Theory and Social Structure
Meuter, Die Heimlosigkeit, Jena 1925
Mierendorff, Kunstsoziologie in Deutschland, in: Kölner Zeitschrift für Soziologie und Sozialpsychologie 1957
Michels, Soziologie der Demokratie, 1910, 2. A. 1925
Michel. Die sprachlose Intelligenz, Frankfurt 1968
Miller/Gilmore, Revolution at Berkeley, New York 1965
Mills, Menschen im Büro
Mills, Kritik der soziologischen Denkweise, Neuwied/Berlin ...
Möller/Kohlhepp/Neumann, Jugendkommunen, Berlin 1969

Monatsblätter für freiheitliche Wirtschaftspolitik 13/67, Nr. 4
Mitscherlich, Auf dem Weg zur vaterlosen Gesellschaft
Mitscherlich, Die Unwirtlichkeit unserer Städte
Mitscherlich, Die Unfähigkeit zu trauern
Charles Morris, Values and Society
Muschg, Tragische Wirtschaftsgeschichte, Bern 1957
Molnar, Der Untergang des Intellektuellen, Wien 1967
Neill, Erziehung in Summerhill
Nettler, Ideology and Welfare Policy, in: Social Problems 6 (Winter 58/69)
Newfield, A Prophetic Minority, New York 1966
Neuer Roter Katechismus (H. Freydorf), München 1968
Neidhardt, Die junge Generation – Jugend und Gesellschaft in der Bundesrepublik, 1967
Neusüss (H.), Utopie, Neuwied/Berlin 1968
Orwell, 1984
Ouspensky, Auf der Suche nach dem Wunderbaren, Weilheim 1966
Packard, Die geheimen Verführer
Paetel (H.), Beat, Reinbek 1962
Paetel, Norman Mailer und der »Weiße Neger«, in: Die Kultur, 21. 6. 1959
Parsons, Beiträge zur soziologischen Theorie, Neuwied/Berlin 1964
Plack, Die Gesellschaft und das Böse, München 1967
Plessner, Das Problem der Öffentlichkeit und die Idee der Entfremdung, Göttingen 1960
Popper, Die offene Gesellschaft und ihre Feinde, Band 1, Bern 1957
The Politics of Protest (Jerome H. Skolnick-Report), New York 1969
Harry Pross, Jugend, Eros, Politik, Bern/München/Wien 1964
Helge Pross, Manager und Aktionäre, Frankfurt 1969
Protestfibel (H.: R. U. Kaiser), Bern/München/Wien 1968
Psychoanalyse der BILD-Zeitung, Berlin 1968
Reich, Massenpsychologie des Faschismus
Reich, Was ist Klassenbewußtsein?, Amsterdam 1968
Reiche, Sexualität und Klassenkampf, Frankfurt 1968
Republikanische Verlagsgesellschaft, Heft 1, (Böckelmann, Esser, Goeschl, Rabehl, Schwendter), Stuttgart 1969
Revolution gegen den Staat? (H. Dollinger), Bern/München/Wien 1968
Rex, Key Problems of Sociological Theory, 3. A., London 1965
Reynolds/McClure, Freewheelin' Frank, London 1968
Richtlinien und Anschläge (H. Goeschl), München 1968
Rosenmayr, Soziologie und Stadtplanung, Wien
Ross, The Principles of Sociology, New York 1920
Ryschkowsky, Die linke Linke, München/Wien 1968
Schelsky, Auf der Suche nach Wirklichkeit
Schelsky, Die skeptische Generation, 1957
Scheßwendter, Die sozialreformatorische Funktion des geistigen Arbeiters im Nationalsozialismus, Diss. Wien 1964

Scheßwendter, Die Bühne als politisches Forum in Theorie und Praxis bei G. B. Shaw und Bertold Brecht, Diss. Wien 1967
Alfred Schmidt, Der Naturbegriff bei Marx, Frankfurt
Schmidtchen, Die befragte Nation, Frankfurt/Hamburg 1965
Schnell, Geisterbahn, Neuwied 1964
Schoeck, Die Soziologie und die Gesellschaften, 2. A., Freiburg/München 1964
Schoeck, Der Neid, Freiburg 1968
Schüddekopf, Linke Leute von rechts, Stuttgart 1960
Schuhler, Zur politischen Ökonomie der armen Welt, München 1969
Schwendter, Modelle zur Radikaldemokratie, Wuppertal 1970
Schwendter, Pamphlet wider den grassierenden Theaterfaschismus, in: Richtung Wiener Ensemble 1/1963
Seeliger, Die APO, München 1968
Seiffert, Zengakuren, München 1969
Skubik (H.), Spieltheorie und Sozialwissenschaften, Hamburg 1965
Simmel, Der Streit
Herbert Simon, The Shape of Automation, New York 1965
Skaleninventar (H. Boujeau, Mill, McLemore), San Francisco 1967
Sociologica I, (Horkheimer-Festschrift), Frankfurt 1953
Sociologica II, (H. Horkheimer/Adorno), Frankfurt 1962
Sørensen, Demokratie in der Schule, Weinheim/Berlin 1969
Songmagazin (H. Degenhardt/Hippen/Kaiser/Schroeder), Essen 1968
Sorokin, Social und Cultural Dynamies I
Soziologische Exkurse (H. Adorno/Dirks), Frankfurt 1956
Spiro, Children of the Kibbutz, Cambridge/Mass. 1958
Steckel, Bewußtseinserweiternde Drogen, Berlin 1969
Steinbuch, Falsch programmiert
Subkultur Berlin (H. Sander, Christians), Darmstadt 1969
Sun Tzu, Die Methodik des Krieges
Sutherland-Woodward, Introductory Sociology, Chicago 1952
Tenbruck, Jugend und Gesellschaft, Freiburg 1962
Trotzki, Literatur und Revolution, Berlin 1968
Tuynmann, Ich bin ein Provo, Darmstadt 1966
Tyler, Primitive Culture, 1924
Veblen, The Leisure Class
Van Duyn, Provozierendes Denken, Berlin 1967
Watson, Kunst, Künstler und soziale Kontrolle, Köln/Opladen 1963
Watts, Zen-Buddhismus, Reinbek 1961
Max Weber, Wirtschaft und Gesellschaft, Band 2
Widmer, The Literary Rebel, 2. A., London/Amsterdam 1966
Windelen, Es gilt, die junge Generation zu integrieren, in: Leipziger Neueste Nachrichten, April 1969
Yablonsky, The Tunnel Back: Synanon, New York 1965
Zeugnisse (Adorno-Festschrift), Frankfurt 1963
Zwerenz, Die Lust am Sozialismus, Frankfurt 1969

III. Zur Gänze oder öfters benutzte Publikationen (Auswahl):

Abendzeitung (AZ; München): 7./8. Feb. 1970
883 (Berlin): Nr. 34, 35, 37, 38, 39, 40, 41, 43, 46 (alle 1969)
Anarchy (London): Nr. 28, 31, 77, 85, 94
apodaten (Luzern): Nr. 4, 5, (1969);
Argument (Berlin): Nr. 22–24 (1962)
Berkeley Barb (Barb; Berkeley): 26. 7.–1. 8. 1968, 2.–8. 8. 1968;
   4.–10. 10. 1968; 29. 11.–5. 12. 1968; 31. 1.–7. 2. 1969;
   7.–13. 2. 1969; 8.–14. 3. 1969; 11. 7. 1969; 23.–29. 8. 1969;
   3.–9. 10. 1969; 31. 10.–6. 11. 1969; 16.–22. 1. 1970
Berliner Extra-Dienst (ED; Berlin): geschlossen bis Nr. 40/1968;
   22, 26, 33, 56, 70, 76, 80, 81 (alle III/69)
Das Beste aus Readers Digest: September 1968
Chicago Seed: Nr. 11/68
Circuit: Nr. 5/1968
Action Culturelle du Sud Est: 13. 11. 1968
Diskus (Frankfurt): Oktober–Dezember 1968;
D-Mark (DM; Frankfurt): August 1968
Darmstädter Studentenzeitung: November 1968
East Village Other (New York): 9. 8. 1968
elan (Dortmund): 2/69
Essener Stadt-Anzeiger: 5. Oktober 1968
express international (Frankfurt): 2. Mai, 13. Juni, 22. August, 5. September, 3. Oktober, Nr. 78 (alle 1969)
Frankfurter Rundschau (FR): 16. 2. 1970
FASS-Agitation (Zürich): Nr. 3, 7
Gandalfs Garden (London): Nr. 1, 4
Guerilla: Januar 1970
input (Heusenstamm): Nr. 1/1970
international times (it; London): 2.–15. 6. 67, 31. 8.–13. 9. 67,
   8.–21. 3. 68, 40/68; 54/69
Jasmin (München): 23/68, 2/70
konkret (Hamburg): Nr. 9, 11, 12, 13/1968; 2, 3, 6, 8, 14/1969
kursbuch (Frankfurt): Nr. 9 (besonders Michel), 11 (besonders Enzensberger, Davidson, Nirumand), 13 (besonders Enzensberger), 14 (besonders Dutschke/Enzensberger/Rabehl/Semler, Enzensberger, Kirchknopf, Nirumand/Siepmann, Oberlercher, Schwendter), 15, 16 (besonders Peter Schneider), 17 (besonders Heide Berndt, Hazel, Schrader-Klebert), 19 (besonders Dreßen, Harich, Hobsbawn, Kuhn, Michel)
Liberation (New York): Juli 67, Nov. 67, Feb. 68, März 68, Juli/Aug. 68, Okt. 68, Nov. 68
Links (Offenbach): 1, 4/1969
Los Angeles Free Press: 21.–27. 6. 1968
Neue Kritik (Frankfurt): Nr. 8, 47–50
Neues Forum (Wien): Oktober 1969

nobis (Mainz): Oktober 1968
Other Scenes: Okt. 1968, Nov. 1968
Pardon (Frankfurt): 8/67, 5/69, 6/69, 2/70
PASTA-Press (Stuttgart): Nr. 2
Plakat (Stuttgart): Sonderblatt 10. 3. 69, 1/70
Popopo (Köln): Nr. 1–5
Die Presse (Wien): 16./17. 3. 1968
PRO (Krefeld): Nr. 1, 5, 8
Process (London): Nr. 1, 2
Rat: 13.–28. 7. 1968
Rebell (Mannheim): Januar/Februar 1969
Rote Presse-Korrespondenz (RPK; Berlin): Nr. 2, 4, 8, 10, 11, 14, 15, 17, 20, 22, 27, 28, 29, 32, 33, 34, 35, 39, 55
rotkehlchen (Stuttgart): Nr. 2/1968
Ruhr-Nachrichten: 4. Okt. 1968
SC-Info (Frankfurt): Nr. 7, 11, 17, 19, 21, 22, 24
Song (Mainz): Nr. 6–8/1968, 1–4/1969
Sozialistische Korrespondenz (Hamburg): Nr. 20/1968
Spiegel (Hamburg): Nr. 39/66, 43/67, 38/68
spontan (Hamburg): Nr. 6/69
Stuttgarter Studentenzeitung: Nr. 42
Süddeutsche Zeitung 22. 11. 1970
tendenzen (München): Nr. 50 (besonders Alvermann, Hiepe)
twen (München): März 1968, Nov. 1968, April 1969, Juni 1969, Juli 1969, Okt. 1969
underground (Köln/Frankfurt): 4/69, 10/69
unireport (München): Juli 1969
Waldeck-Info: Nr. 1–4 (1969)
ZEIT (Hamburg): 1.–22. 9. 1967, 4. 10. 1968
Zettelkasten zur Technologie-Diskussion (TU Berlin)

IV. Papiere (Auswahl)

Protokolle der Projektgruppen Subkultur Stuttgart, Mainz und München (1968/69)
Beiträge zu einem Negativkatalog für antiautoritäre Gruppen des AK Gruppendynamik (Mainz 1969)
Kritik des Roten-Zellen-Schulungsprogramms (Schulungs- und Projektgruppen Soziologie und Philosophie, München 1970)
Konzept einer antiautoritären Erziehung (München 1969)
Robert Reichardt, Unvollkommene Koalitionen (Papier zur Spieltheorie-Konferenz des Instituts für Höhere Studien und wissenschaftliche Forschung, Wien 1967)
Werner Leinfellner, Zur Theorie der Revolution (Wien 1967 ebenda)
Programm der USSG-MV Stuttgart (24. 9. 1969)
Randgruppenagitation in Theorie und Praxis (München 1970)

Möglichkeit und Unmöglichkeit einer Revolution in der modernen Industriegesellschaft (Wien, 21.–26. Juli 1969)
Mixed Media-Katalog (Fürth 1969)
Michael Scharang, Vorschläge für eine sozialistische Kulturpolitik (Wien 1969)
Papiere der Projektgruppe Gegengesellschaft, Düsseldorf 1969 (»Spuckt den Ideologen ins Gesicht, Kameraden«, »Auf nichts mehr warten«, »Kultur kaputt«)
Melchior Schedler, Sieben Thesen zum Theater für sehr junge Zuseher
Norbert Mayer, Antithesen und Synthese zum Theater für sehr junge Zuseher (beide München 1970)
Walter Benjamin, Das Theater als die vergängliche Kunst ist die kindliche
Roland Kabelitz, Mitbestimmung – ein Modell und ein Initiativentwurf (beide Villigst 1970)
Ed Sommer, Zum Gebrauch von Kunstwerken (Montaccio 1967)
Ed Sommer, Kommunikation und Engagement (Schwäbisch-Gmünd 1968)
HSK München, Widerstand gegen die Staatsgewalt (München 1969)
Beschreibung der Verfassung des Verlags der Autoren (Frankfurt 1969)
Vorschläge zur Strategie und Organisationsstruktur (Projektgruppe Öffentlichkeitsarbeit im SDS Stuttgart 1968)
Agitationsflugblatt des Floh de Cologne nach »Fließbandbabys Beatshow« (1969)
Hans Rüdiger, Situation und Haltung der Jugend von 1968 (Stuttgart 1968)
Programm der Deutschen Studentenpartei (Düsseldorf 1968)
Flugblatt zum Knast-Camp Ebrach (München 1969)
Zentrum Kultur und Revolution (Berlin 1968)
Kritische Universität der Schüler, Studenten und Arbeiter (KU; Berlin 1967)
AK Urbanes Wohnen (München 1970)

V. Nicht literarische Medien (Auswahl)

Inszenierungen des Action-Theater (später Antitheater) München, des Aktionstheater Wien, des Living Theatre (vor allem »Paradise Now«)
Platten der Fugs, der Mothers of Invention, des Floh de Cologne, David Peels, Franz Josef Degenhardts, von Pink Floyd, Amon Düül II, Jethro Tull; Auftritte der Checkpoint Charlies, Walter Mossmanns und der ersten fünf oben erwähnten.

Filme vor allem von Jean-Luc Gohard sowie von Peter Fleischmann (»Herbst der Gammler«), Karel Reisz (»Protest«), Brakhage, Kren, Costard, Nekes, Warhol, Anger, Kochenrath, Mühl, Sommer, Platten von Ornette Coleman, Archie Shepp, Albert Ayler.

Nachwort, sieben Jahre später

1. ZUR REZEPTIONSGESCHICHTE

Daß Bücher ihre Geschichte haben, ist bekanntlich ein Gemeinplatz. Als dieses Buch konzipiert wurde, war das Interesse an seinem Gegenstand recht groß: die Kommunen und Kinderläden waren im Aufblühen, und die Reorganisation des SDS auf der Basis von Kommunen war ernsthaftes Diskussionsthema. Als das Buch erschien, wollte niemand es lesen. Den Absatz seiner 1. Auflage verdankte es dem glücklichen Umstand positiver Rezensionen in Organen des bundesdeutschen Bibliothekswesens. Die 2. Auflage erreichte infolge einer Preissenkung wenigstens zum Teil ihre Zielgruppe; allerdings nicht in der verlagsüblichen Umschlagsgeschwindigkeit. Dabei hatte die logischerweise folgende Verramschung der Restauflage den unzweifelhaften Vorteil, daß sich nun auch BAFöG-Empfänger das Buch kaufen konnten. Seitdem solcherart das Buch vergriffen ist, vergeht kaum eine Woche, in der nicht 2-5 Anfragen kommen, wann es wiederaufgelegt werde.

Die Reflexion auf diese wechselhafte Rezeptionsgeschichte und ihre inhaltlichen Hintergründe macht dieses Nachwort erforderlich. Es muß gleichfalls versuchen zu begründen, warum eine unveränderte Herausgabe des Buchs legitim erscheint und wo, nichtsdestoweniger, die Grenzen der vorliegenden Arbeit liegen.

2. ZUR KRITIK AN DER »THEORIE DER SUBKULTUR«

Zunächst ist festzuhalten, daß, im gemäßigten Ausmaß und neben vielen anderen Faktoren, die Arbeit in der Tat zu einem Paradigmenwandel, wie Thomas S. Kuhn[1] es nennen würde, beigetragen hat. (Selbstredend wußte ich 1970 nicht, was ein »Paradigma« ist). Oder, auf deutsch: die Subkulturforschung der Siebzigerjahre ist nicht mehr ungebrochen jene Mischung aus Generationskonflikt und Polizeiwissenschaft, als die sie zum großen Teil in den Sechzigerjahren erschien.

Dabei bezogen sich zunächst die Überlegungen der Kollegen aus der kritischen Jugendforschung (z. B. Dieter Baacke[2], Thomas Ziehe[3]), der »Rand«gruppenforschung (z. B. Peter Gorsen[4], Norbert Preusser[5]), der Kreativitätsforschung (z. B. Rainer Fabian[6]) vor allem auf die vorliegende Entfaltung des Subkultur-Begriffs (etwa: freiwillig-unfreiwillig, progressiv-regressiv). In neuerer Zeit beziehen sie sich zunehmend auf den Normenkatalog im 3. Teil des Buches (so Robert Jungk in seinem noch unveröffentlichten Beitrag zu Carl Laszlos Bericht an den »Club of Rome« und, ihm folgend, Iring Fetscher[7]).
Der genannte Bezug macht es verständlich, daß sich die Kritik an mechanischen Momenten dieser Begriffsentfaltung festmacht. Hierin liegt mit Sicherheit ein materieller Kern. Da an dieser Stelle des Buchs das empirische Material noch nicht hinlänglich dargestellt ist, andererseits in der Zusammenfassung die eingangs eingebrachten Begriffe nicht genügend präzisiert oder verändert werden, muß der Eindruck entstehen, daß nur neue Zweiteilungen geschaffen werden. Die Dialektik von z. B. Freiwilligkeit und Unfreiwilligkeit (Stigmatisierung etc.) kommt hierbei zu kurz. Auf der anderen Seite schießen die Kritiker über ihr Ziel hinaus: wenn Robert Preusser etwa den dargelegten Standpunkt der ehemaligen Münchner »Südfront« ausdrücklich verteidigt und dabei der Tendenz nach, verkürzt ausgedrückt, alle Subkulturen zu unfreiwilligen reduziert.[8] In seinem nur allzu berechtigten Ingrimm gegen spontaneistische Verhaltensweisen in der Obdachlosenarbeit entgeht ihm hier der qualitative Unterschied zwischen verbindlicher Basisarbeit (mit fraglos entfremdeten Momenten) und den Formen der Ausgrenzung, denen die Siedlungsbewohner ausgesetzt sind. Auch ist es aus dem Kontext der weitertreibenden Arbeit von Thomas Ziehe (der sich häufig am *psychoanalytischen* Regressionsbegriff abarbeitet) verständlich, daß er den bei mir verwendeten Begriff der »regressiven Subkulturen« mit dem Kommentar versieht, ich meinte wohl »reaktionär«.[9] Nein, Tom, mein' ich nicht unbedingt. Am ehesten noch »tendenziell reaktionär« oder »unter bestimmten geschichtlichen Bedingungen reaktionär«: Eine »nach rückwärts gewendete« Haltung ist nicht unbedingt identisch mit einem »Handeln nach rückwärts«, auch wenn beides häufig genug (etwa bei rechtsextremistischen Subkulturen) zusammenfällt.
Ein zweiter Hauptpunkt der Kritik betrifft, um es grob und abstrahierend zu sagen, die Vernachlässigung besonderer Subkul-

turen in der Analyse. Dies gilt vor allem für die zugegebenermaßen provozierende Formulierung der »Arbeiterbewegung als Subkultur«. Das war zu erwarten (z. B. bei Dahlmüller/Hund/Kommer[10]).

Unter dem Aspekt einer möglichst vollständigen Darstellung des Diskussionsmaterials ist es gewiß ein Mangel, daß Lenins Zwei-Kulturen-Theorie nicht in einer *Theorie der Subkultur* aufscheint (ich gestehe auch gerne, daß sie mir 1970 nicht bekannt war). Inzwischen wiederholt mit ihr konfrontiert[12], ersuche ich meine leninistischen Kritiker um eine detailliertere Darlegung, wo nun der entscheidende *strukturelle* Unterschied zwischen dieser Theorie und meinem Versuch liegt: bisherige Diskussionen darüber waren nicht gerade fruchtbar. Keineswegs bestreite ich bedeutende *historische* Unterschiede, die jedoch meines Erachtens der den Arbeiten zugrunde liegenden realen Bewegung selbst geschuldet sind. Lenin mußte sich auf die einzige relevante Subkultur des vorrevolutionären Rußland, die aufsteigende proletarische, beziehen. Die heutige Subkulturforschung hat es mit einer Milchstraße von Gruppen, Agglomerationen, Klassenfraktionen etc. mit je verschiedenen abweichenden Normen, Werthaltungen, Einrichtungen etc. zu tun, deren Reflexion auf ihren gesamtgesellschaftlichen Stellenwert erst zu leisten ist.

Ernster nehme ich den Mangel, daß auch Antonio Gramscis Auffassung, zunächst müsse das Proletariat die *kulturelle* Hegemonie erringen, nicht diskutiert wurde. Gerade angesichts der neueren politischen Entwicklungen in Frankreich, Italien und Spanien hat das Strategiekonzept Gramscis an Aktualität gewonnen. Dieser Mangel wiederum ist keinem Kritiker aufgefallen.

3. ZUR SELBSTKRITIK AN DER »THEORIE DER SUBKULTUR«

Sicherlich würde ich heute, hätte ich die Zeit dafür, das Buch anders schreiben. Der Aufbau des Buches orientiert sich an einer Kritik der Behandlung des Gegenstands durch die strukturell-funktionale Soziologie (etwa Mertons, Parsons' und Homans') und entwickelt aus der Negation dieser Betrachtungsweise seine Begriffe, Kategorien und Darstellungen. Damit bleibt er, wenigstens in einzelnen Momenten, selbst der strukturell-funktionalen

Betrachtungsweise verhaftet. Dieses Verdikt trifft nicht nur das vorliegende Buch, sondern einen großen Teil der überhaupt noch an theoretischer Reflexion interessierten neueren Literatur zu Strategien, Alternativen und Innovationen. Ich erinnere an die Normenkataloge, Auflistungen, Tabellen z. B. bei Robin Clarke[13], Jean-Jacques Goux[14], Fritz Vilmar[15], Robert Jungk[16], Claus Offe[17], John Platt[18], Stuart Conger[19], Maguro Maruyama[20]. Gar nicht zu reden von den hochkomplexen Stufenleitern bei Georges Ohsawa[21], Timothy Leary[22] oder der Aktionsanalytischen Organisation (AAO)[23], denen gegenüber sich der »Stufenbau der Rechtsordnung« des (bürgerlichen) Verfassungsjuristen Hans Kelsen geradezu als schlicht ausnimmt. Auch daß sich der naturphilosophische Yin-Yang-Dualismus (in den sich bei Bedarf die Kategorienstruktur der *Theorie der Subkultur* nahtlos einpassen ließe) in einer Reihe von Subkulturen so rasch durchgesetzt hat, ist keineswegs zufällig. (Auf dieselbe Erscheinungsform weist hin, daß Paul Feyerabend Marxismus und z. B. I Ching in dieselbe »kontextdependente« Erkenntniskategorie einreiht.[24] Auf die gesellschaftlichen Ursachen dafür wäre an anderer Stelle hinzuweisen.)

Diese Orientierung an der strukturell-funktionalen Betrachtungsweise ist auch verantwortlich dafür, daß der zu Beginn des zweiten Abschnitts folgende Rekurs auf (auch normative) Kategorien der politischen Ökonomie und ihrer Kritik zufällig bleiben muß. Dies betrifft vor allem die Kategorie der Ware, und einzelne Kritiker (Lutz Dietze, Peter von Spall[25]) haben mich darauf hingewiesen. Die Warenlogik wurde weder entfaltet noch mit der strukturell-funktionalen Logik konfrontiert, noch wurden die unterschiedlichen Formen der Durchdringung von Gesamtgesellschaften und Subkulturen mit dem Warenfetisch dargestellt. Freilich habe ich darüber heute leichter reden als 1970. Letztlich an Georg Lukács' Beiträgen in den frühen Zwanzigerjahren anknüpfend, haben seither so verschiedenartige Autoren wie Dieter Duhm[26], Wolfgang Fritz Haug[27], Alfred Sohn-Rethel[28] in einer breit geführten Diskussion die Warenlogik zum Ausgangspunkt ihrer Untersuchungen zur Entwicklung des Bewußtseins, der Ästhetik, der Arbeitsteilung gemacht. Wenn auch ihnen gegenüber an der Bemerkung der Münchner Arbeitskonferenz[29] festzuhalten ist, daß die Ausführungen im 1. Kapitel des *Kapital* nur die Basis für allgemeine Abstraktionen abgeben können, so verläuft doch heute die Diskussion derer, die überhaupt noch disku-

tieren, auf einer anderen Informationsgrundlage als zur Zeit der Abfassung des Buches.
Ähnliches gilt für die im Buch folgenden Erscheinungsformen, die einen »Aufstieg vom Abstrakten zum Konkreten« (Marx, Einleitung *Grundrisse*) zumindest simulieren. Das wäre auch der logische Ort der ersten Ansätze von Trennungen in Gesamtgesellschaften und Subkulturen sowie zwischen den Subkulturen selbst. Nun habe ich hier weder Platz noch Zeit, dies in der gebotenen Exaktheit auszuführen. Kurz zu erwähnen wäre nur meine These, daß dieser logische Ort einerseits bei der im Zuge des Akkumulationsprozesses erfolgenden Anziehung und Abstoßung (für Fremdwortfreunde: Attraktion und Repulsion) der Ware Arbeitskraft liegt, andererseits, konkreter, auf der Ebene der Konkurrenz. Einige, wenngleich ebenfalls verkürzte, Anmerkungen dazu habe ich in meinen Nachworten zu den *Materialien zur alternativen Ökonomie*[30] gemacht: Fraglos hat der in den letzten Jahren einsetzende Subkultur-Boom mit der um sich greifenden, alle lohnabhängigen Klassenfraktionen umfassenden Arbeitslosigkeit zu tun. Und ebenso wahrscheinlich ist es, daß die oft irrationale Vielfalt der subkulturellen Erscheinungsformen mit den Mechanismen der Konkurrenz zu tun hat, die in Zeiten einer langfristigen strukturellen Wirtschaftskrise sich naturwüchsig verschärft. In diesen Nachworten habe ich auch meiner Auffassung Nachdruck verliehen, daß die aufsteigenden Phasen langfristiger Wirtschaftszyklen im allgemeinen relative Blütezeiten der Gewerkschaftsbewegung, die absteigenden Phasen hingegen solche der Genossenschaftsbewegung darstellen. Eine systematische Untersuchung dieses Gegenstandes steht allerdings noch aus.
Schließlich die Konkretionen: die Normen, Bedürfnisse und Institutionen der Subkulturen. Dieser Teil des Buchs ist wegen seines »Materialreichtums« oft gelobt worden (so z. B. von Frank Bökkelmann[25]), und er ist auch wohl der Anlaß für die wiederbelebte Nachfrage. Dabei ist nicht zu übersehen, welche mitgebrachte Kritik bei diesem Lob mitschwingt: Beschrieben wurde vieles, und erklärt davon allzuweniges.
In diesem materialreichen Teil ist ein einziger wirklich schwerer Fehler enthalten, auf den mich Bart van Steenbergen[25] zu Recht hingewiesen hat und den ich auf diesem Wege korrigiere. Befangen in den Vorurteilen jener Tage, schreibe ich auf Seite 281 über die Londoner »Intermediate Technology Group«: »Wahrschein-

lich macht sie Light-Shows«. Da habe ich nun unrecht behalten. Die »Intermediate Technology Group«, aus der E. F. Schumacher mit seinem Band *Small is beautiful* (deutsch: *Es geht auch anders*)[31] bekannt geworden ist, hatte in Wirklichkeit damit begonnen, Konzepte für eine humane, dezentralisierte, für die unterentwickelt gehaltenen Länder brauchbare Technik zu entwerfen, welche im Zuge der Ökologie-Debatte als »alternative Technologie« bekannt geworden ist.

Weniger Verständnis habe ich hingegen für Kritiker, die die zeitliche Gebundenheit des Materials übersehen und der *Theorie der Subkultur* vorwerfen, 1970 nicht so schlau gewesen zu sein wie sie selbst 1975. So wirft mir etwa Klaus-Bernd Vollmar in seinem Band über Landkommunen in Nordamerika vor, daß meine Angaben ungenau und überholt seien. Das ist von der Entstehungszeit seiner Arbeit her sicher berechtigt, trifft aber meinen Gegenstand überhaupt nicht. Es ist daran zu erinnern, daß infolge der notwendigen Unerfahrenheit der amerikanischen Subkulturen ein großer Teil der Landkommunen, die 1969 frisch gegründet worden waren, im Winter 1969/70 wieder eingingen. Wie die Materiallage in dieser Situation gewesen ist, kann sich wohl jeder vorstellen.

4. ZUR NEUKONZEPTION EINER KÜNFTIGEN »THEORIE DER SUBKULTUR«

Oben habe ich erwähnt, daß ich heute, hätte ich die Zeit dafür, das Buch anders schreiben würde. Ich habe die Zeit nicht, und vielleicht kann ein einzelner gar nicht die Zeit dafür haben. Trotzdem bliebe es »Bluff« im Sinne Wolf Wagners, wollte ich nicht zumindest andeuten, wie ich dies versuchen würde.

Ausgehend vom methodischen Vorschlag Marx' in der bereits erwähnten Einleitung zu den *Grundrissen der Kritik der politischen Ökonomie,* der auf eine Darstellungsweise zur Konkretion über die logischen Ebenen des Kapitals im allgemeinen, der Konkurrenz, des Staats und des Weltmarkts abzielt (im gegebenen Beispiel zur Konkretion des Begriffs »Bevölkerung«), würde ich versuchen, die strukturelle Entstehung von Subkulturen nachzuvollziehen. (Dies schließt eine wissenschaftstheoretische Vorentscheidung mit ein, die hier nicht diskutiert werden kann, nämlich

die gegen die Interpretation dieses Vorschlags von Roman Rosdolsky.)
Aus einem solchen Vorgehen würden sich verhältnismäßig unmittelbar die ökonomischen Verfahren, die Werkzeuge, zum Teil auch wohl die Institutionen der Subkulturen bestimmen lassen, aber nicht unbedingt die Normen und Wertordnungen. (In den Widersprüchen zwischen diesen Momenten subkultureller Totalität liegt auch jene »Ungleichzeitigkeit«, die Norbert Preusser, hierin Ernst Bloch folgend, als grundlegend für die Entstehung von Subkulturen annimmt.) Hierzu erwiese es sich als notwendig, den erwähnten logischen Ebenen die der Subjektivität folgen zu lassen, was sich einfacher anhört, als es ist. Denn der Begriff des Subjekts enthält selbst seinen Doppelcharakter in sich: als authentisch handelnd-verändernde Gruppe (im ungebrochen traditionellen Sinn die zunächst naturwüchsig entstehende revolutionäre Klasse, die »nur noch« zum Bewußtsein ihrer selbst gelangen muß) und als widersprüchlich handelndes In-Dividuum, dessen Hinweis auf sein Ungeteilt-Sein oft nur noch verdeckt, wie fragmentiert es in Wirklichkeit bereits ist.
Nebenbei ist diese Fragmentierung des Individuums (das sich ja als fragmentiertes seinerseits häufig zu Gruppen, Parteien, Bürgerinitiativen und eben auch Subkulturen zusammenzuschließen neigt) neben anderem auch Ausdruck der Fragmentierung der gesellschaftlichen Hauptklassen selbst. Konnten noch Marx, Engels und auch Lenin (Gramsci eben nicht mehr ohne weiteres) von 2-3 Hauptklassen und einer (zum Aufgeriebenwerden verurteilten) Zwischenklasse ausgehen und daraus auch Folgerungen für gesamtgesellschaftliche Kultur und Subkulturen formulieren, ist dies heute nicht mehr ohne weiteres möglich. Unabhängig voneinander (miteinander auch so gut wie nicht vermittelt) sind zum Gegenstand der Fraktionierung innerhalb der Lohnabhängigen in den letzten Jahren drei Ansätze entwickelt worden: der des Projekts »Klassenanalyse«, die vorerst abgeschlossene Massenarbeiterdebatte, und die klassenanalytische Reflexion in der Frauenbewegung (etwa bei Mariarosa della Costa). Es ist unschwer vorauszusehen, daß nach Leistung der überfälligen Vermittlung zwischen diesen Ansätzen sich ergeben wird, inwiefern die Anzahl der lohnabhängigen Klassenfraktionen eine dreistellige Zahl erreichen könnte. Damit wird der alte Dreischritt »Klasse an sich« – »Klasse für sich« – »Klasse an und für sich« (einschließlich der progressiven und regressiven Funktionen von Subkulturen in

diesem Prozeß) bedeutend erschwert; die konkreten Auswirkungen können wir in der politischen Praxis täglich beobachten.
Zurück zur Neukonzeption. Würde es beim bereits Erwähnten verbleiben, bestünde die Gefahr, daß nur ein neues Prunkstück des »German Ableiter-Marxism« entstehen könnte. Der »Deutsche Ableitungs-Marxismus« ist jedoch nichts anderes als die vorweggenommene Verselbständigung der Darstellungsweise gegenüber der Forschungsweise. (Wogegen die vorliegende *Theorie der Subkultur* dazu neigt, die Forschungsweise gegenüber der Darstellungsweise zu verselbständigen.) Daher wäre es gleichzeitig erforderlich, eine Vielzahl von subkulturellen Normen, Verkehrsformen, Handlungsweisen sowie von Autoren, deren Gegenstand das Interesse an Subkulturen ist, zu untersuchen und ihre Widersprüche bzw. den materiellen Kern ihrer Darlegungen herauszuarbeiten. Ich halte es für wahrscheinlich, daß sich im Schnittpunkt zwischen den letzteren und den vorgenannten Ebenen der logische Ort der jeweiligen Erscheinungsformen ergeben wird.
Daß es sich hierbei nicht um eine erkenntnistheoretische Utopie handelt, mag das folgende Beispiel auf der Ebene der Subjektivität veranschaulichen. In bislang drei vorliegenden Arbeiten hat der Autor Klaus Ottomeyer[32] einerseits, von der Forschungsweise her, Widersprüche und materielle Kerne bei Dieter Duhm, Jürgen Habermas, Lothar Krappmann, Michael Schneider und Lucien Sève herausgearbeitet. Andererseits hat er immerhin auf der logischen Ebene des Kapitals im allgemeinen (dargestellt als widersprüchliche Einheit der Sphären von Produktion, Zirkulation und Konsumtion) den weithin geglückten Versuch unternommen, allgemeine widersprüchliche subjektive proletarische Verhaltensweisen darzustellen bis hin zu den wichtigen Begriffen »Kooperationsnormen« und »Konkurrenznormen«. (Was auch seinen Stellenwert für eine künftige Theorie der Subkultur hätte.) Hier liegt dann auch Klaus Ottomeyers Grenze. Im zweiten Teil seines letzten Buchs unternimmt er eine Darstellung der typischen Lebensabfolge von Lohnabhängigen, einschließlich von Gesichtspunkten der primär-familialen Sozialisation und der Nachsozialisation. Hier scheitert Ottomeyer an der mangelnden Berücksichtigung der logischen Ebene der Konkurrenz und des Staates, die für die Bestimmung der abstoßenden und anziehenden Momente der individuellen Biographien einen kaum zu vernachlässigenden Stellenwert haben. Dabei soll aber dem Autor nicht abgesprochen werden, mit seinen Untersuchungen einen

großen Schritt über diejenigen hinausgegangen zu sein, bei welchen die Gesellschaft überhaupt bei der Familie erst beginnt (etwa, bei allen wichtigen Einzelerkenntnissen, Gregory Bateson, David Cooper, Arthur Janov, letztlich auch die AAO).
In meiner kleinen Realutopie *Produktionseinheit Föhrenwald*[33] (die manchen zu utopisch, manchen allerdings auch zu real war) prognostizierte ich das Erscheinen eines dreibändigen Werks *Das Subjekt* – das ich einem imaginären Nachmann zuschrieb – für das Ende der neunziger Jahre. Dies mag die Zeitdimensionen bezeichnen, in denen ich mit einer einigermaßen zufriedenstellenden Theorie der Subkultur rechne.

5. ZUR NEUESTEN GESCHICHTE DER SUBKULTURTHEORIEN

Die Arroganz, die mir aufgrund des vorigen Abschnitts unterstellt werden könnte, erscheint mir dadurch relativierbar, daß die neueste Geschichte der Subkulturtheorien auf ihre Bedeutung hin befragt wird. Meine ausgesprochene Absicht bei der Abfassung des Buches war es, mein bis dahin gesammeltes und aufgearbeitetes Material vor einer kritischen Öffentlichkeit (vor allem den deutschsprachigen, durch Zufall auch den niederländischen, Subkulturen selbst) auszubreiten. Dadurch sollte eine Reihe von Diskussionen, Kritiken, Gegen-Arbeiten, empirischen und theoretischen Folgestudien ermutigt werden, die auch meine Arbeit ergänzen, ersetzen, letztlich überflüssig machen würden.
Das Ergebnis war nicht sehr ermutigend. Auf meinen Diskussionsaufruf am Ende der 1. Auflage, naiverweise (nämlich durch ein wörtlich genommenes APO-Selbstverständnis vorbelastet) einer anonymen Öffentlichkeit unterbreitet, erhielt ich ganze zwei Briefe. Dagegen regnete es Angebote, ich selber (wiederum ich selber) solle doch weitere Aufsätze zum Gegenstand schreiben; ein Ansinnen, das ich, halb ironisch, als die »Subkultur-und-...-Serie« bezeichnete. (Mit vielen Qualen und Mühen, und die diversen Herausgeber werden sich nur allzugut an die Fülle überzogener Redaktionsschlüsse erinnern, schrieb ich dann wirklich *Subkultur und städtische Kulturpolitik*[34], *Subkultur und Subvention*[35], *Wolf Biermann, der Außenseiter*[36] und *Thesen zur Jugendsubkultur 1976*[37]. Andere Redaktionsschlüsse, etwa zu den

Jesus People und zur Verkehrsformendiskussion in der Studentenbewegung, verschlampte ich hoffnungslos.)
Daraus hatte ich ca. 1974 den Schluß gezogen, vorerst zum Gegenstand der Subkulturen nur noch eng zielgruppenbezogene Arbeiten zu schreiben. Ich faßte ein Stück »grauer Literatur« ab, das sich schwerpunktmäßig auf die Aufgabenstellung von Drehpunktpersonen und auf den logischen Ort subkultureller und drehpunktpersoneller Organisation bezog, und verschickte es zunächst an 30 Bekannte. (Mittlerweile kursiert das Ding auch schon in ca. 500 Exemplaren; aber diesmal haben immerhin ca. 150 geantwortet.) Praktisch beschäftigte ich mich mit Alternativen zur institutionellen Psychiatrie, wodurch ich bei der AG SPAK (Arbeitsgemeinschaft Sozialpolitischer Arbeitskreise) landete. Diese wurde dann nicht nur zur erklärten Zielgruppe meiner *Materialien zur alternativen Ökonomie*, sondern in ihr wurden auch die wenigen mir bekannten empirischen Untersuchungen zum Gegenstand veröffentlicht (Norbert Preusser, in Vorbereitung Michael Preis und ein Band über Christiania).
Nun kann mit Recht eingewandt werden, das Entstehen von Subkulturtheorien sei von der Tatsache völlig unabhängig, ob in dem Umkreis, in dem ich selbst interagiere, dies diskutiert werde oder nicht. Schließlich entsteht eine Theorie nicht am Schreibtisch, sondern aus den Interessen wirklicher Bewegungen heraus, und wirkliche Bewegungen haben in den letzten Jahren in einer Vielzahl anderer Länder sich eher entfaltet als in der BRD und in der Republik Österreich. Die (verkürzte) Reflexion auf die theoretisch interessierten Autoren und die ihnen zugrundeliegenden Bewegungen wird denn auch der Gegenstand der weiteren Teile dieses Nachworts sein. Also eine Art »Was seither geschah ...«
Vorweg sei erwähnt, daß jedenfalls die mitteleuropäische Rezeptionsgeschichte der Arbeiten dieser Autoren ein womöglich noch traurigeres Kapitel darstellt als die der *Theorie der Subkultur*. Wie in den folgenden Teilen dieses Nachworts kann es sich auch hier nur um eine exemplarische Betrachtungsweise handeln.
Den Namen Theodore Roszaks hörte ich 1970 zum ersten Mal, als ich mit der Niederschrift nahezu fertig war. Da gäbe es wen in den USA, der würde sich mit demselben Gegenstand befassen wie ich. Einige Zeit später erschien sein Buch *Gegenkultur*[38] auch auf deutsch, und zwar bei einem Verlag, der sich Verdienste um populärwissenschaftliche Detailuntersuchungen wirtschaftlicher Fragen erworben hat. Damit war, alle denkbaren Zielgruppen be-

treffend, das Schicksal des Buches besiegelt; eine Taschenbuchausgabe konnte auch nicht viel daran ändern. Schlimmer erging es Roszaks zweitem Buch *Where the Wasteland ends*, das bis jetzt noch nicht einmal ins Deutsche übersetzt ist.[39]
Ähnliches gilt für die meines Erachtens ausgezeichnete Arbeit von Judson Jerome, *Families of Eden*.[40] Manchmal kann ich mich des Eindrucks nicht erwehren, daß dieses Buch in der Bundesrepublik Deutschland von gezählten zwei Personen zur Kenntnis genommen wurde: von Hans Peter Dreitzel[41] und von mir. Aber was will das heißen in einer Lage, wo noch nicht einmal von Jacques Ellul (dessen Einfluß jedenfalls auf Roszak kaum zu unterschätzen ist) *The Technological Society* in deutscher Sprache vorliegt?[42]
Besser erging es logischerweise den im deutschsprachigen Raum produzierten Büchern. Der von Diethart Kerbs herausgegebene Sammelband *Die hedonistische Linke*[43], diverse *Kursbücher* (vor allem Nr. 25 mit dem exemplarischen antidogmatischen Aufsatz von Michael Schneider), der bereits erwähnte Aufsatz von Wolf Wagner erfüllten wenigstens eine Funktion: die emanzipatorisch-subkulturellen Ansprüche der Außerparlamentarischen Opposition gegenüber erst dem dogmatischen, dann dem gesamtgesellschaftlichen Roll-back nicht in Vergessenheit geraten zu lassen. Je näher das Jubiläum der Erschießung Benno Ohnesorgs kam (die Sprache ist hier nicht zynisch, sondern drückt einen zynischen Sachverhalt aus), desto mehr häufte sich nicht nur die schon vorher einsetzende Biographienliteratur, sondern auch die Anzahl der Monographien und Dokumentationen.
Dies würde im Detail ebenso nachzuzeichnen sein wie die reelle und die sie zum Ausdruck bringende literarische Entwicklung der Frauen- und der Schwulenbewegung, der futurologisch-ökologischen Bewegung, der Wohngemeinschaften und Kommunen sowie dessen, was von Marx übriggeblieben ist.
Doch darf auch hier das zunehmende Interesse wie die erneute Häufung von Literatur nicht über die Grenzen hinwegtäuschen. Bei Oskar Negts und Alexander Kluges vielzitierter *Öffentlichkeit und Erfahrung*[44] etwa kann ich mich des Verdachts nicht erwehren, daß das Buch in wesentlich mehr Schränken steht, als Menschen es gelesen haben: schon in Politologie-Seminaren konnte ich hören, daß es ein »gar arg dickes Buch« sei. Dieter Duhm gar wurde zur Projektionsleinwand einer ganzen Studentengeneration: 1973 gefeiert, 1974 in die Wüste geschickt, 1975 ignoriert –

und das jeweils unabhängig vom besonderen Inhalt seiner Arbeiten.
Eine Theorie der Subkultur jedenfalls ist aus diesen Rezeptionsgeschichten heraus nicht entstanden.

6. TECHNOLOGIE UND MYTHOS: THEODORE ROSZAK

Roszaks durchaus materialreich dargestellter Ausgangspunkt ist der Widerspruch zwischen Technik und Kultur als Hauptwiderspruch der Epoche. Wie bei Ellul, wie bei Galbraith (»Technostruktur«) hat die Technologie alle beherrschenden Mächte der Gegenwart, Kapital und Staatsapparat, Partei- und Gewerkschaftsspitzen, Wissenschaft und herrschende Kultur, durchwirkt, zusammengeschweißt und auf den Begriff gebracht. Dies wäre zunächst eine konservative Metapher, die an deutsche Diskussionen zur Kulturkritik erinnern (Spengler, Jünger, Freyer, Gehlen), und aus dem hierfür sicherlich berufenen Munde eines Gerd-Klaus Kaltenbrunner erfahren wir auch, daß Ellul den Quellen eines »neuen Konservativismus« zuzurechnen ist.
Doch Roszak unterscheidet sich von seinen Vorgängern in der Auflösung des Widerspruchs: Strukturell ähnlich wie das Kapital die Lohnarbeit, bringt auch die technologische Gesellschaft ihren eigenen Konterpart hervor, die Gegenkultur. (Zur Sprachregelung: Da Roszak im Sinne der amerikanischen Tradition »Teilkulturen« als »Subkulturen« ansieht, entspricht seine »Gegenkultur« in etwa meiner Verwendung des Begriffs »Subkultur«.)
In *Gegenkultur* behandelt nun Roszak, sobald er seinen Widerspruch entfaltet hat, den größten Teil des Buches über in kurzen Monographien exemplarische Autoren der subkulturellen Bewegung (z. B. Marcuse, Allan Ginsberg, Norman O. Brown etc.). Da er diese Autoren von ihren Hintergründen (der realen Bewegung) häufig loslöst, kann er zu keinen strategischen Bestimmungen kommen. Diesen Mangel überwindet er in seinem zweiten Buch, und zwar selbst wieder mit Mängeln.
Hatte sich Roszak schon in *Gegenkultur* gelegentlich auf Percy Bysshe Shelley, Nietzsche, Buber oder Jakob Böhme bezogen, so wird nun in *Wasteland* die Mystik zum Hauptopponenten der Technokratie. Der Band liest sich über weite Strecken wie ein Mysterienspiel, bei dem William Blake als feuerschluckender Ra-

dikaler und Alliierter der englischen Jakobiner den Helden gibt und Francis Bacon nebst Descartes die technokratischen Charakterschurken. Die »Politik der Ewigkeit«[45], die »Ökonomie der Dauer«[46], die durch die gegenkulturellen Bewegungen als Negation der Technokratie hervorgetrieben werden, enthalten nichtsdestoweniger ihren materiellen Kern. Das gesellschaftsändernde Programm, das durch die politische Militanz der Mystiker realisiert werden soll, ist auch anderen Positionen als der Roszaks annehmbar. Es ist letztlich nichts anderes als die »Notwendigkeit des Kommunismus«, wie *Il Manifesto* es bezeichnet hätte.

Wenn jedoch Roszak in *Wasteland* auf die »nächsten politischen Schritte« zu sprechen kommt, beginnt ihm die visionäre Luft auszugehen. Da ist von »therapeutischer Übergangs*technologie*«[47] die Rede, da werden die Advokaten*planer* zur Vorhut antitechnokratischen Wandels[48], da muß nichts getan werden, als »im Lichte still zu stehn«.[49]

Trotz seiner Fehler und Widersprüche ist nun Roszak ein Autor, dessen Studium zur Weiterentwicklung des Gegenstands sich lohnt. Dies gilt nicht für alle Autoren, die seine Richtung adoptiert haben.

Von Charles Reich hören wir, daß »Amerika grünt« bzw., auf deutsch, daß »die Welt wieder jung wird«.[50] Da ihm alles als »Bewußtsein« erscheint, erscheint ihm die Subkultur, die objektiv revolutionäre Jugendavantgarde, als »Bewußtsein III« (»Bewußtsein I« entspricht in etwa dem der kompakten Majorität, »Bewußtsein II« dem des Establishment). Charles Reich beeilt sich hinzuzufügen, daß diese Kategorien willkürlich gesetzt sind und keinen Anspruch auf Wissenschaftlichkeit erheben. Manchmal hatte ich aber den Eindruck, daß sie noch das Wissenschaftlichste am ganzen Buch sind; sonst endlose Wiederholungen von Mishan, Galbraith, Marcuse, Kenniston etc. Obwohl mich an diesem Buch vieles sympathisch berührt: so etwa, daß es zum Großteil in den Speisehallen der Yale-Universität geschrieben wurde.

Letzteres kann ich von Jean-François Revels[51] Versicherung, uns helfe weder Jesus noch Marx, nicht behaupten. In seinem Bestreben, Marx (den Revel allerdings nur aus der zweiten Hand Bertram D. Wolfes kennt) zu bekämpfen, gerät er zur alterältesten Marxschen Orthodoxie zurück: Die Revolution könne nur vom technologisch allerentwickeltsten Land, nämlich den USA, ausgehen. In der Folge könne nur eine Weltregierung eine revolutionäre Aktivität entfalten. Konsequenterweise wird ihm Nixon zum Ziehvater der »neuen amerikanischen Revolution«[52] und Antiamerikanismus zur »Angst vor der Revolution«[53]. Das Subjekt ist Revel wiederum die amerikanische gegenkulturelle Jugend, die Hippies, die Chicanos etc., die er genüßlich etwa gegen die französischen »Hörsaal-Maoisten« ausspielt.[54]

7. DIE ERSCHEINUNGSWELT DER KOMMUNEN: JUDSON JEROME

Was Roszak und Co. ihr Ellul, Galbraith oder Servan-Schreiber, ist Jerome sein Murray Bookchin, den er ausgiebig und zustimmend zitiert. Der Untertitel der *Families of Eden* heißt denn auch *Communes and the New Anarchism*. »Das Ideal ist eine menschliche Vergesellschaftungsweise, welche maximale Selbstverwirklichung und Individualität mit maximaler Kooperation und Hingabe an die Wohlfahrt anderer kombiniert, in welcher Egoismus zu Selbsterfüllung verwandelt wird und Abhängigkeit zu Liebe.«[55]

Die Stärke Jeromes sind jedoch weder seine »Ideale« noch etwa Dialektik oder Untersuchungen politischer bzw. ökonomischer Probleme. Seine Stärke ist das pragmatisch durchgeführte Vorgehen, das, mit reichhaltigem empirischen Material versehen, kein Moment aus der Totalität US-amerikanischen Kommunelebens ausläßt. Jerome baut sein Buch auf, wie er wohl auch in der Kommune, in der er lebt, seine Blumentöpfe zimmert: gediegen, materialreich, brauchbar und sicherlich nicht für die Ewigkeit bestimmt. Dies führt zu aufschlußreichen Details, von denen ich aus Platzmangel nur einige wenige erwähnen kann:

So überrascht bei Jeromes Schätzung der »statistischen Durchschnittskommune« zwar keineswegs, daß diese städtisch, in Miethäusern lebend, nicht produktionsorientiert, arm etc., aber doch, daß diese auch nichtmonogam und nichtakademisch ist.

Ebenso ist seine Ableitung überzeugend, daß die von Kovach erstellte und von Fairfield, Zablocki und anderen übernommene Schätzung, in den USA gebe es ca. 2000 Landkommunen, zu pessimistisch sei, es sich wahrscheinlicher um 20-30 000 handle.

Unter anderem betont Jerome die Rolle der Arbeitsrotation, des dualen Systems aus privatem Geld und Gruppenbudget, die seltene Benutzung öffentlicher Medien, die Übernahme nahezu ver-

schwundener handwerklicher Fähigkeiten, die programmatische Theorielosigkeit, die »Ökonomie des Flusses«, das Verhältnis von individueller, dann gruppenbezogener Stärke und späterer Energie für größere gesellschaftliche Zusammenhänge. Ebenso beschreibt Jerome differenziert die sexuellen Normen, in Anlehnung an Buber den »Ich-Tod«, in Zusammenhang mit einer Art Gruppen-Ich-Entwicklung, das Verhalten zu Kindern, den spirituellen Synkretismus.
Damit ist nicht gesagt, daß das Buch Jeromes, das methodisch eine Art Mittelding zwischen Delphi-Technik und teilnehmender Beobachtung darstellt, nicht auch seine Grenzen hat. Sein wertvoller Pragmatismus wird immer wieder von einer Emphase durchbrochen, die vom Gegenstand her überhaupt nicht begründet erscheint. Um beim Titel zu beginnen: sind Kommunen so, wie der Autor sie mit großer Plausibilität darstellt, dann sind sie mit großer Sicherheit keine »Familien des Paradieses«. Eine gesellschaftliche Umwandlung ist Jerome nur katastrophenbezogen vorstellbar: die auf Kommunen basierende Gesellschaft ist dann einfach neues Leben, das aus den Ruinen blüht. Auch wird man/frau über das Zustandekommen von Kommunen als Massenerscheinung vergeblich eine Erklärung bei Jerome suchen.

8. DIE ABWEICHENDE MEHRHEIT: BASAGLIA

Franco Basaglia und Franca Basaglia-Ongaro[56] gehen davon aus, daß, neben einem »Kern« von 10 %/o und einer Gruppe um den »Kern« herum von 25 %/o, 65 %/o der Gesamtbevölkerung der »nachindustriellen« Gesellschaften als alt, krank, arbeitsunfähig, arbeitslos oder Kind ausgegrenzt werden.
»Gesundheit und Krankheit, Norm und Abweichung, Innen und Außen, Mehr und Weniger, Vorher und Nachher sind – bei der Totalitätstendenz des Kapitalismus – zugleich entgegengesetzte und einander entsprechende Pole einer einzigen Wirklichkeit: Teile derselben Einheit, die sich quantitativ verändern, je nachdem, welcher der beiden Teile in dem Gesamtkomplex, in dem der Mensch zum Objekt innerhalb des Produktionsprozesses wird, eine vorrangige Rolle spielt... Das Problem des drop-out, des Abweichenden, der sich nicht anpassen will oder nicht anpassen kann, des misfit, dem das soziale Rollenspiel widerstrebt, nimmt

das paradoxe Ausmaß einer umfassenden Abweichung an, die sich durch eben dieses Ausmaß selbst aufhebt.«[57]
Am Beispiel der psychischen Krankheiten, insbesondere der Paranoia, zeigen die Basaglias auf, welchen Stellenwert das Stigma der Abweichung besitzt. Vor allem, inwiefern äußere Umstände, wie Veränderungen der Normen und Werte, Ortswechsel, Sprachschranken, etwa paranoide Dispositionen entstehen lassen. (Während ich dies niederschreibe, hat dieses Beispiel eine alarmierende Aktualität erhalten. Wenn, wie auf der Fahrt zur Demonstration gegen den Schnellbrüter in Kalkar geschehen, in der Tat Halstücher und Zitronensaft von den Polizeiorganen als Waffen beschlagnahmt werden: welches Verhalten ist »normaler«, als zum Ordnungsamt zu gehen und für Halstücher und Zitronensaft Waffenscheine zu beantragen?) Die Definition der Normen deckt sich hierbei mit der industriellen Produktion; der Abweichende als reales Problem wird zum Problem des Abweichenden als einer Erscheinungsform des obsiegenden Kapitals. Sobald Abweichung als technisches Problem dingfest gemacht ist, können auch technische Lösungen (die Basaglias nennen die Psychoanalyse und die gemeindenahe Psychiatrie) angeboten werden.
»Aber die Tendenz des Kapitals, zu totalisieren, enthält auch eine Totalisierung dessen, was das Kapital zu totalisieren versucht: nämlich seinen Widerspruch.«[58] Demgegenüber fordern die Basaglias ein Leben, das für den Menschen den gleichen totalisierenden Charakter hat, den das Kapital für sich in Anspruch zu nehmen versucht.
Der Entwurf der Basaglias, aus der Erfahrung einer subkulturproduzierenden Wissenschaft, der Psychiatrie, geschrieben, ist sicherlich der umfassendste, der in den letzten Jahren abgefaßt wurde. Schwierig wird es, sobald sie ins Detail kommen. Schon die »Totalisierung« psychiatrischer Details verallgemeinert etwas grobschlächtig: auch Franco Basaglia mußte, als er die Großtat der Auflösung des Psychiatrischen Krankenhauses von Triest vollbrachte, gemeindenahe Einrichtungen schaffen. Erst recht gilt dies für nicht-psychiatrische Details: nicht nur wird der Widerspruch zum Kapital totalisiert, sondern die genannten 65 % werden auch in eine Milchstraße abweichender Kulturen aufgelöst. Die Basaglias scheinen den Doppelcharakter zu übersehen, der in den bestehenden Gesellschaften allen Erscheinungsformen innewohnt: Der Selbstverwertungsprozeß des Kapitals totalisiert nicht nur, er fragmentiert auch. Ebenso schaffen Psychoanalyse und gemeinde-

nahe Psychiatrie nicht nur »Blockwarte« (so die nochmalige Vereinfachung der genannten These seitens der an Gérard Hof orientierten »Patientenfront«), sondern verringern gleichzeitig die Kontrolle, da häufig nichts anderes als zwei verschiedene Fragmente von Abweichungen aufeinandertreffen.
Das Verdienst der genannten Abhandlung besteht darin, die auch von mir dargestellte Struktur weiter zum Tanzen zu bringen. Indem das Proletariat mehr und mehr zu seiner eigenen »Lazarusschicht« wird und sich sein überwiegender Teil in die verschiedenartigsten Subkulturen auflöst, wird die kompakte Majorität zur kompakten Minorität. Doch wird hierbei nicht nur die Abweichung von der gesamtgesellschaftlich gebotenen Norm verstärkt, sondern, was die Basaglias zu übersehen neigen, auch die normativen Abweichungen gegeneinander.

9. DAS PROLETARIAT ALS TOTALITÄT VON SUBKULTUREN: NORBERT PREUSSER

Wie bereits eingangs erwähnt, hat Preusser eine der wenigen Arbeiten verfaßt, die systematisch die Lebensbedingungen, Bedürfnisse, Normen, Verkehrsformen einer besonderen (und im Gegensatz zu Preussers Kritik insistiere ich darauf: unfreiwilligen) Subkultur untersucht. Es handelt sich um eine Obdachlosensiedlung in Wiesbaden, mit deren Bewohnern Preusser nunmehr etwa sieben Jahre lang in verschiedenen Funktionen zusammengearbeitet hat. Entsprechend basiert die Arbeit in ihren empirischen Teilen nahezu ausschließlich auf teilnehmender Beobachtung.
Da hier, wieder einmal, nicht der Platz ist, Preussers Funde aufzulisten und zusammenzufassen (außerdem schadet es niemandem, das Buch selbst zu lesen), beziehe ich mich nur auf die Überlegungen, die an das soeben zu den Basaglias Gesagte anschließen. Im Kapitel »Die Lage der arbeitslosen Klassen in den Obdachsiedlungen« fragt Norbert Preusser: »›Randgruppe‹ – ein begriffliches Windei?«:
»Betrachtet man, welche Bevölkerungsteile außerdem noch den Randgruppen zugeschlagen werden ..., so fällt es schwer, ein ihnen allen gemeinsames Merkmal auszumachen, das es erlaubt, den Begriff ›Randgruppe‹ inhaltlich zu füllen, es sei denn eines:

ihre sogenannte ›Unterprivilegiertheit‹. Wäre dies jedoch das ihnen allen Gemeinsame, so hinderte nichts daran, die gesamte Arbeiterklasse als ›Randgruppe‹ zu etikettieren.«[59]
Hierin ähnlich den Basaglias, meint der Autor, der Begriff »Randgruppe« suggeriere die Vorstellung, es handele sich dabei um eine Minderheit.
»Da materielle Unterprivilegiertheit allein also noch keine Randgruppenexistenz konstituiert, greift man zu einer höchst schwammigen Kategorie, um den Begriff ›Randgruppe‹ nicht als völlig inhaltsleer aufgeben zu müssen: der des ›abweichenden Verhaltens‹. Definitionen abweichenden Verhaltens können nur willkürlich sein, da sie allein davon abhängen, wie rigide sogenanntes Normalverhalten bestimmt wird; je nach Bedarf läßt sich dann der Toleranzspielraum, der die Diagnose ›pathologisch‹ erlaubt, erweitern oder verengen ... Da unter kapitalistischen Verhältnissen es ziemlich unwahrscheinlich ist, daß eine Lohnarbeiter-Biographie völlig krisenfrei verläuft, käme man also wieder auf die eingangs geäußerte Vermutung heraus: der Begriff ›Randgruppe‹ sei identisch mit Lohnabhängigkeit.«[60]
Und schließlich, nachdem Preusser analoge Stellen bei Heinz Jung und Walter Hollstein diskutiert hat:
»›Randgruppen‹ sind solche Teile der Arbeiterklasse, die – zusätzlich zu der allen Arbeitern gemeinsamen, primären Unterdrückung im kapitalistischen Produktionsprozeß – noch unterschiedliche Formen sekundärer Unterdrückung im Reproduktionsprozeß erfahren. Da es kaum einen Lohnarbeiter geben dürfte, der nur im kapitalistischen Produktionsprozeß unterdrückt wird, außerhalb desselben aber plötzlich zur unentfremdeten, freien Assoziation der Konsumenten gehört, ließe sich pointiert folgern, daß die Arbeiterklasse ein Konglomerat sogenannter ›Randgruppen‹ darstellt ...«[61]
Es handelt sich also wiederum um die »abweichende Mehrheit«. Preusser folgt, wie auch schon aus dem synonymen Gebrauch von »Arbeiterklasse« und »Lohnabhängigkeit« hervorgeht, klassenanalytisch Heinz Jung. Er kann also auch den vergleichsweise hohen Anteil von Intellektuellen und Angestellten an Subkulturen erklären. Nicht erklären kann er hingegen, wieso es Klassenfraktionen ganz und gar nicht subkultureller Lohnabhängiger gibt: diejenigen, die Charles Reich als »Bewußtsein I«, den Basaglias als »Gruppe um den Kern« und mir als »kompakte Majorität« erscheinen. Ebenfalls nicht, aber wer von uns kann das

bislang, warum dieses Konglomerat sich so ausgesprochen schwer auf einander beziehen kann.
In einem weiteren Abschnitt entfaltet Preusser eine »Dialektik der Subkultur«. Im Sinne der Ungleichzeitigkeitstheorie Ernst Blochs pointiert er:
»Progressive Reproduktionsformen sind Resultat vergleichsweise rückständiger, regressiver Produktionsweisen – die unmittelbare Verschränkung von Progressivität und Regressivität gehört zu den Konstitutionsbedingungen der Subkultur... Subkultur ist immer auch zugleich Hinterwelt, ihr Zurückbleiben hinter dem gesellschaftlich Legitimierten erspart ihr einen Teil der damit notwendig verbundenen Deformationen; da sie die Entwicklung der Produktivkräfte nur unzureichend nachvollzieht, bleibt sie teilweise verschont von deren unausweichlichem Umschlag in Destruktionskräfte....«[62]
(Hieran schließt sich Preussers eingangs erwähnte Kritik an der Mechanik meiner dualen Kategorien.)
Objektiv schlägt hiermit Preusser einen Bogen zum Subkulturverständnis Roszaks, Jeromes und der ökologisch orientierten Zukunftsforscher: Diese sehen ja gerade die Subkulturen als Avantgarde einer für notwendig gehaltenen »Regression« der Produktionsweise an, zumal sie die Entfaltung der Produktivkräfte (die sie, hierin ähnlich der Sowjetidologie, nur als Technik wahrzunehmen imstande sind) nur noch als Entfaltung der Destruktivkräfte ansehen können. Andererseits haben so verschiedene Autoren wie Blauner und Bookchin dargelegt, in welchen Momenten die elektronische Produktionsweise (im Gegensatz zur repetitiven Teilarbeit, etwa der Fließbandfertigung) zu Formen handwerklich-ökologischer Produktion auf höherer Stufenleiter zurückkehrt. Pointiert gesagt, ist Preusser die Entfaltung einer Dialektik der Subkultur gelungen, um den Preis einer Einschränkung der Dialektik der Produktivkräfte.

10. SUBKULTURELLE ÖFFENTLICHKEIT: OSKAR NEGT/ ALEXANDER KLUGE

Die Arbeit dieser Autoren, *Öffentlichkeit und Erfahrung*, versteht sich gewiß nicht als Beitrag zur Subkulturforschung; sie geht auch ebenso gewiß nicht in der letzten Kategorie restlos auf. Dennoch

ist sie meines Erachtens hier miteinzubeziehen: Wenige bundesdeutsche Bücher haben zum Weitertreiben der Diskussion mehr Anlaß gegeben als dieses.
Ihren zentralen Begriff »Öffentlichkeit« bestimmen die Autoren wie folgt: »Sie ist dasjenige Geflecht von Normen, Legitimationen, Abgrenzungen, Verfahrensregeln, Gewaltenteilung, das die einmal errichtete politische Öffentlichkeit hindert, Entscheidungen zu treffen, die die bürgerliche Produktionsordnung stören oder abschaffen. Es ist die organisierte Verhinderung von materieller Öffentlichkeit und Politik – das Gegenteil der Konstitutionsöffentlichkeit«[63]; kurzum, die Organisationsform des herrschenden Bürgertums. Sie ist nicht nur der »Schein einer gesamtgesellschaftlichen Synthese«[64], sondern auch »Ausdrucksform bürgerlich bestimmter Gebrauchswerteigenschaften«[65]. Sie grenzt »substantielle Lebensinteressen«[66] aus, hat aber den Anspruch, das Ganze zu repräsentieren. Als klassisch-bürgerliche Öffentlichkeit wird sie von Produktionsöffentlichkeit (etwa der Selbstdarstellung der Konzerne) überlagert. (Angesichts der zeitgenössischen Werbung insbesondere der Elektrizitätsindustrie für Kernkraftwerke können wir ein lautes Lied davon singen.)
Sehe ich vom zirkulären Teil der Bestimmung im Nebensatz ab (»Öffentlichkeit« wird da durch »einmal errichtete Öffentlichkeit« mitdefiniert), der mir jedoch entbehrlich erscheint, so enthält das Gesagte nichts anderes als die Bestimmung von »Kultur« im vorliegenden Buch. Nur um vieles konkretisiert und historisch auf die bürgerliche Kultur als herrschende bezogen.
Auch hier ist der Anspruch eingelöst, dessen Mangel im vorliegenden Buch oben festgestellt wurde: die Entfaltung der gesamtgesellschaftlich herrschenden Normen aus Momenten der Wertabstraktion. (Unsystematische Beispiele: Der Legitimationsprofit. Die Zeitstruktur der toten Arbeit. Die Parzellierung von Lernprozessen. Die Spezialisierung und Instrumentalisierung von Kopfarbeit. Der Doppelcharakter proletarischer Familie als Gebrauchswertutopie und Terrorzusammenhang. Zentralismus, Systemdenken und ökonomisches Kalkül. Abstrakte Flexibilität als Wertabstraktion der Sprache.)
Entsprechend treten die Subkulturen, die bestimmten Negationen des Bestehenden, in der Arbeit von Negt und Kluge auch als Negation der bürgerlichen Öffentlichkeit auf. Dies tun sie in dreierlei Gestalt:
a) als »Konstitutionsöffentlichkeit«, d. h. als öffentliche Instal-

lierung der bürgerlichen Produktionsweise als gesellschaftlicher Ordnung (in Negation der feudalen Produktionsweise)[67];
b) zentral als »proletarische Öffentlichkeit«, der »historische Gegenbegriff der bürgerlichen Öffentlichkeit«, wovon in der Folge hauptsächlich die Rede sein wird[68];
c) verschiedentlich, und nicht systematisch ausgeführt, als linksintellektuelle Öffentlichkeit.
Wiederum kann nur im Schweinsgalopp dargestellt werden, welche Normen, Verkehrsformen etc. nach Ansicht der Autoren proletarische Öffentlichkeit/proletarische Subkultur konstituieren: Die Organisationsform kollektiver Erfahrung des Gesamtarbeiters. Die Produktion der Lebenszusammenhänge. Die Zeitstruktur der lebendigen Arbeit, die in qualitativer geschichtlicher Zeit zum Ausdruck kommt. Die Phantasieproduktion als notwendige Kompensation zur Erfahrung des entfremdeten Arbeitsprozesses und gleichzeitig als unbewußte praktische Kritik an den entfremdeten Verhältnissen. Das Bedürfnis nach physischer, direkter Massenkommunikation. Die Universalität als Aufhebung der Arbeitsteilung, Kollektivität und Individualität.
Darüber hinaus beginnen die Autoren, Formen zu entwickeln, um historisch-konkrete besondere proletarische Subkulturen zu untersuchen; etwa der Weimarer Republik oder des Austromarxismus. Ebenso entfalten sie ausführlich die sich reproduzierenden Widersprüche innerhalb der bürgerlichen Öffentlichkeit, wie auch insbesondere die Integrationsmechanismen, durch die proletarischer Lebenszusammenhang unter bürgerliche Öffentlichkeit subsumiert wird.
Eine dieser Formen ist die proletarische Partei: Negt und Kluge leisten die bisher schärfste und gründlichste Kritik dieser subkulturellen Vergesellschaftungsform, die jedenfalls zur Entstehungszeit der Arbeit (1970-72 waren zeitweilig ein gutes Dutzend subkultureller Initiativen mit der Vorbereitung von Parteigründungen befaßt) sehr aktuell war. Diese Kritik verdient aber auch heute, angesichts der Diskussion um eine »linke Ökologiepartei«, nicht in Vergessenheit zu geraten.
Die Parteiöffentlichkeit zeichnet sich durch eine instrumentalisierende Berufung auf die Akklamation der Massen als Prinzip der bürgerlichen Öffentlichkeit aus. Die Partei ist dem Prototyp des Vereins und des bürgerlichen Staats nachgebildet. »Die Herrschaft des Apparats, das gegenseitige Sich-Ausschließen der ZK-Mitglieder, die Fingierung eines Gemeinwillens der Partei, der doch

nur vom ZK hergestellt wird – alles dies sind charakteristische Merkmale der bürgerlichen Vereinsstruktur.«[69] Die Partei entwickelt eine vom Produktionszusammenhang der lebendigen Arbeit der Arbeiterklasse getrennte Aktionsform. »Was ... an der Basis ein Bedürfnis nach wechselseitigem Schutz, Zusammenhalt, Solidarität ist, erstarrt auf der abstrakten Organisationsebene von Öffentlichkeit, Partei und ganzen Ländern zu einem Schema, das, auf die Basis zurückwirkend, solidarische Verbindungen zerstört, die Individuen und Gruppen voneinander abgrenzt und erst auf mechanische Weise erneut verbindet.«[70] Obwohl der »wirkliche Kampf« auch in jedem einzelnen Proletarier zwischen abstrakten bürgerlichen Eigenschaften und konkreten proletarischen verläuft, muß er in der Partei, die nach Köpfen organisiert ist, fingieren, »daß er als ganzes Individuum proletarisch ist, sonst gehört er ja ins Lager des Gegners ... Er muß sich verdinglichen und zu einem Instrument machen, um den Gegner bekämpfen zu können. Er entwickelt nicht Lebensverhältnisse, sondern Kampftätigkeiten, die sich am Gegner orientieren.«[71] Letztlich wird die Parteiorganisation geradezu zur Negation der Produktion neuer Erfahrungsformen. Mit der Erwähnung der »quasi handwerklichen Produktionsweise«[72] von Zeitungen, Parteien, Vereinen schließen Negt und Kluge an jenen Topos der »Ungleichzeitigkeit« von Subkulturen an, der uns bei Preusser, und implizit auch bei Roszak und Jerome, beschäftigte.

Daß die linksintellektuelle Öffentlichkeit (die bei Negt und Kluge nicht unter diesem Namen aufscheint) hier gleichsam als Restkategorie auftritt, zeigt, daß das Konzept der proletarischen Öffentlichkeit/Subkultur nicht restlos aufgeht. Notwendigerweise beziehen sich die Autoren auf erstere, wenn vom Leistungsstreß linker Theorie die Rede ist und von der Erfolglosigkeit emanzipatorischer Wissenschaft, die bei Beibehaltung der Produktionsstruktur nur durch Änderung ihrer Absichten wirken will. Auch zeigen sie die Dialektik jeder einzelnen Aktion der Studentenbewegung auf: die Gleichzeitigkeit der Mobilisierung über den Mechanismus der politischen Wertabstraktionen einerseits und der schwierigeren, langsameren Konstituierung von emanzipatorischen Interessen andererseits. Die Radikalisierung der begrenzten Interessen der studentischen Intelligenz führte gleichzeitig zu einer (antikapitalistischen) kollektiven wissenschaftlichen Anspannung und zu einem Transformationsprozeß der Intelligenz an den Universitäten, die sie überhaupt erst bündnisfähig machte. Schließlich erwähnen Negt und Kluge eine merkwürdige, aber leider nicht näher konkretisierte Arbeitsteilung: In Analogie zum historischen Unterschied zwischen Industrie- und Handelskapital erscheint ihnen das Proleatariat als Kraft zur Neuorganisation einer kommenden Gesellschaft und die Intelligenz als Kraft zur Auflösung überalteter Herrschaftsverhältnisse.

Die studentisch-intellektuelle Restkategorie, die nicht in proletarischer Öffentlichkeit aufgeht, aber mit ihr vermittelt ist, zeigt die Grenzen der Neg/Klugeschen Anstrengungen auf. An vielen Stellen erscheint die proletarische Öffentlichkeit, um ein häßliches Wort Max Webers zu gebrauchen, als »idealtypisch«. Negt und Kluge können erklären, wie sich proletarische Öffentlichkeit als bestimmte Negation bürgerlicher Öffentlichkeit konstituiert, aber nicht, wie sich die Fragmentierung proletarischer Öffentlichkeit ergibt. Dies korrespondiert mit einer vergleichsweise vagen Konzipierung des zentralen Begriffs des »Gesamtarbeiters«.[73] Somit bleibt auch hier, wie im vorliegenden Buch, die Frage nach den heterogenen Klassenfraktionen, die die real erscheinenden Subkulturen konstituieren, offen, wenn auch Negt und Kluge mit Recht feststellen, daß die Herausbildung proletarischer Öffentlichkeit erst zu leisten ist.

11. SUBKULTUR UND SUBJEKTIVITÄT: DIETER DUHM, RAINER TAËNI

Vorhin (bei Jerome) wurde schon erwähnt, daß der Synkretismus (die äußerliche Zusammenfassung von Normen verschiedener Subkulturen) als subkulturelle Norm eine zunehmende Rolle zu spielen beginnt. Sein progressives Moment ist, die Trennungen innerhalb der Subkulturen aufheben zu wollen; sein regressives Moment ist die äußerliche Form, in der dies geschieht. Noch immer, wie im vorliegenden Buch diskutiert, unterscheiden sich kontinentale Subkulturen von US-amerikanischen darin, daß Momente des Marxismus im Synkretismus ersterer eine Rolle spielen. Dies ist schon dem schönen Symbol auf der Titelseite von Duhms bislang letztem Buch *Der Mensch ist anders*[74] zu entnehmen: ein Yin-Yang-Zeichen in der Innenseite eines (roten?) Sterns.

Duhm und Taëni erscheinen mir nun als die beiden hervorragendsten Vertreter eines solchen Synkretismus. Beide haben gemeinsam, von der Reflexion auf die Deformationen menschlicher Subjektivität zu subkulturellen Überlegungen zu kommen.
Dieter Duhm wurde Anfang der Siebzigerjahre durch sein Buch *Angst im Kapitalismus* bekannt, das ein Ergebnis seiner Praxis in Mannheimer sich politisch verstehenden Selbsterfahrungsgruppen darstellte. Das Buch erlebte mehrere Auflagen, was nicht nur ein formal-rezeptionsgeschichtlicher Hinweis ist. Die erste Auflage war noch stark an einem Neopositivismus Popper-Albertscher Prägung orientiert, was nur das im vorliegenden Buch zu Berelson/Steiner Erwähnte noch einmal illustriert: daß es auch, wenngleich unter Umständen mit unverhältnismäßigem Mehraufwand, möglich ist, auf diese Weise zu vernünftigen Ergebnissen zu kommen. Die letzte Auflage war dann ein Beispiel für marxistische Forschungsweise, die nach ihrer Darstellungsweise verlangte. An dieser versuchte sich Duhm in seinem nächsten Buch, *Warenstruktur und zerstörte Zwischenmenschlichkeit,* in welchem er aus dem Doppelcharakter der Ware den Doppelcharakter des In-Dividuums als Charaktermaske und Person bestimmte, um daraus eine Reihe von Störungen abzuleiten. Es ist wichtig, daran festzuhalten, da Dieter Duhm auch an mehreren Stellen von *Der Mensch ist anders*, trotz des Anscheins eines Schwenks um 180 Grad, auf der Gültigkeit seiner Untersuchungen im vorgenannten Buch insistiert.
Der Überdruß vieler bundesdeutscher Linken an der seit 1969 einsetzenden Dogmatisierung, die ersten Ansätze zur Ökologie-Diskussion (1972 war *Die Grenzen des Wachstums* erschienen, fand die »Lebensqualität«-Diskussion der IG Metall statt), die einsetzende Rückbesinnung auf je eigene Bedürfnisse (etwa in der Frauen-, Schwulen-, Jugendzentrumsbewegung) verschafften Dieter Duhm nicht nur fünfstellige Auflagen seiner Bücher, sondern auch – und dies war neu – eine Rückkoppelung mit den Wünschen und Interessen seiner Leser. Es entstand so etwas wie eine »Emanziaptionsbewegung«, an deren Spitze sich Duhm teils stellte, teils gedrängt wurde, und die in den Jahren 1973/74 wirkte. Noch bevor sich diese Bewegung entfalten konnte, ging sie mit Krach zu Ende: Sie war außerstande gewesen, die Vielzahl explosionsartig sich äußernder heterogener Bedürfnisse und Wünsche auf einen Nenner, geschweige denn auf einen Begriff zu bringen.

Der bei diesem Anlaß an Duhm verübte symbolische Vatermord durch die verschiedenartigsten grandiosen Selbste, das offen zur Schau getragene Desinteresse an der Emanzipationsbewegung durch die ökonomistischen Strömungen im Sozialistischen Büro, wohl auch als privat erscheinende Probleme, die Duhm im Vorwort zu *Der Mensch ist anders* andeutet: dies alles kennzeichnet die Interessenlage Dieter Duhms bei der Abfassung seines bislang letzten Buchs.

Um es so kurz wie möglich zu machen: Zu Beginn des Buchs behauptet Duhm, die Veränderung der Gesellschaft sei vom Marxismus erfaßt, die Veränderung des Menschen hingegen nicht, da dieser die klassenunspezifische Kategorie »Mensch« nicht kenne. (Was so nicht stimmt: der Kampf um eine klassen*lose* Gesellschaft bei Marx setzt die in den Frühschriften entwickelte Kategorie des »Gattungswesens« vielmehr voraus). Da heute jede sozialistische Politik eine therapeutische Dimension enthalten muß (ein Leitmotiv der Duhmschen Arbeiten), ist eine ganzheitliche Anthropologie zu entwickeln, die auch ihre biologischen, kosmologischen, religiösen, tiefen- und parapsychologischen, ökologischen, aus der modernen Physik sich ergebenden Grundlagen einbeziehen muß. Dabei seien auch Begriffe wie »Schönheit«, »Sinn«, »Liebe«, »Offenheit« zu rehabilitieren.

Mit Recht wendet Duhm hier sein Interesse subkulturtheoretisch praktisch:

»Leider besteht zwischen marxistischen und nichtmarxistischen Subkulturen zur Zeit kaum eine Neigung, miteinander in Kontakt zu kommen. Die Parteikommunisten, die Spontis, die Anarchisten, die Makrobiotiker und Landkommunarden, die neuen Buddhisten und vielleicht sogar die Wunderlinge auf dem Jesus-Trip – sie alle haben etwas Richtiges und Wichtiges kapiert, fixieren sich aber auf ihre Teilwahrheit und blockieren damit die Entwicklung einer neuen Befreiungsbewegung, zu der sie durch ihre Erfahrungen, ihre Einsichten und ihre Entschlossenheit Wesentliches beitragen könnten.«[75]

Könnten alle zugeben, daß sie auf einem »Trip« sind – und jeder »Trip« hat entfremdende Züge, ist ein Teil des Ziels und nicht das Ganze –, könnten sie sich »die Hände reichen«.[76] Duhm prognostiziert eine Synthese von Marxismus, Anarchismus, Psychoanalyse und ostasiatischer Philosophie.

Die folgenden 200 Seiten zeigen, verkürzt, wie Duhm an diesem Anspruch scheitert. Die ausführlich dargestellten diversen subkulturellen Normen reichen sich tatsächlich nur »die Hände«. Weder werden sie kritisiert, noch wird ihr materieller Kern herausgearbeitet, der sie in einer gemeinsamen Darstellungsweise vereinigt; sie bleiben einander beliebig. Und es kommt dabei zu grotesken Widersprüchen.

Um zur Veranschaulichung nur einen von 20, 30 möglichen Widersprüchen aufzuzeigen: Duhm beansprucht eine Rehabilitation des Begriffs »Schönheit«. Gleichzeitig beansprucht er eine Synthese mit ostasiatischer Philosophie. Nun meint Lao-Tse, ein gewiß nicht unrepräsentativer Vertreter der letzteren, Schönheit gebe es nur, weil es Häßlichkeit gibt. Oder, zeitgenössischer ausgedrückt: »Schönheit« ist eines der Entfremdungsprodukte der historischen Trennung von »Schönheit« und »Häßlichkeit«. Duhm fällt hinter Lao-Tses Dialektik zurück.

In der Tat besucht Duhm auf seinen Parforceritt die moderne Physik, Hegel, die Religion, élan vital und Bioenergie, Tompkins/Birds Versuche zur Psychophysik der Pflanzen, ESP, die Totalität der Kosmologie, Yin und Yang, Aurobindo, Jesus, Yoga, Castañeda, das Zusammenfallen von Gott und Tier (mir geht Kleists »Marionettentheater« ab), Taekwon-Do, Zen, LSD und andere Drogen, C. G. Jung, Batailles Ansichten zur Liebe, Heisenbergs Unschärferelation, Mystik in der Physik. Um nicht mißverstanden zu werden: viele Einzelerkenntnisse erscheinen mir richtig und wert, rationalistischen Subkulturen zu Studium und Kritik empfohlen zu werden. Das Gesamtergebnis ist ein Panoptikum, das die real existierenden Widersprüche zwischen verschiedenen Subkulturen zum Ausdruck bringt. Leider nicht mehr.

Dieter Duhm ist ein mutiger Mensch, und er begibt sich auch mitten in diese Widersprüche hinein. In letzter Zeit hospitiert er häufiger bei der AAO, einer subkulturellen Gruppe, deren Auffassungen zur Sexualität in etwa das genaue Gegenteil zur »Grenzüberschreitung« Batailles, deren Auffassungen zur Religion (als reiner Vaterprojektion) ebendasselbe zur eklektischen Spiritualität Duhms darstellen. Sein Beitrag zu *AAO – Pro und Contra*[77] zeigt, daß er dieser Widersprüche zum Teil auch gewahr wird. Um Brechts Herrn Keuner zu variieren: Dieter Duhm hat viel zu tun – er bereitet seinen nächsten Irrtum vor.

Was Duhm neben Marx die Spiritualität ist, ist Taëni[78] neben Marx die Primärtherapie Arthur Janovs. »Angst und ihre Abwehr sind entscheidende Faktoren in allen zwischenmenschlichen Beziehungen.«[79] Darüber kann sich Taëni auch mal die ersten

siebzig Seiten auslassen. Da auch Taëni den Marxschen Begriff
der Charaktermaske entdeckt hat, kann er diese zur Rolle und
zum Symbol-Ich weiterentwickeln und durch eine Koppelung von
Selbstbehauptung und Todestrieb (im Gegensatz zu Integration
und Eros) auch Sucht, Popmusik, Psychosen, Freiräume als Formen
von Pseudogemeinschaft, Rocker und die Volksrepublik
China abhandeln. Folgt wie bei Duhm der »übergeordnete Zusammenhang
kosmischer Art«[80], der Reflexionen über Tschögyam
Trungpa, C. G. Jung, Orgon, Psi, Quantentheorie, Yin-Yang,
dualistisches Denken auslöst. Dazwischen wieder die Kritik
einer Vielzahl von gesellschaftlichen Entfremdungszusammenhängen.
Das ganze wird auf den Begriff der »Abwehrgesellschaft«
gebracht und zu einer schönen Liste »Lebenswirklichkeit« versus
»toter Ersatz« (der Grundwiderspruch der Abwehrgesellschaft)[81]
zusammengestellt. Der »Ersatz« synthesiert Marx' Warenfetisch
mit den psychodynamischen Abwehrbedürfnissen. Zum Schluß
wird die subkulturelle Aufgabe dahingehend konkretisiert, »ein
Wachstum gesunder Zellen gegen den Krebs Entfremdung«[82] zu
entwickeln: eine Flut von »experimentellen Planungs- und Modellgemeinschaften«[83].
Wie »gesund« diese Zellen angesichts der
von Taëni selbst untersuchten bestehenden Wirklichkeit sein
können, darauf wird nicht mehr reflektiert. Seine abschließenden
»Anregungen für befreiendes Verhalten«[84], wieder in eine sehr
übersichtliche Liste von 20 Punkten geordnet, sind eine merkwürdige
Mischung aus Gemeinplätzen (»Schöpferisch handeln«),
Vorurteilen (»Die unveränderlichen Gesetzmäßigkeiten der Natur
... als solche anerkennen«) und bitter nötigen Handlungsweisen
(»Im einzelnen Feind noch immer den Mensch sehen«).

12. DIE ENTDECKUNG DER SUBKULTUR AUS DEM GEISTE DER ZUKUNFTSFORSCHUNG

Ein ganzer Abschnitt des vorliegenden Buchs handelt von den
Vorstellungen der Zukunftsforscher über die Normen etc. von
morgen, die sich als Verlängerung gegenwärtiger Normen erweisen.
Wenn auf Subkulturen Bezug genommen wird (wie bei
Kahn-Wiener), so unter dem Gesichtspunkt ihrer Integration in
die »nachindustrielle Gesellschaft«.
Nie wäre ich 1970 auf die Idee gekommen, zu prognostizieren,

daß sieben Jahre später Fragen der Subkulturforschung auf ein starkes Interesse in der Branche der Futurologen stoßen würden. Dieser Vorgang und der Charakter des Interesses verdienen einen kurzen Nachvollzug.
Der nach außen hin sichtbare Anlaß war mit Sicherheit die schon erwähnte Meadows-Studie *Die Grenzen des Wachstums*.[85] Objektiv brachte diese Studie zum Ausdruck, daß die seit 1966 bestehende (und voraussichtlich bis 1990-93 andauernde) Weltwirtschaftskrise längerdauernden Charakter habe, es sich also nicht, wie zwischenzeitlich von herrschender Seite vermutet, um einfache Konjunkturschwankungen auf dem Wege zur ansonsten unvermeidlichen »nachindustriellen Gesellschaft« handle. Diese Studie, in futurologischen Kreisen schon längere Zeit vor ihrer Kenntnisnahme durch die Öffentlichkeit diskutiert, ermutigte, auch wenn dies gar nicht in der Absicht ihrer Verfasser lag, zunächst zur Suche nach Alternativen. Hierfür bot es sich an, zumindest nicht wegzuhören, wenn von Auffassungen der Subkulturen die Rede war.
Der (von Aurelio Peccei zugestandenermaßen nicht unbeabsichtigte) Nebeneffekt dieser Studie war, daß auch Ansichten anderer Autoren, die sich auf Dezentralisierung, Kleingruppen, alternative Lebensstile verschiedenster Herkunft bezogen, nicht in der Remittendenabteilung der Buchläden landeten. (Dort häuften sich hingegen die elektronischen Utopien.) Goldsmith-Allens *Planspiel zum Überleben*, Ehrensvjärds *Nach uns die Steinzeit*, G. R. Taylors *Experiment Glück* wurden zumindest gelesen. Ungefähr gleichzeitig nehmen in stärkerem Ausmaß Drehpunktpersonen an futurologischen Diskussionen teil. Die UNESCO-Bildungsplanung konsultiert Roszak, Illich und Freire. In Loccum, schon im Frühjahr 1972, fordert Reimar Lenz in seinem »Metaseminar«-Entwurf nicht nur die Zusammenarbeit von Politikern, Experten und Subkulturen, sondern auch die systematische Befassung mit Gegenständen, die bislang den Subkulturen vorbehalten waren.[86]
1973 erscheint Robert Jungks *Der Jahrtausendmensch*.[87] Anspruch dieses Buchs ist, »nicht nur die Erscheinungen des Verfalls und der Zerstörung, der Brutalität und der Unvernunft, der Unterdrückung und Verschwendung zu kritisieren, sondern auch zu fragen...: Gibt es heute wiederum Vorzeichen eines Wandels? Wo sind Ansätze einer Veränderung? Werden wir noch einmal davonkommen? Der Schreiber dieser Zeilen bemüht sich seit Jahren darum, Signale, Tendenzen und Versuche ausfindig zu ma-

chen, die im Widerspruch zum Bestehenden auf eine andere und bessere Zukunft hindeuten.«[88]

Die Zukunft hat wieder einmal schon begonnen. In der Folge diskutiert Jungk, wenn auch oft sich von seinen Wünschen hinreißen lassend, sanfte Technologie, Phantasieproduktion, kalifornische Warenhauskommunen, wissenschaftliche Gegeninstitutionen, »neue Schulen«, Netzwerke von alternativen Kliniken, Medien, Bildungsstätten, Therapiezentren, Umweltinitiativen, natürlich Ralph Naders Konsumentengruppe, Bürgerforen, alternative Informatik, Nachbarschaftsgruppen, Einkaufsgemeinschaften, Gruppenpraxen, Anti-Karrieren.

Diese Aufzählung soll weder verschleiern, an wie viele technokratische Innovationen Jungk gleichzeitig Hoffnungen knüpfte (z. B. technology assessment, Frühwarnsysteme), noch soll sie die erfolgte Entwicklung personalisieren. Bei allen Verdiensten: Jungk konnte dieses Buch zu diesem Zeitpunkt nur schreiben, weil er 1) von einem Großteil der Literatur durch seine internationalen Kontakte bereits Jahre früher Kenntnis hatte (so findet sich im Literaturverzeichnis bereits Roszaks *Wasteland*), und 2) sich auf Vorarbeiten, alternative Wertordnungen betreffend, stützen konnte (etwa Baier/Rescher, Maruyama).

Hatte sich noch Alvin Toffler im *Zukunftsschock*[89] in seinen Prognosen auf die Vergrößerung und notwendig darauffolgende Aufspaltung der Subkulturen sowie auf ihre ebenfalls schnellere Vergänglichkeit bezogen und sie immerhin in ein Verhältnis zur Atomisierung des Ichs gesetzt, so trat nun stärker der Gesichtspunkt in den Vordergrund, welche Wertordnungen für die Zukunft am günstigsten seien. Leider fiel den Autoren (wie Calder, Maruyama, Robin Clarke) auch nichts besseres ein, als etwa mir selbst im vorliegenden Buch oder Rainer Taëni, nämlich endlose Listen, die die subkulturellen Normen den gesamtgesellschaftlichen gegenüberstellen. Die Listen überraschen nicht; wiederum sind die subkulturellen Normen zumeist heterogen, symbiotisch (statt wettbewerbsbezogen), antihierarchisch, erfahrungsorientiert, dialektisch, ökologisch, dezentral. Überraschend eher der Personenkreis, der solche Listen erstellt.

Weiter geht es im Text. Der Marxist Garaudy preist den Taoismus und Teilhard, und zu Gorki fällt ihm »Ästhetik ist die Ethik der Zukunft«[90] ein (Duhm und Taëni beziehen sich auf Garaudy). Die österreichischen, eher konservativen Zukunftsforscher Bruckmann und Swoboda entdecken die »ernstgemeinten Wohn-

gemeinschaften«, das »Besiedeln von Farmen durch Hippie-Gruppen« und die Nachbarschaftshilfe: »Der Erfolg solcher Gemeinschaften wäre vermutlich noch weit größer, wenn nicht die etablierte Ordnung von vornherein in Konsumeinschränkung und Fehlen einer ›geregelten‹ Arbeit so etwas ähnliches wie Hochverrat sähe.«[91] Der Friedensforscher Johan Galtung, der schon vorher an einem Zentrum-Peripherie-Modell zum Verhältnis Metropolen-Dritte Welt gearbeitet hat, gerät im Zug von Ostasien-Studien an das Yin-Yang-Prinzip. Pierre Bertaux (siehe die Kritik im vorliegenden Buch) preist Ivan Illich, und Aurelio Peccei, der Industrieberater, spricht von der Basis:
»Ich sehe ein riesiges Heer sich langsam erheben und über die ganze Welt verstreuten, fragmentarischen Fronten zustreben. Es ist ein Heer aus Durchschnittsbürgern, die glauben, daß der Augenblick gekommen ist, die Dinge zu ändern. Sie sind sehr zahlreich, und zahlreich sind auch ihre Ziele, scheinbar ungleiche Ziele ohne wechselseitigen Zusammenhang. Sie sind und sie bilden die Friedensbewegungen und die Befreiungsbewegungen, die spontan entstandenen Gruppen zum Schutz der Umwelt, die Frauenbefreiungsbewegung und Vereinigungen für die Bevölkerungskonkontrolle, die Verteidiger der Minderheiten, der Menschenrechte und der Freiheiten der Bürger, die Apostel einer Technologie mit menschlichen Zügen und der Humanisierung der Arbeit in der Fabrik oder wo immer sie geleistet wird, die sozialen Assistenten und die aktiven Verfechter sozialer Veränderungen, die Verteidiger des Verbrauchers, die gewaltlosen Protestler, die Wehrdienstverweigerer und eine Menge Männer und Frauen, alte wie junge, inspiriert von dem, was sie für das neue Gemeinwohl halten, von moralischen Verpflichtungen, die stärker sind als jede andere Pflicht. Wie es sich traditionsgemäß gehört, ist dieses Volksheer stark motiviert und schlecht ausgerüstet, gewinnt die Scharmützel und verliert die Schlachten und ist verurteilt, von der Strategie der Konservativen [z. B. Pecceis Club-of-Rome-Freund Pestel, Anm. des Autors] gnadenlos überrannt und von ihren Stiefeln zertrampelt zu werden. Trotz alledem wird es früher oder später die Oberhand gewinnen, denn die Geschichte marschiert mit ihm.«[92]
Es berührt mich merkwürdig, solche Visionen ausgerechnet aus dem Munde eines Interessenvertreters von Fiat und Olivetti zu hören. Der Doppelcharakter, der dahintersteht, ist nicht leicht zu entfalten. Der materielle Kern liegt jedenfalls in der Ökologie

oder in den internationalen Beziehungen oder in beidem. Die Futurologen sehen, vielleicht klarer als andere, daß in diesen Momenten der Gesamtproblematik eine radikale Veränderung geschehen muß, soll nicht die Barbarei das Ergebnis menschlicher Vorgeschichte sein. Mit Notwendigkeit sind heute Subkulturen und Drehpunktpersonen die einzigen, die eine humane Zukunft anstreben. Die Verbindung liegt nahe.

Zum anderen (auf der tauschwertanalogen Seite) sind die subkulturellen Vorstellungen verlockend, weil sie kostensenkend wirken. So wirkt ein breiter Anteil arbeitsintensiver alternativer Technologie dem tendenziellen Fall der Profitrate entgegen. So werden sozialpolitische Initiativgruppen nicht nach Tariflöhnen bezahlt. So sind Wohngemeinschaften billiger als das Leben in Kleinfamilien.

Dieser Doppelcharakter wird auf der internationalen Ebene besonders deutlich; nicht umsonst umfaßt ein Projekt der UN-Universität für Entwicklung zu einem runden Sechstel Gegenstände der Subkulturforschung. Klang 1970 noch die Vermittlung von Subkulturen und der Dritten Welt ziemlich esoterisch, so ist heute das Interesse an diesen Fragen in ein neues Stadium getreten. Mir klingt noch die Bemerkung eines indischen Zukunftsforschers im Ohr, unsere Arbeiten könnten für sein Land noch einmal wichtig werden: es sei vollständig unmöglich, daß jeder Inder sein eigenes Haus, Telefon etc. erhalte, und da sei die Frage des Lebens in Gruppen wichtig. Ähnlich das Bariloche-Modell[93]: für die Dritte Welt wird eine neue Kultur wichtig, eine Synthese aus positiven Elementen der Entwicklung der »industriellen Zivilisation« und den Werten, Zielen und Ansprüchen der unterdrückten Mehrheiten. Daher setzt eine neue Gesellschaft auch eine neue Technologie voraus, weil diese im anthropologischen Sinne ein entscheidendes Element der Kulturformen ist: ein Imperialismus von Technologien zieht einen Imperialismus von Verhaltensformen und Werten nach sich.[94]

13. DIE REALE BEWEGUNG

Notwendigerweise mußte die gedrängte Literaturübersicht unvollständig bleiben: ich denke hier etwa an die Arbeiten von Ferdinand Menne[95] und Hans Peter Dreitzel. In ihr ist neben anderem

zur Geltung gekommen, wie sehr, bis in einzelne Momente hinein, die Arbeiten der Autoren Ausdruck der realen Bewegung sind, wie wenig Jerome von der Kommunenbewegung, Preusser von der Entwicklung der Obdachlosenarbeit, Negt etwa von der Glocksee-Schule, Duhm von der Emanzipationsbewegung, Jungk von den ökologischen Gruppen zu trennen sind.
Demnach wäre ein solches Nachwort unvollständig, würde es nicht zumindest in Spuren eine Darstellung subkultureller Entwicklungen versuchen. Dieser Versuch muß mit Notwendigkeit ungerecht ausfallen. Er muß auf einigen Seiten mindestens ein Dutzend Subkulturen in ihrer siebenjährigen Geschichte abhandeln und diejenigen vernachlässigen, die in dieser Geschichte nicht vorzukommen scheinen.
Zunächst werden diejenigen Momente ausgelassen, die zwar diskutiert, aber in der BRD noch nicht richtig (alternative Bildung, alternative Medizin) oder nur vorübergehend (religiöse Subkulturen) zur Entfaltung gekommen sind. Ergänzungen (im Sinne einer Momentaufnahme 1976) sind meinem Aufsatz in den *Vorgängen* zu entnehmen.

14. DIE STUDENTEN

Der Prozeß der Dogmatisierung der studentischen Linken, der im vorliegenden Buch schon angedeutet ist, hielt noch drei Jahre an. Das schreibt sich hier leichter, als es in Wirklichkeit durchzustehen war. Ungern erinnere ich mich an das gegenseitige mißtrauische Beäugen alter Bekannter, wer wohl bei welcher Fraktion gelandet sei (was im Klartext hieß: mit wem es für wen noch Sinn hatte zu reden), an endlose Gremien-, Vollversammlungs- oder Seminardiskussionen über Scheinprobleme, an das morgendliche Lesen der Wandzeitungen, jenes gnädige Medium, das im voraus ankündigte, zu welchem Gegenstand man/frau sich »zu verhalten« hatte. 1973 war die Gründungsphase der sechs größeren dogmatischen Gruppen abgeschlossen, und bald darauf stagnierten auch fünf von ihnen. Wenn es der CDU/CSU nicht gelingen sollte, mittels wiederholter Verbotsdrohungen oder gar Verbote eine Solidarisierungswelle in Gang zu setzen, könnte es dabei auch bleiben.
Nicht zu übersehen ist hierbei, daß die dogmatischen Gruppen

auch unter den politisierten Studenten nie die Mehrheit hatten. Im VDS (Verband, später Vereinigte Deutsche[r Studentenschaften), der für die Grundstimmung der politisch aktiven Studenten in den letzten zehn Jahren immer einen guten Indikator abgegeben hatte, hielt 1970 eine Koalition von MSB Spartakus und SHB (Sozialdemokratischer, später Sozialistischer Hochschulbund) die Mehrheit. Später kamen der Liberale Hochschulverband, die Jungsozialisten und schließlich die Basisgruppen (von denen noch die Rede sein wird) hinzu.

Die durchschnittliche Lähmung der Studentenschaft nach Auftreten der Dogmatisierung dauerte zwei Jahre. Dann war auch der Großteil der politisch aktiven Studenten (in den letzten zehn Jahren so gut wie durchgehend ein ungefährer Durchschnitt von 35 % der Gesamtstudentenschaft) der ewigen »Kampf dem ... weg mit ...«-Forderungen überdrüssig und sah sich nach Alternativen um. Begann dieser Prozeß z. B. in München schon 1971, als sich die Arbeitskonferenz-Fraktion (der die Dogmatiker nicht gründlich genug Marx gelesen hatten) und die »Arbeitersache« (welche, anstatt zu lesen, eine multinationale Massenarbeiterbewegung aufzubauen beabsichtigte) von den Marxistisch-Leninistischen (ML-)Gruppen abspalteten, so war er allgemein etwa 1973/74 zu seinem Ende gebracht.

In diesen Jahren erschienen auch die ersten Arbeiten, die die neue Situation der Studenten reflektierten. In seinem Aufsatz *Der Bluff* fragte Wolf Wagner[96], welche Einstellungen, Verhaltensweisen und -dispositionen an der Universität gefördert oder unterdrückt würden. In einer Ableitung über die Tauschwertseite des Wissens und die Konkurrenzsituation kam er zu dem Schluß: »Die Möglichkeit des Bluffs wird ... zur beinahe allgemeinen Notwendigkeit, denn die qualitative Unendlichkeit dessen, was möglicherweise gefordert werden könnte, wird nun nicht mehr ausgewogen durch das Wissen um die Grenzen dessen, was man sich ... bisher hat erarbeiten müssen.«[97] Diese Notwendigkeit führt zu Angst, Isolation, Arroganz als Angstabwehrfassade, Distanzierung, im Extremfall zu Selbstmord. Wolf Wagner stellte fest, daß die Studentenbewegung erst durch ihr anti-autoritäres Auftreten zur Massenbewegung wurde und daß diese solidarische Massenbasis unter dem Konkurrenzdruck der im Zeichen der marxistischen Theorie stehenden unerfüllbaren Ansprüche wieder zerfiel.

Margareta Kukuck faßte in *Student und Klassenkampf*[98] die Versuche zusammen, das Entstehen der studentischen Subkulturen zu erklären. Ihr ist die Studentenrebellion Resultat und Ausdruck der Reibungen bei der Durchsetzung der reellen Subsumtion der Wissenschaft unter das Kapital (was heißt, daß inhaltlich die Produktionsweise durch die kapitalistische Maschinerie bestimmt wird). Diese Auffassung – die mir bislang die plausibelste erscheint, auch mit der oben zitierten Ungleichzeitigkeitstheorie übereinsitmmt – kommt auch in Karikaturen dieser Jahre zum Ausdruck: die Hochschule als Fabrik, die die Studenten als Pflastersteine zurechtklopft.

Die genannten Entwicklungen hatten ihre Einflüsse auf die Struktur der Wertordnungen und Verkehrsformen der studentischen Subkulturen, auf ihre Vergesellschaftungsweise. Das Wohnen in Wohngemeinschaften wurde fast allgemein (die Anzahl der in WGn wohnenden Personen dürfte die 100 000 bereits überschritten haben), ebenso, wo nicht verboten, das Abfassen von Gruppenarbeiten, das Ritual der bei jedem möglichen und unmöglichen Anlaß abgehaltenen Feste, auch das Projektstudium wurde häufiger, eine Vielzahl politischer Normen wurde quer durch die Fraktionen weithin geteilt, wenngleich seltener laut ausgesprochen.

Die aus der Verunsicherung resultierende Vorsicht (etwas laut auszusprechen, eine Unterschriftenliste zu unterschreiben etc.) war nämlich das Hauptergebnis der aufgrund des Radikalenerlasses vom 28. 1. 1972 verhängten Berufsverbote. Ansonsten war der Einfluß der Berufsverbotsdrohung auf die politische Gesamtaktivität im Bundesdurchschnitt überraschend gering. Zwei Gründe hierfür sind anzugeben: Bis ca. 1974/75 war eine Studentengeneration politisch aktiv, die vor dem 28. 1. 1972 ohnehin schon erfaßt war, also ebensogut auch ihre Position weiter vertreten konnte. Ab 1975 verstärkte nicht nur die Arbeitslosigkeit die Berufsverbotsdrohung, sondern unterlief sie gleichzeitig: wenn man/frau ohnehin nach dem Studium arbeitslos wurde, konnte man/frau auch gleich politisch aktiv werden.

Die Bedrohung durch die Arbeitslosigkeit sowie durch die zunehmend repressiver werdende Hochschulgesetzgebung und die Senkung der Zufuhr öffentlicher Geldmittel für Hochschulen und Studenten hatte noch zwei weitere Folgen für die studentischen Subkulturen, die wieder genau entgegengesetzten Charakter annahmen: Zum einen näherten sich studentische Normen stärker denen des gewerkschaftlich aktiven Lohnabhängigen an, Fragen

des BAFög-Satzes, der Lehrmittel (etwa Gelder für Tutoren) etc. traten in den Vordergrund. Zum anderen führte die Überlegung, was im Falle der Arbeitslosigkeit getan werden könne, zu einem Aufleben des Interesses an alternativer Ökonomie. (Worüber ich hier nichts schreiben werde; wen die Weiterentwicklung meiner Position gegenüber der im vorliegenden Buch vertretenen interessiert, kann sie in den Nachworten zu den *Materialien zur alternativen Ökonomie I und II* nachlesen.[30]
Die Fragmentierung der Studentenbewegung und der phasenverschoben einsetzende Überdruß an den ML-Gruppen führte zum Anwachsen von Gruppen, in welchen die genannten Tendenzen noch verstärkt wurden. Ohne diese beiden Prozesse hätte die DKP wohl kaum so rasch 40 000 Mitglieder erhalten (bei welcher Zahl sie in der Folge stagnierte). Ohne sie wäre es kaum zu Masseneintritten bei den Jungsozialisten gekommen, deren »alternative« Seite die aktive Mitarbeit in Bürgerinitiativen wurde. Ohne sie hätte sich das Sozialistische Büro (SB) nicht 1973 als Sammlungsbewegung einen neuen organisatorischen Rahmen geben können, in dem die Arbeitsfeldorientierung und die ökonomistischen Strömungen die »gewerkschaftliche« Tendenz, die emanzipatorischen Strömungen die »alternative« Tendenz verstärkten. Schließlich entwickelte sich ein weiteres zunächst studentisches Sammelbekken: die »Spontis«.
Wie andere Ausdrücke zur Kennzeichnung von subkulturellen Personen (»Freaks«), die später zu ehrenhaften Selbstbezeichnungen avancierten, war »Sponti« zunächst ein Schimpfwort von ML-Gruppen gegen jene, die sich nicht im Sinne der ML-Gruppen organisieren wollten. Die gab es von Anfang an, und der schlampige Arbeitsstil eines Günter Bartsch würde sie wohl als »Anarchisten« bezeichnen[99]. Später kamen die Gruppen um die Zeitschrift *Wir wollen alles* dazu, wie die bereits erwähnte »Arbeitersache« oder der Frankfurter »Revolutionäre Kampf«: Gruppen, die den multinationalen Massenarbeiter organisieren wollten und sich bis zuletzt noch Gedanken über die bundesweite Organisation machten. Erst dann kamen meist jüngere Studenten, darunter bereits aus dogmatischen Gruppen ausgetretene, hinzu, die jede Form von übergreifender Organisation ablehnten und sich als Spontaneisten begriffen, wofür Rosa Luxemburg herhalten mußte. Die Spontis waren unter anderem bei den Frankfurter Hausbesetzungen aktiv, viele von ihnen nahmen an der Emanzipationsbewegung teil, an der Hochschule reaktivierten sie die APO-

Form der Basisgruppen. Als sie, in Zusammenarbeit mit anderen Gruppen, einige Wahlen zu Studentenparlamenten gewonnen hatten, bildeten sie die »Basisgruppenliste«. Wie einige Jahre zuvor die Jusos, wurden sie häufig in Bürgerinitiativen aktiv, in der Frauenbewegung, in Alternativen, die sich bildeten. Sie sind bekannt wegen ihres lustigen Arbeitsstils und ihrer langweiligen Feste, nach welchen sie trotzdem geradezu süchtig sind.
Die Spontis kamen seit 1975 in den folgenden Widerspruch: einerseits offen zu sein für jeden, der sich nicht von rigiden Organisationen vertreten lassen wollte, und andererseits doch eine besondere Fraktion unter anderen Fraktionen zu bilden. Das läßt sich an ihrer Funktion bei der Entstehung von Alternativen kurz darstellen:
1975 war so eine Art »Jahr der Wohngemeinschaftskooperativen«. In vielen Städten hatten sich, teils unter Hilfe des evangelischen Martinswerks, WG-Coops gebildet, die sich auch überregional trafen. Dem Anspruch nach sollten diese Coops Hilfestellungen für alle WGs überhaupt geben, praktisch jedoch mußten alle WGs rausfallen, die nicht Sponti-Normen vertraten. Jede noch so vage zentrale Koordination der WGs wurde abgelehnt; die Folge war, daß nach einiger Zeit die Treffen ausfielen und ein höchst ausgeklügelter dezentraler Alternativer Info-Verteiler gegründet wurde, der selten funktioniert hat.
Ähnlich war 1976 so eine Art »Jahr der alternativen Presse«. Zeitweise verging keine Woche, in der nicht eine neue Stadtzeitung gegründet wurde. Diese unterteilten sich bald in »Volksblätter«, »Spontiblätter« und eine Mittelgruppe. Sobald die Sponti-Normen bestimmend waren, wurde es zu einem beliebten Tagesordnungspunkt, warum denn die Volksblätter nicht mehr zu den Treffen kämen.
Es war abzusehen, daß 1977 zu einem besonders heiteren Jahr würde. Bei aller Ablehnung bürgerlicher Normen war die Feier des 10-jährigen Jubiläums des Entstehens der Studentenbewegung kein Anlaß, der in Ruhe vorübergehen konnte. Hatte man/frau in den Jahren zuvor die ML-Gruppen in die Gewänder von Lenin, Thälmann, Dimitroff u. a. schlüpfen gesehen, so konnten 1977 die Spontis ins Kostüm der antiautoritären Studentenbewegung schlüpfen, ergänzt durch einen einschlägigen Büchermarkt. Dabei hatten sie nicht damit rechnen können, im MSB Spartakus eine so harte Konkurrenz zu bekommen, der auf einmal seinerseits die Studentenbewegung gepachtet hatte. In seiner Publikation ließ

der MSB den konvertierten Günter Amendt demonstrieren, was für ein Mythos die antiautoritäre Phase gewesen sei: jede Aktion sei vom harten Kern vorbesprochen worden.[100] Nun ist dieses Vorgehen, daß Entscheidungen nicht mehr von nächtelangen Plenardebatten, sondern von »informellen Kadern« getroffen wurden, ein sicheres Zeichen für den Beginn einer Verfallsphase. Für mich war zu lernen, wie früh der Verfall im SDS Frankfurt eingesetzt haben muß. Immerhin, und das war keine Farce, knüpfte der MSB Spartakus mit dem Konzept der »Demokratischen Gegen-Hochschule« vergleichsweise erfolgreich an die »Kritische Universität« von 1967/68 an, was sich die damaligen Traditionalisten auch nicht hätten träumen lassen.
Während ich diesen Abschnitt schreibe, geht der Streik/aktive Boykott (ich kann hier die Diskussion nicht führen, was es nun warum ist) von 500 000 Studenten gegen das Hochschulrahmengesetz und seine Folgen zu Ende.

15. DIE ÖKOLOGISTEN

Eine ökologisch orientierte Teilkultur ist in Westeuropa schon einige Jahrzehnte alt. Noch im Namen des nur noch an Warenhandel erinnernden »Reformhauses« steckt der Rest eines Anspruchs auf eine umfassende »Lebensreform«, die wohl mehr umfassen sollte als Konsum anderer Nahrungsmittel. Vernetzt mit der Subkultur der Jugendbewegung, waren auch Naturschutzbünde, Freikörperkulturen, Landkommunen, Wandervereine, vereinzelt auch Künstlerkolonien entstanden. Wie im vorliegenden Buch angedeutet, wurde ein Großteil dieser Subkultur regressiv und sympathisierte zumindest mit faschistischen Tendenzen.
Nach dem Zweiten Weltkrieg, angesichts des aufsteigenden elektronischen Akkumulationszyklus, hatten die ökologisch orientierten Teilkulturen an Bedeutung verloren. In der ohnehin Subkulturen jeder Art nicht förderlichen Adenauer-Ära waren sie bestenfalls Farbtupfer auf dem Brei des schwarzgrauen Grundkonsenses. Es ist aber nicht zu vergessen, daß es sie gab. Da sie jedoch häufig (etwa Günther Schwab, der dem »Weltbund zum Schutze des Lebens« vorsaß) an ihre regressiven Traditionen der Weimarer Republik anknüpften, war meistens die Ökologie als Gegenstand progressiver Subkulturen von vornherein desavouiert. Auf-

fällig ist z. B., daß sehr wenige ökologisch orientierte Gruppen an den Kampagnen gegen atomare Aufrüstung teilnahmen (ein ökologisches Thema ersten Ranges!) – und die, die teilnahmen (etwa die Naturfreundejugend), aus Zusammenhängen der ehemaligen Arbeiterbewegung kamen.
Als Mitte der Sechzigerjahre die Subkulturen darangingen, die Totalität des gesamtgesellschaftlichen Zusammenhangs in Frage zu stellen, konnte es nicht ausbleiben, daß auch ökologische Wertvorstellungen mit betroffen wurden. (Siehe im vorliegenden Buch zu den Provos und Hippies, auch zu »Konsumterror«.) Die weißen Fahrräder waren nun ebenso punktuell wie die Gegenwehr gegen die Verwechslung von umfassender Bedürfnisbefriedigung und mit oft unnützem Zeug prall gefüllten Kaufhäusern. Auch in die antiimperialistische Agitation gingen punktuell ökologische Momente ein: ich erinnere an die Kampagne gegen den US-Konzern Dow Chemical, der durch die Entlaubung vietnamesischer Wälder berüchtigt wurde. Um nicht zu Mißverständnissen Anlaß zu geben: international gesehen, zählte hierbei die APO zu den ökologisch weniger bewußten Bewegungen.
Nicht vergessen werden darf hierbei, daß auch bürgerliche Teilkulturen, aufgeschreckt durch zerstörerische Wirkungen des kapitalistischen Weltzusammenhangs auf bestimmte Momente der Natur, ihre Agitation verstärkten. 1963 hatte Rachel Carson in ihrem Buch *Der stumme Frühling* durch ihren Nachweis der tödlichen Wirkungen des Gebrauchs von Pflanzen»schutz«mitteln und Kunstdünger auf Singvögel Teile der US-amerikanischen Öffentlichkeit alarmiert. Um dieselbe Zeit warb Willy Brandt mit dem »blauen Himmel über der Ruhr« um nordrhein-westfälische Wählerstimmen. Und wer erinnert sich nicht an die Kampagnen des »World Wildlife Fund«, an die Aufrufe Grzimeks, an Brigitte Bardot als Schutzpatronin der (lebendig erschlagenen) Robben. Doch es blieb mosaikhaft: Strontium 90 und Brigitte Bardot, Dow Chemical und Rachel Carson gingen in den Köpfen nicht zusammen. Ich kannte Linke, die »nebenher« noch Mitglieder z. B. im Bayrischen Vogelschutzbund waren, ohne diese Momente zusammenzubringen. (Dies schließt Selbstkritik mit ein: ich konnte es auch nicht, und das vorliegende Buch ist ein Ausdruck davon.)
Der Umschlag begann 1970. Es wäre eine lohnende Aufgabe für Psychoanalytiker (gleichwohl gesellschaftlich versierte), herauszufinden, warum damals die ökologische Debatte so exklusiv im Zeichen des »Schmutzes« stand. »Umwelt*verschmutzung*« (bzw.

»pollution«) wurde geradezu zu einem Synonym für »Ökologie«.
Es war naheliegend, daß sich die damals neu gegründeten Bürgerinitiativen (mit, siehe oben, starker Juso-Beteiligung) auch dieses Gegenstandes annahmen. Und es wäre interessant zu wissen, wie viele der diese tragenden Bürger aus traditionellen ökologisch orientierten Teilkulturen kamen. Um diese Zeit wurde auch der Bundesverband Bürgerinitiativen Umweltschutz (BBU) gegründet. Der BBU, der nur Vereine und Verbände als Mitglieder aufnimmt, veröffentlicht unsinnigerweise seine Mitgliederliste nicht: es wäre nämlich auch interessant zu wissen, wie viele Mitgliedsverbände aus den genannten traditionellen Teilkulturen kamen.
1970/71 war jedoch nicht nur die Zeit der »Aktionen Saubere Luft«, des Wettfischens schwarzer Schuhe aus der verschmutzten Wupper, der Diskussionen um Immissionsgesetze, des Umweltschutzes als einer der fünf zentralen Programmpunkte der Wiener wahlwerbenden Gruppe »Offensiv links« (die um die 1800 Stimmen erhielt). Es war gleichzeitig der Beginn (in der BRD) des Zugs der Kommunen auf das unverschmutzte Land, des Ansteigens der Umsätze der Reformhäuser, des Aufkommens der Release-Bewegung in der BRD (»clean« werden!) und vor allem der makrobiotischen Ernährungslehre. Wenn auch die Makrobiotik nicht die Grundlage für eine eigenständige Subkultur bilden konnte: Tausende Linke aßen zumindest zeitweilig makrobiotisch, strichen bestimmte »verschmutzte« Lebensmittel aus ihren Speiseplänen, eigneten sich dabei die Yin-Yang-Dialektik an. So verschiedene Personen wie eine Studentenfunktionärin aus Ghana und Jürgen vom Scheidt sprachen von »geistiger Umweltverschmutzung«[25] oder »Innenweltverschmutzung«[101].
Nun standen die verschiedenen normativen Bestandteile immer noch unverbunden nebeneinander. Im folgenden Jahr, 1972, wurde von außen ein erster Ansatz zur Totalisierung der Ökologie-Diskussion an die beginnende Bewegung herangetragen: der zunächst wiederum zu Wahlkampfzwecken zugunsten der SPD ausgegrabene Begriff der »Lebensqualität«. Wenn auch theotisch-äußerlich, vermittelte der Gesamtkontext des IG Metall-Kongresses in Oberhausen zur »Qualität des Lebens« wenigstens eine Ahnung von Zusammenhang der Erscheinungsformen.
Noch immer aber konnte (wenigstens in der BRD) noch keineswegs von einer ökologisch orientierten Subkultur gesprochen werden. (In den USA, wo davon die Rede sein konnte, war sie bereits fast wiederum durch diverse Warenaustauschmechanismen

integriert.) 1973/74 sollte ein Zusammenwirken verschiedener Prozesse die Entstehung derselben vorantreiben:
Gegen die Errichtung eines zunächst in Breisach, dann in Wyhl als Grundlage eines zusätzlichen Industriezentrums in Südbaden geplanten Kernkraftwerks intervenierte ein regionaler, die Staatsgrenzen übergreifender, Zusammenhang von Bürgerinitiativen. Dieser badisch-elsässische Zusammenschluß war jedenfalls zu Beginn so ziemlich das unsubkulturellste, was sich vorstellen läßt: Weinbauern, Fischer, Handwerker, ländliche Honoratioren, zudem gegenüber Freiburger Studenten eher abweisend. Jedoch führten die gewaltfreie Besetzung des Bauplatzes, der Abzug der Polizei, das monatelange Gemeinschaftsleben auf dem besetzten Bauplatz, die Errichtung des Freundschaftshauses und der »Volkshochschule Wyhler Wald« zu massenhaften Lernprozessen, die erst als praktische Totalisierung der Ökologie-Diskussion den abstrakt-propagandistischen Begriff der »Lebensqualität« zum Leben erweckten. Verbindungen wurden sichtbar zur Frauenfrage, zu politischen Normen, zum Regionalismus, zur Volkskunst, zur gegenseitigen Hilfe, zur alternativen Bildung...
Zumal ungefähr gleichzeitig die Kombination eines willkommenen Anlasses zur politischen und ökonomischen Druckausübung seitens der ölproduzierenden Staaten und eines Manövers der multinationalen Ölkonzerne zur Erhöhung ihrer Profite durch Angleichung des japanischen und westeuropäischen an das US-amerikanische Preisniveau in Westeuropa als »Energiekrise« erschien. Die erste Folge war, daß die »Lebensqualität« auf den Misthaufen der Begriffe geworfen wurde, um durch kernkraftintensive Energieprogramme ersetzt zu werden. Der hierbei sich ausdrückende Widerspruch von Staat/Gesamtkapital und Einzelkapitale – während die Bundesregierung für Energiesparen warb, stellte das den Wyhl-Bau betreibende Badenwerk seine Werbung auf strombeheizte Swimming-Pools ab – vertiefte die Kluft noch, brachte gleichsam das Gerede von der »Lebensqualität« auf ihren Begriff.
Schließlich sprach sich allmählich die erwähnte Meadows-Studie herum; in der Folge entdeckten die Bürgerinitiativen längst erschienene Schriften gegen Kernkraftwerke (die Studie von Gofman/Tamplin etwa stammt von 1969) und studierten sie. Teilnehmer der BI, wie der politische Liedermacher Walter Mossmann, sorgten für die Verbreitung der Lernprozesse von Wyhl.
Die linken Subkulturen hatten, soweit sie diesen Kampf über-

haupt wahrnahmen, zu ihm ein reichlich instrumentelles Verhältnis. Für sie war dies einfach ein »Volkskampf« (so der Kommunistische Bund Westdeutschland). Und Volkskämpfe waren eben nahezu unabhängig von ihrem besonderen Inhalt zu unterstützen, solange ihnen nicht die politische Linie der je besonderen Organisation übergestülpt werden konnte – unterstellt, die Organisation hatte eine Linie dazu. Einige wenige, so H. M. Enzensberger im *Kursbuch 33* (1973), versuchten, eine inhaltliche Diskussion zur Ökologie einzuleiten – meines Erachtens kamen sie damit zu früh.

Aus all den genannten Momenten und weiteren, auf die gleich die Rede zu kommen hat, bildete sich etwa in den Jahren 1973-76 die ökologisch orientierte Subkultur heraus.

Zum einen wohnte einer zunächst integrativen Erscheinung eine eigentümliche Dialektik inne. Schon in der Umweltverschmutzungszeit war »Beginn doch bei Dir selber!« eine gängige Floskel. Diese Floskel, zunächst gedacht als Bevorzugung der Einzelfallhilfe gegenüber dem organisierten Konflikt, ließ außer acht, daß jedes ernsthafte Bei-sich-selbst-Beginnen langfristig wieder bei der Vertretung organisationsfähiger Interessen nach außen enden mußte. Zumal gleichzeitig in so verschiedenen Erscheinungsformen wie den WGn, dem Sozialistischen Patientenkollektiv Heidelberg, der erwähnten Emanzipationsbewegung, den sozialpsychiatrischen Bürgerinitiativen, den Release-Gruppen, den therapeutischen Selbsthilfen etc. das genannte Selbständig an seine gesellschaftlichen Grenzen stieß; zumal gleichzeitig die »Organisation nach Interessen« zur Hauptparole einer Organisation werden konnte (meines Erachtens: werden mußte); zumal Selbsterkenntnis, Prüfung der eigenen Motive und Bedürfnisse zum wesentlichen politischen Moment der Spontis, der Frauenbewegung, der Jugendzentren wurde, ja bei den Kriegsdienstverweigerern durch das Prüfungsverfahren (das Zehntausende durchliefen) amtlicherseits gefordert (und damit gefördert) worden war. Tausende, die »bei sich selber« begonnen hatte, landeten bei den Bürgerinitiativen.

Zum zweiten mußten die ökologischen Normen, einschließlich des Selbstbezugs, auf Drehpunktpersonen anziehend wirken. Hier konnte sich jeder integrativ Berufstätige einbringen, der nie die Zeit gefunden hätte, sich an Springer-Kampagnen oder Betriebsarbeit oder auch am Aufbau einer Landkommune oder am Bau einer Windmühle, zu beteiligen: der Kleingärtner, der evangeli-

sche Pfarrer, der Naturkundelehrer, der ÖTV-Funktionär, der naturheilkundlich orientierte Arzt (nebenbei mußte in diesen Jahren noch ein Gesetzentwurf, der de facto naturheilkundliche Verfahren verboten hätte, niedergekämpft werden). Keineswegs will ich hier den Anschein verbreiten, daß dieser Prozeß in linearer Harmonie verlaufen ist. Gerade durch ihn entstand gleichzeitig jene Flut von Öko-Heuchlern, die den materiellen Kern der Regierungspropaganda von den Ökologisten als »Privilegiertenbewegung« abgaben. Da gab es Vertreter des strikten Rauchverbots, die den Zeitgenossen bei der Abfahrt in einer schwarzen Auspuffwolke hinterließen; Landkommunen, in denen die Stereoanlage städtisch dröhnte; winterliche Demonstrationsteilnehmer, die zwischenzeitlich die Wärme der voll angedrehten Heizung durch das offene Fenster ließen. Jedenfalls wurden die Drehpunktpersonen zu wichtigen Momenten in den Bürgerinitiativen.
Zum dritten führte die Erfahrung ökologischer Lebenszusammenhänge und das darüber allmählich durchsickernde Wissen zu einer Durchdringung einer Vielzahl von Gruppen und Subkulturen mit ökologischen Normen, Wertvorstellungen etc. Ihre Motive und Momente waren höchst verschieden: wie sich noch zeigen läßt, mit ambivalenten Folgen. Einzelne Sekten hatten sich schon früh die Ökologie zu eigen gemacht: Ich erinnere mich an die 1970 geführte Korrespondenz mit einer Anti-KKW-Initiative, die mir zu sehr von den Auffassungen Silvio Gesells durchdrungen schien. Es folgten unter anderem so verschiedene Gruppen wie die pazifistische *Graswurzelrevolution*, die linksnationalistische *Aktionsgemeinschaft Unabhängiger Deutscher*, die noch der traditionellen Reformbewegung zugehörigen Anthroposophen, von Murray Bookchin beeinflußte Anarchisten, evangelische Kreise um den Umweltbeauftragten der EKD bzw. um den SPD-Politiker Eppler, Gruppen in der FDP. In diese Zeit fiel auch die erwähnte Vernetzung zwischen dezentralistisch orientierten Zukunftsforschern, sanften Technologen und Ökologisten (Robin Clarkes Liste liest sich geradezu wie ein Normenkatalog ökologisch orientierter Subkulturen).
Die Authentizität der ökologistischen Bewegung zeigt sich meines Erachtens an nichts besser als an der Fähigkeit, nahezu alle freiwilligen Subkulturen zumindest punktuell (und da höchst widersprüchlich) zu integrieren – erstmalig nach dem Pariser Mai und den Tagen von Chicago 1968. Dies gilt (und hieraus entstanden weitere Komplikationen) auch für die regressiven. Den Anhän-

gern asiatischer Philosophien war die ökologische Auffassung ohnehin vertraut (Schumacher spricht sogar von der »buddhistischen Ökonomie« als Gegenentwurf zur hochindustriellen Technik)[102], und die Christen sprach die »Ehrfurcht vor dem Leben« an. Systemtheoretiker und »neue Konservative« sahen ihre Chance gekommen, dem Marxismus einen neuen, angeblich umfassenderen Totalentwurf entgegenzuhalten, während die Marxisten Marx Aussagen über Raubbau an der Natur, Landverkarstung, Themseverschmutzung und Recycling erst neu entdeckten. Die Landkommunarden sahen sich in ihren Motiven zum Verlassen der Städte bestätigt, die Anhänger Wilhelm Reichs sahen im KKW die Produktion des »toten Orgons«, die Kriegsdienstverweigerer konnten sich mit Recht an den Gefahren des Plutonismus, die Gewerkschafter (sofern nicht Betriebsräte in der Atomindustrie) an der Wegrationalisierung von Arbeitsplätzen orientieren. Der Deutschen Bürgerinitiative konnte es um die ebensolche Erde gehen. Die Demokraten aller Couleurs, gebrannte Kinder, sahen die Gefahren des Nuklearfaschismus heraufziehen, während vom Standpunkt der Frauenbewegung aus die Kernkraftindustrie der letzte Anlauf des Patriarchats zur Unbewohnbarmachung der Erde war. Die Reihe könnte noch eine Zeitlang fortgesetzt werden; fest steht, daß als Ergebnis die Bewegung gegen die Kernkraftwerke zur Massenbewegung wurde. In vielem einander äußerlich, läßt sich doch die Herausbildung einer Totalität von Normen, Wertvorstellungen etc. beobachten (Ersatzdienst – handwerkliche Fähigkeiten – bürgernahe Gruppenarbeit – Sensibilität etc. etc.).

Nun wäre eine Massenbewegung keine, würde sie nicht dadurch für linke Subkulturen interessant, die sich in diesem Falle als Derrière-Garde, nicht als Avantgarde erweisen. Obwohl einige bis jetzt noch nichts mit dem Gegenstand anfangen konnten (die DKP ist für gewerkschaftliche Mitbestimmung der Atomindustrie, hält ansonsten, etwa in der DDR, Kernkraftwerke für unbedenklich; der KBW ist für Kernkraftwerke im Sozialismus, aber gegen solche im Kapitalismus –: jetzt warte ich auf die Propagierung sozialistischen Zyankalis), zieht die etablierte Propaganda nicht, die wieder einmal die sozialistische Spreu vom besorgten Bürgerweizen trennen will. Auch links zu sein entbindet nicht davon, Angst zu haben vor der Destruktion der Natur (einschließlich der Menschennatur) und vor der despotischen Verselbständigung eines Staates, dem der Schutz seiner Plutoniumlager über alles geht. Die sich der ökologistischen Bewegung anschließenden linken Subkulturen machten zwei andere Fehler: sie trugen die Konkurrenz ihrer besonderen Fraktionsinteressen in diese Bewegung, und sie propagierten die mechanische Übertragung eines bislang erfolgreichen Widerstandsmodells auf alle ähnlichen Fälle.

Weil die Bauplatzbesetzung in Wyhl von den Anwohnern selbst, gewaltfrei durchgeführt, ein Erfolg war, wurde nun die Bauplatzbesetzung zum A und O der derrieregardistischen Propaganda. Es kam zu den Schlachten von Brokdorf und Grohnde, zu den ermüdenden Scheindiskussionen, ob die Demonstration in Brokdorf oder Itzehoe stattfinden solle, und zu den erwähnten Zitronensaftwaffenbeschlagnahmungen vor Kalkar. War nun einmal mit dem instrumentell-logistischen Verhältnis zum Bauplatz und seinen polizeilichen »Beschützern«, selbst wenn am Ort die Bürgerinitiative schwach entwickelt war, die Trennlinie gegeben, so folgten die bekannten Instrumentarien auf dem Fuß: Spaltungen, Geisterinitiativen, Kampfabstimmungen, Diffamierungen, Fraktionskonkurrenz (bis hin zur Meinungsänderung, wenn etwa eine konkurrierende Fraktion dieselbe Meinung hatte).

Die Darstellung ist sehr verkürzt, weil die Fronten komplexer waren. Die etablierte Kernkraftfreudigkeit hatte (ironischerweise u. a. mit dem Argument der »sauberen« KKWe: Strahlen sind halt weniger gut sichtbar als Ruß) ihr Bestes getan, den Protest zu kanalisieren. Itzehoe z. B. war ursprünglich als Demonstrationsort für die »besorgten Bürger« gedacht, um die »Chaoten« in Brokdorf zu isolieren. Worauf letztere alles dransetzten, den Spieß umzudrehen und womöglich, unter Isolation der »Honoratiorenversammlung« in Itzehoe, an der Spitze der Massen den Bauplatz zu besetzen. Unter diesen Bedingungen kam es darauf an, daß erstens in Itzehoe *und* Brokdorf Zehntausende demonstrierten, um den Spaltungsmanövern beider Seiten den Boden zu entziehen und auf die Stärke der Gesamtbewegung hinzuweisen, und daß zweitens die Demonstration in Brokdorf gewaltfrei verlief. (*Zufällig* trat beides ein.) Die Nerven für den Clinch hätte man/frau sich sparen können.

Unangenehmer waren die Diffamierungen. Oben wurde schon erwähnt, daß der BBU seine Mitgliederliste unsinnigerweise nicht veröffentlicht. Er beansprucht, daß seine 900 Mitgliederorganisationen 300 000 Personen repräsentieren. Nun, an die glaube ich auch nicht. Sind es Vereine, müßten sie durchschnittlich 300 Mitglieder haben; sind es Verbände, ist zu fragen, ob z. B. die Doppelmitgliedschaften zweifach gezählt werden. Nun war der BBU zu einer Art Ersatzfeindbild für den in Anti-KKW-Fragen sehr aktiven KB (Kommunistischer Bund) geworden, und der besaß die Kühnheit, nicht nur zu behaupten, der BBU bestünde aus Geisterinitiativen, sondern dem zumindest dreimal personenstärkeren BBU zu unterstellen, er wolle die ökologische Bewegung spalten![103]

Dabei liegt die Ironie des Widerspruchs zwischen BBU und, in diesem Falle, KB noch auf einem ganz anderen Gebiet. Der BBU hat einen vergleichsweise phantasievollen Aktionskatalog erstellt; leider folgten bislang keine Aktionen daraus. Die linken Subkulturen hingegen sind aktionsbereit; leider sind sie bislang auf die mechanische Wiederholung einer Aktionsform festgelegt.

Schließlich kam eine Reihe von Ökologisten auf die Idee, eine Partei gründen zu wollen. Die parlamentarische Vertretung von Subkulturen ist andernorts vergleichsweise erfolgreich gewesen: in den Niederlanden folgten den Provos die Kabouters und diesen dann die Radikalen; in Dänemark, Norwegen, Italien, Griechenland, Portugal sitzen linkssozialistische Parteien mit wechselndem Erfolg in den Parlamenten. Die Diskussion wurde angeheizt durch den relativen Erfolg »Grüner Listen« in Frankreich und auf regionalen Ebenen (Hameln, Salzburg) und durch die Außenseiterstellung von Ökologisten (Gruhl, Wüstenhagen etc.) in den bürgerlichen Parteien, die auf den bislang letzten Parteitagen voll zum Tragen kam. Es besteht die Gefahr, daß eine solche Partei den ohnehin sehr heterogenen Subkulturen nun vollends von außen übergestülpt wird; sie wäre nur im Falle eines weitergehenden Integrationsprozesses machbar.

16. AUF SEXUELLE MOMENTE BEZOGENE BEWEGUNGEN: FRAUEN, SCHWULE, AAO

Bis in die frühen Siebzigerjahre gibt Rita Mühlbauer in *Maskulin-Feminin* einen ausgezeichneten Abriß der neueren Geschichte der Frauenbewegung, so daß ich mir eine Wiederholung schenken kann.

Eine Verbreitung der Frauenbewegung ist seither kontinuierlich erfolgt, und diese ist sicherlich zusammengestellt mit den Vor-

genannten eine der bedeutendsten subkulturellen Bewegungen: ihr können ebenfalls Hunderttausende zugerechnet werden.
Nachdem der Hauptgegenstand des Kampfes in den frühen Siebzigerjahren, der § 218, nach einem Scheinsieg der Frauen (ebenso wie bei der Hochschulgesetzgebung besiegelte ein Spruch des Bundesverfassungsgerichts die Niederlage) nur noch rudimentäre Aktionen zuließ (etwa Organisation von Hollandfahrten und Einflußnahme auf die eingerichteten Beratungsstellen), erfolgte zunächst eine »Wendung nach innen«. Im Gegensatz zur Studentenbewegung gelang sie.
Ausgehend von Frauenzentren und in diesen stattfindenden Selbsterfahrungs- und Selbstuntersuchungsgruppen sowie von Frauenzeitschriften, entstand in den letzten Jahren jedenfalls in den größeren Städten eine ganze feministische Infrastruktur mit Frauenverlagen, -buchläden, -kneipen/-cafés, -rockbands, -seminaren, -tagungen, -ausstellungen, -festen.
Bei allen Unterschieden im Detail ist als Konsens dieser Subkultur festzuhalten, daß der gesellschaftliche Hauptwiderspruch (seit ca. 6000 Jahren) zwischen Patriarchat und Nicht-Patriarchat, also zumeist zwischen Männern und Frauen besteht, von dem andere Widersprüche (etwa der zwischen Lohnarbeit und Kapital) abgeleitet sind. Daraus ergibt sich im regressiven Falle (etwa bei Valerie Solanas)[104] die Forderung nach der Vernichtung aller Männer, im progressiven Falle die Forderung nach einer gleichberechtigten Gesellschaft oder auch nach Rückkehr zum Matriarchat auf einer höheren Stufe.
Das Bedürfnis nach Selbstfindung, d. h. die Suche nach einer autonomen Existenz der Frau ohne ständige Subsumtion unter männliche Normen und Verhaltensweisen, die Erfahrungen sexueller Unterdrückung (etwa das Recht des Ehemannes auf Vergewaltigung) und die Suche nach nicht-repressiven sexuellen Verhaltensweisen (im Gegensatz zu Abtreibung, Pille, Spirale etc.) ließen in den Frauengruppen eine breite Strömung politischer Homosexualität entstehen. (Das etwas monströs-schnoddrige Wort »Bewegungslesbe« bringt dies gut zum Ausdruck.) Propagiert wurde diese Haltung etwa literarisch bei Verena Stefan (*Häutungen*)[105]. Alice Schwarzers Kampfschrift gegen den genital-genitalen Kontakt (»Penetration«) *Der kleine Unterschied und seine Folgen*[106] hatte ähnliche Auswirkungen.
Auf sexuelle Unterdrückung bezog sich auch ein großer Teil der Aktionen der Frauenbewegung (Modeschauen, Werbung, Damen-

boxen, Vergewaltigung – »Die Nacht gehört uns«). Erst in letzter Zeit ist die Frauenbewegung auch in anderen Fragen wieder aktiv geworden, etwa in der Kampagne um Häuser, in denen von ihren Männern geschlagene Frauen unterkommen können.
Ökonomisch lassen sich, grob gesagt, in der feministischen Subkultur zwei Positionen unterscheiden:
Die erste geht davon aus, daß Emanzipation im Grunde nur für die berufstätige Frau möglich ist, fordert daher ihre umfassende Gleichstellung im Zugang zu Berufen, in Aufstiegschancen, Entlohnung und Selbstentfaltungsmöglichkeit (etwa Simone de Beauvoir).
Die zweite kritisiert die Vorstellung der Berufskarriere als selbst noch vom patriarchalischen Fetisch befangen. Ihr zufolge ist die Frau, vor allem als Mutter, die einzige nicht-entfremdet Arbeitende, die Trägerin »weiblicher Produktivkraft« (Merve Lowien). Die entsprechende Forderung heißt Hausfrauenlohn und Leben mit Kindern in unvollständigen Familien (etwa Mariarosa della Costa).
Durch diese Positionen unterscheiden sich auch die beiden überregionalen Frauenblätter, *Emma* (Auflage ca. 300 000) und *Courage* (Auflage ca. 65 000), deren Aufbau aus der Frauenbewegung heraus immerhin, im Gegensatz zu vergleichbaren Projekten anderer Subkulturen, gelungen zu sein scheint. Die Idee einer Frauenpartei (Hannelore Mabry) stieß bisher nicht auf größere Resonanz.
Ähnlich wie bei den Spontis zeichnet sich ein Widerspruch darin ab, daß die Frauenbewegung zum einen beansprucht, eine Bewegung für *alle* Frauen zu sein, zum anderen aber zur Abgrenzung jener Frauen neigt, die den vorherrschenden feministischen Normen der jeweiligen Frauengruppe nicht entsprechen. Andererseits hat es auch hier an Versuchen nicht gefehlt, die besonderen Interessen einer (an männlicher Vorherrschaft orientierten) Gruppe in die Frauenbewegung hineinzutragen. (Etwa, wiederum, seitens des KB.)
Eine analoge Männerbewegung ist erst im Entstehen. Die Männergruppen haben im allgemeinen die Schwierigkeit, zwischen Sympathie für und Opposition gegen die Frauenbewegung zu pendeln, zwischen Rechtfertigungshaltungen gegenüber den Frauen, Opposition zum »Männlichen Chauvinisten« und Aggressionen den Frauengruppen gegenüber, wenn diese (notwendigerweise) die ersteren Verhaltensweisen erst recht kritisieren. »Be-

wegungsschwule« gibt es, wenngleich seltener als »Bewegungslesben«. Das Verhältnis, die unterschiedlichen Interessen etc. Frauen/Lesben bzw. Männer/Schwule in den Gruppen werden in den Publikationen der genannten Bewegungen häufig thematisiert.
In diesen sieben Jahren haben sich auch die Bewegungen der Lesben und der Schwulen entfaltet (in den ersten Jahren zum Teil auch organisatorisch gemeinsam, bis die Lesben sich der Frauenbewegung zuordneten). Auch hier wurde ansatzweise eine Infrastruktur von Zentren, Gruppen und Publikationen entfaltet und zum Teil der »Subkultur« gegenübergestellt. (Hier kommt es immer wieder zu Mißverständnissen, da »Subkultur« im homosexuellen Sprachgebrauch zumeist nur die teils kommerzialisierten Treffpunkte und die in diesen entwickelten Verhaltensweisen bezeichnet.) Die zentrale Norm der schwulen Subkultur (im Gegensatz zur homosexuellen »Subkultur«) ist die bewußte Negation des »Hetero-Terrorismus«, also des mit Sanktionen (Strafarbeit, Berufsverbot, Psychiatrisierung, in Extremfällen Lobotomie) versehenen Zwangs zur lebenslangen, ausschließlichen heterosexuellen Betätigung.
Auf diese Sanktionen sowie auf das unbewußte, oft die Form eines Doppellebens annehmende Verharren im »subkulturellen« Milieu (das wiederum seine Ursache in den Sanktionen hat) bezogen sich auch die meisten Aktionen der Schwulenbewegung. Erinnert sei an die an Rosa von Praunheims Film *Nicht der Homosexuelle ist pervers, sondern die Situation, in der er lebt* anknüpfende Kampagne »Raus aus den Toiletten, rein in die Straßen!« und insbesondere an die »Aktion Rosa Winkel«, die an die Homosexuellenunterdrückung im faschistischen Konzentrationslager anknüpfte.
In der Negation der feudal-bürgerlichen heterosexuellen Zwangsmonogamie bzw. -monoandrie steht polar zur Schwulen- und Lesbenbewegung diejenige Subkultur, die pantagame Normen entwickelt hat (was schon, siehe auch das vorliegende Buch, die Kommune I vergeblich versucht hatte). Sie hat bislang in der Aktionsanalytischen Organisation ihren – marktschreierisch umstrittenen – Ausdruck gefunden. Ich verzichte hier auf eine AAO-Kritik, da eine solche ohnehin in einem der künftigen AAO – Pro und Contra-Bände folgen wird.
Nicht jedoch verzichte ich auf eine Kurzdarstellung des normativen Hintergrunds, soweit mir diese angesichts der Literaturlage

möglich ist. In den USA scheint seit zehn Jahren eine Diskussion in Gang gekommen zu sein, in der Verfallsformen der Kernfamilie und Formbestimmungen ihrer tendenziell pantagamen Aufhebung erörtert werden. Aus bundesdeutschen Diskussionen sind mir bislang die Namen Cuber, Harroff, Ramey, Larry und Joan Constantine, Robert und Anna Francoeur nicht vertraut – und ich selbst verdanke mein fragmentarisches Wissen der zufälligen Lektüre eines futurologischen Sammelbandes.[107]

In den USA lebten bereits 1970 nach James W. Ramey nur noch 37 % der US-Amerikaner in einer Kernfamilie (»von morgen nicht zu reden«). *Nicht* zur Kernfamilie, »auf die sich Gesetze, Bräuche, Haltungen und Dienstleistungssysteme beziehen«[108], rechnet er Familien, wo beide Eltern arbeiten, kinderlose Paare, Paare, deren Kinder erwachsen sind, Großfamilien, unvollständige Familien (in letzteren leben bereits 30 % der US-Kinder). Somit ist nicht mehr die Familie, sondern das Individuum die Grundeinheit der Gesellschaft. Nach empirischen Untersuchungen neigen nun Individuen zunehmend dazu, sich zu Intimen Netzwerken zu vereinigen.

Die Intimfreundschaft als Grundlage dieser wird von Ramey bestimmt als ein Zusammenfallen von traditioneller Freundschaft und sexueller Intimität als normgerechtem Verhalten. Die zwischenmenschliche Interaktion ist ihr wichtiger, kann aber die genitale Interaktion einschließen. Überhaupt ist im Intimen Netzwerk die *potentielle* sexuelle Intimität, das »gegenseitige Verstehen, daß im Falle geeigneter Umstände sexuelle Intimität richtig wäre«[109], wichtiger als ihre Aktualisierung. Ebenso sind hierin bi- bzw. homosexuelle Beziehungen eingeschlossen.

Nach Ramey besteht das Intime Netzwerk zumeist aus Kernmitgliedern (sexuell mit verschiedenen anderen Gruppenmitgliedern intim), assoziierten Mitgliedern (sexuell mit zumindest zwei Mitgliedern des Netzwerks intim, wovon das eine der (die) Partner(in) sein kann), und angegliederten Mitgliedern (die die Gruppennorm teilen, als Gruppenmitglieder anerkannt werden, aber außer mit ihrem(r) Partner(in), der (die) auch in der Gruppe ist, keine sexuellen Beziehungen haben). In den untersuchten Netzwerken, die sich als altersunabhängig erwiesen, zählten 18 % zu den Kernmitgliedern, 76 % zu den assoziierten und 6 % zu den angegliederten Mitgliedern.

Das Ehepaar Francoeur wagt die Voraussage, daß auf lange Sicht das Intime Netzwerk die neue Sozialstruktur analog zur früheren blutsverwandtschaftlichen Großfamilie bilden werde.¹¹⁰ Gruppen wie die AAO verallgemeinern die Tendenz zum Intimen Netzwerk (die auch meinen Beobachtungen und Erfahrungen an so verschiedenen Orten wie Wien, München, Mainz und Kassel entspricht) und bringen sie in einer verkürzten Form auf den Begriff (z. B. antihomosexuell, Sexualität auf Genitalität reduziert, starker Gruppendruck zur Aktualisierung sexueller Intimität). Historisch ließe sich nachweisen, daß die AAO aus einem Wiener Intimen Netzwerk heraus entstand, dort vergleichsweise erfolgreich anknüpfen konnte, wo bereits lokale Intime Netzwerke bestanden (z. B. wahrscheinlich Kiel), und es dort zu den vielzitierten psychoterroristischen Erscheinungsformen kam, wo es sie nicht gab (Berlin).

17. DIE LANDKOMMUNEN

Im Gegensatz zu Judson Jerome (siehe oben) trau ich mir keine Schätzung zu, wie viele es in der BRD derzeit sind. Vielleicht könnte es Werner Pieper tun, der seit Jahren die Zeitschrift *Kompost* herausgibt, in der sich im Laufe der Zeit Hunderte von Landkommunen selbst dargestellt haben. (In einer einzigen Nummer zählte ich über fünfzig.) Die bundesrepublikanischen Landkommunen sind im Durchschnitt kleiner als die US-amerikanischen (meist 4-8 Personen); Großgruppen, die »Morningstar«, »Twin Oaks«, »Brotherhood of the Spirit« oder »The Farm« entsprächen, sind mir hierzulande nicht bekannt. Ihre Bewohner betreiben Subsistenzlandwirtschaft und Handwerk, sind von den Normen her ökologisch und (in dem bei Duhm erwähnten Sinn) religiös-synkretistisch orientiert. In einer Reihe von Fragen (makrobiotische Ernährung, Hausgeburten, Wiederbelebung von in Vergessenheit geratener Volksmusik) haben sie weiterreichenden Einfluß auf andere Subkulturen ausgeübt. Hingegen läßt sich, im Gegensatz zu den USA, ihr Einfluß auf die alternative Ökonomie keineswegs mit dem des Verbands des linken Buchhandels (VLB), der Stadtzeitungen oder der im letzten Jahr aufblühenden Arbeitslosenselbsthilfe vergleichen.
Es ist eine ansteigende Tendenz zu beobachten, sowohl (noch immer) die Neugründungen als auch die theoretische Reflexion betreffend. Mit Ausnahme des zweiten Buchs von Klaus-Bernd

Vollmar, *Alternative Selbstorganisation auf dem Lande*[111], beziehen sich jedoch die meisten, durchwegs informationsreichen Arbeiten (Dieter Ackerknecht/Ken L. Haggard[112], Horst von Gizycki[113], Walter-Archeion Moritz[25], Bernd Leineweber/Karl Ludwig Schibel[114]) auf die USA. Im letzten Jahr begannen Überlegungen zur Geschichte der deutschen Landkommunen (etwa in und vor der Weimarer Republik), oft gepaart mit der Besorgnis um deren regressives Potential.[115] In dieser Hinsicht kann ich vorerst beruhigen: empirisch ist mir bislang nichts bekannt geworden, was in eine rechtsextreme Ecke weisen würde. W.-A. Moritz hat im Sommer 1977 einen Versuch zur interessenorientierten Organisierung, einschließlich Gründung eines Fördervereins, unternommen, dessen Ergebnisse mir noch nicht bekannt sind.

Den bislang umfassendsten Versuch einer politischen Grundlegung dieser Bewegung haben Leineweber und Schibel unternommen (die inzwischen auch in Landkommunen leben). Die »community«-Bewegung hat nach ihnen die »unmittelbare Herstellung von antikapitalistischen und antibürgerlichen Reproduktions- und Verkehrsverhältnissen«[116] zur Praxis. Ihre Aufgabe ist die Schaffung einer sozialen Infrastruktur, vergleichbar jener des Bürgertums im Schoße der feudalen Gesellschaft. Sie ist auf der Ebene unmittelbarer Interessendurchsetzung die konsequenteste Organisationsform der Intention auf Befreiung, wie es die Partei auf der Ebene der Vertretung machtpolitisch einzulösender Befreiungsansprüche ist. Die Landkommunen können nur als Teil dieser kommunitären Bewegung und ihrer alternativen Infrastrukturen begriffen werden: in ihnen tritt der Fluchtmechanismus ebenso in Erscheinung wie die Utopie der Aufhebung des Gegensatzes von Land und Stadt.

Wenn aber Leineweber und Schibel die Stadt schlichtweg als »Terrorzusammenhang«[117] apostrophieren, wäre ihnen auf der tauschwertanalogen Ebene entgegenzuhalten, daß auch das Land noch genügend von jenem »Idiotismus« bereithält, den Marx ihm zugesprochen hat.

18. SCHLUSSBEMERKUNG

Von der Seite der Kritik und Selbstkritik bis zum Entwurf einer möglichen neugefaßten Theorie der Subkultur, von der Seite der realen Bewegung und von der Seite ihrer theoretischen Reflexion her habe ich versucht, die Schwierigkeiten aufzuzeigen, die einer kurzfristigen Neufassung des vorliegenden Buchs im Wege stehen. Dies legitimiert die unveränderte Herausgabe des Buchs trotz seiner aufgezeigten Mängel.

Anmerkungen/Literatur zum Nachwort

1. Thomas S. Kuhn, Die Struktur wissenschaftlicher Revolutionen, Frankfurt 1973.
2. Dieter Baacke, Jugend und Subkultur, München 1972.
3. Thomas Ziehe, Pubertät und Narzißmus, Frankfurt-Köln 1975.
4. In: Anita Albus u. a., Maskulin-Feminin, München 1972.
5. Norbert Preusser, Empirie einer Subkultur I: Obdachlosensiedlung Mühltal-Wiesbaden, München-Berlin 1976 (hier nach dem noch unveröffentlichten Manuskript zitiert) (m20 der AG SPAK).
6. Rainer Fabian, Der Gott aus der Maschine, München 1974.
7. Iring Fetscher, Ökodiktatur oder Alternativzivilisation, in: Neue Rundschau IV/1976.
8. Preusser, op. cit., S. 102.
9. Ziehe, op. cit., S. 192 ff.
10. Dahlmüller/Hund/Kommer, Kritik des Fernsehens. Darmstadt-Neuwied 1974.
11. (entfällt).
12. So etwa der Diskussionsverlauf in einem Seminar der TU Berlin (persönliche Mitteilung Dietger Pforte 1972).
13. Zit. bei Robert Jungk, Der Jahrtausendmensch, München-Gütersloh-Wien 1973, S. 77 f.
14. Jean-Jacques Goux, Freud, Marx. Ökonomik und Symbolik, Frankfurt-Berlin-Wien 1975.
15. Fritz Vilmar, Strategien der Demokratisierung, 2 Bände, Darmstadt-Neuwied 1973.
16. Wie 13.
17. Claus Offe, Strukturprobleme des kapitalistischen Staates, Frankfurt 1972.
18. John Platt, Programme für den Fortschritt, München 1971.
19. In: Andrew Spekke (Hg.), The Next 25 Years, Washington 1975.
20. In: Gottlieb-Duttweiler-Institut (Hg.), Experimente für die Gesellschaft, Frankfurt 1976.
21. Georges Ohsawa, Die fernöstliche Philosophie im nuklearen Zeitalter, Hamburg 1962.
22. Timothy Leary, Neurologik, Linden 1977.
23. Z. B. Plakat »AA-Parabel«.
24. In: H.-P. Duerr (Hg.), Unter dem Pflaster liegt der Strand, Band 4, Berlin 1977, S. 44.
25. Jeweils in persönlichen Mitteilungen.
26. Dieter Duhm, Warenstruktur und zerstörte Zwischenmenschlichkeit, Köln 1973.
27. Wolfgang Fritz Haug, Kritik der Warenästhetik, Frankfurt 1971.

28. Alfred Sohn-Rethel, Geistige und körperliche Arbeit, Frankfurt 1972.
29. Resultate der Arbeitskonferenz, Band 1, München 1975.
30. Rolf Schwendter (Hg.), Materialien zur alternativen Ökonomie I und II, München-Berlin 1975 bzw. Berlin 1977 (m19 und m29 der AG SPAK).
31. München 1974.
32. Klaus Ottomeyer, Soziales Verhalten und Ökonomie im Kapitalismus, Bremen 1973; Anthropologie und marxistische Handlungstheorie, Gießen 1976; Ökonomische Zwänge und menschliche Beziehungen, Reinbek 1977.
33. In: Kursbuch 43/1976.
34. In: Klaus Revermann/Olaf Schwencke/Alfons Spielhoff (Hg.), Plädoyers für eine neue Kulturpolitik, München 1973.
35. In: Hilmar Hoffmann (Hg.), Perspektiven der kommunalen Kulturpolitik, Frankfurt 1974.
36. In: Thomas Rothschild (Hg.), Wolf Biermann, Liedermacher und Sozialist, Reinbek 1976.
37. In: Vorgänge 24/1976. Zu erwähnen wäre noch mein Aufsatz »Alternativen zu einem Vierjahrmarkt, oder: Gegenkultur«, in: Horst Wackerbarth (Hg.), Kunst und Medien, Materialien zur documenta 6, Kassel 1977.
38. Theodore Roszak, Gegenkultur, 2. A., München 1973.
39. Theodore Roszak, Where the Wasteland ends, New York 1973.
40. Judson Jerome, Families of Eden, London 1974.
41. In: Alain Touraine u. a., Jenseits der Krise, Frankfurt 1976.
42. New York 1964.
43. Neuwied-Berlin 1970.
44. Frankfurt 1972.
45. Roszak, Wasteland, op. cit., S. 390.
46. Op. cit., S. 385.
47. Opt. cit., S. 407.
48. Op. cit., S. 408.
49. Op. cit., S. 426.
50. Charles Reich, Die Welt wird jung, Reinbek 1973.
51. Jean-Jacques Revel, Uns hilft kein Jesus und kein Marx, München-Zürich 1973.
52. Op. cit., S. 9.
53. Op. cit., S. 110.
54. Op. cit., S. 99.
55. Jerome, Op. cit., S. VIII.
56. Franco Basaglia/Franca Basaglia-Ongaro, Die abweichende Mehrheit, Frankfurt 1972.
57. Op. cit., S. 10.
58. Op. cit., S. 133.

59. Preusser, op. cit., S. 62.
60. Op. cit., S. 63.
61. Op. cit., S. 69.
62. Op. cit., S. 98.
63. Negt/Kluge, op. cit., S. 103.
64. Op. cit., S. 104 f.
65. Op. cit., S. 105 f.
66. Op. cit., S. 12.
67. Op. cit., S. 102.
68. Op. cit., S. 106 ff.
69. Op. cit., S. 424.
70. Op. cit., S. 343 f.
71. Op. cit., S. 112.
72. Op. cit., S. 36 f.
73. Op. cit., S. 26 f.
74. Dieter Duhm, Der Mensch ist anders, Lampertsheim 1975.
75. Op. cit., S. 19.
76. Op. cit., S. 20.
77. Nürnberg 1977.
78. Rainer Taëni, Latente Angst: das Tabu der Abwehrgesellschaft, Hamburg 1976.
79. Op. cit., S. 3.
80. Op. cit., S. 136 f.
81. Op. cit., S. 261 f.
82. Op. cit., S. 354.
83. Op. cit., S. 358.
84. Op. cit., S. 387-393.
85. Stuttgart 1972.
86. In: Dietger Pforte/Olaf Schwencke (Hg.), Ansichten einer künftigen Futurologie, München 1973.
87. Siehe 13.
88. Op. cit., S. 18.
89. Bern-München-Wien 1970.
90. Roger Garaudy, Die Alternative, Wien–München–Zürich 1973, S. 135.
91. Gerhard Bruckmann/Helmut Swoboda, Auswege in die Zukunft, Wien-München-Zürich 1974, S. 274.
92. Aurelio Peccei, Die Qualität des Menschen, Stuttgart 1977, S. 165.
93. Amilcar D. Herrera/Hugo D. Scolnick u. a., Grenzen des Elends, Frankfurt 1977.
94. Op. cit., S. 238.
95. Ferdinand Menne (Hg.), Neue Sensibilität, Darmstadt-Neuwied 1974.
96. In: Probleme des Klassenkampfs 7/1973.
97. Op. cit., S. 60.

98. Hamburg 1974.
99. Günter Bartsch, Anarchismus in Deutschland, Band 2/3, Hannover 1973.
100. In: Frank Deppe (Hg.), Der 2. Juni 1967, Köln 1977.
101. Jürgen vom Scheidt, Innenweltverschmutzung, 2. A., München-Zürich 1975.
102. Ernst F. Schumacher, Es geht auch anders, München 1974.
103. Z. B. Anti-AKW-Info Nr. 5/1977.
104. Valerie Solanas, SCUM (Gesellschaft zur Vernichtung der Männer), Darmstadt 1970.
105. München 1974.
106. 2. A. Frankfurt 1976.
107. Siehe 19.
108. Op. cit., S. 213.
109. Op. cit., S. 217.
110. Op. cit., S. 225 f.
111. Hamburg 1976.
112. In: Kommune und Großfamilie. Veröffentlichungen des Instituts für Ehe- und Familienwissenschaft Zürich, Band 1, Tübingen 1972.
113. Horst von Gizycki, Aufbruch aus dem Neandertal, Darmstadt-Neuwied 1974 (und verschiedene Aufsätze in den »Frankfurter Heften«).
114. Bernd Leineweber/Karl-Ludwig Schibel, Die Revolution ist vorbei – wir haben gesiegt, Berlin 1975.
115. Z. B. in der Zeitschrift »Zero«.
116. Leineweber/Schibel, op. cit., S. 6.
117. Op. cit., S. 127.

Nachwort zur 4. Auflage

Seit der 3. Auflage sind nunmehr 15 Jahre vergangen. Gerne gestehe ich, daß es schon einmal eine Variante des »Nachwortes zur 4. Auflage« gab – aber dann kam 1989 und die Folgen, so daß es mir sinnvoll erschien, ein »neues« neues Nachwort zu schreiben. Doch zunächst beginne ich, wie ich das »alte« neue Vorwort auch begonnen hatte.
Jahrelang (auch noch im Nachwort zur 3. Auflage) hatte ich Anlaß, zu betonen, daß mir keine der »Theorie der Subkultur« vergleichbare paradigmatische Arbeit bekannt geworden sei. Obwohl zwischenzeitlich immerhin 6000 Exemplare distribuiert worden waren, sah niemand einen Anlaß, mich in diesem Punkte zu korrigieren. Kaum war die 3. Auflage der »Theorie der Subkultur« erschienen, erfuhr ich (durch gleichzeitige Publikationen beim selben Verlag) von der Existenz des Centers for Contemporanean Cultural Studies in Birmingham.
Die Birmingham-Schule (wie ich sie in der Folge nennen werde) baut auf den kulturtheoretischen Arbeiten Raymond Williams' zu Ende der sechziger Jahre auf. Sie resultiert aus einer Synthese aus Gramsci, Momenten des französischen Strukturalismus und einer vorzüglichen empirischen Präzision, welche weitgehend aus teilnehmender Beobachtung gewonnen worden ist. In den mir bekanntgewordenen Arbeiten hat sie sich so gut wie ausschließlich auf Jugendsubkulturen beschränkt, dies indes in einer Vielzahl von Richtungen und Aspekten. Es ist fraglos eine bedeutende Schule der Subkulturforschung, und wenn Ina Maria Greverus aus meinen Vergleichen anderer deutscher Subkulturtheoretiker wie Ricardo oder Eugen Dühring zu interpretieren sich anschickt, ich würde mich wohl für den Marx der Subkulturforschung halten, sei ihr entgegnet, daß in Birmingham zumindest eine ganze Reihe von Mit-Marxen lebt.
In der Tat besteht die hauptsächliche Differenz der Birmingham-Schule von der im vorliegenden Buch dargestellten Theorie der Subkultur in einem stringenten Bezug auf den Klassenbegriff. Dabei weisen ihre theoretischen Darlegungen einen vergleichbaren Doppelcharakter auf, wie die bekanntlich fragmentarisch gebliebenen Erörterungen von Marx zur Klassenanalyse. Wo Autoren und Autorinnen der Birmingham-Schule in ihren Untersuchungen konkret werden (wie auch Marx in »18. Brumaire des Louis Bonaparte«), sind ihre Darstellungen der Zusammenhänge von Klassenströmungen und Sub-

kulturbildungen derartig erhellend, daß der (wenngleich auf andere Weise gewonnene) Begriff der Klassenströmung zu einer fast schon unverhofften sinnlichen Anschaulichkeit gerät. Erinnert sei an die exzellente Kurzmonographie Hebdiges über die Mods. Diese prominente britische Jugendsubkultur der sechziger Jahre wird nicht nur phänomenologisch skizziert (Wochenabfolge der besuchten Tanzlokale, zeitökonomischer Aufwand für Styling, Benzidrin-Überkonsum, zur Waffe umfunktionierter Motorroller), sondern erfährt auch eine exakte klassenströmungsspezifische Einordnung: mit großer Wahrscheinlichkeit neigen jugendliche kopfarbeitende Lohnabhängige in außerordentlich subalterner Stellung dazu, Mods zu werden (und dadurch die Subalternität in ihrem Berufsleben zu kompensieren).

Wo indes klassenanalytische Abstraktion in den Birmingham-Studien Raum greift, trifft das Ergebnis in ähnlich verkürzter Weise zu, wie es bei den beiden Versuchen Marx', Hauptklassen zu bestimmen (jeweils am Ende des 1. und 3. Bandes des »Kapital«), der Fall ist. Erstere gehen von zwei »Hauptklassen« aus, die ihnen im Kontext ihrer wissenschaftlichen Erarbeitung zu »Stammkulturen« werden: der »Mittelklasse« und der »Arbeiterklasse«; ganz, als ob die an anderer Stelle so brillant angedeuteten Klassenströmungen nicht existierten. Subkulturen, die nach Ansicht der Birmingham-Schule von der Mittelklasse sich verzweigen, interessieren sie schon einmal nicht (etwa die Hippies); auch werden die normativen Strukturen der beiden »Stammkulturen« eher schematisch gehalten. Auch hat sich in einer Kontroverse zwischen Rolf Lindner (dem meines Erachtens bedeutendsten Vertreter der Birmingham-Schule in Deutschland) und mir (sie ist im von Christoph Tholen und Rose-Maria Winheim herausgegebenen Sammelband »Zeichen ohne Botschaft« dokumentiert) ergeben, daß in dieser Frage wohl die einzige substantielle Differenz zwischen der Birmingham-Schule und meinen Versuchen, Theorie der Subkultur zu denken, besteht. Eine mögliche Erklärung der Differenz liegt in der unterschiedlichen Erfahrungsbasis der beiden theoretischen Ansätze: In Großbritannien (insbesondere gerade in Nordengland), wie auch im Ruhrgebiet, hat sich eine Arbeiterklassen-Stammkultur weiterhin bis zum heutigen Tage erhalten, die gleichwohl ihre Erinnerung an eine Arbeiterbewegung mit wahrnehmbaren subkulturellen Zügen (dokumentiert etwa in George Thompsons »Making of the Working Class« oder Michael Vesters »Entstehung des Proletariats als Lernprozeß«) vermieden hat. Zum anderen bezieht sich vorliegende »Theorie der Subkultur« (wie auch etwa die Arbeiten Hollsteins) auf die Erfahrungen eines disparaten Bündnisses metropolitaner Subkulturen, welchen längst eine Milchstraße von Klassenströmungen, nicht indes eine verbliebene Stammkultur zugrundeliegt (Wien, Berlin, München, San Francisco). Gleichwohl wäre es eine spannende Aufgabe für die Zukunft, die wohl dreistellige Zahl bestehender (und voraussichtlich künftiger) Klassenströmungen herauszupräparieren, um in der Folge aus diesen zu erklären, welche Subkulturen oder auch Teilkulturen mit größter Wahrscheinlichkeit aus diesen entstehen könnten.

Eine weitere Besonderheit der Birmingham-Schule (die meines Erachtens keine Differenz zur »Theorie der Subkultur« darstellt, sondern eher einen spezifischen Focus) ist die Aufmerksamkeit, die sie auf die subkulturellen Stile (styling) richtet. Hierbei insistiert sie zu Recht auf die Einbettung des Stiles in den subkulturellen Gesamtkontext, in normative und lebenszusammenhängliche Momente der jugendlichen Biographien, so daß die üblich gewordene Loslösung des Stylings durch Medien oder Freizeitindustrie auf die Autoren und Autorinnen der Birmingham-Schule sich nicht beziehen kann. Keineswegs ist Stil ein »outfit«, wie das Modewort dafür heißt. Vielmehr wird der Stil, mitsamt den ihm entsprechenden ästhetischen, gruppendynamischen, lebenszusammenhänglichen Normen der jeweiligen Subkultur, zu einer »bricolage«, einer »Bastelei«. Die Birmingham-Theoretiker haben diesen Begriff dem französischen strukturalistischen Anthropologen Claude Levi-Strauss entnommen, der das Erbastelte der Mythen festgestellt hatte – auch Assoziation zu dem frühen Sohn-Rethel (die Technik des Kaputten) oder an Deleuze (die Verkettung zu einer Maschine, die am besten läuft, wenn sie nicht funktioniert) scheinen mir keineswegs zufällig. Idealtypisch etwa der Stil der Punks, wenn es aus dem ursprünglichen Kontext entrückten Zeichen (vom Hakenkreuz bis zum anarchistischen A), Objektivationen (Irokesenfrisur, Lebensmittelfarbe, Sicherheitsnadel als Ohrschmuck...), Tieren (Ratte als Haustier) zusammengesetzt und in einen neuen Kontext gestellt worden ist. Dies gilt gleichermaßen, wenn das Simulacrum einer Traditionspflege mit dem neuen Kontext verbunden worden ist: das Paradox der Skinheads besteht ja darin, in ihrer »bricolage« auf die Wiederbelebung der Arbeiterkultur sich zu beziehen – freilich einer Arbeiterkultur, die es in dieser Form nie gegeben hat (und in diesem Kontext nie gegeben haben kann).

Von den markierten Positionen abgesehen, halten sich die Unterschiede zwischen der Birmingham-Schule und der hier vorgestellten Theorie der Subkulturen durchaus in Grenzen. Die Bestimmungen, die Dialektik von Isolation und Integration, die Vereinnahmung der um den Stilkontext reduzierten Äußerlichkeiten durch die Medien,

das Verschwinden und Neuentstehen unterschiedlichster Subkulturen – wahrscheinlich können Personen, die mit Subkulturen sich befassen, gar nicht zu wesentlich anderen Schlüssen kommen.
Der Ausgangspunkt ist ein anderer, aber die Übergänge sind fliessend: eine weitere Quelle der zeitgenössischen Subkulturforschung, von welcher ich 1978 noch nicht hinlänglich wußte, entsprang der oppositionellen Volkskunde, die zwischenzeitlich auch als Europäische Ethnologie, empirische Kulturwissenschaften oder Kulturanthropologie bezeichnet worden ist. Vor 1968, auch infolge der unglückseligen Verstrickung dieses Fachs in nationalsozialistische Wissensbildung/Ideologiebildung, wäre auch mir kaum die Idee gekommen, unter »Volkskunde« anderes zu subsumieren als etwa Trachtenkunde, Dialektforschung, männerbündisches alpines Brauchtum oder museale Katalogisierung von Geräten. 1968 eröffnete Dieter Kramer mit seiner Rede »Was ist Volkskunde?« dieser ein neues Paradigma, das der Subkulturforschung, und im vergangenen Jahrzehnt sind die paradigmatischen Übergänge fließend geworden. Zwar begann (wie 1968 nicht allzu selten) diese paradigmatische Öffnung mit einer Übertreibung, indes mit einer, die einen materiellen Kern – und entsprechende emanzipatorische Wirkungen – hatte. Selbst vom Gesichtspunkte der Subkulturforschung aus kann Kramers zentralem Satz, Volkskunde werde Subkulturforschung sein, oder sie werde nicht sein, nicht voraussetzungslos zugestimmt werden: so richtig es ist, daß Subkulturen nie wieder aus dem Horizont empirischer Kulturwissenschaften verschwinden, so gleichermaßen legitim ist es, und wird es sein, mit Teilkulturen sich zu befassen. Auch ist, wohl auch auf Grund der ökologistischen sozialen Bewegung, in den vergangenen beiden Jahrzehnten eine dialektische Bewegung entstanden (für die Nahrungsmittelvolkskunde habe ich diese in meinem »Kochbuch« aufgewiesen), derzufolge gerade in der Wiederherstellung der vom Establishment verschütteten Traditionen eine gleichsam subkulturelle Innovation liegen könnte, weshalb etwa der Stellenwert des Dialekts von H. C. Artmann bis zu Hans Haid, jener der Volksmusik von den Urfahrener Aufgeigern bis zu Hubert von Goisern, um nur weniges zu nennen, ein anderer – und fraglos subkultureller – sein dürfte, als wir uns dies in den sechziger Jahren vorstellen hätten können.
Zwar ist keine strukturelle Änderung erfolgt, die eine entscheidende Modifikation der Theorie der Subkultur erforderlich gemacht hätte. Doch war es in den vergangenen mehr als zwei Jahrzehnten möglich, die Wahrnehmung der Drehpunktpersonen wie der Drehpunktinsti-

tutionen zu verfeinern. Dies ließe sich in folgenden Thesen zusammenfassen:

1. Mögen sie Studenten gewesen sein oder Feministinnen, Ökologisten oder Marxisten (oder welche von den mehreren Dutzend anderen Möglichkeiten auch immer): der allergrößte Teil jener Personen, die um 1970 freiwilligen Subkulturen angehört haben, ist zwischenzeitlich zu Drehpunktpersonen geworden – unterstellt, die Personen leben noch, und sie haben sich nicht vollständig in das Establishment oder in die kompakte Majorität integriert.

2. Die Drehpunktperson als Massenerscheinung zeitigt, strukturell, wenigstens zwei Wirkungen: zum einen entstehen vermehrt, neben jenen Institutionen, welchen auf Grund besonderer historischer Umstände die Funktion der Drehpunktinstitution zugewachsen ist, Drehpunktinstitutionen, die als solche beabsichtigt sind, weil sich Drehpunkte in ihnen vergesellschaften.

3. Zum anderen entwickelt sich, im selben Prozeß, die Drehpunktperson bzw. -institution zweiten (bis dritten) Grades: da Menschen, wie auch intermediäre Institutionen, nur mit einer begrenzten Anzahl von anderen kommunizieren können, erweitert sich relativ der Umgang mit weiteren Drehpunktpersonen; dies schränkt entsprechend die Interaktion sowohl zu Mitgliedern von Subkulturen, als auch zu jenen des Establishment ein.

Mit anderen Worten gesagt: es beginnt, Drehpunktpersonen zu geben, die Drehpunktpersonen zwischen Drehpunktpersonen und Drehpunktpersonen sind, anstatt Drehpunktpersonen zwischen Subkulturen und Establishment zu sein. Eine Szene entsteht, in der »Meta-Drehpunktpersonen« den Ton angeben. Nichts anderes bei intermediären Institutionen: ganze Cluster, Bündel, Geflechte wären zu zeichnen, in welchen nur die äußeren Knoten intensive Kontakte zu Subkulturen einerseits oder zum Establishment andererseits haben. Dies mag alles sehr abstrakt klingen, läßt sich indes unschwer veranschaulichen. Gewerkschaftsfunktionäre, die fast nur zu Gewerkschaftsfunktionären Kontakt hatten, gab es auch schon, als die Arbeiterbewegung noch diesen Namen verdient haben dürfte. Heute gibt es linke (bzw. zunehmend an dieser Stelle grüne) Intellektuelle, die kaum noch was anderes sehen, als linke bzw. zunehmend grüne, Intellektuelle.

4. Die logische Fortführung dieses strukturellen Prozesses soll nur vollständigkeitshalber hier angedeutet werden. Sie ist noch nicht ganz geschichtsmächtig, obwohl Biographien ehemals grüner (wie Schily) oder grüner Funktionäre (wie Fischer) eine zu befürchtende Richtung

angeben. Die entsprechende Entwicklungsmöglichkeit läge in einer so konsequenten Ausweitung des Kontakts zu anderen Drehpunktpersonen oder -institutionen, daß die Interaktion zu den Subkulturen völlig aufhört. Dies bedeutete letztendlich die Selbstauflösung der Drehpunktpersonen, wie der intermediären Institutionen – und, logisch enstprechend, deren Anheimfallen an das Establishment bzw. an die kompakte Majorität. Sie bilden teilkulturelle Segmente, die vielleicht auch noch den alten Namen tragen, aber wenig mehr zum Ausdruck brächten, als jene »Fusion der Eliten«, von welcher die Paretos immer schon gesprochen haben.

Doch selbst wenn die Entwicklung nicht zu dieser Konsequenz hinginge, kann die Drehpunktinstitution ins Rotieren geraten. Sie muß zwischen den Anforderungen des Establishments vermitteln, welche, schematisch gesagt, auf Mittelknappheit, Kostensenkung, Verregelung und Ordnungsherstellung sich beziehen – und zwischen jenen der (durch Zusammenschluß) freiwillig gewordenen »unfreiwilligen Subkulturen«, die im allgemeinen Autonomie, Legalisierung ihrer abweichenden Normen und Lebensunterhalte zu fordern pflegen. Zwischen Anforderungen der freiwilligen Subkulturen, deren je spezifische Wunschmaschinen politische Wirkungen haben, und jenen der vielfältiger werdenden Drehpunktpersonen, die das Vorgenannte mit ihren Interessen nach gehobener Subsistenzsicherung, Karriere und/oder Familienleben zu vereinbaren beanspruchen.

Zum anderen sind den Drehpunktinstitutionen alternativ-integrative Aufgaben zugewachsen, von welchen zur Zeit der ersten Abfassung dieses Buches noch keine Rede war. In der Gesundheitsbewegung bezog u. a. sich die Arbeiterbewegung auf Arbeitsmedizin und Krankenkassenregelungen, die Studentenbewegung auf psychosoziale Beratung und Ausbildungskritik, die Frauenbewegung auf Selbstuntersuchung und Reproduktionstechnologien, die Friedensbewegung auf triage und Katastrophenmedizin, die Dritte-Welt-Bewegung auf Hunger und Folterschäden, die Ökologiebewegung auf radioaktive Strahlungen, Tieffluglärm und Nahrungsmittelverseuchung. Ohne Drehpunktinstitutionen wäre es naheliegend gewesen, daß diese Vielfalt längst in alle Winde verflogen wäre. Sie üben gleichsam eine Brückenfunktion (eine bemühte Metapher, ich weiß – am ehesten noch eine Drehbrücke mit dreidimensionalem Aktionspotential) dadurch aus, daß sie die einander widersprüchlichen sozialen Utopien jener Subkulturen, die denn auch soziale Bewegungen konstituieren, zusammenfassen, mit dem Realitäts-

prinzip des Establishments konfrontieren, um sie zu sozialen Innovationen auszudünnen – welche gleichwohl weiterzutreiben imstande sind.
Ließe sich also das im vorliegenden Band in den Pyramiden als Kreis markierte Gelenk, welches die Drehpunkte symbolisiert, zur Traube ineinandergreifender Kreise erweitern, so hat der Wiener Semiotiker und Kulturforscher Jeff Bernard eine andere Erweiterung des Pyramidenmodells signifiziert. Indem er gleichsam eine Draufsicht auf die von mir gezeichnete Pyramide produziert (nicht zufällig ist er von seinem Herkunftsberuf her Architekt), gelangt er zu einem Ensemble konzentrischer Kreise, innerhalb welcher sich sämtliche hier vorgeschlagenen strukturellen Operationen durchführen lassen. Das Modell konzentrischer Kreise weist darüber hinaus eine Reihe weiterer Vorzüge auf: je nach gesellschaftlicher Situation kann es zu Ellipsen verzerrt werden, die Klassenströmungen und Teilkulturen als Blasen markieren, Übergänge zwischen Subkulturen als Spiralen veranschaulichen. Auch wäre es möglich (ein Referat des ebenfalls in Wien arbeitenden Hansjörg Liebscher hat Andeutungen in der vorliegenden Richtung gemacht), gemäß der Chaostheorie Subkulturen als Fraktale darzustellen (indes reicht mein derzeitiger Kenntnisstand in der Chaostheorie bei weitem nicht hin, diese Vorstellung auch nur im Detail nachzuvollziehen).
Damit lasse ich das Feld möglicher struktureller Veränderungen der Theorie der Subkultur, einschließlich ihrer Darstellungsweise; auf Aspekte des Theorievergleichs bzw. des Paradigmenvergleichs werde ich zum Schluß vorliegenden Nachwortes noch kurz zurückkommen. Dazwischen beziehe ich mich auf Aspekte der subkulturellen Geschichte, auf eine Art »Was seither geschah...« – und wie dies bei Inhaltsangaben zumeist der Fall zu sein pflegt, in extremer Verkürzung.

Die Geschichte der Subkulturen seit 1978 ist aus mehreren Gründen schwer zu schreiben. Zum einen, und diese Aussage wird voraussichtlich viele Lesende verwirren, wenn nicht ärgern, hat sich strukturell gar nicht so viel verändert. Gruppen sind gekommen und gegangen, quantitative Dimensionen haben sich verschoben (und das auch mehrmals, selbstredend in verschiedene Richtungen) – und das Establishment herrscht. Zum anderen haben sich, in scheinbarem Widerspruch zur ersten Aussage, die Gewichte, die Stellenwerte (oder wie wir dies auch immer nennen wollen), in einem oft dramatischen Ausmaße verrückt, welches ein auch nur einigermaßen ausgewogenes Urteil mitten im prozessualen Geschehen erheblich erschwert. Vor 1989 hätte

ich es fraglos, wie eingangs erwähnt, mit diesem Nachwort einfacher gehabt.
Beide Behauptungen, beide Setzungen, müssen zunächst willkürlich scheinen, die zweite allenfalls emotionell nachvollziehbar, so daß ich in beiden Fällen etwas weiter ausholen muß.
Wie 1971, wie 1973, wie 1978, gibt es rationalistische und emotionelle, freiwillige und unfreiwillige, progressive und regressive Subkulturen, ihre Amalgamierung untereinander und mit Teilkulturen (lokal) zu »Szenen« und (überregional, ja international) zu sozialen Bewegungen; es gibt linke, rechte, religiöse, spirituelle, feministische, jugendliche Subkulturen, und auch noch einige mehr. In den achtziger Jahren hat Jürgen Habermas seine Arbeit zur »Neuen Unübersichtlichkeit« abgefaßt, mit der Wirkung, daß dieses Etikett nunmehr auch gelegentlich der Totalisierung von Subkulturen übergestülpt wird (wie auch jener von Klassenströmungen, was dann zu Abschieden vom Proletariat und vergleichbaren Merkwürdigkeiten führt).
Nun, dem ist entgegenzuhalten, daß die Subkulturen noch nie ein Eldorado der »Übersichtlichkeit« waren. Ob nun »Unübersichtliche«, »Rhizom« (Deleuze/Guattari) oder »Patchwork der Minderheiten« (Lyotard): ein halbes Jahr Zeit sowie an die DM 100000,– für Hilfskraftmittel, Fanzines und Korrespondenzen, und nicht nur ich, sondern so gut wie jeder Subkulturforschende wäre imstande, einen ziemlich »übersichtlichen« empirischen Katalog zentraleuropäischer Subkulturen zu erstellen – allerdings fraglos mit dem wahrscheinlichen Effekt, daß dieser ein halbes Jahr, höchstens ein Jahr, später wieder im anschaulichen Detail überholt sein wird.
Um dies deutlich zu machen, beginne ich mit einer persönlichen Erfahrung, die mich doch einigermaßen erstaunt hatte. In den Jahren 1971–1974, in Heidelberg und auch anderswo, hatte ich es mir zur Gewohnheit gemacht, ähnlich hierin den Fingerübungen der Pianisten, niederzuschreiben, wieviele Gruppen mit »linkem« Selbstverständnis es gerade gäbe. Zumeist kam ich auf eine Zahl um die 50 (die sich denn auch in die 5–8 Subkulturen zusammenfassen ließen), mal etwas mehr, mal etwas weniger. Es kam Kassel, die Blüte der alternativen sozialen Bewegungen, Netzwerk Selbsthilfe, die Grüne Partei: – ich unterließ die Fingerübungen (bzw.: ich ging zu anderem über). 1992 hatte ich ein Referat zur »Krise der Linken« zu halten. Um mich auf dieses »mental« (wie es derzeit modisch heißt) vorzubereiten, nahm ich diese Fingerübung wieder auf. Wiederum kam ich auf eine Zahl um die 50 Gruppen mit »linkem« Selbstverständnis (und wiederum auf ca. 5 Subkulturen).

Klar: 1978 gab es noch (um nur wenige Beispiele zu nennen) den KBW, die KPD (ehemals KPD/AO), die MG (diese sogar bis 1991). 1992 gibt es diese nicht mehr: die »Unübersichtlichkeit« wird zwischenzeitlich z. B. von der »Ökologischen Linken«, »Vereinigten Linken«, »Radikalen Linken« (etc. etc.) hergestellt. Dazu besteht zwischenzeitlich bei den ehemals Moskau-orientierten Personen das Problem, ganz ähnlich wie bei den Maoisten der frühen Siebziger, ob sie sich eher der DKP (Rest), der PDS, der KPD (ehemals KPD/ML) oder einigen anderen Gruppierungen (oder gar keiner mehr) zuordnen wollen. Indes, und dies kommt dazu, darf diese Aussage keine wachsende Zahl suggerieren (mehrere Gruppen, von welchen ich gehört habe, haben seit 1980 sich in etwa halbiert. Bei den größten – Jusos, DKP – werden die Verluste größer gewesen sein; andere ehedem kleinere haben zugenommen).
Vergleichbare Wellenbewegungen dürfte es bei den religiösen und spirituellen Subkulturen gegeben haben. In der hier gebotenen Kürze ist die Hypothese auszuführen, daß die religiösen Subkulturen (»Kirche von unten«, Basisgemeinden etc.) immer dann in einen Aufschwung gerieten, wenn sie mit vitalen sozialen Bewegungen sich verknüpfen konnten, wobei sie an der Vitalisierung dieser durchaus beteiligt waren. (Bis hin zu den zur Zeit der Abfassung dieses Nachwortes bedauerlicherweise aktuellen Initiativen gegen Ausländerfeindlichkeit). Dann aber im Millionenausmaße und, wie 1989 in der DDR zu sehen war, mit vorübergehend revolutionären Auswirkungen. Komplexer war und ist die Lage bei den spirituellen Subkulturen – wobei wir, ebensowenig wie wir die Jesus People der frühen Siebziger vergessen dürfen, die Traditionslinie von den Hippies und dem operettenhaft versetzten »Dawning of the Age of Aquarius« (1969!) über die Landkommunen, die Makrobiotik usw. schon vor 1978 vernachlässigen dürfen (Einflüsse auf ökologistische Bewegung und Grüne Partei durchaus inbegriffen). Ich will mich kurz fassen, und auch diesen subkulturellen Aspekt: hätte ich 1981–1984 ein vergleichbares Nachwort zu schreiben gehabt, wäre mit Sicherheit den Neo-Sannyasins ein Absatz, wenn auch kritisch, zu widmen gewesen, jenen Gefolgsleuten des Bhagwan Shree Rajneesh, welche mancherorts halbe Stadtteile (z. B. in Köln) sich angeeignet hatten. 1984–1988 wiederum wären Ausführungen über die in sich recht widersprüchliche New-Age-Bewegung erforderlich gewesen, welche eine so ausufernde Vielzahl von Teilkulturen und Subkulturen umfaßte, daß sie in Zentraleuropa zwischenzeitlich in eine Reihe von Teilströmen zerflossen zu sein scheint. Paradox gesprochen, scheint dieser gegenüber

die »Linke« noch eine Oase an »Übersichtlichkeit« zu sein. Gleichzeitig ist weder zu leugnen, daß eine Reihe von spirituellen Subkulturen (anthroposophische, buddhistische, native-american-orientierte, synkretistische) im Kontext verschiedener sozialer Bewegungen weiterhin eine zumindest produktive Rolle spielt, noch, daß es, bei allen erforderlichen Kritiken auch an diesen, sinnvoll ist, mit einer Reihe der Theoretiker und Autoren im Kontext spiritueller Subkulturen sich ernsthaft zu befassen, anstatt sie rechts liegenzulassen (z. B. Ilya Prigogine, Rupert Sheldrake, Stanislaf Grof, Fritjof Capra/Hazel Henderson). Gleichzeitig indes kann nicht außer acht gelassen werden, daß in diesen umfangreich verknüpften Synkretismen sich ebenso reichhaltige Dogmatismen finden lassen, etabliert-aalglatte Geschäftemacherei, sozial verantwortungslos-attentistische Teilkulturen (»wenn... eintritt, ändert die Gesellschaft sich automatisch«), bis hin zu düsteren esoterischen oder okkulten Praktiken, und Übergängen zum Rechtsextremismus (Maria Wölflingseder, Edward Gugenberger/Roman Schweidlenka).

An dieser Stelle nehme ich den Anlaß wahr, eine längst fällige Relativierung vorzunehmen. Im vorliegenden Band (Ausgabe 1971) bezeichne ich Reimar Lenz auf Grund seines (in der Tat schlechten, indes längst vergriffenen) Buches »Der neue Glaube« als »Eugen Düring der Subkulturforschung«. Diese Bezeichnung läßt sich auf Grund des seither erschienenen Werkes ebensowenig aufrechterhalten, wie auf Grund seiner Praxis der Gratwanderung zwischen spirituellen Subkulturen im politischen Kontext und politischen Subkulturen im spirituellen Kontext. (Wie ich überhaupt keineswegs verhehle, in meiner Einschätzung spiritueller Subkulturen viel der überregionalen Gruppe »Wechselwirkungen Spiritualität und Politik« zu verdanken). Gehen wir zur zwischenzeitlichen Lage der Jugendsubkultur über. Gewiß, Punks und Skinheads gab es schon 1978. In einer leider bislang nicht veröffentlichten Arbeit, »Subkultur und Musik«, hat der Kasseler Student Thomas Geiger nachgewiesen, daß das Wechselverhältnis von Subkulturen, ihrem Stil und ihrer Musik bis in die Gegenwart sich weiter darstellen läßt: Heavy Metal, Rap, Hip-Hop, Tekno. Daneben gibt es, mit verminderter Bedeutung, so gut wie alles, was es vorher schon gab. Wo z. B. Rocker noch existieren, legen sie großen Wert darauf, ein Motorradclub zu sein und sonst gar nichts. Pogo-Punks amalgamieren sich mit Autonomen, Dada-Punks mit der Bohème. Red Skins haben gegen Ausländerfeindlichkeit aufgerufen. (Auch die klassisch gewordene Dreiteilung Red Skins – Di Skins – Fascho Skins existiert noch, freilich mit gewandeltem Stellenwert).

Dazu einige Mini-Jugendsubkulturen (wie die fahl gestylten Grufties). Am meisten staunte ich, als ich im Fernsehen den Mitschnitt eines Konzertes der Gruppe Guns'N'Roses – einer, wie mir gesagt wurde, nicht gerade erfolgreichen Gruppe – sah: als ob etwas militantere Hippies wieder auferstanden wären, irgendwo zwischen David Peel and the lower Eastside und der Begleitband von Janis Joplin. (Und selbstverständlich jede Menge Mainstream: mineralwassertrinkende Design-Träger, vielleicht zukünftige Broker. Aber die machten auch in meiner Jugend – und wohl auch seither – die Mehrheit aus).
Die sozialen Bewegungen. Auf ihnen – wie erwähnt, einem gegenstandsbezogenen Syndrom einer Vielfalt von Subkulturen, Teilkulturen und Drehpunktpersonen/-institutionen – ruhten die Wissenschaftsaugen der achtziger Jahre ausführlicher als auf den diese konstituierenden Subkulturen. Nicht zufällig hat sich im vergangenen Jahrzehnt ein (diese übergreifender) Zweig der Subkulturforschung als »Bewegungsforschung« konstituiert, mit dem »Forschungsjournal Neue Soziale Bewegungen« als Zentralorgan (ein weiteres Segment nach der Theorie der Subkultur, der Birmingham-Schule, der alternativen Volkskunde). Große Bewegungen, bis in die Millionen Mitglieder hineingehend: die Friedensbewegung (mit ihren Volksversammlungen und Menschenketten 1983/84 als Höhepunkt), die Ökologiebewegung (mit ihren Verzweigungen zwischen Regenwald, Wattenmeer, Wackersdorf), die Frauenbewegung (mit dem allmählichen Hineinwachsen von Frauenbeauftragten, Quotierungen, Gleichberechtigungspartikeln in eine weiterhin majoritär patriarchalische Gesellschaft). Kleinere Bewegungen: die Dritte-Welt-Bewegung, die Schwulen, die ethnischen Minoritäten (z. B. Sinti/Roma), gelegentlich sogar eine »Sozialbewegung« (wie sie in Österreich hieß – leider viel zu marginal, viel zu klein, weshalb ich jedem/jeder dankbar bin, der/die sich entschließen kann, der 1989/1990 gegründeten »Sozialistischen Gesellschaft« beizutreten). Und zusammengesetzte Bewegungen, wie die 1979–1987 aktive Gesundheitsbewegung (deren vier bundesweite Gesundheitstage zwischen 6000 und 20000 Teilnehmer aufwiesen), deren Veranstaltungskataloge allerdings anschaulich zum Ausdruck brachten, wie sehr diese aus der Ökologie-, Friedens-, Frauen-, Dritte Welt-, Schwulen-, Sozialbewegung zusammengesetzt gewesen war. Vergleichbares gilt für eine gelegentlich in der Literatur aufscheinende »Selbstverwaltungsbewegung«, welche aus so gut wie allen progressiven sozialen Bewegungen, die es überhaupt gibt, zusammengesetzt ist (und dies aus strukturellen Erwägungen – siehe meinen in »Die Mühen der Ebenen« wieder abgedruckten

Aufsatz »Notate zur Kritik der subkulturellen Ökonomie« – auch sein muß). Fraglos ist auf der Ebene jener sozialen Bewegungen, die in den achtziger Jahren wahrnehmbar gewesen waren, eine Stagnation eingetreten. Wenngleich umgehend hinzugefügt werden muß: eine Stagnation auf hohem Niveau. Der ökologischen Bewegung ist es immerhin gelungen, seit 1990/91 zum »Tag der Erde« (26. April, dem Tschernobyl-Jahrestag) über hundert Umweltverbände und -gruppen mit einiger Regelmäßigkeit und lokalen Auswirkungen vernetzt zu haben. Eine vergleichbare Vernetzung, zudem international, gelang der Frauenbewegung anläßlich des Golfkrieges mit dem Projekt »Scheherazade«. Der schon als entschlafen gewähnten Friedensbewegung gelang es 1990/91 in nur wenigen Wochen (und das trotz heftiger Gegenbewegungen, welche in manchen Städten bis hin zur Spaltung der lokalen sozialen Bewegung führte) ihre eingemotteten Infrastrukturen wieder aufzubauen, um Massenproteste gegen den Golfkrieg zu koordinieren, welche zudem das Debüt einer neuen kompletten Generation von Schülern und Schülerinnen in der politischen Kontestation einleitete. Das Durchhalten der »tageszeitung« nunmehr über fünfzehn Jahre, die erfolgte Gründung der »Ökobank«, welche aller Voraussicht nach 1993 erstmals schwarze Zahlen schreiben wird, die grüne Partei: als nunmehr doch aller Voraussicht nach kontinuierliche politische Kraft mitsamt ihren (durch das verheerende Wahlresultat vom Dezember 1990 stark beeinträchtigten) drei nahestehenden Stiftungen – all dies wäre, was in Spuren selbst im vorliegenden Buch nachzuvollziehen ist, zur Erscheinungszeit der »Theorie der Subkultur« unter »konkrete Utopie« abgehandelt worden. Doch betone ich zum anderen ausdrücklich, daß es keineswegs zufällig ist, diese zentralen alternativen Einrichtungen unter der Chiffre »Soziale Bewegungen« abzuhandeln, und nicht unter der Chiffre »Subkulturen«. Im Mischungsverhältnis zwischen subkulturellen Momenten einerseits, etablierten, kompakt-majoritären, teilkulturellen Aspekten andererseits, sind fraglos viele Kompromisse gemacht worden – und, vom subkulturellen Standpunkt aus gesehen, zu viele. Keineswegs zufällig ist denn auch, daß die ersten Subkulturen sich auch schon in bestimmte Negation zu diesen stagnierenden Bewegungen und intermediären Alternativprojekten konstituiert haben: um eine Ökologiebewegung, die von Greenpeace und BUND repräsentiert zu werden neigt, eine außerordentlich mobile und flexible ökologistische Jugendsubkultur (Jugendumweltpolitisches Forum/Schüleraktion Umwelt/Großraumkommune); die Ökobank provoziert zum Nach-

denken über noch alternativere Geldtheorien und Wirtschaftsinstrumente (z. B. barter Banks).
Erst recht gilt dieses Mischungsverhältnis für die beiden allerneuesten sozialen Bewegungen, die ich hier in gebotener Kürze als »ausländerfeindliche« und »ausländerfreundliche« bezeichnen möchte. Von ersterer wird unten, bedauerlicherweise, noch ausführlicher die Rede sein müssen. Die zweite ist nun fraglos als Reaktion auf diese entstanden, wie die neue Friedensbewegung durch eine prozessuale soziale Innovation gekennzeichnet (Lichterkette / »Lichtermeer«) – und noch mehr teilkulturell durchmischt, als dies die sozialen Bewegungen der achtziger Jahre ohnehin schon waren. Wenn etwa im österreichischen »SOS Mitmensch« jahrzehntelang geeichte Drehpunktpersonen mit Erzbischöfen Hand in Hand durch die fackelerleuchteten Städte gehen, kann von einer Nähe zu Subkulturen (welche gleichwohl den Kern des Engagements ausmachte) nur noch sehr bedingt die Rede sein. (Was die kaum bezweifelte Notwendigkeit dieser sozialen Bewegung keineswegs in Abrede stellt).
Kehren wir zu den Subkulturen zurück. Die Lage sexuell orientierter Subkulturen hat in den vergangenen fünfzehn Jahren sich fraglos erschwert. Auch wenn es ein eigenes Buch erforderte, die etablierte Schaukelpolitik dieser vergangenen Jahrzehnte zu analysieren, wäre dieses Nachwort unvollständig, würde AIDS nicht wenigstens erwähnt werden. Daß diese Krankheit gleichzeitig (auch) sexuell übertragbar, wie unheilbar, ist, macht ihren aus etablierter Sicht unreduzierbaren Skandal aus. Dies mit allen wüst hin- und herzirkulierbaren Folgen: von Abwehr und Lähmung durch Angst bis zur Hysterisierung, von Liberalisierung (etwa Methadonprogrammen zur Reduzierung des Konsums von Schießgiften sowie der mit diesem verbundenen Beschaffungsprostitution) zu verschärfter Repression (Konzentrationslagerideen – Koch/Gauweiler –; Todesstrafe – Myammar, d. h. ehemals Burma), von Statistiken, in welchen nur »Risikogruppen« vorkommen, bis zu »AIDS geht jeden an«, von Spezialprogrammen bis zu drastischen Mittelkürzungen, von umfassender »Enthaltsamkeit« und »Treue auf Lebenszeit« bis zu »Kondom Superstar«, von Hoffnungen auf bald entwickelbare Impfstoffe und Heilmittel über psychosomatische Spekulationen zu Übergängen von der Viruspositivität zum Vollbild bis hin zur Aussicht auf eine entvölkernde Jahrhundertpest. Hinter allem allerdings der Untertext einer schrecklichen »Krankheit zum Tode« (frei nach Kierkegaard) – und wenn auch diese umgehend subkulturell-drehpunktpersonelle Institutionen hervorgebracht hat (AIDS-Hilfen, Selbsthilfegruppen »posi-

tiv leben«), so bestand dennoch die Hauptwirkung der ersteren darin, die gesamtgesellschaftliche Hegemonie (konsekutiv-monogame Heterosexualität) zu befestigen. Daß eine der Haupttendenzen in der Schwulen- wie in der Lesbenbewegung im vergangenen Jahrfünft darin bestand, hinsichtlich des Rechts einer bürgerlichen Eheschließung den Andersgeschlechtlichen gleichgestellt zu werden, gibt auch nicht unbedingt einen Gegenindikator ab. Zumal in der polygamen Sphäre noch der metaphorische Super-GAU dazu kam, daß die Führungsfigur der AAO/Baugenossenschaft Friedrichshof, Otto Mühl, auch noch wegen sexuellen Mißbrauchs Minderjähriger rechtskräftig verurteilt worden ist. Die ideelle Nachfolge scheint die (auch schon seit 15 Jahren wirkende) Gruppe ZEGG/Maiga/Bauhütte/u. a. angetreten zu haben, die allerdings in vielen Details von der vorgenannten sich unterscheidet (spiritueller Synkretismus, stärkere Außenorientierung) – aber auch schon dieselben Fehler macht (Arroganz, Führungsanspruch) und auch dieselben Vorwürfe erntet bin hin zu den Geheimdienstprojektionen. Viel mehr als »durchtauchen – und abwarten« läßt sich in dieser Hinsicht derzeit kaum sagen.

Womit ich zu den unfreiwilligen Subkulturen übergehe. Es liegt nahe, daß nach mehr als einem Jahrzehnt Reaganomics, Thatcherism und Kohlscher Wende ihr Stellenwert ins Bodenlose gefallen – und d. h. vom subkulturtheoretischen Standpunkt her gestiegen ist. Die Armutsbevölkerung ist von Jahr zu Jahr, auch in den Metropolen, angestiegen. Verstärkt thematisiert wurden (bzw. haben sich) Köperbehinderte (»Krüppel«), Wohnungslose, Erwerbslose (BAG Sozialhilfeempfänger, Arbeitslosenverbände), von illegalisierten Drogen Abhängige (Junkie-Bünde, später »Junkies, Ex-User, Substituierte« [JES]), HIV-Positive, Alleinerziehende, alte Menschen (Graue Panther). Weniger Interesse gab es für Psychiatrisierte, Fürsorgejugendliche, Strafgefangene (und für geistig Behinderte ohnehin noch nie sehr viel). Gleichzeitig begannen auch hier weiterhin Subkulturen und Teilkulturen eine Osmose einzugehen: zwischenzeitlich bestehen so viele Selbsthilfegruppen (koordiniert durch die Nationale Koordinierungsstelle NAKOS, in Berlin, und unterstützt durch ein Bundesmodellprogramm), daß Fritz Vilmar uns bereits auf dem Wege zur »Selbsthilfegesellschaft« gesehen hatte. Hierbei war schon aus dem zwischenzeitlichen Klassiker von Ilona Kickbusch und Alf Trojan »Gemeinsam sind wir stärker« (1980) hervorgegangen, wie sehr Selbsthilfegruppen zwischen der expertenorientiert-teilkulturellen Mehrheit und der kritisch-subkulturellen Minderheit zu differenzieren imstande sind. In der Tat indes sind die Übergänge von

der teilkulturellen zur subkulturellen Sphäre ebenso fließend, wie ich dies bereits für die Wendung unfreiwilliger Subkulturen zu freiwilligen festgehalten hatte.
Kurz: in den fünfzehn Jahren nach der 3. Auflage hat es eine Vielzahl von Entwicklungen und Tendenzen gegeben, allerdings keine vollständig überraschungsfreien. Was allenfalls hier ausgesagt werden kann, ist die Produktion neuer Subkulturen durch die Hegemonie neuer Maschinerien – und deren bestimmter Negation. So wären zur elektronischen Maschinerie die Hacker zu nennen, zur am Horizont auftauchenden bionischen Maschinerie Subkulturen vom Typ des Genethischen Netzwerks.
Und nun 1989 und die Folgen. Im Gegensatz zu anderen Subkulturtheorien (gedacht sei hier an die in vielem ja verdienstvolle von Helmut Kreuzer) hatte ich seit je den Standpunkt vertreten, daß die realsozialistischen Länder durchaus nicht arm an Subkulturen seien; die Bohème (hier der Kontext zu Kreuzer) inbegriffen. 1989 war die Nagelprobe darauf. Wie stets bislang, fungierten Subkulturen als Avantgarde und Mobilgarde der Revolutionen, wobei die Divergenzen in den einzelnen Ländern teils erheblich waren: allen voran die politische Bohème, die in Ämter, informellen Führungspositionen, Abgeordnetensitze, Stabsstellen aufrückte (nur exemplarisch: Vaclav Havel, Bärbel Bohley, Miklos Haraszti, Djingis Aitmatov). Ich erspare mir die Aufzählung aller jener (kontextabhängigen!) Subkulturen, die des weiteren daran beteiligt waren: vom nonkonformistischen Flügel der Kirchen über ethnische Minoritäten bis hin zu politischen Dissidentengruppen, schließlich außerordentlich rasch fungierenden Drehpunktpersonen. Die Ironie des Prozesses bestand wieder einmal darin, daß nichts prognostiziert war und alles prognostizierbar gewesen wäre. Vom Gesichtspunkt der Eule der Minerva aus gesehen (ich will nicht so tun, als ob ich im Verlaufe des Prozesses irgendwas »richtiger« prognostiziert hätte, als die vielen anderen), erfolgte die osteuropäische Entwicklung wie nach dem Bilderbuch, sei es, historisch, der Revolutionstheorie, sei es, strukturell, der Logik sozialer Bewegungen. Die Erinnerungen an die französische Revolution etwa, gerade erst durch das Dicentennium ins Gedächtnis gerufen, waren überwältigend, wenn auch mit verteilten Rollen: Polen und die Versammlung der Generalstände (die KP als Adel/Klerus, die frei gewählte Parlamentshälfte als tiers état; die DDR über Krenz, Modrow, den runden Tisch, bis zum 18. Brumaire des Lothar de Maizière; das Ehepaar Ceaucescu als Ludwig XVI. / Marie Antoinette. Strukturell vernetzten sich die Subkulturen mit Drehpunktpersonen und Teilkulturen so

lange, bis sie die bei weitem überragende Mehrheit, fähig zur gewaltfreien Revolution, stellen konnten – um umgehend nach erfolgtem Sieg wieder hinten hinunterzufallen. (Der Übergang vom Leipziger »wir sind das Volk« zum ostdeutschen »wir sind ein Volk« mag dies ebenso veranschaulichen wie die antihegemonialen, und so auch Wahlen gewinnenden Föderationsgruppierungen u. a. in Ungarn, Slowenien, Kroatien, Tschechien, der Slowakei, Litauen, die denn auch nach Herstellung *ihrer* Hegemonie zu zerfallen begannen. Wiederum blieben die Sansculottes die Sansculottes – und, von schwer komprimittierten Personengruppen abgesehen, das Establishment das Establishment. Jene oberen und mittleren Nomenklaturisten, welche umgehend ihre Informationsvorsprünge nutzten, um bei der wüst hereinbrechenden Privatisierung ihre erste Million zu machen (z. B. Ungarn, Rußland), jene deutschen Wendehälse, die mit einem schlichten Übertritt zu einer ohnehin bald wieder regierenden Blockpartei ihre Fabrikdirektoren- oder Administratorenstelle erhielten, jene Kaderpolitiker, die, je nach den Umständen, mit der Begründung einer betont nationalistischen (Slowakei, Kroatien) oder »reform«realsozialistischen (Rumänien, Bulgarien, Serbien) Partei reüssierten, machen diesen Wandel in Immobilität klar.

Nach jener Latenzzeit, die seit je, von den Tagen der Commune, jener »Kirschenzeit«(temps des cerises), bis zu den kurzlebigen Räterepubliken die Zeit der subkulturellen Freiheit markiert hat (in der DDR zwischen dem 9. November 1989 und dem 18. März 1990 besonders genau zu markieren), gerieten die Subkulturen in eine besonders widersprüchliche Lage – und diese wird aller Voraussicht nach noch ein gutes Jahrzehnt anhalten: zum einen hatten sie als Subkulturen sich in Kontestation zum realsozialistischen Establishment konstituiert, mit naheliegenden normativen Schlußfolgerungen. (Wenn z. B. der Markt bei einem Establishment zum leibhaftigen Gottseibeiuns geworden ist, nimmt es nicht Wunder, wenn »Marktwirtschaft« einen anderen Stellenwert einnimmt, als bei Subkulturen, die 45 Jahre lang Markt zu erleiden hatten). Zum zweiten waren sie zwischenzeitlich zu Subkulturen eines normativ völlig anders gelagerten Establishment geworden, und das oft um einen Monat auf den anderen, zusätzlich verschärft durch die teilweise personelle Kontinuität des Establishment (war es früher unmöglich, etwas zu tun, weil die Partei es verboten hatte, so jetzt, weil es keiner aktuellen Kosten-Nutzen-Rechnung entsprach. Konnte früher nicht gewohnt werden, weil der Plan keine Wohnungen vorsah, so nun nicht, weil die Mieten zu teuer geworden waren usw. usw.). Zum dritten entfaltete der Weltmarkt seine Wirkungen. Weniger ökonomisch, wo einzelnen plakativen Investitionen (McDonalds in Moskau, VW bei Skoda) eine gigantische Baisse-Spekulation gegenüberstand, deren Ende übrigens noch kaum abzusehen ist. Umso mehr normativ: innerhalb eines Jahres waren Hunderte Millionen Menschen, und sei es über die Medien, mit sämtlichen Subkulturen und Teilkulturen, die es auf der Welt überhaupt gibt, konfrontiert: von Michael Jackson bis zur Church of Scientology, vom Sex-Shop bis zum konfessionellen Fundamentalismus, vom Ökologismus bis zum yuppiden »Ennuiez-Vous«. Nicht nur Konzerne sandten ihre Botschafter und Botschafterinnen, nicht nur Einübungs- und Umschulungseinrichtungen, sondern auch Bohème, religiöse Freikirchen, Bürgerinitiativen. Der erste kroatische Abgeordnete ist bereits namhaft gemacht worden, der ein Anhänger des Maharishi Mahresh Yogi ist. Mindestens fünf alternative Großprojekte können in den neuen Bundesländern ihre Lebensgemeinschaften aufbauen, auf welche sie sonst noch ein Jahrzehnt hätten warten müssen. Tausende, welchen der Realsozialismus ein wahrscheinlich langweiliges Leben als Verkäuferin oder Facharbeiter vorgesehen hätte, sind zwischenzeitlich Prostituierte oder Kriminalisierte geworden (die auftauchenden Ambivalenzen beim Niederschreiben dieses Satzes nehme ich als ausgesprochen quälend wahr). Um nun ein konkretes Beispiel für die Widersprüchlichkeit dieser Situation zu geben: als Theoretiker Alternativer Ökonomie habe ich naheliegenderweise ein gewisses Interesse daran, wie das Genossenschaftswesen sich zu entfalten neigt. Als »Genossenschaft« aber kann derzeit in den ehemals realsozialistischen Ländern (und Bundesländern) verstanden werden: a) eine subkulturelle Einrichtung des Realsozialismus (dem bekanntlich Staatseigentum als »hoch« galt, und Genossenschaftseigentum als eine bedauerlicherweise noch existente mindere Vergesellschaftungsform), welche sich bemüht, die zur Weiterarbeit erforderlichen institutionellen Veränderungen und Geldmittel zu managen; b) eine Vorform der Bereicherung, die noch nicht auf ihren kapitalimmanenten Punkt gebracht werden *kann!*; c) eine etablierte Zwangsform, die, mit welchen Verlusten auch immer, ihre umgehende Selbstzerschlagung anstrebt, oder d) (wie im Realkapitalismus) eine freiwillige Vereinigung von Personen, welche gemeinsam produzieren, distribuieren und/oder konsumieren möchte. Gewiß, eines Tages werden a) (bzw. was von a) übriggeblieben ist) und d) sich amalgamieren. Aber bis dahin?

Die Gesamtheit dieser Widersprüche treibt schließlich die spektakulärste Form zeitgenössischer Subkulturbildung hervor: die ultranatio-

nalistische, rechtsextreme, neonazistische, oder wie sie sonst auch immer je nach den Umständen genannt werden mag. Auch hierzu ist noch ein kleiner, wenn auch naheliegender, Vorspann erforderlich: auf Grund des oben skizzierten subkulturtheoretischen Agglomerationsprozesses antihegemonialer sozialer Bewegungen neigt das befreite Volk dazu, alle Normen sozialer Sicherung, welche umstandslos dem ancien régime zugerechnet werden, zu verwerfen. Planförmige Übergangsprozesse sind absolut unbeliebt; Parteien, welche solche anzustreben wagen, bleiben in der Nähe der 5-%-Klausel (»Plan« und »Übergang« gehörten schließlich zu den herrschenden Normen des realsozialistischen Establishments). Dem Anschein nach entsteht eine Mentalität von Lottokönigen: wer den radikalsten weltmarktaffinen Bruch mit dem schlechten Bestehenden verspricht, wird gewählt (Vaclav Klaus, de Maizière/Kohl), in einer gemäßigten Variante gewählt (Walesa, Jozsef Antall) oder noch nicht einmal gewählt (Gaidar). Während in den USA die Schäden von 12 Jahren Reaganomics zutagetreten, kommen im Osten die asozialsten Formen von Marktwirtschaft in Mode. Neben einigen fraglos entstandenen Monopolymillionären sind die Folgen offenkundig: Erwerbslosigkeit, Teuerung, Wohnungsnot, zunehmende Verelendung, Verunsicherung. Wiederum entstehen Subkulturen. Aber was für welche!
Neuerlich sind zwei Varianten festzustellen. Bei einer tritt das neu »fusionierte« (Pareto) Establishment gleich die Flucht nach vorne an, um den Verelendeten eine kontextabhängige Teilmenge von (dadurch: unfreiwilligen) Subkulturen als Sündenböcke anzubieten. Regressiv-freiwillige Subkulturen sind dann diejenigen, welchen dieses Ausgrenzungsangebot nicht weit genug geht. (Dieser Prozeß ist offenkundig in Georgien, Ungarn, Kroatien, Serbien, Rumänien). Bei den anderen steht ein westlich-modern-weltmarktorientiertes Establishment einem Bündel regressiver Subkulturen gegenüber, deren selbstorganisierte Ausgrenzungsmechanismen um so brachialer ausfallen (dies vor allem in Deutschland; dezente Ansätze auch in Tschechien und Slowenien). Die Übergänge sind in jeder Richtung flexibel. Gleichzeitig gibt es ja die Indizien der Verelendung längst auch schon in den traditionellen westlichen Ländern – ergänzt durch nahezu überall vorfindbare Traditionen der Fremdenfeindlichkeit (vom Ku-Klux-Klan über die Anhängerschaften Petains oder Mosleys bis zum zentraleuropäischen Antisemitismus, der in die Shoa eingemündet war). Das »poor-white«-Syndrom pflegt dafür Sorge zu tragen, daß die von der Verelendung gerade meistbedrohten Klassenströmungen umgehend in Subkulturen sich vergesellschaften, um die als Bedro-

hung wahrgenommenen nächstverelendete Gruppierung mit gewaltförmiger Ausgrenzung zu bedrohen. Gleichzeitig sind die Übergänge zwischen beiden angedeuteten etablierten Normen fließend.
Die von der CDU/CSU (ursprünglich aus wahltaktischen Gründen!) vom Zaun gebrochene Anti-Asyl-Grundgesetzdebatte, die Löschnersche Ausländergesetzgebung in Österreich sind ebenso Indizien für eine latente Ermutigung ausländerfeindlicher Subkulturen, wie die fast durchgehende Existenz von Bestimmungen gegen Sinti und Roma. Gleichzeitig erhält dieses breite Entstehen fremden- und minderheitenfeindlicher sozialer Bewegungen seine besondere Brisanz dadurch, daß (mit Ausnahme der Sinti/Roma, die kein Staatsgebiet für eigen nennen dürfen/können/wollen) so gut wie jede Volksgruppe irgendwo ausgrenzendes Staatsvolk und irgendwo ausgegrenzte Minorität ist. Dies ist imstande, einen ohnehin schon traditionell gewachsenen Haßzusammenhang nicht nur auf unabsehbare Dauer zu stellen, sondern auch eine Kettenreaktion in Gang zu setzen, welche – wie schon der 1. Weltkrieg – Verheerungen von Zentraleuropa bis Mittelasien verursachen könnte.
In Diskussionen der vergangenen beiden Jahrzehnte um die Theorie der Subkulur ist oft die kritisch gemeinte Frage aufgeworfen worden, ob die heuristische Trennung von progressiven und regressiven Subkulturen Sinn machte. Bedauerlicherweise ist seit 1989 die Antwort eindeutig gemacht worden: leider macht sie Sinn. Eine rückwärtsgewandtere Norm als die Wiederherstellung staatlicher, wenn nicht gesellschaftlicher Verhältnisse, irgendwo zwischen dem 14. Jahrhundert und 1940, läßt sich schwerlich vorstellen, und auch die im Nachwort zur 3. Auflage reflektierte Frage Thomas Ziehes scheint bedauerlicherweise beantwortet: nicht nur ist die soziopolitische Norm rückwärtsgewandt, sondern auch das Unbewußte ihrer Träger. Die Strategie des weltmarktaffinen Establishments (für welches ja die Importbeschränkungen je auswärtiger Arbeitskraft ausgesprochen störend wäre) besteht nun darin, den europäischen Einigungsprozeß in einer Weise zu forcieren, daß möglichst bald viele Freunde zu »europäischen« Inländern gemacht werden. Dies mag vielleicht um 2010 eine Entspannung mit sich bringen, wird indes das Problem nicht lösen. Die französischen Algerier, die niederländischen Molukken, die britischen Pakistani, die deutschen Eritreer und Vietnamesen, Palästinenser und Kurden, die Bewohner dessen, was von der GUS zwischenzeitlich übriggeblieben sein wird, sie geben einen Vorschein dessen ab, was zuweilen unter der Chiffre »Festung Europa« verhandelt wird.
Davon abgesehen, gilt, und dies ist sachlich, d. h. auch jenseits der

Antipatien, festzustellen, für die Konstruktion rechtsradikaler, nationalistischer Subkulturen strukturell dasselbe, was für die Vielfalt progressiver Subkulturen festgestellt worden ist. Es gibt rationalistische (Splitterparteien, »Führer«-Gruppen) und emotionelle (Fußballfans, Fascho-Skinheads) Subkulturen, ihr Styling, ihr kulturelles Umfeld wären unschwer festzuhalten. Es gibt, oft erschreckende, »Systemneutrale« (die, ansonsten passiven, applaudierenden Zuschauer und Zuschauerinnen von Rostock und Hoyerswerda wirkten zuweilen, als hätte Leinfellner den Begriff für sie erfunden), wie auch Drehpunktpersonen. Vor allem ist festzuhalten, daß auch sie zwischenzeitlich eine soziale Bewegung konstituiert haben, welche eine vergleichbare Vielfalt von Teilkulturen umfaßt (in diese Kategorie fielen derzeit wohl auch die deutschen Republikaner, die österreichische FPÖ, die französische Front National).

Damit ist die Aussage, die einige Seiten zuvor getroffen wurde, eingeholt: spät, aber doch, ist mit den Lichterkettenbündnissen und mit »SOS Mitmensch« eine konterkarierende soziale Bewegung entstanden, so daß derzeit zwei antagonistische große Bewegungen um die Hegemonie streiten – zur Irritation des Establishments (siehe dazu die Berliner Demonstration der deutschen Staatsführung im Herbst 1992, sowie die Haltungen Löschnahs, selbst Haiders, zur Lichterkette von SOS Mitmensch im Januar 1993 in Wien).

Soweit, in Kürze, zu den historischen Entwicklungen von Subkulturen nach 1978. Ich weiß, daß vieles fehlt. Allein zu den normativen Strukturen rechtsradikaler Subkulturen ließe sich ein eigenes Buch schreiben (bis hin zu den Keimformen jener Tedenzen, die schon bei Hitler zum Schauerlichsten gehört hatten: die realpolitischen Vorplanungen zu den nächsten Shoas – wenn dann, nach dem Endsieg, die Tschechen, die Lungenkranken etc. etc. drankommen sollten. So folgt der Ausländerfeindlichkeit und dem Antisemitismus mancherorts schon die Behinderten-, die Alternativenfeindlichkeit). Andere Aspekte wiederum überraschen mich so wenig, daß ich ihnen kaum eine eigene Anmerkung widmen würde, wäre es nicht zeitweilig Gegenstand des öffentlichen Diskurses. So ist im vorliegenden Buch wiederholt davon die Rede, daß ein großer Teil der Subkulturellen (und dann auch der Drehpunktpersonen) an die gesellschaftlichen Normen sich anpassen wird. Wenn überhaupt, so bin ich davon angenehm überrascht, wie viele sich nach fast 25 Jahren immer noch nicht völlig angepaßt haben, bzw. wie spät der Prozeß bei anderen erfolgt ist. Daß Beruf und Familie eine erfolgreiche Integrationsagentur darstellen, ist nachzulesen – Chlodwig Poth hat mit seiner Cartoon-Serie »Mein

progressiver Alltag« fast ein Jahrzehnt von diesem Sachverhalt gelebt –; hierzu tritt möglicherweise auf der psychischen Ebene der Wunsch, nicht ständig zu den Verlierenden zu gehören. Daß bei der Lektüre des 1971 erschienenen Textes gelegentlich ein gewisses Amusement sich einschleichen mag, wenn Personen zitiert werden, die zwischenzeitlich oft entgegengesetzt denken, nehme ich gerne in Kauf.
Nachzutragen ist auch noch ein weiteres Moment auf der internationalen Ebene. Gab es schon länger Initiativen, ethnische Subkulturen weltweit gegen gewaltförmige Anschläge »ihres« jeweiligen Establishments zu verteidigen (die Tätigkeit der »Gesellschaft für bedrohte Völker« soll ausdrücklich hiermit erwähnt werden), so sind zwischenzeitlich ansatzweise Zusammenschlüsse (etwa indigener Völker) wahrzunehmen. Beim World Uranium Hearing, welches im September 1992 in Salzburg stattfand, waren allein über 100 Personen aus mindestens 20 Ethnien (aller Kontinente) zugegen, welchen gemeinsam war, in ihren Lebenschancen durch die Produktion und Proliferation atomarer Technologien schwerst beeinträchtigt zu werden. Ergänzt wurde dies durch die Anwesenheit von mindestens ebensovielen metropolitanen Drehpunktpersonen, welche mit der Wahrnehmung dieser Berichte betraut worden waren (board of listeners).
Abschließend kehre ich, da es ja um mögliche Formen der Weiterarbeit geht (und da auch noch in einer Zeit, in welcher Subkulturforschung so ziemlich am unteren Ende der Bezuschussungsprioritäten liegen dürfte), zu den forschungsparadigmatischen Fragen zurück. Meines Erachtens wäre es notwendig, einen lockeren diskursiven Zusammenhang zwischen jenen, die dies betreffen mag, aufrechtzuerhalten, ja, teils überhaupt erst herzustellen (es muß ja nicht gleich eine Deutsche/Österreichische/Zentraleuropäische Gesellschaft für Subkulturforschung sein). Dies beträfe schon einmal die Birmingham-Schule (die sich zwischenzeitlich auch wieder gewandelt haben soll, was ich bislang nicht überprüfen konnte – darüber kann ich ja dann im Nachwort der 5. Auflage berichten), die Europäische Ethnologie, die »Bewegungsforschung«, wie die Arbeit im Sinne der vorliegenden Theorie der Subkultur. Hinzu kämen mit Notwendigkeit die auf unfreiwillige Subkulturen sich focussierende European Group for Deviance and Social Control, die »erweiterte Germanistik« im Sinne der Bohèmeforschung Helmut Kreuzers (zu dessen 60. Geburtstag mit »Erkundungen« eine bemerkenswerte Festschrift erschienen ist, welche die Weite und Vielfalt dieses Ansatzes treffend veranschaulicht), die psychosozial orientierte Soziale Netzwerkforschung sowie selbstreflexive Beiträge aus der subkulturellen Praxis selbst. Daß es mit

dieser Polyparadigmatik noch nicht sein Ende haben dürfte, liegt auf der Hand. Auch wenn Foucault und Guattari (ebenso wie auch Basaglia) zwischenzeilich verstorben sind, erschiene es mir naheliegend, wenn es irgendwo poststrukturalistische Subkulturforschung gäbe, die »Rhizoms«, »Mikrologie« und »Patchwork« nicht nur beschwörte, sondern auch im Detail den Netzen, Wunschmaschinen und Fluchtlinien folgten. Wenigstens erwähnt sei der Ansatz des anglo-amerikanischen Autors Bill Buford, der in seiner Fußballfan-Studie »Geil auf Gewalt« eine Erzählungsstruktur teilnehmender Beobachtung mit einer Perspektive Batailles verknüpft: »Irrationalismus« als demonstrative Verausgabung – der verbliebene Rest in einer verwalteten Welt. Auch schiene es mir plausibel, wenn irgendwo auf der Welt Subkulturverarbeitungen stattgefunden hätten, die sich auf Johan Galtungs »strukturelle Gewalt« bezögen. Selbst wenn es also leicht bis hin zur im Schlußkapitel angedeuteten konkreten Utopie noch ein Jahrhundert dauern könnte: zu tun gibt es auch in der Zwischenzeit genug.

Hans Bosse
Diebe. Lügner. Faulenzer
Zur Ethnohermeneutik von Abhängigkeit und Verweigerung in der 3. Welt
EVA-TB 39, 128 S.
ISBN 3-434-46039-x

Alphonse Daudet
Fromont junior und Risler senior
Pariser Sittenbild
EVA-TB 97, 330 S.
ISBN 3-434-46097-7

James Robert Fletcher
Inseln der Illusionen
Briefe aus der Südsee
EVA-TB 82, 256 S.
ISBN 3-434-46082-9

Sigfried Giedion
Befreites Wohnen
EVA-TB 48, 86 S.
ISBN 3-434-46048-9

Carlo Ginzburg
Die Benandanti
Feldkulte und Hexenwesen im 16. und 17. Jahrhundert
EVA-TB 201, 260 S.
ISBN 3-434-46201-5

Armin Kerker (Hg.)
Im Schatten der Paläste
Literarische Texte zum Leben und Wohnen in der Dritten Welt
EVA-TB 88, 280 S.
ISBN 3-434-46088-8

Bronislaw Malinowski
Argonauten des westlichen Pazifiks
Herausgegeben von Fritz Kramer
EVA-TB 26, 592 S.
ISBN 3-434-46026-8

**Stephan Oettermann
Läufer und Vorläufer**
Zu einer Kulturgeschichte des Laufsports
EVA-TB 40, 176 S.
ISBN 3-434-46040-3

Paul Parin
Der Widerspruch im Subjekt
Ethnopsychoanalytische Studien
EVA-TB 9, 260 S.
ISBN 3-434-46011-x

Paul Parin
Zu viele Teufel im Land
Aufzeichnungen eines Afrikareisenden
EVA-TB 205, 188 S.
ISBN 3-434-46205-8

Kultur und Verhaltensformen

TASCHENBUCH

eva

*Europäische Verlagsanstalt
Parkallee 2
2000 Hamburg 13
Telefon 040/44 72 83
Fax 040/44 86 18*